國家“雙一流”擬建設學科“南京大學中國語言文學藝術”資助項目

江蘇高校優勢學科建設工程“南京大學中國語言文學”資助項目

江蘇省 2011 協同創新中心“中國文學與東亞文明”資助項目

第十八輯 | 張伯偉　編

域外漢籍研究集刊

中華書局
北京
2019

圖書在版編目(CIP)數據

域外漢籍研究集刊. 第 18 輯/張伯偉編. —北京:中華書局,
2019.5
ISBN 978-7-101-13854-2

Ⅰ.域… Ⅱ.張… Ⅲ.漢學−研究−國外−叢刊
Ⅳ.K207.8-55

中國版本圖書館 CIP 數據核字(2019)第 069091 號

書　　名	域外漢籍研究集刊　第十八輯
編　　者	張伯偉
責任編輯	潘素雅
出版發行	中華書局
	(北京市豐臺區太平橋西里 38 號　100073)
	http://www.zhbc.com.cn
	E-mail:zhbc@zhbc.com.cn
印　　刷	北京市白帆印務有限公司
版　　次	2019 年 5 月北京第 1 版
	2019 年 5 月北京第 1 次印刷
規　　格	開本/710×1000 毫米　1/16
	印張 35　插頁 2　字數 534 千字
印　　數	1−800 册
國際書號	ISBN 978-7-101-13854-2
定　　價	135.00 元

目　次

綜合研究

域外漢籍研究集刊　第十八輯
2019 年　頁 3—23

文圖學理論框架下的東亞"西湖十景"研究

衣若芬

一　"文圖學"概説

　　"文圖學"（Text and Image Studies）研究文本和圖像。提出"文圖學"概念，是我積累了長年研究"題畫文學"①、"詩意圖"②、"文學（詩）美術（畫）關係"等課題的結果③。

---

① 所謂"題畫文學"，向來有廣義與狹義兩種界定方式，狹義的"題畫文學"單指被書寫於畫幅上的文字；廣義的"題畫文學"，則泛稱"凡以畫爲題，以畫爲命意，或讚賞，或寄興，或議論，或諷諭，而出之以詩詞歌賦及散文等體裁的文學作品"。詳參衣若芬《鄭板橋題畫文學研究》，臺灣大學中文研究所碩士論文，1990 年。後修訂出版，衣若芬《三絶之美鄭板橋》，花木蘭出版社，2009 年。

② "詩意圖"，又稱"詩畫"或"詩圖"，是以詩文爲題材，表達詩文内涵的繪畫。繪畫以古代典籍或文學作品爲素材，依其取材與表現方式，大約有三種情形：一是作爲整部書或局部篇章的插圖或解説，如"山海經圖"、"大荒經圖"、"爾雅圖"、"搜神記圖"等。二爲圖繪歷史典故或民間傳説，如東漢桓帝建和年間（147—149）山東嘉祥"武梁祠石刻畫"，畫荆軻刺秦王和專諸刺吴王圖等，這一類的繪畫又稱爲"歷史故事畫"或"故事人物畫"。其三則爲"詩意圖"，有特定的文學文本作依據，除了叙説文學作品的内容，並闡發其義涵與意趣，以達畫中物象與詩文情致交融之境。詳參衣若芬《宋代題"詩意圖"詩析論——以題"歸去來圖"、"憩寂圖"、"陽關圖"爲例》、《觀看·叙述·審美——唐宋題畫文學論集》，"中研院"中國文哲研究所，2004 年，頁 266—329。

③ 衣若芬《游目騁懷：文學與美術的互文與再生》，里仁書局，2012 年。

　　一個語詞的創造發明,背後有著動力與世界觀。創發"文圖學"的動力,在於現當代許多新媒體、新内容無法置於過去的認知架構裏被很好地理解,需要用命名的方式歸納重組,藉以引導延伸出更多的闡述和更新的創意。文圖學的世界觀,是希望用包容、自由的心靈,尋求日常生活、藝文創作、互聯網經濟等等各面向多元的"觀看之道"(The way of seeing),繼而從"觀看之道"裏品味智識樂趣和審美感受。

　　"文圖學"的中文命名,避開"文學"一詞的既定指涉,所以不稱爲"圖文學"。再者,"文圖學"研究的是文本解讀、文本生産、文本使用等等面向,圖像是文本類型之一,因此語序上是先"文(本)",後"圖(像)",故爲"文圖學"。

　　"文圖學"的觀點吸收學習了符號學、語言學、新批評、結構主義、接受美學、讀者反應理論,乃至於解構主義和後現代主義等等學説思想,爲了不讓概念太過糾纏複雜,我只取意義的菁華濃縮提煉。

　　扼要地説,"文圖學"是一個跨界融合出的語詞,含攝性强,從古代書畫到時下視頻彈幕,都是文圖學希望能助讀者/受衆/用户一臂之力的適用場域。

　　"文圖學"的"文本"(text)和"圖像"(image)概念範圍很廣,"文本"的提法在於其性質,超越"作品"(article, work),鬆動作者與創作的單向垂直關係,强調的是對所有人開放解釋權、話語權的一種無階級成見的民主。没有被"讀取"的"文本"固然可以説自成、自證、自足,也可以説是自生自滅,就像没有被聽見的喃喃自語被風吹散,終而消逝。所以,文本要以某一種形式存在,並和世界連結。聲音、肢體、圖繪是人類基本的表達方式,也是人和人溝通的媒介,自我"表達"和彼此"溝通"都有内在作用力,自我表達是個體對内心和外在世界的反應;彼此溝通則是"個體"、"他者"、"内外世界"三方的互動,産生趨動文明生發、文化運轉的力量。啟動力量的能源就是文本,是由聲音、肢體、圖繪形成的"聲音/語言文本"(sound/language text)、"文本身體"(textual body)、"文字/文學文本"(word /literary text)和"圖像文本"(image text)。

　　文本是世界變化成長的能源,能源愈"便宜",容易取得和使用,功力愈大;相對的,溝通和傳播的"成本"也較低,世界變化成長的速度隨之增快。試看口傳叙事、印刷媒體和移動互聯網的時代風貌便能得知。這和以往我們指稱的,偏向於文字書寫的文本不同,利用當代科技,影像、音樂、文字易於拼貼結合成新文本,不僅更豐富,也提供更寬闊的,需要一些説法支撐的空間。文圖學便是試圖爲“不確定”,甚至飛快到“不連續”、“看不懂”的流動力量,觀察底下暗潮的態勢。

　　文圖學的“文本”從開放詮解的性質上講;文圖學的“圖像”(image),則是從可視性(visible)的形式表現上講。除了傳統認爲的繪畫(painting)、圖畫(picture)之外,還包括符號(symbol)、圖示(icon)、商標(logo)等視覺語言(visual language),以及攝影、影像、綫條、印刷物等。值得注意的是,這些被創作/製造出的圖像,都帶有先天或後天的複製/再生成份,也就是本身也是“文本”,得以被多次使用和欣賞,並且隨著使用和欣賞的場景變化產生可能迭代或累進的意義。此外,"image"還可以指抽象的心靈圖景,也就是“意象”,研究東亞諸國間的交流互動情形時,“文化意象”是重要的視角之一①。

　　在實際操作時,“文圖學”兼采圖像學(Iconography)、美術史(Art History)、文化研究(Cultural Studies)的理論及方法,同樣關注大衆文化(Popular Culture)、圖像意涵、視覺文化等等。不同的是,圖像學重在圖像分析,從圖像的文化脈絡解釋其象徵意義,不一定涉及文字或聲音文本。美術史探究作品(尤其是精緻藝術品)在藝術發展過程中的歷史位置,析真辨偽的鑑定工作十分關鍵,創作者和作品的生成從屬關係緊密,作品可以被學者“發現”細節,歸整其形式結構的前後傳承,不合適被“發明”意義,而開發文本的多重可能性和可塑性卻是文圖學的特色。文化研究處理的文化產生場域之政治、社會、階級、權力、意識形態,可以納入文圖學,不過文圖學還研究具體的文本内涵,不僅止於觀察和批判文化現象。

二　文圖學與東洋古典學

　　東洋古代的史籍、圖譜、地誌、金石拓片、書法繪畫之類,包含有圖像的文獻材料,也適用以文圖學方法探討。過去這些文獻材料主要被用於歷史

---

①詳參衣若芬《從文化意象理解東亞文明》,“東亞文明資產和公共性的新規劃”國際學術研討會主題演講,韓國首爾:延世大學,2014 年 5 月 2—3 日。

學、地理學、美術史等等的研究,亦即用歷史學、地理學、美術史等等的方法論,試圖解釋該方面的問題。"問題"與"方法"二者的共生/互動關係雖然可能有效解決學術疑難,但是假使問題的範圍超出既有的方法規範,便需要尋求多維度的理解途徑,文圖學便是其中之一。

文圖學以"觀看"爲出發點,因"觀看"而"認知"、"感知",繼而有所"判斷"、"辨識",終而付諸"行動"。文圖學的"行動"例如消費、賞鑑、收藏、批評、研究等等。在研究方面,可分爲兩點,一是文本周邊脈絡,例如生產機制、使用情形、社會網絡、流通過程等現象。另一則是探討文本自身,提出闡述。東洋古典學的文獻材料並不會由於時代久遠而固化,相反地,更合於被動態地觀察,探知其豐富的內涵。

以東亞的"西湖十景"爲例,過去的研究主要集中於三方面:

1."西湖十景"的起源及其影響→韓國和日本的"西湖十景"詩畫。

2.東亞國家對"西湖十景"的受容與變容→韓國和日本的"西湖十景"本地化情形。

3.引導、傳播、接收、普及"西湖十景"於東亞的中介者——人物、物質與地域等→燕行使、書籍和繪畫流傳、對杭州的認識。

然而,如果我們要針對以上三方面深究,例如:

1.杭州"西湖十景"之一的"花港觀魚",何以朝鮮時代畫家的相關作品題目多作"觀漁"? 例如沈師正"花港觀漁"、鄭歚"唐浦觀漁"、"杏湖觀漁"(以上均收藏於澗松美術館)。

2.日本的"西湖憧憬",將東京上野不忍池比擬爲西湖,仿照西湖設計福岡大濠公園,是爲將"西湖"本地化的作法。然而,朝鮮時代稱漢江或漢江之一段"西江"爲"西湖",如此"江"、"湖"不分的本地化情形,如何理解?

3.燕行使的行動範圍不及江南,他們如何認識杭州和"西湖十景"? 朝鮮的"西湖十景"和中國杭州的"西湖十景"名稱有出入,爲何不是直接繼承的關係?

這些無法僅用歷史學、地理學、美術史方法回答的問題,從文圖學的角度或可得到詮釋。下文便爲文圖學研究東洋古典學之示例。

三　人生見此,死亦無恨

　　公元 1832 年,朝鮮文臣金景善(1788—1853)以冬至兼謝恩使書狀官的身份出使清朝。在他的著作《燕轅直指》中,記錄了因海難漂流到琉球的濟州島民的琉球和中國見聞,名爲《濟州漂人問答記》。漂人被琉球使臣帶去中國燕京,準備交由朝鮮使臣遣返,他們從琉球出發到福建,然後北上,途經杭州,在杭州停留數日,游覽名勝,他們告訴金景善:

　　　　諸勝之中,以西湖錢塘尤稱絕勝。相距八十里,而各有十景。西湖十景:柳浪聞鶯、花港觀魚、兩峰插雲、三潭印月、麴院風荷、平湖秋月、南屏晚鍾〔鐘〕、雷峰夕照、斷橋殘雪、蘇隄春曉,餘則備悉於柳耆卿望海潮詞。錢塘十景:西湖夜月、浙江秋濤、孤山霽雪、西峰白雲、東海朝暾、北關夜市、九里雲松、六橋烟柳、靈石樵歌、冷泉猿嘯。大抵景物之供奇,沿路初見,不可以言語文字形容其萬一也,遂相顧嗟嘆曰:"人生見此,死亦無恨。"①

　　金景善對漂人的陳述半信半疑。首先,"海外漂民之附行外藩使行者,未必許其極意縱觀。"況且"其所言,多與史牒所記差爽,必是得於傳聞者多,而未免浮夸而然耳。"他看漂人們"形貌言辭,狡猾瀏利,全無誠樸之意"②,這段問答聊爲充數罷了。

　　濟州漂人是否果真賞玩過"西湖十景"和"錢塘十景"姑且不論,他們能如數家珍地説出十景的名稱,即使是像金景善懷疑的,來自書籍上的知識,也是頗令人稱奇。至少顯示,到了十九世紀中葉,讀過一點書,從商的一般朝鮮百姓也曉得中國有"西湖十景"名勝,甚至用"人生見此,死亦無恨"的誇張語氣,强調"西湖十景"的絕境。

　　由於使行路綫和日程的限制,朝鮮燕行使者一律由都城漢陽(今首爾)出發,終點爲北京,而後原路折返,没有機會探訪江南。"江南"深厚的文學

────────────

① 金景善《留館録》(上.壬辰年十二月二十五日),《燕轅直指》卷三,收入《燕行録全集》,東國大學校出版部,2001 年,第 71 册,頁 282。

② 同上注,頁 285。

藝術蘊涵,使得無緣親歷的朝鮮文人格外傾慕①。

在金景善之前,對於江南、杭州、西湖抒發神往之情者大有人在。1765年,以子弟軍官的身份,隨任書狀官的叔父洪檍(1722—1809)出使的洪大容(1731—1783)便是其中之一。

洪大容在北京結識了進京參加進士科考試的杭州舉人:嚴誠(1733—1767)、潘庭筠(1743—?)和陸飛(1720—1786),三位皆能詩文書畫。洪大容和燕行使團的金在行(1719—?)與他們會面筆談,金在行問他們:“貴處三秋桂子,十里荷花,風物尚如舊耶?”潘庭筠回答:“不但此而已,西湖風物,爲天下第一。”②

金在行説:“弟在東國,聞西湖名勝,神往者已久,而每歎無路一見,破此宿願。何幸今日,遇闇、蘭二兄,披襟瀉懷,已至忘形。所謂西湖十景,風斯在下,志氣暢快,其樂無窮。雖不見錢塘,亦無所恨。”③

洪大容歸國後,致書嚴誠,請求畫西湖景致,以供臥游:

　　容平生頗喜游覽山水,惟局於疆域,不免坐井觀天。如西湖諸勝,徒憑傳記,癏痗懷想。而自遭逢諸公以來,爬搔益不自禁,顧此心不知幾迴來往于雷峰斷橋之間矣。若賴諸公之力,摹得數十諸景,竟成臥游,則奚啻百朋之賜也。此不須畫格工拙,只務細密逼真,因各題其古迹梗概于其上,且因此而並得見諸公第宅位置,齋居規模,使之隨意披覽,怳然若追奉杖屨於其間,則豈不奇且幸耶。④

洪大容希望欣賞的西湖圖繪務在寫實,能夠具體呈現西湖的景點古迹和嚴誠等友人的居處,有如風景地圖,使他的臥游有現實的依據。

杭州“西湖十景”和“瀟湘八景”、“武夷九曲”等傳自中國的山水景觀文

①楊雨蕾《燕行與中朝文化關係》,上海辭書出版社,2011年,頁27—29。
②洪大容、李德懋著,鄺健行點校《朝鮮人著作兩種:乾浄衕筆談　清脾録》,上海古籍出版社,2010年,頁8。
③同上注,頁81。
④洪大容《與鐵橋書》,《湛軒書》,收入《影印標點韓國文集叢刊》,民族文化推進會,2001年再版,第248册,頁106。

化類似,對古代韓國人而言,都是可嚮往而不可企及的"概念風景"①。"概念風景"的知識從傳聞、書籍、圖繪等途徑獲得,心領神會,融合本國的文學、藝術、學術、政治、審美理想、價值取向等等,形成母題一致但各具特色的文化意象②。

　　"瀟湘八景"在高麗時代由出使金朝的宮廷畫家和文臣習得③。曾經與趙孟頫(1254—1322)交游的李齊賢(1288—1367)創作"松都八景"爲主題的《巫山一段雲》詞,催熟朝鮮半島許多地方八景④。"瀟湘八景"的八個景觀並無公認的定點,只要掌握基本的原則,即"地點"加上"景色",四個字一組的規律,很容易再創出各種地方八景。

　　朱子學興盛的朝鮮時代,朱熹的《武夷櫂歌》被理解成求道的進程⑤,理學家及其後學門生選取溪流山谷,冠以"九曲"之名,依水流方向逆行列序,作"一曲"、"二曲"至"九曲"之編排,棲隱講學其間,自得其樂。

　　至於杭州西湖,隨文學、繪畫、人員交流的積累,滲入韓國文化藝術底蘊,孕育了有別於"瀟湘八景"和"武夷九曲"的雙重特性——一方面是遐想的"概念風景";另一方面是實實在在,可居可游的人間勝地。許多古代韓國文人都同洪大容、金在行一樣,喜歡向曾經去過杭州的中國人打聽和印證所知的西湖種種。1537年擔任平壤餞慰使的許沆(? —1537),向朝鮮中宗(1506—1544 在位)稟報與明使龔用卿(1500—1563)的交談:

　　　　臣又問曰:"西湖之廣幾何?"天使曰:"其廣幾二十里。"臣曰:"其

---

① 衣若芬《印刷出版與朝鮮"武夷九曲"文化意象的"理學化"建構》,收入石守謙、廖肇亨主編《轉接與跨界——東亞文化意象之傳佈》,允晨出版社,2015 年,頁 351—388。
② 衣若芬《瀟湘八景:東亞共同母題的文化意象》,《東亞觀念史集刊》第 6 期(2014 年 6 月),頁 35—55。
③ 衣若芬《高麗文人李仁老、陳澕與中國瀟湘八景詩畫之東傳》,《中國學術》第 4 卷,第 4 期,總第 16 輯(2004 年),頁 158—176。
④ 衣若芬《李齊賢八景詩詞與韓國地方八景之開創》,《中國詩學》第 9 輯(2004 年 5 月),頁 147—162。
⑤ 衣若芬《游觀與求道:朱熹〈武夷櫂歌〉與朝鮮士人的理解與續作》,(香港)《中國文化研究所學報》第 60 期(2015 年 1 月),頁 53—71。

間多植松植花云,果然乎?"天使曰:"然。"①

李義健(1533—1621)曾經租屋給中國杭州人,便問他西湖風景,聽聞
風俗,作詩云:"昔聞杭州勝,今見杭州人。聽説西湖景,使我融心神……"②

俗謂"天下西湖三十六","西湖"概指市集以西的湖泊,地域則不固定,
因而便於挪用流轉。古代韓國受"瀟湘八景"影響而生"松都八景";隨"武
夷九曲"而有"谷雲九曲","西湖十景"却直接沿襲,稱今首爾漢江楊花渡、
西江一帶爲"西湖",於是有朝鮮版的"西湖十景"。

朝鮮版的"西湖十景"是"概念風景"的實現,含括前述《燕轅直指》和
《乾净衕筆談》都提到的柳永《望海潮·東南形勝》:"有十里荷花,三秋桂
子"的西湖富庶形象,以及隱居孤山的林逋"梅妻鶴子"之處士精神,將之移
植與本地化的結果。

關於古代韓國文人與畫家對西湖的嚮往,學者已有論述③。鄭珉教
授④和金文京教授⑤都注意到了朝鮮版"西湖十景",本文試圖在前賢的研
究基礎之上,考察中國"西湖十景"東傳朝鮮,漢江被比擬爲"西湖"的情形,
嘗試解釋中韓兩國西湖的歷史文化意涵。

---

① 國史編纂委員會編《朝鮮王朝實録》卷八四,中宗三十二年(1537)4 月 3 日,東國文化
　　社,第 18 册,頁 58。
② 李義健《華人來僦余寓,問其居住,乃杭州也。去西湖纔二十里,問西湖風景,則極稱
　　其勝。因曰:每年二三月,百花盛開,搢紳男女,盛辦游宴之具,填咽湖邊,泛舟行樂
　　云》,《峒隱稿》卷二,收入《韓國文集叢刊續》,民族文化推進會,第 4 册,頁 178。
③ 지용환(池容煥)《朝鮮時代西湖圖研究》,高麗大學碩士論文,2008 年。原題文章發
　　表於《美術史學研究》第 269 號(2011 年 3 月),頁 39—69。
　　허뢰《중국항주서호십경의변천과경관인식양상(中國杭州西湖十景的變遷與景觀認
　　識樣相)》,서울시립대학교(首爾市立大學)碩士論文(2014 年)。
④ 정민(鄭珉)《16、7 세기조선문인지식인층의강남열과서호도(十六七世紀朝鮮文人
　　知識人層的江南熱與西湖圖)》,《고전문학연구(古典文學研究)》,第 22 卷(2002 年),
　　頁 281—306。
⑤ 金文京《西湖在日韓——略談風景轉移在東亞文學中的意義》,收入石守謙、廖肇亨主
　　編《東亞文化意象之形塑》,允晨文化公司,2011 年,頁 141—166。又增訂發表於《北
　　京大學研究生學志》2014 年第 1/2 期,頁 2—12。

四　杭州"西湖十景"消息

"西湖十景"成立於南宋晚期，又名"湖山十景"，王洧（1256 年入浙江帥幕）①、張矩（約 1260 前後在世）②、周密（1232—1298）③、陳允平（1205？—1280）等人皆作過詩詞題詠④。"西湖十景"的各景名稱依記載不同，略有出入⑤，主要見於《方輿勝覽》及《夢粱錄》：

祝穆《方輿勝覽》（成書於 1239 年）"西湖"下注云：

> 好事者嘗命十題，有曰平湖秋月、蘇堤春曉、斷橋殘雪、雷峰落照、南屏晚鐘、䴏院風荷、花港觀魚、柳浪聞鶯、三潭印月、兩峰插雲。⑥

吳自牧（約 1270 前後在世）《夢粱錄》（序於 1274 年）則云：

> 近者畫家稱湖山四時景色最奇者有十，曰蘇堤春曉、䴏院荷風、平湖秋月、斷橋殘雪、柳岸聞鶯、花港觀魚、雷峰落照、兩峰插雲、南屏晚鐘、三潭印月。⑦

"西湖十景"創生之初，主要流行於江南一帶，到過江南游歷的高麗文臣雖然歌詠過西湖，但是並未特別提及"西湖十景"。例如 1319 年李齊賢隨高麗忠宣王降香，南游過江浙⑧。又如李穀（1298—1351）曾在元朝做官，

---

① ［宋］潛説友《咸淳臨安志》，臺灣商務印書館，1983 年《文淵閣四庫全書》本，卷九七，葉一二。

② 見唐圭璋編纂，王仲聞參訂，孔凡禮補輯《全宋詞》，中華書局，1999 年，第 5 册，頁 3908—3911。

③ 同上注，頁 4129。

④ 衣若芬《"江山如畫"與"畫裏江山"：宋元題"瀟湘"山水畫詩之比較》，《雲影天光：瀟湘山水之畫意與詩情》，里仁書局，2013 年，頁 315—364。

⑤ 闕維民《杭州城池暨西湖歷史圖説》，浙江人民出版社，2000 年。

⑥ ［宋］祝穆《方輿勝覽》卷一"臨安府"，臺灣商務印書館，1983 年《文淵閣四庫全書》本，頁六下—七上。

⑦ ［宋］吳自牧《夢粱錄》卷一二"西湖"，臺灣商務印書館，1983 年《文淵閣四庫全書》本，頁七下—八上。

⑧ 趙鍾業《益齋李齊賢의中國紀行詩研究》，《古詩歌研究》第 5 輯（1998 年），頁 573—598。

嘗游西湖,有詩數首,描寫西湖風光,其一云:

　　　　舟人見客競來迎,笑指荷花多處行。此日泝流應更好,夜來山雨水添生。①

在贈別鄭誧(1309—1345,字仲孚,號雪谷)前往杭州的詩作中,李穀提到了愛梅高士林和靖:

　　　　梅花風格幾番新,俗物何曾解混真。爲我一過和靖宅,能詩便是愛梅人。②

朝鮮時代觀覽過西湖者,例如 1488 年因海難漂流至浙江台州的崔溥(1454—1504),在其《漂海録》裏記叙道:"西湖在城西二里,南北長,東西徑十里。山川秀發,歌管駢闐之地。"③

史料中較早提及"西湖十景"者,爲李甫欽(1397—1457)曾經"和匪懈堂西湖十景詩"④。匪懈堂即安平大君李瑢(1418—1453),爲世宗大王第三子,雅好文藝書畫,其兄李瑈(1417—1468,後爲朝鮮世祖)曾經前往中國,帶回書籍圖畫,或許因而傳入"西湖十景"詩詞圖繪。安平大君曾經與文臣唱詠"瀟湘八景",留世"匪懈堂瀟湘八景詩卷"⑤,不過關於"西湖十景"的文字則未見其詳。

綜上所述,十三世紀後半形成的"西湖十景",到了十五世紀中葉在朝鮮傳布。至於對"西湖十景"各景具體名稱的認識與熱衷,則要到十六世紀擴散開來。

1534 年,朝鮮中宗於慶會樓下試抄擇文臣,御題"柳浪聞鶯"七言律詩、"平湖秋月"七言律詩、"雷峰落照"五言律詩等⑥。文臣鄭士龍(1491—

---

①《六月十五游西湖》,《稼亭先生文集》,卷一六,收入《韓國歷代文集叢書》,景仁文化社,1999 年,第 14 册,頁 420。

②《送鄭仲孚游杭州謁丞相五首》,《稼亭先生文集》卷一七,頁 447。

③崔溥著,朴元熇校注《崔溥漂海録校注》卷二,上海書店出版社,2013 年,頁 68。

④朝鮮正祖《正壇三十二人》,《弘齋全書》卷六〇,收入《影印標點韓國文集叢刊》,民族文化推進會,2001 年,第 263 册,頁 453。

⑤衣若芬《朝鮮安平大君李瑢及"匪懈堂瀟湘八景詩卷"析論》,《域外漢籍研究集刊》第 1 輯(2005 年 5 月),頁 113—139。

⑥國史編纂委員會編《朝鮮王朝實録》卷七七,中宗二十九年(1534)7 月 17 日,第 17 册,頁 524。

1570)有詩:

《柳浪聞鶯》

絮飛春去恨茫茫,縣羽調喉趁日長。幽谷乍離聲却澀,江鄉初止語偏忙。無情巧舌饒鶯夢,有焕金衣只闘粧。消得亂啼無意緒,何如閑囀禁林傍。①

《平湖秋月》

萬頃寒瑶極目寬,秋歸水國蓼花丹。纖阿恰滿通綃幕,積練輕明浸玉盤。三弄調殘漁笛遠,九皋聲徹露禽寒。憑誰跨得琴高去,紫府朝真問缺完。

鄭士龍在 1534 年和 1544 年兩度擔任冬至使出使明朝,並且於 1521 年、1537 年、1539 年、1546 年等多次擔任遠接使等職務,接待過出使朝鮮的明朝使臣,與他們唱和頻繁。鄭士龍還題詠過沈光彦(1490—1568)寄送的"杭州西湖圖"②。金得臣(1604—1684)《終南叢志》記明宗朝(1545—1567)得一幅山水畫,群臣中唯有鄭士龍能指認畫中靈隱寺、湧金門等地點,而知爲"西湖圖"③。

此外,創建白雲洞書院的理學家周世鵬(1495—1554)有詩《平湖秋月》、《蘇堤春曉》、《斷橋殘雪》、《麴院風荷》、《花港觀魚》、《兩峰插雲》④。權濤(1575—1644)有《西湖八詠》,缺少"西湖十景"中的"南屏晚鐘"和"兩峰插雲"⑤。申欽(1566—1628)的詩:"蟬噪高林雨霽衢,病來人事十分無。芭

---

① 鄭士龍《慶會樓下庭試》,《湖陰雜稿》卷四,收入《影印標點韓國文集叢刊》,民族文化推進會,1996 年,第 25 册,頁 141。

② 《鈍庵寄送杭州西湖圖、雪擁藍關圖、商山四皓圖、玉堂春曉梅花圖索詠,雜記一律博笑》,《湖陰雜稿》,第五卷。這幾幅畫作一説爲蘇世讓 1533 年出使明朝時帶回,見高裕燮《朝鮮畫論集成》卷下,景仁文化社,1990 年,頁 309。

③ 金文京《西湖在日韓——略談風景轉移在東亞文學中的意義》。

④ 周世鵬《武陵雜稿》卷四,收入《影印標點韓國文集叢刊》,民族文化推進會,1996 年再版,第 26 册,頁四上—五上。

⑤ 權濤《西湖八詠》,《東溪集》卷一,收入《影印標點韓國文集叢刊續》,民族文化推進會,2006 年,第 18 册,頁 107—108。

蕉影静輕陰轉,卧看西湖八景圖。"①河弘度(1593—1666)的詩注云:"柳浪觀魚,即西湖八景一也。"②可知當時對"西湖十景"的理解未必全面,且受八景山水文化的影響,將"西湖十景"認作八景。

　　學者研究指出:明代嘉靖(1522—1566)至萬曆(1573—1620)時期是西湖旅游繁盛的階段,應運而生許多相關的書籍,例如田汝成(1503—1557)的《西湖游覽志》、《西湖游覽志餘》(初刻於 1547)③,朝鮮文人簡稱其爲《西湖志》,申欽就有從中國帶回的小本:

　　　　余昔奉使赴燕,得田禾叔《西湖志》,愛其事迹備具,山川臨觀之美、游戲詠歌之什,皆摭拾無一遺者。竣事東還,遂購小本,爲橐裏寶裝。暨歸值官閑身暇,心未嘗不於志矗矗,而幾乎案無他書矣。④

　　其他隨著使行者輸入朝鮮的西湖相關書籍包括《三才圖會》(1607)、楊爾曾編《海内奇觀》(1609)等,由於内附插圖版畫,直接影響朝鮮的山水畫創作,也使得"西湖十景"在十七世紀末到十八世紀初更爲流行。

　　朝鮮肅宗朝(1674—1720)命畫院繪製"西湖十景圖"賜仁元王后(1687—1757)之弟,即國舅金後衍(1694—1735)。金後衍命曾經隨通信使赴日本的洪世泰(1653—1725)賦詩題詠,洪世泰作《西湖十景》詩十首,除"南屏晚鐘"作"南屏曉鍾"、"平湖秋月"作"平湖秋色"之外,其餘八景均與中國之題一致⑤。其後,同樣依命作《西湖十景》者還有朴永元(1791—1854)⑥,十景之個別名稱與中國無異,時代已進入十九世紀。

---

① 申欽《患疴卧吟》,《象村稿》卷二〇,葉一三,收入《影印標點韓國文集叢刊》,民族文化推進會,1996 年再版,第 71 册,頁 504。
② 河弘度《不赴楊州出鶴灘書懷》,《謙齋集》卷一一,收入《影印標點韓國文集叢刊》,民族文化推進會,1996 年再版,第 97 册,頁 179。
③ 馬孟晶《名勝志或旅游書——明〈西湖游覽志〉的出版歷程與杭州旅游文化》,《新史學》第 24 卷第 4 期(2013 年 12 月),頁 93—138。
④ 申欽《藍田遺璧跋後稿》,《象村稿》卷三六,收入《影印標點韓國文集叢刊》,民族文化推進會,1996 年再版,第 72 册,頁 221。
⑤《西湖十景》,《柳下集》卷五,收入《影印標點韓國文集叢刊》,民族文化推進會,1998 年再版,第 167 册,頁 401。
⑥《應製録·廣韻·西湖十景》,《梧墅集》,第五册,收入《影印標點韓國文集叢刊》,民族文化推進會,2003 年,第 302 册,頁 317—318。

五　朝鮮版"西湖十景"

就在杭州"西湖十景"的個別十景題名在朝鮮有整體而穩定的認識之際,出現了同樣名爲"西湖十景",歌詠漢江風光的朝鮮版"西湖十景"。金謹行(1713—1784)"西湖十景"詩的十景爲:

鶴灘霞日　鳳洲雪月　鴨島歸鴻　龍湖暮帆　棠山烟花　栗里霜楓　月巖落照　巴陵漁火　桂岫朝嵐　花岑夕烽①

我們可以和"瀟湘八景"相比,發現其間有些相近:

平沙雁落——鴨島歸鴻

遠浦歸帆——龍湖暮帆

洞庭秋月——鳳洲雪月

漁村夕照——月巖落照/巴陵漁火

山市晴嵐——桂岫朝嵐

徐命膺(1716—1786)命名的"西湖十景"則爲:

白石早潮　青谿夕嵐　栗嶼雨耕　麻浦雲帆　鳥洲煙柳　鶴汀明沙　仙峰泛月　籠巖觀漲　鷺梁漁釣　牛岑采樵

同樣也有近似"瀟湘八景"的景題:

遠浦歸帆——麻浦雲帆

瀟湘夜雨——栗嶼雨耕

洞庭秋月——仙峰泛月

山市晴嵐——青谿夕嵐

並有見於"西湖十景"者:

花港觀魚——鷺梁漁釣

柳浪聞鶯——鳥洲煙柳

可以说,金謹行的"西湖十景"襲自"瀟湘八景";徐命膺的"西湖十景"兼采"瀟湘八景"和杭州"西湖十景"。金謹行的"西湖十景"未見後續者;徐

---

① 金謹行《西湖十景》,《庸齋集》卷一,收入《影印標點韓國文集叢刊續》,韓國古典翻譯院,2009年,第81冊,頁1。

命膺的孫子徐有本(1762—1822)則繼承祖父的創發,次韻賡和①。

　　從觀察杭州“西湖十景”被古代韓國接受的歷程,我們可知朝鮮文人並非僅聞“西湖十景”之説而不曉其個别景致名稱。是刻意爲本國的漢江選取十景,又不離中國本有的“西湖”地名。

　　如果安平大君與文臣唱和“西湖十景”的活動屬實,相近的時間李承召(1422—1484)、姜希孟(1424—1483)等人爲安平大君作“淡淡亭十二詠”便顯示當時所謂“西湖”並非杭州西湖的專稱。淡淡亭在首爾麻浦北岸,本屬安平大君,後歸爲申叔舟别莊。成俔(1439—1504)記云:“匪懈堂以王子好學,尤長於詩文,書法奇絶,爲天下第一。又善畫圖琴瑟之技。”②又云:

　　　　〔安平大君〕性又浮誕,好古貪勝。作武夷〔按:當作“溪”〕精舍于北門外,又臨南湖,作淡淡亭,藏書萬卷,招聚文士,作十二景詩,又作四十八詠。或張燈夜話,或乘月泛舟,或占聯,或博奕,絲竹不絶,崇飲醉噱,一時名儒無不締交,無賴雜業之人,亦多歸之。③

　　在“瀟湘八景”概念傳入高麗之初,“八景”即與“八詠”不分④,“淡淡亭十二詠”乃“十二景”之意,包括:

　　　　麻浦夜雨 栗島晴嵐 冠岳春雲 楊花秋月 西湖帆影 南郊雁聲 仍火芳草 喜雨斜陽 龍山漁火 竈嶺樵歌 盤磯釣雪 甕村新煙⑤

　　“西湖帆影”之“西湖”,指“西江”,即今麻浦至楊花一段。《東國輿地勝覽》(初刻於 1530)記曰:“漢江在木覓山南,古稱漢山河。新羅時爲北瀆……高麗稱沙平渡。”⑥木覓山即今首爾南山。1760 年代的“漢陽圖”還得見“沙坪〔平〕”的地名。漢江“西流爲露梁、爲龍山江,又西爲西江”。⑦

---

①徐有本《謹次王考文靖公西湖十景詩韻並序》,《左蘇山人文集》卷二,收入《影印標點韓國文集叢刊續》,韓國古典翻譯院,2010 年,第 106 册,頁 25。

②成俔《慵齋叢話》卷二,東方文化書局,1971 年,頁 46—47。

③同上注,頁 47。

④衣若芬《蘇軾對高麗“瀟湘八景”詩之影響——以李奎報〈虔州八景詩〉爲例》,《宋代文學研究叢刊》第 10 期(2004 年 12 月),頁 205—229。

⑤李承召《淡淡亭十二詠》,《三灘集》卷一,收入《影印標點韓國文集叢刊》,民族文化推進會,1996 年再版,第 11 册,頁 385—386。

⑥盧思慎《新增東國輿地勝覽》卷三,國書刊行會,1986 年,頁 82。

⑦同上注。

"露梁"、"龍山江"、"麻浦"、"西江"的名字和由東到西的位置在 1765 年"四山禁標圖"中清楚呈現。《東國輿地勝覽》並記載:"龍山江在都城西南十里","麻浦在都城西,即龍山江下流","西江在都城西十五里","楊花渡即西江下流",可知今所稱"漢江"古時依不同區段而有不同名稱。

接待明朝使臣的朝鮮文人經常陪同游漢江,稱"游西湖"①,也經常以"西湖"形容江水,尤其是西江和楊花渡一帶。如 1457 年陳鑑、高閏出使朝鮮,金守溫(1409—1481)次韻高閏詩:

十里西湖畫舸浮,使華行樂盡風流。清川芳草黃樓句,桂棹蘭橈赤壁舟。詩酒可供賓主意,笙歌解破古今愁。江山如此人如玉,此會吾應説白頭。②

詩中用了黃鶴樓和蘇軾赤壁之游的典故,形容江游之樂。

1476 年祁順、張瑾出使朝鮮,徐居正(1420—1488)次韻張瑾詩:

西湖落日泛樓船,人在蒼茫鏡裏天。錦纜牙檣驚鷺鷥夢,鵾絃鐵撥起龍眠。山當鯨海青還盡,水到蠶頭碧更濺。雨散雲離明日事,回頭漢水夢相牽。③

詩中所提及的"蠶頭"爲"蠶頭峰",又名"龍頭峰",在楊花渡東岸。

雖然陳鑑詩云:"美景良辰留海外,佳山秀水逼江南。"④明使並不像朝鮮文人那樣把西湖和漢江相提並論。筆者以爲,以最積極將西江比爲西湖

---

① 金守溫《陪兩天使游西湖,舟中遇雨,率爾成興,伏希電覽》,《拭疣集》卷四,收入《影印標點韓國文集叢刊》,民族文化推進會,1996 年再版,第 9 册,頁 117—118。徐居正《次日休陪高陽左相游西湖韻》,《四佳詩集》,卷八,收入《影印標點韓國文集叢刊》,民族文化推進會,1988 年,第 10 册,頁 327—328。

② 金守溫《丁丑年陪明使陳内翰鑑高太常閏游於漢江及楊花渡,船中次高韻》,《拭疣集》卷四,頁 117。《足本皇華集》卷三,鳳凰出版社,2013 年,頁 74。高題爲《舟近楊花渡,被洪禮曹大觥逼酒,立成一律並絶句請教》。

③ 徐居正《次韻副使游漢江》,《四佳詩集》補遺二,收入《影印標點韓國文集叢刊》,民族文化推進會,1996 年再版,第 11 册,頁 166。《足本皇華集》卷九,頁 277。張題爲《漢江之游,參贊徐君賦律詩二章。既和之矣,然佳景非常,豈宜少詠?因再賦一律置於舟中。次韻》。

④ 陳鑑《日昨重承游覽,嘉賓良會,世不常有。率成近律三首,聊紀一時之勝,不暇計詩之工拙也。錄似同游諸君子,尚希和教焉》,《足本皇華集》卷三,頁 79。

的徐居正爲例,如同西湖造就了南宋都城的勝景,西江也可以是朝鮮這個建立未久的朝廷首都的勝景。且看徐居正的"漢都十詠":

　　莊義尋僧　濟川翫月　盤松送客　楊花踏雪　木覓賞花　箭郊尋芳　麻浦泛舟　興德賞蓮　鍾街觀燈　立石釣魚

我們比較李齊賢寫高麗首都的"松都八景":"紫洞尋僧、青郊送客、北山烟雨、西江風雪、白嶽晴雲、黃橋晚照、長湍石壁、朴淵瀑布",可知"漢都十詠"部份承接"松都八景":

　　莊義尋僧——紫洞尋僧

　　盤松送客——青郊送客

　　楊花踏雪——西江風雪

"漢都十詠"裏還有部分近於"西湖十景":

　　濟川翫月——平湖秋月/三潭印月

　　興德賞蓮——麴院風荷

　　立石釣魚——花港觀魚

因此,"漢都十詠"結合了"松都八景"和"西湖十景",徐居正不僅像李齊賢選出首都的八景,還不讓"西湖十景"專美於前,以十個漢陽的特色景觀,爲都城增添風情。

曾經出使明朝,也接待過明使的蘇世讓(1486—1562)應制作《洞庭秋月》詩,自注:"中廟幸西湖,水戰時命題",即使正式地理志並無西江稱"西湖"的説法,終朝鮮時代,文人已經習稱,讀者觀前後脈絡及詩文内容,即可分辨是指中國還是韓國的"西湖"。比如姜希孟《西湖鼉嶺契飲序》①,鼉嶺即前述楊花渡東岸的鼉頭峰,可知指的是西江。又如李宜茂(1449—1507)《書游西湖圖上》:

　　西湖弄水洗塵冠,贏得官曹半日閑。忙裏簿書無我溷,醉中觴詠盡君歡。江山滿目情難遣,魚鳥忘形興未闌。移上畫圖非好事,白頭歸老要相看。②

---

① 姜希孟《私淑齋集》卷八,收入《影印標點韓國文集叢刊》,民族文化推進會,1996 年再版,第 12 册,頁 43—45。

② 李宜茂《書游西湖圖上》,《蓮軒雜稿》卷二,收入《影印標點韓國文集叢刊》,民族文化推進會,1996 年再版,第 15 册,頁 308b。

描述的是官員忙裏偷閒游覽西江的情景被繪成了圖畫。

杭州西湖有林和靖處士棲居過,漢江西湖則有權韠(1569—1612)、成輅、李基卨(1556—1622)被稱爲"西湖三高士",朴世采(1631—1695)爲之作傳①。

再如申琓(1646—1707)《題西湖圖並序》:

　　噫! 余匏繫偏邦,地已左矣,雖欲以青鞋布襪,徜徉於湖山之間,安可得也? 且江南一片地,久爲戎馬之場,未知今日能保昔日之繁華耶? 今觀此圖,不能無感。②

詩人痛感明清鼎革,江山易主,擔心繁華盛況也會隨之變色,可知指的是杭州西湖。

總之,雖然同樣名爲"西湖",中韓兩"西湖"各有千秋。即如崔有淵(1587—1656)所云:

　　昔有東坡子詠杭州西湖曰:"西湖與西子,淡粧濃抹兩相宜。"謂春景如濃;秋容如薄也。夫西子萬古國色也,以西湖比之,則西湖景物,爲天下最可想。而我國西湖,亦有爲堂而名之曰"兩宜"。我西湖亦不下杭之西湖也明矣。③

六　西江與西湖

朝鮮時代稱"西湖"的地方不只一處,據金允植(1835—1922)記曾於1861 年擔任問安副使的朴珪壽(1809—1876)所言,朴珪壽在燕京"逢錢塘舉人,袖中出西湖圖示之",認爲"察其山水形勢,我國斗陵歸川之間,可以

①朴世采《西湖三高士傳》,《南溪集》卷八三,收入《影印標點韓國文集叢刊》,民族文化推進會,1994 年,第 141 册,頁 159。

②申琓《題西湖圖並序》,《絅庵集》卷一,收入《影印標點韓國文集叢刊續》,民族文化推進會,2007 年,第 47 册,頁 202。

③崔有淵《兩宜堂記》,《玄巖遺稿》卷四,收入《影印標點韓國文集叢刊續》,民族文化推進會,2006 年,第 22 册,頁 551。

當之,但少人功鋪置耳。"①歸川位於京畿道楊州和廣州之間,有南漢江流
經。不過,最爲著名且爲人稱道者,還屬漢江西江。

　　嚴格説來,"江"和"湖"是兩種指涉,難道就是爲了比附杭州西湖,便將
西江縮小化了嗎? 學者丁若鏞(1762—1836)的分析和批評,顯示了朝鮮
"江"、"湖"和"浦"混用的情形:

> 湖者,大陂也。陂者,澤障也。水形如鳥獸之有胡囊,故曰湖
> 也……西湖、鏡湖之等,皆如吾東之大堤蓄水,以溉田,非流水之名。
> 俗儒錯認以湖爲江,用湖如浦,蒅洲曰東湖;冰庫曰冰,悉名爲湖。②

　　丁若鏞還提到一些意義上屬於"湖"的地方,却被稱爲"池"、"堤":"而
義林池、空骨池、合德池、碧骨堤、景陽池、南大池,真是湖也,而詩人墨客臨
汎游覽,終不敢用一箇湖字,豈不疏哉。"直至今日,韓國有"湖西"、"湖南"
的地域,丁若鏞説:"或曰忠清道稱湖西者,以在義林池之西也。全羅道稱
湖南者,在碧骨堤之南也,不知然否。"③

　　前述《東國輿地勝覽》記"龍山江"、"麻浦"、"西江",此三處("三江")被
稱爲"三湖",即"龍湖"、"麻湖"、"西湖"④。也就是説,並非僅因杭州西湖之
盛名,而將"西江"叫做"西湖",而是"江"、"湖"通用。稱"麻浦"爲"麻湖"的
例子如李安訥(1571—1637)詩:"漁舟晚笛麻湖迥,佛殿晨鍾楮島幽。"自
注:"麻湖,乃麻浦。"⑤趙顯命(1691—1752)詩《與柳令,舟還麻湖,疊開字》
第五疊:"麻浦柴門到夜開,小孫燈火候吾來。"⑥

---

① 金允植《懷歸川賦在沔陽時作》,《雲養集》卷七,收入《影印標點韓國文集叢刊》,民族
文化推進會,2004 年,第 328 册,頁 335。

② 丁若鏞《與猶堂全書》第一集,卷二四之二,收入《影印標點韓國文集叢刊》,民族文化
推進會,2002 年,第 281 册,頁 519。

③ 同上注,頁 519—520。

④ 加上"東湖"(今首爾玉水洞附近漢江)、"南湖"(首爾龍山前一帶漢江),稱爲"五湖"。
見尹愭(1741—1826)《濯纓亭記》,《無名子集》文稿册一,收入《影印標點韓國文集叢
刊》,民族文化推進會,2000 年,第 256 册,頁 188。

⑤ 李安訥《三月十四日丁巳》,《東岳集》卷一七,收入《影印標點韓國文集叢刊》,民族文
化推進會,1991 年,第 78 册,頁 280。

⑥ 趙顯命《與柳令舟還麻湖疊開字》,《歸鹿集》卷二,收入《影印標點韓國文集叢刊》,民
族文化推進會,1998 年,第 212 册,頁 71。

　　文學作品裏"西江"和"西湖"交叉使用的例子很多,如金澍(1512—1563)詩《李君天章,從諸君游西江,宿甘露寺。翌日歸來,袖詩示余,仍次韻贈之》:"每想西湖勝,難忘舊日游。"①金富倫(1531—1598)詩《西江泛月》:"抽身塵土裏,帶月泛西湖。"②李好閔(1553—1634)詩《西湖晚吟》:"盤谷窮冬雪,西江欲暮天。"③許穆(1595—1682)《樂悟亭記》:"三江之勝,西湖最大。漢水至露梁龍山,中分爲二水,過西江龍首,復合流。"④則"漢江"又被稱爲"漢水"。從這些十六、十七世紀"江"與"湖"混用的例子看來,當時已經普遍如此。往前追溯到朝鮮初期,開國勳臣鄭道傳(1342—1398)、權近(1352—1409)等人爲歌詠新的都城漢陽,進"新都八景",其中有"西江漕泊"一景,"西江漕泊"的詩篇裏,没有比喻爲"西湖"的形容。因此,十五世紀中葉的安平大君、姜希孟、金守温、徐居正,堪爲西江"西湖化"的推手。

　　"江"與"湖"混用,"西江"稱"西湖";而"麻浦"稱"麻湖"也得見"湖"和"浦"不分,今位於北朝鮮境内的"三日浦",爲"關東八景"之一,其實是個天然湖泊,古代也稱"三日湖"。漢江三湖是三個主要的浦口,韓文爲"삼개나루",後來"삼개나루"主要指麻浦(마포),稱"마포삼개"或"마포나루"⑤。"나루"即"나루터",指渡船口,寫成漢字即"津"、"渡"或"浦"。所以從水的層面而言是"麻湖";從渡船口(浦口)的層面而言則是"麻浦"。

　　順此思維考索,用漢字表記和用韓文表記可能產生轉譯上的落差,漢字的"江"、"河"、"湖"、"浦"、"池"等等,都是有所區別的指涉,否則不必創造出這些不同的字,在韓文裏却未必如此。

　　創作於 1445 至 1447 年的《龍飛御天歌》,是朝鮮世宗大王頒布"訓民

----

①金澍《寓庵遺集》卷三,收入《影印標點韓國文集叢刊》,民族文化推進會,1996 年再版,第 33 册,頁 343。

②金富倫《雪月堂集》,卷一,收入《影印標點韓國文集叢刊》,民族文化推進會,1996 年再版,第 41 册,頁 22。

③李好閔《五峰先生集》,卷三,收入《影印標點韓國文集叢刊》,民族文化推進會,1990 年,第 59 册,頁 347。

④許穆《樂悟亭記》,《記言》卷一三,中篇,收入《影印標點韓國文集叢刊》,1992 年,第 98 册,頁 80—81。

⑤도서관연구소고전운영실《고지도를통해본서울지명연구(通過古地圖所見首爾地名研究)》(서울:국립중앙도서관도서관연구소,2010 年),頁 63。

正音”時以韓文與漢字書寫的詩歌,其第 20 章中有“河無舟矣”一句①,“河”字寫作中世韓語的ᄀᆞᄅᆞ,用現代韓語寫成“가람”。漢江也稱“한가람”,“한”字有寬廣、長、大的意思,故而漢江即大江、長江之意。“가람”在中世韓語裏和“江”、“河”、“湖”相通②,漢江的“西江”,用韓語表達,即西段的“가람”,寫成漢字也是“湖”,於是就成了“西湖”。

《龍飛御天歌》創製的時期,正是前述西江“西湖化”的十五世紀中葉,朝鮮文人既用漢字寫作詩文,也采納了新的民族語音表記方式,融入了韓語的内涵。被丁若鏞批評的“俗儒”,以今日的價值觀估量,或許可視爲即使使用漢字,不忘民族主體意識的知識分子。

七　結語

回到本文第二節,針對東亞“西湖十景”提出的三問題,本文探取的文圖學研究方法,方能够清楚解釋既有的歷史學、地理學、美術史所未能全部概括的層面。

杭州“西湖十景”成立於十三世紀後半,十五世紀流傳入朝鮮,對“西湖十景”各景具體名稱的認識與熱衷,到十六世紀擴散開來,逐漸興盛。

十五世紀中期,一方面基於對杭州西湖的興趣,以及與明朝使臣交游的詩賦唱和,朝鮮文人經常稱漢江西部一段的“西江”爲“西湖”。文圖學的“文本”包含聲音、文字、圖像,“西江”和“西湖”在漢字的語境裏,“江”和“湖”、“浦”是不同指涉的概念,但是在表音記號的韓語系統裏,却是同一發音的“가람”。稱“西江”爲“西湖”,未必完全爲了比附中國的杭州西湖,而是以本國語言標記,指稱本地的西湖。於是,書寫和繪畫“西江”爲“西湖”在朝鮮詩畫裏表現並無違和感。

圖像裏畫漁人捕撈的“觀漁”不但更具運動感、生活味,比“觀魚”還合適江面的風景構設。這和中國畫家例如葉肖巖、藍深畫的“花港觀魚”,傾向於静態的情趣殊異,可視爲朝鮮版“西湖十景”的地方特色。

---

①第二十章爲:“維彼四海,肯他人錫,河無舟矣,既冰又釋。維此三韓,肯他人任,海無舟矣,既淺又深。”

②一説“가람”的“가”來自漢字的“江”,韓文寫成“강”。

　　文圖學的"圖"兼具"意象"之意，融會"瀟湘八景"、"松都八景"、"漢都十詠"、"淡淡亭十二詠"等景觀文化，創造了同名而各景内涵不同，合乎西江風光的朝鮮版"西湖十景"，在十八世紀更爲完整成熟，經由文學作品與繪畫，生發了具有本國風情的朝鮮"西湖十景"，一直流傳到二十世紀初。

　　　　　　　　　　　　（作者單位：新加坡南洋理工大學中文系）

日本漢籍研究

域外漢籍研究集刊　第十八輯
2019 年　頁 27—67

日本古寫經《高僧傳》之文本系統
——以興聖寺本爲中心

定　源（王招國）

日本古寫經是佛教文獻研究的一大富礦，它可以與百年前在中國敦煌莫高窟藏經洞發現的敦煌遺書相媲美，甚至某些方面，其文獻價值有過之而無不及。我比較幸運，從 2006 年至 2013 年，前後近八年時間，跟隨業師落合俊典先生先後考察了大阪金剛寺、大阪四天王寺、京都興聖寺、奈良西方寺以及名古屋七寺等日本各地古刹收藏的寫本一切經（大藏經），使我對日本古寫經有了感性認識和深切體會，豐富了我的學術經歷。

關於日本古寫經，依我的膚淺認識，大致可以分出以下三種層次：

1.古逸文獻。這類文獻中國傳世本以及敦煌遺書等均無保存，目前僅見於日本古寫經，如七寺收藏的某些疑僞經和金剛寺發現的《十二門經》等。

2.與傳世本不同系統的文獻。日本古寫經存有一些雖與傳世本經典同名，但内容差異較大，形成另一種系統的文本，如《馬鳴菩薩傳》及《護浄經》等。

3.可供校勘的文獻。日本古寫經與通行本相比，文本系統即使相同，但個別文字差異所在多有，可資參校。

總而言之，日本古寫經無論屬於上述哪一類，都體現了不同層面的研究價值。

本文討論的《高僧傳》，乃梁代沙門慧皎（497—554）所撰。此書與道宣《續高僧傳》、贊寧《宋高僧傳》，並稱爲中國佛教三大僧傳。它不僅是研究中國早期佛教的案頭之作,也是探討中國中古社會、經濟、制度等方面的必備書。目前,關於《高僧傳》的研究成果已相當豐富,可謂不勝枚舉。但需要指出,至今爲止的相關研究主要根據《大正藏》卷五十所收《高僧傳》(以下簡稱"大正藏本"),或據湯用彤先生率先整理,後由湯一玄先生修訂完成,最早於 1992 年由中華書局出版的《高僧傳》爲基礎而展開的。由於大正藏本所用的底本是高麗再雕藏,再校以宋(思溪藏)、元(普寧藏)、明(嘉興藏)以及宮(福州藏)本等,而中華書局本《高僧傳》則以大正藏本爲底本,在利用大正藏本校記的同時,並參校了趙城金藏本、金陵刻經處本以及海山仙館本等。可以看出,目前學界所依據的《高僧傳》,幾乎沒有超出刻本大藏經系統的範圍。

　　實際上,在刻本大藏經之外,日本古寫經《高僧傳》也是極其珍貴的文獻。最早利用日本古寫經《高僧傳》並進行研究的恐怕是牧田諦亮先生,他於 1938 年發表《石山寺本梁高僧傳と其の道安傳校異》一文①,指出石山寺本與刻本大藏經《高僧傳》的不同,就其中差異最大的道安傳部分進行了校異並公開録文。遺憾的是,牧田先生的這一研究成果,長期沒有引起足够的重視,學界至今仍以刻本大藏經《高僧傳》作爲研究依據。近些年來,隨著日本奈良、平安以及鎌倉時期寫本一切經的調查與研究的進展,現獲知在石山寺本之外,日本古寫經中還存有多種《高僧傳》寫本。筆者目前掌握的有金剛寺本、七寺本、四天王寺本、興聖寺本以及西方寺本等五種。通過比較顯示,這些寫本與刻本大藏經《高僧傳》,不僅有開卷、目録排列順序、立傳人數等差別,而且除了道安傳之外,其他人物傳記也存在明顯不同。可以説,寫本與刻本已經形成不同系統。但值得注意的是,在日本古寫經《高僧傳》諸本中,興聖寺本的現存形態最爲獨特,它既屬於寫本系統,又與刻本系統關係密切,受到兩系統交叉的影響。因此,本文即以興聖寺本《高僧傳》爲討論對象,在介紹興聖寺本現存概況的基礎上,根據它的文本特點,對其文本系統及其底本問題進行探討。不周之處,敬請方家指正!

_____

① 參見《支那佛教史學》,1938 年 5 月,頁 69—82。《石山寺本梁高僧傳と其の道安傳校異》一文,當年署名"岩井諦亮",這是牧田先生早年使用的姓名。

一　興聖寺一切經與《高僧傳》

　　興聖寺位於京都上京區堀川寺之内。關於此寺的歷史沿革,根據《山城名迹巡行志》記載,文禄年間(1592—1596)由虛應圓耳(1559—1619)禪師創建,初名大昭庵。慶長八年(1603)因古田織部(1544—1615)請願,始改名爲興聖寺。寬永六年(1629)由虛應禪師上奏,成爲後水尾天皇之敕願所。天明八年(1788)因京都發生號稱史上最大的火災而被燒毁。復建後,明治二十年(1887)與臨濟宗相國寺派合流,遂成爲臨濟宗興聖寺派的大本山。

　　該寺現存有建築、繪畫、書迹等多種形態的重點文物,其中備受關注的是一切經。關於該寺一切經的由來及現存情況,可以通過《興聖寺一切經調查報告書》了解大概。此書是京都府教育委員會於平成六年至九年期間(1994—1997)對該寺一切經實施調查並編纂出版的。據此可知,興聖寺一切經現存五千二百六十一卷,主體部分是平安末期長寬元年(1163)至嘉應元年(1166)之間由中原真弘發心出資,在丹波國桑田郡小川鄉(現在龜岡市内)西樂寺抄寫的(當時稱爲西樂寺一切經)。後來經過解脫上人貞慶(1155—1213)之手,於承元二年(1208)轉移至南山城海住山寺(現在木津川市内)。因貞慶當年所獲西樂寺一切經有殘缺,所以貞慶弟子等有過若干補寫。慶長三年(1598),通過興聖寺開山虛應禪師,將海住山寺一切經賣給興聖寺。因此,興聖寺一切經經歷了平安末期書寫的西樂寺一切經和鎌倉時期補寫的海住山寺一切經的兩大階段。

　　海住山寺一切經轉移至興聖寺之後,有過幾次補修,最大的變化是將原來的卷軸裝改爲經折裝。該一切經現藏於興聖寺本堂(大殿)北面用泥土建造的一座經藏樓的第二層上,共有四百九十二箱,每箱一帙,每帙收納十卷左右。與其他寺院所藏的一切經相比,興聖寺一切經的主體部分抄寫年代偏早,現存卷數較多,雖有若干蟲蛀破損,但現存情況基本完好,具有極高的文物與文獻價值。

　　興聖寺一切經作爲學術研究資料,很早就受到日本學界的關注。1923年大屋德誠氏在該寺一切經中發現隋代信行的《三階佛法》五卷,並將其與法隆寺藏同書卷一、卷二,以及正倉院藏同書卷二、卷三、卷四進行了對校並出版公開,爲三階教研究提供了珍貴資料。隨後,該寺一切經《大唐西域記》卷十二中的朱筆訓點,作爲平安時期的訓讀資料,也引起日本國文學以及語言學者的注意①。另有延曆四年(785)抄寫的《大唐西域記》卷一,由於是該寺一切經中抄寫年代最早,同時也是目前同書現存最早的寫本,而受到高度關注②。此外,引起學術界廣泛關注的還有一些,比如道宣《續高僧傳》寫本。1979年,緒方香洲先生在印度學佛教學學術大會上率先披露興聖寺本《續高僧傳》的大致情況,並指出它與通行本不同的另一系統文本。但遺憾的是,這一研究成果並沒有正式公開發表。繼此之後,藤善真澄先生通過緒方先生獲知興聖寺本《續高僧傳》,並就其中與通行本差異較大的"玄奘傳"部分進行録文研究,指出興聖寺本是在貞觀二十三年(649)修訂本的基礎上成立的,是現存諸本中保留最早形態的文本③。其後,興聖寺本《續高僧傳》又引起伊吹敦④、齊藤達也⑤以及池麗梅人等⑥的注意。可以説,近年來,興聖寺本一切經已越來越受到學術界的重視。但是,相對《續高僧傳》而言,同樣作爲中國佛教僧傳文獻的《高僧傳》,則關注程度似

---

① 曾田文雄《興聖寺本大唐西域記卷第十二の朱點》,載《訓點語と訓點資料》第11輯,1959年。又,同氏《興聖寺本大唐西域記卷第十二並解讀文》,載《訓點語と訓點資料》第14輯,1960年。小林芳規《興聖禪寺本大唐西域記卷第十二平安中期點の訓讀資料について》,載《川瀨博士古稀記念國語國文學論集》,雄松堂書店,1979年。

② 參見高田時雄《現存最古の大唐西域記寫本》,載國際佛教學大學院大學學術フロンティア奈良平安古寫經研究據點の形成ニュースレター《いとくら》第3號,2008年1月,頁10—11。

③ 藤善真澄《〈續高僧傳〉玄奘傳の成立——新發現の興聖寺本をめぐって》(《鷹陵史學》第5號,1979年)。此文後收入同氏著《道宣傳の研究》(京都大學學術出版會,2002年)第六章中,改題爲"《續高僧傳》玄奘傳の成立——卷四·玄奘傳"。同時,在同書在第七章又撰有"《續高僧傳》管見——興聖寺本を中心に"。

④ 伊吹敦《〈續高僧傳〉の增廣に關する研究》,載《東洋の思想と宗教》第7期,1990年。

⑤ 齊藤達也《金剛寺本〈高僧傳〉の考察—卷四玄奘傳を中心に》,載日本古寫經善本叢刊第八輯《續高僧傳卷四·卷六》,國際佛教學大學院大學日本古寫經研究所文科省戰略プロジェクト實行委員會,2014年3月,頁246—266。

⑥ 池麗梅《興聖寺一切經〈續高僧傳〉—刊本大藏經本と日本古寫經本との交差》,收入日本古寫經善本叢刊第八輯《續高僧傳卷四·卷六》,頁268—297。

嫌不足。

以下簡要介紹興聖寺本《高僧傳》(以下簡稱"興聖寺本")的基本情況：

興聖寺本現藏於第 477 箱與第 478 箱內，共計十四卷，每卷首尾完整。原爲卷軸裝，現已改爲經折裝。每卷均有外題，依序分別是"高僧傳卷第一"至"高僧傳卷第十三"，最後一卷外題作"高僧傳叙録卷第十四"。每卷封面右下方粘有一張四方形的白紙標籤，上印有紅字"興聖寺一切經"，其下三欄用鉛筆分別寫有"477、亦、4"(第一卷)，"477、亦、5"(第二卷)，"477、亦、6"(第三卷)，"477、亦、7"(第四卷)，"477、亦、8"(第五卷)，"478、聚、1"(第六卷)，"478、聚、2"(第七卷)，"478、聚、3"(第八卷)，"478、聚、4"(第九卷)，"478、聚、5"(第十卷)，"478、聚、6"(第十一卷)，"478、聚、7"(第十二卷)，"478、聚、8"(第十三卷)，"478、聚、9"(第十四卷)。這些標示分別表示該書所在的箱號、千字文號以及在每箱中的卷號。

興聖寺本十四卷均紙本墨書(楮紙)，楷體，有天地界和淡墨界。第一卷至第十三卷，每卷卷首不題撰者名字，第十四卷内題"高僧傳叙録卷第十四"，下題有"會稽嘉祥寺釋慧皎撰"。每卷抄寫所用紙數分別是：卷一 33 紙；卷二 29 紙；卷三、卷四各 25 紙；卷五 27 紙；卷六 29 紙；卷七 35 紙；卷八 31 紙；卷九 34 紙；卷十 20 紙；卷十一 26 紙；卷十二 18 紙；卷十三 27 紙；卷十四 15 紙。每紙長度大約在 50.5 厘米，高 25.7 至 27.0 厘米不等。每紙約 28 行，每行約 17 字。每卷第一紙天界上方(從右到左)鈐有楷體墨印，印文爲"圓通山興聖寺"。另外，每卷背面接紙處偶有篆體墨印"圓耳"二字。"圓耳"是興聖寺開山虛應禪師的法號。由此可知，興聖寺本《高僧傳》從海住山寺轉移至興聖寺之後，有過重新裝裱。

興聖寺本每卷卷末沒有抄寫題記，更沒有抄寫者及校訂者姓名，故難以得知其抄寫的具體時間。根據紙質、行款以及整體的筆迹風格，再結合興聖寺一切經的流傳歷史，它應該屬於西樂寺一切經的部分，即平安末期(十二世紀後半葉)的寫本。不過，興聖寺本十四卷是否全部抄寫於西樂寺，尚有疑問，這一點容後再叙。

二　興聖寺本《高僧傳》的結構特徵

興聖寺本的結構特徵，可以從分卷角度進行說明。

關於《高僧傳》的卷數,作者慧皎自序中曾明確交待"故述六代賢異,止爲十三卷,並序録合十四軸",即共有十四卷,前十三卷是僧傳正文,第十四卷是序文和目録。可見,《高僧傳》分爲十四卷,是慧皎自己原來的想法。

考察歷代經録,最早著録《高僧傳》的是隋代費長房《歷代三寶紀》,該書卷十一著録作"高僧傳十四卷(並目録)"①。這一著録後來被《大唐内典録》、《大周刊定釋教目録》、《開元釋教録》、《貞元新定釋教目録》等歷代佛經目録所承襲。《隋書·經籍志》同樣作"高僧傳十四卷"。法經《衆經目録》②和道世《法苑珠林》③兩書作"高僧傳十五卷",與上述著録存有一卷之差。歷史上是否存有十五卷本《高僧傳》,不敢妄下定論。理論上講,法經與道世的著録,誤記的可能性很大。因爲,一般目録均作十四卷,而且《慧琳音義》、《可洪音義》等音義書所據的《高僧傳》,以及宋、元、明等歷代刻本大藏經所收的《高僧傳》也都是十四卷。唯一不同的是,《乾隆大藏經》所收《高僧傳》爲十六卷本,這已是晚至清代開始的新分卷,不足以説明此前的問題。

日本流傳的《高僧傳》很早就開始有兩種不同的分卷。一種是十四卷本,比如金剛寺本、七寺本、西方寺本等;另一種是十卷本,比如石山寺本、四天王寺本等④。需要注意的是,興聖寺本現存十四卷,僅從卷次上看,與通行的十四卷本相同,但經過詳細核查,它却是十卷本和十四卷本的混合產物。

誠如上述,十四卷本《高僧傳》由前十三卷的僧傳正文與第十四卷的序録組成。除了最後一卷序録姑且不論之外,對於前十三卷的僧傳正文部分又可分兩種形式:一是正傳,比較詳細地記述了傳主生平;二是附傳,附屬於正傳之後的人物傳記,文字比較簡略。再根據傳主的事迹及其主要特點,慧皎則以十科(篇)進行分類和歸納,各科末尾又以"論曰"開篇,記録了

---

①《大正藏》第 49 册,頁 100 上欄。
②《大正藏》第 55 册,頁 146 中欄。
③《大正藏》第 53 册,頁 429 下欄。不過,據大正藏本脚注,宋、元、明、宫本作"梁高僧傳四十卷",顯然這是十四卷的倒誤。
④《東寺一切經目録》(高野山光明院藏)有著録"高僧傳十卷(一卷目録,一帙)二百九十紙"。據此可知,東寺所藏《高僧傳》也是十卷本,詳情有待考察。

慧皎對這一科人物的總體評述。但是，相對十四卷本而言，由於十卷本的分卷不同，其十科分類的所在卷數必然產生相應變動。以下我們先以四天王寺本爲例，將其與高麗再雕本等通行的十四卷本進行比較。

[表一]

序號	篇名	高麗再雕本	四天王寺本
1	譯經篇	卷一—卷三	卷一—卷二
2	義解篇	卷四—卷八	卷三—卷六
3	神異篇	卷九—卷十	卷七
4	習禪篇	卷十一	卷八
5	明律篇	卷十一	卷八
6	亡身篇	卷十二	卷八
7	誦經篇	卷十二	卷九
8	興福篇	卷十三	卷九
9	經師篇	卷十三	卷九
10	唱導篇	卷十三	卷九

　　從以上比較可以看出，譯經篇、義解篇和神異篇在十四卷本中佔有十卷，而十卷本中則用了七卷篇幅。習禪篇至唱導篇在十四卷本中佔有三卷，而十卷本中僅用了兩卷篇幅。再看興聖寺本的十科與分卷結構，具體情況如下：

譯經篇（卷一—卷二）

義解篇（卷三—卷六）

神異篇（卷七）

習禪篇（卷八）

明律篇（卷八）

亡身篇（卷八）

誦經篇（卷九）

興福篇（卷九）

經師篇（卷九）

唱導篇（卷九）

神異篇（卷十）

習禪篇（卷十一）

明律篇（卷十一）

亡身篇（卷十二）

誦經篇（卷十二）

興福篇（卷十三）

經師篇（卷十三）

唱導篇（卷十三）

將此與前揭表進行對照即可知道，興聖寺本的前九卷與四天王寺本完全相同，實際已抄完十四卷本中前十三卷的全部內容。然而，興聖寺本從第十卷"神異篇"至第十三卷"唱導篇"又重抄了近八篇內容。本來在十四卷本中"神異篇"內容佔了九、十兩卷，這兩卷卷首分別有"神異篇上"與"神異篇下"標示。但興聖寺本第十卷卷首直接標示"神異篇下"，而前面第九卷卷首並沒有"神異篇上"，而是從"誦經篇"開始至最後"唱導篇"。也就是説，興聖寺本第九、十兩卷前後內容是無法接續的。正因爲興聖寺本重抄了近八篇內容，導致其中所收僧傳人數必然超出其他諸本。筆者曾經作過一個日本古寫經與高麗再雕本（大正藏本的底本）所收正傳人數的統計表，不妨移録於此，以資參考：

［表二］

卷數	金剛寺本	七寺本	西方寺本	興聖寺本	四天王寺本	高麗再雕本
一	15	15	缺	20	20	15
二	7	7	7	15	15	7
三	13	缺	13	18	18	13
四	12	14(12)	殘	17	17	14
五	15	15	15	27	27	15
六	缺	13	殘	37(36)	37(36)	13

續表

卷數	金剛寺本	七寺本	西方寺本	興聖寺本	四天王寺本	高麗再雕本
七	32	32	缺	20	20	32
八	27(26)	27(26)	缺	45	45	27
九	缺	缺	缺	56	56	4
十	16	16	殘	16		16
十一	34	34(33)	殘	34		34
十二	32	32	32	32		32
十三	35	35	缺	35		35

計 372(371)　計 255(254)　　　計 257

　　針對上表,有幾點需要説明:一、金剛寺本、七寺本、西方寺本因有殘缺,故無法全面統計具體的正傳人數;二、金剛寺本、七寺本、興聖寺本與四天王寺本均存在"有目無傳"的現象,上表括弧内的數字係指實際人數,而括弧前面的數字則指僅見於目録的人數。關於《高僧傳》的正傳人數,慧皎自序記載是"二百五十七人",上表中高麗再雕本所收即與這一數字吻合。四天王寺本現存的九卷雖然相當於十四卷本的前十三卷,但實際所收正傳人數是 254 人,比高麗再雕本少了三人。這是因爲高麗再雕本卷四所收"康法朗"與"竺法乘"兩人,在四天王寺本與興聖寺本中既無目録,也無本文。此外,高麗再雕本卷八所收"釋僧遠",四天王寺本與興聖寺本卷六的卷首雖有此人目録,却不見本文。而金剛寺本與四天王寺本、興聖寺本的情況一樣(西方寺本因殘缺不明)。至於七寺本,在其卷四的卷首雖然保留"康法朗"、"竺法乘"兩人目録,但同樣不見有本文,也没有"釋僧遠"傳記。不僅如此,七寺本卷十一的"釋道房",也是有目無文。因此,七寺本相比於其他諸本實際又少了一人。爲何唯獨七寺本少了"釋道房"? 筆者認爲,"釋道房"傳記僅五十餘字,約三行多,緊接其後的是"釋道榮"傳記。"釋道房"與"釋道榮"兩人名字類同,所以也許是抄寫者看漏一人所致。無論如何,從上表可以看出,興聖寺本共計有 371 人,如果除去從第十卷開始重抄的 117 人部分,前九卷與四天王寺本完全相同,實際所收正傳人數爲254 人。

　　十卷本《高僧傳》在中國本土既無實物，也無相關記録，這一開卷目前僅見於日本古寫經。因此我們認爲，十卷本《高僧傳》應該是十四卷本東傳以後進行的另一分卷，同時部分保留了原來形態，於是在日本形成兩種分卷並存的現象。查正倉院文書等相關資料，最早在天平十一年（739）文書中就已出現“高僧傳”記録，但因其不載卷數，故無從得知當時是十卷本，還是十四卷本。不過，天平十二年（740）七月八日寫經所文書已明確有“高僧傳十卷……西域記傳十二卷，以上玄印師本”記録①。所以，至少從天平十二年開始就流傳有十卷本《高僧傳》。從日本《中觀論疏記》所引《高僧傳》的内容來看，安澄（763—814）當年所據的《高僧傳》就是十卷本②，這可以輔助説明上述寫經所文書的記載是足以信賴的。

　　我們知道，最早將《高僧傳》收入“入藏録”，是從唐代智昇《開元釋教録》開始的。也就是説，《高僧傳》作爲一切經之一，在《開元釋教録》成書的開元十八年（730）至天平十一年，前後不到十年期間就已傳至日本。這一期間，根據《續日本紀》等記載，入唐僧玄昉於天平七年（735）回國，而且攜回 5000 多卷經典。他所攜回的經典，大致相當於《開元釋教録》“入藏録”所著録的 1076 部、5048 卷（480 帙）經典。因此，《高僧傳》的東傳，或與玄昉有關。

　　總之，在日本古寫經《高僧傳》中，興聖寺本的結構最有特點，它先以十卷本爲底本抄寫，抄至第九卷之後，從第十卷開始又以十四卷本爲底本進行續抄。爲何會出現這種不合理的現象，筆者推測，或是因爲抄寫者先入爲主地認爲《高僧傳》是十四卷本，故誤以爲九卷本是不完整的，於是利用十四卷本進行續抄，而並未發現固有的九卷已經將全部正文内容抄寫完畢。故筆者認爲，興聖寺本至少經過兩次抄寫階段，而且類似這種重抄，不太可能在同一時期内進行。從前述興聖寺一切經的流傳歷史來看，興聖寺一切經之前經歷過西樂寺一切經與海住山寺一切經兩個階段，並且在海住山寺有過補抄。所以不能排除興聖寺本從第十卷開始抄寫於海住山寺的

---

①東京大學史料編纂所編《大日本古文書》（編年文書）第七卷，1998 年 9 月，頁 490。

②查安澄《中觀論疏記》，其中至少有十六處引自《高僧傳》内容，明確引自哪一卷的有十五處。從這些引用内容所在的卷次來看，均與十卷本相合。故可肯定，安澄當年依據的《高僧傳》是十卷本。

可能。當然,如果一種文獻由不同人物或不同階段抄寫,其筆迹風格等一般則難以保持一致。反觀興聖寺本的整體風格,可以肯定至少由兩人以上抄寫,但就前九卷和後五卷的紙質、行款以及筆迹風格來看,要説前後截然有別,也並非事實。但這並不意味著没有差別,前後字體還是頗有差異的。因此,依然可以考慮興聖寺本的後五卷在海住山寺抄寫的可能性。

三　興聖寺本《高僧傳》的系統特徵

以上僅交待了興聖寺本結構上的特徵,並推斷前九卷與後五卷抄寫所依底本的不同,並未涉及文本内容。其實,我們考察興聖寺本的内容後發現,它以前九卷和後五卷爲分界點,隨著前後轉換底本,可以截然分出前後不同系統。

有關現存《高僧傳》諸本的文本系統,筆者曾經分別在《日本新出〈高僧傳〉古寫經本研究序説——刊本との比較に基づく成立問題の一試論》①、《〈高僧傳〉テキストの變遷と流傳——日本古寫經による檢證》②兩篇拙文中有過討論,指出根據《高僧傳》文本的現存形態與文字異同,可以分爲刻本系統與寫本系統。所謂刻本系統,係指歷代刻本大藏經所收的《高僧傳》,當然也包括大正藏本等鉛字印刷本。所謂寫本系統,主要指日本古寫經。這兩個系統的差異比較大,歸納而言,有四個方面:一、分卷不同;二、傳主排列順序有別;三、同一卷中所收人數多寡不一;四、同一傳主文字互異。前兩者僅是文本形態上的差異,後兩者才真正涉及文字内容本身。需要强調的是,如上兩個系統的區分主要是基於各自的文本差異,而不是根據文本形態的不同。因此,即使分卷有差異,還是以文本的異同程度進行判別系統歸屬。也就是説,寫本系統中儘管有十卷本與十四卷本之別,但其内容幾乎屬於寫本系統。管見所及,唯一例外的是興聖寺本。因爲通過

①日本古寫經善本叢刊第九輯《高僧傳卷五　續高僧傳卷二八、卷二九、卷三〇》,國際佛教學大學院大學日本古寫經研究所文科省戰略プロジェクト實行委員會,2015 年 3 月,頁 134—153。

②國際シンポジウム報告書《東アジア佛教寫本研究》,國際佛教學大學院大學日本古寫經研究所文科省戰略プロジェクト實行委員會,2015 年 3 月,頁 215—236。

對興聖寺本前後同一傳主文字内容的比較,可以明確知道,它是由兩個系統文本構成的。先講結論,興聖寺本的前九卷屬於寫本系統,後五卷屬於刻本系統。

先看興聖寺本的前九卷内容。

應該指出,刻本系統與寫本系統之間,最值得注意的是,同一傳主却有文字多寡和表述的不同,其中差異顯著的部分主要集中在十四卷本中的卷一"僧伽提婆傳""安清傳""帛尸梨蜜多羅傳",卷二"鳩摩羅什傳",卷三"智嚴傳""求那跋陀羅傳",卷四"朱士行""法義傳""僧度傳",卷五"道安傳""法和傳""道壹傳""竺僧朗傳",卷七"僧苞傳""僧導傳""慧静傳",卷八"智秀傳""曇度傳""道慧傳""法瑗傳""僧柔傳""慧球傳""寶亮傳""慧集傳",卷十二"法光傳""弘明傳",卷十三"法悦傳""法獻傳""法鏡傳"等。饒有趣味的是,上述卷五部分的傳主文字,寫本系統普遍比刻本系統要多,道安傳甚至多出一千餘字。相反,上述卷八、卷十二、卷十三部分,除了個别傳記之外,寫本系統普遍比刻本系統要少。這説明,兩系統之間的文字異同互有增略。興聖寺本前九卷雖然與十四卷本的分卷不同,但關於上述這些傳主的文字差異情況,完全與寫本系統相同。試舉幾位傳主文字爲例,以説明問題。

比如十四卷本的卷五"法和傳",兩系統的文字差别較大。以高麗再雕本爲例,先移録刻本系統"法和傳"全文如下:

釋法和,榮陽人也。少與安公同學,以恭讓知名,善能標明論綱,解悟疑滯。因石氏之亂,率徒入蜀,巴漢之士,慕德成群。聞襄陽陷没,自蜀入關,住陽平寺。後於金輿谷設會,與安公共登山嶺,極目周睇,既而悲曰:"此山高聳,游望者多,一從此化,竟測何之!"安曰:"法師持心有在,何懼後生,若慧心不萌,斯可悲矣!"

後與安公,詳定新經,參正文義。頃之,僞晉王姚緒請住蒲坂講説,其後少時,敕語弟子:"俗内煩惱,苦累非一。"乃正衣服,繞佛禮拜,還坐本處,以衣蒙頭,奄然而卒,時年八十矣。

因分卷不同,興聖寺本將"法和傳"收在卷三,全文作:

釋法和,冀州人也。少與安公同學,以恭讓知名,善能標明論綱,解悟疑滯。因石氏之亂,率衆入關,住陽平寺。後於金輿谷設會,與安公共登山嶺,極目而悲曰:"此山高聲(聳),游者甚多,一從此化,竟測何之!"安曰:"法師持心有在,何懼後生,若慧心不萌,斯可悲矣!"

後與安公,詳定經論,删改辭句。頃之,安公卒,和乃移止洛陽,復與西城(域)沙門僧伽提婆,研講新經,參正文義。及什公入關,復依什請決,什作頌以贈和,語在什傳。

後偽晉王姚緒諸(請)和住蒲坂講説,居彼少時,敕語弟子:"俗内煩惱,苦累非一。"乃正衣服,繞塔禮拜,還坐本處,以衣蒙頭,奄然而卒,時年八十矣。

比較以上兩文可知,興聖寺本文字要比高麗再雕本多出不少。兩系統的差異主要涉及法和的籍貫、入關(長安)原因、與僧伽提婆在洛陽研講新經以及依羅什請決等内容,寫本系統多出部分的文字無疑爲我們研究法和傳記提供了新資料①。此外,同樣在十四卷本中的卷五"道壹傳"末我們還可以看到附傳文字有無的不同,再以高麗再雕本爲例,將刻本系統"道壹傳"末的部分文字移録如下:

竺道壹,姓陸,吴人也。……帛道猷者,本姓馮,山陰人。少以篇牘著稱,性率素,好丘壑。一吟一詠,有濠上之風,與道壹經有講筵之遇。後與壹書云:始得優游山林之下,縱心孔釋之書,觸興爲詩陵峰采藥,服餌蠲痾,樂有餘也。但不與足下同日,以此爲恨耳!因有詩曰:

連峰數千里,修林帶平津。

雲過遠山翳,風至梗荒榛。

茅茨隱不見,鷄鳴知有人。

閑步踐其逕,處處見遺薪。

始知百代下,故有上皇民。

壹既得書,有契心抱,乃東適耶溪,與道猷相會,定於林下。於是縱情塵外,以經書自娱。頃之,郡守瑯琊王薈,於邑西起嘉祥寺。以壹之風德高遠,請居僧首。壹乃抽六物遺於寺,造金牒千像。壹既博通内外,又律行清嚴,故四遠僧尼,咸依附諮稟。時人號曰:九州都維那。後暫往吴之虎丘山,以晉隆安中遇疾而卒,即葬於山南,春秋七十有一矣。孫綽爲之贊曰:馳詞説言,因緣不虛。惟兹壹公,綽然有餘。譬若

① 可參考拙文《日本古寫經〈高僧傳〉所見"釋法和傳"異文考辨》,收入拙著《佛教文獻論稿》,廣西師範大學出版社,2017年,頁222—247。

春圃,載芬載譽。倏被猗蔚,枝幹森疎。

　　壹弟子道寶,姓張,亦吳人,聰慧夙成,尤善席上。張彭祖王秀琰,皆見推重,並著莫逆之交焉。

以上是"道壹傳"末所附"帛道猷"與"道寶"兩人的附傳内容。然而,寫本系統的相應文字却有所不同。兹同樣以興聖寺本爲例,録文如下:

　　竺道壹,姓陸,吳人也。……帛道猷者,本姓馮,山陰人。少以篇牘著稱,性率素,好丘壑。一吟一詠,有濠上之風,與道壹經有法筵之遇。後與壹書云:始得優游山林之下,縱心孔釋之書,觸興爲詩陵峰采藥,服餌蠲痾,樂有餘也。但不與足下同日,以此爲恨耳! 因有詩曰:

　　連峰數千里,修竹帶平津。

　　雲過遠山翳,風至梗荒榛。

　　茅茨隱不見,雞鳴知有人。

　　閑步踐其逕,處處見遺薪。

　　始知百代下,故有上皇民。

　　開此無事迹,以待疎俗賓。

　　長嘯自林際,歸此保天真。

　　壹既得書,有契心抱,乃東適耶溪,與道猷相會,定交林下。茅茨蓽户,草路裁通,衣缽之外,各有經典數帙而已。或時相攜,枝(杖)策偶步,縱情塵外,以清言自悦。須(頃)之,郡守瑯琊王薈,於邑西起喜(嘉)祥寺。以壹風德高遠,[請]居僧首。壹乃提率有緣,於寺造金牒千像。壹既博通内外,又律行清嚴,故四遠僧尼,咸依附諮禀。時人號曰:九州都維那。後暫往吳虎丘山,以晉隆安中遇疾而卒。即瘞於山南,春秋七十有一。孫綽爲之贊曰:馳詞聘説,言固不虛。惟兹壹公,綽然有餘。譬若春圃,載芬載敷。倏被猗蔚,枝幹森疎。

　　壹弟子道寶,姓張,亦吳人,聽(聰)慧夙成,尤善席上。張彭祖王秀琰,並見權(推)重,著莫逆之交焉。

　　時虎丘山,又有釋道施者,善《大品》、《法華》、《毘曇》。又長《老》、《易》,而風儀整恪,善於舉厝,故時人爲之語曰:"東山施法師,道體甚安恒。出林如翔鳳,出嶺似棲鸞"。

針對以上兩文,如下綫所示,兩系統的最大區别是,寫本系統在附傳帛道猷所作的"陵峰采藥"一詩中多出"開此無事迹……歸此保天真"四句①。另外，此傳末尾寫本系統附有"道施傳"，但這一附傳文字全然不見於刻本系統。實際上，在刻本系統第十四卷目錄中，正傳"道壹傳"之後明確著録有"帛道猷、道寶、道施"三位附傳名字。可見"道施傳"文字原來是存在的，刻本系統不知何故脱落了此文。

　　以上是興聖寺本等寫本系統比刻本系統文字多出的例子。另一方面，也存在寫本系統比刻本系統文字略少的情形。比如，十四卷本的卷八"寶亮傳"就是一個典型的例子，先以高麗再雕本爲例，將刻本系統文字節録如下：

　　　　釋寶亮，本姓徐氏。……今上龍興尊崇正道，以亮德居時望，亟延談説。亮任率性直，每言輒稱貧道，上雖意有間然，而挹其神出。天監八年初敕亮撰《涅槃義疏》十餘萬言，上爲之序曰："非言無以寄言，言即無言之累。累言則可以息言，言息則諸見競起。所以如來乘本願以託生，現慈力以應化，離文字以設教，忘心相以通道。欲使珉玉異價，涇渭分流。制六師而止四倒，反八邪而歸一味。折世智之角，杜異人之口。導求珠之心，開觀象之目。救焚灼於火宅，拯沈溺於浪海。故法雨降而燋種受榮，慧日昇而長夜蒙曉。發迦葉之悱憤，吐真實之誠言。雖復二施等於前，五大陳於後。三十四問，參差異辯，方便勸引，各隨意答，舉要論經，不出兩途。佛性開其本有之源，涅槃明其歸極之宗。非因非果，不起不作，義高萬善，事絶百非。空空不能測其真際，玄玄不能窮其妙門。自非德均平等，心合無生，金牆玉室，豈易入哉。有青州沙門釋寶亮者，氣調爽拔，神用俊舉。少貞苦節，長安法忍，耆年愈篤，倪齒不衰，流通先覺，孜孜如也。後進晚生，莫不依仰。以天監八年五月八日，乃敕亮撰《大涅槃義疏》，以九月二十日訖。光表微言，贊揚正道，連環既解，疑網云除，條流明悉，可得略言。朕從容暇日，將欲覽焉。聊書數行，以爲記莂云爾。"

　　　　亮福德招感，供施累積，性不蓄金，皆敬營福業。身殁之後，房無留財，以天監八年十月四日卒于靈味寺，春秋六十有六。葬鍾山之南，

────────

①宋代善卿所編的《祖庭事苑》卷三見有此詩，同樣有此四句。參見《續藏經》第64卷，頁343上欄。

立碑墓所。陳郡周興嗣、廣陵高爽,並爲製文,刻于兩面。弟子法雲等又立碑寺內,文宣圖其形像於普弘寺焉。

時高座寺僧成、曠野寺僧寶,亦並齊代法匠。寶又善三玄,爲貴游所重。

相對以上文字,興聖寺本等寫本系統文字作(兹以興聖寺本[卷六]爲代表録文):

釋寶高(亮),本姓徐。……今上龍興尊崇正法,以高(亮)德居時望,亟延談道。高(亮)任率性直,每言輒稱貧道,當時雖暫有厝忤,而終抱焉。後敕撰《涅槃義疏》,上爲之序,用相揮發,給施日至,常累千金,即皆捨發營福。身歿之後,房無留財,以天監八年十月四日焉(卒)于靈味寺,春秋六十有六。塋鍾山之南,立碑墓前。陳郡周興嗣、廣陵高爽,並爲製文,刻于兩面。弟子法靈(雲)等又立碑寺內,文宣圖其形像於普弘寺。

時高座寺僧成、曠野寺僧實(寶),亦並齊代法匠。寶又善三玄,爲貴游所重。

如上所示,興聖寺本除個別文字表述不同或因誤寫等而有差異之外,與刻本系統之間最大的區別在於,沒有將梁武帝爲釋寶亮所撰的《大般涅槃經義疏序》録入其中。爲何寫本系統不載此文,是否涉及當時歷史背景等問題。這需要另文考察,此不贅述。

總之,通過以上舉例,可以清楚知道,兩系統之間的差異非常明顯。而且類似這些差異,不可能是文本在流傳過程中,由於分卷、轉抄、雕刻、校訂等原因造成的,而是兩系統文本各自來源不同所致。綜觀興聖寺本的前九卷內容,它與金剛寺本、七寺本、西方寺本以及四天王寺本等相比,儘管有十卷本與十四卷本的分卷不同,而且相互之間存在個別文字乃至一行左右的誤、衍、倒、脱等現象,但相對刻本系統而言,他們均源自同一文本,屬於同一系統。當然,若再仔細考察寫本之間的誤、衍、倒、脱等現象,亦可看出相互之間存在一定的親疏關係。

筆者曾經對"道安傳"等卷五部分進行過校異,當時利用的寫本有金剛寺本、興聖寺本、四天王寺本和七寺本。僅從卷五的校異來看,興聖寺本與四天王寺本、七寺本的關係比較接近,與金剛寺本的關係比較疏遠。試舉數例[表三],以見一斑。

[表三]

傳主出處	興聖寺本	四天王寺本	七寺本	金剛寺本
釋道安	墓襲偁號	墓襲偁號	墓龍衣偁方	慕襲爲號
釋道安	請安入華林園	請安入華林園	請安入華林園	徵安入華林園
釋道安	光炎焕炳	光炎焕炳	光炎焕炳	光炎焕焰
釋道安	臨滄海	臨滄海	臨滄海	望滄海
竺法汰	痛貫於懷	痛貫於懷	痛貫於懷	痛貫於德
釋曇翼	翼嘗隨安在檀溪寺	翼嘗隨安在檀溪寺	翼嘗隨安在檀溪寺	尚隨安在檀溪寺
釋法遇	橙上行香上行香畢	橙上行香上行香畢	橙上行香上行香畢	撥上行香畢
釋曇戒	誦經五十餘萬言	誦經五十餘萬言	誦經五十餘萬言	經誦五十餘萬言
釋曇戒	容顏更悦	容顏更悦	容顏更悦	顏色更悦
竺僧朗	朗盡大悦	朗盡大悦	朗盡大悦	朗盡大燒
竺法曠	兼善神咒	兼善神咒	兼善神咒	兼善咒術
竺道壹	因有詩曰	因有詩曰	因有詩曰	因有詩云
釋惠虔	紐振玄風	紐振玄風	紐振玄風	細振空風

　　如上表所示，相比之下，唯獨金剛寺本的表述比較特別。有些文意雖然相近，但用詞不同。類似這種差異，與其説因字體近似、文字音通等造成，不如説是在流傳過程中由人爲校訂的結果。此外，應該指出，興聖寺本作爲十卷本的前九卷，它不僅與四天王寺本的分卷相同，而且從兩者的誤、衍等現象來看，相比其他諸本，他們的關係更加密切。因篇幅關係無法逐一舉證，僅揭兩例，窺知一二。

　　例一

　　興聖寺本與四天王寺本的卷七"佛圖澄"傳記均有以下一文：

　　　　於是國人每共相語，莫起惡心。<u>利者時太子石邃有二子在襄國澄語</u>，和上知汝及澄之所在，無敢向其方面涕唾便利者。時太子石邃有二子在襄國，澄語遂曰：小阿彌比當得疾，可往迎之。

　　下綫標示部分均屬衍文，兩寫本完全一致。四天王寺本原爲法隆寺一切經之一，其卷七末有"保安四年（1123）四月十五日書寫了，爲滅罪生善，後世菩提也"跋文,抄寫時間在十二世紀初,應該説比興聖寺本抄寫時間要早。此外,四天王寺本大量保留有他曾經根據十四卷本進行過校異的痕迹(這一事實當另文討論),其中對前揭下綫一文,該本天界上方明確寫有校語"以下他本無之"。可見,通過與他本比勘,四天王寺本已發現了這一衍文。因此,除了四天王寺本作爲興聖寺本的底本抄寫,或者相反的可能之外,只能證明它們擁有一個共同的祖本。

例二

1.此得道之人入火光三昧也,時人亦疑得聖果(興聖寺本)。

2.此得道之人入火光三昧也,時人亦疑得聖果。或時蜀中又有僧覽法衛,並有異迹,時人亦疑得聖果(四天王寺本)。

3.得道之人入火光三昧也,時人疑得聖果。或時蜀中又有僧覽法衛,並有異迹,時人亦疑得聖果(金剛寺本)。

4.此得道之人入火光三昧也。時蜀中又有僧賢法衛,並有異迹,時人亦疑得聖果(七寺本)。

上揭文字是十卷本卷七(十四卷本在卷十)"釋慧安"傳末部分。興聖寺本顯然漏抄了末尾"或時蜀中……疑得聖果"三句。四天王寺本、金剛寺本、七寺本等雖然都有這三句,但四天王寺本的這三句實際上是用雙行小字補寫而成的,筆迹與原文不同,顯然爲後來校加。也就是説,四天王寺本與興聖寺本所依的底本都没有這三句。通過上舉兩例,兩寫本的底本關係,可見一斑。

其次考察興聖寺本的最後五卷内容。

如前所述,興聖寺本最後五卷是依十四卷本抄寫而成,第十卷至第十三卷屬於重抄,即從"神異篇下"至"唱導篇"共多抄了正傳117人。第十四卷是序録,因爲它的底本是十四卷本,所以目録部分也是按照十四卷的内容結構進行編輯的。需要注意的是,通過我們對第十卷至第十三卷重抄部分的考察,雖然説以十四卷本爲底本,但它的内容卻不同於金剛寺本、七寺本等十四卷本,更不同於十卷本的寫本系統,而是與刻本系統相近。這意味著,興聖寺本從第十卷開始,在轉換底本的同時,也轉換了文本系統。正因爲興聖寺本兼具兩個系統内容,所以前後同一傳主的文字也隨之不同。以下我們利用興聖寺本,將其中兩系統文本差異較大的部分進行比較,同時爲了説明問題,右邊再以高麗再雕本爲例,揭出相應部分文字

［表四］。

[表四]

興聖寺本		高麗再雕本
卷八	卷十二	卷十二
至齊永明五年十月二十日，於隴西記城寺内，集薪焚身，以滿先志。火來至目，誦聲猶記。至鼻乃昧，奄然而絶，春秋四十有一（釋法光）。	至齊永明五年十月二十日，於隴西記城寺内，集薪焚身，以滿先志。火來至目，誦聲猶記，至鼻乃昧，奄然而絶，春秋四十有一。時永明末，始豐縣有比丘法存，亦燒身供養。郡守蕭緬遣沙門慧深，爲起灰塔（釋法光）。	至齊永明五年十月二十日，於隴西記城寺内，集薪焚身，以滿先志，火來至目，誦聲猶記，至鼻乃昧，奄然而絶，春秋四十有一。時永明末，始豐縣有比丘法存，亦燒身供養。郡守蕭緬遣沙門慧深，爲起灰塔（釋法光）。
卷九	卷十二	卷十二
明嘗於雲門坐禪，虎來入明室内，伏于床前。見明端然不動，久之乃去。後於永興石姥巖入定，又有山精來惱明，明捉得以腰繩繫之，鬼遜謝求脱云。後不敢復來，乃解放，於是絶迹。以齊永明中卒於永興栢林寺（釋弘明）。	明嘗於雲門坐禪，虎來入明室内，伏于床前。見明端然不動，久久乃去。又時見一小兒來聽明誦經，明曰：汝是何人？答云：昔是此寺沙彌，盜帳下食，今墮圂中。聞上人道業，故來聽誦經，願助方便，使免斯累也。明即説法勸化，領解方隱。後於永興石姥巖入定，又有山精來惱明，明捉得以腰繩繫之，鬼遜謝求脱云。後不敢復來，及解放，於是絶迹。元嘉中郡守平昌孟顗，重其真素，要出安止道樹精舍。後濟陽江於永興邑立昭玄寺，復請明往住。大明末陶里董氏，又爲明於村立栢林寺。要明還止，訓勗禪戒，門人成列。以齊永明四年卒於栢林寺，春秋八十有四（釋弘明）。	明嘗於雲門坐禪，虎來入明室内，伏于床前。見明端然不動，久久乃去。又時見一小兒來聽明誦經，明曰：汝是何人？答云：昔是此寺沙彌，盜帳下食，今墮圂中。聞上人道業，故來聽誦經，願助方便，使免斯累也。明即説法勸化，領解方隱。後於永興石姥巖入定，又有山精來惱明，明捉得以腰繩繫之，鬼遜謝求脱云。後不敢復來，及解放，於是絶迹。元嘉中郡守平昌孟顗，重其真素，要出安止道樹精舍。後濟陽江於永興邑立昭玄寺，復請明往住。大明末陶里董氏，又爲明於村立栢林寺。要明還止，訓勗禪戒，門人成列。以齊永明四年卒於栢林寺，春秋八十有四（釋弘明）。

續表

興聖寺本		高麗再雕本
卷九	卷十三	卷十三
牙以普通三年爲劫所取,今亡焉(釋法獻)。	牙以普通三年正月,忽有數人並執仗,初夜扣門,稱臨川殿下奴叛。有人云:在佛牙閣上,請開閣檢視。寺司即隨語開閣,主師至佛牙座前,開函取牙,作禮三拜,以錦手巾盛牙,繞山東而去,至今竟不測所在(釋法獻)。	牙以普通三年正月,忽有數人並執仗,初夜扣門,稱臨川殿下奴叛。有人云:在佛牙閣上,請開閣檢視。寺司即隨語開閣,主師至佛牙座前,開函取牙,作禮三拜,以錦手巾盛牙,繞山東而去,至今竟不測所在(釋法獻)。
其後更鑄光趺,並有風香之瑞。非夫帝心誠感,豈有若斯衆異。自葱河以左。金像之最唯此一耳(釋法悦)。	其後更鑄光趺,並有風香之瑞。自葱河以左,金像之最唯此一耳(釋法悦)。	其後更鑄光趺,並有風香之瑞。自葱河以左,金像之最唯此一耳(釋法悦)。
釋法鏡,姓張。……齊竟陵文宣王厚相禮待,鏡誓心弘道,不拘貴賤,往不擇方,唯請必赴,財不蓄私,常興福業。建武初以其信施,立齊隆寺以居之。敬君子,悦小人,交接上下,無所失意。雖義學功淺,而領悟自然(釋法鏡)。	釋法鏡,姓張。……齊竟陵文宣王厚相禮待,鏡誓心弘道,不拘貴賤,有請必行,無避寒暑,財不蓄私,常興福業。建武初以其信施,立齊隆寺以居之。鏡爲性敦美,賞接爲務。故道俗交知,莫不愛悦。雖義學功淺,而領悟自然(釋法鏡)。	釋法鏡,姓張。……齊竟陵文宣王厚相禮待,鏡誓心弘道,不拘貴賤,有請必行,無避寒暑,財不蓄私,常興福業。建武初以其信施,立齊隆寺以居之。鏡爲性敦美,賞接爲務。故道俗交知,莫不愛悦。雖義學功淺,而領悟自然(釋法鏡)。

以上依序是"釋法光""釋弘明""釋法獻""釋法悦"以及"釋法鏡"等五人的部分傳記文字。如下綫所示,就興聖寺本本身,即使是同一傳主,其前後不同系統的文字差異相當明顯。由此可以確定,重抄部分内容與刻本系統相同。

此外,興聖寺本第十四卷所收内容除了慧皎自序和目録之外,還有慧皎與王曼穎往返的書信,以及最後附有釋僧果撰寫的跋文。其中,最值得注意的是,慧皎自序在兩系統之間存在較大的文字差異。第十四卷的寫本系統,目前僅存有七寺本。興聖寺本雖然有第十四卷,但它不是寫本系統,而是刻本系統。現將慧皎自序的兩系統文字的差異部分揭示如下,爲了説明興聖寺本與刻本系統相同,以高麗再雕本爲代表一並列出[表五]。

[表五]

興聖寺本	高麗再雕本	七寺本
始于漢明帝永平十年,終至梁天監十八年,凡四百五十三載,二百五十七人。又傍出附見者二百餘人,開其德業大爲十例。……自前代所撰,多曰名僧。然名者本實之賓也。若實行潛光,則高而不名。寡德適時,則名而不高。名而不高,本非所紀。高而不名,則備今録。故省名音,代以高字。其間草創或有遺逸,今此一十四卷,備贊論者,意以爲定。如未隱括,覽者詳焉。	始于漢明帝永平十年,終至梁天監十八年,凡四百五十三載,二百五十七人。又傍出附見者二百餘人,開其德業大爲十例。……自前代所撰,多曰名僧。然名者本實之賓也。若實行潛光,則高而不名。寡德適時,則名而不高。名而不高,本非所紀。高而不名,則備今録。故省名音,代以高字。其間草創或有遺逸,今此一十四卷,備贊論者,意以爲定。如未隱括,覽者詳焉。	始于漢明帝永平十年,終至梁天監十八年,凡四百五十三載,二百五十七人。又傍出附見者二百三十人,都合四百九十六人,開其德業大爲十例。……前代所撰,名(多)曰名僧。竊謂名之與高,如有優劣,至若實行潛光,則高而不名。宣(寡)德適時,則名而不高。名而不高,本非所紀。高而不名,則備今録。故省名音,代以高字。初草創未成,有好事之家或以竊寫,而卷軸開合,類例相從,未盡周悉。今最後一卷有十三卷,備其讚論,意以爲定。如來(未)隱括,覽者詳焉。

　　從上表看,興聖寺本與高麗再雕本的關係一目了然。需要指出,慧皎自序新出的異文,含有不少關鍵内容。比如附傳人數,七寺本的記載非常具體。另外,關於慧皎之所以將書名取爲"高僧傳",長期以來學界均依據慧皎自序所記"然名者本實之賓也"(出自《莊子·逍遥游》)一文而展開論述。實際上,相應此文在七寺本中則作"竊謂名之與高,如有優劣"。如何理解這一微妙的改動,值得思索。還有,七寺本所見"初草創未成,有好事之家或以竊寫,而卷軸開合,類例相從,未盡周悉。今最後一卷有十三卷"等文字,更是爲我們重新探討《高僧傳》的成書及其修訂經過提供了重要信息。圍繞慧皎自序的新見異文,擬留待今後作詳細討論。

　　總之,通過以上舉例、對照以及簡要的論述,足以説明興聖寺本内容的前九卷屬於寫本系統,最後五卷屬於刻本系統。

四　興聖寺本《高僧傳》最後五卷所據的底本問題

　　在日本古寫經《高僧傳》中,目前除了有明確證據表明它是由刻本轉抄而來的《高僧傳》寫本之外①，均是寫本系統，唯獨興聖寺本《高僧傳》屬於例外。既然興聖寺本的最後五卷與刻本系統關係密切，那麼是否抄自刻本大藏經？ 如果可能，那又具體抄自哪一種刻本大藏經？ 這是需要進一步探討的問題。

　　爲了更好説明興聖寺本最後五卷與刻本大藏經的關係，有必要先對歷代刻本大藏經所收《高僧傳》作一簡單介紹。

　　根據竺沙雅章先生的研究②，歷代刻本大藏經大體可分爲三類。第一類，以開寶藏爲主以及根據開寶藏覆刻的高麗初雕藏、高麗再雕藏和趙城金藏；第二類，主要指契丹藏（亦稱遼藏）；第三類指福州藏（開元寺版、東禪寺版）、思溪藏（圓覺寺版、資福寺版）以及普寧藏等在江南地域雕刻的大藏經。若再根據這三類藏經的流傳地域，依序可分別稱爲"中原系"、"北方系"和"南方系"。

　　第一類刻本大藏經中，首先，開寶藏本比較罕見，現僅存十二種③，該

①筆者目前所知道的有三井寺所藏足利尊氏一切經中四卷《高僧傳》寫本，均有"通"字千字文號，根據該一切經的歷史，可以肯定它是由元版大藏經轉抄而來的。見《三井寺所藏足利尊氏一切經目録》，昭和二十九年（1954）九月，頁 112。

②竺沙先生在 1990 年第四十屆東方學會上發表題爲"宋元版藏經の系譜"演講中，最早提出刻本大藏經的三種分類方法。與此同樣的看法之後發表過多次，並出版有《漢譯大藏經の歷史——寫經から刊經へ——》一文（1993 年）。最終將其成果修訂，改以"佛教傳來—大藏經編纂——"爲題收入他的《宋元佛教文化史研究》一書（汲古書院，2000 年）。

③詳細情況，參見方廣錩、李際寧編《開寶遺珍》（北京，文物出版社，2010 年），其中所收十二種開寶藏文本分別藏於中國、日本、美國。具體是：一、大般若波羅蜜多經卷第二百六（山西博物館藏）；二、大般若波羅蜜多經卷五八一（中國佛教協會圖文館藏）；三、大寶積經卷一百十一（中國國家圖書館藏）；四、大方等大集經卷四十三（上海圖書館藏）；五、妙法蓮華經卷七（山西高平縣文博館藏）；六、阿惟越致遮經卷上（中國國家圖書館藏）；七、大雲經請雨品第六十四（山西高平縣文博館藏）；八、雜阿含經卷三十（中國國家圖書館藏）；九、雜阿含經卷三十九（中國國家圖書館藏）；十、佛本行集經卷十九（京都南禪寺藏）；十一、十誦尼律卷四十六（東京書道博物館藏）；十二、御製秘藏詮卷十三（美國哈佛大學賽克勒博物館藏）。此外，據蔣維喬《中國佛教史》（1931 年，商務印書館）一書卷首書影，二十世紀二、三十年代還有開寶藏《中論》殘本存世，此藏本爲葉恭綽舊藏，2018 年出現在西泠印社春季拍賣會上，已被拍出。

藏的《高僧傳》沒有存世。因此,想要了解開寶藏所收的《高僧傳》文本,現只能通過依據開寶藏覆刻的高麗初雕藏、高麗再雕藏和趙城金藏,或者根據北宋惟白針對開寶藏進行撰述的《大藏經綱目指要録》(1140 年成書)①。至於高麗初雕藏,長期以來現存情況不明,但近十多年來由韓國、日本學者的共同調查與研究,發現有 2600 多卷,並公開了圖版②,其中存有《高僧傳》。不過,十四卷中缺卷五、卷十四③,卷十一部分還存在嚴重的錯簡現象。雖則如此,它畢竟是新出資料,爲我們考察該傳文本的流傳與演變提供了珍貴資料。筆者將第一類刻本大藏經中現存的初雕、再雕以及趙城金藏本《高僧傳》進行了初步比較。結果顯示,它們雖然被認爲是開寶藏的覆刻,每版 23 行,每行 14 字的版式相同,但相互之間個別文字有所差異,甚至有脱落一行的現象,這種現象初雕本尤爲嚴重④。當然,造成這種相互文字差異的原因有很多,除了他們所依據的底本開寶藏未並相同之外(即開寶藏有初期刻本與後期刻本),與他們分別在雕刻時獨自進行過校勘與修訂不無關係。在這三種《高僧傳》文本中,僅見於初雕本的文字不少,相

---

① 依該目録可知開寶藏所收《高僧傳》各卷所收之正傳人數及順序。參見《中華大藏經》第 56 册,頁 242。

② 其圖版原來可見於韓國高麗大藏經研究所網頁,但不知何故,現已經無法瀏覽。目前公開的圖版可見於域外漢籍珍本文庫《高麗大藏經・初刻本輯刊》2012 年 11 月第 72 輯,頁 61—440。

③ 筆者看到一卷藏於京都南禪寺抄寫於泰和二年(1201)的《高僧傳》卷十四寫本,卷首有千字文"廣"字(原是"内"字,後改爲"廣"),根據其抄寫年代及千字文號,應該是依據初雕本《高僧傳》抄寫而成。不過,現存寫本在第七紙與第八紙之間至少脱落了五紙左右内容。詳細而言,即從第七卷"宋京師彭城寺釋道淵"目録開始到第十二卷"宋高昌釋法進"目録爲止,共計正傳 111 人的目録不見於此寫本。這到底是其底本高麗初雕本的脱落,抑或此寫本自身的問題,詳細情況不明。但從缺脱部分剛好是紙的接縫處來看,恐怕是寫本裝訂時因疏忽所致。

④ 試舉兩例,初雕本在卷七"釋僧導"傳中作"俄滅佛法於虜者",而再雕本相應作"俄滅佛法沙門避難投之者數百悉給衣食其有死於虜者",初雕本此處漏十六個字。另外,初雕本卷八"論曰"部分中有"並戒節嚴明遺芬",而再雕本相應作"並戒節嚴明智寶炳盛使夫慧日餘暉重光千載之下香土遺芬",初雕本此處漏十八個字。以上兩處所漏均一行左右字數。

比較於再雕本及趙城金藏本而言,是否意味著初雕本更接近於開寶藏的初期刻本面貌,這是一個有趣的問題。與此相應,僅見於初雕本的這些文字,很多情況又與第三類大藏經文本相同,這説明初雕本所依據的開寶藏與南方系統藏經之間,也可能存在某種淵源關係。

至於再雕本與趙城金藏本《高僧傳》文字的異同,可參見《中華大藏經》第 61 册所收該傳各卷末尾的"校勘記"。從其"校勘記"可知,兩者之間的文字差異不大,差異部分更多是由趙城金藏本的脱衍而造成的。總體而言,與初雕本、趙城金藏本相比,再雕本的正確率較高,文本相對精良,有些文字僅見於再雕本。究其原因,可能與守其在組織編輯、校勘再雕藏時,以開寶藏(後期本)作爲底本的同時,又參考國本(初雕藏)和丹本(遼藏)等有關。因此,僅見於再雕本《高僧傳》的某些文字,或許是守其等人校改的結果。

其次,第二類刻本大藏經主要以契丹藏爲代表。一般認爲,這一系統的大藏經主要以八世紀前半葉左右傳到北方地區的唐代長安寫經作爲底本而形成的。長期以來學界雖然知道,歷史上曾經有過契丹藏的雕刻,但實物並没有保存下來①。直至 1974 年,山西省應縣佛宫寺木塔第四層釋迦像腹内發現了有 12 卷契丹藏的遺存②,才使得學界對契丹藏有了基本認識。這批藏經版式是卷軸裝,上下單邊,每版 23—24 行,每行 17 字。此外,近年來,契丹藏的殘本又有新的發現。比如業師方廣錩先生指出③,1987 年 8 月在河北豐潤天宫寺塔中發現的 10 種遼代刻經,其中《大乘本生心地觀經》一種,蝴蝶裝,每半頁 10 行,每行 20 字,它可以確定是契丹藏的

---

① 比如,日本學者妻木直良先生於 1912 年率先發表"契丹に於ける大藏經雕造の事實を論ず"(《東洋學報》第 2 號)一文,此文是作者没有看到實物的情況下,僅憑相關文獻記録進行了論述,可謂開契丹藏研究之先河。之後,竺沙雅章先生於 1978 年發表"契丹大藏經小考"一文,他也是以契丹藏不存於世爲前提進行考證的。

② 這 12 卷契丹藏分别是:《大方廣佛華嚴經》卷 24、26、47、51,《妙法蓮華經》卷 2,《稱讚大乘功德經》,《大法炬陀羅尼經》卷 13,《大方便佛報恩經》卷 1,《中阿含經》卷 36,《阿毗達磨發智論》卷 13,《佛説大乘聖無量決定光明王如來陀羅尼經》,《一切佛菩薩名集》卷 6。圖版及解説可見山西省文物局、中國歷史博物館編《應縣木塔遼代秘藏》,文物出版社,1991 年。

③ 參見方廣錩《遼藏版本及〈遼小字藏〉存本》,載《文獻》2015 年 3 月第 2 期,頁 12—25。

零本,而且相對於佛宫寺木塔發現的大字藏本來説,它屬於小字藏本。由此可見,遼代先後刊刻過兩部官藏——大字藏與小字藏。不過,現存契丹藏中並不見有《高僧傳》,與其較爲接近的房山石經也没有刻《高僧傳》。因此,想要了解北方系統藏經的《高僧傳》,只能通過代表北方系統藏經的音義書,即可洪《新集藏經音義隨函録》(五代十國後晉時期成書,以下簡稱《隨函録》)。該目録卷第二十七中收有《高僧傳》十四卷的詞彙音義。從北方系統藏經的雕刻情況及其底本來源看,北方系統藏經所收的《高僧傳》應該與唐代智昇編撰《開元釋教録》時所見到的《高僧傳》系統相同。但是,筆者曾經考察後指出,智昇當年見到的《高僧傳》與《隨函録》採用的底本系統並不一致,反而與日本古寫經系統接近①。

再次,第三類大藏經中,宋、元、明時期江南地區雕造的福州藏、思溪藏、普寧藏、嘉興藏等均有收入《高僧傳》。第三類大藏經因爲曾經被《大正藏》作爲校本使用,最便捷的方法是,可以通過大正藏本《高僧傳》的脚注部分,來了解他們之間的文字差異,以及與第一類大藏經的異同。當然,福州藏中有東禪寺版(崇寧藏)和開元寺版(毗盧藏)的區别,這兩種版本《高僧傳》目前在日本均有保存,而大正藏本《高僧傳》當年作爲校異採用的僅是日本宫内廳書陵部所藏的開元寺版。此外,一般認爲,思溪藏同樣有前後兩版的不同,即前期在圓覺寺雕刻的圓覺藏,和後期由圓覺寺昇格改名爲資福寺,並在該寺雕刻的所謂資福藏。大正藏本《高僧傳》當年作爲校異採用的僅是藏於增上寺的資福藏。福州藏與思溪藏前後雖在不同寺院開版,但是否存在文字異同,則需要進一步確認。

回頭再看興聖寺本的問題。

在上述各種刻本《高僧傳》中,從興聖寺本的抄寫年代來看,可能作爲最後五卷底本的只有第一類藏經的開寶藏以及覆刻開寶藏的高麗初雕本、再雕本和趙城金藏,還有就是第二類藏經的契丹藏和第三類藏經的福州藏和思溪藏。不過,契丹藏並没有傳到日本,趙城金藏在 1933 年發現以前也

---

① 參見前揭拙稿《〈高僧傳〉テキストの變遷と流傳——日本古寫經による檢證》。另見拙稿《〈慧琳音義〉所據〈高僧傳〉傳本略考》,載徐時儀、陳五雲、梁曉虹編《佛經音義研究》(鳳凰出版社,2011 年 9 月,頁 254—267),後收入拙著《佛教文獻論稿》,廣西師範大學出版社,2017 年 3 月,頁 206—221。

沒有東傳。因此，興聖寺本最後五卷的底本如果抄自刻本大藏經，則只能是第一類藏經的開寶藏以及高麗初雕本、再雕本，和第三類藏經的福州藏和思溪藏。

由於開寶藏本《高僧傳》早已亡佚，無從比較。以下我們僅利用高麗初雕本、再雕本（以下通稱爲第一類藏經）以及福州藏和思溪藏（以下通稱爲第三類藏經），再與興聖寺本最後五卷試行探討。采取的方法是，通過目録與内容兩方面進行比較考察。

（一）從目録角度的考察

目録可以反映一部書的基本結構和主要内容，但它必需按照一定的編排次序進行編輯。《高僧傳》最後一卷爲目録，其中著録前十三卷的正傳人名之外，還在正傳人名之後以小字的方式添加了附傳目録。其實，《高僧傳》中還有一種正傳目録，那就是見於各卷卷首（有些在十科的科名前面）的所謂"卷首目録"。比如，高麗再雕本的卷十一開篇有：

高僧傳卷第十一内（筆者按：此爲千字文號）
梁會稽嘉祥寺沙門釋慧皎撰
習禪二十一人　　明律十三人
竺僧顯一
帛僧光二
竺曇猷三
釋慧嵬四
釋賢護五
釋支曇蘭六
釋法緒七
釋玄高八
釋僧周九
釋慧通十
釋淨度十一
釋僧從十二
釋法成十三
釋慧覽十四
釋法期十五

　　釋道法十六

　　釋普恒十七

　　釋法晤①十八

　　釋僧審十九

　　釋曇超二十

　　釋慧明二十一②

　　以上僅列"習禪篇"二十一人的目録。由此可知,卷首目録一般只列傳主姓名及序號,這便於我們了解各卷所收正傳人數及其排列順序。不過,最後一卷的綜合目録與卷首目録的標示方式有所區別,即他在傳主姓名之前往往加上年代及其所住地域或寺院,姓名之後則略去序號。比如,高麗再雕本卷十四所收上述部分的相應目録作(括弧内爲附傳人名):

　　晉江左竺僧顯

　　晉剡隱岳山帛僧光

　　晉始豐赤城山竺曇猷(慧開、慧真)

　　晉長安釋慧嵬

　　晉廣漢閭興寺釋賢護

　　晉始豐赤城山支曇蘭

　　晉蜀石室山釋法緒

　　晉僞魏平城釋玄高(慧崇)

　　宋長安寒山釋僧周(僧亮)

　　宋長安太后寺釋慧通

　　宋餘杭淨度

　　宋始豐瀑布山釋僧從

　　宋廣漢釋法成

　　宋京師中興寺釋慧覽

　　宋荆州長沙寺釋法期(道果)

　　宋成都釋道法

　　宋蜀安樂寺釋普恒

---

①"晤"字,其餘諸本有時作"悟"。

②高麗初雕本與趙城金藏本的卷十一的卷首目録與此稍有不同,人名之前没有"釋"字。

　　齊京師靈鷲寺釋僧審(僧謙、法隱、超志、法達、慧勝)
　　齊武昌樊山釋法悟
　　齊錢塘靈苑山釋曇超
　　齊始豐赤城山釋慧明

　　按照常理,最後一卷目録應該是各卷卷首目録的綜合。無論是卷首目録,還是綜合目録,都應該根據本文順序編排,否則就失去目録的作用和意義。可是,仔細觀察前揭目録即可發現,雖然同樣是高麗再雕本,但卷十一的卷首目録與最後的綜合目録,兩者的排列順序並不相同。即卷首目録是"釋法悟十八""釋僧審十九",但在綜合目録中,其排列順序正好相反。實際上,這兩人的本文順序是與卷首目録相同的。也就是説,若依本文順序,綜合目録的排列並不合理。再查第三類藏經的福州藏與思溪藏《高僧傳》,其卷十一的卷首目録與綜合目録完全與高麗再雕本相同,但本文順序則是"釋僧審"在前,"釋法悟"在後。換言之,若依本文順序,第三類藏經的綜合目録或有未諦。對此,興聖寺本的情況如何呢?先看下表[表六]。

[表六]

		卷十一卷首目録	本文順序	卷十四綜合目録
興聖寺本		釋法悟十八	釋僧審	齊京師靈鷲寺釋僧審
		釋僧審十九	釋法悟	齊武昌樊山釋法悟
第一類藏經(初雕、再雕、趙城金藏)		釋法悟①十八	釋法悟	齊京師靈鷲寺釋僧審
		釋僧審十九	釋僧審	齊武昌樊山釋法悟
第三類藏經	福州藏、思溪藏	釋法悟十八	釋僧審	齊京師靈鷲寺釋僧審
		釋僧審十九	釋法悟	齊武昌樊山釋法悟
	普寧藏、嘉興藏	釋僧審十八	釋僧審	齊京師靈鷲寺釋僧審
		釋法悟十九	釋法悟	齊武昌樊山釋法悟

---

①高麗初雕本與趙城金藏本作"晤",並無前面的"釋"字。"釋僧審",亦只作"僧審"。

從上表來看,只有普寧藏和嘉興藏的卷首、本文以及綜合目録三者的順序是一致的,其餘諸本均不合理。興聖寺本的排列順序與第三類藏經的福州藏與思溪藏相同,而與第一類藏經有異。當然,僅憑這一點還難以斷定興聖寺本與第三類藏經所具有的密切關係,因爲細查第一類、第三類藏經與興聖寺本的卷首目録及最後一卷目録,實際情況並非如此簡單。首先,興聖寺本最後五卷中,第十一卷和第十二卷的卷首目録的標示方式比較特別,兹節抄如下:

【卷十一】

高僧傳卷第十一　習禪　明律 廿一人

晉江左竺曇顯第一

晉剡隱岳山帛僧光第二

晉始豐赤城山竺曇猷第三

……

齊京師靈鷲寺釋僧審第十八

齊武昌樊山釋法悟第十九

齊錢塘靈苑山釋曇超第廿

齊始豐赤城山釋惠明第廿一

【卷十二】

高僧傳卷第十二　忘身六　誦經廿一人　忘身十一人

晉霍山釋僧群第一

宋彭城駕山釋曇稱第二

宋高昌釋法進第三

……

齊壟西釋法光第十

齊交阯仙山釋曇弘第十一

以上二卷的卷首目録在姓名和序號之前並有傳主的活動年代、活動地域或所住寺院。卷首目録中類似這種標示方式,目前僅見於興聖寺本的卷十一和卷十二,包括興聖寺本的其餘各卷,以及其他諸本均未見過這種現象。查看以上這種卷首目録的標示方式,實際與最後卷十四綜合目録的寫法一樣。因此,這兩卷的卷首目録很有可能抄自綜合目録。

細審興聖寺本的卷十一和卷十二目録,還有一個現象需要指出。那就是它在列舉卷首目録之後,又將卷首目録分别抄在相應的每一位正傳本文之前。類似這種標示方式,目前僅見於第一類藏經(初雕、再雕和趙城金藏)《高僧傳》的卷九和卷十一。雖然卷次不一,而且正傳本文之前的目録隨著卷首目録的不同而不同,但就此標注的形式而言,興聖寺本又與第一類藏經的關係較近。

此外,就目録角度,除卷首目録外,還應該關注第十四卷的綜合目録。一般而言,第十四卷的綜合目録是根據本文順序再綜合卷首目録編輯而成的。因此,綜合目録應該與本文及卷首目録的順序相同。但是,除了如前所述的卷十一部分之外,我們在卷十四目録所收的卷五與卷七目録部分,也發現有前後不符的現象。兹就第十四卷中的卷五與卷七的各本順序差異部分進行比較,結果如下[表七]。

[表七]

	興聖寺本	高麗再雕本	趙城金藏本	福州藏、思溪藏
卷五	晉長安五級寺釋道安	晉長安五級寺釋道安	晉長安五級寺釋道安	晉長安五級寺釋道安
	晉蒲坂釋法和	晉蒲坂釋法和	晉蒲坂釋法和	晉蒲坂釋法和
	晉太山竺僧朗	晉泰山崑崙巖竺僧朗	晉京師瓦官寺竺法汰	晉京師瓦官寺竺法汰
	晉京師瓦官寺竺法汰	晉京師瓦官寺竺法汰	晉飛龍山釋僧先	晉飛龍山釋僧光(先)
	晉飛龍山釋僧光[先]	晉飛龍山釋僧先	晉荆州上明竺僧輔	晉荆州上明竺僧輔
	晉荆州上明竺僧輔	晉荆州上明竺僧輔	晉京師瓦官寺竺僧敷	晉京師瓦官寺竺僧敷
	晉京師瓦官寺竺僧敷	晉京師瓦官寺竺僧敷	晉荆州長沙寺釋曇翼	晉荆州長沙寺釋曇翼
	晉荆州長沙寺釋曇翼	晉荆州長沙寺釋曇翼	晉荆州長沙寺釋法遇	晉荆州長沙寺釋曇遇
	晉荆州長寺釋法遇	晉荆州長沙寺釋法遇	晉荆州上明釋曇徽	晉荆州上明釋曇徽
	晉荆州上明寺釋曇徽	晉荆州上明寺釋曇徽	晉長安覆舟山釋道立	晉長安覆舟山釋道立

	興聖寺本	高麗再雕本	趙城金藏本	福州藏、思溪藏
卷五	晉長安覆舟山釋道立	晉長安覆舟山釋道立	晉長沙寺釋曇戒	晉長沙寺釋曇戒
	晉長沙寺釋曇誡	晉長沙寺釋曇戒	晉太山竺僧朗	晉太山竺僧朗
	晉於潛青山竺法曠	晉於潛青山竺法曠	晉於潛青山竺法曠	晉於潛青山竺法曠
	晉嘉祥寺竺道壹	晉吳虎丘東山寺竺道壹	晉吳虎丘東山寺竺道壹	晉吳虎丘東山寺竺道壹
	晉山陰嘉祥寺釋慧虔	晉山陰嘉祥寺釋慧虔	晉山陰嘉祥寺釋慧虔	晉山陰嘉祥寺釋慧虔
卷七	宋京師何園寺釋慧亮	宋京師何園寺釋慧亮	宋京師何園寺釋慧亮	宋京師何園寺釋慧亮
	宋下定林寺釋僧鏡	宋下定林寺釋僧鏡	宋下定林寺釋僧鏡	宋下定林寺釋僧鏡
	宋京師靈根寺釋僧瑾	宋京師靈根寺釋僧瑾	宋京師靈根寺釋僧瑾	宋京師靈根寺釋僧瑾
	宋京師興皇寺釋道猛	宋京師興皇寺釋道猛	宋京師興皇寺釋道猛	宋山陰靈嘉寺釋超進
	宋山陰靈嘉寺釋超進	宋山陰靈嘉寺釋超進	宋山陰靈嘉寺釋超進	宋京師興皇寺釋道猛
	宋吳興小山釋法瑤	宋吳興小山釋法瑤	宋吳興小山釋法瑤	宋吳興小山釋法瑤

　　上表各本的不同主要在於卷五"竺僧朗"以及卷七"釋道猛""釋超進"的所在位置。相比之下，雖然"晉太山竺僧朗"與"晉泰山崑崙巖竺僧朗"的表述有所不同，但就排列順序而言，興聖寺本與高麗再雕本的關係最近。值得注意的是，即使同屬於第一類藏經，高麗再雕本與趙城金藏本之間卻又有不同。高麗初雕本《高僧傳》第十四卷現已不存，無法比較。如果從南禪寺收藏泰和三年抄寫的《高僧傳》第十四卷（或據高麗初雕本抄寫）來看，高麗初雕本當與趙城金藏本一致。爲何同一類藏經中會出現不同的排列順序，足以解釋這一問題的，可能是他們各自依據的開寶藏底本不一樣，即趙城金藏與高麗初雕本依據開寶藏初期刻本，而高麗再雕本依據開寶藏後期刻本。此外，如果從本文順序來看上表排列，刻本系統的現存文本都將"竺僧朗"放在卷五的第三位，而卷七本文也是按"釋道猛""釋超進"的順

序。也就是説,上表中唯獨高麗再雕本與興聖寺本的排列符合本文順序。

　　總之,從目録角度考察,興聖寺本的最後五卷有其特異之處,有些與第三類藏經相同,有些與第一類藏經一致,其中又與高麗再雕本的關係比較接近。

(二)從内容角度考察

　　想要考察文本之間的系統親疏關係,最有效的方法是將各自文本内容進行詳細比較、分析異同。因此,我們有必要根據内容,進一步確認興聖寺本與第一類藏經和第三類藏經的關係。不過,興聖寺本最後五卷的篇幅不少,諸本全面比對工作目前尚未完成。因考慮興聖寺本卷十一、卷十二卷首目録比較特異,或存在他本混同的情況,所以我們以每卷中抽出一位傳主的傳記(每卷第一位傳主)爲例,將諸本的差異結果列表如下:

卷十"犍陀勒"傳記文字校異表[表八]

	第一類藏經				第三類藏經	
	興聖寺本	高麗初雕本	高麗再雕本	趙城金藏本	福州藏本	思溪藏本
1	雖敬其風操	雖敬其風操	衆雖敬其風操	雖敬其風操	雖敬其風操	衆雖敬其風操
2	可供修理立寺	可供修立	可供修立	可供修立	可供修立	可供修立
3	去洛城一百餘里	去洛城一百餘里	寺去洛城一百餘里	去洛城一百餘里	去洛城一百餘里	去洛城一百餘里
4	朝朝至洛陽諸寺	朝至洛陽諸寺	朝朝至洛陽諸寺	朝至洛陽諸寺	朝朝至洛陽諸寺	朝朝至洛陽諸寺
5	還寺然燈	還寺然燈	還寺然燈	還寺然燈	還寺燃燈	還寺燃燈

卷十一"竺曇顯"傳記文字校異表[表九]

	第一類藏經				第三類藏經	
	興聖寺本	高麗初雕本	高麗再雕本	趙城金藏本	福州藏本	思溪藏本
1	竺曇顯	竺僧顯	竺僧顯	竺僧顯	竺僧顯	竺僧顯
2	此地人	北地人	北地人	北地人	北地人	北地人

	第一類藏經				第三類藏經	
	興聖寺本	高麗初雕本	高麗再雕本	趙城金藏本	福州藏本	思溪藏本
3	寇盪西京	寇盪西京	寇盪西京	寇盪西京	寇盪西京	寇盪西京
4	迺屬想西方	乃囑想西方	乃屬想西方	乃囑想西方	乃屬想西方	乃屬想西方
5	是夕更起	是夕更起	是夕便起	是夕更起	是夕更起	是夕更起
6	爲何住	爲同住	爲同住	爲同住	爲同住	爲同住
7	詞甚精析	辭甚精析	辭甚精析	辭甚精析	辭甚精析	辭甚精析
8	數句餘乃歇	句餘乃歇	句餘乃歇	句餘乃歇	句餘乃歇	句餘乃歇

卷十二"釋僧群"傳記文字校異表［表十］

	第一類藏經				第三類藏經	
	興聖寺本	高麗初雕本	高麗再雕本	趙城金藏本	福州藏本	思溪藏本
1	構立第室	構立茅室	構立茅室	構立茅室	構立茅室	構立茅室
2	徑數丈許	逕數丈許	逕數丈許	逕數丈許	經數丈許	經數丈許
3	乃至山風雨晦冥	及至山風雨晦冥	及至山風雨晦暝	及至山風雨晦冥	及至山風雨晦暝	及至山風雨晦暝
4	慨恨而反	慨恨而返	慨恨而返	慨恨而返	慨恨而反	慨恨而反
5	由之及水後	由之汲水後	由之汲水後	由之汲水後	由之汲水後	由之汲水後
6	錫撥之	錫撥之	錫杖撥之	錫撥之	錫撥之	錫撥之
7	終折一鴨翅	經折一鴨翅	經折一鴨翅	經折一鴨翅	經折一鴨翅	經折一鴨翅

卷十三"竺慧達"傳記文字校異表［表十一］

	第一類藏經				第三類藏經	
	興聖寺本	高麗初雕本	高麗再雕本	趙城金藏本	福州藏本	思溪藏本
1	竺慧達	竺慧達	釋慧達	竺慧達	竺慧達	竺慧達
2	本名薩阿	本名薩阿	本名薩河	本名薩阿	本名薩何	本名薩阿

續表

	第一類藏經				第三類藏經	
	興聖寺本	高麗初雕本	高麗再雕本	趙城金藏本	福州藏本	思溪藏本
3	少好田獵	少好田獵	少好田獵	少好田獵	少好畋獵	少好畋獵
4	見一道人云	見一道人云	見一道人云	見道人云	見一道人云	見一道人云
5	精憋福業	精勤福業	精勤福業	精勤福業	精勤福業	精勤福業
6	長干寺	長干寺	長干寺	長十寺	長干寺	長干寺
7	見此刹抄	見此刹稍	見此刹杪	見此刹稍	見此刹杪	見此刹杪
8	迺告人共掘	乃告人共掘	乃告人共掘	乃告人共掘	乃告人共掘	乃告人共掘
9	中央覆中	中央碑覆中	中央碑覆中	中央碑覆中	中央碑覆中	中央碑覆中
10	髮申長數尺	髮申長數尺	髮申長數尺	髮申長數尺	髮申長數尺	髮神長數尺
11	迺周敬王時	乃周敬王時	乃周敬王時	乃周敬王時	乃周宣王時	乃周宣王時
12	此其一也	即此一也	此其一也	即此一也	即此一也	即此一也
13	迺於舊塔之西	乃於舊塔之西	乃於舊塔之西	乃於舊塔之西	乃於舊塔之西	乃於舊塔之西
14	更堅一刹	更豎一刹	更豎一刹	更豎一刹	更豎一刹	更豎一刹
15	晉太元六年	晉太元十六年	晉太元十六年	晉太元十六年	晉太元十六年	晉太元十六年
16	更架爲三層	更加爲三層	更加爲三層	更加爲三層	更加爲三層	更加爲三層
17	又昔晉咸和中	又昔咸和中	又昔晉咸和中	又昔咸和中	又昔咸和中	又昔咸和中
18	丹陽尹高悝	丹陽尹高悝	丹陽尹高悝	丹陽尹高悝	丹陽尹高悝	丹陽尹高悝
19	前有胡書云	前有梵書云	前有梵書云	前有梵書云	前有胡書云	前有梵書云
20	長干寺巷口	長干巷口	長干巷口	長干巷口	長干巷口	長干巷口
21	爾後年許	爾後年許	爾後年許	爾後年許	爾後年許	爾後一年許
22	即取送縣縣表上臺	即收送縣表上上臺	即取送縣表上上臺	即收送縣表上臺	即收送縣縣表上臺	即收送縣縣表上臺
23	至晉咸安元年	晉咸安元年	晉咸安元年	晉咸安元年	晉咸安元年	晉咸安元年
24	董宋之	董宗之	董宗之	董宗之	董宗之	董宗之

	第一類藏經				第三類藏經	
	興聖寺本	高麗初雕本	高麗再雕本	趙城金藏本	福州藏本	思溪藏本
25	表上晉簡文帝	表晉簡文帝	表上晉簡文帝	表晉簡文帝	表上晉簡文帝	表上晉簡文帝
26	倍加翹勵	倍加翹厲	倍加翹勵	倍加翹厲	倍加翹勵	倍加翹勵
27	石像此像以西晉	石像以西晉	石像以像於西晉	石像以像西晉	石像以西晉	石像此像以西晉
28	中士庶	吳中士庶	吳中士庶	吳中士庶	吳中士庶	吳中士庶
29	示存其蹟	示存基蹟	示存基蹟	示存基蹟	示存基蹟	示存基蹟
30	必無所獲	必無所獲	必無所獲	必無所獲	必無所獲	必無所復獲
31	精誠篤勵	精勤篤勵	精勤篤勵	精勤篤勵	精誠篤勵	精誠篤勵

根據以上校異結果，可以歸納如下幾點：

（1）興聖寺本的誤寫。比如卷十一"竺曇顯"傳記中的 2、6；卷十二"釋僧群"傳記中的 1、7；卷十三"竺慧達"傳記中的 14、24。

（2）各本文字雖有不同，但文意差別不大。比如卷十"犍陀勒"傳記中的 5；卷十一"竺曇顯"傳記中的 4、7；卷十二"釋僧群"傳記中的 4；卷十三"竺慧達"傳記中的 5、8、13、31。

（3）僅見於興聖寺本的文字。比如卷十"犍陀勒"傳記中的 2；卷十一"竺曇顯"傳記中的 1、8；卷十三"竺慧達"傳記中的 15、16、20、28、29。

（4）興聖寺本與他本的僅見比例。僅見於興聖寺本與初雕本的相同文字沒有；僅見於興聖寺本與再雕本的相同文字有三例，即卷十三"竺慧達"傳記中的 12、17、22；僅見於興聖寺本與趙城金藏本的相同文字沒有；僅見於興聖寺本與福州藏本的相同文字有一例，即卷十三"竺慧達"傳記中的 19；僅見於興聖寺本與思溪藏本的相同文字有一例，即卷十三"竺慧達"傳記中的 27；

（5）興聖寺本與第一類、第三類藏經的僅見比例。僅見於興聖寺本與第一類藏經的相同文字有兩例，即卷十三"竺慧達"傳記中的 3、11。11 例中"迺"與"乃"爲異體字，可略而不計。興聖寺本與第三類藏經的僅見部分沒有。

　　雖然以上舉例有限，但綜合看來，興聖寺本與第一類藏經的關係較爲接近，尤其與再雕本的關係更爲密切。當然，興聖寺本作爲一種寫本，魚魯之訛在所難免。僅憑前舉個別字句的誤脱而進行比例分析，由此得出傾向性的結論自然缺乏説服力。

　　基於上述考慮，以下我們再以卷十至卷十三爲考察對象，針對各本差異較大的部分進行對照，並作進一步分析，結果請看下表［表十二］。

［表十二］

| | 第一類藏經 | | | 第三類藏經 | |
	興聖寺本	高麗初雕本	高麗再雕本	趙城金藏本	福州藏本	思溪藏本
卷十	向冥道人辭欲還聞屋中人間云君知史宗所在不其謫何當竟	向冥道其謫何當竟	向冥道人辭欲還去聞屋中人間云君知史宗所在不不其謫何當竟	向冥道人辭欲還聞屋中人間云君知史宗所在不其謫何當竟	向冥道其謫何當竟	向瞑道人辭欲還聞屋中人間云君知史宗所在不其謫何當竟
卷十一	老少同會共出律也從此部流散更生七部二者體毘履部純老宿共會出律也從此部流散更生十一部	老少同會共[菩薩會]出律也從此部流散更生十一部	老少同會共出律也從此部流散更生七部二者體毘履部純老宿共會出律也從此部流散更生十一部	老少同會共[菩薩會]出律也從此部流散更生十一部	老少同會共[菩薩會]出律也從此部流散更生七部二者體毘履部純老宿共會出律也從此部流散更生十一部	老少同會共[菩薩會]出律也從此部流散更生七部二者體毘履部純老宿共會出律也從此部流散更生十一部
卷十三	止於是自手拭之隨拭即	——	止於是自手拭之隨拭即	——	——	止於是自手拭之隨拭即
同上	夜有輕雲遍上微雨沾澤僧祐經行像所係念天氣遙見像	——	夜有輕雲遍上微雨沾澤僧祐經行像所係念天氣遙見像	——	——	夜有輕雲遍上微雨沾澤僧祐經行像所係念天氣遙見像

	第一類藏經				第三類藏經	
	興聖寺本	高麗初雕本	高麗再雕本	趙城金藏本	福州藏本	思溪藏本
同上	即取竹刮除涎涶又聞蛇所吞鼠能療瘑疾即刮取涎涶以傅癬上	即取竹刮除涎涶又聞蛇所吞鼠能療瘑疾即刮取涎涶以傅癬上	即取竹刮除涎涶又聞蛇所吞鼠能療瘑疾即刮取涎涶以傅癬上	即取竹刮除涎涶又聞蛇所吞鼠能療瘑疾即刮取涎涶以傅癬上	即取竹刮除涎涶以傅癬上	即取竹刮除涎涶以傅癬上
同上	來代之先時文書未校慎民	來代之先時文書未校慎民	來代之先時文書未校慎民	來代之先時文書未校慎民	——	——

以上諸本的差異情況非常明顯,究其原因,或是因爲脱落一行乃至更多行所致。值得注意的是,通過以上比較可知,唯獨興聖寺本與第一類藏經中的高麗再雕本文字相同,而其他諸本或多或少都存在共同或特有的脱落現象。此外,在上表第十一卷的各本異同部分,其中"菩薩會"三字也唯獨興聖寺本與高麗再雕本没有。凡此這些,並非是一種巧合,而是表明興聖寺本與高麗再雕本比其他諸本具有更加密切關係。這一結果與前面歸納所得出的傾向性結論也相吻合,可以互證。

當然,興聖寺本的最後五卷與高麗再雕本雖然具有密切關係,但並非抄自高麗再雕本。因爲除了如前所示興聖寺本具有的特點之外,其卷十四末所附的一則跋文,也值得重視。

我們知道,現存《高僧傳》最後一卷末尾大多附有一篇由僧果撰寫的跋文,它是我們研究慧皎生平的重要史料。因爲這篇跋文是慧皎示寂之後所寫,何時開始附在《高僧傳》之末,尚不清楚。無論如何,這篇跋文此前僅見於刻本系統《高僧傳》,日本古寫經中,雖然七寺本現存有第十四卷,但該卷末未附這篇跋文。然而,興聖寺本卷十四末不僅有這篇跋文,而且個别文字與刻本系統有所差異,詳細情況,請看下表[表十三]。

［表十三］

興聖寺本	再雕本、金藏本(初雕本亡佚)	思溪藏、普寧藏(福州藏本無)
此傳是會稽嘉祥寺慧皎法師所撰。法師是會稽人,學通内外,善講經律,著《涅槃》、《十誦》、《梵網戒本》等義疏,並行於世。又著此《高僧傳》十三卷,並序録一卷,合十四卷。梁末承聖二年,太歲癸酉,避侯景難至盈城。少時講説,甲戌年二月捨化,時年五十有八,江州僧正惠恭,經始葬廬山禪閣寺墓。龍光寺僧果同避難在山,遇見時事,聊記云爾。	此傳是會稽嘉祥寺慧皎法師所撰。法師學通内外,善講經律,著《涅槃疏》十卷、《梵網戒》等義疏,並爲世軌。又著此《高僧傳》十三卷。梁末承聖二年,太歲癸酉,避侯景難,來至溢城。少時講説,甲戌年二月捨化,時年五十有八。江州僧正慧恭,經始葬廬山禪閣寺墓。龍光寺僧果同避難在山,遇見時事,聊記之云爾。	此傳是會稽嘉祥寺釋慧皎法師所撰。法師學通内外,精研經律,著《涅槃疏》十卷、《梵網戒》等義疏,並爲世軌。又撰此《高僧傳》及序共十四卷。梁末承聖二年,太歲癸酉,避侯景難,來至溢城。少時講説,甲戌歲二月捨化,時春秋五十有八。江州僧正慧恭爲首,經營葬於廬山禪閣寺墓。時龍光寺僧果同避難在山,遇見時事,聊記之云耳。

　　僅一百餘字的跋文,在第一類與第三類藏經之間已有一些明顯差異。興聖寺本又出現若干新的異文。比如,其中記載慧皎爲“會稽人”,即不見於其他諸本。另外,對於其他諸本“著《涅槃疏》十卷”中的“十卷”,興聖寺本則作“十誦”。雖僅一字之差,但亦不可小視。因爲,向來我們只知道慧皎除了《高僧傳》之外,另撰有《涅槃經義疏》和《梵網戒本義疏》。如果根據興聖寺本的前揭記載,則需再加一部《十誦義疏》。“卷”與“誦”兩字,一般來説,因字體相近或字音相通而導致的誤寫可能性不大,而且從原來的“著《涅槃疏》十卷、《梵網戒》等義疏”的行文表述來看,實際不如興聖寺本“著《涅槃》、《十誦》、《梵網戒本》等義疏”來得通順自然。所以,興聖寺本的這一異文並不能單純視爲誤寫,當有一定的史料依據。總之,這關乎到慧皎的著述問題,有必要作進一步討論。本文揭此跋文旨在説明興聖寺本最後五卷的文本系統雖與刻本系統接近,尤其與高麗再雕本的關係密切,但也有他自己的特點。

五　總結與餘論

　　根據本文的討論結果,大致可以總結以下幾點:

　　（一）興聖寺本是十卷本與十四卷本的混合本，這種混合本現象，在日本古寫經中，目前僅見於興聖寺本。這種混合本實際是寫本系統與刻本系統在日本抄寫和流傳過程中發生交叉的結果。

　　（二）興聖寺本的前九卷是依寫本系統的十卷本抄寫，而從第十卷開始，至第十四卷是依刻本系統的十四卷本重抄，由此反映出日本古寫經底本的多種來源問題。

　　（三）興聖寺本之所以從第十卷開始重抄，我們推測是因爲抄寫者誤以爲固有的九卷爲缺卷本。重抄地點當在海住山寺，重抄部分或是鐮倉時期寫本。

　　（四）前九卷的文本內容，相對於金剛寺本、七寺本而言，它與四天王寺本的關係更爲密切。後五卷的文本內容，相對於第三類藏經而言，更接近第一類藏經，尤其與其中高麗再雕本的關係最爲密切，但並非抄自高麗再雕本。

　　基於上述結論，最後筆者想提出一個問題，供大家討論，即興聖寺本的最後五卷，既然與高麗再雕本的關係最爲密切，但又不是抄自高麗再雕本，那麼他是否抄自高麗再雕本的祖本開寶藏呢？

　　對於這一問題，由於開寶藏本《高僧傳》已經亡佚，恐怕永遠得不到確切的答案。雖則如此，筆者認爲這種可能性依然存在，理由如下：

　　1.現存日本古寫經《高僧傳》主要抄寫於平安、鐮倉時期，切確説是十二世紀前半葉至十三世紀後半葉這段時期內抄寫的。這些寫本除了興聖寺本屬於特例之外，都是寫本系統。他們抄寫的時間雖然較晚，但其底本來源可以追溯到奈良時代寫經，甚至可以追溯到唐代的長安寫經。筆者此前指出，《開元釋教録》的作者智昇，他當年看到的《高僧傳》，就是與日本寫經相同系統的文本①。這意味著入唐僧玄昉所攜回的《高僧傳》也屬於這一系統，如今多種現存的寫本系統《高僧傳》，即足以説明這一點。實際上，在日本奈良、平安、鐮倉時期流傳的一切經《高僧傳》寫本，雖然存在兩種開卷（十卷本與十四卷本），但內容屬於同一系統。因此，筆者懷疑開寶藏等刻

---

①參見拙稿《〈慧琳音義〉所據〈高僧傳〉傳本略考——以〈高僧傳〉卷五音義爲例》。

本系統傳到日本之前,刻本系統《高僧傳》可能没傳到日本①。至少我們目前看到的刻本系統《高僧傳》寫本(如三井寺所藏足利尊氏一切經),是直接抄自刻本大藏經的。從這一背景來看,興聖寺本屬於刻本系統的最後五卷,直接抄自刻本大藏經的可能性很大。

2.興聖寺一切經現存有多種開寶藏的轉抄本。我們知道,在日本金剛寺、七寺、石山寺、西方寺、新宫寺、中尊寺、法隆寺以及松尾社等收藏的寫本一切經中,存有多種以開寶藏爲底本的轉抄本。根據赤尾榮慶先生的考察②,興聖寺一切經中明確抄有開寶藏刊記的寫本有《出三藏記集》卷三、卷五、卷九、卷十和卷十一,以及《開元釋教録》卷十二。其中《開元釋教録》卷十二爲鎌倉時期貞應三年(1224)抄本。此外,根據楊婷婷氏的研究,没有開寶藏刊記興聖寺本《出三藏記集》的其他卷次,同樣有可能抄自開寶藏③。

3.查興聖寺本抄寫習慣,凡是正傳人物,都另起一行抄寫。但是在卷十三"釋法意傳"不作另起行處理,而是續抄在"釋僧亮傳"之末的中間位置。再看高麗初雕本、再雕本以及趙城金藏本、福州藏本、思溪藏本等,"釋僧亮傳"文字剛好至一行到底結束。可見,興聖寺本没有另起一行抄寫的原因或許受到刻本分行的影響。如果這一推論成立,那麽興聖寺本抄自刻本的可能性就更大了。

退一步講,如果興聖寺本最後五卷的底本不是抄自開寶藏,那麽我們就得考慮在三類刻本大藏經之外,可能存在一種至今不爲人所知的另一種刻本系統。果真如此,那是更有趣味的問題。不過,這需要進一步通過各種實例進行論證,當前我們只能根據現有資料作出上述推定。總之,關於

---

① 筆者曾經在東大寺宗性所抄的《彌勒如來感應抄》中看到不少引自《高僧傳》的文字,根據其中所抄"道安傳"等文字,可知他是抄自寫本系統《高僧傳》,而非刻本系統。參見平崗定海《東大寺宗性上人之研究並史料》(下),日本學術振興會刊,1960年3月,頁279—281。

② 赤尾榮慶《西樂寺一切經の特色について》,載京都府教育委員會編《興聖寺一切經調查報告書》(京都府古文書調查報告書第十三集),1998年3月,第428頁。

③ 楊婷婷《日本古寫經本〈出三藏記集〉の系統について——興聖寺本を中心に》,載《印度學佛教學研究》62—1,2013年12月,頁499—502。

興聖寺本最後五卷的底本來源問題，還有一處避諱改字的現象必需指出，即卷十四所收序文中，慧皎在列舉《高僧傳》之前的僧傳相關文獻時，提到"陶淵明搜神録"一書，興聖寺本將其中"陶淵明"三字抄成"陶泉明"。"淵"改爲"泉"是因爲避唐高祖李淵之諱。類似這種避諱改字，在敦煌遺書中亦有所見。比如，臺灣故宫博物院藏敦煌遺書《蒙求》寫本，其中有"漢朝王子泉"。相應此人，敦煌研究院藏敦研 095 號《蒙求》寫本則作"漢朝王子淵"。此外，伯 2173 號《御注金剛般若經宣演卷上》序文中原本表示十二支亥的"大淵獻"，也寫成"大泉獻"。其實，現存開寶藏中也存在"敬""竟"等字的缺筆避諱。興聖寺本前揭的這一改字避諱，是否承襲開寶藏而來，不得而知，但從"淵"改爲"泉"的現象來看，反映出多少保留了某些唐代的文本面貌，值得我們重視。

（作者單位：上海師範大學哲學與法政學院）

域外漢籍研究集刊　第十八輯
2019 年　頁 69—88

日本《世説新語》注釋本叙録(中) *

張伯偉

一　《世説新語補考補遺》

《世説新語補考補遺》一卷,桃井白鹿著。

桃井白鹿,傳見《世説新語補考》解題。《補考》刻於寶曆十二年(1762)三月,《補遺》則刻於寬政三年(1791)九月,相去近三十年,可見桃井氏自少至老,篤嗜《世説》。《補考》刻於東都,《補遺》刻於西京皇都書肆。

此書除刻本外,尚有稿本傳世。佐野正巳在《松江藩學藝史研究·漢學篇》(明治書院 1981 年版)中,曾專列一章討論其書刻本與稿本之異同,包括《世説新語補考補遺》、《楊子法言增注》和《荀子遺秉》。兹據以轉述(個別釋讀之誤則徑改):《補遺》刻本有而稿本無者僅一則,即《德行上》"李元禮風格秀整"章;兩本有異同處如下:一、刻本《德行下》"王僕射子恢之被召爲秘書郎"章之"秘書有限故有競。再按",稿本作:"秘書有限故有競。《彙苑詳注》秘書郎注曰:晉武帝分秘書圖籍爲甲乙丙丁四部,使秘書郎中四人各掌其一。宋齊尤爲美職,皆爲甲族起家之選。居職例十日便遷。再按。"刻本"再按"下據杜佑《通典》和馬端臨《文獻通考》,乃針對岡白駒《補觴》"秘書日有限,故有競云云",既謂岡氏所言非無證,又加以辨證云:"王

---

* 本文爲 2016 年度高校古委會規劃重點項目"《世説新語》日本漢文注釋文獻的整理與研究"中期成果之一,項目編號 1633。《日本〈世説新語〉注釋本叙録(上)》刊於《域外漢籍研究集刊》第十四輯,中華書局 2016 年版,讀書可參看。

敬弘以爲有競,係限員;張纘固求不徙,係限日,固自不同。”二、刻本《言語上》“孫紹關右之士,亦同意”,稿本作“孫紹關右之士,之能指論世務,亦其志也”。三、刻本《言語中》“謝中郎經曲阿後湖”章下“此語似有所感而發”,稿本多出以下文字:“袁彦伯爲謝安南司馬章○居然,《文選·張景陽雜詩》:‘能口(案:當爲否)居然別。’李善注:尹文子曰:形之與名,居然別口(案:當爲矣)。”又“謝太傅問諸子姪章○玉樹,《尺牘雙魚》:誇獎子孫書云。”以上兩則皆有對《補考》之“補遺”。末有“翁云”二字,則接至“謝靈運好戴曲柄笠”章“將不畏影者未能忘懷。劉辰翁云”。四、刻本《文學中》“殷中軍雖思慮通長”章下“四本,詳見《文學上》篇‘鍾會撰《四本論》’章注”,稿本作“四本,鍾會撰《四本論》,論才性同異合離”。鍾會《四本論》乃“言才性同,才性異,才性合,才性離也”,古注已明,無需贅言。五、刻本《寵禮》“張憑舉孝廉”章“注:用心力之貌”,稿本作“磠䟗爲義,《音義》:用心力”,差別不大。

刻本僅一種固然無差別,但卷尾有墨書“規箴下《考補遺》增”一則,末行爲“右拙著一部貽石州某人”,而據佐野正巳所見桃裕行所藏刻本,同樣有墨書一頁,末行爲“右拙著一部貽石州松村子偃”。又有一行文字曰:“子深先生口授曰:‘爲《世説》書,以識趣而爲要,此考蓋係一部之意也。’松村喬識。”案松村子偃即松村喬,名恭二郎。據桃井氏手稿本《公私要事》所附《桃白鹿門人録》,中有“寬政九年五月五日,(石州小浜松村世策子)松村恭二郎”。子深爲桃井氏之字,“以識趣爲要”是桃井對《世説》精髓之理解,所謂“此考”即指全書最末手寫之一則,其强調者正在“識趣”。兹録其文如下:

> “蕭至忠依太平公主當國”章“非所望於蕭傅”,王世懋《讀史訂疑》:“唐蕭至忠素有雅望,後附太平公主以進。嘗自主第門出,遇宋璟,璟曰:‘非所望於蕭傅。’蓋取潘安仁《西征賦》中句,殊有情實。司馬温公作《通鑑》,以臆改曰‘非所望於蕭君也’,雅俗迥別矣。”豈以温公而不讀《文選》人? 故是識趣爲難耳。按《西征賦》所謂蕭傅者,指前漢蕭望之也,蕭望之爲太子太傅,故稱蕭傅,“非所望於蕭傅”,實《西征賦》中一句也,璟取之以規蕭至忠,殊有情趣,不可不知。

《補遺》中另有一則,亦可與此相參。《言語中》“釋道安俊辨有高才”章下引《石林詩話》云:“舊不解‘四海’、‘彌天’爲何等語,因讀梁惠皎《高僧傳》,載鑿齒與安書云:‘不終朝而雨六合者,彌天之雲也;弘淵(源)而潤八極者,四海之流也。'故摘其語以爲戲耳。"由此看出"彌天釋道安"與"四海習鑿齒"對語之情趣。

此書既名"補遺"，其兼有對前書之補充修正，蓋題中應有之意。但除此以外，有一新特色值得拈出，即多用白話小説語爲釋。如《言語下》"王荆公作相"章，引《三國演義》第四回、《水滸傳》第四回釋"那得不看祖宗面"；《文學中》"殷中軍爲庾公長史"章，引《水滸傳》第五十一回釋"生母狗"；《品藻上》"明帝問周伯仁"章，引《水滸傳》釋"功夫"；《賢媛》"肅宗宴於宮中"章，引《水滸傳》第六十一回、三十二回釋"將軍椿"；《假譎》"秦會之夫人"章，引《水滸傳》第二十回釋"婆子"；《紕漏》"任育長年少時"章，引《水滸傳》釋"邸下"等。江户時期中國白話小説風行一時，其原因之一即時人以此爲學習漢語口語之途徑。荻生徂徠言及其"華音師友"之一東野藤生云："其學大氐主《水滸》、《西游》、《西廂》、《明月》之類耳。"（《送野生之洛序》，《徂徠集》卷十）雨森芳洲亦云："我東人欲學唐語，除小説無下手處。"又云："岡島援之只有《肉蒲團》一本，朝夕念誦，不頃刻歇。他一生唐話從一本《肉蒲團》中來。"（《橘窗茶話》卷上）岡島冠山（援之）乃當時最著名中國語學者，編著《唐話纂要》、《唐譯便覽》、《唐音和解》、《唐音雅俗類語》、《唐語便用》等書。桃井氏以白話小説釋《世説》，亦有幫助時人學習漢語之用意。

二　《世説新語補筆解》

《世説新語補筆解》四卷，野村公臺著。

野村公臺（1717—1784），近江（今滋賀縣）人，字子賤，號東皋、襄園，通稱新左衛門。師事澤村琴所（1686—1739），琴所初以自學成才，後游京都，從伊藤東涯學一年，盡捨舊學，以古學爲宗。後又得荻生徂徠書而讀之，確信其説，終身不改。此前近畿地區多尚宋學，至此學風一變，專主漢魏傳注。公臺從之修古學，善詩歌。琴所歿，公臺爲撰墓誌。琴所以外，公臺又從服部南郭學，故能傳徂徠學之脈。仕彦根藩，任儒官，享年六十八歲。著《國語考》六卷、《讀國意考》一卷、《學文意得》一卷、《復讎論》一卷、《愁真集》一卷、《鑄翁筆記》、《鑄翁隨録》、《鑄翁叢録》、《金龜詩纂》七卷、《講餘筆録》三卷、《襄園集》十卷、後編二十卷、餘編八卷等。

《世説新語補筆解》乃公臺任彦根藩儒官時爲授徒而作，其《序》中對岡

白駒之《觿》、桃井氏之《考》以及釋大典之《鈔撮》，皆致不滿之詞，尤以《觿》
爲“荒謬甚多”，總之則“互有得失，讀者宜以章擇之可耳”。此書特色，乃將
“其三家已具者，今盡除去，獨存其有異同詳略者”。故欲考此書之是非得
失，當置於此前《世説注》譜系中觀察。

　　因岡白駒書爲此類注釋最早刊刻之著，此書加以辨證處亦不少。如
《德行上》“鄧攸始避難”章注中“遺民”一詞，《觿》云“猶云遺兒”，又引或云：
“遺民似是綏小名也。”案語曰：“二説未詳孰是。”數十年後，秦士鉉《世説箋
本》乃斷作“遺民，綏小字也，故云‘抱遺民’”。《文學上》“佛經以爲”章“袪練
神明”云：“蓋智慧、煩惱俱是神明妙用，故斷煩惱爲袪神明，修智慧爲練神
明也。……岡氏以斷煩惱修智慧解之者，非矣。”又《雅量上》“庾太尉風儀
偉長”章“人知是天性”云：“數歲能如此，故知其天性然也。岡氏云：見其
兒，知亮是天性也。恐非。”對桃井《考》也同樣有辨正，如《巧藝》“王中郎以
圍棋是坐隱”章注“方幅”云：“《觿》云：‘四方白紙一幅，界畫以爲棋局也。’
按此舊相傳説爲然，非岡氏創解也。蓋以嫌其下子有聲，故用紙耳，與前卷
‘方幅齒遇’其義自不同也。後或以爲同義，非也。”公臺認同此處之“方幅”
爲“四方白紙一幅”之意，但不認爲此乃岡氏創見。同時又指出，不能將此
處“方幅”與“方幅齒遇”同意，所謂“後或以爲同意”，即暗指桃井氏之《考》
所云“按方幅，即方幅齒遇之方幅”。

　　公臺既能傳徂徠之學，其注釋亦有保存其遺説者，如《政事》“劉玄明甚
有吏能”章“惟日食一升飯”云：“物子曰：此謂安貧清若（苦）耳，一升今一合
餘，朝夕伍合。今曹洞僧尚且不能守其制，故知亦假設之言。”釋文雄《世説
新語補雞肋》此條下亦引徂徠説，但過於簡略。從公臺的徵引來看，物徂徠
當有對《世説補》之講疏，雖然僅有一則，亦彌足珍貴。

　　《筆解序》又云：“《世説》本有可以意會而不可以言説者矣，則宜不字訓
而句解可也。”故此亦《筆解》之一特色。《言語上》“高座道人”章云：“其哀
樂廢興，遇哀則哀，遇樂則樂，無餘哀，無餘樂也。”《言語中》“謝太傅語王右
軍”章“恒恐兒輩覺損欣樂之趣”云：“言恐兒輩亦至如己衰老也，劉所謂鍾
情語，而衰老情事寫得真實。按蘇軾《游東西巖詩》：‘況復情所鍾，感慨萃
中年。正賴絲與竹，陶寫有餘歡。常恐兒輩覺，坐令高趣闌。’正用此語，語
意可以見也。‘闌’字特得其旨。又按東坡用以爲五字句，故讀者多至‘覺’
字絶句，恐非，當作十字一句讀。”又《賢媛》“許允爲晉景王所誅”章“又可少

門（問）朝事”云：“如不問朝事則以有他志，然不須多問，多問則恐反受疑。”
又《任誕上》“桓子野”章“子野可謂一往有深情”云：“不待再三審之，故云一
往有深情。《文學下》篇支道林謂謝安曰：君一往奔詣，故復自佳耳。一往
義正同。”又《棲逸》“阮光禄在東山”章“注《老子》曰云云”：“寵必有辱，辱生
於寵，故得寵若驚，失寵若驚也。失寵即是辱耳。寵辱非二，故達人同視而
皆驚。同視而皆若驚，未嘗喜寵而驚辱也。右軍言‘不驚寵辱’，與《老子》
意正同，故注引《老子》以明之。”則不僅以句解方式釋正文，亦用以釋劉孝
標注。

　　至於一時不得其解者，公臺亦不强解，而能秉持闕疑態度。如《文學
下》“王敬仁年十三”章“注修集載其論曰云云”：“此論難解，不可强説。”又
如《術解》“荀勗善解音聲”章“注音聲舒雅而久不知變所造時人爲之不足改
易”云：“此十九字難解，恐有脱誤。”

　　公臺書又能保存時人之説，如《言語中》、《賞譽上》、《規箴上》、《任誕
上》便分別以小字增補田正美説共五則。又《惑溺》“劉道真子婦始入門”章
“手推故是神物”下引“雲門傍注：手推云下地叩頭”。其説俱不見於他書，
故尤爲可貴。

　　《文學上》“舊云王丞相過江左”章提及“養生”，劉孝標注引嵇康《養生
論》“夫蝨著頭而黑，麝食栢而香”句，《江談抄》曾謂李善注《文選》，至此而
以爲難，故闕之，而紀長谷雄（845—912）與三善清行（846—918）所撰《世説
一卷私記》“引《集注本草文》明件事”。實則李善之注《文選》，有初注、復
注、三注、四注之不同，隨時爲人傳寫（見李匡乂《資暇集》卷上“非五臣”
條）。公臺於此句下引李善注，可見讀書細緻，又加以更正云：“按蝨色本
白，其處頭者則黑，不須必謂變白化黑矣。”其説可參。

　　今觀此書，鈐蓋圖章二枚：“彦藩弘道館藏書印”、“東京圖書館藏”，可
知其入藏圖書館在 1880 年（此前名東京府書籍館）至 1897 年（當年改名帝
國圖書館）之間。入藏之前，則爲彦根藩弘道館藏書。以此本狀態觀察之，
亦有可能爲公臺之稿本。今藏日本國立國會圖書館。

三　《世説新語補索解》

　　《世説新語補索解》二卷，平賀房父著。

　　平賀房父（1721—1792），安藝（今廣島縣）人，名晉民，字房父、子亮，號中南、果亭。初以詩文向大潮（1676—1768）請益，寶曆十二年（1762）赴長崎，訪肥前（今佐賀縣）蓮池僧大潮，研究唐音，並主張學做漢詩文以學唐音爲要。明和元年（1764）六月，離開長崎返鄉。五年，赴京都，仕青蓮院法親王宮，有“平賀圖書”之稱。安永三年（1774）拜大舍人，在宮中奉仕近二十年。天明（1781—1788）初移居浪華（今大阪府），從事著述。八年，參州吉田侯松平信明聘爲賓師，招入江户（今東京），得病返回大阪。享年七十二歲，松平贈與“好古先生”之謚。著作甚多，有《論語合考》四卷、《論語集義》五卷、《孟子發蒙》三卷、《學庸發蒙》三卷、《周官集成》十八卷、《周官義疏删》四卷、《周官名物鈔》二卷、《周易洗心解》十二卷、《詩經原志》六卷、《詩經原志晰義》二卷、《毛詩微旨》十六卷、《春秋稽古》七十三卷、《左傳箋注》八十一卷、《左傳折衷》十卷、《禮記纂義》二十四卷、《禮記鄭注弁妄》五卷、《儀禮説藴》二十卷、《尚書梅本弁説》二十四卷、《唐詩選夷考》七卷、《學問捷徑》三卷、《壁經解》六卷、《蕉窗自記》一卷、《蕉窗寓筆》六卷等。

　　據金龍敬雄（1712—1782）序，此書成於房父爲青蓮大王文學任上，其職自有教誨後學之責，《世説》即爲其一。《序》云：“吾友平賀房父，嘗講以授諸子，諸子悦隨，户外屨滿。於是録其所講，題曰《索解》。余見而謂曰：房父是《世説》之庖丁也哉！乃至其族與肯綮，輒謋然已解，如土委地，恢乎其於游刃必多餘地，兼判諸注然否。”可知此書完成於安永二年（1773）之前，既能如庖丁解牛，解析《世説》之“族與肯綮”，又對此前注本議其得失，“兼判諸注然否”。

　　“索解”一詞，出自《世説》。《文學》篇記阮光禄語：“非但能言人不可得，正索解人亦不可得。”清胡鳴玉《訂訛雜録》卷一“索解人不得”條云：“‘索解人’三字本連，與‘能言人’一例，謂求解其義也。今用作求一能解之人不可得意，非。”房父正爲“索解人”之一，故以《索解》命名其書。

　　此書以辨證諸家注爲特色，其討論對象以江户時代日本人撰述爲主，即岡白駒之《觸》、穗積以貫之《國字解》、桃井源藏之《考》、釋大典之《鈔撮》及《鈔撮補》。《鈔撮補》刊於明和九年（1772），僅在本書前一年，亦能及時參考。但涉及《國字解》者，僅卷首諸家序及凡例共四則，皆斥其非。故本書主要針對岡氏、桃井及大典，乃多以“三家”概稱之。凡有自身特見者，輒以“愚案”别之。例如，《德行上》“華子魚”章“將無以懷璧爲罪”下，先引《鈔撮》以爲"將無有二義",故"須以是二義看",後云:"愚按:'將無'當時語,即今'無乃乎'也,無不通者,豈有二義邪?諸子嚚嚚,大費解。"又《言語中》"孫綽"章"楚楚"下云:"《觽》、《考》並非本文之意。《鈔撮》以爲高刺孫志在止足,孫嘲高綢繆閨情,此亦非也。是時高亦志在止足。"又《汰侈》"石崇爲客作豆粥"章"韭萍虀"下云:"《鈔撮》云:'假言韭之初生者爲韭萍,非別用藾蒿也。'愚按此説非也。始云恒冬天得韭萍虀,是萍冬日絶無者也,故以麥苗代之,人不知之,以爲萍也。"又有不作考辨,直斥其誤者,如《文學中》"謝鎮西"章"殷未過有所通"下云:"此解三家皆謬。"《方正下》"徐勉"章"汝交關既定"下云:"三注皆誤。"其判斷多能得其實,但智者千慮,也不免訛謬。如《雅量上》"祖少孫"章"屏當未盡"下云:"或曰:《嬾真子》云:'併當二字,俗訓收拾。屏、併蓋相通。'愚按:屏,屏氣之屏。'屏當',當時俗語。"實則《嬾真子》之説不誤,《德行》篇中即有"恒與曹夫人併當箱篋"句,與此處"屏當"同爲收拾、料理之意。又《任誕下》"顔延之"章"竣得臣筆,測得臣文"下云:"《鈔撮》以'筆'爲文章,'文'爲才藻,或然。"此處"文筆"對舉,前指有韻者,後指無韻者;或將"文"解作"文章","筆"解作"書法",亦可通,《鈔撮》云云則非是。

此書亦比較《鈔撮》與《鈔撮補》之異同,擇善而從。如《文學上》"鍾會"章"既定,畏其難"下云:"既定,坐既定也。《鈔撮》初解甚好,何後又更解。若後解,'既'字不安貼,非也。'畏其難',畏縮見難其文章也。"又《文學中》"郭景純"章"泓崢蕭瑟"下云:"泓崢猶言山水,言山之崢崢,水之泓泓,俱是蕭瑟,實所難言也。《觽》不足言,《鈔撮》之後説迂闊,且不與不可言應,非也。"《識鑒》"瑯琊"章"帝疾至賜死"下云:"《鈔撮》後説是。"又《棲逸》"孟萬年"章"萬年可死"下云:"《鈔撮》後説悉之。"又《惑溺》"謝太傅"章"周姥"下云:"《鈔撮補》説是。"由於對釋大典《鈔撮》及《鈔撮補》之關注,也因此涉及片孝秩、田君孝之《世説》注,兼有辨證。

此書特色之一,是保存其友人金龍道人(即本書序者)《世説》注,計袁裦序一則,《言語中》七則,《政事》一則,《文學中》七則,《文學下》五則,《賞譽上》一則,《夙惠》一則,《假譎》三則,共計二十六則。惟其書不存,僅於平賀書中略存遺説。嘗承日本佛教學大學落合俊典先生見示,金龍道人另有《世説補》注本兩册,以日語爲之,現藏日本京都興聖寺。可惜如驚鴻一瞥,便失之交臂,未能詳考。金龍道人,美濃(岐阜縣)安八郡神户人,法名敬雄,字韶鳳,號金龍道人、道樂庵、雨新庵,幼爲天台僧,壯歲之江户,住淺草寺,號金龍山人。寬保三年(1742)三十一歲,爲武藏足立之吉祥寺住持。寶曆八年(1758)移居京都,歷訪各地,晚年棲隱鄉里。乃學藝雙修、名聲極高之詩僧。寶曆十三年(1763)與江村北海結成賜杖堂詩社。有詩集《雨新庵詩集》,隨筆集《道樂庵夜話》。天明二年正月八日没,享年七十一歲。

四　《世説誤字誤讀訂正》

　　《世説誤字誤讀訂正》二卷,大江德卿、井出萬年著。

　　大江憲,字德卿,安藝國(今廣島縣西部)人。井出祐,字萬年,備後國(今廣島縣東部)人。二人皆平賀房父門人,故此書與平賀《世説新語補索解》有淵源關係。大江德卿《序》中詳引平賀語,保留其對以往諸家《世説注》之意見,若云"至本朝近世,岡千里著《觿》以通其志,是其創造,可謂最難矣。繼此桃氏著《考》,大典師著《鈔撮》,考覈訂正益詳";又云"《考》矜於博,凡考一事,必達其枝葉。《鈔撮》備於事實,搜索無遺。夫廣者難徧,是以解語意,掛漏間多矣,所謂'顯處視月'者也。岡氏雖頗詳也,事在草昧,多謬其宜也"。態度持平,多得其實,此同時代人之評語,皆不見於《索解》一書,頗可參考。

　　本書糾正流行本《世説》處,一爲誤字,一爲誤讀。所謂"誤讀",乃專指日語訓讀,據井出祐"凡例"所列,其最後二則皆與"讀"相關,明確揭櫫其"尊師"主張:一則曰"訓讀之正,一從先生考定,不敢加臆見";一則曰"訓讀有從諸家各異者,今偏依《索解》,學者即所從逆志而可也"。故其新見集中體現於對文字之正誤。

　　正誤包括正文、注文以及評點。其方式有取諸本校讎而選其是者,有諸本無異而斷定爲誤者,皆"直以某當作某出之";字可兩通者,雖有異則"以一本作某出之";諸本無異文而意思未安者,則"以疑或恐別之";此前諸解有臆改文字處,凡正確者皆取之,"以《考》云、《鈔撮》云等別之";對劉辰翁、王世懋、李贄等人評語,凡有疑者,亦據他本直接更正之。如《德行上》"華歆、王朗"章李評有"小人舉事不慮始,大率難此",即更正爲"大率類此"。考日本元禄七年(1694)京東洞院通夷川上町林九兵衛梓行本,即作"大率難此"。經本書是正後,至安永八年(1779)之重刻本出,"難"字即挖改爲“類”。而江户時代其他評注者，亦多取此説。惟“大率難此”下復有“憑準若此”四字，則原文之誤，實在“難此”之“此”字爲“以”字之譌，原句當作“大率難以憑準若此”。

本書是正文字，有據《古世説》者，即劉義慶撰、劉孝標注本（含後人評點），亦即未經王世貞删補之本。如《德行上》“初桓南郡”章劉孝標注“命以爲嗣”下云：“《古世説》‘命’上有‘臨終’二字。”又《文學中》“何晏注《老子》未畢”章下云：“《古世説》有‘何平叔注《老子》始成’一條，語頗有異。”書中多列《古世説》與今本異同，文字以外，尚有門類，如《方正下》“王藍田拜揚州”章下云：“《古世説》在《賞譽》。”《寵禮》“張憑句孝廉”章下云：“《古世説》在《文學》。”又“謝公作宣武司馬”章下云：“《古世説》在《賞譽》。”又“羅君章爲歡宣武從事”章下云：“《古世説》在《規箴》。”皆爲其例。

本書爲江户時代日本《世説注》中全面校訂文字之著，自多可取。然亦難免自爲是，以正作誤。以卷首爲例，如袁褧《序》中“祖士雅”下云：“雅當作稚，誤也。”實則士雅乃祖逖字，原本無誤。又如陸師道《序》中“廁之中古華夏幾不分”下云：“‘古’當作‘故’，‘夏’當作‘夷’。”實則原文應作“廁之中華，夷夏幾不分”。同上“元朗之叙言語篇固”下云：“當作目。”實則“固”字應屬下，與“自”聯綴爲“固自”一詞。其他訛誤，亦不少見，讀者應留意考辨，不宜盡信。

平賀房父之《索解》有金龍道人序，其書亦多存道人之遺説。本書亦偶爾徵引金龍道人説，内容已見《索解》，無足珍異。惟此書“附録”一卷，爲三野藤軌輯録義茶翁校訂《世説》之成果，與本書相較，互有發明，故藤軌乃“錯其所同，舉其所異，録以附焉。於是《世説》一部無遺珠之憾，遂爲完璧”（《世説訂正附録序》）。惟《附録》作者，川勝義雄定爲釋元昭，並云：“賣茶翁即釋元昭（1675—1763），乃黄檗宗肥前龍津寺僧人，釋大潮法兄，並與釋大典爲好友。”（《江户時代における世説研究の一面——建仁寺高峰和尚の研究をめぐつて——》，《東方學》第二十輯，1960年）案川勝此説實誤，“賣茶翁”實作“義茶翁”，乃金龍敬雄之號，與釋元昭無涉。且據藤軌《世説訂正附録序》稱，安永三年（1774）輯録此書完畢時，義茶翁仍在世，而釋元昭卒於十一年前，顯非同一人。故略作更正，附見於此。

五　《世説新語補雕題》

《世説新語補雕題》二十卷,中井履軒著。

中井履軒(1732—1817),名積德,字處叔,號履軒,通稱德二,大阪人,中井甃庵(1693—1758)之子,中井竹山(1730—1804)之弟,中井柚園(1795—1834)之父。一門三代,多有傑出學者。其父參與創設大阪懷德堂,其兄弟二人亦先後主講於此。履軒好作"雕題",如《七經雕題》五十六卷、《七經雕題略》十九卷、《小學雕題》二卷、《史記雕題》一百三十卷、《老子雕題》、《莊子雕題》十卷、《古文真寶雕題》三卷等,另著有《七經逢原》三十二卷、《履軒弊帚》三卷、《履軒雜説彙編》二卷等。生於享保十七年,卒於文化十四年,享年八十六歲。

"雕題"爲一日語詞彙,意指在古書天頭、地脚、行間等空白處所寫之批注文字。本書以日本元禄七年(1694)京東林九兵衛梓行之《李卓吾批點世説新語補》爲底本,在欄外空白處施加文字,内容涉及校勘、改正、注釋、評論等,共十册。直接在原書空白處施加批注,乃江户時代文人讀書法之一。以《世説新語補》爲例,先後加以批注者就有太宰春台(1680—1747)、服部南郭(1683—1759)、秋山玉山(1702—1763)、石島筑波(1708—1758)、那波魯堂(1727—1789)、千葉芸閣(1727—1792)、尾藤二洲(1747—1813)等(參見稻田篤信《和刻本『世説新語補』の書入三種》,載二松學舍大學《日本漢文學研究》第八號,2013年),中井履軒之《世説新語補雕題》爲其中翹楚。

中井家學宗尚宋學,以朱子學立場攻擊徂徠學。履軒雖主張折衷,學術態度趨向平和,但亦持同樣立場。日本江户時代《世説》一書之流行,與荻生徂徠之倡導大有關係,故本書不同於江户時代諸家《世説注》最顯著一點,即在於對《世説》之批判,從一側面表現出與蘐園學派之異。其書第一册封面以朱筆抄録明人薛千仞(岡)語云:"士大夫家年少子弟必不宜使讀《世説》,未得其雋永,先習其簡傲,不可不慎!"(《天爵堂筆餘》卷一)顧炎武《日知録》亦曾引用,且襃獎此語能體現"以正養蒙之道"(卷十三"重厚")。又卷首列袁褧序,原文有對《世説》襃獎之辭如"竹林之儔,希慕沂樂;蘭亭之集,詠歌堯風"云云,履軒批曰:"斯文所援據,皆失理矣。若竹林之士,固無可稱者,何汙沂樂?蘭亭特筆翰垂賞耳。且江左偏安,坐視京洛傾覆,海内塗炭,而偷安於目前,乃觴詠誤(似爲'娱'字之訛)樂,無恥亦甚,何堯風之有?"凡此皆見履軒對《世説》之總體看法乃偏於負面。

履軒對《世説》之批判,一則爲其内容之不當。如《方正下》"王丞相初在江左"章批曰:"此自誇門族之俗習可憎者,何方正之有?且'亂倫'語錯謬無所當。亡國之顧、陸與中興之王、謝争衡且不可,況却自高引敢吐'亂倫'語,無恥之甚,殆不可曉。當時乃以此爲勝,習俗之錮人心,不亦甚乎?"又《雅量上》"豫章太守顧劭"章批曰:"'掐掌'是矯飾,'豁情'是不情,並非'雅量'。"又《任誕上》"祖車騎過江時"章批曰:"是有何賞而録?當削。且此是賊,何任誕之有?"又《假譎》"殷仲文既素有名望"章批曰:"仲文是桓玄之逆黨,而謀主玄之敗,仲文以投降得免死,乃霑微禄爲幸耳,何曾有阿衡之冀望哉?是《世説》之妄耳。"

一則爲其文章之不佳。如《言語中》"道壹道人"章"已而會雪下,未甚寒"批曰:"'已而'兩字是冗語,乃却害於文。'未甚寒'亦冗語,並當删去。"又《文學下》"桓宣武北征"章"唤袁倚馬前"上批曰:"'倚馬前'不成語,亦文之拙處。"又《夙惠》"孫齊由、齊莊二人"章批曰:"叙事無章。"又《棲逸》"康僧淵在豫章"章"清流激於堂宇"上批曰:"堂宇亦難'激'者,是文之疏處。"

一則爲其分類之不妥。如《政事》"陸太尉詣王丞相"章批曰:"此亦宜入'言語'科。"又《方正下》"桓大司馬詣劉尹"章批曰:"此是'忿狷',何'方正'之有?"又"阮公禄赴山陵"章批曰:"是自'簡傲',何'方正'之有?"又《雅量下》"顧和始爲揚州從事"章批曰:"是'簡傲'耳,何'雅量'之有?"(關於履軒《雕題》"何某某之有"諸例,稻田篤信《中井履軒『世説新語補』雕題本考》有詳贍分析,載《日本漢文學研究》第九號,2014 年)又《簡傲》"謝萬北征"章批曰:"萬是驕蹇不了以敗國事者,不得入'簡傲'之選。"

一則爲其注釋之不愜。《夙惠》"孔融被收"劉注引裴松之語,批曰:"裴論腐,不當采入。"又《賢媛》"陳嬰者,東陽人"章批曰:"注節略失實。"又《任誕上》"祖車騎過江時"章劉注引《晉陽秋》,批曰:"如《晉陽秋》所説,猶使擁護賓客而已,不知逖特自爲魁首淵藪也,注不當援之。"又"王、劉共在杭南"章劉注引《謝氏譜》,批曰:"尚書(謝衷)是鎮西(謝尚)之兄,注不明言,何以注爲?"又《排調上》"何次道往瓦官寺"章批曰:"宇宙,天地間也;終古,古今也。注皆謬。"又《惑溺》"韓壽美姿容"章劉注引《十洲記》,批曰:"外國之貢,謂晉武之時來貢也,注謬。"

　　一則爲其評語之不確。如《德行上》"管寧、華歆共園中鋤菜"章批李評曰："不成評。"又《言語中》"諸名士公至洛水戲"章批曰："王評不通。"又"陸機詣王武子"章批李評曰："惡評不足辨。"又《識鑒》"王大將軍既亡"章批曰："劉評不通。"又《品藻下》"王僧恩輕林公"章批曰："劉評不通。"又《任誕上》"張季鷹縱任不拘"章批曰："季鷹唯能忘，故其名以忘而傳耳，王評謬。"

　　履軒對《世說》之批判，貌似面對該文本，實則針對當下文壇。如《自新》"周處年少時"章批曰："'三害'叙事較之本傳，退何啻三舍，世人貴《世說》如金科，何居?"此乃針對徂徠提倡《世說》文章而言。又《假譎下》"王文度弟阿智，惡乃不翅"章批曰："'不翅'兩字似錯用，然當時俗語如此作竭後耳，於《世說》無可怪也。但今人蹈襲，好作若語，乃爲不可耳。"亦暗諷徂徠等人。考《徂徠集》中文字，"不翅"一詞屢見不鮮，若"不翅家君之幸也"（《同齋越先生八十壽序》，《徂徠集》卷九）；"今雨之歎想，不翅足下歟"（《復爽鳩子方》，《徂徠集》卷二十二）；"民間亦識字，不翅星官"（《與竹春庵》，《徂徠集》卷二十七）。可知履軒實借古諷今，且力圖建立自身之評價標準。

　　惟履軒自信過甚，故時有以不誤爲誤，疑其不必疑，改其不當改。如卷首陳文燭《刻世說新語補序》中"何長瑜、鮑照"句上批曰："'照'疑當作'昭'。"實則在唐武則天時代，爲避其諱"曌"而將"鮑照"改爲"鮑昭"，明代無此必要。又《文學中》"林道人詣謝公"章"東陽時始總角"上批曰："'始總角'不成語。"實則指兒童束髮爲髻，其狀如角，蓋指幼年。又《賞譽上》"林下諸賢"章"秀子純、悌並令淑有清流"上批曰："'有清流'不成語。"實則"清流"爲當時題目人用語，即清高雅潔之流。又《品藻上》"邊文禮才辯俊逸"章注"大羹之和"上批曰："'大羹之和'不成語。"實則此語出自《禮記·樂記》之"大羹不和，有遺味者矣。"又《企羨》"王右軍"章劉注引"王羲之《臨河叙》曰"上批曰："'臨河'兩字疑當作'蘭亭集'三字。"實則劉注保留《臨河叙》之題名甚爲珍貴，豈可以後世習知之《蘭亭集序》改易?又《賢媛》"許允爲晉景王所誅"章劉注引《魏志》"無何有人"四字上批曰："有何人。"實則此句意謂"無何，有人……"，"無何"乃不久之意，豈能改爲"有何人"?又《簡傲》"王平子出爲荆州"章"時賢送者傾路"句上旁批曰："'傾路'不成語，或是'傾都'之訛。"實則"傾路"乃形容路途擁擠。凡此種種，或不明語源，或不解文義，或不通俗語，或不諳避諱，加之刻意標新立異，遂以致誤。

　　履軒雕題此書時間不詳，考其引及前人之《世說注》，僅有《世說新語補

考》和《世説鈔撮》兩種,二書分別刊刻於寶曆十二年(1762)和十三年,未及
《世説鈔撮補》(刊行於明和九年,1772)或《世説新語補索解》(刊行於安永
三年,1774),以此推斷,《雕題》之作當在寶曆十四年(1764)至明和九年之
間。從用筆墨色和字迹之差異推斷,《雕題》至少經過兩次閲讀批注。

六　《世説啓微》

《世説啓微》二卷,皆川淇園著。

皆川淇園(1734—1807),京都人,名愿,字伯恭,號淇園,又號有斐齋、
笋齋、吞海子等,通稱文藏。父皆川春洞,名成慶,號白洲,東福門院御殿
醫。弟成章(1738—1779),十九歲出嗣富士谷家,自以不及兄淇園,別治國
史、歌學,自成一家,然深受漢學家長兄之影響。淇園少穎悟,四五歲能識
字。兄弟皆夙惠,成章一聞輒悟,淇園沉思善問。年甫十五,與成章見朝鮮
通信使,席上唱和,頗得讚譽。後爲一大詩家,弟子三千餘人,臺閣諸公執
弟子禮者甚衆,最得平户侯器重。七十四歲卒,門人私謐曰"弘道先生"。
子篁齋(1762—1819),名允,字君猷,能嗣家學(參見松村操《續近世先哲叢
談》卷上)。淇園著述宏富,户川芳郎曾據《國書總目録》統計其目録,達一
百十四種之多,現存六十九種,其稿本、抄本今藏京都大學附屬圖書館之
"皆川文庫"。内容遍涉四部,而以考釋爲主,其訓詁文字,尤重聲音,爲日
本江户時代罕見之卓越學者。乃當時京都"古學四大家"之一(另有岩垣龍
溪、佐野山陰、村瀨栲亭),與江户"五鬼"(冢田大峰、龜田鵬齋、山本北山、
市川鶴鳴、豐島豐洲)並稱,爲同時代學界東西翹楚(參見《漢語文典叢書》
第四卷户川芳郎"解題",汲古書院,1980 年版)。淇園與文學相關之著,除
詩集、文集外,另有《唐詩通解》、《杜律評注》、《韓柳文評注》、《歐蘇文彈》、
《物服文彈》、《淇園詩話》、《淇園文訣》、《有斐齋文訣》等。

淇園認爲,不辨字義不能作文,字義既通,文理始晰。故《世説啓微》之
作,亦以解釋字義爲宗旨,尤其重在上下文句意之貫通。如《言語中》"道
壹"章"未甚寒"下云:"此三字爲曰'乃先集其慘澹'言。"下句"乃先集其慘
澹"下云:"'先集爲霰',《詩·小雅》句,道人之語放其音響,即前所以其言
'整飾音辭'耳。"又《文學中》"孫子荊"章"未知文生於情,情生於文"下云:
"上情孫,下情王,詭換法。"又《方正》"王丞相初在江左"章"義不爲亂倫之

始”下云：“陸本吳中名族，固謂晉爲仇讎，故謂其結婚爲‘亂倫之始’也。”

若原文隱晦，則往往揭發其言外之意，如《文學下》“孫興公道曹輔佐才如白地明光錦云云”下云：“按‘明光’蓋謂如雲母光也。‘白地明光’非以爲貴人之服，則人或莫識是錦者矣，矧裁以爲負版袴乎？人孰能睹知之乎？是無裁製之才之甚者。”又《賞譽上》“世稱庾文康豐年玉云云”下云：“豐年則玉貴，荒年則穀貴。‘豐年玉’以喻治世之所貴，‘荒年穀’以喻季世之所貴。”又“王長史”章“人可應有乃不必有云云”下云：“要是不與人競善，而無所害於人也。”又《品藻下》“王孝伯在京”章“此句爲佳”下云：“按此二句，其事含造化消息之機，而語又有感慨，是以爲古詩句中之最也。”（案此章劉義慶《世説新語》在《文學》）

各門類之中，每章宗旨若不明顯，則亦闡釋其義，如《排調》“顧長康”章“布颿無恙”下云：“‘無恙’二字，蓋以暗譏其物愛之而不肯給也，是以特爲言之，以示其重之如人物之意，以爲謔耳。”又“顧長康”章“漸至佳境”下云：“不言味美處，而謂爲佳境，即是排調。”凡此諸説，皆可參考。

本書與當時其他諸家《世説注》有一明顯區別，即完全不提及此前或同時日本人注釋之著，僅偶爾對劉孝標注發表意見。此外，有兩處特別加上“愿按”，似乎表明乃其創見之意。如《雅量上》“裴遐在周馥所”章“直是闇當故耳”下云：“愿按：‘闇當’讀作‘諳當’，蓋言素諳司馬之性若是，而其事與其所素諳相當之，故顏色得不變耳。此即與上‘在周馥所’相映。”又《傷逝》“羊太傅”章“嘗慨然歎息云云”下云：“愿按：就峴山想古議後，其味雋永，趣在言外。”

對於門類之名，若涉難解，本書亦有注釋，如釋“雅量”云：“凡其人當遇非常之事，亦不變其平時之度者，皆收入此部。蓋雅，常也。平常之量本自弘大，以能容受其非常也。”又釋“排調”云：“排遣人以其調謔也。”

淇園擅長作詩，亦熟悉唐詩，故其注釋往往揭示唐詩與《世説》之關係，如《言語中》“王安期”章“當爾時云云”下云：“爾時謂其言之之時也，形神俱往，以其北望言。又按王龍標‘閨中少婦不知愁’，全篇旨趣，全自此來。”又“王子敬云”章“若秋冬之際，尤難爲懷”下云：“李白詩‘霜落荆門江樹空’一句，妙領得此語旨者。”

又值得注意者，淇園亦結合江户時期地方風俗以作闡釋，如《夙惠》“孔融”章“琢釘戲”下云：“今本邦信濃松本藩兒戲有名曰‘臧’者，先用木條長二尺許者,其末鋭如釘,一人擲之,釘於地上,次擲者能以釘於前釘立之處使之倒,乃爲勝。此蓋琢釘之遺意。"

　　淇園學養豐厚,故此書勝義頗多,已略舉如上,然仍不免望文生義、自以爲是者。如《文學中》"殷中軍"章"輒翣如生母狗馨"下云:"馨猶云樣也,生母狗唯守其所乳之子,不復移視於他,據此,'輒翣'是不見其一動掉之意。"將"輒翣"視爲一詞,實乃不辭。"翣"爲副詞,乃非常之意。又《文學下》"薛道衡"章"人歸落雁後"下云:"'人歸'句言人之歸當在秋後也。"此句實言自己歸家之日落在春天北飛群雁之後。又《賞譽上》"王平子邁世"章"絶倒"下云:"'倒'當讀爲'到',言以其理爲絶到,不復須言也。注云'三倒',恐無是理。"實則"絶倒"以身體形態而言,此處作"折服"、"傾倒"解,表示王澄對衛玠談道之欽佩無任,劉孝標注引時人語云"衛君談道,平子三倒",正恰好傳達出此意。又《巧藝》"戴安道"章"畫行像"下云:"行像蓋行樂圖。"此處前人注釋亦多不確,如《世説新語補觿》云:"行像,所行人物。"《世説鈔撮補》云:"行像之行,亦與形通。"《世説新語補索解》云:"未詳。《觿》、《鈔撮》各以臆,未切。"淇園此釋,較前人更進一步,然亦非正解。案"行像"實爲佛像之一種,與坐像、卧像相對而言。如鳩摩羅什譯《禪秘要法經》卷中云:"但見坐像,不見行像。"釋寶唱《比丘尼傳》卷二《建福寺道瑗尼傳》云:"於建福寺造卧像並堂,又製普賢行像。"釋道世《法苑珠林》卷十六"感應緣"載:"(戴)逵又造行像五軀,積慮十年。"正因其爲佛像,故庾道季譏諷戴畫"神明太俗,由卿世情未盡"。

　　據京都圓光禪寺道隱所撰《世説啓微跋》,本書之出版乃在淇園身後,由其子君猷整理成書,借圓光禪寺所藏活字排版印刷,淇園其他著述亦多有經此途徑出版者。

七　《世説解捃拾》

　　《世説解捃拾》二十卷,高峰東晙注
　　高峰東晙(1736—1801),攝州池田(今兵庫縣東南)人。十歲(1745)在京都兩足院東陵曇延下得度,十六歲從曇延受黄龍派印證,並升爲藏主。次年就靈洞院在溪慈穆受學,十九歲受法燈派印證,二十二歲登首座之位。又從三井寺顯道敬光學天台宗、密宗教義,從那波魯堂、龍草廬學經史,從慈雲尊者學悉曇。安永八年（1779）赴對馬島以酊庵，負責與朝鮮文職事務。兩年後大典禪師接任，曾作長談，臨別以詩互贈。四十二歲爲建仁寺住持，享和元年示寂，享年六十六歲。傳見《近世禪林僧寶傳》卷中，今人伊藤東慎《黃龍遺韻》中有詳細介紹。

　　高峰學問精湛，著述頗多。他以建仁寺兩足院藏書爲學問規模，又受到妙心寺無著道忠之深刻影響，以考證爲主，乃當時禪林碩學之一。除內典考釋外，其著作之有關外典者，有《周易講解》、《揚子法言考》、《歐蘇手簡考證》、《枝蔓録》、《修辭雜録》等（參見伊藤東慎《黃龍遺韻·高峰東晙の學殖》，京都建仁寺兩足院 1957 年版［非賣品］，日本京都大學圖書館藏本；又住吉朋彥《高峰東晙の學績》，載《文學》第十二卷第五期，岩波書店 2011 年9 月）。

　　江户幕府佛教政策之一，即從寬永十二年（1635）之後，在五山僧人中選拔學問精深者爲碩學，輪流派往對馬島以酊庵，以負責對朝鮮之外交事務。以酊庵爲僧玄蘇命名，因他出生於天文六年丁酉（1537），又在慶長二年丁酉（1597）建立該寺，故用"以丁酉"三字號爲"以酊庵"，成爲韓日外交史上重要場所（參見松田甲《僧玄蘇朝鮮の初旅》，收入其《韓日關係史研究》，朝鮮總督府 1929 年版；又伊藤東慎《黃龍遺韻·雲外東竺と以酊庵修簡職》及附録"以酊庵主持籍"）。高峰爲五山碩學之一，大典禪師亦然，他們在對馬島有交接，大典禪師詩集中有《送兩足和尚任滿還京》，自注云："兩足名東晙，號高峰，住建仁兩足院，輪住以町，與余交替。"詩中有"十日歡難盡，三年遇那遲"（《北禪詩草》卷二），可見彼此傾慕已久。高峰《世説》注頗受大典影響，多處引用其説，故其注《世説》，實非偶然。

　　高峰有關《世説》注解有兩種，即《世説解捃拾》與《世説解》。兩書關係如何，前人論述不多。川勝義雄曾云："抄本《世説解》與《世説解捃拾》，從題名判斷，按通常想象，當是先寫完'解'，其後爲'解'補闕拾遺，然後作'捃拾'。但若就內容考察，實非如此。"（《江户時代における世説研究の一面——建仁寺高峰和尚の研究をめぐつて——》，載《東方學》第二十輯，1960 年）惜僅此而已，未作進一步闡發。我同意此結論，即兩書以《捃拾》完成在前，《解》在後。《捃拾》一書多處引用大典禪師《世説鈔撮》、《世説鈔撮補》、《詩語解》、《文語解》等書，但不及《世説鈔撮集成》。《世説鈔撮補》和《文語解》出版於明和九年（1772），《集成》刊行於寬政六年（1794），以此推之,《世説解捃拾》之成書當在此期間。而《世説解》一書引用《世説鈔撮集成》至少在 30 則以上,有時未出書名,僅作"大典曰"云云,考其内容,實亦出於《集成》。可推知其成書時間在寛政六年之後。若再比較《捃拾》與《解》之内容,後者對前者有增有删有改。又《捃拾》一書多塗抹改竄,故疑爲高峰之稿本,而《解》則抄録清晰,極少更易處。《捃拾》補寫在頁面天頭之文字,《解》則全部寫入正文。兩者字迹不同,後者顯然有書名或人名之筆誤,疑爲他人抄本。高峰晚年擬重新解釋《世説》,取《捃拾》而修訂之,或未及完稿而其身先歿,故《解》僅及卷三《言語篇》"謝靈運"章而結束。惟《捃拾》一書原稿亦有殘缺,現存者始於《德行篇》"范巨卿爲荆州"章,而《解》則始於《世説》之"題名"。由以上種種推斷,《捃拾》之成稿當早於《解》。

《捃拾》重在語辭解釋,其根據或在字書,以《德行》篇引用者而言,便有《説文》、《爾雅》、《玉篇》、《韻會》、《正字通》、《(康熙)字典》、《(諧聲)品字箋》等,又有各種經史典籍注釋,尤其值得重視者,乃内典注釋。以《德行》篇爲例,如"華子魚"章"將無以"云云下曰:"《肇論疏》曰:'將無者,豈非也。'"即出於元人文才述《肇論新疏》卷中,爲諸典籍中最早對"將無"一詞之注。由於《世説》多記言,其中含有若干口語,故其注亦結合禪宗語録爲釋。又"沐德信"章"汝欲作沐德信那"下云:"《品字箋》曰:'那又與哪同去聲,猶俗語之麽字也。'《臨濟録》曰:'者漢困那?'《傳燈(録)》曰:'德山,問你不肯老僧那。'"此皆與其僧人身份有關。

《捃拾》一書之學術淵源,既有釋家系統,如釋大典諸注,亦有其他《世説》注,如岡白駒《世説新語補觿》、桃井源藏《世説新語補考》,並涉原書所附劉辰翁、王世懋、李贄等人之評語,且時有臧否。如"陳太丘"章"刼"字下云:"《觿》言韻書無此字,誤也。"又如"誕節直意"下云:"《考》説未穩。蓋放誕其節,不枉志意也。《漢書·叙傳》曰:'陳湯誕節。'師古曰:'誕節,言其放誕不拘也。'"又有闡發完善前人意見者,如"劉尹"章"綿惙"下云:"《考》、《鈔》。按'惙'從心從叕,叕,將絶不絶之意,其氣息綿綿未絶也。《説文》曰:'綿,聯,微也。'"又如"殷仲堪"章"登枝捐本"下云:"《鈔》。按'枝'謂末也。《大學》曰:'德者,本也;財者,末也。'此'枝、本'蓋謂財(富貴)、德也。"高峰對原書評點亦有闡發,如"王戎父渾"章劉辰翁評曰:"晚節乃握牙籌鑽李核。"高峰闡發云:"評意戎初不受賄者似廉,晚節鑽核,何好貨之甚而不似初乎?"又如"王平子"章李贄評曰:"嗣宗有托而逃。"高峰云:"阮籍之荒放,蓋有托而逃者,今此諸人,徒效顰之,故笑之也。"凡此皆有益讀者參考。

《世説》之注頗爲不易,本書訛誤亦在所難免。如《德行上》"王祥"章劉孝標注引虞預《晉書》"陵遲"下云:"此蓋謂年老身衰也。"實當作拖延、淹滯解。又《言語中》"謝太傅"章"陶寫"下云:"《(康熙)字典》曰:'陶,揚子《方言》:陶,養也。秦或曰陶。又《後漢·杜篤傳》云云,注:《韓詩》曰:陶,暢也。又《廣韻》:正也,化也。'按:蓋化義也,猶陶工埏埴化成器物也。寫,《詩·邶風》'以寫我憂'注:寫,除也。"實則"陶寫"即"陶瀉",合爲一詞,不宜分開訓釋。至於《言語上》"許汜"章"豪氣"上批云:"王元美詩曰:'元龍未下當時傲,湖海看君意轉親。'此詩改'豪'爲'傲',可知豪氣者傲氣之謂也。"姑不論豪氣不同於傲氣,此詩亦非王世貞之作,實爲李攀龍《於郡樓送茂秦之京》句。但總體而言,《捃拾》博引群書,注解細密,在江户時代《世説》注中,允爲佳作。

八　《世説解》

《世説解》三卷,高峰東畯著。

作者簡介見前。本書爲《世説解捃拾》之後續著作,撰寫於其晚年。二書學術宗旨一貫,惟本書對前書多有補正。如《德行上》"范巨卿"章,《捃拾》所釋正文條目有"奉親"、"街卒"、"行部"、"導騎"、"游息"、"牧伯"、"卒伍"、"晨門"、"抱關"、"士之宜"、"救"、"先備";《解》增加"捉臂"、"太學"二條。又"曳長裾"在《捃拾》乃補寫於天頭,在《解》則寫入正文,且有大幅補充。《捃拾》中原有釋"救",因同樣內容已見此前"閔仲叔"章,在《解》中刪除。釋劉注條目原有"屬行"、"服"、"知其不可"三則,《解》又增"遂宿下亭"、"閽人"兩則。釋"下亭"引"大典曰"云云,即出於其《世説鈔撮集成》。"閽人"條下曰:"一作'閒人',非也。"作"閒人"乃元禄七年(1694)刻本,"閽人"則爲安永八年(1779)校正改刻本。又如"陳太丘"章,《捃拾》釋正文條目原有"貧儉"、"(僕)役"、"後從"、"尚小"、"應門"、"行酒"、"下食"、"著車、著郄"、"郄"等,《解》增加"真人"一目。"著車"條《捃拾》引《文語解》云:"著,後漢以來之語,此字用如在。"而在《解》中直接釋曰:"著,猶在也。後漢以來之語。"刪去《文語解》云云。同章劉注"署其里"下,《捃拾》作"署,書也，題署、旌表之意也”。《解》則改爲“置其里，一本作‘署’，是也。署，書也，題署之意，旌表其德也。”作“置”爲元禄七年本，“署”爲安永八年本。又有《捃拾》僅作提示而省略文字，如“徐孺子”章云“所在，《鈔撮》云云”；“五府，《考》”等，在《解》中則將全文録出，但常常略其出處，如“所在，謂道所經處也”；“五府，東漢時，以太傅上公、太尉公、司徒公、司空公、大將軍爲五府”。兩則注釋實出於《世説鈔撮》和《世説新語補考》。又如《德行下》“王僕射”章“秘書有限”下《捃拾》云：“《考》，《觿》説非。”此表明取《考》之説而不取《觿》之説，但《觿》説究竟如何，却並未説明。同條《解》云：“有限，有員也。岡白駒以之爲居職有日限，非也。”即用《考》糾正《觿》，但亦略其出處。

亦有列舉他説而繼作判斷者，如《德行上》“朱文季”章“吾以信於心”下云：“大典曰：以一作已，同音相通，然作以有味。愚以信於心者謂未忘於心也。”《言語中》“郭洗馬”章“居不遁外”下云：“《考》曰：按《吴志·賀邵傳》注：居不作客居。遁外謂遠地邊土也。《文選》劉琨《勸進表》：職在遁外。白駒言：不遠交外人也。駒説似非，當以《考》爲是。”又“孟萬年”章“餘燼假息”下云：“《考》曰：《綱目》注：餘燼，遺民也。假息，猶言少延視息也。大典曰：餘燼，謂餘寇也。假息，言猶存也。大典説似是。”皆先列二説，然後作出判別，頗有斷制。

高峰自身作注，亦有精彩處。如《言語中》“支道林”章“道人畜馬不韻”下云：“不韻，《品字箋》曰：俗以作事寡趣曰不韻。韻，風度也。”此《捃拾》之原釋，《解》云：“不韻，倭語不風雅之意。《品字箋》曰：俗以作事寡趣曰不韻。或曰：韻，風度也。”將“韻”與日語“風雅”作類比，又以“風度”釋之，頗得其解。又關於五石散，《德行上》“初桓南郡”章“嘗因行散”下云：“《鈔撮》：服五石散，行步而運氣也，又曰行藥。《文選》鮑昭（照）《行藥至東橋》詩。《考》曰：散，寒食散也，又曰五石散，或曰八石散。六朝貴族多好服之，服後步行以宣導之，謂之行散。”皆他人之説。《解》於《言語上》“何平叔”章“服五石散”下云：“五石散，即寒食散也，已出。或云，《嬾真子》曰：後漢以來，方書中有五石散，又謂之寒食散。論者曰：服金石人不可食熱物，服之則兩熱相激，故名，謂之寒食則可也。然《晉史》載裴秀服寒食散，當飲熱酒而飲冷酒，薨年四十八。據此則又是不可飲冷物也。後問一名醫，答云：食物則宜冷，而酒則宜熱。僕初不信，後讀《千金方》第二十五卷，解五石毒，一切冷食，唯酒須令温。然則《裴秀傳》所謂當飲熱酒亦非也。”堪稱一篇具體而微之《寒食散考》(此余嘉錫名文,收入《余嘉錫論學雜著》)。此則《捃拾》未釋,惟在天頭有一段文字,《解》寫入正文。

　　然亦有雖經補正,仍有訛誤者。如《言語上》"許汜"章"豪氣不除"下,《解》云:"大典曰:'惜其淮海之秀士,而無君子之量也。豪猶言傲也。卷十陳季弼謂元龍曰:遠近頗謂明府驕而自矜,即是意。'或曰,《七(才)子詩集》王元美詩曰:'元龍未下當時傲,湖海看君意轉親。'此詩改'豪'爲傲,可知'豪氣'者,傲氣之謂也。又有麤豪之語,可併按。"大典語見《世説鈔撮》。"或曰"下引詩見《七才子詩集》卷一,但仍屬李攀龍名下,非王世貞句。

　　　　　　　　　　　　(作者單位:南京大學域外漢籍研究所)

域外漢籍研究集刊　第十八輯
2019 年　頁 89—107

日本《唐話辭書類集》所收詞目
特點及研究價值 *

羅　嬧

　　日本唐話辭書是由江户時期的日本人所編著,以中國近代漢語文獻爲基礎,選取日常口頭用語、古白話詞彙、元明清方俗口語詞等作爲詞目,並對此加以注解釋義。昭和四十四年七月(1969)長澤規矩也將江户時期漢學家們所編著的各種唐話辭書收集成册,編撰了《唐話辭書類集》並撰寫書目提要,共計 20 集 64 本①。在該叢書的序言中他對"唐話"進行了解釋:

---

* 基金項目:國家社會科學項目"古白話詞彙研究"培育成果。(13BYY107)。
　　拙文在修改過程中承徐時儀師提點指教,謹致謝忱,文中錯誤一概由筆者負責。同時感謝匿名審稿專家對此文提出的修改意見。

①64 本辭書分別爲:第一集《唐話類纂》、《胡言漢語》、《怯里馬赤》;第二集《語録譯義》、《唐話爲文箋》;第三集《忠義水滸傳解》、《忠義水滸傳鈔譯》(陶本)《忠義水滸傳抄譯》(鳥本)、《水滸傳批評解》;第四集《爾言解》、《色香歌》、《崎港聞見録》、《唐人問書》、《劇語審譯》;第五集《南山考講記》、《常話方語》;第六、七集集中收録岡島冠山四部著作,分別爲《唐話纂要》、《唐音雅俗語類》、《唐譯便覽》、《唐話便用》;第八集《兩國譯通》、《唐音和解》、《唐音世語》、《宗門方語》、《碧巖録方語解》、《八仙卓燕式記》、《語録字義》;第九集《徒杠字彙》寫本及刊本五卷;第十、十一集收録《俗語解》的寫本及殘本;第十二集《明律考》、《應氏六帖》;第十三集《水滸傳譯解》、《忠義水滸傳語解》、《公武官職稱名考》、《忠義水滸傳語釋》、《水滸傳字彙外集》;第十四集《詞略》、《字海便覽》、《奇字抄録》、《雜纂譯解》;第十五集《小説字彙》、《訓義抄録》、《支那小説字解》;第十六集《中夏俗語藪》、《漢字和訓》、《授幼難字訓》、《學語編》、《爢幼略記》;第十七集《華語詳譯》、《官府文字譯義》、《俗語譯義》、《游焉社常談》;第十八集《華(轉下頁注)

“在江户時代,被稱呼爲‘唐話’或者‘唐音’的這些詞彙,是以江蘇、浙江爲中心所組成的。把這些詞彙集中起來像辭書體一樣的書籍有很多的刊本和寫本。”①由於材料獲取不易、交流滯後等原因,這套叢書在各大院校圖書館難尋蹤覓,學界對唐話辭書的介紹和瞭解還不够深入,研究成果也主要集中在對外漢語教學、語言接觸等方面,針對詞語、文獻的研究相對較少。本文旨在介紹唐話辭書的編纂背景、總結該叢書所收詞目的特點,以此對唐話辭書的概貌進行描寫研究,並通過引書和詞目釋義來闡述唐話辭書的文獻學及辭書學價值。

一　唐話辭書的編纂背景及目的

江户時代由德川幕府統治,是日本封建統治的最後一個時代。當時的日本爲了防止基督教的傳入,實行閉關鎖國的政策,僅開放九州長崎港口與中國、荷蘭進行貿易往來。中國每年到長崎一帶的商船有很多,大多來自中國漳州、福州、南京等地,從而在日本傳播了南京話、福建話、江南話等多種方言,爲了中日貿易的順利進行,日本任命了一批從中國來的唐人擔任翻譯的職務,稱爲“唐通事”②。唐通事除了擔任翻譯工作以外,對商務貿易的談判具有一定的裁奪權,同時還承擔着唐人居住地秩序維持的任

(接上頁注)學圈套》、《譯通類略》(國會本);第十九集《譯通類略》(長澤本)、《譯官雜字簿》、《滿漢瑣語》、《雜字類譯》、《中華十五省》;第二十集收録《譯家必備》、《水滸傳記聞》、《水滸傳抄解》(殘本)。別集收録《諺解校注古本西廂記》並附譯琵琶記、遠山荷塘注《西廂記》。

①“江户時代に、唐話または唐音とよばれていた言葉は、江蘇・浙江を中心とする中支のもので、それらをまとめた辭書体の書物は、刊本も寫本もかなり多い。”文中所涉日語漢字,照抄不作改動,下同。古典研究會《唐話辭書類集》(第一集),日本汲古書院,1969年,頁1。

②關於唐通事的相關研究,身在日本的學者涉足較早,有以下成果可參:宮田安《唐通事家系論攷》(長崎文獻社,1979年)、林陸朗《長崎唐通事の職制と役株》(載《近世國家の支配構造》1986年)、李獻璋《長崎唐人の研究》(親和文庫第16號,1993年)。

務。① 幕府末期，以長崎唐船貿易爲中心的業務陸續削弱，唐通事集團封閉的體制逐漸瓦解，人員出現了移動和脱離組織的情況，但通事們憑藉著翻譯等技能，在更爲廣闊的外交領域發揮着自己的作用。②

　　從狹義上來説，"唐話"是指負責翻譯和商船貿易事務往來的唐通事所學的漢語。隨著港口中日貿易逐漸繁榮，中國典籍作爲商品陸陸續續通過商船進入日本，吸引著全國各地的知識分子紛至沓來，使得源自長崎的"唐話"在學者文人中得以廣泛流布。從廣義上來説，"唐話"也可以指江户時期傳入日本的漢語，包括"中國白話小説的注釋本、一些會話書和一些辭典所使用的語言"③，而當時的"漢語"即我們現在所指的近代漢語。

　　與此同時，佛教黄檗宗也傳入日本，這在一定程度上大大促進了唐話的發展。至此，因中日貿易交流需要而産生的唐話，由唐通事的習得，通過日本幕府的大力推動、佛教的傳入以及知識分子的廣泛傳播，逐漸深入日本國内，有關明清小説、方俗口語、中國近代漢語的學問——"唐話學"也逐漸形成氣候。爲了滿足對唐話學習、詞語的記録和保存等需求，解釋這些新傳入的中國近代漢語詞彙的"唐話辭書"也由此誕生。

二　《唐話辭書類集》所收詞目特點

(一) 多數唐話辭書兼收漢字、複音詞、多音節詞語、短語和短文

　　所收録的"字"指以單獨的一個漢字作爲詞目；"詞"包括雙音節詞語、三音節詞語、四音節詞語；"短語"包括四音節以上的短語、短句；"短文"指的是場景短文或者以對話形式出現小段落。

　　比如：岡島冠山所撰《唐話類纂》，兼收了字、詞、短句和短文。全書按照詞語所含字數排序，分爲二字話、三字話、四字話直至十字以上話，收録

① 和田正彦《長崎唐通事中の異國通事について——東京通事を中心として》，載《東南アジア.歷史と文化》1980 年第 9 號，頁 45。

② 許海華《幕末における長崎唐通事の体制》，載《東アジア文化交涉研究》2012 年第 5 號，頁 276。

③ 岩本真理《唐話資料概觀——最晚時期的唐話資料爲中心》載《清代民國漢語研究》，韓國學古房 2011 年，頁 54。

了少數字、大量複音詞、多音節詞語、短語及小短文。其中二字話中包含少量一字話,八字話中包含少量九字話。如:二字話中收録單字"生"、"旦"、"浄"、"末"、"丑","熬"、"垢"、"吞"等。複音詞如"伶俐"、"聰明"、"温柔"、"温存"、"小心"、"高傲"、"傲慢"、"執拗",多音節詞語如"富人家"、"老人家"、"後生家","偕老同歡"、"休要偷懶"、"在心留意",短語如:"不得不如此"、"看得不在眼裏"、"可惜當面錯過了"、"對牛彈琴,牛不入耳"、"雨天不可出門,路上難走。"像這樣兼收的辭書還有《怯里馬赤》、《色香歌》、《常話方言》等。

《唐話辭書類集》中明確大量收録以"字"爲詞目的辭書很少,只有《奇字抄録》一部,其餘收録少量單字的辭書有《兩國譯通》、《語録字義》、《宗門方語》等,這些辭書的詞目中兼收複音詞、多音節詞。

(二)兼收"字"、"詞"、"語"的同時,以"詞"爲主

有"字"、"詞"、"語"兼收的情況,如:《漢字和訓》、《中夏俗語藪》、《字海便覽》等。有不收字,只收"詞"、"語"的情況,如:《支那小説字解》、《忠義水滸傳(語釋)》。也有以收録詩詞、語段爲主的辭書,如:《雜纂譯解》是根據唐代李商隱《雜纂正編》、宋代王君玉《雜纂次編》、宋代蘇軾《雜纂三續》、明代黄允文《雜纂四續》四本書,摘録書中段落進行釋文注説。在兼收"字"、"詞"、"語"的同時,唐話辭書中的詞目主要以"詞"爲主。比如:據統計《常話方言》共計收録 557 條,其中收録字 79 個,詞 450 個(包括雙音節詞 328 個,三音節詞 69 個,四音節詞 53 個),短語及句子 28 個(包括五音節詞 6 個、六音節詞 6 個、七音節詞 1 個、八音節詞 4 個、九音節詞 2 個、十音節詞 3 個、十音節以上詞 6 個)。以"字"爲詞目的比例占全書的 14％,而以"詞"爲詞目的比例達全書的 80％。

(三)小結

字詞語兼收在唐話辭書産生的背景下是具有其合理性的,一方面詞典的收詞是由詞典的編撰者、詞典編撰的目的、詞典的使用對象、以及社會的發展和時代的需要所決定的。很明顯,學習唐話的對象是日本人,而且是身份各異的日本人,有爲了解決中日商貿及交流問題的唐通事,也有爲了研習中國經典的日本文人學者,前者對辭書的要求是爲了用好、用對漢語,而後者的需求則是讀懂詞語,掃清閱讀漢語典籍中的障礙。有時候只是爲了記録和保存閱讀中出現的一些奇字和俗語,無論是出於哪一種要求,他們對於漢語字、詞、語從結構上的劃分並不需要很明確。此外，"日語中認定詞彙的標準非常寬鬆，而中文則比較嚴謹……日語的這種寬鬆主要表現在光依據形態上的標誌就可判斷該詞是否成立。"①另一方面，"字詞語兼收是漢字形音義結合的根本點在辭書編纂中的具體表現，也是字詞不分的表現。由於漢字漢語有其特殊性，可以由形析義，從聲探義，所以在詞義的探討中往往會與字形字音相聯繫。"②

三　從詞目引書看唐話辭書的文獻價值

《唐話辭書類集》中詞目釋義及引用書證有以下幾種情況：1.有釋義、有書名、書證的情況。如：游：オヨグ《府邨風》："浮水曰游。"(12.399)③（譯：游泳）；2.有釋義、無書證（或書證較少）的情況。如：二婚頭：二度ノヨメ入リナリ(1.525)（譯：第二次出嫁）；3.無釋義、有書證的情況。《唐話》中僅一本，爲《胡言漢語》，如：一生人(1.204)："《老學庵筆記》：'都下買婢，謂未嘗入人家者爲一生人，喜其多純謹也。'"4.無釋義、無書證的情況。指未收錄釋義或書證，僅收錄詞目的情況。如：木香(12.489)，開子(5.512)，没好氣(10.72)。

《唐話辭書類集》所收辭書引用書目或引文的有第一集中的《胡言漢語》、第二集中的《語録譯義》、第九集中的《徒杠字彙》、第十二集中的《應氏六帖》、第十四集中的《奇字抄録》、第十五集中的《小説字彙》和《訓義抄録》、第十六集中的《漢字和訓》和《授幼難字訓》等，這些辭書所引書證或詳或略，既然被日本人記録下來就表明它們在中國浩瀚的古典文獻中的確存在過，然而現在可能已經亡佚，也有可能尚存世間，待人發現。此處以《奇字抄録》和《授幼難字訓》爲例，試論兩書所引書目對古籍整理的價值及其文獻的輯佚作用。兩部書所引文獻時代跨度大，《奇字抄録》涉及宋朝到清朝的古籍，《授幼難字訓》則上引《説文》，下引明清古籍。文獻内容包羅萬

---

① 陳力衛《日本近世漢文資料概觀——從詞彙研究的角度來看》，載《清代民國漢語研究》2011 年，頁 68。
② 曾昭聰《明清俗語辭書及其所録俗語詞研究》，上海辭書出版社，2015 年，頁 55。
③ 括弧内數字，前者爲集數，後者爲頁數，下同。

象，如：字書、韻書、史書、名物、軍事、字帖、佛教、禪宗、雜談筆記、人物典故、明清小説等；文獻書目類型多樣，有總集、別集、叢書、類書、地方誌、工具書等。

《奇字抄録》一書中印有"田宫氏話"字樣，著者或爲田宫仲宣（1753—1815），號橘庵，江户時期戲劇家，由京都的吴服商養育成人，生性放浪，主要作品有《粹宇琉璃》《郭中掃除》，與大田南畝，曲亭馬琴交好。該書收録近代漢語白話文中的古今字、避諱字、借音字、俗字、省字，以及日本國内的一些俗體字等，有些詞語附有按語。"有些並非奇字，然而對於江户時代的漢學者來説，白話文常用的俗字、略字都叫做奇字。"①

　　1.借音字，如："才，《倭楷正訛省文集》，才、纔同音借用。"（14.45）

　　2.古今字，如："与，《字海》，与同與，古文今作與。"（14.47）

　　3.俗字，如："の，《夷匪犯境録》，遇有旗杆處或有高臺處，用紙寫信心天雷の個字，貼石牆上。按：の，四ノ俗字，艸書ヨリ。（譯：の爲四的俗字，源自草書）"（14.43）

　　4.避諱字，如："𠀉，丘也。孔子ノ爲に諱也。（譯：爲了孔子而避諱）"

　　5.省字，如："厷，然省字。"（14.52）"馬，馬省文。"（14.53）

該書所收漢字按照筆劃排列，一本本標出引用文獻的書目，並在正文前附有引書書目（見附録），共 162 本，其中漢書 123 本，和書 39 本。在這些漢籍書目中，不見於《中國叢書綜録》②《四庫全書總目》③《古籍版本題記索引》④《中國基本古籍庫》、《日本全國漢籍數據庫》的有一本，爲《翰墨飛鴻》，可輯佚出 2 條，如下：

　　竊（14.82）：窃、竊同，私也，味讀之而深味也。

　　叨（14.54）：叨，竊取之意。同書：某遥叨尊庇。注：叨，忝取也。

《授幼難字訓》作者井澤長秀，又稱十郎左衛門，號蟠龍。自小刻苦勤勉，志氣非凡，文武雙全，精通劍術。其父勘兵衛爲細川綱利公的手下，受命在江户任職，故而長秀久居江户。元禄十年二月（1697），父親因病去世，

①古典研究會《唐話辭書類集》（第十四集），日本汲古書院，1973 年，頁 1。

②上海圖書館《中國叢書綜録》，上海古籍出版社，2007 年。

③［清］永瑢等《四庫全書總目》，中華書局，2013 年。

④羅偉國、胡平《古籍版本題記索引》，華東師範大學出版社，2011 年。

三十歲的長秀繼承家業,曾任職于肥後南關御番所,享保十五年十二月(1730)去世,享年六十三歲。該書每頁三行,每行詞目數不定,一般收録三到七個。詞目右側注有日語釋義,下方標注引用書目,部分詞目列出具體書證。

正文前後並未發現援引書目表,經封閉性統計整理可知,引用書目達900多本(見附録),絶大部分爲漢籍,其餘日本書籍 46 本,韓國書籍 6 本。在這些引用書目中,不見於《中國叢書綜録》、《四庫全書總目》、《古籍版本題記索引》、《中國基本古籍庫》、《日本全國漢籍數據庫》的有 42 本,從中可以輯録出相關文獻。如:

天使(16.233):《類書要録》曰:"天使,帝王之使也。"

族譜(16.239):《珍玉雜字》曰:"世家、大族、子孫綿,故立譜以記之。"

汆(16.319):《字林撮要》曰:"人在水上爲'汆'。"

此外,唐話辭書中存在一定量的詞彙,它們在現有文獻中較難檢索到,也未被各種詞典所收録,只留存了某個詞目或者某個釋義在唐話辭書中,也有可能爲方言詞。這對研究近代漢語詞彙的釋義和流變具有重要的意義,同時這也是唐話辭書的文獻價值所在。試舉幾例,如下:

1.【石唗】(16.218):"イシナゴ。《俗呼小録》、《異制庭訓》作石子,《拾遺》、《金葉》、《玄玄集》等ニ石子ノ歌アリ。"

按:イシナゴ日語漢字作"石投"、"石子"、"擲石"。指女孩子玩兒的一種競技游戲。一邊拍手一邊唱歌,將石頭聚集排列一起,選擇其中一個石子舉起拋向空中,在石頭落下來之前,盡可能多的去撿拾地上的石頭,是日本"御手玉"游戲的原型,"御手玉"指縫製數個小布袋,裏面放入一些小豆子等物品,女孩子邊唱歌邊拋扔的游戲。《居家必備》卷八、《説郛續》卷二十一收録《俗呼小録》一書,經查"石唗"條未在其内,輯佚可補。

2.【棗龜】(16.220):"ハヤクカヘル。《兒警篇》:棗龜,早ク歸ルナリ。"

按:借音字,指盡早歸來。明馮夢龍《智囊·兵智部》:"世衡乃草野利書,膏蠟致衲衣間,密縫之,仍祝之曰:'此非瀕死不得泄。若泄時,當言負恩不能成將軍之事也。'又以畫龜一幅、棗一蔀遺野利。"

3.【潑娘】(16.4)(16.6):"インランナル女;バイタ。"

按:日語漢字作"淫乱なる女"、"売女",指妓女、放蕩不羈的女子。

4.【田螺眼】(10.425):"出タル目。"

按:指眼睛大而垂,吳方言中仍使用。

四　唐話辭書所收詞語對辭書編纂的價值

《漢語大詞典》是我國規模最大,最具權威性質的語文辭書,出版以後受到了學界各領域的廣泛關注,學者們在充分肯定其成就的同時,也提出了一些有意義的修改意見,出現了大批的研究論文,大部分是對詞典中的收詞、釋義以及書證進行相關的訂補考釋等。正所謂精益求精,大型辭書編纂的工作量巨大、耗時漫長,在很大程度上受到時間的制約,有時候辭書已經編寫完成,但是新的語料被發現或者是冷門的語料被關注,這就使得辭書的編纂存在滯後性的特點。爲此,大型語文辭書每隔一段時間就會進行重版修訂。唐話辭書這份寶貴的語料在近代漢語研究領域的關注度還不高,有待研究者們進一步踏足開拓,唐話語料中所收詞語及其相關釋義對《漢語大詞典》的修訂具有一定的參考價值,兹舉幾例。

(一)爲《漢語大詞典》增補詞目

1.【東照】アサヒ(5.243)

按:指旭日東升。唐釋道世《法苑珠林》卷一百:"佛光背日,東照爲初。"《晚明二十家小品·袁伯修小品》:"日朝出於斯,夜没於斯,旭光東照,皆共一處。"《漢大》已收入"西照",指夕照,當一併收其配套詞"東照"。

2.【赤背】ハダヌク(17.404)

按:指赤膊上身。清包世臣《齊民四術》卷一:"赤背而薅草,跣足而犁冰,出入見星,工作常倍者爲上農。"清振名、郭廣瑞《永慶升平前傳》第十三回:"見那個艄公年約三十以外,頭帶草綸巾,赤背,藍布中衣,襪子未穿,青布鞋。"亦可指赤色的表面,赤色的背部。《山海經·西山經第二》:"有草焉,其狀如槀茇,其葉如葵赤背,名曰無條,可以毒鼠。"《宋史·五行志·水下》:"紹興初,朱勝非出守江州,過梁山,龍入其舟,才長數寸,赤背緑腹,白尾黑爪甲,目有光,近龍蟄也。"《漢大》收録與其義相近的詞語:"赤膊"指裸露上身,據此可補。

(二)爲《漢語大詞典》增補義項

1.【後首】ウシロト後頭モ同意ナリ(17.335)

按:指①指頭的後部,後腦勺。東晉《漢宫春色·漢孝惠張惶後外傳一》:"侍女啟户數重以入,宫婢戒勿聲,徑趨後榻,以錦衾裏之,並以帕蒙後首。"宋程大昌《雍録》卷五:"韋后走入飛騎營,有飛騎斬後首。"②後面,表順序或方位。明陸人龍《型世言》第十一回："他看了又看,想道:'這筆仗柔媚,一定是個女人做的,怎落在我鞋内',拿在手中,想了幾回,也援筆寫在後首道……。"明笑笑生《金瓶梅詞話》第九十回："原來他把潘家的就葬在寺後首,俺們也不知。"《漢大》只收録一個義項,猶後來,表時間,可補。

2.【飛走】カルハシク(1.6)

按:指輕快的小跑。明《續西游記》第六回:"行者説罷,挑著擔子飛走。"清黃以周等輯《續資治通鑑長編拾補》卷三十四:"夷中山谷深險,林箐沮洳,賊上下捷倍飛走,尤善用弩,以藥傅矢,中人,血濡縷輒死。"《漢大》收録兩個義項:1.飛禽走獸。2.特指鷹犬。

3.【側聲】コエタテル(18.27)

按:出聲、發聲。明周元暐《涇林續記》:"軍被哄嚇,任其鈔寫,不敢側聲。"明《八義記》第四十出:"我這裏叫程嬰,他那裏故阻佯羞不側聲。"《漢大》收録一個義項:仄聲。與平聲相對。凡上、去、入聲之字皆屬之。

(三)爲《漢語大詞典》提前書證

1.【看重】オモンズル(1.16)

按:重視;看得起。清華琴珊《續鏡花緣》第二十九回:"主上如此看重賢妹,賢妹仍是這些客氣話兒,倒覺疏遠了。"《漢大》首引魯迅《書信集·致陳煙橋》。

2.【鼻梁】ハナバシラ(17.481)

按:鼻梁骨、鼻子隆起的部分。唐金明七真《三洞奉道科戒營始》卷一:"唇褰齒露,鼻梁崩倒者,從破壞道場中來。"《漢大》首引清《兒女英雄傳》第十五回。

3.【比試】シアヒ(イ)(18.36)

按:彼此較量高低,多指比武。南宋謝深甫等《慶元條法事類》卷十五:"遇春秋教閲,知州比試,取鬥力射親及格者一名。"《漢大》首引明《水滸傳》第十二回。

　　唐話辭書是日本人選取中國古典文獻中的詞目,並用日語或中文進行釋義的域外文獻。"在中國歷史上,漢文化曾經給周邊國家、民族和地區以很大的影響,以漢字爲基礎,從漢代開始逐步形成了漢文化圈。"①辭書的

---

① 張伯偉《域外漢籍研究入門》,復旦大學出版社,2012 年,頁 5。

編纂是一種語言文化現象,江户時期唐話辭書編纂的興盛也從側面反映出漢語文化向周邊國家逐步推進的過程。唐話辭書作爲近代漢語詞彙最佳的載體,成爲該領域研究的一塊瑰寶,在整理研究現存古籍和辭書編纂等方面都具有重要的學術價值。

附録:《奇字抄録》援引漢籍書目抄録①

康熙字典	石點頭	一夕話	本草綱目	全浙兵制
正字通	笑府	游仙窟	食物本草	五雜俎
品字箋	譯解笑林廣記	虞初新志	天經或問	説苑
〔五侯鯖〕字海	注釋西廂記	廣虞初新志	老子	劉向新書
字貫	金瓶梅	常言道	詩學大成 萬曆板	明齋小識
韻府群玉	水滸四傳全書	武功紀盛	聯珠詩挌	唐代叢書
韻會小補	水滸全本	今世説	朱子語類	清白士集
字彙	聖歎評水滸傳	鄭成功傳	琅邪代醉編	紀效新書
篇海類編	忠義水滸傳	明季遺聞	鶴林玉露	爾雅注疏
玉鑒海篇	水滸後傳	明末野史 八家集	咫聞録	續字彙補
群玉海篇	醉菩提	吳青壇説鈴	海鳥逸志	史記評林
鄉談雜字	鍾馗全傳	觚賸 説鈴	寄園寄所寄	漢書評林
聯珠雜字	廣興記	曠園雜誌 説鈴	真山民詩集	後漢書
元龍雜字	外國竹枝詞	談往 説鋭	增注三體詩	三國志
博聞勝覽全書	西域聞見録	言鯖〔鯖〕説鈴	帅訣百韻歌 嘉靖板	定海縣誌
類書纂要	西域記	天録識餘 説鈴	詳注飲香尺牘	明史朝鮮傳
簪曝雜記	職方外記	峝溪纖志 説鈴	古今秘苑	月令廣義
輟耕録	釋氏要覽	徐岳 見聞 説鈴	七書直解	戡靖教匪述編

---

①括號內補出書名全稱或訂補誤稱,下同。

續表

事林廣記	名義集	臺灣雜記 説鈴	知不足齋叢書	翰墨飛鴻 萬曆板
元曲選	覺後禪	閩小記 説鈴	大乘妙典	戚參軍八音字義便覽
七修類稿	諧鐸	嶺南雜記 説鈴	碧巖録	林碧山珠玉同聲
宣和遺事	連城璧	述異記 説鈴	禪林類聚	瑯環記
香祖筆記	蠱史	泉志	人天眼目	字學七種
留青日劄	紅樓夢傳奇	欽定錢録	剪燈新話 慶安元年板	天工開物
萬方〔寶〕全書	駐春園小史	文選	/	/

《授幼難字訓》援引書目整理表①

213 竹坡老人詩話	月令廣義	東國通鑑	環〔碧〕齋小言	原化記
晉書	語怪	市肆記	阿寄傳	214 青瑣高議
述異記	鎮座本紀	伊洛淵源録	畫箋	錢氏私説〔志〕
祖庭事苑	雜寶藏經	皇明通紀	起世經	佛印禪師 戒殺文
賢愚〔因緣〕經	陶淵明全集	夷俗考	前漢書	賓退録
漢書	唐書	韓詩外傳	215 明心寶鑒	西域記
新蒙求	釋日本紀【日】	唐國史補	武備志	韓昌黎集
慕齋集【韓】	譙周法則	**韓奏議**	鸚鵡傳【日】	潛夫論
〔萬病〕回春	遵生八牋	桓子 新論	延喜式【日】	萬葉集抄【日】
〔藤原〕濱成 天書紀【日】	雜纂	宣驗記	文選六臣注	郭子

---

① 字體加粗者爲文中所提工具書和數據庫中未檢索到的書籍，書目依橫向順序排列，數字表示頁數，方框内"日"表示日本，"韓"表示韓國。"/"表示該頁未引用任何書籍。

明紀編年	丹鉛總録	216 讀書録	神仙傳	四六餘話
蜀都雜抄	品外録	清尊録	林間録	祖台〔之〕志怪
事文類聚	東萊博議	聞見後録	鶴林玉露	柳河東集
青箱雜記	顔氏家訓	摭青雜記	太平廣記	五雜俎
通鑑綱目	217 名臣言行録	正俗篇	本起經	書叙指南
譜系	六一題跋	待訪録	大明律	夜寐箴
山齋志	青樓集	廬陵官下記	無冤録	星槎勝覽
國史異纂	事言〔要玄〕	貞觀政要	開卷一笑	鄉談
218 佛本行經	俗呼小録	鄉談唐文粹	巵〔卮〕言	省心銓要
219 洞微志	三國志	南史	宋書	世説新語補
正字通	天中記	古墓班〔斑〕狐記	醫學源流〔論〕	投荒雜録
乾淳歲時記	王子年拾遺記	續齊諧記	雜纂三續	度朔君別傳
220 寶基文圖	付法藏經	韓子	彌勒經	正宗贊
兒警篇	涅盤經	廣陵妖亂志	輟耕録	獻懲〔徵〕録
致閑雜話〔俎〕	列子	名義集	孟蘭盆經	221 楚王鑄劍記
類聚國史	佛説三處經	異苑	本行經	大集經
雜阿含經	説苑	鷄跖集	野客叢書	南海奇〔異〕事
瑯環記	百可謾〔漫〕志	神異經	縻生癉卹〔恤〕記	222 扶桑略記【日】
龍飛紀略	北史	聯珠詩格注	洪覺範 文字禪	類經
袁山松 宜都記	禪門要録	子華子	韓〔愈〕文	四民月令
四時逸事	醉翁寐語	姓氏録	開元遺事	北里志
223 暖姝由筆	擊蒙要決【韓】	長阿含經	南部新書	老學庵筆記
傳載	剪燈餘話	微藩功次	王陽明詩	明律正宗
224 類書纂要	戎幕間談	宣室志	佛國記	宗門雜録
涪翁題跋	大藏一覽	荊楚歲時記	東城老父傳	北户録
睽車志	類書	縣笥瑣探	典籍便覽	225 洞天清録

屓〔負〕暄雜録	續日本紀【日】	四名公語録【日】	代醉編	列士傳
聽松堂語境〔鏡〕	玄中記	柳〔宗元〕文	東明〔陽〕夜怪録	226 續定命録
源氏孟津抄【日】	酉陽奇編	〔古今〕小説	正法念經	雲卧紀談
剪燈新話	林和靖詩集	文選注	王陽明文録	三才圖會
袁仲〔中〕郎集	怡情集	227 尺牘雙魚	楊大真外傳	釋名
事物紀原	酉陽雜俎	合璧事言	學圃憲蘇	新倩集
徐幹 中論	後漢書	228 新續列女傳	名山記	名山勝概
續文章正宗	東谷所見	懲毖録【韓】	事林廣記	神祇類聚本源〔類聚神祇本源〕【日】
勸善書	鎮座本緣【日】	雲南山川志	潛確類書	229 酒史
酒譜	祥刊要覽	王充論衡	白孔六帖	趙飛燕外傳
周易舉正	角力記	金樓子	陳思 海棠譜	孔氏雜説
謾筆	大明會典	230 白鏡録	國老談苑	稽神録
會典	甲乙剩言	無冤録	高僧傳	三代實録【日】
袾宏 二筆	日本寄語	文林妙珠	烏衣鬼軍記	心地觀經
法苑珠林	首楞嚴	世法録	輔教編	宋蘇軾 酒經
231 朱子語類	無門關	虎關 濟北集	三國史記【韓】	南中八郡志
雲笈七籤〔簽〕	異苑	雙槐歲鈔	洛陽伽藍記	新唐書
千家詩注	傳習録	南唐近事	四十二章經	232 伊勢風土記【日】
玉堂雜誌	參同契注解	解鳥語經	幸張〔府〕節略	格致餘論
元史	都氏文集	233 類書要録	閩書	教坊記
幽明〔冥〕録	234 幙府燕閒録	乾饌子	舊唐書	集古録
〔温庭筠〕采茶録	迷樓記	孫氏世録	雜譬喻經	鶡冠子
釋常談	鬼神論	史記	唐宋遺史	金剛經
温公集	元長記	日本〔書〕紀【日】	金壺字考	235 大日經

皇明紀年	唐會要	梅妃傳	鬭茶記	碧巖集
詩話雋永	幼童傳	妬記	感應類從志	薦化録
兩京記	236 薛靈芸傳	妙女傳	不求人全書	吳越春秋
唐類函	237 薛文清公策目	草木子	238 燕居筆記	續仙傳
夢醒録	神代卷口訣【日】	二國史記	括異志	續文獻通考
維摩經	尚友録	林下偶談	239 錢塘瑣記	傳燈録
臨濟録	韻語陽秋	淵源録	明皇實〔雜〕録	〔輶軒使者絕代語釋〕別國方言
謝肇制〔淛〕塵〔麈〕餘	珍玉雜字	白氏文集	楊妃外傳	天台止觀
無題詩	240 孤樹哀談	法曹至要	首楞嚴經	世範
竹窗隨筆	三夢記	海山記	夢仙記	乾淳起居注
藝流供奉志	搜神記	一休年譜	夢華録	齊東野語
真率筆記	秘閣閒話	女工〔紅〕餘志	詩記曆樞	241 客臺隨筆
漢武故事	窺天外乘	242 山庵雜録	蘇娥訴冤記	顯揚大戒論
離騷	明心實鑑感應編	梁溪謾〔漫〕志	大藏治病藥	程氏遺書
群碎録	愛日齋聚抄	桂梅志	243 通鑑前編	狄仁傑傳
報恩録【日】	瑚璉集【日】	皇朝類苑	居家必用	文公家禮
244 呂氏鄉約	明月記【日】	普燈録	禪月集	劉向新序
續日本後紀【日】	難經	韓非子	孔叢子	江湖集
奇事記	245 八朝窮怪録	花史左編	揮麈録	西樵野記
梓潼士女傳	談言	溪蠻叢笑	謝小娥傳	平襄録
抱璞簡記	海篇	246 國語	因話録	朱子文集
集異記	發微録	説林	日本靈異記【日】	洛陽名園記
北魏書	247 江湖散人傳	智光傳【日】	雲林石譜	吳社編
周禮注疏	魏志	客座新聞	學齋佔嗶〔畢〕	宋史仁宗紀

續表

通幽録	避暑録話	248 公羊傳	花史	孔氏談苑
吴地記	華陽國志	南浦文集【日】	古事記【日】	説淵
東越祭蛇記	海内十洲記	震澤龍女傳	249 釋氏通鑑	説海
集仙録	春秋元命苞	廣物志	薛文清公祠堂記	柳氏紀聞（疑似《次柳氏舊聞》）
燈指經	唐才子傳	葛仙公别傳	海味索隱	未齋雜言
補筆談	書箋	陸子	臨海異物志	秦女買棺〔枕〕記
陸龜蒙小名録	北夢瑣言	250 冥音記〔録〕	251 癸辛雜識	廣異記
荆州記	語鏡	東坡集	艾子雜説	夢窗語録
禽經	252 御史臺記	二程全書	龍鬚志	靈應録
二續雜纂	芥隱筆記	續笑林	吴録	墨莊穴〔漫〕録
吕氏卿約	253 小爾雅	荆南志	中州集	讀史訂疑
荒政要覽	湘山野録	蟹譜	朝野僉載	續玄怪論
中論	普曜經	會昌解頤録	雞肋編	性靈集
254 揚州夢	從政名言	南齊書	蟗起雜事	庚已〔巳〕編
相兒經	貧士傳	梁書	255 幼儀雜箴	方洲雜言
東巡記	緑珠傳	本朝文粹【日】	皇明世法録	福州猿〔猴〕王神記
祝允明 語怪	黑心符	256 正傳或問	監唐敬宗記	玉照新志
中朝故事	三寶感應傳	讀書録	程子遺書	生日會約
257 李空同集	黄氏筆記	職官分記	258 尹文子	管子
急就篇	譜雙	259 江行雜録	四時宜忌	晏子春秋
鄒魯故事	南越志	漢雜事秘辛	竹窗三筆	松江異談
襍阿含經	袾宏沙門 三筆	泉津醜女口訣【日】	260 屈子	文德實録【日】
百丈清規	遼邸紀聞	逸史	武經開宗	261 本草圖經
神别記【日】	文館記	神名秘書【日】	廣莊	262 南游記書

續表

天寶遺事	月會約	菽園雜記	仇池筆記	263 野人閒話
蜀檮祝〔杌〕	虞世南 史略	才鬼記	尺牘青牋〔錢〕	周禮
法句譬〔喻〕經	本事詩	玉堂閒話	264 聞奇録	新論
鳴鶴山記	厚生〔德〕録	265 曾南豐集	阿育王經	劍俠傳
庚寅奏事録	趙州録	外宫法式【日】	266 委巷叢談	古杭夢游録
攝生要録	洛中九老會	北齊書	陸基要覽	稚川篇
觀佛三昧經	267 中饋録	談叢	海外怪洋記	冤魂志
續玄怪録	謝肇制〔淛〕五雜俎	文林妙錦	268 機〔機〕警	269 四河入海
唐史	卓氏藻林	270 啓顔録	戰國策	梁四公記
毗尼母經	感定録	遺教經	奚囊 便方	271 二酉委譚
大智度論	拊掌録	惺窩文集【日】	五倫書【日】	劉氏鴻書
陀羅尼雜集經	續幽怪録	272 經國大典【韓】	秘辛雜記（雜事秘辛）	兩漢紀事
捫蝨新話	〔永樂〕大典	大學衍義補	古事談【日】	玄沙大師語録
273 商芸小説	嵩陽雜録〔識〕	河東記	麗情記〔集〕	水經注
274 童蒙須知	舩戲記	鄴中記	增一阿含經	焦氏筆乘
觴政	東城老父傳	書史會要	維園鉛摘	275 延漏録
鄧粲晉記	明醫雜著	官游紀聞	喫茶養生記	276 歸田録
益智書〔録〕〔編〕	建康録	五代史補	277 偉略	尺素往來
三峽記	278 百緣經	左氏傳	墨娥謾〔漫〕録	金史
279 醫問漫記	邯鄲 笑林	神仙感遇傳	蜀都賦	春渚紀聞
列僊全傳	龍壽丹記	280 帝範注	熙朝樂事	三足記
魯連子	弇州山人稿選	摭言	淮海題跋	281 歲時雜記
樂效〔郊〕私記〔語〕	乖崖語録	唐類函述異記	王氏見聞	教民要録〔旨〕
義虎傳	彭公筆記	282 搜神秘覽	夢溪筆談	道山清話

續表

283 二朝野史	京華子新編	投轄録	鏡古集	284 松窗雜記
天上玉女記	妝臺記	瀟湘録	枕中記	閩海蠱毒記
夢游記	橘逸勢傳【日】	古今印史	285 七書節要	釋門正統
教行録	擊壤集	祐山雜記〔説〕	南康記	異端辨正
風俗通	大唐奇事	林靈素傳	楞伽寶經	鄭氏家範
聽雨紀談	286 西塾雜記	桐陰舊話	素問	桓譚 新論
葛城寶山記【日】	武德全書	山房雜録	287 居家制用	龍城録
越絶書	隋唐嘉話	識小編	288 古今諺	春秋繁露
説文	趙后外傳	刑書釋名	譚輅	謝赫 畫品
292 東軒筆録	寰中記	漁隱叢話	錦衣志	近峰聞略
高士傳	空同子	明皇十七事	柳氏舊聞	293 從政名言
濱成式【日】	退溪雜録【韓】	劉子	三才小牘	寧波〔府〕志
聞見近録	蓮社高僧傳	日本紀略【日】	294 陸宣公奏議	蘇悉地經疏
295 佛説〔古來〕世時經	癸辛後録	新豐酒注〔法〕	怡情小品	唐語林
叙小志	玉照雜〔新〕志	義山雜纂	傳奇	東齋記事
癸辛雜識前集	296 希通録	陳後山集注	春風堂隨筆	名劍記
297 真學伊勢物語【日】	畫禪	298 金華游録	299 侍兒小名録	畫鑑
備遺録	西吳枚乘	群談采餘	天原發微	雛〔鄒〕魯故事
致身録	300/	301 桯史	千一録	穀梁傳
仁部紀〔記〕【日】	張潘漢記	302 蕞勝野聞	比紅兒詩話	303 文房清事
采蘭雜誌	物類相感志	夢窗國師録	游仙夢記	字海
武經開宗	鳳凰臺紀事	遯齋閒覽	薩天賜詩集	304 書言故事大全
祥刑要覽	歲寒堂詩話	續明道雜誌	閱古隨筆	305 五燈會元
五色綫	高坡異纂	冥祥記	魯齋心法	名畫録

故事成語考	306 五行記	誠齋雜記	中興間記〔中興間氣集〕	虞喜志林
原病式	善謔集	307 鷄林類事	〔皇極〕元元集〔玄玄集〕	陸放翁詩集
杜子美集	糖霜譜	雲煙過眼録	六集經	發覺浄心經
308 萬葉集	楊升庵集	陶侃傳	太神宮儀式帳	309 魏春秋志怪録
異林	蕉堅稿	牧竪間談	景溪〔渙〕閒言	310 駒陰冗記
唐寶泉字格〔唐寶蒙 字格〕	311 兒世説	氏族排韻	文房圖贊	吳女紫玉傳
大成論	樂府雜録	東軒筆録	白澤圖	影燈記
312 登涉符録	文字飲	孝經鉤命決	群芳譜	313 射經
鴻烈解	十六國春秋	儀禮通解	巖下放言	神宮雜例集【日】
女仙傳	314 黃帝宅經	野府記【日】	花鏡	315 冷齋夜話
萬姓統譜	天口事書【日】	柳毅傳	秦少游詩	萬物造化論
舍利感應記	周秦行記	316 邵氏後録	許彦周詩話	317 孔明雜傳
廣五行記	南廣記	反鏡録	淮南子	最勝王經
明〔名〕醫類案	素書	318 譚子	墨子	狹衣下紉〔紐〕【日】
髻鬠品	漢制考	319 歷代編年	明惠行狀	土佐日記【日】
字林撮要	泰山生令記	320 創業起居注	古語拾遺解	321 異制庭訓
姤記	楓窗小牘	經外雜抄	内經	宋文鑑
事物異名	322 半陶藥【日】	水滸全傳	323 奕律	羲之筆經
土記	甲申雜記	成實録〔論〕	324 輪轉五道〔罪福報應〕經	錢譜
演繁露	漢武内傳	能改齋漫録	325 西疇常言	梁高僧傳
玉泉子	鬼國記	列異傳	326 鄰幾雜誌	玉堂逢辰録

續表

雲齋廣録	西京雜記	海涵萬象録	327 日次記【日】	古老口實傳
清閒供	康嗣須知【日】	集驗方	俱舍論	328 蠡海集
329 夏侯鬼語記	**交會談叢**	蒼霞草	330 莊子	懷風藻
筆疇	考工記	331 歲華紀麗録	祭祀考	青田志
調謔編	332 洛陽舊聞記	霏雪録	三秦記	333 仙傳拾遺
井觀瑣言	推蓬〔篷〕寤語	家塾記	申監〔鑒〕	婦人良方
葦航紀談	三教指歸	文獻通考	334 宋景文筆記	白虎通
因果經	十輪經	諸史品彙〔節〕	槎巷〔庵〕燕録〔語〕	鬼國續記
蓬窗日録	335/	/	/	/

（作者單位：上海師範大學人文與傳播學院古籍所）

朝鮮——韓國漢籍研究

域外漢籍研究集刊　第十八輯
2019 年　頁 111—124

"兩個高句麗"及"東明神話"辨析 *

——《三國史記》與《論衡·吉驗篇》的史料辨析

孫煒冉

　　金毓黻的《東北通史》是近代研究東北史的不朽之作,是傳統史學與新史學相結合的典範,時至今日,仍是研究中國東北史的重要論著。在撰寫其中關於高句麗史之前,金毓黻曾親赴輯安(今集安)踏古考察,因此,其對於高句麗史的研究極具權威性①。但是,其中關於清代學者丁謙提出的所謂"兩個高句麗"的存在問題,金毓黻雖然批駁了其中明顯的錯訛之處,然而因爲當時缺乏考古學的跟進,所以還有許多疏漏未引起他的注意。在以歷史文獻學爲研究基礎,配合現今高度發展的考古學和歷史地理學知識,對於丁氏"兩個高句麗"錯誤認識的再辨析,有利於對高句麗建國史、族源史的正確認識和深入研究。而這些問題的厘清,絕非是對金毓黻《東北通史》的否定,而是以站在巨人肩膀上的視角,重新審視一下東北史中的高句麗問題,是對金毓黻東北史研究的進一步肯定及其治史精神的繼承和延續。

---

* 本文係 2017 年度國家社科基金專項項目(17VGB009)、2017 年度中國博士後科學基金第 62 批面上資助項目(2017M620105)、2018 年度吉林省高句麗研究中心一般項目(JG2018W004)的階段性成果。

① 孫煒冉、李樂營《金毓黻撰寫〈東北通史〉及考察高句麗遺址的過程與影響》,載《東北史地》2015 年第 6 期。

一　丁謙"兩個高句麗"觀點的提出

在金毓黻《東北通史》卷二第六節"夫餘族之伸張"中介紹和論證了高句麗的族源和建國情況。

首先，從該節名稱即可窺見金毓黻認爲高句麗族源於夫餘族，通過對《周禮·職方氏》、《漢書·高帝本紀》、《管子·小匡篇》、《史記·匈奴傳》等文獻關於穢貊的記載和描述，金毓黻考證了"濊貊即貊人之複稱，貊即是貉，居東北方，然則後來之夫餘高句驪，殆皆屬此族乎。"①

其次，通過《三國志·夫餘傳》中夫餘"國之耆老自説古之亡人"②配合注文中《魏略》關於"夫餘王東明出於槀離"③的傳説，金毓黻認定"所謂古之亡人，即指東明出亡之事，東明來王濊貊之地，故稱濊王，而其故國，則槀離也。"從而進一步認定，槀離就是高句麗，也被簡稱爲句驪（句麗），亦即古之高夷④。

如此，在關於高句麗建國及其族源上便出現了這樣的矛盾，究竟是東明從槀離（高句麗）南下建立夫餘⑤？ 還是朱蒙從夫餘南下建立高句麗？⑥在這樣的困惑下，清朝地理學家丁謙的《魏書各外國傳地理考證》一文中關於"兩個高句麗"之説，給予了金毓黻極大的啟示。

據丁氏考證：

> 高句驪之在朝鮮，人皆知之，其地當居遼東東南，余讀《後漢書》乃云在遼東之東，且云南與朝鮮接，何也？ 況高句驪即高麗，何夫餘國北

①金毓黻《東北通史》（上編），社會科學戰綫雜誌社，1980 年，頁 76。

②《三國志》卷三十《魏書·夫餘傳》，中華書局，1959 年，頁 841。

③金毓黻《東北通史》（上編），頁 77。

④金毓黻《東北通史》（上編），頁 77。

⑤［東漢］王充《論衡》卷二《吉驗篇》，見黃暉《論衡校釋（附劉盼遂集解）》，中華書局，1990 年，頁 88—90；《後漢書》卷八十五《東夷列傳·夫餘傳》，中華書局，1965 年，頁 2810—2811；《三國志》卷三十《夫餘傳》注《魏略》，頁 842—843。

⑥《魏書》卷一百《高句麗傳》，中華書局，1974 年，頁 2213—2214；廣開土王碑（好太王碑）碑文，見耿鐵華《好太王碑一千五百八十年祭》，中國社會科學出版社，2003 年，頁 411；冉牟墓誌志文，見耿鐵華《好太王碑一千五百八十年祭》，頁 380。

又有所謂棄離國。種種鶻突,殊不可解。及讀朝鮮史《東藩紀要》、《東國通鑑》及高麗好大王碑,並證以《魏志》、《南北史》、《新唐書》等書,始恍然於高句驪本有二國,其在遼東之東,南與朝鮮接者,爲古高句驪,即《地理志》玄菟郡所治高句驪縣地。前漢元帝初,古高句驪王有養子朱蒙,避難南奔,渡鴨綠江,至朝鮮平安道成川郡地,別建爲國,而仍其故號,此重立之高句驪也。二國相距一千餘里,無可牽混,蔚宗作《後漢書》,其時古高句驪已夷爲郡縣,不應立傳,惟當於重立之高句驪,紀其緣起可耳。①

顯然,丁謙上述的考證有諸多錯訛之處。究其源,便是對高句麗地望問題在認識上的嚴重失誤。其對夫餘問題沒有一個清楚的認定,將卒本夫餘與夫餘混爲一談。

丁謙將卒本夫餘所在地的第二玄菟郡比定爲了夫餘,即所謂古高句麗的地望所在,而其北的夫餘則比定爲了東明所出的北夷棄離(橐離、索離),進而,將朱蒙南下的起點設定在了鴨綠江西岸的卒本川地區(今遼寧東部地區),那麼朱蒙南下所涉的"大水"便成了鴨綠江,而建國之地丁氏認定在朝鮮平安南道成川郡讓人非常費解,因爲沒有任何考古發現能夠證明成川郡就是朱蒙建立高句麗的紇升骨城之所在。後查閱朝鮮成川郡地理概況可知,成川郡四面環山,中間爲沸流江形成的盆地,有"沸流江"在此經過,結合《三國史記》中有關朱蒙建國於"沸流水"②地區方才明白丁氏當是據此認定成川郡乃朱蒙建國之地。很明顯,該沸流江與古代沸流水從來就不是一回事,因此,丁氏將橐離(棄離)——夫餘——高句麗地望的位置,因以現今朝鮮沸流江爲地標而發生了向南錯誤的位移。

二　金毓黻關於"兩個高句麗"的考證

對於丁謙關於"兩個高句麗"之説,儘管金毓黻認爲"實爲一大發現",但是丁氏對於兩個高句麗關係和疑點的解釋,金毓黻認爲只有高句麗縣與

①[清]丁謙《魏書各外國傳地理考證》,轉引自金毓黻著《東北通史》(上編),頁77—78。
②[高麗]金富軾《三國史記》卷十三《高句麗本紀·東明聖王》,楊軍校勘,吉林大學出版社,2015年,頁176。

高句麗國之間關係的第二問題可以説得通,但是其他解釋"尚有未盡之處,宜補釋之"。於是,在丁謙的基礎上做了重新的詮釋和論證。在金毓黻看來,《魏略》中所稱的"高離"(金毓黻寫作"稾離")就是"句麗",也就是中國傳統古籍《逸周書·王會篇》中的"高夷",而由高夷演化出了後來的夫餘,高句麗、百濟又都族出於夫餘,所以認定了高夷演化成了後來的高句麗。[1]這便是金毓黻對兩個高句麗的認識基礎。而對於丁氏的相關認識,金毓黻有取有舍,重新做了辨析。

　　首先,肯定了玄菟郡與高句麗縣的關係,認定高句麗縣顯然是早於朱蒙高句麗的古高句麗地望所在。漢建立玄菟郡的郡治設於高句麗縣,該縣當就是古高句麗之所在,即漢四郡設立之時古高句麗已經滅亡,但此時朱蒙高句麗尚未建立。此間有著最少長達半個世紀的間隔期,於是否定了丁謙所謂朱蒙爲"古高句驪王養子"的認識。因金毓黻親自考察過集安好太王碑碑文,故對於"《魏書》及好大王碑,皆謂朱蒙自夫餘出奔,而爲高句驪之始祖"予以了肯定。金毓黻因丁謙不説朱蒙爲夫餘王養子,而稱爲古高句麗王養子一事,以丁氏未予以有力的論證而"不取之焉",在筆者看來,金毓黻當是認爲丁謙將夫餘和高句麗兩個建國神話糅合成一個所致。

　　其次,肯定了丁氏關於朱蒙高句麗建國於朝鮮半島北部的結論,認爲正是其在第一玄菟郡原址內的日益强盛,"逐漸西侵,勢不可遏",故而造成了玄菟郡的內遷,遷至原古高句麗所在之地,設了第二玄菟治下的高句麗縣。但這一結論同時又否定了丁謙關於朱蒙建國朝鮮,未敢侵襲樂浪的結論。對於朱蒙高句麗建國並興起後的發展軌迹,金毓黻做了考證,有別於當今學術界認同的高句麗是從遼寧桓仁立國,向東發展而遷都鴨綠江中游國內城地區的認識,金毓黻因受丁氏的影響,認爲朱蒙高句麗立國於朝鮮半島北部,即認同了丁氏認定的成川郡,是向西發展而遷都鴨綠江流域的。[2]金毓黻並未發現丁謙關於朱蒙建國之地爲朝鮮成川郡的謬誤,是因爲此時的考古發現並未跟進,此時學界對於桓仁五女山城、下古城子等高句麗遺迹還沒有納入到研究視野,因此沒有發現丁氏的這一重大謬論。

　　再次,否定了丁謙將夫餘建國神話與高句麗建國神話的"合二爲一",

---

① 金毓黻《東北通史》(上編),頁78—84。
② 金毓黻《東北通史》(上編),頁79—81。

認定"東明逃離橐離國南下建夫餘國"與"朱蒙逃離夫餘國南下建高句麗國"都各自存在,"兩事本爲偶合"。至於兩個神話傳説都有神女、生子的元素,則依據《史記·貨殖傳》、《漢書·王莽傳》、《後漢書·夫餘傳》中關於夫餘最初的描述,認定夫餘立國的下限當是戰國或漢初,而並不認同將夫餘附會爲《逸周書·王會篇》中的"符婁"。由此,認定夫餘建國在前,而"其王族,別建高句驪國"在後。① 如此,則自然是東明建夫餘在前,朱蒙建高句麗在後。

最後,考證了丸都城與國内城的關係以及位置,認定今天的集安就是從儒留王(琉璃明王)到長壽王之間的高句麗都城所在,還準確地論證了在此期間並没有遷都平壤。而且,就國内城與丸都的位置做了極爲精準的考證,認定今天的集安市市區平原城城址就是"國内城",而距此城西北十五里的城子山古城,就是丸都城。但是其認爲城子山"下有水,爲石所阻,聲如沸水,或即所謂沸流谷,是則所謂紇升骨城,國内城,丸都城,皆當於是處求之。"②顯然,此處盡爲金毓黻之主觀臆斷。沸流爲沸流水之所在,而朱蒙高句麗建國的紇升骨城,當然也不可能與遷都後的國内城、丸都山城處於一處。從當今的考古發現可知,沸流水和紇升骨城都在今天遼寧桓仁縣境内,沸流水是今天的富爾江,而紇升骨城是今桓仁縣城附近的一座平原土城。③

三 "兩個高句麗"問題的學術延伸

基於金毓黻的研究,長期以來學界基本認定夫餘以北爲"橐離"國,即其他史書中"槀離"、"櫜離"、"索離"、"高離"的異寫。那麼橐離國地望研究直接決定了其南部夫餘國的地理位置,而夫餘地理位置的確定,又可比定出其南高句麗的地望問題,以及夫餘和高句麗的族源問題等。在金毓黻之後,諸多東北史專家對"橐離"國的地望予以了關注和繼續深入的研究,尤其是借助了考古學的研究成果。

---

① 金毓黻《東北通史》(上編),頁 82。
② 金毓黻《東北通史》(上編),頁 84。
③ 耿鐵華《中國高句麗史》,吉林人民出版社,2002 年,頁 135。

　　張博泉對夫餘北界弱水進行考證，比定其爲精奇裏江入黑龍江一段，認爲槀離在今黑龍江以北的俄羅斯境内。① 幹志耿認爲，槀離在今松嫩平原，並進一步認定今黑龍江省大慶市肇源縣境内的白金寶文化，可能是槀離具有典型性的文化遺存②（隨著考古工作的展開，原白金寶文化衍生爲“白金寶－漢書下層”和“望海屯－漢書上層”兩個前後連續的考古學文化。韓國學者宋鎬晟認定“望海屯－漢書上層”爲槀離文化更爲可信③）。譚其驤認爲槀離即好太王碑中的“北夫餘”，其地應當在今齊齊哈爾以北的嫩江支流烏裕爾河流域。④ 孫進己等認爲東明所涉的掩淲水應爲今東遼河，因此槀離之南界當到達今東遼河流域，而其北界則當在今嫩江下游及東松花江。⑤ 王綿厚將東明南渡的掩淲水認定爲今拉林河，據此推定槀離國故地應限定在今拉林河與東松花江之間的松江平原東部、張廣才嶺以西的地區，並進一步將考古發現的黑龍江省中部拉林河和東松花江南北之間的賓縣慶華古城比定爲槀離國故地。⑥ 王禹浪和李彦君認爲，哈爾濱市所轄的松花江中游右岸與陵河交匯處的巴彦縣王八脖子山遺址，可能是“北夷槀離國”的所在地。⑦

　　由上述研究可以看出，自近代以來，諸研究者幾乎都對夫餘統治核心來自於槀離（槀離）的記載深信不疑，如金毓黻⑧、白鳥庫吉⑨、李殿福⑩、幹

---

①張博泉《夫餘史地叢説》，載《社會科學輯刊》1981 年第 6 期。

②幹志耿《古代槀離研究》，載《民族研究》1984 年第 2 期。

③［韓］宋鎬晟《夫餘研究》，常白衫譯，載《東北亞歷史與考古資訊》2002 年第 1 期。

④譚其驤《〈中國歷史地圖集〉釋文彙編・東北卷》，中央民族學院出版社，1988 年，頁 31。

⑤孫進己、王綿厚《東北歷史地理》（第一卷），黑龍江人民出版社，1989 年，頁 257。

⑥王綿厚《東北古代夫餘部的興衰及王城變遷》，載《遼海文物學刊》1990 年第 2 期。

⑦王禹浪、李彦君《北夷“索離”國及其夫餘初期王城新考》，載《黑龍江民族叢刊》2003 年第 1 期。

⑧金毓黻《東北通史》（上編），頁 76—77。

⑨［日］白鳥庫吉《夫余国の始祖東明王の伝説に就いて》，服部先生古稀祝賀記念論文集刊行會編《服部先生古稀祝賀記念論文集》，富山房 1936 年，頁 537—570。

⑩李殿福《漢代夫餘文化芻議》，載《北方文物》1985 年第 3 期。

志耿與孫秀仁①、佟冬②等,是一直影響著現今學界的主流觀點。然而,隨著考古學的介入,越來越多的考古發現則表明了其與該地區本土文化西團山文化有著諸多的差異性。對比夫餘考古文化來看,這一地區的考古發現體現了三個特徵:第一,夫餘文化是由燕、秦、漢文化因素與土著文化因素共同組成;第二,其中的土著文化因素也是以加粗砂的壺、罐、豆爲基本器物組合,而不見其前身西團山文化流行的鼎、鬲三足器;第三,器物組合的改變,當是受周邊文化的影響,這應該與燕、秦、漢文化自南向北傳播過程中帶動沿途土著文化因素北進有關。綜上所論,從西團山文化向夫餘文化的演變,與東北南部地區受燕、秦、漢文化影響所產生的文化轉變同源同向。因此可以説,夫餘興起實際上源自燕、秦、漢文化北進的推動。③　其實,認爲夫餘起源不在北,而在南部的中原的觀點早已有之,如學者李德山認爲夫餘之"夫"源於"番",番是我國上古時期一個農業民族,乃先秦古族"薄姑";"餘'字是'徐'字的初文,徐即是徐族、徐國,商代時稱其爲虎方,他們自己則稱爲虎族。他們是在周初之際,因戰爭等因素向東北遷徙,番、徐兩族在東北地區組成了一個新的民族,這就是後來見著於史册中的夫餘族。"④從《後漢書》、《三國志》中"夫餘傳"諸多描繪的其極類似於殷商文化的生活、喪葬習俗可見,夫餘在蠻貊荒遠的東北地區的確呈現著極高的文明表像,這與周邊族群相比有著巨大的反差,尤顯特立獨行,因此,將其族源比定爲中原地區應當更具合理性。

四　"東明神話"與"槀離國"辨析

無論夫餘是源自薄姑、徐國,還是由燕、秦、漢人北進所建立,都可以認定其族源當是原來中原漢地,而不是北部所謂的"槀離"國。那麼,歷史上真的存在過一個北夷大國"槀離"嗎?

文獻中關於"槀離"的相關記述主要見於《論衡·吉驗篇》、《三國志·

①幹志耿、孫秀仁《黑龍江古代民族史綱》,黑龍江人民出版社,1982年,頁151—153。
②佟冬主編《中國東北史》(第一卷),吉林文史出版社,2006年,頁2、頁341。
③范恩實《夫餘興亡史》,社會科學文獻出版社,2013年,頁15。
④李德山《夫餘起源新論》,載《社會科學戰綫》1991年第2期。

夫餘傳》注引《魏略》、《後漢書·夫餘傳》,不同的是在《論衡·吉驗篇》中被寫作"橐離"①,《三國志·夫餘傳》注引《魏略》中作"高離"②,《後漢書·夫餘傳》中作"索離"③,其中,張鵬一輯《魏略輯本》中"高離"又作"槁離"④。但是從整個傳說構架來看,三部著作除了在對橐離國名和東明所渡之水"掩㴲水"的名稱有差別外,其内容是基本相同的。對於國名的書寫差異,學者認爲"橐、索、槁相通,均不誤。"⑤從文獻時間來看,所有史料的源頭當數東漢王充的《論衡·吉驗篇》。《三國志·夫餘傳》注引《魏略》中所言"舊志"當即是指《論衡》而言。⑥ 至於後來的《魏書》、《梁書》乃至王氏高麗時撰寫的《三國史記》、《三國遺事》皆是在這些文獻的基礎上演繹而來,故僅以原始文獻的出處進行分析。

　　《論衡》始作於東漢永平二年(59),歷時 30 年時間完成。該書的作者王充,是東漢時期思想家,會稽上虞人(今浙江上虞縣),中年爲官,晚年罷職家居,從事著述。⑦ 從王充的家鄉可知,上虞地處杭州灣入海口,緊鄰舟山群島,濱臨東海,東海東側便是朝鮮半島西海岸,中間有蘇岩礁、虎皮礁、鴨礁等島嶼,距舟山群島最東側的童島 132 海里,距韓國濟州島西南 82 海里,自古以來就是溝通中國舟山群島和朝鮮半島以及日本的海上航路。所以,很早便有海邊漁民往來於東海兩岸之間。根據韓東育《關於日本"古道"之夏商來源説》一文中關於大洋"左旋回流"理論,商周之際,人民便可以借助洋流往來於東海兩岸。⑧ 又《括地志》云:"百濟國西南海中有大島十五所,皆置邑,有人居,屬百濟。"⑨因此,東漢時期,有濟州島或者朝鮮半

---

①[東漢]王充《論衡》卷二《吉驗篇》,見黃暉《論衡校釋(附劉盼遂集解)》,頁 88。

②《三國志》卷三十《夫餘傳》注二《魏略》,頁 842。

③《後漢書》卷一百一十五《夫餘傳》,頁 2810。

④東郭士、馬甫生、高雅風、吳遼生《東北古史資料叢編:——(一)先秦兩漢三國卷》,遼瀋書社,1988 年,頁 367。

⑤幹志耿《古代橐離研究》,載《民族研究》1984 年第 2 期。

⑥曹德全《在高句麗族形成之前存在過"橐離"國嗎?》,載《高句麗與東北民族研究》(五),吉林大學出版社,2013 年,頁 114。

⑦楚莊主編《中國大書典》"論衡"條,中國書店,1994 年,頁 60。

⑧韓東育《關於日本"古道"之夏商來源説》,載《社會科學戰綫》2013 年第 9 期。

⑨《史記》卷一《五帝本紀》"鳥夷"注,頁 58。

島西海岸的人來到東海西岸的上虞地區應該不是什麼稀奇的事。那麼,在王充居家撰寫《論衡》之際,最有可能是通過距離其家鄉最近的、來自朝鮮半島西海岸的人瞭解到海東地區的傳説神話。那麼,此刻控制著朝鮮半島西海岸的國家是誰呢? 乃是百濟。

關於百濟的建國,在《三國史記》有這樣兩個版本的記述:

百濟始祖温祚王,其父鄒牟,或云朱蒙,自北扶餘逃難至卒本扶餘。扶餘王無子,只有三女子,見朱蒙,知非常人,以第二女妻之。未幾,扶餘王薨,朱蒙嗣位。生二子,長曰沸流,次曰温祚。(或云:“朱蒙到卒本,娶越郡女,生二子。”)及朱蒙在北扶餘所生子來爲太子,沸流、温祚恐爲太子所不容,遂與烏干、馬黎等十臣南行,百姓從之者多。遂至漢山,登負兒嶽,望可居之地,沸流欲居於海濱,十臣諫曰:“惟此河南之地,北帶漢水,東據高嶽,南望沃澤,西阻大海。其天險地利,難得之勢,作都於斯,不亦宜乎?”沸流不聽,分其民,歸彌鄒忽以居之。温祚都河南慰禮城,以十臣爲輔翼,國號“十濟”,是前漢成帝鴻嘉三年(前18)也。沸流以彌鄒土濕水鹹,不得安居,歸見慰禮,都邑鼎定,人民安泰,遂慚悔而死,其臣民皆歸於慰禮。後以來時百姓樂從,改號百濟。其世系與高句麗同出扶餘,故以扶餘爲氏。

一云:始祖沸流王,其父優臺,北扶餘王解扶妻庶孫,母召西奴,卒本人延陁勃之女,始歸於優臺,生子二人,長曰沸流,次曰温祚。優臺死,寡居於卒本。後朱蒙不容於扶餘,以前漢建昭二年(前37)春二月,南奔至卒本,立都號高句麗,娶召西奴爲妃。其於開基創業,頗有内助,故朱蒙寵接之特厚,待沸流等如己子。及朱蒙在扶餘所生禮氏子孺留來,立之爲太子,以至嗣位焉。於是沸流謂弟温祚曰:“始大王避扶餘之難,逃歸至此,我母氏傾家財,助成邦業,其勤勞多矣。及大王厭世,國家屬於孺留,吾等徒在此,鬱鬱如疣贅,不如奉母氏南游卜地,別立國都。”遂與弟率黨類渡浿、帶二水,至彌鄒忽以居之。①

儘管這兩個版本有諸如朱蒙究竟是不是沸流和温祚之生父等一些細節上的差異,但整體框架却都相同,都是王子不容於舊國,攜衆南下,重新建國的過程。抛開細節上的差異,其故事本體與前面諸文獻中“北夷橐離

---

① 《三國史記》卷二十三《百濟本紀·温祚王》,頁274—275。

（橐離）王子東明南下建夫餘”和“夫餘王子朱蒙南下建高句麗”基本雷同。從文獻可知，這些所謂建國神話最早見著於世的是《論衡·吉驗篇》，但是該文中所述之事與東北諸族系地望有著嚴重的不符。夫餘之地南爲高句麗，高句麗之南爲百濟，而夫餘之北所接爲“弱水”，向無所謂“橐離”之國。文獻中也從未見有號稱“橐離”（稾離）的大國見著於史册。《逸周書·王會篇》載有極北之“稷慎（肅慎）”，更有俞人、周頭、黑齒、白民這樣的小族①，却不見“橐離”、“稾離”者。至於如金毓黻等學者，將“高夷”比定爲“橐離”（句麗），筆者認爲理論依據不足，起碼二者在經濟生産上就表現出極大的差異，况二者之間時間跨度太大，中間没有文獻依據證明二者的衝接性。②所以誠如曹德全考證的那樣，在東北古代從來就没有一個“橐離”國的存在。③

　　對於“橐離（稾離、索離、槀離）”的問題，其實學者對此早有明確的解讀。黄暉的《論衡校釋（附劉盼遂集解）》對“橐離”的注釋已經説得很清楚：“孫曰：《藝文類聚》九、《白孔六貼》九引並作‘高麗’，與《魏志·東夷傳》注作‘橐離’同。《後漢書》做‘索離’，注云：‘索或作橐’。又與今本《論衡》同。疑《論衡》原文作‘稾離’，故匯書引作‘高麗’，校者或據《後漢書》改作‘橐離’耳。”④又“盼遂案：此段《魏略》全録其文，見《三國志·夫餘傳》注。惟彼文橐離國作稾離國是也。此作‘橐’，非。稾離即高麗之同音字。《梁書·高句麗傳》亦寫作‘橐’，《後漢書·夫餘傳》誤作‘索’，皆不知其爲‘高麗’之音而致耳。”⑤金嶽也認爲：“不論橐離還是稾離，實際上就是高離，亦即高麗。”⑥在漢代，高句麗一般是簡稱爲“句麗”的，如《漢書·地理志》：

---

①《逸周書》第五十九《王會解》，學苑音像出版社，2004 年，頁 171。

②孫煒冉、李樂營《“高句麗”與“高夷”之辨——高句麗名稱的由來和演變》，載《史志學刊》，2015 年第 5 期。

③曹德全《在高句麗族形成之前存在過“橐離”國嗎?》，載《高句麗與東北民族研究》（五），頁 112—122。

④黄暉《論衡校釋（附劉盼遂集解）》，頁 88。

⑤黄暉《論衡校釋（附劉盼遂集解）》，頁 89。

⑥金嶽《東北貊族源流研究》，載《遼海文物學刊》1994 年第 2 期。

"玄菟、樂浪,武帝時置。皆朝鮮、濊貊、句驪蠻夷。"①《三國志·高句麗傳》"句麗名城"、"句麗侯騊"、"今句麗王宮是也"②等都説明當時的高句麗一般是被簡稱爲"句麗"的。"句"發 gōu 音,古矦(侯)切,"高"發 gāo 音,古勞切,兩者發音相近,"離"與"麗"又發音相同,故很容易把口傳的"句麗"寫在書面上變成了"高離"。③ 所以,文獻中的槀離、索離、槀離、槁離,俱是"高麗"的異寫,所指的也就是朱蒙所建之高句麗。

基於地望上的比定,可以清晰地看出漢代的東北格局,北部弱水已然是文明的分水嶺,是文化和信息到達的邊緣,由此至南,由濊貊族系建立的規模較大的政權分別是夫餘、高句麗、百濟。如果將所謂"槀離"(槀離)認定爲高句麗的話,那麼只有可能是温祚南下建百濟。

有意思的是,百濟王室不僅自稱夫餘人的後人,還以夫餘爲姓氏,並且從《三國史記》所記述的過程來看,其百濟的國號並不是一開始就有之,而是經歷了一個長期演變的過程。但是其夫餘氏國家的認定却是從一開始就確立的。而且,百濟存續過程中不僅被别人稱爲過"南夫餘",還曾自己將國號更作過"南夫餘。"④並且,將"百濟"錯當爲"夫餘"並非王充一人,范曄同樣犯過這樣的錯誤。《後漢書·夫餘傳》載:"至安帝永初五年(111),夫餘王始將步騎七八千人寇鈔樂浪,殺傷吏民。"⑤首先,這便與同傳所説的夫餘人"不爲寇鈔"⑥自相矛盾;其次,衆所周知,夫餘地處高句麗之北,而樂浪則在高句麗之南,即樂浪地方與夫餘國不僅相隔遥遠,並且有高句麗中間阻隔,所以不可能是夫餘王寇抄樂浪。針對這則史料,孫進己與馮永謙曾提出過質疑,認爲:"過去常把後漢的夫餘自始至終定在高句麗北的

①《漢書》卷二十八下《地理志》,中華書局,1962 年,頁 1658。

②《三國志》卷三十《魏書·高句麗傳》,頁 843—845。

③曹德全《在高句麗族形成之前存在過"槀離"國嗎?》,載《高句麗與東北民族研究》(五),頁 119。

④《三國史記》卷二十六《百濟本紀·聖王》十六年(538)條,頁 314。

⑤《後漢書》卷八十五《夫餘傳》,頁 2811。

⑥《後漢書》卷八十五《夫餘傳》,頁 2811。《三國志·夫餘傳》亦載:夫餘"不寇抄",見《三國志》卷三十《魏書·夫餘傳》,頁 841。

今農安、吉林等市、縣一帶，對這一條史料就無法解釋。"①對此，便有學者王頲認識到該史料中所書之夫餘，應該就是百濟，他認爲："其實，由東明（朱蒙，筆者注）與'卒本夫餘'女子所生之子創建、首都在'漢江'亦今漢江流域而與'樂浪'轄境爲鄰近的'百濟'，據《三國史記》卷二三《百濟紀》，其王即以'夫餘'爲姓。因此，兹'夫餘王'未必不可能是'百濟'之'王'。"②此外，就在溫祚王建國的當年（前18），便迫不及待地設立的"東明王廟"③，相比高句麗直至大武神王三年（20）才"立東明王廟"④早了足足 38 年。

據研究，"東明聖王"並不是朱蒙專屬的稱號，乃是高句麗後期或者亡國之後撰史者給這些高句麗王按照中原謚法追加的王號⑤，從好太王碑中稱朱蒙爲"鄒牟王"，可知此論頗具道理。起初，"東明"應該是穢貊族人稱呼始祖的稱號，而並不是專指某一個人，而隨著高句麗的强盛，和《三國史記》所采用文獻中稱朱蒙爲"東明聖王"，於是東明是在後來的演變中逐漸成爲了朱蒙的專屬稱謂。所以，東明廟可能就是始祖廟，是祭祀高句麗王族和百濟王族共同所出的夫餘人祖先，而此夫餘人祖先也並不等於就是《論衡》中所謂的"北夷橐離王子"。

百濟早在溫祚王二十七年（9）便滅掉了馬韓⑥，佔據了朝鮮半島西南地區。即如前文已述，朝鮮半島西海岸在東漢時期爲百濟國所在，從其建國於公元前18年，到王充撰寫《論衡》期間（59—89）已有近百年歷史。因此，無論是其國境還是控制力都比較穩固，而此時其國民通過東海交通綫來到舟山群島所在地的周邊也都可實現。那麽，百濟漁民將本國國祖（百濟作爲夫餘人，其祖先亦可稱作"東明"）在故國高句麗所不容，南下建國夫餘的故事傳輸到中國東海沿岸是順理成章的事，而王充恰在這樣的情況下聽聞並收錄了該傳説，用這些離奇的故事，來證明帝王將相的出現都是天

---

①孫進己、王綿厚《東北歷史地理》（第一卷），頁 359、397。

②王頲《聖王肇業——韓日中交涉史考》，學林出版社，1998 年，頁 73。

③《三國史記》卷二十三《百濟本紀·溫祚王》元年（前 18）夏五月條，頁 275。

④《三國史記》卷十四《高句麗本紀·大武神王》三年（20）春三月條，頁 184。

⑤孫煒冉《高句麗王號問題芻議》，載邢廣程主編《中國邊疆學》（第二輯），社會科學文獻出版社，2014 年，頁 254。

⑥《三國史記》卷二十三《百濟本紀·溫祚王》二十七年（9）夏四月條，頁 278。

命,都有天降的吉祥徵兆相伴隨。至於究竟是傳頌者將這個故事傳奇化、演繹化、誇張化,還是王充本人所爲,便不得而知。但是其内核,却有著真實的歷史軌迹。只是在流傳過程中被豐富和衍化,從而丢失了史實本來的原貌。

通過以上論證我們可知,所謂"兩個高句麗"的認識是存在極大問題的,在朱蒙建立高句麗政權之前,朝鮮半島和中國東北的確有"句麗蠻夷"的存在。從《漢書·地理志》玄菟郡下轄三縣可知,漢所設三縣應當都是以本地區之原有民族名稱而命名的。除以"句麗蠻夷"居地所設的"高句麗縣"外,還有"蓋馬"和"殷臺"。大武神王九年(26):"王親征蓋馬國,殺其王,慰安百姓,毋虜掠,但以其地爲郡縣。"①"殷臺"雖未見著於其他史籍,但從同在東北的古代民族孤竹本爲"墨臺氏"②可見,"墨臺"、"殷臺"皆爲以色彩而區分的古族。《古今姓氏書辨證》中亦載:"墨臺,亦作'默夷'。孤竹君之後也,漢有墨臺綰。"③由此可知,玄菟郡所轄的"高句麗"、"上殷臺"和"西蓋馬"悉數是以當地民族"句麗"、"殷臺"和"蓋馬"所設。那麼,從"殷臺"前加"上"字,"蓋馬"前加"西"字,可以分析出"高"者是以方位所稱,古代從來就沒有一個古高句麗國的存在。

"槀離"之説,實際就是朱蒙高句麗的簡稱異寫,槀離王子南下所建之夫餘國,就是南扶餘百濟。這個傳説在百年之後,經由海路流傳到了和百濟隔海相望的中國東海沿岸地區,被王充載録。至於後來好太王碑所記之鄒牟(朱蒙)王自北夫餘南下建國的故事亦很好理解,首先,在紛亂大分裂的東北諸族競雄時代,民族分裂是常有之事,許多民族的排位較後,王位順序繼承者在繼位無望的情况下率衆遠徙自立司空見慣。而因爲這些民族起初文化的落後性,使其對於祖先建國問題都比較模糊籠統,但在後期發展壯大之後,便要追溯祖先建國的傳奇性和合法性,於是這些地方大國便都在中原神話中尋求根源和營養,再與本族神話相雜糅。其實,高句麗神

①《三國史記》卷十四《高句麗本紀·大武神王》九年(26)冬十月條,頁186。
②[宋]章定《名賢氏族言行類稿》,上海古籍出版社影印本,1987年。
③[宋]鄧名世《古今姓氏書辨證》,上海古籍出版社影印本,1987年。

話完全可以看到帝嚳高辛氏元妃簡狄,吞玄鳥之卵而生聖人①,以及周人始祖生而有神迹②的傳説身影。

　　所以,我們只有剥離了神話的虚構成分,分析其構建骨架,才能辨析並還原事實。而通過本節的論述,我們可以確定,最晚建國的百濟反而是《論衡·吉驗篇》中夫餘東明建國神話的最初始來源,而通過中原史籍的文化推動,這些神話又回流到東北地區,成爲一種非常奇特的文化現象。

(作者單位:通化師範學院高句麗研究院、東北師範大學歷史文化學院)

---

① 《史記·殷本紀》載:"殷契,母曰簡狄,有娀氏之女,爲帝嚳次妃。三人行浴,見玄鳥墮其卵,簡狄取吞之,因孕生契。"見《史記》卷三《殷本紀》,頁 91。
② 《史記·周本紀》載"周後稷,名棄。其母有邰氏女,曰姜原。姜原爲帝嚳元妃,姜原出野,見巨人迹,心忻然説,欲踐之,踐之而身動如孕者。居期而生子,棄之隘巷,馬牛過者皆辟不踐;徙置之林中,適會山林多人,遷之;而棄渠中冰上,飛鳥以其翼覆薦之。姜原以爲神,遂收養長之。初欲棄之,因名曰棄。"見《史記》卷四《周本紀》,頁 111。

域外漢籍研究集刊　第十八輯
2019 年　頁 125—139

從《破閑集》看朝鮮高麗朝中後期的文學生態 *

朴哲希　馬金科

　　《破閑集》作爲朝鮮首部“詩話”,歷來是詩話研究的重點。目前中外學界對其研究主要集中在與中國詩話的淵源和比較,以及自身詩學體系、審美特徵與影響上。然而《破閑集》不僅是研究朝鮮古代文論的重要資料,也是李仁老對其所處時代社會狀況和自然環境的真實記録,有補史之效,具有明顯的史傳叙事傳統,其目的是使當時文壇的詩歌、詩事、趣聞、文人的言行得以保存①。所記録的詩人以高麗朝中後期爲主。

　　從各類韓國(朝鮮)文學史對本時期文學背景的描述上看,多集中在社會環境上,或説明科舉制度對文學的影響,武人的專橫、文人政治上的失意刺激了詩歌的發展②;或闡明“海左七賢”崇尚自然,后半期以“江西詩派”爲代表的宋詩成爲高麗詩人學習的榜樣③;或從詩話、《高麗史》、《東文選》等作品出發,找出材料來佐證文學發展的社會歷史語境④;或從作家的生

---

* 本文爲延邊大學外國語言文學世界一流學科建設扶持項目“朝鮮三國及統一新羅時
　期文學思想研究”(項目編號:18YLFCB14)的階段性成果。
① 這一傳統也與中國詩話有關,歐陽修、司馬光建立起“記事傳統”;許顗在《彦周詩話》
　中亦有言“辨句法,備古今,紀盛德,録異事,正訛誤”,其中三項皆與記事有關。
② 韋旭昇《韓國文學史》,北京大學出版社,2008 年,頁 80。
③ 李岩、徐健順《朝鮮文學通史》,社會科學文獻出版社,2010 年,頁 268、327。
④ [韓]李家源著,趙季、劉暢譯《韓國漢文學史》,鳳凰出版社,2012 年,頁 137—185。

平出發,關注作家與時代的聯繫①;或論及高麗與宋、元的百般斡旋,關注朝鮮"海左七賢"如何接受中國"竹林七賢"的文學思想②;或言及門閥、貴族、儒釋道三教以及自然景物對文學的影響和士大夫文學③。由此可見,文學史還是以作家、作品爲中心,文學背景只是理解、解讀作品的輔助而出現,對文學背景的介紹十分模糊、抽象,很少論及朝鮮文學發展的内在"土壤"(特别是自然因素);有的則完全是史料文獻的堆積,忽視了文學環境的客觀性作用。所以,通過詩話可以有效地復原當時朝鮮文壇的文學生態,補充文學史記録的缺失。

二十世紀末,隨著美國格羅特菲爾蒂、布依爾等人的文學生態學理論的傳入,國内學界開始用此方法來觀察、研究和闡釋文學以及文學與"文學的環境"之間的關係,將人(文本)從中心轉換爲自然(環境)的組成部分。余曉明《文學生態學研究》(2004)、陳玉蘭《論中國古典詩歌研究的文學生態學途徑》(2004)、王長順《生態學視野下的西漢文學研究》(2011)等前人的研究成果,爲文學生態學在國内的傳播與應用,將文學生態學引入古典文學,提供了重要的參考和研究的可能。因此,通過文學生態學的思維方式和研究方法爲《破閑集》以及整個東方詩話的研究提供了新的視野,即充分利用詩話中的叙事性内容再現不同時期朝鮮文人的文學活動;從文學環境入手,來理解朝鮮文學的發展及中國文學理論在朝鮮的傳播與接受。

一　社會、文化環境與高麗朝的文學活動

文學是想象的世界,在物質環境的不斷變化中發生改變,因此,高麗朝政治、經濟、文化的變化也影響著作家及其文學創作。對於社會、文化環境與高麗朝的文學活動的論述,文學史一般都將其作爲文學作品及文學思想産生的前提來談,如,統治者以詩賦取士;貿易頻繁;金屬活字印刷出現等

---

① 許輝勳、蔡美花《朝鮮文學史》(古代中世紀部分),延邊大學出版社,2003 年,頁 113—162;[朝]鄭洪教《朝鮮文學史》,科學百科圖書綜合出版社,1994 年,頁 180—257 等,對此均有論述。

② 李海山《朝鮮漢文學史》,延邊大學出版社,1995 年,頁 97—195。

③ [韓]趙東一《韓國文學通史(第一册)》,知識産業社,1989 年,頁 57—81、206—237。

等。這裏,我們就不再過多地論述此内容,只是舉出一些新的實例並聚合文學史中常忽視的内容,對文學史進行互證與補充。

首先,政治上,除以詩賦取士外,國王派人赴各地收集詩歌,編纂成集,以察當地風俗。如,"毅王詔五道及東西兩界,分遣史,悉録諸院宇郵置所題詩,悉納御府,察其風謡,因擇名章俊語編上,以爲《詩選》。"①國王不僅設立采詩者,且爲了想要見到心儀之文人亦積極尋訪,如"西湖僧惠素該内外典,尤工於詩,筆迹亦妙……上素聞其名,邀置内道場。"②可知文學活動離不開政治生態的需要,君王的喜好促進了文學的發展。

其次,經濟上,中國與朝鮮的貿易主要有兩種,一是通過國家使節進行的國家貿易;二是在民間進行的私人貿易③。從《破閑集》的描述上看,統治者也與私人進行貿易。

整體上看,高麗朝中後期,經濟還是較爲繁榮的,文人多爲貴族、相國、學士、官員,没有爲生存而奔波者。一些貴族文人生活奢靡,以至於在社會中彌散著"尚奢"之風,如,"王孫公子攜珠翠引笙歌"④"文房四寶皆儒者所須,唯墨成之最艱。然京師萬寶所聚,求之易得。"⑤可知當時商品較爲豐富,一些難以生產的文化用品可以自足。同時,國家具有一定的財力,興建了不少建築。如,"仁王卜得中興大華之勢,於西都新開龍堰閣。"⑥另外,中朝經濟往來密切。如,"睿王時,畫局李寧尤工山水,爲其圖附宋商。久之,上求名畫于宋商,以其圖獻焉。"⑦毅王末年,大金使人蓋益筆勢奇逸,清河崔讜購得之。顯而易見,高麗朝文人可以輕易購得他國物品,直接與宋商人往來,連國王也通過商人求物。而宋人亦有以精縑妙墨求國師(大鑒國師)筆迹者。總的來看,高麗朝文人所求之物多爲書畫、典籍等物品,

---

① [韓]李仁老《破閑集》,蔡美花、趙季編《韓國詩話全編校注(第一册)》,人民文學出版社,2012年,頁40。
② 同上,頁21。
③ 朴真奭《中朝經濟文化交流史研究》,遼寧人民出版社,1984年,頁47。
④ [韓]李仁老《破閑集》,蔡美花,趙季編《韓國詩話全編校注》,頁25。
⑤ 同上,頁4。
⑥ 同上,頁17。
⑦ 同上,頁25。

説明書畫、典籍業已成爲高麗朝文人生活必不可少的要素，與此相關聯的便是文人間相互拜訪，一同鑒賞、品味、仿寫以及題詩、題字等文學活動，直接推動著文學的發展。

再次，社會文化上。其一，文人間往來密切。二三人、一衆人或請求贈詩、主動贈詩、獻詩、仿詩、和詩、補詩；或衆人一同觀詩、論詩、品畫、賞字；亦或是詩酒唱和，甚至彼此未曾謀面，但因詩作交流而神交已久。此外，拜謁、尋訪之風盛行。

> 至明王初，學士韓彦國率門生謁崔相國惟清，亦作詩云："綴行相訪我何榮，喜見門生門下生。"此雖據裴公舊例，聞者皆以謂盛集。今上踐阼八年，趙司成沖亦引門生詣任相國濡第陳謝，而公以塚宰尚在中書，古今所未有，奇哉。作詩以記卓異："十年黄閣佐升平，三辟春闈獨擅盟。國士從來酬國士，門生今複得門生。風雲變化鯤鵬擊，布葛繽紛鵠鷺明。金液一杯公萬壽，玉笙宜命喜遷鶯。"①

這則詩話説明高麗朝文人有攜諸門生拜望恩師、文壇先輩、政界高官之傳統。其内容在卷下第 62 則再次出現，彼此具有互文性。但 62 則補充道："引云：'君子人君子繼得英才；門生下門生共陳禮謝。'又云：'師子窟中，師子同一吼音；桂枝林下，桂枝無二熏氣。'"②言外之意，强調師徒禮法，師生團結、彼此一體。同時門生的出現、門生之門生的出現也説明彼此間相近的審美情趣、知識體系，使得師承授業鏈正悄然形成。又如"真樂公資玄（李資玄），起自相門。"③表明文壇開始强調師承出身。與此同時，隨之而來的則是文學團體、文學派別的形成。

> 本朝以狀頭入相者十有八人，今崔洪胤、琴克儀相繼已到黄扉，而僕與金侍郎君綏並游諀苑，其餘得列于清華亦十五人，何其盛也。今上即阼六年己巳，金公出守南州，諸公會於檜里以餞之，世謂之"龍頭會"。④

上段材料説明，以歷届狀元爲成員，人數二十余人，形成了文學團

①［韓］李仁老《破閑集》，蔡美花、趙季編《韓國詩話全編校注（第一册）》，頁 9。
②同上，頁 33。
③同上，頁 19。
④同上，頁 38。

體——"龍頭會"。而"海左七賢"也正是因文人間的密切往來而形成。另外,從《破閑集》的記載上看,高麗朝文人不同于中國,絶大多數爲官員,出身于士族;文人間也不想授人口實。

其二,家族文學圈的形成。如李仁老所言:"僕先祖世以文章相繼,紅紙相傳今已八葉矣。僕以不才,偶居多士之先,而長子裎第四人,次讓第三,次楒第二。雖嶄然露頭角科級巍,而未有能卓然處狀頭,得與父同科者。"①由上可見,從個人喜好文學到家族共同醉心于文學,以文章相繼,相傳家學成爲文人的文學傳統。從家族文學活動的範圍上看,集中在文化發達、文風昌盛、文人集中的開京,其他地域文學家族則寂焉無聞。

其三,儒家思想影響下的社會風氣。朝鮮三國及統一新羅時期,儒家典籍就已經大量傳入朝鮮,促使新羅的禮儀制度、思維方式、道德準則、行爲舉止、社會風氣都發生巨大的改變。高麗朝時儒家思想對朝鮮的影響不斷深化。如,仁王時以"孝仁"爲其立朝大節;官員去世時多贈予"忠"爲諡號。在文學活動中文人多寫盡忠臣心,"欲將忠義輔君王"②"安有不盡忠竭誠以補國家者哉"③。在《破閑集》中突出表現爲崇尚忠義,推崇杜甫詩。

> 自《雅》缺《風》亡,詩人皆推杜子美爲獨步。豈唯立語精硬,刮盡天地菁華而已。雖在一飯未嘗忘君,毅然忠義之節根於中而發於外,句句無非稷契口中流出,讀之足以使懦夫有立志。④

不難看出,杜甫因忠義之節而被高麗文人推崇,"獨步"二字説明其在朝鮮文壇的地位極高。在創作時要將不忘君恩、忠誠之思想載于文中,强調意存忠義;詩歌評判時要講求忠義,讀之足以使懦夫有立志。以此爲依據,李仁老品評了金永夫的《有感》一詩,認爲其詩有拳拳憂國之誠,老而益壯,給予了極高的評價。除此之外,文人還要有諍臣風骨,能勸諫統治者。儒家思想對文壇的影響可見一斑。

其四,文人相聚時詩酒風流,表現出極强的文人個性。如,金永夫平生

---

① [韓]李仁老《破閑集》,蔡美花、趙季編《韓國詩話全編校注(第一册)》,頁 32。
② 同上,頁 19。
③ 同上,頁 38。
④ 同上,頁 17。

使酒狂氣,雖王公大人皆憚之;尚書金子儀,性嗜酒,醉則起舞,輒唱四海之歌,其所言皆涉國朝綱紀①;黄彬然攜酒壺以尋人②;在孟城李仁老與咸淳酒八九巡③;黄純益嗜酒少檢束④;朴公襲嗜酒,求酒于靈通寺⑤;芬皇宗光闍師夷曠……大醉頹然坐睡,涕洟垂胸⑥,等等。通過好飲酒這一文人嗜好,充分展現了高麗朝文人自由、灑脱的姿態與氣質。風格是個性的外化,所以,高麗朝文人鮮明的文學個性也潛移默化地影響著其文學風格、文本的外在形態。

最後,其他文學活動。除了以上主要文學活動外,高麗文人有時也受命與諸生講習,接待中國使者或作爲使臣出使中國,文人赴任時多寫詩以記之,祝壽,考證,爲友人餞行,篤信佛法,與僧人交流,參與科舉,等等。另外,文人狎妓也是常有的現象。在文化環境上,佛儒並尊,私學興盛,且對女性還是較爲尊重的。雖然咸淳的夫人閔氏悍妒無比,使他不能接近女色,但夫人去世後,咸淳也未再續弦,對此李仁老對咸淳的這一行爲加以讚賞。

總之,社會、文化環境與文學活動不可分割。高麗朝國王對漢文學的熱愛;經濟上與中國貿易的繁榮,貴族社會追求"奢靡"之風以及中後期的"武臣之亂";加之中國文學典籍的大量傳入,不僅影響了作家的審美與思維方式、氣質個性、成長高度、作品特色、對文學本質的理解,同時,也促使了文人間的密切往來和家族文學的傳承,孕育出高麗朝首個影響較大的文學團體與文學潮流,其在朝鮮文學史上的地位舉足輕重。長歌、時調等國文文體亦於本時期出現。高麗朝文學由此得到發展。

———————————

① [韓]李仁老《破閑集》,蔡美花、趙季編《韓國詩話全編校注(第一册)》,頁 18—19。
② 同上,頁 23。
③ 同上,頁 25。
④ 同上,頁 31。
⑤ 同上,頁 32。
⑥ 同上,頁 23。

二　自然環境與高麗朝的文學活動

　　與朝鮮後世詩話相比,《破閑集》論詩的内容較少①。對詩歌的記録並非采用摘句批評的方法而是叙述詩歌創作的背景、目的以及詳細的寫作過程。對此,李仁老之子李世黄在《破閑集·跋》中談到如此記録之目的"如吾輩等,苟不收録傳於後世,則湮没不傳決無疑矣。"②高麗朝末期李齊賢《櫟翁稗説·序》中借他者之口也説明了其收録之目的:"客謂櫟翁曰:'子之前所録,述祖宗世系之遠,名公卿言行頗亦載其間,而乃以滑稽之語終焉。'"③雖然從《破閑集》到《櫟翁稗説》詩話文體逐漸走向成熟,内容不斷流變,從論詩及事逐漸到論詩及辭,即叙事性的内容不斷减弱,摘句評判、介紹詩法、學詩等内容不斷增强,但綜觀高麗朝詩話,記事仍是主要内容。相較於詩歌叙事能力的不足與歷史典籍記録視角的局限,詩話成爲了展現當時文人生存狀態的最好載體之一。

(一)對朝鮮自然環境的描述

　　以往我們研究朝鮮詩話,特别是分析中國文論對朝鮮詩家的影響時,焦點集中在社會、人文背景對當時文人的影響,重在接受的文化語境分析,往往忽視其與自然環境的聯繫。文學生態學認爲:"讀者和作家不僅受社會和文化的影響,而且也受到自然環境的影響。"④從地理上看,朝鮮半島風景秀麗,多山、多河,平原面積小。因此《破閑集》中,高麗朝文人對自然風光的描寫也集中在山水、樹木等方面,不斷地體驗、想象,廣泛接觸著自然,積累審美經驗。從文人的叙述中,不難看出朝鮮湖光山色、水秀山明的整體特點,突出表現了"奇""蜿蜒"等山勢特徵;以及水"異""曲折"的自然形態。樹木以松樹爲主,凸顯其自然姿態與數量上的豐富,成爲了朝鮮文人休息、駐足、欣賞之景。因此,朝鮮秀麗的自然風光使得文人心生自豪之

---

①《破閑集》中共記載唐詩 8 首,宋詩 7 首,李仁老本人詩 21 首,以及朝鮮文人詩 60 余首。

②[韓]李仁老《破閑集》,蔡美花、趙季編《韓國詩話全編校注(第一册)》,頁 43。

③[韓]李齊賢《櫟翁稗説》,蔡美花、趙季編《韓國詩話全編校注(第一册)》,人民文學出版社,2012 年,頁 138。

④司空草《文學的生態學批評》,載《外國文學評論》1999 年第 4 期,頁 135。

感,並自信地與中國自然風光相對比。

　　　昌華公李子瀾杖節南朝,登潤州甘露寺,愛湖山勝致,謂從行三老
曰:"爾宜審視山川樓觀形勢,具載胸臆間,毋失毫毛。"舟師曰:"謹聞
命矣。"及還朝,與三老約曰:"夫天地間凡有形者無不相似。是以湘濱
有九山相似,行者疑焉。河流九曲,而南海亦有九折灣。由是觀之,山
形水勢之相賦也,如人面目,雖千殊萬異,其中必有相髣髴者。況我東
國去蓬萊山不遠,山川清秀甲於中朝萬萬,則其形勝豈無與京口相近
者乎? 汝宜以扁舟短棹,泛泛然與鳧雁相浮沉,無幽不至,無遠不尋,
爲我相收。①

　　通過材料可知,文人李子瀾出使中國時,不自覺地將朝鮮的自然風光
與中國相對比,認爲中國所有之風光朝鮮亦有之,且風光强于中國萬倍。②
又如,李仁老形容西都永明寺南軒"山川氣勢,與中朝滁暑亭相甲乙,而秀
麗過之"。③　可見朝鮮文人對自然風景的自豪溢於言表。

　　此外,《破閑集》中李仁老認爲自然環境的優美使朝鮮文士輩出。"西
都,古高句麗所都也。控帶山河,氣象秀異,自古奇人異士多出焉。"④"我
本朝境接蓬瀛,自古號爲神仙之國。其鍾靈毓秀,間生五百,現美於中國
者,崔學士孤雲唱之于前,朴參政寅亮和之於後。而名儒韻釋,工於題詠,
聲馳異域者,代有之矣。"⑤不言而喻,在高麗朝文人心中,朝鮮生態環境的
優良促進了文人的文學活動,使一批文士揚名於世。

(二)自然環境與文人活動

　　人與自然是相互依賴、不可分割的整體,而人同時又是文學活動開展
的主體⑥。故此,自然環境與文人的文學活動密不可分。具體而言,在朝

────────────

①[韓]李仁老《破閑集》,蔡美花、趙季編《韓國詩話全編校注(第一册)》,頁 24。

②後世《燕行録》中,朝鮮使臣目睹中國風景、建築時却未與本國進行比較,只是如實地
　記録,並未有自豪之情,這一點當值得我們繼續深入研究。

③[韓]李仁老《破閑集》,蔡美花、趙季編《韓國詩話全編校注(第一册)》,頁 26。

④同上,頁 40。

⑤同上,頁 43。

⑥宋麗麗《文學生態學:生態批評的實在性建構》,載《當代生態文明視野中的美學與文
　學國際學術研討會論文集》,2005 年,頁 197。

鮮優美的自然環境下,文人墨客總是投身于自然山水之中,怡情悦性。文人于此或讀書或寫詩,這成爲了他們的基本生活方式。

其一,讀書。隨著朝鮮三國及統一新羅時期大量中國文學典籍的傳入。習漢籍、作漢文,成爲朝鮮古代文學活動的主要内容之一。李仁老八九歲起便隨老儒學習讀書,可以看出讀書是當時文人獲取知識、理解文本最好的行爲。但讀書也需要有合適的地方,需要身心合一。而朝鮮自然環境的優勢爲文人提供了良好的讀書空間。如,李仁老與李湛之嘗讀書於湍州北仰岩寺,每日暮憑欄縱目,漁火明滅,雲沉煙澹,茅茨聯屬,如在武陵源上;江夏黄彬然未第時,與兩三友讀書于湍州紺嶽寺,相與登北峰,坐松下石,共飲極歡,等等。從當時文人讀書的内容上看既有李紳、白居易、杜甫、蘇軾、黄庭堅、魏野等唐宋文人詩,《冷齋夜話》、《南徐集》等中國典籍,也有康日用、印份、金莘尹、鄭知常等不少本國文人詩,《分行集》等本國典籍。

其二,吟詩作畫。文人常睹物吟詩、遠游或登高吟詩,吟詩既是吟誦詩歌,同時也是品詩、賞詩,乃文人風雅之事。文人從自然出發,通過吟詩作畫達到精神方面的審美愉悦。面對龍山山勢之雄偉,李仁老朗吟而起;金侍中緣,面對大雪,四顧茫然無所見,便初垂袖而微吟;金學士黄元、李左司仲若、郭處士璵皆奇士,年少時以文章相友,號神交。二公嘗訪左司第。次至於黄元……遂引滿朗吟;士子盧永綏有才調,嘗日暮泛一葉溯流而行,欲抵宿湖邊寺。中流長嘯,怳若有得云:“風蕭蕭兮易水寒,孤舟獨往。”①放聲吟諷,恨未有續之者。可見朝鮮文人不僅在面對大自然壯麗風景時情不自禁或獨自吟詩或放聲吟頌,友人來訪時亦互相品詩。此外,高麗朝上層社會、文人對藝術極爲熱愛,繪畫已經融入文人的日常生活當中,自然景物也成爲繪畫的重要主題之一。如,有文人將晉陽的宜人山水作畫獻于李相國,李相國貼諸壁以觀之,引來衆多文人的圍觀、欣賞。

其三,寫詩。文學作品是作家創作的產物。不僅是文學創造成果的標誌,可以説是整個文學活動的重心所在。本時期,朝鮮文人的文學創作與自然相聯主要有以下六種情況:

借自然之景入詩。如,鄭知常借大同江水連綿不絶、奔流不息形容與

---

① [韓]李仁老《破閑集》,蔡美花、趙季編《韓國詩話全編校注(第一册)》,2012 年,頁 32。

友人間的深厚情誼；李仁老以"湖上鶯飛""欄邊黑牡丹"等自然景物爲意象調侃咸淳懼内。

因自然而奉命寫詩。如，"西都永明寺南軒，天下絶景，本興上人所創……昔睿王西巡，與群臣宴飲唱酬，篇什尤多"①；睿王詔賜城東若頭山一峰……即令（郭璵）進詩云："誰剪紅羅作牡丹，芳心未展怯春寒。六宫粉黛皆相道，何事宫花上道冠。"②

因自然而偶得靈感。如，高麗詩僧白雲子，遍游名山，途中聞鶯啼叫，有感寫成一絶："自矜絳觜黄衣麗，宜向紅牆緑樹鳴。何事荒村寥落地，隔林時送兩三聲。"③康日用欲賦鷺鷥，即使是雨季每天仍冒雨至天壽寺南溪上以觀之，忽得一句云："飛割碧山腰。"乃謂人曰："今日始得到古人所不到處。"④鄭知常偶游天磨山八尺房，竟夕苦吟，未能屬思。至都門時，乃得一聯云："石頭松老一片月，天末雲低千點山。"⑤隨即直入院中，奮筆題於牆壁之上。

爲追求自然之美而錘煉詩歌。如，李仁老借《破閑集》討論琢句之法，並言："天下奇觀異賞可以悦心目者甚夥，苟能才不逮意，則譬如駑蹄臨燕越千里之途，鞭策雖勤，不可以致遠。是以古之人雖有逸才，不敢妄下手。必加煉琢之工，然後足以垂光虹霓，輝映千古。"⑥可見，詩歌需要加以煉琢和打磨才能將自然美景真正的意境、意蘊展現出來。本時期，文人常彼此切磋詩藝。如士子徐文遠與權公惇禮自小相友愛，俱儒門子弟也。才華與年齡相去伯仲之間，二人屢以篇什相贈答，借自然之景一同琢磨詩藝；金黄元、李仲若、郭璵皆奇士，嘗訪左司第，清談亹亹不覺日暮。須臾月出雲開，碧天如水，面對如此美景，三人相與登南樓小飲，亦因目睹自然之美而作詩互相切磋。

主動奉詩、贈詩、賀詩、謝詩；見景以詩記之。如，黄狀元彬然中秋直玉

---

① [韓]李仁老《破閑集》，蔡美花、趙季編《韓國詩話全編校注（第一册）》，頁 25—26。
② 同上，頁 20。
③ 同上，頁 35。
④ 同上，頁 13。
⑤ 同上，頁 41。
⑥ 同上，頁 12。

堂,見長空無雲,月華如畫。作詩送于吳公世文:"季孟中間朔,炎涼一樣天。春宵何闃寂,秋夕獨喧闐。月色應同爾,人心所使然。知君能決事,此景果誰先。"①李仁老于崔樞府第,見後庭黃花正盛,酒數酌而出,獻詩曰:"漢池瑞鵠翅初刷,洛妃歸去塵生襪。須知仙格老不枯,蕭蕭金風入花骨。餘妍挽得三春回,詩人喜見一枝折。泛泛金觴待後期,侯家不怕冰霜冽。"②

開展題詩、留詩等文學活動。如,"昨過公舊墅,草樹蒼然,有泉出於石縫,素所游宴處也。悵然徘徊不能去,作詩留壁上:'岩下泠泠水,沿洄若有思。誰知冰雪派,尚帶鳳凰池。東閣重窺處,西門欲暮時。題詩留半壁,略遣九泉知。'"③李仁老于龍山信筆題於壁云:"二水溶溶分燕尾,三山杳杳駕鼇頭。他年若許陪鳩杖,共向蒼波狎白鷗。"④李仁老留詩留青鶴洞詩岩石云:"頭留山迴暮雲低,萬壑千岩似會稽。策杖欲尋青鶴洞,隔林空聽白猿啼。樓臺縹緲三山遠,苔蘚微茫四字題。試問仙源何處是,落花流水使人迷。"⑤

綜上所述,以自然環境爲中心,我們發現高麗朝文人生存狀態、精神活動都與自然融爲一體,又因其所生存的自然環境開展了諸多文學活動。良好的自然環境爲朝鮮文人的"避世情節"提供了棲身之所;爲山水田園詩的書寫提供了素材、可寓情之景與意境;爲文人的想象、審美共鳴的產生提供了空間。同時,朝鮮獨特的山水美景給予了高麗朝文人特殊的審美心境。一方面極大的增強了文人的民族自豪感,哪怕面對中國美景時亦不爲所動;另一方面,也影響了高麗文學的審美理想與追求。文人因眼前的景物而觸景生情,萌生詩意,將率真自然之美作爲美的理想⑥。

①〔韓〕李仁老《破閑集》,蔡美花、趙季編《韓國詩話全編校注(第一册)》,頁 5—6。
②同上,頁 10。
③同上,頁 15。
④同上,頁 14。
⑤同上,頁 9。
⑥蔡美花《高麗文學審美意識研究》,延邊大學出版社,2006 年,頁 163—168。

三　高麗朝文學生態與文學之關聯

文學生態學認爲,分析生態環境對作家生存狀態、文學活動的影響,目的是探尋文體的出現、作品産生、思潮出現的原因,以達到對文學現象的本質還原和作品意蘊的深層挖掘。

綜合前文的自然、社會與文化環境來看,第一,良好的生態環境既使主體與個體都有良好的發展空間,也是高麗朝文學發展的沃土。樂府亦於此時設立。

文人多有貪書之癖,從閱讀與吟誦的作品上看,種類各異、浩如煙海;從漢詩創作的數量上看,每次文學活動所創作的詩作,少則近十篇,多則上千篇,如,學士金黄元碰見李載出使還朝,兩人邂逅於驛站,以詩贈之,同行縉紳皆屬和,共一百餘首;山人觀悟嘗游其邸,搜遺槁得近體詩八九篇①;聞者皆和,幾千餘篇,遂成巨集②。漢詩數量不計其數,足見高麗朝文人的創作能力。同時又可見共同的生態環境導致各文學創作的個體審美旨趣逐漸相近,潛移默化地達成一種共識③,互相和詩、補詩、贈詩、題詩、獻詩等文學活動形成了"互文本性"效應。一方面有助於朝鮮文學流派、文學團體的確立;另一方面從李仁老補潘大臨《寄謝臨川》、品評"蘇黄"用事、山谷"奪胎換骨"之法來看,其在有意或無意間接觸、傳播了"江西詩派"詩人的創作和詩法,借助"互文本性"效應爲後世朝鮮深入學習"江西詩派"詩論提供了接受的文化語境。

從漢詩創作的水準上看,李仁老及高麗朝文人使用"精敏""玩味之深有理趣""不工,僅得形似耳""以謂唐宋時人筆""用事精妙""對偶精切,固無斧鑿之痕""未若前篇天趣自然""飄逸出塵"等短語,一方面説明其水準雖無法與中國文人神似,但已與唐宋文人十分接近,甚至無異;另一方面體現當時文人創作重用事、對偶與理趣。可想而知,當時文壇主要學唐宋詩。

---

①［韓］李仁老《破閑集》,蔡美花、趙季編《韓國詩話全編校注(第一册)》,頁 42。

②同上,頁 24。

③陳玉蘭《論中國古典詩歌研究的文學生態學途徑》,載《文學評論》2004 年第 5 期,頁 123。

但是，從《破閑集》來看，唐宋詩、唐宋文人是作爲一個整體概念而出現，説明在當時文壇並未形成明確的"學唐"和"學宋"之爭①。

通過《破閑集》我們看到了高麗朝文學的興盛，前期統治者施行"崇文政策"，重視文學；雖然，中期武臣之亂造成文臣或不受重用或遭到迫害，讀書人減少、文籍蕩盡，但文學活動仍然頻繁，也帶來了民族精神的復生，找回了失傳已久的自我精神②。只不過從寫作頌歌轉變爲逃避現實，文學的發展却未有衰退之迹象。

第二，值得我們關注的是受自然的影響，高麗朝延續了以自然爲美的審美傳統，並影響著文人的文學觀，對自然美的追求成爲普遍的審美情趣。在朝鮮三國及統一新羅時期，朝鮮文人在創作的實際和批評中便表現出對自然的追求，强調人與自然的身心合一。崔致遠也反對雕辭，主張爲文應該自然而然和求真。《破閑集》中，李仁老主張寫詩"天趣自然"不加雕飾，語言要樸素自然；"海左七賢"等人的詩歌也是將心中的憂憤與苦悶宣洩于自然之中。對此，蔡美花教授解釋道："人們（朝鮮人）在自給自足的生活中，習慣于面對眼前天然的環境和美麗的自然景物，具有鮮明的現實意識和實踐精神。人們執著于現實，没有現實之外的任何奢求。這種文化意識

---

① 對於本時期是"學唐還是學宋"，學界有兩種截然不同的看法。一些學者認爲高麗後期已形成了宗宋詩風，李仁老"用事論""新意論"等文學主張皆出自學宋詩（如，楊會敏《高麗後期"海左七賢"宗宋詩風論析》，《齊魯學刊》2014 年第 6 期；王正海《高麗漢詩對宋詩之接受研究》，《學術界》2012 年第 9 期，等）；一些學者認爲宗唐之風的影響始終陪伴于文學發展的過程，並没有因宗宋之風的興起而存在明顯的衰微之迹象。宗唐之風始終保持著穩定的推崇者（李岩、徐順健《朝鮮文學通史（上）》，2010 年，頁548—549）。我們通過《破閑集》中李仁老的漢詩可以看到，其漢詩創作大量化用韓愈、白居易、李白、杜甫、孟棨等人的詩句、意象及典故，且摘録的唐詩也最多，認爲一些文人詩達到了杜牧的水準，若以詩編《小杜集》中，孰知其非，可以説杜牧是衡量高麗文人水準的標準之一。同時李仁老却也認爲隨著"蘇黃"崛起，宋詩青出於藍，且强調詩歌的理趣，但山谷"奪胎换骨"之法又有剽竊之嫌，對是否"宗宋"態度並未明確。由此可見，李仁老就"用事"一事認爲宋强于唐，但在實際創作中仍大量借用唐詩之内容，可以説其對唐宋詩的評論是就詩論詩，學習各有側重。綜上，筆者認爲在當時文壇並未形成明確的"學唐"和"學宋"之爭。
② [韓]趙潤濟著，張璉瑰譯《韓國文學史》，社會科學文獻出版社，1998 年，頁 73。

引發審美理想的規範，人們在審美中也是只追求眼前的情景，只尋找日常的景物。"①更何況朝鮮人眼前之景不只是普通的山水而是一幅幅秀麗的畫卷。所以，在詩歌創作的主題上，寄情山水、歸隱田園、惜春悲秋、思念、送别等亦因自然而得以發展。

前文我們提到朝鮮自然風景的優美使朝鮮文人心生自豪，特别是當中國文化大量傳入後，朝鮮社會各方面與中國相比都没有任何優勢。然而通過自然風光，朝鮮文人找到了可以"保持身份"的符號，來維護民族自尊，並以詩話爲載體記録了下來，進而體現爲詩話（文學）的民族性，變成一種潛意識影響著後世文學。

第三，表明當時文壇具有明顯的文學階級性特徵。從高麗朝前期到本時期文人活動的範圍以及物件來看，大多是文人與官員間、文人與文人間、文人與僧人間相往來。與百姓、下層勞動者交流較少，從詩話記録的文人來看，大多數是有一定文壇地位之人，這説明文人的身份、地位也是詩話收録的標準之一。隨著農民起義、外族入侵，國内局勢動盪，李奎報等文人于此時登上文學舞臺，文人開始正視現實，重視關注現實生活，以詩歌反映下層百姓的不幸。特别是高麗朝晚期，描繪封建剥削制度下勞動人民生活、窮苦人悲慘處境的主題，抨擊醜惡現實，對官僚貴族不滿等主題的詩歌開始大量創作，詩話中也開始記録文人與下層勞動者交流之事。

第四，促進詩話文體的出現與發展。李仁老在《破閑集》中有言："庶幾使後世皆得知本朝得人之盛，雖唐虞莫能及也。"②説明本時期文人數量、詩歌創作的能力是極强的，著名作家相繼出現。有衆多文學的創作者、文學作品的産生，隨之而來的便是如何評判作品的高下，文人創作的水準。高麗朝時期，文人活動更爲密切，由前文可知互相贈詩、和詩、品詩的活動已經成爲了文人的日常生活，同時本時期文人也注重將自己的創作過程記録下來。

在詩話文體定型之前，朝鮮統一新羅時期崔致遠的《桂苑筆耕集》以及高麗朝初期金富軾的《三國史記》、一然的《三國遺事》中類似文體、亞詩話已經存在，即把詩人或詩作作爲記述中心來記述。但傳統的叙事模式業已

---

① 蔡美花《高麗文學審美意識研究》，延邊大學出版社，2006年，頁167。
② ［韓］李仁老《破閑集》，蔡美花、趙季編《韓國詩話全編校注（第一册）》，頁38。

不能滿足實際的需要，如何記錄詩歌批評、學詩、寫詩、文人交流等内容迫使文人脱離原有的記錄方式，尋找新的文體形式。而以歐陽修的《六一詩話》爲首創，以資閒談爲創作旨歸，評論詩人、詩歌、詩派以及記述詩人議論、行事的新文體——詩話，恰好符合朝鮮文人的“期待視野”。加之，唐宋詩發達的經驗和北宋理學思辨潮流的影響，最終，歐陽修及《六一詩話》的刊行，爲詩話文體一錘定音①。

　　總之，朝鮮詩話不只是文學理論典籍，其中還有關於當時自然、經濟、政治、文化、風俗、建築、服飾、藝術、使臣紀行等内容的諸多記録，這些都值得我們日後繼續發掘。高麗大學林亨秀教授等國外學者已經開始關注通過文本看李仁老與同時期文人的交往（《通過文集看李仁老的交游關係》②）或從宗教、歷史、社會學的角度來研究詩話，等等。這些有益的嘗試都爲詩話的研究提供新的視角。而我們利用文學生態學的研究方法，可以還原當時的文學生態，觀照、凸顯和凝聚可能被創造出的文學現實，在文學再現的人類體驗中，來重新審視當時文人的文學作品、文學思想。但也要説明的是文學環境與高麗朝的文學活動並不是作用或反作用的單向關係，而是各要素互相作用的回環與錯綜關係。

　　　　　　　　　　　　　　　　（作者單位：延邊大學朝漢文學院）

---

① 馬金科《論韓國詩話的史傳叙事傳統觀念及其特殊性》，載《中國比較文學》2017 年第 3 期，頁 143。
② 임형수《문집（文集）을 통해 본 이인로（李仁老）의 교유（交游）관계（關係）》，載《사총》2014 年第 85 輯，頁 65—100。

域外漢籍研究集刊　第十八輯
2019 年　頁 141—153

《高麗史》所見遼朝出使高麗使者類型及派遣 *

李碧瑤　楊　軍

目前學界對遼麗關係的研究，多集中在遼朝與高麗間的政治、經濟、文化交流上，而對於遣使問題並沒有比較翔實的研究。研究遼朝與高麗間的使者往來，不僅能夠幫助我們加深對遼麗間政治互動的理解，全面掌握遼麗關係的演變脈絡和規律，同時對處理當下國際關係也具有一定的現實意義。本文中，筆者不揣淺陋，通過對《高麗史》中所載遼朝使者出使高麗進行研究，擬依據出使目的和頻率，將遼朝使者分爲常使和泛使兩類，並詳細考察遼朝出使高麗的使者類型及其派遣等問題，在此基礎上從遣使的角度考察遼朝與高麗間的封貢關係，凸顯使者在中朝關係史中所起的作用，以期爲中朝關係史研究提供新的視角。不足之處，敬請方家指正。

一　常使

“常使”指遼朝定期向高麗派遣、有固定出使頻率的使者，包括賀高麗國王生辰使與聘使（横宣使、横賜使、宣賜使）。

（一）賀高麗國王生辰使

《高麗史》記載，統和十五年（997）十二月，遼朝首次向高麗派遣賀生辰

＊ 本文爲 2015 年度國家社會科學基金重大項目“中國古代的‘中國’認同與中華民族形成研究”（15ZDB027）階段性成果。2015 年度國家社會科學基金一般項目“中國古代的‘中國’觀與中國疆域形成研究”（15BZS002）階段性成果。2016 年度教育部哲學社會科學研究重大委託項目（16JZDW005）階段性成果。2017 年度國家社會科學基金專項項目“漢唐東北邊疆研究”（17VGB008）階段性成果。

使,"契丹遣千牛衛大將軍耶律迪烈來賀千秋節"①。一直持續到天慶六年
(1116)正月,"遼遣大理卿張言中來賀生辰"②。120 年間,遼朝遣使賀高麗
國王生辰可考者 79 次,是遼朝派遣出使高麗的使團中頻率最高的。遼朝
僅在忙於祭奠去世的高麗國王、册封繼位的新王的年份中不派遣賀生辰
使,其餘年份,即使是在遼朝皇帝去世時,也未曾停止賀生辰使的派遣。如
景福元年(1031)六月聖宗去世後,遼朝仍遣耶律温德、趙象玄赴高麗賀顯
宗生辰,並於同年七月按時抵達③;清寧元年(1055)八月興宗去世後,遼朝
仍遣金州刺史耶律長正赴高麗賀文宗生辰,並於同年十二月按時抵達④。
可見遼朝對賀高麗國王生辰一事的重視。

　　重熙七年(1038)八月,高麗行遼重熙年號,遼麗使者往來步入制度化
遣使期後⑤,至天慶六年(1116)四月"以遼爲金所侵,正朔不可行,凡文牒
除去天慶年號,但用甲子"⑥,對遼的朝貢結束前⑦,78 年間,遼朝遣使賀高
麗國王生辰見於史書記載者多達 70 次,僅有 8 年不見遼朝遣使⑧。金渭顯
認爲,派遣賀高麗國王生辰使標誌著遼朝對高麗"除了維持宗主國的名義
關係外,另發展出一種平行對等的關係,這種平行對等的相互關係,已經極
爲接近近代國際社會中,各主權國家之間的關係了"⑨。魏志江認爲,遼朝

①[朝鮮王朝]鄭麟趾《高麗史第一》卷三《穆宗世家》,國書刊行會株式會社,昭和五十二
　　年(1977),頁 47。
②《高麗史第一》卷一四《睿宗世家三》,頁 204。
③《高麗史第一》卷五《德宗世家》,頁 74。
④《高麗史第一》卷七《文宗世家一》,頁 108。
⑤陳俊達《遼朝與高麗使者往來分期探賾——兼論東亞封貢體系確立的時間》,《西北民
　　族大學學報(哲學社會科學版)》2017 年第 4 期,頁 103。
⑥《高麗史第二》卷八六《年表一》,頁 730。
⑦付百臣《中朝歷代朝貢制度研究》,吉林人民出版社,2008 年,頁 59。
⑧陳俊達《遼朝遣使高麗年表簡編——前期:922 年至 1038 年》,《黑龍江史志》2015 年
　　第 5 期,頁 8—9;陳俊達《遼朝遣使高麗年表簡編——後期:1039 年至 1120 年》,《黑
　　龍江史志》2015 年第 8 期,頁 37—38;陳俊達《遼朝遣使高麗年表簡編——後期:1039
　　年至 1120 年(續)》,《黑龍江史志》2015 年第 13 期,頁 238—239、246。
⑨[韓]金渭顯《契丹的東北政策——契丹與高麗女真關係之研究》,華世出版社,1981
　　年,頁 173。

派遣賀生辰使體現了"在不平等朝貢體制的規範下,仍存在一些國際交往中的平等因素"①。對於上述觀點,有學者已有專文加以辨析,認爲遼朝遣使賀高麗國王生辰絕不是遼麗地位平等的體現,而與册封一樣,是遼朝是否承認高麗國王的標誌②。限於文章篇幅,此不贅述。

(二)聘使(橫宣使、橫賜使、宣賜使)

遼朝派遣橫宣使出使高麗始見於重熙九年(1040)四月,"契丹橫宣使秦州防禦使馬世長等來"③。一直持續到天慶四年(1114)十一月,"遼遣橫宣使耶律諤、副使李碩來"④。74 年間,橫宣使 22 次見於史料記載。學界對於橫宣使的認識存在較大分歧⑤,爲討論方便,先將相關史料排比如下(詳

---

① 魏志江《遼宋麗三角關係與東亞地區秩序》,載復旦大學韓國研究中心《韓國研究論叢》第 4 輯,上海人民出版社,1998 年,頁 321。
② 陳俊達、邵曉晨《關於遼朝遣使册封、加册及賀高麗國王生辰的新思考——兼論封貢體系下宗主國宗主權的行使》,《赤峰學院學報(漢文哲學社會科學版)》2015 年第 5 期,頁 8—10。
③《高麗史第一》卷六《靖宗世家》,頁 87。
④《高麗史第一》卷一三《睿宗世家二》,頁 200。
⑤ 如日本學者稻葉岩吉認爲"橫"字當係契丹字(契丹大字),可能是直接借用漢字字形來表達契丹語(黄)的音和義。橫既爲黄(即耶律氏),橫賜、橫宣即敕賜、敕宣之意([日]稻葉岩吉《契丹橫宣橫賜的名稱》,《史林》17 卷 1 號,1932 年 1 月。轉引自劉浦江《遼朝"橫帳"考——兼論契丹部族制度》,載北京大學歷史學系編《北大史學》8,北京大學出版社,2001 年,頁 36)。此説從音轉、字型的角度來解釋,極爲牽强。魏志江認爲"高麗遇立太子以及國内重大政治活動,遣使向遼廷稟告,謂之告奏。遼則通過橫宣、橫賜等名義,派特使向高麗宣達遼的詔旨"(魏志江《中韓關係史研究》,中山大學出版社,2006 年,頁 31)。認爲遼朝的橫宣、橫賜使與高麗的告奏使相對應。張國慶亦持相同觀點(張國慶《遼與高麗關係演變中的使職差遣》,載遼寧省遼金契丹女真史研究會編《遼金歷史與考古》第四輯,遼寧教育出版社,2013 年,頁 161)。玄花在研究金代橫宣使時指出,橫賜與橫宣共指同一使節,金遣橫賜使與高麗遣謝橫賜(橫宣)使相回應的頻率是每三年一次,橫賜(橫宣)使是用以和合金麗君臣關係的,按時定期派遣的禮儀性使節(玄花《金麗外交制度初探》,吉林大學碩士學位論文,2007 年,頁 27—28)。劉一認爲橫宣使的使命是代表遼朝皇帝對高麗國王進行賞賜,遼朝向高麗派遣橫宣使的頻率基本爲三年一次(劉一《遼麗封貢制度研究》,《滿族研究》2012 年第 2 期,頁 64—65)。皆認爲橫賜是遼金對高麗的定期賞賜。

見表1）：

表1：遼朝橫宣使（宣賜使、橫賜使）簡表

公元紀年	遼朝紀年	事件	史料出處（《高麗史》）
1040	重熙九年	契丹橫宣使秦州防禦使馬世長等來。	卷6《靖宗世家》
1045	十四年	契丹橫宣使檢校太傅判三班院事耶律宣來。	卷6《靖宗世家》
1050	十九年	契丹橫宣使匡義軍節度使蕭質來。	卷7《文宗世家一》
1054	二十三年	契丹橫宣使益州刺史耶律芳來。	卷7《文宗世家一》
1057	清寧三年	契丹橫宣使泰州刺史耶律宏來。	卷8《文宗世家二》
1060	六年	契丹宣賜使高州管內觀察使蕭奧來。	卷8《文宗世家二》
1063	九年	契丹遣益州刺史蕭格來聘。	卷8《文宗世家二》
1066	咸雍二年	遼橫賜使歸州刺史耶律賀來。	卷8《文宗世家二》
1072	八年	遼遣永州刺史耶律直來行三年一次聘禮。	卷9《文宗世家三》
1075	大康元年	遼遣橫宣使益州管內觀察使耶律甫來。	卷9《文宗世家三》
1078	四年	遼宣賜使益州管內觀察使耶律溫來。	卷9《文宗世家三》
1081	七年	遼遣橫宣使利州管內觀察使耶律德讓來。	卷9《文宗世家三》
1088	大安四年	遼遣橫宣使御史大夫耶律延壽來。	卷10《宣宗世家》
1090	六年	遼遣橫宣使益州管內觀察使耶律利稱來。	卷10《宣宗世家》
1093	九年	遼遣橫宣使安州管內觀察使耶律括來。	卷10《宣宗世家》
1097	壽昌三年	遼遣橫宣使海州防禦使耶律括來賜前王。	卷11《肅宗世家一》
1099	五年	遼遣橫宣使寧州管內觀察使蕭朗來，兼賜藏經。	卷11《肅宗世家一》
1102	乾統二年	遼遣橫宣使歸州管內觀察使蕭軻來。	卷11《肅宗世家一》
1106	六年	遼橫宣使來。	卷12《睿宗世家一》
1108	八年	遼遣橫宣使檢校司徒耶律寧來。	卷12《睿宗世家一》
1111	天慶元年	遼遣橫賜使檢校司空蕭遵禮來。	卷13《睿宗世家二》
1114	四年	遼遣橫宣使耶律諮、副使李碩來。	卷13《睿宗世家二》

　　由上表可知,認爲橫宣使的派遣頻率爲三年一次的觀點基本上是正確的。橫宣使、宣賜使與橫賜使爲高麗對遼朝同一類使者的不同稱呼,由《高麗史》記載的"契丹遣益州刺史蕭格來聘"①、"遼遣永州刺史耶律直來行三年一次聘禮"②,本文將橫宣使、宣賜使與橫賜使統稱爲遼朝聘使。

　　那麽,遼朝爲什麽要每隔三年派遣一次聘使出使高麗呢?一方面,從字面意思上理解,"橫賜"表示額外的賞賜。如《册府元龜》卷180《帝王部·濫賞》記載:"周室之後,王綱或紊,以至饗宥之數,不協於禮文;賞賚之典,或私於嬖幸。以官爵爲市,靡思於任賢;行姑息之政,頻加於橫賜。其或以宴樂爲務,獎優笑之流;專耳目之玩,喜奇巧之技。"③知遼朝派遣聘使的目的是爲了給高麗額外的賞賜。另一方面,從聘使首次見於記載的時間來看,遼興宗重熙九年(1040),此時遼朝遣使高麗已步入制度化遣使階段。不僅如此,重熙七年(1038)標誌著遼麗宗藩關係最終穩定下來,高麗作爲屬國,每年定期向遼朝派遣歲貢使,遼朝對於高麗的歲貢給予豐厚的回賜。同時高麗還不定期派遣"橫進使"前往遼朝④。《契丹國志》記載高麗的"橫進物件"包括"粳米五百石,糯米五百石,織成五彩御衣金不定數"⑤。故遼朝聘使(橫賜使等),應是與高麗"橫進使"相對應的使者。

　　由此可知,遼朝聘使(橫賜使、橫宣使、宣賜使)對應的高麗使者名目不是"告奏使",而是"橫進使"。其出使目的是宗主國遼朝爲了表示對藩屬國高麗除每年例行的歲貢外,常常不定期遣使進獻方物行爲的嘉獎,故除了

---

①《高麗史第一》卷八《文宗世家二》,頁118。

②《高麗史第一》卷九《文宗世家三》,頁127。

③[宋]王欽若等編纂,周勛初等校訂《册府元龜》卷一八〇《帝王部·濫賞》,鳳凰出版社,2006年,頁1995—1996。

④陳俊達《高麗使遼使者類型及其派遣考論》,《西北民族大學學報(哲學社會科學版)》2016年第5期,頁81—84。

⑤[宋]葉隆禮撰,賈敬顏、林榮貴點校《契丹國志》卷二一《外國貢進禮物》,中華書局,2014年,頁203。

對高麗歲貢例行的賞賜外①，每三年遣使對高麗額外進行一次賞賜。尤其在大安四年(1088)三月，遼道宗下詔"免高麗歲貢"後②，高麗横進使與遼朝聘使成爲遼麗貢賜活動的主體。金朝建立後，同樣繼承了遼朝的聘使制度。據《增補文獻備考》記載，貞元二年(高麗毅宗八年，1154)，"金遣使來聘，賜羊一千頭。自此逐年吉凶往來使价之外例三年一大聘"。③ 明確記載除每年例行的使者往來之外，每三年另派遣一次聘使。

二　泛使

"泛使"指遼朝不定期或遇有特殊事宜臨時向高麗派遣的使者，包括册封使、東京使、起復使(落起復使)、示諭使、告哀使、遺留使、祭奠吊慰使等。

(一)册封使

册封使在所有遼朝派遣出使高麗的泛使中最爲重要，高麗作爲遼朝的藩屬國，新國王即位只有獲得宗主國遼朝册封後才具有合法性。高麗自統和十二年(994)成爲遼朝屬國，至天慶六年(1116)"對遼的朝貢結束"④。122 年間，高麗歷經十一任國王，其中受遼朝册封的有成宗、穆宗、顯宗、靖宗、文宗、宣宗、肅宗、睿宗八人。高麗國王得到遼朝册封需滿足兩個條件：良好的遼麗關係及在位一年以上⑤。一般來説，高麗新國王繼位後，首先

---

① 據《契丹國志》記載，遼朝對於高麗的歲貢，每次的回賜物品有："犀玉腰帶二條，細衣二襲，金塗鞍轡馬二匹，素鞍轡馬五匹，散馬二十匹，弓箭器仗二副，細綿綺羅綾二百匹，衣著絹一千匹，羊二百口，酒果子不定數。"賜給高麗貢使的物品爲："金塗銀帶二條，衣二襲，錦綺三十匹，色絹一百匹，鞍轡馬二匹，散馬五匹，弓箭器一副，酒果不定數。"賜給"上節從人"的物品有："白銀帶一條，衣一襲，絹二十匹，馬一匹。"賜給"下節從人"的物品有："衣一襲，絹十匹，紫綾大衫一領。"以上禮物遼朝"命刺史已上官充使，一行六十人，直送入本國"(《契丹國志》卷二一《外國貢進禮物》，頁 229—230)。

② [元]脱脱等《遼史》卷二五《道宗紀五》，中華書局，2016 年，頁 334。

③ [韓]洪鳳漢、李萬運、朴容大《增補文獻備考》卷一七二《交聘考二》，明文堂，2000 年，頁 1027。

④ 付百臣《中朝歷代朝貢制度研究》，吉林人民出版社，2008 年，頁 59。

⑤ 陳俊達、邵曉晨《關於遼朝遣使册封、加册及賀高麗國王生辰的新思考——兼論封貢體系下宗主國宗主權的行使》，《赤峰學院學報(漢文哲學社會科學版)》，2015 年第 5 期。

需遣使至遼朝"告哀"、"告嗣位",遼朝在得知高麗國王去世後,遣使"賻贈"、"祭奠"、"吊慰"、"起復"、"落起復",經過這一系列程式後,遼朝才會對高麗新國王進行冊封。遼朝冊封高麗國王的使團規模一般在百人以上,包括正使、副使、都部署、押冊使、讀冊使、傳宣使等①。

同時穆宗、靖宗、文宗、肅宗四位高麗國王,除得到遼朝冊封外,亦曾受遼朝加冊。其中穆宗受加冊二次、靖宗一次、文宗四次、肅宗一次。四位高麗國王受遼朝加冊的原因,可分爲遼朝新皇帝繼位、遼朝皇帝上尊號、出於某種政治目的三類②,而與"在位時間長"無關③。

此處需要指出的是,聖宗於太平元年(1021)十一月,上尊號爲"睿文英武遵道至德崇仁廣孝功成治定昭聖神贊天輔皇帝"後④,於次年四月遣御史大夫上將軍蕭懷禮等冊封顯宗爲"開府儀同一(三)司守尚書令上柱國高麗國王,食邑一萬户,食實封一千户,仍賜車服儀物"⑤。張國慶認爲這是遼朝"加冊"高麗國王的表現⑥,實則不然。此爲遼朝在結束與高麗長達十年的戰爭狀態後,對顯宗高麗國王身份的承認。

遼朝在對高麗國王進行冊封的同時,亦會對高麗王太子進行冊封與加冊。如遼朝於太平三年(1023)首次遣使冊封顯宗太子王欽(德宗)爲高麗國公。於清寧元年(1055)遣使冊封文宗太子王勳(順宗)爲三韓國公,並於清寧三年(1057)與咸雍元年(1065)對其兩度加冊。於壽昌六年(1100)十月遣使冊封高麗肅宗太子王俁(睿宗)爲三韓國公,並於乾統四年(1104)對其進行加冊。

(二)東京(回禮)使

東京(回禮)使爲遼朝泛使中經常被學界誤解的一類使者。劉一、張國

---

① 《高麗史第一》卷六《靖宗世家》,頁 91。

② 陳俊達、邵曉晨《關於遼朝遣使冊封、加冊及賀高麗國王生辰的新思考——兼論封貢體系下宗主國宗主權的行使》。

③ 劉一《遼麗封貢制度研究》,《滿族研究》2012 年第 2 期,頁 61。

④ 《遼史》卷一六《聖宗紀七》,頁 211。

⑤ 《高麗史第一》卷四《顯宗世家一》,頁 65。

⑥ 張國慶《遼與高麗關係演變中的使職差遣》,載遼寧省遼金契丹女真史研究會編《遼金歷史與考古》第 4 輯,頁 159。

慶等認爲,遼東京派遣出使高麗的"東京持禮(回禮)使"是遼朝在回賜高麗的朝貢時,由於東京地理位置便利,爲了節省人力物力而由東京直接派遣的"回賜使"①。類似觀點實爲對遼東京使的誤解。

　　事實上,由於東京不僅是遼朝"控扼高麗的樞紐"②,更是"高麗朝貢道路中必經之處"③。遼麗關係緊張時,高麗與遼東京間的使者往來,多出於修好,以及希望遼東京使在回避戰爭的發生而進行的外交交涉中發揮一定的作用④。和平時期,由於高麗國王僅取得了與遼東京留守相同的身份地位⑤,故高麗國王多遣使持禮至東京問候。如肅宗分別於壽昌二年(1096)三月與壽昌五年(1099)九月,派遣持禮使前往遼東京⑥。限於史料記載,我們無法證明是否如河上洋所説"恐怕每年定期地由高麗方面向東京派遣使者"⑦,但高麗與遼東京之間有著頻繁的使者往來,應該是無可置疑的。

　　《高麗史》中明確記載,壽昌元年(1095)五月,"遼東京回禮使高遂來,遂私獻綾羅彩段甚多。王御乾德殿引見,命近臣問留守安否。賜酒食、衣對"⑧。高麗國王命人詢問東京留守的情況,而不是遼道宗的情況,可見東京回禮使是溝通遼東京與高麗之間的紐帶。同時次年三月,高麗派遣"持禮使高民翼如遼東京"⑨。這樣的使者往來還有很多,如重熙七年(1038)

①劉一《遼麗封貢制度研究》,頁 62—63;張國慶《遼與高麗關係演變中的使職差遣》,頁
　　155—157。
②康鵬《遼代五京體制研究》,北京大學博士學位論文,2007 年,頁 59。
③王占峰《高麗與遼、北宋朝貢路研究》,延邊大學碩士學位論文,2008 年,頁 26。
④[日]河上洋《遼五京的外交機能》,載姜維公、高福順譯《中朝關係史譯文集》,吉林文
　　史出版社,2001 年,頁 323。
⑤按:高麗國王與遼東京留守互稱"大王"。如統和十二年(994)二月,蕭遜寧(恒德)致
　　書高麗成宗:"伏請大王預先指揮"(《高麗史第一》卷三《成宗世家》,頁 45)。清寧元
　　年(1055)七月,高麗文宗致書遼東京留守:"伏冀大王親鄰軫念"(《高麗史第一》卷七
　　《文宗世家一》,頁 107)。同時高麗成宗還曾於統和十四年(996)三月,"表乞爲婚",
　　聖宗"許以東京留守、駙馬蕭恒德女嫁之"(《遼史》卷一三《聖宗紀四》,頁 160)。
⑥《高麗史第一》卷一一《肅宗世家一》,頁 159、164。
⑦[日]河上洋《遼五京的外交機能》,頁 326。
⑧《高麗史第一》卷一〇《獻宗世家》,頁 155。
⑨《高麗史第一》卷一一《肅宗世家一》,頁 159。

八月,高麗在"始行契丹重熙年號"後,立即派遣"持禮使閣門祇候金華彥如契丹東京",同年十一月,遼東京便派遣"東京回禮使義勇軍都指揮康德寧"赴高麗①。壽昌五年(1099)九月,高麗派遣"持禮使邵師奭如遼東京"後,十二月,遼東京便遣"東京持禮回謝使大義"赴高麗②。皆表明高麗定期遣持禮使赴遼東京問候東京留守,作爲禮尚往來,東京留守派遣持禮使或回謝使感謝高麗國王。

(三)起復使(落起復使)

起復使。"起復"指官員因父母去世而辭官守制,未期滿而奉詔復職。每當高麗國王去世時,繼任的新王需按禮守制。同樣高麗王太后去世時,高麗國王亦需依禮守制。但國不可一日無君,每當此時,作爲高麗的宗主國,遼朝便會派遣"起復使"至高麗,詔告高麗國王繼續治理國家。

如宣宗去世後,大安十年(1094)十二月,遼朝派遣起復使郭人文來:

> 王適遘家艱,爰膺世嗣,出苦在制,然孺慕以鍾情,金革從權,固牽復而就政。諒極哀榮之至,勉符眷委之深。今差崇禄卿郭人文往彼,賜卿起復告敕各一道……可起復驃騎大將軍、檢校太尉、兼中書令、上柱國、高麗國王,食邑七千户,食實封七百户,仍令所司擇日,備禮册命,主者施行。③

天慶二年(1112)高麗王太后去世後,次年(1113)正月,遼朝派遣崇禄卿楊舉直來命王起復:

> 前推誠奉國功臣、開府儀同三司、檢校太師、守太尉、兼中書令、上柱國、高麗國王、食邑三千户、食實封一千五百户王俁……頃者,静樹纏悲,白華違養,尚固匹夫之節,擬成孝子之規,主土分茅,闕一日而不可,毁容銜恤,豈三載以爲期。是用從金革之宜,飾鈿珠之命,騑車載駕,駞紐重輝。於戲! 日域全疆,天命重地,位冠於五侯九伯,秩參於四輔三公。矧先臣之緟儀,彝器咸在,今汝躬之異數,備物具彰,必静鎮於一方,當表章於群嶽。勉服丕訓,永保多祥。④

---

① 《高麗史第一》卷六《靖宗世家》,頁85—86。
② 《高麗史第一》卷一一《肅宗世家一》,頁164。
③ 《高麗史第一》卷一〇《獻宗世家》,頁154—155。
④ 《高麗史第一》卷一三《睿宗世家二》,頁196—197。

落起復使。目前學界對遼朝"落起復使"的認識還只停留在現象描述上,"一般來説,契丹遼國差遣使職詔告高麗國王'起復'後,還要再遣一使'落起復'"①。實際上,落起復使是高麗國王結束服喪守制的標誌,尤其是高麗新王繼位後,只有服喪期滿,遼朝才會遣使對其進行册封。如宣宗繼位後,大安元年(1085)十一月丙午,"遼遣落起復使高州管内觀察使耶律盛來",七日後(癸丑),"遼遣保静軍節度使蕭璋、崇禄卿温嶠等來册王爲特進檢校太師、兼中書令、上柱國,食邑一萬户,食實封一千户,兼賜冠冕、車馬、圭印、衣帶、彩段等物"②。肅宗去世後,乾統六年(1106)正月,"遼遣吊慰使耶律忠、劉企常來,又遣劉鼎臣命王起復"③。乾統八年(1108)二月辛丑,"遼遣崇禄卿張揉來命王落起復",五日後(丙午),"遼遣蕭良、李仁洽等來册"④。

(四)示諭使、告哀使、遺留使、祭奠吊慰使

遼朝派遣出使高麗的泛使還有示諭使、告哀使、遺留使、祭奠吊慰使等,由於前賢研究已較爲充分,限於文章篇幅,本文僅略作叙述,不再展開。

示諭使,遼朝每逢國内有大事發生,派遣持詔前往高麗宣達或通告的使者。如重熙十一年(1042)十一月,遼朝在取得與北宋"關南地之爭"的勝利後,派遣王永言齎詔前往高麗示諭⑤;清寧十年(1064)十月,遼朝派遣耶律亘齎詔前往高麗,通知道宗將於次年上尊號⑥。此處主要指出的是,遼朝示諭使亦是與高麗告奏使相對應的使者。如壽昌五年(1099)十月,"告奏兼密進使文翼如遼,請賜元子册命"。次年(1100)五月,"遼遣張臣言來諭册命元子",示諭高麗國王遼朝"已令所司擇日備禮册命"⑦。

告哀使,遼朝每逢皇帝、太皇太后、皇太后駕崩,派遣通知高麗的使者。

---

① 張國慶《遼與高麗關係演變中的使職差遣》,頁 161;張國慶《遼朝官員的丁憂與起復》,《東北史地》2014 年第 1 期,頁 28。

② 《高麗史第一》卷一〇《宣宗世家》,頁 143—144。

③ 《高麗史第一》卷一二《睿宗世家一》,頁 178。

④ 《高麗史第一》卷一二《睿宗世家一》,頁 184。

⑤ 《高麗史第一》卷六《靖宗世家》,頁 90。

⑥ 《高麗史第一》卷八《文宗世家二》,頁 119。

⑦ 《高麗史第一》卷一一《肅宗世家一》,頁 164。

如清寧四年(1058)二月,"契丹遣檢校尚書右僕射蕭禧來告太皇太后喪,王以玄冠素服迎之"①;大康二年(1076)四月,"遼遣永州管內觀察使蕭惟康來告皇太后喪"②;乾統元年(1101)三月,"遼遣檢校右散騎常侍耶律㲄來告道宗崩,皇太孫燕國公延禧嗣位"③。高麗國王在得知遼朝告哀使過鴨綠江後,爲表示哀悼之情,一般會"減常膳、輟音樂、禁屠宰、斷弋獵",率百官素服迎接告哀使,隨後舉哀、輟朝等④。

遺留使,一般在派遣告哀使後派遣遺留使,將去世皇帝(皇太后、太皇太后)的遺留物送給高麗留作紀念。如清寧四年(1058)六月,"契丹遣左領軍衛上將軍蕭侃來致太后遺物"⑤;大康二年(1076)十一月,"遼遣崇禄卿石宗回來,致大行皇后遺留衣服、彩段、銀器"⑥;乾統元年(1101)十二月,"遼遣崇禄卿吴佺來致道宗遺留衣帶、匹段等物"⑦。

祭奠吊慰使,"吊祭使"、"慰問使"、"歸賻使"等一系列遼朝使者的統稱,遼朝在得知高麗國王去世後,派遣祭奠吊慰使前往高麗祭奠。如重熙十五年(1046)靖宗去世後,遼朝遣"起居舍人周宗白來歸賻",次年二月"遣忠順軍節度使蕭慎微、守殿中少監康化成等來祭靖宗於虞宫"⑧。文宗去世後,大康十年(1084)遼朝遣"敕祭使益州管内觀察使耶律信、慰問使廣州管内觀察使耶律彦等來"⑨。

三　小結

通過對《高麗史》中所見遼朝出使高麗使者的考察發現,遼朝使者雖然

---

① 《高麗史第一》卷八《文宗世家二》,頁114。
② 《高麗史第一》卷九《文宗世家三》,頁131。
③ 《高麗史第一》卷一一《肅宗世家一》,頁166。
④ 《高麗史第一》卷七《文宗世家一》,頁108。
⑤ 《高麗史第一》卷八《文宗世家二》,頁114。
⑥ 《高麗史第一》卷九《文宗世家三》,頁132。
⑦ 《高麗史第一》卷一一《肅宗世家一》,頁168—169。
⑧ 《高麗史第一》卷七《文宗世家一》,頁95。
⑨ 《高麗史第一》卷一〇《宣宗世家》,頁142。

名目繁多,但是按照出使目的和頻率,可以分爲常使和泛使兩類。常使包括賀高麗國王生辰使與聘使(橫宣使、橫賜使、宣賜使)兩類,泛使包括册封使、東京使、起復使(落起復使)、示諭使、告哀使、遣留使、祭奠吊慰使七類。除此之外,《高麗史》還有關於遼朝遣使賜物的記載,如清寧九年(1063)三月,"契丹送大藏經,王備法駕,迎於西郊"①;大安四年(1088),"是歲,遼遣使賜羊二千口,車二十三兩、馬三匹"②;《遼史》載大安九年(1093)七月,"遣使賜高麗羊"③。由前文統計可知,1063年、1088年、1093年三年遼朝皆派遣聘使(橫賜使)前往高麗。又有壽昌五年(1099)四月,"遼遣橫宣使寧州管内觀察使蕭朗來,兼賜藏經"④。故學界一般認爲遼朝"橫賜物品"包括羊、車、馬、大藏經等。本文亦持相同觀點,認爲以上三次遣使應歸爲聘使(橫賜使)一類,故不將賜物使單獨作爲一類使者討論。同時《高麗史》中還有遼朝遣使督發兵、促進貢,以及在遼麗戰爭期間領土交涉、敦促高麗投降等使者的記載,因其使命多與示諭使相近,故本文將遼朝派遣出使高麗傳達遼朝詔命的使者皆歸爲示諭使一類,不再另作討論。

　　最後,我們通過《高麗史》所載遼朝出使高麗的使者名目的探析可以窺知遼麗兩國的關係與地位。册封使顯然是高麗納入以遼朝爲中心的封貢體系的最好體現。而遼朝派遣的賀高麗國王生辰使不僅僅是與高麗遣使賀遼帝后生辰的回應,因爲遼朝在對高麗國王即位合法性持懷疑態度時,會通過賀生辰使抵達高麗的時間與高麗國王生日不相符的方式來表達對其繼位的懷疑,如宣宗、肅宗;對高麗國王的行爲表示不滿時,會直接不派遣賀生辰使,如穆宗。概言之,册封是遼朝承認高麗國王的標誌,不定期的加册是宗主國對藩屬國的恩典,賀生辰則兼有二者特點⑤。同時高麗在遼朝遣使賀高麗國王生辰後,以及遼朝遣使册封高麗國王、王太子、落起復、橫宣等,需遣使謝恩。由此可知,遼朝使者體現的是宗主國的地位,根本上

①《高麗史第一》卷八《文宗世家二》,頁118。
②《高麗史第一》卷一〇《宣宗世家》,頁148。
③《遼史》卷二五《道宗紀五》,頁340。
④《高麗史第一》卷一一《肅宗世家一》,頁163。
⑤陳俊達、邵曉晨《關於遼朝遣使册封、加册及賀高麗國王生辰的新思考——兼論封貢體系下宗主國宗主權的行使》。

體現的是在封貢體系下遼麗兩國地位的不對等。此外，高麗國王與遼朝東京留守相同的身份地位，高麗國王定期遣使持禮去遼東京，東京留守遣使回謝高麗國王，以及高麗國王嚴格遵守遼朝國內大臣需要遵循的禮制，皆體現出高麗雖爲遼朝"外臣"，但具有一些"內臣"屬性。

（作者單位：長春師範大學歷史文化學院、吉林大學文學院中國史系）

域外漢籍研究集刊　第十八輯

2019 年　頁 155—169

從"强狄"到"正統":史籍所見
高麗君臣心中的金朝形象 *

陳俊達

　　高麗自太祖王建於公元 918 年建國,其北部即與女真人的地界相接。金朝建立後,又直接與高麗接壤。高麗君臣如何看待女真人及其建立的金朝,無疑會影響其對外交往。但對於高麗君臣這一"他者"心中的金朝形象如何發展變化,以及如何影響高麗外交政策的制定與實施,學界暫無專文研究①。有人認爲高麗君臣始終不以金朝爲正統,只是迫於女真强大的軍事壓力才俯首稱臣,心中始終以女真人及其建立的金朝爲"夷狄"、"禽獸"。實際上,高麗君臣心中的金朝形象經歷了前期爲"强狄"、後期爲"正統"兩

* 本文爲 2018 年度吉林大學博士研究生交叉學科科研資助計劃項目"遼朝外交制度與東亞秩序構建"(項目批准號:10183201803)的階段性研究成果。2017 年度國家社會科學基金專項項目"漢唐東北邊疆研究"(17VGB008)階段性成果。2016 年度教育部哲學社會科學研究重大委托項目(16JZDW005)階段性成果。2015 年度國家社會科學基金重大項目"中國古代的'中國'認同與中華民族形成研究"(15ZDB027)階段性成果。

① 有關高麗人中國觀、華夷觀的研究成果目前僅見:[韓]朴玉杰《高麗人的中國觀》,沈善洪主編《中韓人文精神》,學苑出版社,1998 年,頁 4—9;王民信《高麗王朝對遼金元初興時的"拒"與"和"》,《王民信高麗史研究論文集》,臺大出版中心,2010 年,頁 63—77;陳俊達《試論高麗人的"中國觀"》,《通化師範學院學報(人文社會科學)》2014 年第 2 期,頁 42—47;陳俊達《試論高麗人的"遼朝觀"》,《宋史研究論叢》第 20 輯,科學出版社,2017 年,頁 349—357。

個階段的發展變化。本文中，筆者不憚弊陋，擬在先賢有關研究的基礎上，對高麗君臣心中的金朝形象的發展演變過程進行梳理，並探討其形成與轉變的原因，以及對外交的影響。同時從高麗君臣這一"他者"的視角出發，反觀有金一代的東亞國際秩序。不足之處，敬請方家指正。

一　强狄之國：金朝初建時期高麗君臣心中的金朝形象

睿宗十年(1115)，完顔阿骨打稱帝，建立金朝。此後的一段時期内，在高麗君臣心中，金朝是"强狄"①。一方面，高麗對金朝强大的軍事實力感到畏懼，另一方面，高麗君臣又瞧不起金朝，認爲是"夷狄"。

形成這種觀念的原因有三點。其一，認爲金朝是"夷狄"，根源在於高麗始終以"君子之國"②、"禮義之邦"③自居。高麗人認爲"我國文物禮樂興行已久，商舶絡繹，珍寶日至，其於中國實無所資"④，認爲高麗的經濟文化水準已不遜宋朝，自然瞧不起少數民族出身的女真人建立的金朝。早在高麗太祖時期，即定制曰："北蕃之人，人面獸心，飢來飽去，見利忘恥。今雖服事，向背無常，宜令所過州鎮，築館城外待之"⑤。高麗君臣認爲女真人"頑黠變詐"⑥、"妄懷狠戾"⑦、"夷獠中最貪醜"⑧。受此觀念影響，即使是成宗十二年(993)五月，西北界女真報契丹謀舉兵來侵時，高麗竟"朝議謂其紿我，不以爲備"。直到八月，女真復報契丹兵至，才"始知事急"⑨。

其二，高麗君臣瞧不起金朝，還有女真人原是高麗藩屬、金朝的祖先亦

①[韓]金龍善編《高麗墓誌銘集成》，《尹彦頤墓誌銘》，翰林大學校，1993年，頁113。
②[朝鮮王朝]鄭麟趾《高麗史(第三)》卷一二〇《金子粹傳》，國書刊行會株式會社，昭和五十二年(1977)，頁502。
③[高麗]金富軾著，楊軍校勘《三國史記》卷一二《敬順王本紀》，吉林大學出版社，2015年，頁171。
④《高麗史(第一)》卷八《文宗世家二》，頁115。
⑤《高麗史(第一)》卷二《太祖世家二》，頁21。
⑥《高麗史(第三)》卷九四《徐熙傳》，頁78。
⑦《高麗史(第一)》卷六《靖宗世家》，頁91。
⑧《高麗史(第三)》卷九五《李資諒傳》，頁97。
⑨《高麗史(第一)》卷三《成宗世家》，頁45。

出自高麗的原因。關於這點，高麗人尹彥頤的觀點最有代表性。"女真本我朝人子孫，故爲臣僕，相次朝天，近境之人，皆屬我朝户籍久矣，我朝安得反爲臣乎？"①據《高麗史》記載："其（指女真）地西直契丹，南直我境，故嘗事契丹及我朝。每來朝以鐵金、貂皮、良馬爲贄，我朝亦厚遺銀幣，歲常如此。"②由於女真長期與高麗相毗鄰，高麗對前往交聘的女真人給予賞賜或進行交易，授予内附的女真酋長官職，同時還仿效中原王朝設置羈縻府州，招撫女真人③。如肅宗七年（1102）四月，東女真酋長盈歌遣使來朝。盈歌，即金穆宗④。

　　同時，據《高麗史》記載："昔我平州僧今俊，遁入女真，居阿之古村，是謂金之先。或曰：'平州僧金幸之子克守，初入女真阿之古村，娶女真女，生子曰古乙太師。古乙生活羅太師。活羅多子，長曰劾里鉢，季曰盈歌。盈歌最雄傑，得衆心。盈歌死，劾里鉢長子烏雅束嗣位。烏雅束卒，弟阿骨打立。'"⑤《金史》亦載："金之始祖諱函普，初從高麗來。"⑥因此，在女真人尚未建國時，女真常用"我祖宗出自大邦，至于子孫，義合歸附……以大邦爲父母之國"之類的語句來拉近與高麗的關係⑦。即使是在阿骨打稱帝建國後，爲防止腹背受敵，仍安撫高麗道："兄大女真金國皇帝致書于弟高麗國王，自我祖考介在一方，謂契丹爲大國，高麗爲父母之邦，小心事之……惟王許我和親，結爲兄弟，以成世世無窮之好。"⑧

　　其三，高麗君臣對女真人的戰鬥力一直以來也有着清醒的認識。早在女真盈歌時期，從完顏部返回高麗的醫生就對肅宗説："女真居黑水者，部族日强，兵益精悍。"⑨高麗與女真間爆發的"曷懶甸之戰"，又以女真勝利

①《尹彥頤墓誌銘》，《高麗墓誌銘集成》，頁 112。

②《高麗史（第一）》卷一四《睿宗世家三》，頁 201。

③蔣秀松《"東女真"與"西女真"》，《社會科學戰綫》1994 年第 4 期，頁 167—176；趙永春、贾永平《遼代女真與高麗朝貢關係考論》，《東北史地》2010 年第 2 期，頁 45—50。

④《高麗史（第一）》卷一一《肅宗世家一》，頁 169。

⑤《高麗史（第一）》卷一四《睿宗世家三》，頁 201—202。

⑥［元］脱脱等《金史》卷一《世紀》，中華書局，1975 年，頁 2。

⑦《高麗史（第一）》卷一三《睿宗世家二》，頁 189。

⑧《高麗史（第一）》卷一四《睿宗世家三》，頁 209。

⑨《高麗史（第一）》卷一二《肅宗世家二》，頁 172。

告終①。故高麗仁宗認爲,雖然"金人之始也,固嘗臣屬於我國",但是高麗對於女真人也只能"來則懲而禦之,去則備而守之,要在羈縻而已"。② 一語道出高麗君臣在女真這一"强狄"面前的無可奈何。

在此思想的影響下,高麗這一時期的外交政策顯現出搖擺不定的特點。一方面,受認爲金朝是"夷狄"思想的影響,同時由於女真崛起時高麗以遼朝爲"正統",是遼朝的藩屬國③。故當遼朝遣使前來請兵時,高麗選擇站在遼朝一邊。據《高麗史》記載:"遼將伐女真,遣使來請兵。王會群臣議,皆以爲可。"甚至一度試圖派兵援助遼朝抗擊女真人的進攻④。遼朝滅亡後,金宋交戰之時,高麗國內又流言四起。"金兵入汴,邊報妄傳金人敗北,宋帥(師)乘勝深入,金人不能拒。鄭知常、金安等奏曰:'時不可失,請出師應宋,以成大功,使主上功業載中國史,傳之萬世。'"⑤又有人主張出兵支持北宋。而對於金朝,睿宗十四年(1119)八月,高麗遣使舉聘於金,竟有"況彼源發乎吾土"之語,惹得金太祖大怒⑥。仁宗三年(1125)五月,高麗又遣使如金。金以國書非表,又不稱臣,再次不納⑦。

另一方面,當高麗君臣逐漸意識到金朝的軍事實力非曾經鬆散的女真部落可比時,尤其是在金朝滅亡高麗的宗主國遼朝後,高麗仁宗於次年(1126)三月,急忙召集百官討論事金可否。此時在高麗朝中,同意向金朝稱臣的僅有李資謙、拓俊京二人:"金昔爲小國,事遼及我。今既暴興,滅遼與宋,政修兵强,日以强大。又與我境壤相接,勢不得不事。且以小事大,先王之道,宜先遣使聘問。"由最後仁宗同意了李資謙、拓俊京的提議可知,雖然此時高麗絕大多數官員仍堅持不能向金朝稱臣,但以李資謙爲首的實

---

① 蔣秀松《女真與高麗間的"曷懶甸之戰"》,《民族研究》1994 年第 1 期,頁 83—89;魏志江、潘清《女真與高麗曷懶甸之戰考略》,《中山大學學報(社會科學版)》2001 年第 5 期,頁 112—120。
② 《高麗史(第一)》卷一五《仁宗世家一》,頁 224—225。
③ 陳俊達《試論高麗人的"遼朝觀"》,頁 349—357。
④ 《高麗史(第三)》卷九七《金富佾傳》,頁 125。
⑤ 《高麗史(第三)》卷九六《金仁存傳》,頁 111。
⑥ 《高麗史(第一)》卷一四《睿宗世家三》,頁 213。
⑦ 《高麗史(第一)》卷一五《仁宗世家一》,頁 222。

權派，已經意識到稱臣已勢在必行。由仁宗“遣李之美告大（太）廟，筮事金可否”的卜文，可以清楚地看到高麗對金朝勢力擴張的憂懼。“其文曰：‘惟彼女真，自稱尊號，南侵皇宋，北滅大遼，取人既多，拓境亦廣。顧惟小國，與彼連疆，或將遣使講和，或欲養兵待變，稽疑大筮，神其決之。’”①並於四月遣鄭應文、李侯如金稱臣、上表②。

　　同時，高麗堅決避免任何可能導致“結怨於金”的事情發生③。如仁宗四年（1126）七月，面對北宋希望高麗能“蕩其（指金朝）巢穴，以報中國（指北宋）”時，高麗毫不客氣地回絶道：“……昨者被掠人自大金還來，言‘上朝使臣到蕃土，禮數一如降使北遼之例’。又聽邊人之言‘金人陷没契丹，遂犯上朝地界。皇帝以登祚之初，未欲殄滅，因其請和而許之’。以中國之大而如此，況小國孤立，其將安恃乎？”④面對南宋希望能借道高麗，“迎請二帝”時，高麗回絶道：“近者（金朝）陷没大遼，侵犯上國，自此兵威益大，抑令小國稱臣，仍約定禮數，一依事遼舊例，小國不得已而從之。然其俗好戰，常疾我樂率上國，近於疆界，修茸城壘，屯集兵士，意欲侵陵小國。如聞使節假道入境，必猜疑生事，非特如此，必以報聘爲名，假道小邦，遣使入朝，則我將何辭以拒？苟知海道之便，則小國之保全難矣。”⑤

二　世修藩屏：進誓表與高麗君臣心中金朝形象的轉變

　　關於高麗君臣心中金朝形象的轉變。由於金朝初建時，高麗以遼朝爲宗主國，爲“正統”，同時以金朝爲“夷狄”，之後才逐漸以金朝爲“正統”。因此，高麗君臣心中的金朝形象的轉變應在金麗朝貢關係最終確立之前，即只有高麗真正接受金朝的“正統”地位，高麗對金朝的朝貢關係才會最終確立。

　　韓國學者徐榮洙對“朝貢關係”的確立標誌有著明確界定：“一般來説，

①《高麗史（第一）》卷一五《仁宗世家一》，頁222。
②《高麗史（第一）》卷一五《仁宗世家一》，頁223。
③《高麗史（第一）》卷一六《仁宗世家二》，頁250。
④《高麗史（第一）》卷一五《仁宗世家一》，頁224—225。
⑤《高麗史（第一）》卷一五《仁宗世家一》，頁230—231。

典型而實質的朝貢關係，是以政治臣屬爲前提，這一點見於曆法或年號的采用，以象徵和表示從屬關係。"①高麗自睿宗十一年（1116）四月"以遼爲金所侵，正朔不可行，凡文牒除去天慶年號，但用甲子"後②，沒有使用其他年號，只是以甲子紀年。直到金朝於仁宗十四年（1136）正月，正式"頒曆于高麗"③。此後，高麗嚴格遵行金朝年號，奉金正朔，直到高宗十一年（1224）"以金國衰微，不用年號"。④ 因此，金麗朝貢關係的最終確立應在仁宗十四年（1136）⑤。故高麗君臣心中金朝形象的轉變時間應在此之前。

　　爲了進一步探討高麗君臣心中金朝形象轉變的具體時間，我們先將仁

---

①［韓］徐榮洙《四至七世紀的韓中朝貢關係考》，林天蔚、黄約瑟主編《古代中韓日關係研究》（中古史研討會論文集之一），香港大學亞洲研究中心，1987 年，頁 11。

②《高麗史（第二）》卷八六《年表一》，頁 730。

③《金史》卷四《熙宗本紀》，頁 71。

④《高麗史（第二）》卷八七《年表二》，頁 736。

⑤按：關於高麗與金朝的朝貢關係始於何時，學界大致有三種觀點。第一種認爲始於高麗仁宗四年（1126），以高麗遣使入金上表稱臣作爲金麗朝貢關係確立的標誌，這是學界的普遍觀點，通史著作和大部分學者都持此説。第二種認爲始於高麗仁宗七年（1129），以高麗遣使進納誓表作爲標誌，持此種觀點的學者有楊昭全、韓俊光、蔣非非、王小甫、魏志江、朱曉樂、林國亮、吕士平等。第三種認爲始於高麗仁宗二十年（1142），以金朝正式册封高麗國王，以及高麗使用金朝皇統年號作爲標誌，持此種觀點的學者有黄寬重、何適之等。以上參見合燦温《近三十年來國内高麗遣使金朝研究述評》，《赤峰學院學報（漢文哲學社會科學版）》2015 年第 3 期，頁 4—7。然而以上觀點皆存在一些問題。首先，高麗遣使上表稱臣時沒有進納誓表，而據金朝使者給高麗的語録可知，高麗向遼朝稱臣時曾經進納誓表，説明此時高麗向金朝稱臣，仍是不情願的，金朝應同樣看出高麗的想法，故接受高麗稱臣後，既沒有遣使册封，亦沒有遣使頒曆，而是針對誓表問題繼續與高麗進行交涉。其次，高麗遣使進誓表，從制度上成爲金朝的屬國，而朝貢關係確立的一個重要標誌就是"見於曆法或年號的采用，以象徵和表示從屬關係"，此時金朝沒有頒曆給高麗，高麗仍以甲子紀年，不符合朝貢關係的基本特徵。再次，仁宗二十年（1142）高麗"始行金皇統年號"，不是意味著高麗此前沒有使用金朝年號，而是由於仁宗十九年（1141）金朝才改元"皇統"，故高麗於次年停用之前金朝的"天眷"年號，開始使用"皇統"年號。因此，本文認爲，金麗朝貢關係的確立時間應爲仁宗十四年（1136），是年正月金朝正式頒曆於高麗，高麗開始使用金朝年號，直到高宗十一年（1224）。

宗十四年(1136)以前高麗對金朝的態度梳理如下(詳見表1)。

表1:仁宗十四年(1136年)以前高麗對金態度一覽表①

紀年	相關政治事件	高麗的態度
睿宗十年(1115年)	完顏阿骨打稱帝,建立金朝	高麗支持遼朝
睿宗十二年(1117年)	阿骨打遣使高麗,希望雙方和親	欲斬其使者
睿宗十四年(1119年)	金朝節節勝利,不再以兄弟相稱,而是以上國的身份"詔諭高麗國王"	八月,遣使舉聘於金,其書有"況彼源發乎吾土"之語,金主拒不受
仁宗三年(1125年)	二月,遼朝滅亡	五月,遣使如金,金以國書非表,又不稱臣,不納
仁宗四年(1126年)	閏十一月,北宋滅亡	四月,遣鄭應文、李侯如金稱臣
仁宗七年(1129年)		十一月,遣盧令琚、洪若伊如金,進誓表

由表1可知,高麗於仁宗四年(1126)至仁宗七年(1129)間,對金朝的態度發生了重大轉變。但是仁宗四年(1126)高麗向金朝稱臣的原因,是由於遼朝的滅亡,高麗感到不稱臣則自身難保。而此時高麗沒有向金朝進納誓表,稱臣的表文也只是説一些冠冕堂皇的話而已:

> 大人垂統,震耀四方;異國入朝,梯航萬里。況接境之伊邇,諒馳誠之特勤。伏惟天縱英明,日新德業。渙號一發,群黎無不悦隨;威聲所加,鄰敵莫能枝梧。實帝王之高致,宜天地之冥扶。伏念臣堛土小邦,眇躬涼德。聞非常之功烈,久已極於傾虔;惟不腆之苞苴,可以伸於忠信。雖愧蘋蘩之薦,切期山藪之藏。②

---

① 按:本表據《金史》、《遼史》、《高麗史》、《高麗史節要》、《東國通鑑》、《東史綱目》等史料整理而成。

② 《高麗史(第一)》卷一五《仁宗世家一》,頁223。

　　表文中除了讚美金朝皇帝聖明的客套話外，沒有任何實質性內容，這令金太宗非常不滿。在金朝看來，進納誓表是封貢關係確立的重要憑證①：

　　　　……具如近代宋人、夏國與舊遼，洎朝廷所立誓書及表，皆有"若渝此盟，社稷傾危，子孫不紹"或"神明殛之，無充胙國"之語。相度既永敦誓好，果無食言，辭意雖重，於理無可避者。至如自古盟載之辭，如此類者非一，兼貴國與遼時誓表，必自有故事，朝廷所收圖書，亦可考據。此事誠非創行要索，朝廷祇欲永通歡好，美意灼然。②

　　同時由此可知，高麗此前曾向遼朝進納誓表，此時不向金朝進納誓表，表明高麗君臣心中的金朝形象仍未發生變化，一方面畏懼金朝的軍事實力，另一方面又視金朝爲"夷狄"，試圖用各種辦法模糊與金朝的君臣關係。

　　而由仁宗七年（1129）十一月，高麗遣使赴金進納的《誓表》內容，可以看出高麗君臣心中的金朝形象發生了轉變。《誓表》寫道：

　　　　……伏惟皇帝陛下，至德高於帝先，大信孚於天下，光開一統，奄有四方，大邦震其威，小邦懷其惠。惟是小邑，介在防隅，聞真人之作興，先諸域而朝賀，故得免防風之罪，辱儀父之褒。略諸細故，待以殊禮，錫之以邊鄙之地，諭之以貢輸之式。朝廷更無於他故，屬國敢有於異心，而嚴命薦至，敢不祇承。謹當誓以君臣之義，世修藩屏之職，忠信之心，有如皦日，苟或渝變，神其殛之。③

　　與仁宗四年（1126）高麗向金朝稱臣的表文相比，《誓表》中增加了如"謹當誓以君臣之義，世修藩屏之職，忠信之心，有如皦日，苟或渝變，神其殛之"等誓詞。同樣，對比南宋趙構向金朝進納《誓表》時，亦有"有渝此盟，明神是殛，墜命亡氏，蹈其國家。臣今既進誓表，伏望上國畚降誓詔，庶使

---

① 魏志江《中韓關係史研究》，中山大學出版社，2006 年，頁 94。
② 《高麗史（第一）》卷一五《仁宗世家一》，頁 234。
③ 參見《高麗史（第一）》卷一六《仁宗世家二》，頁 237；［高麗］金富軾《誓表》，［朝鮮王朝］徐居正《東文選（二）》卷三九，朝鮮群書大系本，大正三年（1914），頁 298。此處引文以《高麗史》爲准。

弊邑永有憑焉"之語①。由此可知,到了仁宗七年(1129),高麗君臣心中的
金朝形象發生轉變,開始將金朝視爲宗主國、"正統",以誓書的形式確定了
與金朝的君臣關係。

　　因此,本文認爲,高麗君臣心中的金朝形象應在仁宗七年(1129)進誓
表時發生轉變,這應該也是仁宗十四年(1136)金麗朝貢關係能够最終確立
的一個重要原因。

三　宗主正統:進誓表後高麗君臣心中的金朝形象

　　高麗向金朝進誓表後,不再認爲金朝是"夷狄",而認爲金朝是高麗的
宗主國,是"正統"。這種觀念在高麗給金朝所上的表文中體現得最爲明
顯。如崔惟清在《謝册表》中寫道:"恭惟皇帝祖述羲軒,並包舜禹。道盛德
備,固神化之難言;地平天成,有聖功之可象。肆膺億兆之大奉,坐享崇高
之美名。誕布異恩,光宣盛事。眷小國虔叩於藩服,自先朝嘗冒於王靈。
爰輟邇臣,舉行曠典。既肇封於青土,又申錫於紫泥……"②任永齡在《回
横宣表》中寫道:"臣叨膺帝眷,假守侯封,拱北誠深……豈謂至仁含垢,大
明燭幽;例復一閏之期,曲霈九重之澤。餽牽數夥,物段品加。善鄭(鄰)恩
深,愧涓塵之莫效;尊周意重,守金石以彌堅。"③類似的例子在《東文選》中
還有多篇收録。

　　造成高麗君臣心中金朝形象轉變的原因有三點。其一,根本原因在於
高麗人由來已久的保邦意識。自高麗建國後,"舍遼事(後)唐",與五代政
權及北宋通好的目的皆是爲了通過"尊中國而保東土"④。與契丹修好是
由於"蕞爾平壤,邇于大遼,附之則爲睦鄰,疏之則爲勍敵。"⑤早在女真人

---

① 參見[宋]李心傳《建炎以來繫年要録》卷一四二,紹興十一年(1141)十一月庚申,注引
　《紹興講和録》,中華書局,1988年,頁2293;《金史》卷七七《宗弼傳》,頁1755—1756。
　此處引文以《金史》爲准。

②[高麗]崔惟清《謝册表》,《東文選(二)》卷三四,頁178—179。

③[高麗]任永齡《回横宣表》,《東文選(二)》卷三九,頁303。

④《高麗史(第一)·進高麗史箋》,頁1。

⑤[元]脱脱等《宋史》卷四八七《高麗傳》,中華書局,1977年,頁14046。

尚未建國時,高麗肅宗就曾説:"朕自御神器,居常小心,北交大遼,南事大宋,又有女真倔强于東……"①面對女真人的興起,當睿宗十二年(1117)三月,阿骨打遣使和親時,許多高麗大臣"極言不可,至欲斬其使者"。唯獨金富儀贊成道:

> 臣竊觀漢之於凶(匈)奴,唐之於突厥,或與之稱臣,或下嫁公主,凡可以和親者,無不爲之。今大宋與契丹迭爲伯叔兄弟,世世和通。以天子之尊,無敵於天下,而於蠻胡之國,屈而事之者,乃所謂聖人權以濟道,保全國家之良策也。昔成宗之世,禦邊失策,以速遼人之入寇,誠爲可鑑。臣伏願聖朝思長圖遠策,以保國家而無後悔。②

儘管金富儀的建議並没有采納,但他將高麗人以保護國家安全爲根本的意識體現得淋漓盡致,此後高麗制定的一系列事金政策,皆從"保全國家"的角度出發。故金富軾稱讚高麗仁宗:"……專以德惠安民,不欲興兵生事,及金國暴興,排群議上表稱臣,禮接北使甚恭,故北人無不愛敬,詞臣應制,或指北朝爲胡狄,則瞿然曰'安有臣事大國而慢稱如是耶?'遂能世結歡盟,邊境無虞。"③《李文鐸墓誌銘》稱讚李文鐸"至今邊陲寧謐,與大國講好,公之力也"。④ 即不論是國王還是大臣,只要能保境安民,與上國交好,皆被高麗人認爲是有大功於國家,受到後人的愛戴。南宋朱熹評價高麗"與女真相接,不被女真所滅者,多是有術以制之"。⑤ 這個"術"指的應該就是高麗君臣以"保全國家"爲根本出發點,所制定的一系列實利主義外交政策。

其二,金朝以"至仁大德,撫字小邦"⑥來對待高麗,使高麗獲得了巨大的利益。一方面,金朝對高麗施以"仁德"。如高麗明宗四年(1174)九月"西京留守趙位寵起兵謀討鄭仲夫、李義方。檄召東北兩界諸城"。⑦ 趙位

①《高麗史(第一)》卷一一《肅宗世家一》,頁168。
②《高麗史(第三)》卷九七《金富儀傳》,頁126。
③《高麗史(第一)》卷一七《仁宗世家三》,頁260。
④《李文鐸墓誌銘》,《高麗墓誌銘集成》,頁239。
⑤[宋]黎靖德編,王星賢點校《朱子語類》卷一三三《夷狄》,中華書局,1986年,頁3192。
⑥《高麗史(第一)》卷一五《仁宗世家一》,頁235。
⑦《高麗史(第一)》卷一九《明宗世家一》,頁293。

竉遣徐彦等九十六人如金上表曰:"前王本非避讓,大將軍鄭冲(仲)夫、郎將李義方實弑之。臣位竉請以慈悲嶺以西至鴨綠江四十餘城内屬,請兵助援。"金世宗對此予以嚴辭拒絶,"王晧已加封册,位竉輒敢稱兵爲亂,且欲納土,朕懷撫萬邦,豈助叛臣爲虐"。並"詔執徐彦等送高麗"。①　此外,明宗七年(1177)正月,"(金朝)有司奏,高麗所進玉帶乃石似玉者,上(金世宗)曰:'小國無能辨識者,誤以爲玉耳。且人不易物,惟德其物,若復却之,豈禮體耶。'"②金朝對趙位竉叛亂,以及"假玉帶"等事件的處理,大大增強了高麗對金朝的向心力。宋人曾鞏曾説:"竊以高麗(高句麗)於蠻夷中,爲通於文學,頗有知識,可以德懷,難以力服也。"曾鞏此處借歷史上隋唐兩朝用武力皆未能平定高句麗之事,建議宋朝應以仁德對待高麗。③　亦可反襯出金朝實行"以德服麗"政策的遠見與成功。

　　另一方面,高麗通過事金獲得了巨大的利益。高麗最初向金朝稱臣,就是爲了得到保州之地。"稱臣不過是虚名,獲得土地才是真正的實惠。"④故當仁宗四年(1126)九月,金宣諭使傳達如果高麗能夠做到"凡遣使往來,當盡循遼舊,仍取保州路及邊地人口,在彼界者須盡數發還"等要求,"即以保州地賜之"。仁宗立即於次月附回表謝,"一依事遼舊制"⑤。同時高麗向金朝稱臣後,獲得了巨大的經濟利益。如《增補文獻備考》記載,毅宗八年(1154)"金遣使來聘,賜羊一千頭。自此逐年吉凶往來使价之外例三年一大聘"。⑥　毅宗二十三年(1169)七月,金遣横賜使符寶郎徒單懷貞來賜羊二千⑦。然而據《宣和奉使高麗圖經》記載:"國俗有羊豕,非王

①《金史》卷一三五《高麗傳》,頁2887。

②《金史》卷七《世宗本紀中》,頁166。

③[宋]曾鞏《元豐類稿》卷三五《明州擬辭高麗送遺狀》,商務印書館,1937年,頁377—378。

④趙永春、玄花《遼金與高麗的"保州"交涉》,《中國邊疆史地研究》2008年第1期,頁97。

⑤《高麗史(第一)》卷一五《仁宗世家一》,頁225。

⑥[韓]洪鳳漢、李萬運、朴容大《增補文獻備考(中)》卷一七二《交聘考二》,明文堂,2000年,頁1027。

⑦《高麗史(第一)》卷一九《毅宗世家三》,頁285。

公貴人不食，細民多食海品。"①知作爲金朝横賜物品給予的羊，多爲高麗貴族階層享用。《高麗史》中就有把羊賜予官員食用的記載，如明宗十六年(1186)六月，"賜羊于文武參官以上及近臣有差"。② 又據《高麗史節要》記載："毅宗時，凡金國所贈絲絹等物，半入内府以需御用，半付大府以充經費。王即位悉入内府，賜諸嬖媵，府藏虚渴。"③金朝賜予高麗的絲絹等物品，已經被高麗作爲王室和國家的基本經費之一，可見金朝賜予的數量極其巨大。

　　其三，金朝自身經濟文化的發展以及正統的塑造也是原因之一。高麗朝著名的史學家金富軾在總結新羅的歷史經驗時曾説："(新羅)以至誠事中國，梯航朝聘之使，相續不絶。常遣子弟，造朝而宿衛，入學而講習，于以襲聖賢之風化，革洪荒之俗，爲禮義之邦。"④高麗以"禮義之邦"自居，自然瞧不起漁獵民族出身的女真人建立的金朝。然而，"在追求'華化'——特别是'儒化'上，女真人比諸契丹人，有非常明顯的意識和强烈的動機，而所做的努力亦是持之有恒的。因此，無可避免地，取得了契丹人所望塵莫及的效果"。⑤ 金朝建國後，積極發展儒學⑥，到了"世宗、章宗之世，儒風丕變，庠序日盛"，"一代制作能自樹立唐、宋之間"⑦，具有"上掩遼而下軼元"的特點⑧。故高麗君臣以金朝爲"正統"的原因，不僅僅是由於金朝軍事實

---

①［宋］徐兢《宣和奉使高麗圖經》卷二三《雜俗二》，中華書局，1985 年，頁 79。

②《高麗史(第一)》卷二〇《明宗世家二》，頁 307。

③［朝鮮王朝］金宗瑞《高麗史節要》卷一三《明宗二》，朝鮮史料叢刊本，昭和七年(1932)，乙巳十五年春正月甲午。

④《三國史記》卷一二《敬順王本紀》，頁 171。

⑤黄枝連《東亞的禮義世界——中國封建王朝與朝鮮半島關係形態論》，中國人民大學出版社，1994 年，頁 94。

⑥王曉静《"術"與"道"：金代儒學接受的變容——以孔廟的修建爲主綫》，《遼寧工程技術大學學報(社會科學版)》2015 年第 5 期，頁 477—484。

⑦《金史》卷一二五《文藝列傳上》，頁 2713。

⑧［清］趙翼撰，曹光甫校點《廿二史劄記》卷二八《金代文物遠勝遼元》，上海古籍出版社，2011 年，頁 555。

力的强大，還有雙方在文化上的認同感。① 此外金朝通過對自身"正統"地位的塑造，不僅鞏固了金朝的地位，同時亦改變了時人對金朝的認識。②

在此思想的影響下，高麗君臣一方面采取各種措施鞏固與金朝的宗藩關係，通過奉金正朔、接受金朝册封、對金朝貢、使者往來等形式，一再向金朝表示忠誠。③ 甚至在金世宗去世後，金朝遣使來告喪，高麗明宗哀痛之情令金朝使者都爲之動容。④ 即使是在妙清深受仁宗寵幸之時，面對妙清之徒或上表勸王稱帝建元，或請約劉齊夾攻金朝等破壞金麗關係的誣言，仁宗皆没有采納。⑤

另一方面，高麗與南宋的官方交往逐漸消亡。南宋自 1127 年建立，至 1279 年爲元朝所滅，152 年間，南宋遣使高麗僅有 4 次，高麗遣使南宋僅有 8 次。⑥ 當仁宗九年(1131)四月，高麗聽聞南宋"少師劉光世遣將黄夜叉，將大兵過江，擊破金人，横尸蔽野，降三千人……"時，僅"遣一介行李告奏"，連祝賀都没有。⑦ 仁宗十三年(1135)六月，南宋遣迪功郎吴敦禮來，表達"近聞西京作亂，倘或難擒，欲發十萬兵相助"的意願時，高麗直接以"理有不便，難以承當"加以拒絕。⑧ 而等到毅宗二年(1148)李深、智之用

---

① 孟古托力《女真及其金朝與高麗關係中幾個問題考論》，《滿語研究》2000 年第 1 期，頁 64—76。

② 趙永春《金人自稱"正統"的理論訴求及其影響》，《學習與探索》2014 年第 1 期，頁 144—152。

③ 參見玄花《金麗外交制度初探》，吉林大學碩士學位論文，2007 年，頁 20—44；楊軍《東亞封貢體系確立的時間——以遼金與高麗的關係爲中心》，《貴州社會科學》2008 年第 5 期，頁 117—124；付百臣《中朝歷代朝貢制度研究》，吉林人民出版社，2008 年，頁 63—77；黄純艷《宋代朝貢體系研究》，商務印書館，2014 年，頁 158—170；合燦温《高麗遣使金朝研究》，吉林大學碩士學位論文，2016 年。

④《高麗史(第一)》卷二〇《明宗世家二》，頁 309。

⑤《高麗史(第三)》卷九五《李之氐傳》，頁 99；《高麗史(第三)》卷一二七《妙清傳》，頁 606。

⑥ 楊昭全、何彤梅《中國—朝鮮·韓國關係史》，天津人民出版社，2001 年，頁 243。

⑦《高麗史(第一)》卷一六《仁宗世家二》，頁 241。

⑧《高麗史(第一)》卷一六《仁宗世家二》，頁 249。

事件後,高麗與南宋的官方交往基本處於斷絕狀態。① 因此,當毅宗十六
年(1162)三月,高麗接到南宋明州牒報:"宋朝與金舉兵相戰,至今年春,大
捷,獲金帝完顔亮,圖形叙罪,布告中外。御製書圖上曰:'金虜曰亮,獨夫
自大,弒君殺母,叛盟犯塞,殘虐兩國,屢遷必敗,皇天降罰,爲夷狄戒。'"高
麗根本不相信南宋的牒報,而是認爲"宋人欲示威我朝,未必盡如其言"。②
南宋在高麗君臣心中,毫無威信可言。

四　餘論:1141年東亞國際新秩序的確立

　　綜上所述,從高麗君臣這一"他者"的視角出發,可以更加深刻地認識
金朝構建東亞國際新秩序的過程。高麗在金朝立國之初,視女真人建立的
金朝爲"强狄",一方面持敵視態度,另一方面又迫於金軍强大的軍事壓力
而稱臣。最遲在仁宗七年(1129)進誓表以後,高麗君臣心中的金朝形象發
生轉變,開始將金朝視爲"正統",接受了金朝作爲高麗宗主國的現實。仁
宗十四年(1136),金麗朝貢關係最終確立。仁宗十九年(1141),金宋簽訂
紹興和議。標誌著東亞國際秩序的一個新的開始,即從傳統的以中原漢族
王朝爲核心,轉變爲以中國北方少數民族建立的政權爲核心。

　　金朝建立以前,雖然遼朝曾令北宋每年交納助軍旅之費(歲幣)絹二十
萬匹、銀一十萬兩(後增至銀二十萬兩、絹三十萬匹),但雙方的關係總體上
是平等的。兩國結爲兄弟之邦,宋遼皇帝間的關係,根據年齡和輩分推算,
不存在宋朝以歲幣换得較高的地位或遼朝憑藉武力獲得較高的地位。③

---

① 據《高麗史(第一)》卷一七《毅宗世家一》記載,"初,李深、智之用與宋人張喆同謀,深
　變名稱東方昕,通書宋大(太)師秦檜,以爲若以伐金爲名,假道高麗,我爲内應,則高
　麗可圖也。之用以其書及柳公植家藏高麗地圖,附宋商彭寅以獻檜。至是宋都綱林
　大有得書及圖來告,囚喆、深、之用于獄,鞫之皆伏。深、之用死獄中,喆伏誅,其妻皆
　配遠島(頁263)。毅宗二年(1148)以後,高麗僅於毅宗十八年(1164)遣使南宋獻銅
　器一次,此後高麗絶入宋貢獻。"參見孫建民、顧宏義《宋朝高麗交聘考》,《信陽師範學
　院學報(哲學社會科學版)》1997年第1期,頁51—56。
②《高麗史(第一)》卷一八《毅宗世家二》,頁275。
③ 陶晉生《宋遼關係史研究》,聯經出版事業公司,1984年,頁15—42。

然而金朝滅亡北宋以後,無論是張邦昌的僞楚政權,還是劉豫的僞齊政權,皆爲金朝册立,是金朝的屬國。即使是南宋政權,早期也是向金朝稱臣。仁宗九年(1141),南宋和金朝簽訂"紹興和議",南宋不僅割地賠款,最重要的是向金朝稱臣,南宋皇帝必須由金朝皇帝册封,"世世子孫,謹守臣節"。① 紹興和議的簽訂,標誌著以金朝爲核心的東亞國際秩序的最終確定。此後不僅高麗、西夏向金稱臣,南宋的地位亦始終低於金朝。② 金朝構建了一個以自身爲核心,"北有黑水、韃靼、契丹,西有西夏、吐番(蕃)、回鶻,東有高麗國,南有大宋"在内的東亞國際秩序。③

(作者單位:吉林大學文學院中國史系)

①《金史》卷七七《宗弼傳》,頁 1755。

② 按:此後南宋通過"隆興和議"和"嘉定和議",將金宋的"君臣之國"改變爲"叔侄之國"或"伯侄之國",但雙方的地位仍然是不平等的。宋朝皇帝不論年齡與輩分大小,無條件要向金朝皇帝稱"叔"或"伯",宋朝皇帝仍然要起立接受金朝皇帝的外交"國書",宋朝每年還要向金朝交納大量的"歲幣"等等。宋朝的地位始終低於金朝,這種情況直至金末也没有改變。參見趙永春《金宋關係史》,人民出版社,2005 年,頁 1—16。

③[宋]徐夢莘《三朝北盟會編》卷一七七,紹興七年(1137)四月,上海古籍出版社,1987年,頁 1285。

域外漢籍研究集刊　第十八輯
2019 年　頁 171—192

許筠、李廷龜與丘坦的交游

左　江

　　朝鮮王朝(1392—1910)與中國的明朝(1368—1644)保持著藩屬關係，使節往來頻繁，《明史》云：“朝鮮在明雖稱屬國，而無異域内。故朝貢絡繹，錫齎便蕃，殆不勝書。”①僅朝鮮初期的 59 年間，就向明朝派出了 399 次使節，平均每年達六、七次之多，此後，朝鮮派往明朝的使團每年都維持在四、五次左右。朝鮮使臣及隨行人員會寫下“朝天録”或“燕行録”記載行程及出使見聞，從高麗時代直至朝鮮時代末期的六百多年時間中，這類使行記録的總數當在七百種上下②，涉及内容非常廣泛，包括政治、經濟、文化、文學，沿途風光、建築、風俗、故實等等，是研究兩國歷史與文化的重要資料。同樣，明朝也會向朝鮮派出使臣，“終明一代 242 年，遣使往朝鮮 186 次”③，這些使節，“主要由文官、宦官和東北軍事長官三部分人組成。其中文官占 50％，宦官占 40％，這兩部分人所占比例最大”④。明朝首次派文臣出使朝鮮是在景泰元年(朝鮮世宗三十二年，1450)，爲倪謙、司馬恂頒景帝登極詔使行。朝鮮派出的遠接使爲鄭麟趾(1396—1478)，從事官爲申叔舟(1417—1475)、成三問(1418—1456)，三人都是文學之士，與明使臣多酬唱

---

① 《明史》卷三二〇《朝鮮列傳》，中華書局，1974 年，頁 8307。
② 參見張伯偉《東亞漢文學研究的方法與實踐》第七章《名稱·文獻·方法——關於“燕行録”研究的若干問題》，中華書局，2017 年，頁 209。
③ 葛振家《論明代中國人的朝鮮觀》，《韓國學論文集》第 4 輯，社會科學文獻出版社，1995 年，頁 218。
④ 王裕明《明代遣使朝鮮述論》，《齊魯學刊》1998 年第 2 期，頁 112。

之作。倪謙、司馬恂回國後,世宗命鄭麟趾等人將與明使唱和的詩文編纂刻印,取《詩經·小雅·皇皇者華》之意,命名爲《皇華集》。此後一直到崇禎六年(朝鮮仁祖十一年,1633),程龍以奉安島衆聯屬國敕使出使朝鮮,一百八十四年間共刊刻了二十四種《皇華集》。相對于大量的"朝天録"、"燕行録",明使臣留下的出使文字不足 10 部,如此一來,《皇華集》就成爲重要的補充。

　　在《皇華集》的詩文中,我們看到的是朝鮮人的謙恭,對明使臣的頌揚,以及明使臣對朝鮮君臣的讚美。在明使臣回國時,雙方寫下的贈别之作也飽含著脈脈温情,充溢著其樂融融的氛圍。歷史的表像是如此美好,真相又如何呢? 杜慧月在其《明代文臣出使朝鮮與〈皇華集〉》一書中,提出用"詩史互證"的方法,"以《皇華集》中的詩歌爲切入點,以《李朝實録》的歷史記載爲參證,在文學性書寫與史實性記載的比較中揭示明使以及明朝與朝鮮文臣以及朝鮮李朝的複雜而微妙的關係"①,其觀點及論述頗具啟發意義。但僅就《皇華集》以及《朝鮮王朝實録》進行參證,資料的選擇相對還比較狹窄。出使雖是國家行爲,但貫穿其間的是人的活動,事件當事人的文字以及旁觀者的記載更有價值,可以更好地揭示歷史的多面性與豐富性,因此史書、文人文集、"朝天録"、"燕行録"、《皇華集》,乃至野史筆記都應成爲文獻基礎,納入研究的範圍。本文即以朝鮮文人許筠、李廷龜與明朝人丘坦的交游爲例,結合史書、《皇華集》以及當事人的文字,試圖揭開歷史的一角,看看更真實的另一面。

一　丘坦東國之行的周圍

　　朝鮮使臣出使明清是一近乎程式化的行爲,走固定的路綫,在相同的地方住宿,參觀瀏覽相同的景點,甚至會連續數次見到相同的人。但總有一些人,因爲好奇或者機緣巧合,走上了大道旁幽深的小徑,他們將欣賞到别樣的風景,並將其呈現給後人。

　　許筠(1569—1618),字端甫,號蛟山、惺所、白月居士等,是朝鮮宣祖(1568—1608 在位)、光海君(1609—1622 在位)二朝著名文人學者。他曾

---

① 杜慧月《明代文臣出使朝鮮與〈皇華集〉》,人民出版社,2010 年,頁 237。

三次出使明朝①,四次在國内接待中國使臣②,任遠接使從事官之職。李廷龜(1564—1635),字聖徵,號月沙,歷宣祖、光海君、仁祖(1623—1649在位)三朝,既是著名文人,更是一代名臣、重臣,官至左議政。他曾四次出使明朝③,八次在國内接待明朝使臣④,或爲館伴,或爲遠接使,或爲地方迎慰使,肩負重任。

　　相較於許筠與李廷龜,丘坦在今日似乎是名不見經傳的小人物,但在當時並非如此。丘坦(1564—?),字坦之,號長孺,湖北麻城人,爲丘齊雲之子。據《麻城縣志》(清康熙九年刻本)記載:

　　　　(丘坦)少馳聲藝苑,極爲袁玉蟠(宗道)伯仲所賞,他如董思白(其昌)、陶石簣(望齡)、黄平倩(輝)、顧開雍(天埈),皆樂與之友。游蹤遍南北,凡湖山名勝,於時交同趣;品竹彈絲,推花評鳥,俱臻佳妙。翰墨

----

① 宣祖三十年(1597),許筠以書狀官的身份跟隨正使沈喜壽出使明朝;光海君六年(1614),許筠爲千秋兼謝恩正使,第二次出使明朝;光海君七年(1615),許筠爲冬至兼陳奏使副使,第三次出使明朝。

② 宣祖二十七年(1594),許筠爲遠接使尹先覺(後更名尹國馨)的從事官,第一次接待中國使臣;宣祖三十五年(1602),萬曆册封太子,派翰林侍講顧天埈、行人崔廷健來朝鮮頒詔,許筠爲遠接使李好閔的從事官;宣祖三十九年(1606),明朝因皇長孫誕生,派翰林修撰朱之蕃、刑科都給事中梁有年來朝鮮頒詔,許筠任遠接使柳根的從事官;光海君元年(1609),明册封詔使内官劉用來朝鮮,遠接使爲李尚毅,許筠第四次任從事官。

③ 宣祖三十一年(1598),李廷龜任陳奏行副使,第一次出使明朝;宣祖三十七年(1604),李廷龜以册封奏請正使第二次出使明朝,三月辭朝,路上因雨受阻,七月二十六日才入住北京玉河館,閏九月初四回國;光海君八年(1616),李廷龜又以冠服奏請正使第三次出使明朝,次年正月到北京,因病在北京停留五個月,八月方還朝;光海君十二年(1620),李廷龜以辨誣陳奏行正使第四次出使明朝,三月辭朝,四月到北京,因萬曆賓天、泰昌即位等,至八月十七日始離開,在北京停留四個月。

④ 宣祖二十六年(1593),李廷龜與黄慎、柳夢寅接待明經略兵部侍郎宋應昌,共講《大學》、《論語》;宣祖三十五年(1602),顧天埈、崔廷健頒詔朝鮮,李廷龜爲平壤迎慰使;宣祖三十九年(1606),朱之蕃、梁有年出使朝鮮,李廷龜爲館伴;光海君元年(1609),明朝向朝鮮先後派出文臣熊化及太監劉用的使行隊伍,李廷龜兩次任館伴;光海君十三年(1621),劉鴻訓、楊道寅出使朝鮮,李廷龜再次爲館伴;光海君十四年(1622),梁之垣出使朝鮮,李廷龜爲遠接使;仁祖四年(1626),姜曰廣、王夢尹出使朝鮮,李廷龜爲館伴。

效趙文敏(孟頫)、米南宫(芾),至揮灑少年場,千金立盡,有李太白之風。後就武得雋,官海洲參軍,告病歸。有南、北游稿、楚邱、度遼諸詩。

丘坦個性豪放,喜游歷,在詩文、書畫、音樂等方面都頗有造詣,著有《南游稿》、《北游稿》、《楚邱集》、《度遼集》等。他是公安派的重要成員,與公安三袁交誼深厚,與公安派的主要人物陶望齡、黄輝、顧天埈等亦往來頻繁。丘坦是三袁文學創作的追隨者,袁宗道萬曆二十四年(1596)冬序丘坦《北游稿》云:"其詩非漢魏人詩,非六朝人詩,亦非唐初盛中晚人詩,而丘長孺氏之詩也;非丘長孺之詩,丘長孺也。"①其詩歌創作與公安派文學主張正相符。除此之外,丘坦與李贄亦爲忘年交。萬曆十三年(1585),李贄由黄安移居麻城,丘坦大概從此時開始與李贄訂交。袁中道云:"公(指李贄)遂至麻城龍潭湖上,與僧無念、周友山、丘坦之、楊定見聚。"②丘、李二人感情深厚,李贄文集中多與丘坦的書信,對他頗爲賞識,稱:"若丘長孺,雖無益於世,然不可不謂之麒麟鳳凰、瑞蘭芝草也。"③丘坦亦可謂人才,能文能武,擅長騎射④,他未能在科舉中有所斬獲,改走武試,萬曆三十四年(朝鮮宣祖三十九年,1606)武舉鄉試第一,以武官身份步入仕途,萬曆四十一年(朝鮮光海君五年,1613)八月開始駐守鴨綠江畔,任鎮江游擊將軍。

許筠、李廷龜與丘坦生活在各自的時空中,本是不相干的平行綫,但機緣巧合,他們在萬曆三十年(朝鮮宣祖三十五年,1602)竟然相遇了。是年,萬曆册封太子,派翰林侍講顧天埈、行人崔廷健去朝鮮頒詔,丘坦作爲顧天

---

① 袁宗道著,錢伯城標點《白蘇齋類集》卷一〇《北游稿小序》,上海古籍出版社,1989年,頁136。

② 袁中道著,錢伯城點校《珂雪齋集》卷一七《李温陵傳》,上海古籍出版社,1989年,頁720。

③ 李贄著,張建業主編《李贄全集注》第2册《焚書注》(二)卷四《雜述·解經題·人物》,社會科學文獻出版社,2010年,頁60。

④ 如袁宏道《和丘長孺》云:"……七尺身材五尺臂,雕弓往往穿金鐵。……射虎韝鷹一健兒,無成何用空吻舌。……"(袁宏道著、錢伯城箋校《袁宏道集箋校》卷一五,上海古籍出版社,1981年,頁647)袁中道《送丘長孺南還》三首其一云:"文人情性武人裝,闊帶花衫大羽囊。鬻宅典田重出塞,臂鷹牽犬復還鄉。身穿通邑千人看,馬度秋原百鳥藏。莫向前途猶久滯,吳姬釀酒待君嘗。"(袁中道《珂雪集》卷三,頁117)

埈的知交好友亦隨同前往。顧天埈(1561—?),字升伯,號開雍,又號湛庵,爲萬曆二十年壬辰科(1592)進士,是公安派代表人物袁宏道的同年;他以第一甲第三名也即"探花"授翰林編修,又是袁宗道的同僚;他與袁中道亦是知交①。萬曆二十六年(1598)初至二十七年(1599)三月,袁宏道任京職,與京中文人,特別是其兄在翰林院的同僚黄輝、顧天埈、李騰芳等時相唱和②。可見,顧天埈與袁氏三兄弟都交往密切,也是公安派中的重要一員。

　　壬寅明朝使團中有兩位公安派的大將,而朝鮮接待使團中亦是人才濟濟,遠接使李好閔(1553—1634),從事官除了許筠,還有李安訥(1571—1637)、洪瑞鳳(1572—1645),金玄成(1542—1621)、車天輅(1556—1615)爲製述官,權韠(1569—1612)以白衣行,他們或爲一代著名文人,或爲著名書法家,"世傳幕府文會之盛,古所未有"③。如果兩國人員相處融洽,能一起坐下來談文論藝,那對於公安派文學思潮傳入朝鮮甚至改變朝鮮詩文壇風尚也許都會帶來不小的影響。但是因爲顧天埈携其天朝大國的傲慢和個人的貪鄙,讓這樣的交流成爲不可能。

　　顧天埈出使朝鮮引發了一系列事件,一是通過折銀無限度地徵索財物,二是因更改遠接使李好閔詩作及"亦恩亭"亭名極大地傷害了朝鮮君臣乃至整個朝鮮文壇的自尊。④ 顧氏一行與朝鮮士人關係很緊張,如許筠記載所云"李五峰儐顧、崔,苦於需求"⑤。關於李好閔請顧、崔二人爲"亦恩

①袁宏道在《沈何山》中談及中道在萬曆二十四年(1596)之前的交游云:"三(中道)自稱所得佳士,雲中則梅客生(國楨);京師則王(圖)、黄(輝)、蕭(雲舉)、顧(天埈)四太史,一女校書;通州則顧侍郎(養謙);會稽則陶石簣(望齡);杭則大、小虞(淳熙、淳貞);鄖則潘去華(士藻);客路則蔣蘭居(時馨)、焦三(焦竑第三子焦尊生)。"(《袁宏道集箋校》卷六,頁270)

②袁宏道在萬曆二十七年給馮琦的信中說到:"宏實不才,無能供役作者。獨謬謂古人詩文各出己見,決不肯從人脚根轉,以故寧今寧俗,不肯拾人一字。詞客見者,多載手呵罵。唯李龍湖(贄)、黄平倩(輝)、梅客生(國楨)、陶公望(望齡)、顧升伯(天埈)、李湘洲(騰芳)諸公,稍見許可。"(《袁宏道集箋注》卷二二,頁781—782)

③李廷龜《月沙集》附録卷二趙翼撰《行狀》,《韓國文集叢刊》第70册,頁453。

④參見左江《"此子生中國"——朝鮮文人許筠研究》附録二《顧天埈壬寅使行事件》,中華書局,2018年,頁465—476。

⑤許筠《惺所覆瓿稿》卷二四《惺翁識小録下》,《韓國文集叢刊》第74册,頁354。

亭”撰寫詩文一事,宣祖云:

> 初見此集,知卿有求章于天使之舉,予戲而自言曰:“李卿之存心,過於厚哉!”乞得伯夷之詩,其將安用? 將揭之楣間、賁飾泉石以爲榮乎? 其欲以照耀江山、輝映來世者,無乃使風景增羞、花柳失色者耶? 爲此而漫勞乞詩,竟見困於貪夫之口,誠過於厚矣。①

顧天埈以貪鄙,令朝鮮上下不齒,加上其狂傲自大,對東國之人全無尊重,更讓人憎惡。李好閔竟向他求詩,如宣祖所言,是“過於厚”矣。貪夫之詩,只會讓“風景增羞,花柳失色”,並不會“照耀江山,輝映來世”。史臣事後評價壬寅使團云:

> 自義州至京城幾千里,而天埈狼貪壑慾,縱意劫掠,參銀寶具不遺錙銖,朝鮮一域若經兵火。此必天生污吏,重困民生,國運之不幸可忍言哉? 其家丁董忠亦有詩“來如獵狗去如風,收拾朝鮮一罄空。惟有青山移不動,將來描入畫圖中”云。非徒天地間龐庬鄙陋之氣鍾做如此別樣人,抑亦中朝紀綱板蕩,廉恥滅絕,風聲氣習有以致之也? 可勝歎哉!②

顧天埈以他自己的言行成爲朝鮮歷史上的一個笑話,也成爲中國人的一個污點。

許筠爲此行遠接使從事官,參與了接待明使團的全過程,從閏二月二十一日,顧、崔渡江抵達朝鮮境內開始,到四月初一,明使團冒雨渡江離開,朝鮮接待人員於中江送別而還,許筠與明使團成員同行共處的時間達四十餘天。李廷龜此行爲平壤迎慰使,閏二月二十八日,使團“中火順安,宿平壤”③,他與明使團相處的時間爲一天。有學者認爲在這四十餘天中,“在完成外交使令之餘,他們一起游覽了朝鮮的諸多名勝古迹,互相吟詩唱和,

---

① 《宣祖實錄》卷一五三宣祖三十五年八月丙午(十七日),《朝鮮王朝實錄》第 24 册,頁 405。

② 《宣祖實錄》卷一四八宣祖三十五年三月辛巳(十九日),《朝鮮王朝實錄》第 24 册,頁 364。

③ 許筠《惺所覆瓿稿》卷一八《西行紀》,《韓國文集叢刊》第 74 册,頁 288。

談詩論道,增進了感情,交流了思想。"①又認爲丘坦與許筠等人結下了深
厚的情誼,開始了長達十數年的交游,促進了許筠對公安派文學思潮乃至
李贄思想學説的接受,此皆爲想像之辭。

　　許筠留下的文字才是最好的依據,他於 1602、1606、1609 三次接待明
朝使節,分别著有《西行紀》《丙午紀行》《己酉西行紀》。《丙午紀行》爲朱
之蕃、梁有年使行而作,通篇皆是與朱、梁二使的交游記載,自不待多言。
《己酉西行紀》是爲太監劉用使行而作,劉用非文人,其隨行人員也只是一
些白衣文人、低級軍官,如徐明、田康、楊有土等,但在整個行程中,許筠差
不多每天都與三人閑話,留下了很多關於明代朝政、官員優劣的記載。相
較而言,接待顧天埈、崔廷健的《西行紀》就極爲簡單,與使團相關的話只有
三句:

　　　　兩使所帶,一依東征大衛門例,中軍旗鼓官以下各三十餘員,且董
　　忠者用事,指教顧使甚悉,事有不可支者。

　　　　二十一日,兩使渡江,一行及方伯以下郊迎,入館行禮,上使以無
　　宴幣不受宴,僅請排宴。……所息宿,俱有價銀焉。

　　　　二十五日,中火納清亭,始出蟠松詩,使次之,副使詩則余次之。
　　上使改竄使詩以出示焉。②

　　三條内容正好與史書及《皇華集》相印證:一是顧天埈一切聽從家丁董
忠之言,而董忠是窮凶極惡、壑欲難填的貪婪之徒;二是"息宿俱有價銀",
看起來不接受宴請,實際上是將宴請所需費用都折換成銀兩,以此徵索財
物;三是任意删改遠接使李好閔的詩作。據《壬寅皇華集》記載,顧天埈作
蟠松詩,遠接使李好閔次韻云:"亂後人歸盡,蒼官獨自奇。爲當迎詔地,低
作折腰枝。偃蓋陰猶合,遐齡天所私。莫言衢路淺,贏得使華詩。"顧天埈
看後云:"來詩佳甚,絶無蹈襲語。只數字未妥,漫爲改易。"改詩如下:"亂
後都非故,蒼松仍自奇。爲當迎詔地,低作折腰枝。偃蓋陰猶合,常青天所
私。托根幸衢路,贏得使華詩。"③顧天埈雖説李詩"佳甚,絶無蹈襲語",但

①戴紅賢《公安派詩人丘坦與朝鮮作家許筠交往考論》,《湖北社會科學》2016 年第 2
　　期,頁 120。
②許筠《惺所覆瓿稿》卷一八《西行紀》,《韓國文集叢刊》第 74 册,頁 288。
③趙季輯校《足本皇華集》(中),鳳凰出版社,2013 年,頁 1201—1202。

又自作主張在李詩上塗改,態度非常不友好,其修改的數字也看不出有什麼高明之處,他此舉似乎存心要給朝鮮朝臣及文人們一個下馬威,讓他們感受一下天朝大國使節的威儀。

　　顧天埈的態度,決定了此次使行成員與朝鮮士人交往的深度與廣度,說兩國人士如何"吟詩唱和,談詩論道"實在讓人難以相信。而丘坦本人跟隨顧天埈出使朝鮮的動機同樣不單純,李贄《復丘長孺書》云:"兄欲往朝鮮屬國觀海邦之勝概,此是男兒勝事。然兄之往,直爲資斧計耳。特地尋資斧於朝鮮,恐徒勞,未必能濟兄之急也。"①由此看來,丘坦似乎遇到了財政危機,希望利用去朝鮮的機會發點財以解燃眉之急,"觀海邦之勝概"反是順帶的事,更不用説與朝鮮人詩文唱和了。丘坦的目的大概也是顧天埈使團成員的共同願望,再加上顧氏傲慢自大的態度,就使他們根本不可能與朝鮮文人有太多交流。

二　許筠與丘坦的交游

　　丘坦與朝鮮的緣份還在繼續,萬曆四十一年(1613)八月至萬曆四十六年(1618)六月間,他任鎮江游擊將軍。鎮江在鴨緑江入海口,在朝鮮使臣出使明朝的路綫上。據《通文館志》記載,朝鮮使臣從朝鮮境内的義州到北京,陸路可分爲三段,第一段從義州過鴨緑江,經九連城(鎮江城)、湯站、柵門、鳳凰城、鎮東堡(松站)、鎮夷堡(通遠堡)、連山關(鴉鶻關)、甜水站,至遼東②。一站是一天的路程,每個站點是使團停留休息的地方。但實際上,從鴨緑江到鎮江城只有二十里,鎮江城到湯站七十里,許筠(1551—1588)《朝天記》云:"其地自義州至湯站,由檢同島則九十里,徑渡三江則六十里。"③所以使團常越過鎮江城直接抵達湯站再歇宿。壬辰倭亂後,此已

①李贄著、張建業主編《李贄全集注》第三册《續焚書注》卷一,社會科學文獻出版社,2010年,頁40。
②《通文館志》卷三《事大·中原進貢路綫》,民昌文化社,1997年,頁39—40。
③許筠《荷谷集·朝天記》,《韓國文集叢刊》第58册,頁416。

成定例,使團一般不走九連城直接至湯站①。如果經過九連城,則是由江沿臺備禦指揮及守堡官等提供下程,隆慶六年(朝鮮宣祖五年,1572),朴淳以登極使出使明朝,許震童(1525—1610)以白衣從行,其《朝天錄》云:"江沿臺守堡官遣舍人致下程,依例打發。"②許篈在萬曆二年(朝鮮宣祖七年,1574)以書狀官出使明,其《朝天記》亦云:"遣李廷敏致禮物於江沿臺備禦指揮劉胤昌、守堡官副千户程士忠,備禦、守堡官等送舍人六名,亦來致下程,依例饋餉,各給扇帽。"③這樣,雖然丘坦的駐守地鎮江城在朝鮮使團進入明朝的路綫上,但作爲鎮江游擊將軍的他並不是朝鮮使臣拜訪交涉的對象。

萬曆四十二年(朝鮮光海君六年,1614),許筠爲千秋兼謝恩正使,第二次出使明朝。在 1602 年的壬寅使行中,許筠與丘坦不會有太多交流,但由於許筠對明朝的政治、社會、文化、文學都有極强烈的好奇與關心,他與明人的交流是全面的、多維的,此時他也不願錯過與丘坦再次見面的機會,不顧書狀官金中清(1567—1629)"人臣無外交"的勸阻,決定前往望江寺與丘坦見面。關於此次見面的過程,金中清在《朝天錄》中有較具體的記載,過程大致如下:

五月二十一日,許筠尚在朝鮮境内的義州,即欲派遣譯官宋應瑄前往鎮江向丘坦遞交揭帖。

五月二十三日,雖然金中清以"人臣無外交"反對許筠派譯官遞交揭帖,宋應瑄還是去了鎮江。

五月三十日,丘坦派人送來揭帖,邀請許筠與金中清於六月二日渡江時,"迎酌於舟中"。使者轉述丘坦之言云:"貴國使臣向來無相見禮。於乎! 禮豈爲我輩設耶? 異地故人,天涯偶合,又豈可常禮拘耶?"並且建議以"燕居私服相見"。其隨情適性,不拘禮法的個性與許筠很接近。丘、許二人的做法讓金中清很不安,他在回帖中稱:"卑職之於大爺,似與許公有異。既往無一日之雅,今日乃是初接地頭,公禮未行之前,徑用私服猥參尊席,非惟賤分未安,無亦大損於體面乎?"他雖然勉强同意與丘坦相見,但認

①參見楊雨蕾《燕行與中朝文化關係》第一章第一節《"朝天"的主要路綫及其變更》注釋 49,上海辭書出版社,2011 年,頁 50。

②許震童《東湘集》卷七《朝天錄》,《韓國文集叢刊續》第 3 册,頁 585。

③許篈《荷谷集·朝天記》,《韓國文集叢刊》第 58 册,頁 414。

爲穿私服絶對不行①。

　　六月二日，許筠一行於傍晚時分才渡鴨綠江，派譯官去見丘坦，將見面時間改爲次日。

　　六月三日，許筠與丘坦見面。金中清記載云：

　　　　渡中江，將直向游擊衙門。關上把門委官謂：游擊下令，"使行若至，即出見中路"，故方急通報，不可徑送營下，請入門稅駕以待。遂於三聖祠佛堂前假坐，卜馱則終不許入。良久，旗鼓答應橡房，夜不收等馳至，曰：游擊飯訖，出接江上。與把門委官點入一行人馬及漂海唐人，仍索情物甚苛，以扇子、刀子等物分饋。依例，禮物已自義州前期優送，而今又如是此乃他年所無之事。自新游擊來，始極徵索云。既渡逖江，游擊標下連絡出來，前導以行，迤邐而上，即江上南河上佛堂也。外門揭"江上一覽"四字，門内揭"眼空萬有"四字，梁腹書"萬曆三十八年重修"。余問創在何年，守者曰："癸巳年東征將士所建。"中門有小廳，設卓擁屏，乃擬接使臣處。俄而，游擊至，使臣等具冠帶小避牆外，呈拜帖。未久，出迎引坐。因設杯酌，從行譯官並皆有饋，極其殷款，既午乃罷。②

這裏記録許、丘會面過程比較詳細，對"江上南河上佛堂"即望江寺的介紹也很具體，但負面信息同樣較多，比如丘坦剛開始對許筠一行並不太熱情，甚至可以説有些怠慢；丘坦屬下徵索禮物甚苛，而這是新游擊上任以後的事。

　　那丘、許二人見面究竟是何種景象呢？金中清最後的"極其殷款"四字已透露個中消息。次年，即光海君七年（1615）閏八月，許筠以辨誣行副使的身份第三次出使明朝，又經過鎮江，此次使行他有《乙丙朝天録》詩作紀行，其一詩的詩題爲《客歲過江之日，丘游戎邀宴望江寺，賦詩相贈。今年又叨使价，再涉鴨江，則丘公以試武舉蒙臺檄往遼陽，不獲屬舊會，感而賦之》，丘坦當時曾"賦詩相贈"。許筠又在詩中回憶了見面時的具體情景，詩云："崖寺前年會，幢旌絢塞天。篇章申契闊，談笑借留連。征旆勞重過，離

────────────

①以上内容見金中清《朝天録》，林基中編《燕行録全集》第11冊，東國大學校出版社，2001年，頁412、415、421。

②金中清《朝天録》，《燕行録全集》第11冊，頁426—427。

杯負更傳。遼闊行撤棘，倘許再登筵。"①二人"篇章申契闊，談笑借留連"，
可見詩酒相酬，交談甚歡。

　　可惜的是，許筠與丘坦都未留下唱和文字；幸運的是，金中清文集中保
存了不少相關詩作及書信。首先是在望江寺，三人有詩作唱和②。當他們
離開後，丘坦意猶未盡，又寫作數詩追贈許、金二人，金中清行至遼東收到
丘坦詩作，回信云：

　　　　向於江寺獲接清晤，樽酒之款，翰墨之勤，無一不出於恫恫，賤价
　　於此豈平生夢寐及耶。欣幸一心，久而愈劇，蒙惠二幅詩什，非但情性
　　所形，又是格律最高。足想邊上折衝之勞，可爲海外傳誦之雅。旅館
　　圭復，未嘗不私自聳敬也。某拙於吟弄，固不敢從事酬唱，而跋涉長途
　　尚或有感發之時，兹用"百、祥、長、莫、六、州"等韻成若干篇，題付歸便
　　奉呈門下。幸老爺一賜穢眼，遄命覆瓿，統惟辱照。③

金中清唱和之作爲七絶五首五律三首④。由金中清的文字，我們可以想
見，許筠與丘坦亦有書信往還、詩作唱和，但歷史總是與人們有意無意地開
著忽大忽小的玩笑，兩位主角沒有留下此次會面的任何文字，反對見面的

①許筠《乙丙朝天録》，見林基中編《燕行録全集》第 7 册，東國大學校出版社，2001 年，
　　頁 275。
②金中清《苟全集》卷一《望江寺，次丘游擊坦》云："良覿人間自有時，關河何幸得瞻依。
　　已知氣概逢場合，曾仰聲名並海飛。樽酒一堂真勝會，瓊琚數幅又華歸。臨行欲謝殷
　　懃意，愧我詩成字字非。"《韓國文集叢刊續》第 14 册，頁 120。
③金中清《苟全集》卷四《遼東與丘游擊書》，《韓國文集叢刊續》第 14 册，頁 167。
④金中清《苟全集》卷一《次丘游擊》："緩帶輕裘坐鎮江，當時文武定無雙。太原班旅閑
　　無事，游詠時時泛畫艭。""將軍揖罷却還衙，客上長程鬢欲華。會待秋風重握手，不辭
　　樽酒傍黄花。""關塞連連峙石山，截然形勢擁中寰。從知天作千年險，肯許戎心覘此
　　間。""利涉長河不用舟，旱餘疎雨未添流。縈林峽路幽仍復，認是平生夢裏游。""溪流
　　日夜逝沄沄，萬折同宗入海雲。此去何時朝極殿，白天廣樂共君聞。""曉起涉川原，暮
　　投道上村。蓬麻圍草屋，榆柳蔭荆門。客怕明朝雨，農愁旱日暾。人生固役役，行健亦
　　乾元。""欲明猶未明，軍吹遞鷄鳴。已報星軺駕，仍催御史行。溪橋微雨過，嶺路片雲
　　生。馬上還多事，逢人問地名。""紅旗耀塞原，强箭洞雲根。未濺鋒頭血，先游鼎口
　　魂。一場分勝敗，三手算亡存。佩級完師旅，迎途鼓角喧。"《韓國文集叢刊續》第 14
　　册，頁 120。

人却有詩有文有記載,成爲歷史的書寫者與見證者。

　　許筠在 1614 年、1615 年兩次出使明朝的過程中,閱讀並購進了大量典籍。其中就包括李贄與袁宏道的著作①。金中清《朝天録》記載,1614 年的八月二十日,"留玉河館,偶見李氏《藏書》。"②他對李贄其人其書可謂深惡痛絕,對於李贄的最後結局,金中清云:"卒爲公論所彈,伏罪於聖明之下,至以妖談怪筆多少樺板一炬而盡燒。猗歟,大朝之有君有臣也。"③頗有些大快人心的感覺。實際上李贄《藏書》是許筠介紹給金中清的,被金氏認爲有"誣世之罪"、"見而大駭"的書,許筠則"以爲奇"。許筠受陽明心學影響頗深,比較容易接受李贄"大逆不道"的言論,大概還有"心有戚戚焉"的竊喜。

　　1615 年,許筠第三次赴明時,曾在通州逗留數日,可能購得李贄《焚書》與袁宏道文集,寫下了《讀李氏焚書》三首、《題袁中郎酒評後》二首。《讀李氏焚書》三首云:

　　　　清朝焚却禿翁文,其道猶存不盡焚。彼釋此儒同一悟,世間橫議自紛紛。

　　　　丘侯待我禮如賓,麟鳳高標快睹親。晚讀卓吾人物論,始知先作卷中人。

①關于李贄著述東傳朝鮮及與許筠的淵源,參見以下論著:朴現圭《朝鮮許筠求得李贄著作的過程》(《海交史研究》,2006 年第 1 期),李昑昊《李卓吾與朝鮮儒學》(韓國陽明學會《陽明學》第 21 號,2008 年),中純夫《朝鮮の陽明学——初期江華学派の研究》第八章附論《朝鮮における李贄思想の伝来》(汲古書院,2013 年)。

②金中清《朝天録》,《燕行録全集》第 11 册,頁 504。

③金中清《苟全集》卷一《上使得李氏〈莊(藏)書〉一部,以爲奇,示余。其書自做題目,勒諸前代君臣,其是非予奪無不徇己偏見。以荀卿爲德業儒臣之首,屈我孟聖於樂克、馬融、鄭玄之列。明道先生僅參其末,與陸九淵並肩。若伊川、晦庵兩夫子則又下於申屠嘉、蕭望之,稱之以行業。肆加升黜,少無忌憚。余見而大駭,曰:此等書,寧火之,不可近。居數日,偶閱〈經書實用編〉,馮琦〈正學疏〉有曰:皇上頃納張給事言,正李贄誣世之罪,悉焚其書云。所謂贄,乃作〈莊(藏)書〉者,倡爲異學,率其徒數千,日以攻朱爲事。而卒爲公論所彈,伏罪於聖明之下,至以妖談怪筆多少樺板一炬而盡燒。猗歟! 大朝之有君有臣也。感題二律,既傷之又快之,快之之中又有傷焉。傷哉傷哉,其誰知之》,《韓國文集叢刊續》第 14 册,頁 125。

　　　　老子先知卓老名，欲將禪悦了平生。書成縱未遭秦火，三得臺抨
　　亦快情。①

第一首，李贄以其驚世駭俗的言論爲社會所不容，但即使燒了他的書又有
什麽用呢？ 其思想其影響如"野火燒不盡"的青草，仍在蔓延滋長。無論是
佛還是儒都是同生共長的，是對人生對世界的體悟認識，何必管他世間的
各種議論呢？ 詩中的欣賞與惋惜之情清晰可見。第三首，許筠將自己與李
贄進行比較，要以李卓吾爲前車之鑒，在参禪修佛中了却人生。自己的文
字没有像李贄的著述一樣被付之一炬，雖然一次次被攻擊指責，跟李贄相
比還算是幸運的。讀李贄之文，想見其爲人，許筠頗有得一知己的痛快。
更有趣的是第二首，許筠在《焚書》中看到了丘坦的名字，於是有感而發，其
"麟鳳高標"即出自李贄對丘坦的評論："若丘長孺，雖無益於世，然不可不
謂之麒麟鳳凰、瑞蘭芝草也。"李贄的評價又讓他想起了丘坦的熱情款待，
書中人竟是自己生活中的人，有意外，更多的是驚喜。

　　袁宏道《觴政》一文後附《酒評》，文中評論了八位友人及弟弟袁中道共
九人飲酒的風姿，許筠詩云：

　　　　石公評酒似評詩，江右風流此一時。細呷快傾俱妙理，飲中寧獨
　　八仙奇。

　　　　曾睹丘侯把酒杯，半酣高詠氣雄哉。中郎雅謔真堪笑，錯比吳牛
　　嘬草來。②

由第一首詩來看，許筠此時對袁宏道的詩論已很熟悉，認爲其評詩與評酒
一樣皆得"妙理"，《酒評》也足以與杜甫的《飲中八仙歌》相媲美，很好地記
載了當時的"江右風流"。《酒評》中對丘坦的評價爲："丘長孺如吳牛嘬草，
不大利快，容受頗多。"③認爲丘坦喝酒很不爽快，慢慢吞吞，但酒量頗大。
對此，許筠大不以爲然，認爲是"錯比"，因爲丘坦在與他共飲時，酒至半酣，
朗聲吟詩，頗有英雄豪氣。李贄、袁宏道對丘坦的評價可以幫助許筠更好
地認識丘坦，在閱讀的書中出現自己認識的人，對書以及寫書的人也會油

①許筠《乙丙朝天録》，《燕行録全集》第 7 册，頁 316。
②許筠《乙丙朝天録》，《燕行録全集》第 7 册，頁 317。
③袁宏道著，錢伯城箋校《袁宏道集箋校》（下）卷四十八《觴政》附《酒評》，上海古籍出版
　社，1981 年，頁 1422。

然而生親切感。經由丘坦，又可以讓許筠對李贄、公安派有更具象的認識，甚至能建構起李贄、公安派的人物關係圖。

　　但許筠與丘坦以及公安派的淵源也只能到此爲止了，與下文丘坦與李廷龜的交游相映，我們可以想見直到丘坦離開鎮江前，他們也會保持著書信的往還，討論文學的、國事的相關問題，但由於二人留存的文字都極有限，我們不能無根據地無限誇大許筠與丘坦交游的重要性，認爲他們的交往會令公安派文學對朝鮮文壇産生巨大影響，他們兩次見面一定會刺激公安派及李贄思想的東傳，這仍然是想當然之辭。

三　丘坦與李廷龜的交游

　　丘坦任鎮江游擊的時間從萬曆四十一年（1613）八月至萬曆四十六年（1618）六月間，許筠是他在望江寺接待的第一位朝鮮官員，有了第一次，就會有第二次。1602 年丘坦隨顧天埈出使朝鮮時，李廷龜爲平壤迎慰使，雖只有一個晚上的時間，二人亦算是舊相識。

　　萬曆四十四年（朝鮮光海君八年，1616）十一月，李廷龜以冠服奏請使正使的身份出使明朝，這一次是丘坦首先發帖邀請李廷龜前往相會，李廷龜在詩題中交待了原委：“臘日過江，鎮江丘游擊坦前一日移書灣上，問我來期。是夕，出候於鎮城十里外吾行所寓之側。盛設供帳，至以彩棚百戲佐歡，張軍樂，備大小膳，禮遇甚隆。蓋游擊能文章妙筆法，十五年前從詔使爲幕賓，遂有一日之雅故也。酒闌，勤索詩，醉書一律於席上。”①李廷龜因出使明朝，此時假銜議政府左議政，正一品官員，所以丘坦格外殷勤，先去信致意：“與閣下別十五年矣。不佞投筆無成，淹蹇至此，而閣下輔贊賢王，位登揆席，今又爲賢王奏請。忠孝之道，閣下兼之矣，敬羨敬羨！何日渡江，當圖晤對。摘蔬煮酒，聊續故游，敢先以奉告。”②開篇即強調十五年的緣份，接着感慨十五年後二人境遇的雲泥之別，表達對李廷龜的欽羨讚美之意，最後邀請李廷龜前來相聚叙舊。雖説是“摘蔬煮酒”，實際上是以非常隆重的禮節款待李廷龜，搭彩棚，設供帳，張軍樂，置盛筵。從此，丘坦

────────

① 李廷龜《月沙集》卷六《丙辰朝天録》，《韓國文集叢刊》第 69 册，頁 288。
② 李廷龜《月沙集》別集卷五《附丘游擊書》，《韓國文集叢刊》第 70 册，頁 544。

與李廷龜一直保持了兩年的書信往還，一直到他從鎮江離職。在《月沙集》中，保留了李廷龜寫給丘坦的詩一首，簡帖 6 封，序一篇；丘坦給李廷龜的簡帖 5 封，序一篇。根據這些文字，大概可以釐清他們交往的過程，其中重要的有四件事：

一是丘坦爲自己的《八憶詩》向李廷龜求序跋。李廷龜此次冠服奏請行，於丙辰十一月辭朝，丁巳正月到北京，因其在北京病重，至六月十四日才離開玉河館回國，八月回朝復命①。此後，"秋月三彎"，也就是到十月，李廷龜才給丘坦回信，並將《八憶詩跋》一併交付。其在跋文中回顧了與丘坦的相遇相識，讚美了丘氏的文武雙全，關於《八憶詩》則云："出示《八憶詩》一編，蓋度遼後作，皆楚吟也。夫楚大國，山有衡，水有洞庭。其扶輿清淑之氣或鍾於人，或鍾於物。……楚材之名於天下，自古然矣。觀公詩，泱泱乎騷雅之餘；讀公文，颯颯乎秦漢之遺；睹公筆，矗矗逼鍾王。其所謂扶輿清淑之氣鍾而爲魁奇挺特之才者，捨我公其誰。"②文中多溢美之辭，但對《八憶詩》的介紹很珍貴，一是"度遼後作"，二是"皆楚吟"。丘坦有《南游稿》、《北游稿》、《百六詩》、《度遼集》等，但現存作品只有 40 首左右③。清人廖元度選編《楚風補》中收入其《八憶詩》三首，詩序及詩云：

半生爲客，一麾度遼，雖舟車可至之鄉，實輿圖已盡之地。荒涼怵甚，孤陋無聞，班生之筆未酬，措大之帚久敝。妄想薰心，向也志大而言大；遭逢不偶，方知命奇而數奇。枉爾勞神，已見大意。猿鶴移文見誚，招余歸去來兮；燕雀巢幕可危，聞他作者七矣。富貴浮雲，況乃刀頭餂蜜；人生若夢，譬若石火騰光。聊因邊地之所無，一發鬱衷之欲吐。馳神江漢，托興菇鱸，用寫積懷，何論工拙。

《憶酒》：壘塊橫胸臆，半生游酒人。步兵舊吾黨，吏部向比鄰。魯

---

① 李廷龜《月沙集》卷六《丙辰朝天録》序："恭嬪追崇奏請册封之後又請冠服，遂差爲冠服奏請使，柳澗老泉爲副使，張自好爲書狀官。丙辰十一月辭朝，丁巳正月到北京。是行也，在玉河館得病甚重。八月輿疾還朝。途間吟詠録于左。"又有詩題爲《六月十四日出玉河館，喜而口占，示同行》。《韓國文集叢刊》第 69 册，頁 288、290。

② 李廷龜《月沙集》卷四一《八憶詩跋》，《韓國文集叢刊》第 70 册，頁 164。

③ 參見戴紅賢《一個被忽略的公安派愛國詩人——丘坦生平三考》，載《武漢大學學報（人文科學版）》2015 年第 5 期，頁 64—69。

酒古來薄,邊民近更貧。每逢山水勝,腸斷玉壺春。

《憶茶》:齊王謂茗飲,不中酪作奴。賤之則不至,寧獨惟茶乎。鬱積腸多結,塵勞氣未蘇。此時思七碗,一滴勝醍醐。

《憶花》:江南和暖地,四季有花開。處處攜尊去,朝朝取醉回。十年離水國,昨歲出金臺。若向沙場望,連天但草萊。①

結合詩序及三首詩來看,《八憶詩》應是丘坦度遼後,在孤寂無聊的時光中,回憶家鄉的人、事、物,念及"邊地所無"之物寫下數首詩。詩序中有投筆從戎的無奈,報效國家的使命與辭官歸隱的掙扎,傾訴心曲真實且細膩,但就詩作而言,無論是內容還是寫作技巧都平淡無奇,可以説是很平庸的作品。

李廷龜的讚譽不免讓丘坦喜出望外,稱:"八憶小叙,議論高而文辭古,愧不佞不足以當之。"②丘坦很珍惜自己的《八憶詩》,或許李廷龜的讚美也贈加了他的自信。1618年四月,後金兵破撫順,楊鎬以兵部右侍郎經略遼東,六月,丘坦由鎮江游擊離任,任楊鎬贊畫。此時明朝向朝鮮徵兵共同對抗後金,七月,光海君任命李慶全(1567—1644)爲稟畫使,前往遼東考察軍情。在此過程中,李慶全應曾與丘坦見面,在如此局勢緊張、軍務繁忙的情況下,丘坦也不忘請李慶全品鑒其《八憶詩》。李慶全以詩相贈云:"八憶詩中早挹馨,隔河相望倍盈盈。只應今夜重江月,分照關山兩地明。"③可惜的是,這承載着兩國文人武將交游歷史的《八憶詩》現在已無法目睹其全貌。

二是李廷龜爲自己丙辰朝天時的詩作向丘坦求序跋。丘坦序云:"秋七月還至江上,先報予曰:奉使乞恩幸不辱命,得繳殊典以報寡君。惟是行役有懷輒托鉛槧,今且成帙矣。吾將就正焉。"④丘坦在序文中同樣回顧了與李廷龜相識的過程,對李氏的品行、功業、文才都大爲欣賞羨慕,關於其

---

① [清]廖元度編選,湖北省社會科學院文學研究所校注《楚風補校注》,湖北人民出版社,1998年,頁248—249。
② 李廷龜《月沙集》別集卷五《附丘游擊書》,《韓國文集叢刊》第70冊,頁544。
③ 李慶全《石樓遺稿》卷二《見八憶詩,寄丘游擊》,《韓國文集叢刊》第73冊,頁374。
④ 李廷龜《月沙集》卷三四《答丘游擊·附丘游擊序稿》,《韓國文集叢刊》第70冊,頁85。

朝天之行及朝天之作，丘坦云：

> 月沙之六閏月，何必減申包胥之七日乎，功孰偉焉。風雲月露，莫
> 或匿其變也；泉石花鳥，莫或藏其情也。經史佐其發揮，典雅自爲機
> 軸，膾炙人口，成一家言，言孰美焉。月沙是役也，兼此三善，誠生人之
> 極至，而月沙謙謙愈下，略不自居，此其所以爲月沙歟。吾於是知其品
> 矣，知其才矣，知其相業矣。懼覽斯集者，悦春華之麗藻，而遺根本之
> 忠孝，故特揭而出之。①

相較於其《八憶詩》，此篇序言無論是内容、結構，還是情感、文采，都更
爲出色，可見確實是頗費心思的作品。

三是丘坦欲換人參一事。事情發生在李廷龜完成使命回到朝鮮時，丘
坦寫信給李氏説要換人參，李廷龜在義州即馳啟向光海君匯報。丘坦此舉
雖有徵索之嫌，還是小事，朝廷答應在十月換送②。李廷龜在給丘坦的回
信中交待了此事：“換參事，其時即馳啓，寡君已付該官派送中外。而只緣
采造差早，商販未廣，稍俟月晦，從值貿換收完，送納毋悮云，幸少遲之。”③
對這樣的安排，丘坦看似很感激，實際上並不太滿意，又回信叮囑冬至前必
須將人參送到，不能耽誤他派人回北京送禮：“換參小事了，乃聞之王耶？
承王厚意，然皆月沙之情，預謝之。冬至前，不侫欲走人之燕京，須參作禮。
若得早至，不誤遣人之期，更以爲感。”④就此事而言，丘坦與顧天埈的做法
頗爲一致，所以其在朝鮮歷史上的形象也是貪婪峻刻之人，如李廷龜對丘
坦的評價：“臣竊觀游擊爲人深厲，待之甚難。”⑤“深厲”二字表現了丘坦的
另一面，這與詩文往還中的各種贊美之詞相映成趣，更立體地勾勒出一個
歷史中的真實人物。

---

① 李廷龜《月沙集》卷三四《答丘游擊·附丘游擊序稿》，《韓國文集叢刊》第 70 册，頁
　 85。
② 李廷龜《月沙集》卷三一《丘游擊致書辭緣，令廟堂指揮劄》云：“後書所言托換人參事，
　 即臣等到義州馳啟事也。聞户曹已爲派送中外，十月内當換送云。今當以此爲答
　 矣。”《韓國文集叢刊》第 70 册，頁 52。
③ 李廷龜《月沙集》卷三四《答丘游擊》，《韓國文集叢刊》第 70 册，頁 85。
④ 李廷龜《月沙集》别集卷五《附丘游擊書》，《韓國文集叢刊》第 70 册，頁 544。
⑤ 李廷龜《月沙集》卷三一，《韓國文集叢刊》第 70 册，頁 52。

四是丘坦建議朝鮮政府在中江開市,進行中朝邊境貿易,這是萬曆四十五年(朝鮮光海君九年,1617)三四月間的事。如果説換參是小事,朝鮮政府還可以妥協的話,那開市一事就是關係邊境安寧、國家安危的大事,朝鮮政府於此頗費思量,在給丘坦的咨文中,先回顧了中江開市的原因,及其罷撤的理由。中江開市始議於壬辰倭亂開始的萬曆二十年(朝鮮宣祖二十五年,1592),是年十二月,朝鮮户曹稱:"自經兵禍,農桑並廢,一應官軍糧餉及本國經費十分匱乏。平安一道霜雹爲災,禾穀不登,各處飢民賑救無策。而遼東地方米豆甚賤,合無於中江去處姑開場務通行賣買。"至次年(1593)三月,明政府同意了朝鮮的要求,於中江開市貿易。但"開市之設蓋出於一時救急之權宜,原非久遠遵行之成例也。倭退之後,經略萬、撫院趙咨令停止,而爲高太監所沮,因循有年。至有無藉棍徒奸猾不良之輩,攙越境界,戕殺人命之變,惹起生事,恐致滋蔓,所係非細。"於是從萬曆三十七年(朝鮮光海君元年,1609)開始重議停市,一直到萬曆四十一年(朝鮮光海君五年,1613)中江開市才真正停止。朝鮮政府將開市、停市之原因告知丘坦,並稱:"貿遷有無,商民之小利;玩法惹釁,疆場之大患。察此二者,便否可斷。況前此停止革罷,既經督撫等衙門體審查處通行,即日本國委難容易擅議。"①言下之意是開市一事弊大于利,罷市經過了層層審核,現在即使日本再次入侵大概都很難重新開市,比較强硬地拒絕了丘坦中江開市的要求。

丘坦並未放棄,在六月又就中江開市一事呈送咨文給朝鮮政府;他又寫信給李廷龜,希望他從中斡旋。對此,李廷龜並不敢擅作主張,又提請朝廷商議,其《丘游擊致書辭緣,令廟堂指揮劄》云:"其所云江口馬市事,臣等回到灣上,聞譯學之言,游擊以江市事嗔怒萬端云。俄又貽書臣等,責問江市事久不回咨。臣等未知廷議可否如何,只以還朝稟議爲答,而亦即具由馳啓矣。途中聞回咨已去,意其完結。今者書中至謂本國回咨語意含糊,懇懇以速報爲請。有書至再,責之以久不見回咨,似不容不答。而此事利害,係關大段廷議,臣不敢擅答,請令廟堂商量指揮。"②文中論事情原委甚

①《光海君日記》(中草本)卷三九光海君九年(1617)四月辛丑(七日),《朝鮮王朝實錄》第29册,頁182。
②李廷龜《月沙集》卷三一,《韓國文集叢刊》第70册,頁52。

詳,此後,李廷龜又將朝廷所議告知丘坦,仍是婉言相拒:"江市事,不佞之未還朝也,寡君因諸臣議覆已有回咨。今以諭意更議於朝,則咸以爲頃年本國既咨報撫院而罷之,今若無上司另爲指揮,則似難容易擅開。回咨之意不過如此云,惟高明財察。"①根據《光海君日記》的記載,丘坦建議開江市從 1617 年六月間開始,一直持續發酵至他離開鎮江,由於朝鮮政府拒絕開市,也就導致彼此間的不信任,1618 年三月,進士李乾元等上疏還稱:"鎮江游擊丘坦,以不許中江開市,生憤我國,必有構捏之端於他日。"②四月,後金襲破撫順,丘坦送咨文到義州,報告了邊境戰況,並且説:"昨奉撫院明文,與貴國王操練兵馬七千以備合勦,宜速啓國王早爲預備。奴酋款服一説未見的報,至於該國鄰酋地方,今宜嚴防,兵馬相期聽調須至票者。"③一是建議朝鮮出兵合勦後金,二是提醒朝鮮人注意與後金交界處的軍防,但這似乎並未引起朝鮮君臣的警覺,他們更擔心的是丘坦心懷怨憤,謊報朝鮮的情況,挑撥明與朝鮮的關係,使朝鮮失去明朝的信任。

雖然丘坦與朝鮮政府關係緊張,但似乎並未影響他與李廷龜的交往,當他要從鎮江離任時,還致信及禮物跟李廷龜告別:"日月不居,倏忽六載,今者猥蒙軍門取充贊畫,別老相國而去,在早晚矣。江上之重逢,不可再得,念之黯然。'努力崇明德,後會杳難期'也矣。不腆之供,以申別私,惟鑑存之。佳稿亮梓成矣,多惠數十册,俾向中原文物盛處逢人説月沙也。生行頗速,冀早見寄,臨風可勝依戀。"④書信充滿了依依不舍的眷眷之情,但這仍只是表象,其中最重要的內容是希望李廷龜送給他數十册"佳稿",此"佳稿"指他曾經題寫過序文的《丙辰朝天録》。當他將序言交付李廷龜時,在信中即寫道:"今者漫作數語寄去,恐不足揚明德而表雄文也。佳稿梓成時,幸多寄數拾帙,俾廣播中原,使知東方有月沙也。"⑤當他收到李廷

---

①李廷龜《月沙集》卷三四《答丘游擊》,《韓國文集叢刊》第 70 册,頁 85。

②《光海君日記》(定草本)卷一二五光海君十年三月壬申(十三日),《朝鮮王朝實録》第 33 册,頁 30。

③《光海君日記》(定草本)卷一二七光海君十年四月甲戌(十六日),《朝鮮王朝實録》第 33 册,頁 65。

④李廷龜《月沙集》別集卷五《附丘游擊書》,《韓國文集叢刊》第 70 册,頁 544。

⑤李廷龜《月沙集》別集卷五《附丘游擊書》,《韓國文集叢刊》第 70 册,頁 544。

龜回信及《八憶詩跋》後，又去信致意，信中仍不忘此事："俚語拙書，應命塞責耳，過承獎詡，惶恐。佳稿梓成，萬望多寄，以慰懷想。"①看起來他是想幫李廷龜揚名於明朝，實際上一來想看看自己的序文是否爲李廷龜所用，二來想借此爲自己揚名，曾經爲朝鮮宰相題寫序文，無論在政治上還是文學上都是很重要的資本。但李廷龜似乎並不想成全他，在回信中拒絶了他的要求："蒙索拙稿，本非不朽事業，如伏蚓一鳴止於枯壤，誠不足以播諸中華。兹未及災木，不得仰呈，屢違勤教，竦歎。"②一來自己的文字不值得傳播中華，二來《丙辰朝天録》尚未刊印。我們現在看到的李廷龜《月沙集》前有明人汪煇爲其《庚申朝天録》所寫序言，又有姜曰廣、梁之垣爲其文集所作序，而丘坦的序文只是作爲簡帖中的附録保存在了文集中。可知李廷龜向丘坦求序只是一種客套，他並未真正看重丘坦其人其文。

　　考察丘坦與李廷龜的交往經過，亦可與許筠的交游做一參照。李廷龜在《丘游擊致書辭緣，令廟堂指揮劄》説到："游擊與臣，於壬寅春間關西幕裏暫有一日之雅，而厥後了絶音問十五年矣。"③可見二人壬寅一别以後再無音訊往來，這一點亦可推及許筠與丘坦的關係，説他們"自萬曆三十年開始長達十四年的交往歷程"④，這是不可能的。原因是多方面的，首先是因爲顧天埈的態度阻隔了朝鮮士人與他們交往的熱情，李廷龜在《八憶詩跋》中對丘坦竭盡誇讚之能事，但也只是"私心艷慕之"⑤，並無一言説他們曾有過真正的交往。二來中朝兩國之人的書信往還必須經由雙方使臣主要是朝鮮使臣及隨行人員傳遞，丘坦未入仕且非居住北京，就更增加了傳遞信箋的難度。三來當丘坦駐守鎮江時，朝鮮人也只有出使明朝時才會經過鎮江，也只有此時才可能相見。但由丘坦與李廷龜的交往過程，我們可以推測，丘、許二人1614年六月三日江上一别之後，應該也有書信往還。他們在酒宴上、在書信中會交談些什麼呢？以許筠求新立異的個性，對明朝

①李廷龜《月沙集》别集卷五《附丘游擊書》，《韓國文集叢刊》第70册，頁544。
②李廷龜《月沙集》卷三四《答丘游擊》，《韓國文集叢刊》第70册，頁86。
③李廷龜《月沙集》卷三一，《韓國文集叢刊》第70册，頁52。
④戴紅賢《公安派詩人丘坦與朝鮮作家許筠交往考論》，載《湖北社會科學》2016年第二期，頁121。
⑤李廷龜《月沙集》卷四一，《韓國文集叢刊》第70册，頁164。

文壇、政事的關注,是否會談及李贄、公安派人物及他們的文學追求呢? 當丘坦希望朝鮮在中江開市時,是否也曾給許筠去信,以尋求他的支持呢? 關于中江開市一事,《光海君日記》中提到的進士李乾元與義州幼學張懿範的上疏很值得關注,二人都非朝廷官員,二人的上疏又都將中江開市與廢西宮兩件看似毫不相干的事情放在了一起,如張懿範上疏,"請亟行奏廢西宮,以安宗社。復設中江開市,以息讒言"。① 熟悉許筠生平的人都知道他與廢西宮一事的關係,也都知道他擅長利用輿論製造事端的手段,這兩個人的上疏,讓人不免懷疑是否與許筠有什麼牽連,當然這也許還是想象之辭。

結　語

許筠、李廷龜與丘坦的交往看似簡單,涉及的内容却很豐富:

一、當壬寅使團進入朝鮮時,朝鮮接待團隊可謂人才薈萃,如果顧天埈、崔廷健能與朱之蕃、梁有年一樣,謙遜清廉,給予朝鮮人應有的尊重,那麼兩國之人一起談文論藝,應該也會在兩國的外交史上書寫一段段佳話。而現在他們的交流停留在了《皇華集》中,揭開《皇華集》溫情的面紗,我們看到的是重重心機的較量,歷史的另一面有時候出乎意料地醜陋。在這樣的環境中,認爲許筠、李廷龜與丘坦會有多麼深入的交流,結下多麼深切的友誼,是讓人難以置信的,只有當事人的記載才是我們進行分析論證的可靠依據。

二、丘坦是公安三袁的好友,是公安派的重要成員;他與李贄是忘年交,深得李贄賞識。丘坦自己亦是個性豪放,不拘禮法之人。另一方面,許筠深受陽明學的影響,他夫子自道説自己"素性放誕",加上他對中國的人與事有著强烈的關注與好奇,這使他能夠不顧書狀官金中清"人臣無外交"的勸阻執意與丘坦相見,而丘坦亦認爲"禮豈爲我輩設耶"同意與其見面。當兩個人脱離了壬寅使行兩國之人互相對立的狀態時,他們的交往是輕鬆的、愉快的,他們詩酒唱和,可謂意氣相投。當許筠在袁宏道、李贄的文集

---

①《光海君日記》(中草本)光海君十年三月丙子(十七日),《朝鮮王朝實錄》第 29 册,頁441。

中看到丘坦的名字時，他是欣喜的，而這也會進一步刺激他對公安派及李贊的關注。這是可以想象也是可以理解的，但許筠没有留下相關的文字，我們也就不能無限度地對此加以闡發，認爲他與丘坦的相遇一定會加快公安派文學理論及李贊思想的東傳。

三、丘坦與李廷龜的見面源于丘坦的主動，這與李廷龜左議政、正一品官員的身份相關。他們的交流留下了更多的文字記載，有書信，有序跋。其中有私人間的文學交往，就此而言，丘坦是幸運的，他雖是公安派的重要成員，現留存的作品已很有限，在中國文學史上甚至歷史上都已近乎被遺忘，但因爲他與李廷龜等人的交往，讓他的名字留在了朝鮮歷史上，他的文字也留在了李廷龜的文集中，使他成爲研究中朝人物交往、文學交流的不可忽略的一員。他又是不幸的，他雖是公安派的一員，却是由武舉入仕，作爲武官，李廷龜在與他交往的過程中大概是有些敷衍的，所以他爲李廷龜題寫的序文只能作爲附録保存在文集中，而無法真正發揮序的作用，他希望李廷龜饋贈“佳稿”的要求也被忽視了。除了文學交流，他們的交往還涉及國家大事，如中江開市等，他們屬於不同國家，有着不同的立場，需要維護不同的利益，必然存在着紛争與對立，很難簡單地説誰對還是誰錯。

通過丘坦與朝鮮人的交往，幫我們勾勒出歷史的種種面相，雖然真相難以還原，但結合多種材料，我們還是能看到表相與事實之間的距離，只有將這樣的距離盡可能地描畫勾勒出來，歷史才更爲立體，歷史中的人物也才更爲鮮活。這些歷史中的人物，即使是同一國家之人，比如許筠與李廷龜，由於不同的學派、不同的黨派，甚至不同的職位，對人的評價都會存在差異，許筠對丘坦更多的是欣賞，李廷龜則以其爲“深屬”、“待之甚難”。由此可見中朝之人交游的複雜性，如何理解交游中的多種樣態是值得認真思考的問題。

（作者單位：深圳大學人文學院）

域外漢籍研究集刊　第十八輯
2019 年　頁 193—207

古代朝鮮半島《詩經》詮釋的特徵

——以朴世堂《詩思辨録》爲例 *

付星星

一　引言

　　古代朝鮮半島在文化上深受儒家經典的影響,並在儒家經典的基礎上建築國家政治經濟意識形態。朝鮮時代儒者以經典詮釋的方式進入政治、歷史與思想的場域,在政治上爲王朝統治秩序提供智力支援,在個體内在層面上提供進入企慕聖賢、優入聖境的人生修養體驗,在學理層面上成爲經典普世價值原理的當下轉换。《詩經》作爲儒家經典之一,是儒家價值凝塑的重要載體,在朝鮮半島具有文學的、經學的、歷史的、政治的多重功能。其《詩經》詮釋反映出政治、歷史與思想意識形態的各個面向,具有重要的價值。本文以朴世堂《詩思辨録》爲中心研究朝鮮半島經典詮釋的特徵。

　　朴世堂(1629—1703),字季肯,潘南人,少號潛叟,晚年退居東門之外

* 本文爲 2014 年國家社會科學基金一般項目“朝鮮半島《詩經》學史研究”(項目編號 14BZW025)階段性成果。貴州大學與傳媒學院部校共建培育項目“跨文化傳播視域下的中韓《詩經》學比較研究”階段性成果。本文爲孔學堂簽約入駐學者研究成果。

水落山西谷中,遂又號西溪樵叟。朴世堂少問學于姑父鄭思武①,他在少年時期對經典的解釋旨趣亦表現出不同凡俗的識見②。顯宗元年(1660),朴世堂"秋魁生員初試,舉會試二等第一名"③,十一月例受成均館典籍。朴世堂的仕宦生涯主要集中在顯宗元年(1660)至顯宗八年(1667)這一時間段,自顯宗九年(1668)歸隱於揚州水落山石泉洞,後對王室的官職任命偶有出任,但大多皆不赴,呈現出入仕與出仕交融的人生形態。朴氏將人生的大多數時間和精力投注到學問的養成與經典詮釋之中。其著作《四書思辨録》、《南華經注解删補》、《尚書思辨録》、《詩思辨録》,都是他關於儒家與道家經典的詮釋之作。這些著作謂之"思辨録","蓋取慎思明辨之義也"④。朴氏在其經典詮釋中貫注了他對朝鮮性理學經典闡釋體系的反思,呈現出反理學的詮釋傾向,並賦予經典詮釋參與國家政治、思想變革的重任,具有濃郁的經世意識。《詩思辨録》是朝鮮王朝主流性理學思想意識形態轉折時期的著作,透露出朴氏與主流《詩經》詮釋方法相異的詮釋理念,呈現出朴氏以經典詮釋作爲媒介參與王朝社會思想意識形態變革的理想,彰顯出經典詮釋寓開來於繼往的當代價值意義。

二　《詩經》詮釋的實踐性:反性理學《詩經》詮釋模式的生成

《詩思辨録》産生的學術背景是朝鮮王朝獨尊朱熹性理學,學術思想界以朱熹的經典詮釋作爲權威,體現在《詩經》研究上,則是對朱熹《詩集傳》的尊崇。《詩集傳》成爲朝鮮時代《詩經》研究的權威注本,科舉考試的重要

①按:李坦《〈西溪先生〉年譜》記載云:"壬午,崇禎十五年,仁祖大王二十年,先生十四歲。先生十三四歲之際,就學于姑夫鄭教官思武。先生挽人詩云:'服事鄭先生。十數同門子。'"李坦《〈西溪先生〉年譜》,朴世堂《西溪先生集》卷二十二附録,《韓國文集叢刊》第134册,景仁文化社,1996年,頁435。
②李坦《〈西溪先生〉年譜》云:"先生童年初學,未及淹博諸書,文理未甚融貫,而發解義趣,時能透得他人見不到處。長老驚異,以爲兒時見識超詣如此,他日成就未可量也。"李坦《〈西溪先生〉年譜》,朴世堂《西溪先生集》卷二十二附録,《韓國文集叢刊》第134册,頁435。
③朴世堂《西溪先生集》卷二十二附録,《韓國文集叢刊》第134册,頁437。
④崔錫恒《〈西溪先生〉謚狀》,《西溪集》卷二十一,《韓國文集叢刊》第134册,頁431。

參考書。如權近《詩淺見録》、李滉《詩釋義》、林泳《詩傳讀書劄録》、白鳳來《詩傳》、金鐘厚《詩傳劄録》、許傳《詩經筵講義》、朴文鎬《詩集傳詳説》等都是闡釋羽翼《詩集傳》之作。以朱熹《詩集傳》爲中心的《詩經》詮釋模式是朝鮮時代性理學爲主導的政治思想在學術研究上的具體呈現,同時也凸顯了此一時期較爲單一的學術構型與僵化的思維模式。朴世堂《詩思辨録》與朝鮮《詩經》性理化詮釋不同,其《詩經》詮釋呈現出實踐性的品格,主要表現在兩個方面:一是由對《詩集傳》趨於認知活動的接受詮釋轉向對《詩經》文本體驗的實踐詮釋。二是由性理詮釋轉向對章句字詞的實證詮釋。

(一)由《詩集傳》之接受詮釋轉向《詩經》文本的實踐詮釋

朝鮮時代主流《詩經》學以接受與再度詮釋《詩集傳》爲主要特徵,朴世堂突破了《詩集傳》在朝鮮王朝《詩經》學上的中心地位,恢復《詩經》原典研究的主體地位,具體運用"以今人之意逆古人之志"的詮釋方法來體驗《詩經》文本所涉之具體場景,呈現出詮釋的實踐性特徵。

如《魏風·伐檀》,《詩序》云:"刺貪也。在位貪鄙,無功而受禄,君子不得進仕爾。"①《詩集傳》云:"詩人言有人於此,用力伐檀,將以爲車而行陸也。今乃寘之河干,則河水清漣而無所用,雖欲自食其力而不可得矣。然其志則自以爲不耕則不可以得禾,不獵則不可以得獸,是以甘心窮餓而不悔也。詩人述其事而歎之,以爲是真能不空食者。後世若徐穉之流,非其力不食,其屬志蓋如此。"②朴世堂不贊同《詩序》與《詩集傳》的解釋,其云:

> 此詩之指,蓋傷君子之不遇時,而又美其能修身蓄德,不以其不見用而或自沮也。"坎坎伐檀",喻孜孜于爲善修行也。"寘之河干,河水清漣",喻才不遇時而無所施也。"不稼不狩,胡取胡瞻",喻苟不能勤修天爵,將無以使人爵而至。君子之不肯無事而食,如此深歎賢者遭無道之世,能不變其守也。此詩舊説屈曲,取義亦自能通,但未必其真得詩人之指,且可存之以備一義。至《今傳》則專以自食其力爲義,雖無屈曲之病,其失詩意則反有甚於舊。蓋此詩本爲比體,而今傳以爲賦者,由其失於此故也。然所不審者,伐檀而寘河干,將以爲其人實有此事耶。以爲實有,則有車不知行于陸乃寘之河側,而患不能得其用。

---

① 孔穎達《毛詩正義》,北京大學出版社,1999年,頁369。
② 朱熹《詩集傳》,上海古籍出版社,1958年,頁66。

雖天下之愚人,苟非守株刻舟之惑,則必不至於是。如其不然,又何以
謂之賦也?①

朴世堂對《詩序》與《詩集傳》的解釋持不同的態度:他認爲《詩序》屈曲,但
取義亦自能通,雖未必得詩人之旨意,但可存之以備一義;他批評《詩集傳》
"專以自食其力爲義,雖無屈曲之病,其失詩意則反有甚於舊"。朴世堂進
入《詩經》文本的體驗場域,認爲《伐檀》詩傷君子不遇于時,美君子修身蓄
德,不因無用而獨自沮喪的堅韌品格。朴世堂從"坎坎伐檀兮"中體會出君
子爲善修行的不倦努力;從"寘之河干兮,河水清且漣猗"中感受到君子懷
才而不遇的無奈;從"不稼不狩,胡取胡瞻"中感受到君子勤修天爵而使人
爵至的執著追求。在朴世堂的《詩經》詮釋中,《詩》不是與其生命互不相干
的客觀存在,他以個人不遇的生活體驗與在野的生命感受融入到《詩經》的
詮釋中,感受君子遭無道之世而不變其志節的堅守,同時也是他自身心路
歷程與精神體驗的深情傳達。朴世堂對詩篇中君子人格的讚揚,亦是他企
慕並體驗君子人格的實踐過程,其《詩經》詮釋具有實踐性的特徵。

　　再如《小雅·采薇》,《詩序》解釋云:"遣戍役也。文王之時,西有昆夷
之患,北有玁狁之難。以天子之命,命將率遣戍役,以守衛中國。"②《詩集
傳》因循《詩序》的釋義,所謂"此遣戍役之詩",都是從編《詩》與用《詩》上來
考慮詩旨的。朝鮮性理學《詩經》研究者對《采薇》詩解釋大多是圍繞《詩集
傳》而言的,如金鍾正云:"朱子曰:'文武以《天保》以上治內,《采薇》以下治
外,始於憂勤,終於逸樂。'這四句即《小序》説,盡説得好。"③再如金龜柱
云:"'我戍未定,靡使歸聘',蓋謂我之戍期未滿,既無由得歸,而其前又無
人可使歸問安否也?《傳》(《詩集傳》)意恐亦如此。《小注》慶源輔氏以爲
'我行猶未至戍所'云云,有欠事情。"④可見二家均是對《詩集傳》的接受與
再度詮釋。朴世堂回歸詩篇原文,從對《詩集傳》釋義的知識接受活動轉向
對文本深層意蘊的體驗。他説:

----

①朴世堂《詩思辨録》,《韓國經學資料集成》第 72 册,成均館大學校出版部,1995 年,頁
　254—255。
②孔穎達《毛詩正義》,頁 587—588。
③金鍾正《詩傳劄録》,《韓國經學資料集成》第 71 册,頁 716。
④金龜柱《詩傳劄録》,《韓國經學資料集成》第 74 册,頁 77。

　　愚謂此詩實戍役之人所自作，以述其情。而其作之時，則在於歸而在道。故先叙其方戍而采薇，從薇始生而至於老，則見征役之不以時得歸，而傷節候之漸改也。卒章又總叙始行之時，今歸之日所見所遇時物之不同，所以抒其勞苦悲傷之思也。……今舊説皆以此詩爲遣戍之作。詩中固不見其有慰勞送行之意，則何以遽斷之爲如此也。《序》以此爲文王時所作，而漢唐諸儒守其説，故於此篇之曰“王”，下篇之曰“天子”者皆指以爲是謂商紂，其謬易明。《今傳》（《詩集傳》）不用，爲其無足據也。獨何以有取于勞遣之説而不敢爲異也。《今傳》曰：“以其出戍，念歸期之遠，故爲其自言叙勤苦悲傷之情而又風之以義。”夫上之勞下也，其能盡其勤苦悲傷之情而風之以義者，又豈無可述之指與？夫可道之辭而必待乎假其自言而後乃能之耶，理不難知，事固可疑，猶複沿襲前人之誤，而不能改，從而宛轉委曲，以致其義，則誠恐終不免與毛鄭分其失，可不惜哉！①

朴世堂解釋此詩是“戍役之人所自作，以述其情”之詩，他的解釋與《詩序》、《詩集傳》相異。朴世堂以詩篇文本爲依據，即其所謂“以詩中所言而論之”的解釋方法，回到《采薇》詩的文本，以詩中所云“靡室靡家，玁狁之故。不遑啟居，玁狁之故”；“我戍未定，靡使歸聘”；“憂心孔疚，我行不來”；“豈敢定居，一月三捷”；“昔我往矣，楊柳依依，今我來思，雨雪霏霏”爲依據，進入詩人所描述的文本場景之中，判定此詩非親歷戰爭之曠日持久與殘酷無情者不能言之，遂得出是戍役之人所自作，非《詩序》、《詩集傳》所謂遣戍役之詩。朴世堂深入詩篇章句，溯回並體驗詩人的創作場景，以己意逆詩人之意，指出該詩創作的場景是戍役之人在歸途中所賦，征人以野生的薇菜作爲時令漸變的象徵，先叙戍役之始而薇菜始生，在薇菜始生而柔而剛的時間的流逝中，戍役之人一面飽受戰爭中的饑寒交迫、輾轉遷徙、戒備緊張，於詩則曰“憂心烈烈，載饑載渴”、“王室靡盬，不遑起處”、“豈敢定居，一月三捷”、“豈不日戒，玁狁孔棘”；一面則是對於歸的無限渴慕與嚮往。末章一曲“昔我往矣，楊柳依依。今我來思，雨雪霏霏。行道遲遲，載渴載饑。我心傷悲，莫知我哀”，以始發之日的楊柳依依與回歸之時的雨雪霏霏相對比，透視出征人無比勞苦悲傷與無奈的心境。朴世堂將詩篇文本和以意逆

①朴世堂《詩思辨録》，《韓國經學資料集成》第72册，頁372—382。

志的方法相結合,其得出的解釋是合理的。他以文本爲中心的一種精神體驗,通過以意逆志的方法進入文本,繼而進入詩人的情感體驗之中,這是一種體驗式的《詩經》實踐詮釋。

(二)由性理詮釋轉向章句字詞的實證詮釋

朱熹《詩集傳》吸收以《毛傳》、《鄭箋》、《毛詩正義》爲代表的漢唐訓詁成就,却又不爲漢唐《詩經》學的研究範式所限,其在方法上區别於《詩經》漢學的最大的地方即是以理注詩,通過對詩篇文本的釋讀達到發掘詩文中所藴涵的天理。

朝鮮性理學者以接受並詮釋《詩集傳》來建立《詩經》性理學思想體系。朴世堂是早期反對朝鮮性理學體系的學者,他通過章句字詞的訓詁考證來反對朝鮮《詩經》研究的義理化傾向,並賦予朝鮮《詩經》詮釋以實證的品格。

如《鄭風·緇衣》,《詩集傳》解釋云:"舊説鄭桓公武公相繼爲周司徒,善於其職,周人愛之,故作是詩。言子之服緇衣也甚宜,敝則我將爲子更爲之。且將適子之館,既還而又授子以粲,言好之無已也。"①朱熹又於篇末補充云:"《記》曰:'好賢如《緇衣》。'又曰:'於《緇衣》見好賢之至。'"②朴世堂的《詩經》詮釋與作爲主流的朱子《詩經》學詮釋存在本質的差異,以《緇衣》詩爲例,他這樣説:

> 《序》:"美武公也。父子並爲周司徒,善於其職,國人宜之,故美其德。"鄭云:"父,謂桓公。"孔云:"此與《淇澳》(國人)美君有德,能仕王朝,是其一國之事,故爲風。蘇公之刺暴公,吉甫之美申伯,同僚之相刺美,乃所以刺美時王,故爲雅。作者主意有異,故所系不同。"《毛傳》:"緇衣,卿士聽朝之正服。"鄭云:"緇衣,居私朝之服也。(……)卿士所之之館,在天子之宫,如今之諸廬也。自館還在埰地之都,我則設餐以授之。愛之欲飲食之。"孔云:"毛以爲,緇衣之宜,言德稱其服也。此衣若敝,我願王家又複改而爲之,願其常居此位,常服此服。(……)自朝而還,我願王家授以采禄,欲使常朝于王,常食采禄也。(……)鄭以爲,國人愛美武公,緇衣若敝,我願爲君改,作自館而還,我願授君以

---

① 朱熹《詩集傳》,頁47。
② 朱熹《詩集傳》,頁48。

飲食，授之以食爲民，則改作衣服亦民也。又云：毛以卿士既朝于王，退適治事之館，釋皮弁而服緇衣，以聽其所朝之政也。鄭以退適治事之處，爲私，對在天子之庭爲公。此私朝在天子宮内，即'適子之館'是也。又云《考工記》王宮之制，外有九室，如今朝堂諸曹治事之處也。六卿三孤爲九卿，彼言諸曹治事處，此言諸廬，正謂天子宮内，卿士各立曹司，有廬舍以治事也。言適言還，明是從采邑而適公館，從公館而反采邑。"愚謂舊説皆以此詩爲鄭國之人美武公之作。而改衣授粲，《毛》、《鄭》異義，《鄭》説似於長。至《今傳》則乃以此爲周人之作，而猶稱其出於舊説，恐不可也。改衣授粲以爲是周人之意者，合於好賢如緇衣之指。較鄭説又勝，然其曰"適"曰"還"不以爲武公之事，而以爲作詩者之事，又不知視舊説果孰得也。①

朴世堂大量徵引《毛傳》、《鄭箋》與《毛詩正義》的訓詁成果，並對諸家之意進行比較。《緇衣》詩中關於"緇衣"的屬性與製作者爲誰，因爲《毛傳》與《鄭箋》的差異性注釋，成爲《詩經》學史上爭論較多的論題。《毛傳》認爲"緇衣"是卿士聽朝之正服，"緇衣"是王者授予諸侯之服。《鄭箋》認爲"緇衣"是居私朝之服也，是國人爲諸侯所制之衣。朴世堂指出《毛傳》與《鄭箋》兩家對《緇衣》詩之"改衣授粲"的理解存在差異，並詳細列舉兩家對於緇衣的訓詁，以及孔穎達《毛詩正義》對毛鄭二家詩説的評判，並得出《鄭箋》的訓詁較之《毛傳》爲勝的結論，此是以訓詁的方法探究詩旨。朴世堂《詩思辨録》大量引用漢唐及宋代《詩》學訓詁成果，通過《詩經》章句字詞的訓詁來探究詩旨，呈現出《詩經》詮釋由性理闡發轉向章句字詞的考證詮釋。

再如《邶風·擊鼓》，《詩序》云："怨州吁也。衛州吁用兵暴亂，使公孫文仲將而平陳與宋，國人怨其勇而無禮也。"②《詩集傳》録《詩序》釋義云："舊説以此爲春秋隱公四年，州吁自立之時，宋衛陳蔡伐鄭之事，恐或然也。"③朝鮮性理學者也多承其説。朴世堂則不同，他根據詩篇字詞釋義的考證來詮釋詩篇，認爲這是一首從軍之士訣別家人之詩，與君臣之義無涉。

①朴世堂《詩思辨録》，《韓國經學資料集成》第 72 册，頁 214—217。
②孔穎達《毛詩正義》，頁 128。
③朱熹《詩集傳》，頁 18。

詩之第四章"死生契闊,與子成説。執子之手,與子偕老"是全詩當中最動人的地方,寫盡征人對於室家的繾綣留戀與百般叮囑之貌。朴世堂根據"死生契闊"之"契闊"的訓詁來詮釋詩篇,其云:

> 《毛傳》:"契闊,勤苦也。"《鄭》云:"相與處勤苦之中。"《今傳》:"契闊,隔遠之意。恐皆失之。契闊,猶曰離合。契者,契合;闊者,離闊。謂於平日與其室家嘗成誓言。期以死生離合,不相背棄也。若云死生隔遠,亦不成語耳。"①

朴世堂首先列出《毛傳》、《詩集傳》關於"契闊"的解釋,他認爲《毛傳》以"勤苦"與《詩集傳》以"隔遠"來解釋"契闊"均與詩句不相符合,他以"契者,契合;闊者,離闊"來解釋"契闊"。回歸詩篇章句,朴世堂的解釋更切合詩意。詩第一章言"擊鼓其鏜,踊躍用兵。土國城漕,我獨南行",第二章言"從孫子仲,平陳與宋。不我以歸,憂心有忡。"交代了從軍的背景與緣故,蔣炳璋云:"前二章與家人訣别而叙其故也。"②"土國城漕"是在本國修築道路與城牆,而下句"我獨南行"的征人却是要離開故國,向南面而征伐鄭國③,一個"獨"字顯示出征人煢煢子立的淒苦之姿。詩第三章,據嚴粲《詩輯》云:"士卒將行,知其必敗,與其室家訣别曰:汝在家居處矣,我必死於是行,而喪其馬矣。身死則馬非我所有,唐人詩所謂'去時鞍馬别人騎'也。汝若求我,其于林下乎。言死于林下也。"④如此不歸背景之下的征人道出"死生契闊,與子成説。執子之手,與子偕老"之言,這既是辭别室家,也是與室家"死生離合,不相背棄"的永久眷戀。可見,朴世堂以"契合"與"離闊"即離合的人生際遇來解釋"契闊"是符合詩意的。在生離死别的離合之際,"執子之手,與子偕老",既顯示出征人於死生之際無法把握人生命運的深深悲歎,又顯示出征人對於生的無限依戀。朴世堂對於"契闊"的解釋較之《毛傳》與《詩集傳》更符合詩意。

朴世堂《詩思辨録》是朝鮮實學派反對性理學《詩經》研究的先聲,並形成了反性理學《詩經》詮釋的基本模式,具體體現在由《詩集傳》回歸《詩經》

---

① 朴世堂《詩思辨録》,《韓國經學資料集成》第 72 册,頁 118。
② 蔣炳璋《詩序補義》卷三。
③ 楊伯峻《春秋左傳注》,中華書局,1990 年,頁 36。
④ 嚴粲《詩輯》卷三,文淵閣四庫全書本。

文本,呈現出由《詩集傳》的接受詮釋轉向詩篇文本的體驗式實踐詮釋,還呈現出由朝鮮主流《詩經》義理詮釋轉向詩文本訓詁的實證詮釋,呈現出《詩經》詮釋的實踐性特徵。

三　《詩經》詮釋的政治性:《詩經》詮釋與經世意識

詮釋者通過經典詮釋來宣佈新知,同時亦期待書籍在閱讀與傳播中改變人們的思維方式、學術觀念,進而改變國家的政治、歷史與命運。處於朝鮮社會變革期的朴世堂雖長期隱逸于山林,但是却以經典詮釋的方式參與王朝思想意識形態的重建。朴世堂通過對《詩經》的詮釋,旨在反思王朝當下思想意識形態,並建構理想之社會形態,發掘出《詩經》中所内蘊的現實質素,關注人倫日用與現世政治。《詩思辨録》具有濃郁的經世意識,呈現出《詩經》詮釋的政治性特徵。

(一)《詩經》詮釋與人倫日用

朴世堂《詩思辨録》斂輯以《詩序》、《毛傳》、《鄭箋》、《毛詩注疏》爲代表的漢唐《詩經》學成果,並將這些釋義與《詩集傳》相比較,同時以《詩經》文本作爲取捨諸家釋義的依據。《詩思辨録》既反對《詩序》爲代表的《詩經》漢學對於歷史政治的過度穿鑿附會,又反對《詩集傳》爲代表的《詩經》宋學的空疏不實之弊。朴世堂回歸《詩經》原典,挖掘出《詩經》中所包蘊的儒學原初之實用精神,並常從日常淺近處詮釋《詩經》與當下人生的關係,充滿了對於現世人倫日用的深切關照,開啟了一種更爲貼切日用人生的《詩經》詮釋的思想世界。

韓國當代研究者亦關注到朴世堂的經典詮釋具有回歸儒學原典實用精神的詮釋傾向,如韓國學者尹絲淳指出:"他(朴世堂)主張須及早排除性理學沉溺於無用無效、高遠深奧之學理的作風,恢復原初儒學的精神,以'日常而淺近的實際'爲研究對象。……他在斯文亂賊的强烈譴責中,不懼殺身之禍,爲建立'脱性理學',向性理學挑戰,展開了積極的活動。"①體現在《詩經》詮釋上,則是反對《詩經》詮釋之過度義理化、政教化與神聖化,力求詮釋出《詩經》中所蘊涵的"日常"而"淺近"的觀點,並將這些觀點來關照

---

① 尹絲淳《實學意藴及其嬗變》,《當代韓國》1997 年第 1 期。

人倫日用之日常人生。

如《小雅·天保》,《毛傳》、《鄭箋》、《詩序》、《詩集傳》大都從天賜福禄於臣民的角度加以解釋。《詩集傳》云:"人君以《鹿鳴》以下五詩燕其臣,臣受賜者歌此詩以答其君。言天之安定我君,使之獲福如此也。"①該詩第二章云:"天保定爾,俾爾戩穀。罄無不宜,受天百禄。降爾遐福,維日不足。"此章,《毛傳》云:"戩,福。穀,禄。罄,盡也。"《鄭箋》云:"天使女所福禄之人,謂群臣也。其舉事盡得其宜,受天之多禄。遐,遠也。天又下予女以廣遠之福,使天下溥蒙之,汲汲然如日且不足也。"②朴世堂在《詩思辨録》中詳細摘録《毛傳》與《鄭箋》後解釋云:

> 愚謂:遐者,永遠之謂也,猶云無疆。舊説以此章爲言臣民受天禄,其言甚舛。③

朴世堂反對《毛傳》與《鄭箋》對於此章超越現世社會的理解,反對《毛傳》、《鄭箋》將此章解釋爲"天"與"人"的關係,即臣民受天之禄,蒙天降爾以福,"言天人之際,交相與也"④。他認爲"受天之禄"非爲臣民受天之禄,而是受君之禄。朴世堂的詮釋將《毛傳》爲代表的天人關係轉向君臣關係。再如此詩第五章云:"神之吊矣,詒爾多福。民之質矣,日用飲食,群黎百姓,徧爲爾德。"朴世堂摘録《毛傳》、《鄭箋》釋義,並加以評價云:

> 愚謂:民俗質厚,安居無事,飲食而已。徧爲爾德,言民皆以是爲君德之所及也。今舊諸説恐非本指。⑤

朴世堂認爲"今舊諸説恐非本指",他指出此章"徧爲爾德,言民皆以是爲君德之所及也",强調是"君德"而非具有神秘色彩的神性的上天之德。可見,朴世堂對於《天保》詩的詮釋,立足於現實世界中的君臣關係而言,他摒棄天賜福禄的超現實主義觀點,是由天德向君德的轉化,由神向人的轉化。朴世堂從詩篇文本中發掘出具有普世價值意義的君臣關係。雖然《詩》從遠古而來,但是由《詩》中所展現出來的人文精神則是一貫的。

---

① 朱熹《詩集傳》,頁104。
② 孔穎達《毛詩正義》,頁584。
③ 朴世堂《詩思辨録》,《韓國經學資料集成》第72册,頁366。
④ 朱熹《詩集傳》,頁104。
⑤ 朴世堂《詩思辨録》,《韓國經學資料集成》第72册,頁368。

再如《鄭風·揚之水》,朴世堂云:

> 愚謂:此詩之義,今舊説皆未有可指據,而信其爲然者。恐只是朋友親戚之素有恩者,爲人所間,中更乖疎,故傷怨之而作也。揚者,水之盛也,而不能流漂一束楚之輕,則實非平昔之所意也。夫以素親有恩之人,而不能通達其情私,亦豈是平昔之所自意者也。此其托興之端歟。舊説雖牽强,尚有意致之可言。《今傳》直以爲淫者之相謂,則不憂夫,或失詩人之指而爲輕,歸人以惡乎?①

以《詩序》爲代表的舊説將《揚之水》與《有女同車》均解釋爲刺忽不與大國齊聯姻以致無大國之援助的詩。《詩集傳》的解釋與《詩序》不同,其將《有女同車》與《揚之水》解釋爲"淫奔之詩"②與"淫者相謂"③之詩。朴世堂解釋《揚之水》,詳細列出《詩序》、《毛詩注疏》、《鄭箋》、《毛傳》與《詩集傳》等諸家釋義,並指出這些釋義"皆未有可指據"。他認爲以《詩序》爲代表的舊説過於穿鑿附會歷史,而以《詩集傳》爲代表的淫詩説則又使詩人的旨意顯得輕浮不實。他以詩篇中明言"兄弟",遂認爲此詩乃"朋友親戚之素有恩者,爲人所間,中更乖疎,故傷怨之而作也"。朴世堂將《揚之水》詩從舊説所附會的沒有確切根據的歷史與政治人物中剝離出來,以詩文本爲根據,回歸《詩》所生髮的原始情感,並揭示出這種情感古今相通,它對於詩人和讀者千百年來不曾斷裂,是人們對於朋友故舊無間無傷的真摯情感的渴求,此時《詩》成了聯繫古人與今人最親切的憑證。朴世堂《詩經》詮釋具有去聖教王功的色彩,他力求探究詩中最切近日常人生的一面的,將經典詮釋與現世人生相聯繫。

(二)《詩經》詮釋與理想政治模式的建構

朴世堂一生隱逸多於仕宦,他將人生的大多數時間用來詮釋儒家和道家的經典,以經典詮釋來反對朱子學獨尊的學術與政治思想意識形態,通過經典詮釋來參與現實政治思想意識形態的鬥爭。朴世堂經典詮釋寄寓了他對於國家政治的關懷,以及深切的"救世"願望,他通過思想界由性理學而經世致用之"實學"的轉變,進而改變國力衰弱、民不聊生、賢人棄置的

---

① 朴世堂《詩思辨録》,頁 232—233。
② 朱熹《詩集傳》,頁 52。
③ 朱熹《詩集傳》,頁 55。

現實處境。

　　朴世堂的《詩經》詮釋通過賦古典以新義的方式參與王朝政治活動,如黃俊傑所云:"東亞儒家經典詮釋傳統的重大特徵之一,在於經典詮釋與政治權力之間,具有極端密切的互動關係。……東亞儒家經典詮釋傳統之所以與政治權力以及權力結構的變動,互有千絲萬縷的毛細孔般的滲透關係,最主要原因乃在於傳統東亞的思想家不僅致力於解釋世界,更有心於改變世界,東亞儒家經典尤其以經世爲其根本精神。"①朴世堂亦常常從政治的角度進入《詩經》的思想世界,構建君明臣賢、賢人治世的理想政治模式。

　　《詩經》中常有寫男女思慕之情態的詩,《詩序》與《詩集傳》對於這類詩篇的解釋存在本質的差異。《詩序》常從政治教化與歷史的面向加以詮釋,《詩集傳》則大多以男女之私情加以詮釋。對於這類詩篇的詮釋,朴世堂大多贊同《詩序》從政治角度的詮釋並加以肯定與延伸。如《王風·丘中有麻》,《詩序》與《詩集傳》的解釋不同,《詩序》從思賢人的角度來詮釋詩旨,《詩集傳》從男女之私情來解釋。朴世堂於這類詩篇常贊同《詩序》的政治詮釋,而反對《詩集傳》的"淫詩説",他指出:

　　　　愚謂:《今傳》以此詩爲婦人望其所與私者之作。蓋不用《序》説,與毛鄭異。然求之於義,婦人雖淫泆之甚,而無所忌憚,不應一詩之中期會指望者如是之廣。恐當從《序》爲長。但毛鄭以留爲氏,以子國爲子嗟之父。鄭又以彼留之子爲朋友之子義,皆迂。甚不足取也。孔氏間爲分解者,亦以覺其拘强故爾。而終不能正其失也。"丘",猶言山也。"留",猶言住也。"將",期望之意。"施施",委遲貌。此篇見賢人之隱遯者多,末章至曰彼留之子,則雖不言其名,而蓋不止上所稱二人而已。主昏國亂,賢人隱處,而其慕之之深,望之之切如此。則詩人憫世惜賢之意又可見矣。《今傳》又謂"之子"並指前二人,尤可疑。一婦人而其一時所望至二男子,此二男子者又共聚一樹之下,爲他婦人所留,果可謂有此事乎?②

朴世堂贊同《詩序》,其所謂"主昏國亂,賢人隱處,而其慕之之深,望之之切

---

① 黃俊傑《論東亞儒家經典詮釋與政治權力之關係》,《台大歷史學報》第 40 期,2007 年。
② 朴世堂《詩思辨録》,《韓國經學資料集成》第 72 册,頁 213—214。

如此。則詩人憫世惜賢之意又可見矣",意謂賢人雖隱遁山林之中,但内心充滿了參與朝政的渴慕與希望,又可見出詩人哀憫世事憐惜賢人的心意。朴世堂將《丘中有麻》詮釋爲賢人被放逐的群體悲歡,他在"彼留子嗟,將其來施施"、"彼留子國,將其來食"、"彼留之子,貽我配玖"中詮釋出在野之賢人對於現實政治的守望與期待,在"慕之之深,望之之切如此"的深情表述中,亦可見常處於隱逸之人生狀態的朴世堂在《詩經》詮釋中對當下朝鮮社會賢人在野的哀憫與歎息,他在《詩思辨録》中的對賢人政治的反復詮釋,企圖建構君明臣賢,賢人出仕的理想世界。

《詩經》中有寫男女渴慕之思之外在形貌的詩,《詩序》與《詩集傳》常從歷史與淫詩的角度加以詮釋。對於此類詩篇,朴世堂的詮釋區別於《詩序》與《詩集傳》,他從賢人政治的維度加以詮釋,如《陳風·澤陂》之《詩序》云:"刺時也。言靈公君臣淫于其國,男女相説,憂思感傷焉。"①《詩集傳》云:"此詩大旨與《月出》相類。"即爲"男女相悦而相念之辭"②。朴世堂指出:

此詩之義,今舊説亦略同,竊獨疑其未然也。詳玩詩中所言,多感慨憫惜之意,絶邪淫流蕩之思,則恐不宜遽歸之以男女相悦之作。其所指雖不知竟爲何人,必賢而不遇于時者歟。③

朴世堂録《詩序》、《毛傳》、《鄭箋》等關於此詩的釋義與訓詁,並與《詩集傳》相比較,得出此詩"今舊説亦略同"的結論。朴世堂不贊同將此詩解釋爲男女相悦之詩,他認爲詩中所言之章句,應爲傷賢人之不遇。朴世堂認爲詩句"彼澤之陂,有蒲與荷。有美一人,傷如之何"充盈著"感慨惋惜之意",而無男女爾我之私的"邪淫流蕩之思"。以"彼澤之陂"上的蒲與荷、蒲與蕑、蒲與菡萏來比喻賢人君子的清雅與美好,而如此"碩大且卷""碩大且儼"的賢人君子孤立于朝政,不遇于國君則是"傷如之何"的直接緣由。朴世堂因爲反對作爲主流思想意識形態的朱子學而不見容於當世王朝,多以隱逸著述加以抗争,當他詮釋"有美一人,傷如之何"之時,他將自己所有的人生感慨與哀憫之情熔鑄其中,賦予詩篇以賢人不遇的新義。賢人因被逐而無法救世,在"寤寐無爲,涕泗滂沱"、"中心悁悁"、"輾轉伏枕"的聲聲悲歡中,朴

---

①孔穎達《毛詩正義》,頁454。
②朱熹《詩集傳》,頁84,頁83。
③朴世堂《詩思辨録》,《韓國經學資料集成》第72册,頁301—302。

世堂遠遠地與詩人相通了。這是他以《詩經》詮釋的方式所傳達的賢人政
治的理想。

　　再如《鄭風·蘀兮》，朴世堂《詩思辨録》云：

　　　　愚謂：此詩有懼夫時過而事不及，欲早謀之之意。若非如《唐風》
　　　"今我不樂，日月其除"之指，則必是大夫憂國之危，而禍之將及，欲與
　　　諸大夫同心共力以早圖之也。①

《詩序》以鄭國忽與群臣的關係穿鑿其間，得出"刺忽也。君弱臣强，不倡而
和也"的詮釋②。《詩集傳》認爲《詩序》無據，從男女之辭解釋爲"此淫女之
詞，言蘀兮蘀兮，則風將吹女矣。叔兮伯兮，則蓋倡予，而予將和女矣"③。
朴世堂一方面指出《詩序》、《毛傳》、《鄭箋》對於此詩的穿鑿附會，即其所言
"詩意未嘗彷彿於其所謂也"；另一方面也指出《詩集傳》之"淫女之辭"於詩
篇未有可證之端。朴世堂否定今舊説的詮釋，他根據詩篇文本之"蘀兮蘀
兮，風其吹女"、"蘀兮蘀兮，風其漂女"，在秋風剪短生意的悲涼中，他詮釋
出詩篇中所蘊涵的時間、生命與政治的意識，認爲此詩乃大夫感時傷世之
詩，具有"懼夫時過而事不及，欲早謀之之意"，有如《唐風·蟋蟀》"今我不
樂，日月其除。無已大康，職思其居。好樂無荒，良士瞿瞿"之意。大夫賢
人在自然界的風物變化中感受到政治社會生活的變化，傷國即將處於危難
之中，於是在"叔兮伯兮，倡予和女"、"叔兮伯兮，倡予要女"的聲聲呼喚中，
希冀與國之諸大夫同心共力振興家國。朴世堂的詮釋與今舊説相異，其所
謂"懼夫時過而事不及"、"憂國之危"與"禍之將及"未嘗不是他對於正處於
風雨飄零中却仍然沉浸在空疏無爲性理學研究場域中的王朝歷史命運的
深切憂慮。朴世堂通過詩篇的詮釋建構君明臣賢的理想政治模式，其《詩
經》詮釋具有政治性的特徵。

四　結語

　　本文通過《詩思辨録》來探究朝鮮半島《詩經》詮釋的特徵，主要體現在

---

① 朴世堂《詩思辨録》，《韓國經學資料集成》第 72 册，頁 224—225。
② 孔穎達《毛詩正義》，頁 303。
③ 朱熹《詩集傳》，頁 52。

以下三個方面：

　　第一，朝鮮半島《詩經》詮釋具有歷史性的特徵。詮釋者將自己所處的時代背景與歷史際遇帶入經典的詮釋中。朴世堂將性理學所導致的民不聊生、國力衰敗的歷史境遇帶進《詩經》詮釋中，通過《詩經》文本的詮釋反思並打破性理學獨尊所導致的思想束縛。朴世堂的《詩經》詮釋呈現了具體的歷史時空對於詮釋的影響，體現出《詩經》詮釋的歷史性特徵。

　　第二，朝鮮半島《詩經》詮釋具有實踐性的特徵。詮釋者在經典詮釋中，不僅是知識的接受者，同時還是知識的體驗者與實踐者。朴世堂在《詩經》詮釋中，將以往對《詩集傳》的知識接受詮釋轉化爲對於詩篇文本的體驗式實踐詮釋，將朝鮮儒者的性理學詮釋轉向訓詁的實證詮釋。

　　第三，朝鮮半島《詩經》詮釋具有政治性的特徵。詮釋者將經典詮釋與現實人生、現實政治相融合，凸顯出經世致用的詮釋目的。朴世堂以在野的身份，通過《詩經》詮釋關注日用倫常之現實人生，並希冀構建理想之政治模式，呈現出知識對於政治的張力關係。

　　　　　　　　　　　　　　（作者單位：貴州大學文學與傳媒學院）

域外漢籍研究集刊　第十八輯
2019 年　頁 209—223

論朝鮮時代《第五游》解字的朱子學實踐 *

李　凡

　　《第五游》是目前韓國僅存的一部研究漢字字源的專著,也是朝鮮時代最早在説解文字時加入小篆並從音形義三方面進行研究的專門文獻①。該書不但總結了十八世紀以來朝鮮王朝《説文》學的成果,而且開啓了以後朴瑄壽《説文解字翼徵》、許傳《字訓》、權丙勳《六書尋源》、李郼鎬《説文考異》等深層研究,可謂韓國《説文》學的重要著作②。作者沈有鎮,生於朝鮮景宗四年(1723),卒年不詳;慶尚道青松人,字有之,號愛廬子,爲當時著名的學者,交游頗廣。沈氏爲國王講《大學》、《周易》,采取朱子學説。其"潛心字學十餘年不懈,著爲成説,其亦有意於助發經旨也歟。"③本書爲作者未完遺稿,據序文可知,本書得名"《第五游》,游於藝之義。書于六藝,居其第五也"。作者有感於"《説文》、《字彙》等書失之太簡,《字通》、《字典》等書涉於太繁,或闕略而難悟,或迂泥而不通。至於音釋,則前輩率多略之,只言某字之爲某音,不解某音之爲某義。則是豈造字之本意也哉"。故而"搜輯諸家要語,參互已意,彙成一通之書。而一從《三韻通考》字數,逐字解

---

* 本文爲國家社會科學基金重大項目:"韓國傳世漢文字典文獻集成",項目號:14ZDB108 資助。

① 黃卓明《朝鮮時代漢字學文獻〈第五游〉發微》,載《河南師範大學學報(哲學社會科學版)》2013 年第 4 期,頁 164—166。

② [韓]河永三《〈第五游〉整理與研究》》,《域外漢字傳播書系·韓國卷》,上海人民出版社,2012 年,頁 7。

③ [朝鮮]吳載純《醇庵集》,韓國首爾大學奎章閣藏本,1808 年,頁 12b。

義,因義附音,蓋該聲類。"①雖然今天逐漸有學者開始注意研究,但是諸作對於該書中依據朱子學學説進行解字的現象却没有太多關注②。未免美中不足,故作文擬就此現象進行探討。

一　相關解字舉隅

朱子學傳播到古代韓國,對其國家和民族產生深刻影響。特別是在李朝前期,由於統治者的倡導,更是取得長足發展。各種學派相繼出現,並且形成了以退溪之學爲代表的集大成的體系。朱子學在社會意識形態中逐漸佔據正統地位,促進古代韓國的歷史、文化、思想、風俗等諸多方面的發展。將沈氏書中具有典型性的解字的内容與朱子學相關理論進行比較,發現其具有高度的相似性。通檢全書,其中有十個字頭,分別是"忄""學""勹""人""日""乾""天""仁""大""子",所見如下。

【忄】

　　1)與心同,身主也。上點,理也;左右點,性情也;圍畫,象心之形也,蓋象形也。心之爲物,纖微而無不統,故纖音。③

忄爲偏旁,沈氏列爲字頭,可視作分化字。與心字同。"心"字象形,但其本自古文字形隸定而來,並無實際意義。如甲骨文字形作𢖺(甲 3510)、𢖻(攈續 338)④,金文字形作𢖽(散氏盤)、𢘒(克鼎)、𢗜(戒鼎)、𢗄(兼伯受壺),睡虎地秦簡作𢗉𢗄等形⑤。沈氏解字,雖然也指出"圍畫象心之形",但同

---

① [朝鮮]沈有鎮《第五游》,韓國國立中央圖書館藏本,1792 年,頁 95a。
② 對於本書的研究,在韓國有李圭甲《〈第五游〉初探》、《〈第五游〉字形分析誤謬考》,河永三《文化觀念之對漢字解釋所影響的機制——〈第五游〉字釋所見沈有鎮的政治意識》、《朝鮮時代字書〈第五游〉所反映的釋字特徵》之文;在中國有黃卓明《朝鮮時代漢字學文獻〈第五游〉發微》、袁曉飛《〈第五游〉研究》、王平與韓國河永三教授主編的《域外漢字傳播書系》中所收《〈第五游〉整理與研究》。
③ [韓]河永三《〈第五游〉整理與研究》,頁 81。
④ 高明《古文字類編》,上海古籍出版社,2008 年,頁 463。
⑤ 李圃《古文字詁林》第 8 册,上海人民出版社,2002 年,頁 937。

時也將其進行拆分，認爲心爲身主，"心"上一點爲"理"，左右兩點爲"性情"。"心爲身主"説見於朱子《大學章句集注》："心者，身之所主也。"①爲"八條目"之一。另外，朱子亦説："心固是主宰底意，然所謂主宰者，即是理也。不是心外別有個理，理外別有個心。"②又説"天地生物之心是仁；人之稟賦，接得此天地之心，方能有生。"③沈氏在解字時認爲，心爲身主，理居其中而性情在左右，突出"理"的中心位置，正與朱子所説心猶易，道猶情，人之稟賦，因爲接得天地之心，方能有生，異曲同工。又論其字音所得，謂"心之爲物，纖微而無不統"，則此説解亦可參考朱子《讀大紀》之論："儒者於此既有以得於心之本然矣，則其内外精粗，自不容有纖毫之間，而其所以脩己治人垂世立教者，亦不容其有纖毫造作輕重之私焉。是以因其自然之理而成自然之功，則有以參天地、贊化育而幽明巨細，無一物遺也。"④朱子説宇宙萬物之間，皆一理在其中，所以儒者"既有以得於心之本然"，那麼"參天地、贊化育而幽明巨細，無一物遺"。沈氏説解，正與此言不二差。

【彳亍】

2)學字之上。受教也。愛盧子《大學解》曰：大學之所學者，大也。字學上從彳亍，下從字，蓋小子成立爲人，而後始學大焉。子字，小兒並脚爲一之形，蓋畏風氣而以裸裹合也。長而成人，則子變爲人，而一理尚蒙，其形爲人。爻者，心效聖賢，此内工夫也；左右匕，古掬字，兩手尊奉之義，此外工夫也。所謂内外交修也。如是而日久，則一理漸爲開明，一朝豁然貫通，則一理之兩端所蒙者，皆舉而爲一。爻爲掬，是工夫時事也。便同過祭之芻狗，字學中所餘者爲大字而已，此所以學而知之，與生知同爲大人。或曰小學之學與大學之學似不同，君將何以解之？答曰：《易》卦只六十四，統天下萬事萬理，而設著得卦，無不吻合而可解。字之爲畫亦同卦之爲畫，大學之學以大字爲主而解，自是此理。小學之學，若以小字爲主而解，則又是此理，何往而非此理也

①［宋］朱熹《四書章句集注》，中華書局，1983年，頁3。
②［宋］朱熹《朱子語類》，《朱子全書》第14册，上海古籍出版社，2002年，頁117。
③［宋］朱熹《朱子語類》，《朱子全書》第17册，頁3208。
④［宋］朱熹《朱子文集》，《朱子全書》第23册，頁3376。

哉！甚至於譯學、蒙學皆可以成説，而不違於理，知未到此者難與相議，惟在學者妙解之如何耳。學而覺悟，故覺音。會意。與舉字上不同。①

"學"字，本字作"斆"，《説文》："覺悟也从教从冂，冂尚曚也，臼聲篆文，省作學，從爻得聲。"甲骨文形作❖（鐵一五七·四）、❖（前五·二〇·一）、❖（甲二九七〇）、❖（乙一九八六）、❖（珠 522），金文字形作❖（大盂鼎）、❖（静簋）、❖（令鼎）、❖（師嫠簋）、❖（睡虎地秦簡文字編）；林義光、馬叙倫先生謂教、學爲一字；李孝定先生謂朱芳圃先生以从𦥑从子，於説較長，且"《説文》無𦥑字而契文有之，當爲最早形聲字，從臼以示學習，爻聲……从宀實爲❖字增多直畫，文字繁變如此者多有"②。各家所識差別不大。沈氏釋義，將字形拆分，與往古各家不同，即便以今日釋字研究視之，亦頗多不合。他認爲"學字下從字，蓋小子成立爲人，而後始學大焉"，分而解之，則"爻者，心效聖賢，此内工夫也；左右，古掬字，兩手尊奉之義，此外工夫也。"這可以説是對該字的直觀分析。所謂"内外工夫"，無論古代中韓學林，集中體現於對"敬内義外"命題的討論。朱子謂："敬以直内，義以方外，敬義立而德不孤，此在坤六二之爻，論六二之德，聖人本意謂人占得此爻，若直方爻，則不習而無不利。"③李退溪認爲"只將敬以直内爲日用第一義"④，"敬義夾持，無少間斷，此是緊切工夫。"⑤沈氏根據字形衍義，以"心效聖賢，兩手尊奉"一言以蔽之，即在内通明聖賢本意，在外尊敬奉行不失。雖與"學"字本義相去甚遠，但其以寓教於字的解法對於理學思想的教育與傳播起到良好作用。解字之後，又進一步闡述修學工夫。李退溪《自省錄》曾謂："心氣之患，正緣察理未透而鑿空以强探，操心昧方而揠苗以助長，不覺勞心極力，以致此。此亦初學之通患，雖晦翁先生初間亦不無此患。"⑥正與"如是而

①［韓］河永三《〈第五游〉整理與研究》，《域外漢字傳播書系·韓國卷》，上海人民出版社，2012 年，頁 87。
②李圃《古文字詁林》第 3 册，頁 716—719。
③［宋］朱熹《朱子語類》，《朱子全書》第 16 册，頁 2327—2328。
④［朝鮮］李滉《退溪集》卷二十九，韓國首爾大學奎章閣藏本，1788 年，頁 9。
⑤［朝鮮］李滉《退溪集》卷十四，頁 15。
⑥［朝鮮］李滉《退溪集》卷十四，頁 2。

日久,則一理漸爲開明,一朝豁然貫通,則一理之兩端所蒙者,皆舉而爲一"異曲同工。又"或曰小學之學與大學之學似不同",而沈氏回答"字之爲畫亦同卦之爲畫,大學之學以大字爲主而解,自是此理;小學之學,若以小字爲主而解,則又是此理。"所謂"大學"、"小學"見於朱熹《四書章句集注序》:"《大學》之書,古之大學所以教人之法也。蓋自天降生民,則既莫不與之以仁義禮智之性矣。……人生八歲,則自王公以下至於庶人之子弟,皆入小學,而教之以灑掃、應對、進退之節,禮樂、射禦、書數之文。"①根據沈氏《第五游》釋"大"字義是象徵"三綱八目",則"小"字可被解釋爲三節或者三文即"灑掃、應對、進退之節,禮樂、射禦、書數之文"。以大字爲主而解大學,以小字爲主而解小學。可見沈氏按照字形及字畫,參考《易經》以及朱子對於"内外工夫"、"大學"、"小學"等概念的釋義,藉由解字闡發自己的理學思想。

【勹】

　　3)古包字。勹,裹也。勹象人曲形,蓋裹妊之女。己在其中,己即子也。亦人畫,從尸而曲爲己,而是子形,則其膝已跪矣。人之好禮,便是胎教裹妊以保生生之理爲主,故保音。②

　　"勹"字見於《說文》:"裹也,象人曲形。有所包裹。凡勹之屬皆从勹。"段玉裁以及郭沫若所見與沈氏同,謂"勹是古包字";唐蘭謂本義象龍形;于省吾認爲是"匐"之本字,象人身體屈曲之形;何琳儀亦贊同於氏之說③。"勹"字之音本應作"匐",今人已辨,沈氏則是據《說文》而言。字音讀作"保"是因爲"人之好禮,便是胎教裹妊以保生生之理爲主"。據此可見,所謂"生生之理"與"胎教裹妊"相似。此種認知亦見同書"母"字釋義:"女人生産,則兩乳垂,故象形。坤有萬物生生之理。……俱有生殖之意;……皆可類推。"朱子《周易本義》:"生生之謂易,陰生陽,陽生陰,其變無窮,理與書皆然也。成象之謂乾,效法之謂坤,效,呈也。"④朱子說:"天地之間,有

①［宋］朱熹《四書章句集注》,頁 1。
②［韓］河永三《〈第五游〉整理與研究》,頁 90。
③李圃《古文字詁林》第 8 册,頁 139。
④［宋］朱熹《周易本義》,《朱子全書》第 1 册,頁 127。

理有氣。理也者,形而上之道也,生物之本也。氣也者,形而下之器也,生物之具也。是以人物之生,必稟此理,然後有性。必稟此氣,然後有形。"①"在唐君毅看來,朱熹所歸宗之'統體之禮',是'使新事物得生而得存之理'。……'吾人如謂一物之形式,乃屬於一具體物,後於具體物之有而有,以爲人所知'。那麼此'實現之理'則是此具體事物的創生之理,如自此理所創生之具體事物,乃生生不窮者言,則應稱之爲'生生之理'。"②由此可見,唐氏説解朱子理學思想,與朝鮮時代學者沈有鎮解字時所據的"生生之理"是所見略同的。且沈氏言"人之好禮,便是胎教褱姙以保生生之理爲主",結合其他解字處所據朱子學思想,比如朱子論仁以及三綱八條目等内容來看,沈氏解字認爲"勹"字字形如"懷妊"而且"保有"生生之理,可與朱子"人物之生,必稟此理,然後有性。必稟此氣,然後有形"之説相參互。

【人】

4)天地之心也。俯首拱揖形。象形也。生於寅會,故寅音。人之於在字上爲仝,在右爲以,在下爲仄,不必在左,而從衆屬之左邊,他皆倣此。③

"天地之心"見《禮記》:"故人者,天地之心也,五行之端也。"沈氏解"天"字謂:"人,萬物之主。天從二人,兼愛萬物之義。……仁,人之稟是氣也,其兼愛生生之義。"且朱子《仁説》,"故論天地之心者,則曰乾元、坤元,則四德之體用不待悉數而足;論人心之妙者,則曰'仁,人心也',則四德之體用亦不待遍舉而該。蓋仁之爲道,乃天地生物之心,即物而在。情之未發而此體已具,情之既發而其用不窮。誠能體而存之,則衆善之源,百行之本,莫不在是"④,則沈氏有關"人""天""仁"等字解説,皆據朱子《仁説》思

---

① [宋]朱熹《朱子文集》,《朱子全書》第 23 册,頁 2755。
② 唐君毅《中國哲學原論·導論篇》,中國社會科學出版社,2005 年,頁 287。轉引自樂愛國《朱熹的"理":"生生之理"還是"只存有而不活動"》一文。樂愛國《朱熹的"理":"生生之理"還是"只存有而不活動"》,《廈門大學學報(哲學社會科學版)》2006 年第 1 期,頁 36—43。
③ [韓]河永三《〈第五游〉整理與研究》,頁 101。
④ [宋]朱熹《朱子語類》,《朱子全書》第 23 册,頁 3279—3280。

想而來。因爲"仁"是天地之心,亦是人心,是人所秉之氣,而"仁之爲道"是"天地生物之心,即物而在","人物之生,各得夫天地之心以爲心。"而且"天地以此心普及萬物,人得之遂爲人之心,物得之遂爲物之心,草木禽獸接著遂爲草木禽獸之心,只是一箇天地之心爾。"①沈氏説"人生於寅會",本自傳統曆算家説。邵康節與朱子皆有説解。《朱子語類》:"楊尹叔問:'天開於子,地辟於丑,人生於寅',如何? 曰:'康節説,一元統十二會,前面虚却子丑兩位,至寅位始紀人物,云人是寅年寅月寅時生。以意推之,必是先有天,方有地,有天地交感,方始生出人物來。'"②朱子之説與解釋人是"天地之心"相符,沈氏雖僅説"人"之所以音"寅"是因爲人"生於寅會",但參考沈氏説"生生之理"以及對"子"字釋義,明顯是據朱子説"三正之建"而言。

【天】

　　5)地之上配也。从一、大。會意。古篆作ꙮ,上覆之形也。其高無上,故顚音。愛廬子以台臣先大王朝講元亨利貞之元字曰:天从二、人,元、仁亦皆从二、人。二,兼愛之義;人,萬物之主。天从二、人,兼愛萬物之義。元,是氣之流行也;仁,人之稟是氣也,其兼愛生生之義。三字自是一字,而隨時變化者也,象其下覆則爲天,象其流行則其脚曲而爲元,稟于人則先人作仁。其終聲則尚今無異。殿下盡仁字,兼愛之義,則是所謂浩浩其天、其時,適有事故,演義如此。丨,上曰新聞之語也,又曰爾季,幾何? 對曰:云云。一、大,雖是本義,以二、人解義,無害於畫,不違於理,此字學之活法也。③

　　"天"字本爲會意字。《説文》謂:"顚也,从一大。"沈氏固知其本義,但解字時將字拆解爲"从二人",以"仁"、"元"二字並舉,相互比附字義。在爲英祖講授《易經》之時,即所謂:"天从二、人,元、仁亦皆从二、人。二,兼愛之義;人,萬物之主。天从二、人,兼愛萬物之義。元,是氣之流行也;仁,人之稟是氣也,其兼愛生生之義。三字自是一字,而隨時變化者也,象其下覆則爲天,象其流行則其脚曲而爲元,稟于人則先人作仁。"如此解説,是源于

---

① [宋]朱熹《朱子語類》,《朱子全書》第 14 册,頁 117—118。
② [宋]朱熹《朱子語類》,《朱子全書》第 15 册,頁 1592。
③ [韓]河永三《〈第五游〉整理與研究》,頁 102。

朱子論仁的思想。朱子謂："天地以生物爲心者也,而人物之生,又各得夫天地之心以爲心也。故語心之德,雖其總攝貫通,無所不背,然一言以蔽之,則曰仁而已矣。請試詳之,蓋天地之心,其德有四,曰元亨利貞,而元無不統;其運行焉,則爲春夏秋冬之序,而春生之氣無所不通。故人之爲心,其德亦有四,曰仁義禮智,而仁無不包;其發用焉,則爲愛恭宜別之情,而惻隱之心無所不貫。"①將"天"字與"仁"字關聯,一是朱子論天地之心與人之爲心的説法爲依據,再則是"天"字字形被其拆解爲從二、人,而"仁"字正也是從二、人的。可見沈氏解字主要依據朱子説"元亨利貞"以及論仁的思想。

【仁】

　　6)好生之心,人之仁義禮智,猶天之元亨利貞。從二從人爲元,仁亦從二從人,其原出於天,天亦從二從人,見天注。人音。果核中實有生氣者亦曰仁,可以類推。肢體之不順謂之不仁,違於生生之理也。②
　　沈氏解字,直言"仁"字是"好生之心",而"人之仁義禮智,猶天之元亨利貞"。此説源自朱子解釋"元亨利貞"之説。朱子謂之"爲四德之首,而貫乎天德之始終,故曰統天。……元者,生物之始,天地之德,莫先於此,故于時爲春,於人則爲仁,而衆善之長也。亨者,生物之通,物至於此,莫不嘉美,故于時爲夏,於人則爲禮,而衆美之會也。利者,生物之遂,物各得宜,不相妨害,故于時爲秋,於人則爲義,而得其分之和。貞者,生物之成。實理具備,隨在各足,故于時爲冬,於人則爲智,而爲衆事之幹。"③四德始於"元","元便是仁"④。"仁者,天地生物之心,而人物所得以爲心,則是天地人物莫不同有是心,而心德未嘗不貫通也。"⑤沈氏認爲"天""仁"等字皆可視作從人從二,故以三字爲同源字,其説見於"天"字注。"天"字注下亦從朱子論仁觀點出發解之,與"仁"字解説相表裏。朱子認爲"仁"是天地之

①[宋]朱熹《朱子文集》,《朱子全書》第 23 册,頁 3279。
②[韓]河永三《〈第五游〉整理與研究》,頁 105。
③[宋]朱熹《周易本義》,《朱子全書》第 1 册,頁 146。
④[宋]朱熹《朱子語類》,《朱子全書》第 16 册,頁 1933。
⑤[宋]朱熹《朱子語類》,《朱子全書》第 17 册,頁 3190。

心,是生而方有之。"元"是天地之德,生物之始,於人爲仁,則人具天地之心。故沈氏據之而作喻言"果核中有生氣者亦曰仁,可以類推。"因之,沈氏以不仁是"違於生生之理",反之則"仁"是符合"生生之理"。參考朱子言"元亨利貞"爲"生物之始"、"生物之通"、"生物之遂"、"生物之成",沈氏謂"生生之理"正與此相通。

【乾】

　　　　7)天之性情,天道,日爲之主,故从軌,陽中陰,从屈畫,猶坤之从直畫。①

"乾"字。程頤《伊川易傳》:"乾,天也。天者天之形體,乾者天之性情。乾,健也,健而無息之謂乾。夫天,專言之則道也,天且弗違是也;分而言之,則以形體謂之天,……以性情謂之乾。乾者萬物之始,故爲天,爲陽,爲父,爲君。"朱子謂:"見陽之性健,而其成形之大者爲天,故三奇之卦,名之曰乾,而擬之於天也。……故乾之名,天之象,皆不易焉。"②又:"性,以賦於我之分而言。天,以公共道理而言。天便脱模是一個大底人,人便是一個小底天。吾之仁義禮智,即天之元亨利貞。凡吾之所有者,皆自彼而來也。故知吾性,則自然知天矣。"③朱子在程頤的基礎上演繹"乾卦"之"元亨利貞",實亦是對"天之性情"更加到位的解釋。沈氏説:"天道,日爲之主。"亦可參見《朱子語類》:"天之過處,便是日之退處。日月會爲辰。"④至謂"陽中陰",即陽包含陰。則是源于朱子"天包地"之説。朱子説:"火中有黑,陽中陰也;水外黑洞洞地,而中却明者,陰中之陽也。故水謂之陽,火謂之陰,亦得。"⑤又"天以氣而依地之形,地以形而附天之氣。天包乎地,地特天中之一物爾。天以氣而運乎外,故地搉在中間,隤然不動。使天之運有一息停,則地須陷下。……天地初間只是陰陽之氣。這一箇氣運行,磨來磨去,磨得急了,便拶許多渣滓;裏面無處出,便結成簡地在中央。……

---

①[韓]河永三《〈第五游〉整理與研究》,頁104。
②[宋]朱熹《朱子語類》,《朱子全書》第1册,頁30。
③[宋]朱熹《朱子語類》,《朱子全書》第16册,頁1937。
④[宋]朱熹《朱子語類》,《朱子全書》第14册,頁128。
⑤[宋]朱熹《朱子語類》,《朱子全書》第14册,頁124。

天地始初混沌未分時，想只有水火二者。水之滓脚便成地。……水之極濁便成地，火之極清便成風霆雷電日星之屬。"①由此可知，沈氏以"乾"爲天之性情，又以"陽中陰"説解字之"屈畫"，所指乾坤陰陽是天地之狀態，即是據朱子相關説解而來。

【日】

8)太陽之精。从圓，象形也。陽一，故中有一點，實理在此，故實音。又曰一理在中，故一音。象形，而合一則會意也。②

"日"本象形字，自不待言。沈氏從字音上説解，其理據是"一理在中"。此説見朱子《讀大紀》："宇宙之間，一理而已。天得之而爲天，地得之而爲地；而凡生於天地之間者，又各得之以爲性。其爲五常，蓋皆此理之流行，無所適而不在。若其消息盈虚，循環不已。則自未始有物之前，以至人消物盡之後，終則復始，始復有終，又未嘗有頃刻之或停也。"③據朱子説，"宇宙之間，一理而已"，天地以及生於天地之間者，得之以爲性。則沈氏認爲日得之爲日，謂"實理在此"。其説"一理在中"，則是據朱子成説。

【大】

9)小之對。人爲人中之一則爲大，貫一理而中立則爲大學之大。三畫，三綱領也。下有八條目之形。此字學之活法也。可以庇覆天下，故蓋音。④

"大"字本象形。《説文》謂："天大地大人亦大，故大象人形"⑤。又甲骨文字形作👤(甲·二八七)、👤(後一·四·一七)，金文形作👤(戍嗣子鼎)、👤(盂鼎)、👤(散氏盤)⑥。各家謂象形字，殆無疑義。沈氏解字，認爲該字从人从一，一在人中，即"貫一理而中立爲大學之大"，三畫爲三綱，而人字下

---

①[宋]朱熹《朱子語類》，《朱子全書》第 14 册，頁 119—120。

②[韓]河永三《〈第五游〉整理與研究》，頁 111。

③[宋]朱熹《朱子文集》，《朱子全書》第 23 册，頁 3279。

④[韓]河永三《〈第五游〉整理與研究》，頁 160。

⑤[漢]許慎《説文解字》，中華書局，1985 年，頁 363。

⑥李圃《古文字詁林》第 8 册，頁 771—775。

部與"八"字類似,象徵"八條目"。所謂"三綱八條目",即朱熹《四書章句集注》:"言明明德、新民,皆當至於至善之地而不遷。蓋必其有以盡夫天理之極,而無一毫人欲之私也。此三者,大學之綱領也。……明明德於天下者,使天下之人皆有以明其明德也。心者,身之所主也。誠,實也。意者,心之所發也。實其心之所發,欲其一於善而無自欺也。致,推極也。知,猶識也。推極吾之知識,欲其所知無不盡也。格,至也。物,猶事也。窮至事物之理,欲其極處無不到也。此八者,大學之條目也。"①由此可見,沈氏爲了迎合朱子理學關於《大學》之解釋,從字形入手,相與比附,亦言之有理。

【子】

　　10)嗣也。象形。冬至日夜半,一陽之氣,自地底生,纔出地外,氣猶寒,故不能伸而曲。草木之新生,其頭曲,一理,而子其形也,此所謂天開于子也。人之父子,其父則先天,子即後天之開于子者也。稟是氣而生,故其頭不得不圓,其臂不得不張,其脚宜爲歧。而新生兒易驚於風,故以褓裹之,並以爲一,所以畏風也。其頭象雷,雷爲風,風易動,而雷乃地底雷也。兒生之形,即天地自然之氣,天地爲人之大父母者,此也。親見倉皇而質此解,則未知其所答果何如耳。陽氣漸滋,故滋音。……以字畫言之,則象形也;究其理,則會意也;以兩脚之並歧言之,則指事也。②

　　"子"字象形,本是"隨體詰曲"。沈氏固明其字源,而説解時却別有所據。謂"冬至日夜半,一陽之氣,自地底生,纔出地外,氣猶寒,故不能伸而曲。"則是朱子所説:"這一陽不是忽地生出。纔立冬,便萌芽,下面有些氣象。上面剝一分,下面便萌芽一分;上面剝二分,下面便萌芽二分;積累到那復處,方成一陽。坤初六,便是陽已萌了。"③沈氏謂"一理,而子其形也",參考其釋"絲"字時説"子字,小兒並脚爲一之形,蓋畏風氣而以褓裹合也。長而成人,則子變爲人,而一理尚蒙……如是而日久,則一理漸爲開明,一朝豁然貫通,則　理之兩端所蒙者,皆舉而爲一"。以及釋"人"字時

---

①［宋］朱熹《四書章句集注》,頁 3—4。
②［韓］河永三《〈第五游〉整理與研究》,頁 137。
③［宋］朱熹《朱子語類》,《朱子全書》第 16 册,頁 2386。

說“生於寅會,故寅音”。正是以朱子說解“天開於子”“人生於寅”的理論爲據。朱子此說前文已引。因爲“人之父子”是父親先生,兒子後生,與“天開於子”“人生於寅”相同,所以沈氏說“天地爲人之大父母”。因爲沈氏說“一陽之氣,自地底生”所據者《易·復卦》卦象:“雷在地中,復。”朱子解說:“内震外坤,有羊動於下而以順上行之象。”①故謂“其頭象雷,雷爲風,風易動,而雷乃地底雷”。說“新生兒易驚於風,故以褓裹之,並以爲一,所以畏風也”,亦類朱子所說:“一陽初復,不可勞動,當安靜以養防陽,如人善端方萌,靜以養之,方能盛大。”②謂“兒生之形,即天地自然之氣”,參考朱子說法,“理”爲根本,然後有“氣”,“陰陽五行之爲性,各是一氣所稟”③而“雷雖只是氣,但有氣便有形”。④ 朱子論述“理一分殊”時說:“天地之心,只是個生。凡物皆是生,方有此物。如草木之萌芽,枝葉條幹,皆是生方有之。人物所以生生不窮者,以其生也。才不生,便乾枯殺了。這個是統論一個仁之體。其中又自有節目界限,如義禮智,又自有細分處也。”⑤又說:“宇宙之間,一理而已! 天得之而爲天,地得之而爲地,而凡生於天地之間者,又各得之而爲性。其張之如三綱,其紀之如五常,蓋皆此理之流行,無所適而不在。”⑥可見,沈氏解讀“子”字,以字形分析入手,附會朱子論述“理一分殊”、“天開于子,人生於寅”以及解說《易·復卦》等觀念,相較之下是非常明顯的。

二　《第五游》解字的朱子學特點

　　沈氏生前既爲英祖大王進講經筵,同時也在“公卿間談字說”⑦。正祖

---

①［宋］朱熹《周易本義》,《朱子全書》第 1 册,頁 52。

②［宋］朱熹《朱子語類》,《朱子全書》第 16 册,頁 2391。

③［宋］朱熹《朱子語類》,《朱子全書》第 14 册,頁 123。

④［宋］朱熹《朱子語類》,《朱子全書》第 14 册,頁 142。

⑤［宋］朱熹《朱子語類》,《朱子全書》第 17 册,頁 3454。

⑥［宋］朱熹《朱子文集》,《朱子全書》第 23 册,頁 3376。

⑦［朝鮮］沈有鎮《第五游》,頁 2b。

大王稱其"以字學自許。每登筵，推演字義，言多可聽，或湥泥强解"。① 其代表作《大學解》今雖不傳，但是從此書中亦可見沈氏學術特點之鱗爪。

首先，附會形聲，依據朱子理學的觀念對字音和字形進行分析，以求圓其説解。例如釋"大"字，沈氏將其拆分爲從一、八之形，加之筆畫屬三畫，便與"三綱""八條目"對應。釋"天"字則將其分析爲從一、大之形，並且明説："一、大，雖是本義，以二、人解義，無害於畫，不違於理。"可見沈氏雖然知道此字本義，但還是按照自己的意見拆分分析，按照朱子論"仁"、"天地之心"、"元亨利貞"等思想附會字義，解析字形，目的是使釋字工作承載精神文化觀念和教化的内容。對於字音的解釋同樣不離朱子學説，如釋"人"時説，因爲"生於寅會，故寅音"。結合沈氏解字説法以及朱子言辭，可知"生於寅會"即自朱子論"天開於子，地辟于丑，人生於寅"而來。

其次，立足"生生之理"之説，爲解字服務。就《第五游》所見，釋"勹"字時説人好禮義，"便是胎教裏姙以保生生之理爲主。"即以胎教使人好禮義，就是保有"生生之理"。又釋"仁"字謂："肢體之不順謂之不仁，違於生生之理也。"反之，則"仁"是不違"生生之理"。釋"母"字："坤有萬物生生之理。"而在釋"天"字時則之説"仁，人之稟是氣也，其兼愛生生之義"。"生生之理"見朱子解釋"生生之謂易"，其要在"仁"是"天地之心"。沈氏説："好生之心，人之仁義禮智，猶天之元亨利貞。"與朱子學説高度一致，其"生生之理"説亦是承襲朱子之學而來。

最後，推重"解字之活法"。在釋"𢓃"字時主要依據朱子"敬内義外"之説附會字形筆畫，接著説"字畫如卦畫"，以闡明解字的靈活與卦象變化相似，而只要"不違於理，知未到此者難與相議，惟在學者妙解之如何耳"。另外釋"天"、"仁"字時，依據朱子論"仁"之説，認爲"仁"合乎"生生之理"，並指明只要"無害於畫，不違於理"，即是"字學活法"。所謂"不違於理"，亦是代表朱子學思想的"生生之理"。

沈有鎮所處的時代，朱子學盛行，在朝鮮正祖大王的影響下，學者開始探討朱子小學和六書小學的關係，開展漢字研究。正祖大工曾就區分朱子小學與六書小學的關係舉行奏對。正祖問："朱夫子之地負海涵，亦不免别

①［朝鮮］李祘《日得録》，《弘齋全書》卷百六十二，韓國首爾大學奎章閣藏本，1814 年刊本，頁 13。

求小學于《曲禮》、《內則》之支流,而灑掃應對習事居敬之説,皆漢唐以上,不傳之旨訣,此可謂發前未發,有功後學歟?惟是一種從事於六藝者,往往考古訂昔,以文字爲小學,異見崖論,至今紛如,何哉?"①李德懋回答:"蓋小藝者,六書也;小節者,灑掃應對習事居敬之節也。然則一切童學,皆小學也。六書之小學,朱子之小學,固並行而不悖。"②有鑒於朱子學在當時的影響,即便是注重實學的北派代表李德懋、朴齊家、柳得恭和李書九等人,在回答正祖策問之時,也不得不考慮尊奉朱子學的南派之影響,也可以説是代表了當時學者的認知,即研究文字、音韻、訓詁的小學和朱子小學是"並行不悖"的。在這樣的學術背景之下,沈氏依據朱子學思想解字更可視作是對當時南北兩派的折衷。

三　結語

　　《第五游》是韓國古代漢字研究著作中的代表,運用朱子學思想進行字形、字音的解讀以服務于文教,是書中顯著的特點。作者將自己的文化觀念藉由漢字符號作爲載體進行表達,有時甚至故意忽視其字本義,故看待此書並不可以今日的文字學理論方法一概而論。雖然書中有些地方尚有值得商榷之處,但瑕不掩瑜,《第五游》在韓國具有重要的歷史文化地位,也在一定程度上反映出漢字東傳朝鮮半島的接受和詮釋情況,體現出古代韓國學者的漢字研究特點,對於韓國乃至東亞漢字文化圈的相關研究,對於今日對外漢語的漢字教育等方面也都有積極的借鑒意義。故筆者不揣冒昧,拋磚引玉,以求教方家,伏乞不吝指正爲幸。

　　　　　　　　　　　　　　　　(作者單位:華東師範大學中國語言文學系)

---

① [朝鮮]李祘《弘齋全書》卷百六十一,頁 7。
② [朝鮮]李德懋《青莊館全書・六書策》,韓國首爾大學奎章閣藏本,1809 年,頁 30。

域外漢籍研究集刊　第十八輯
2019 年　頁 223—238

朝鮮《宣廟中興志》考論

秦　麗

　　《宣廟中興志》是成書于朝鮮王朝中後期的一部編年體史書。"宣廟"即朝鮮宣祖大王(1567—1608 年在位),"中興"指 16 世紀末朝鮮壬辰抗倭戰爭的勝利。該書記事範圍上起宣祖二十年(萬曆十五年,1587),下至宣祖四十年(萬曆三十五年,1607),詳細記録了朝鮮、明朝、日本三方在壬辰戰爭中的交戰、議和活動,同時也交代了戰前日本與朝鮮交涉請款,戰後雙方遣返俘虜與恢復國交的來龍去脈,且書中對重要事件多有考證,對於研究明朝抗倭援朝戰爭等具有較高的史學價值。由此,國内外學界多借之以考察相關史事,但迄今爲止,管見所及,僅有蔣逸雪(1902—1985)、李光濤(1897—1984)曾專文探討過朝鮮鈔本《宣廟中興志》,然二文所論均存不盡準確處,有必要對該書作進一步考察①。本文謹以韓國國立中央圖書館藏二卷本爲主,就該書之撰寫年代與作者、史源與史學價值及其在近代中國的傳播等問題展開討論,不當之處,敬請指正。

---

① 蔣逸雪《校注朝鮮〈宣廟中興志〉後記——三百年前中韓合兵敗倭之光榮史》,《新中華》復刊第二卷第一期,1944 年;李光濤《記朝鮮〈宣廟中興志〉》,《"中央研究院"歷史語言所集刊》1950 年第 22 本。李光濤言:"《宣廟中興志》……蓋記日本豐臣秀吉侵朝鮮,中國出師援救'再造藩邦'之事。也就是從萬曆二十年壬辰到二十六年戊戌,凡七年的一部詳盡正確之中日戰爭史。"此説有誤。其一,《宣廟中興志》的時間斷限是丁亥(1587)至丁未(1607),並非僅記壬辰(1592)至戊戌(1598)七年歷史。其二,"中日戰爭史"這一説法抹殺了作爲戰爭主戰場和當事國的朝鮮王朝,就事實而言並不準確。

一　《宣廟中興志》成書年代及作者考

　　《宣廟中興志》撰成後以鈔本形式傳播,現存諸鈔本有二卷、三卷、六卷和不分卷幾種。今韓國國立中央圖書館、慶尚大學圖書館存二卷本各一部,首爾大學奎章閣和韓國學中央研究院圖書館存六卷本各一部,成均館大學尊經閣存三卷本一部,此外,韓國國立中央圖書館另存四册本一部,首爾大學奎章閣、啟明大學圖書館、慶尚大學圖書館各藏零本一册。今《域外漢籍珍本文庫》修訂本亦收録朝鮮傳鈔本《宣廟中興志》,屬兩卷本系統,但未注明影印底本來源①。受條件所限,筆者目前經眼者有國立中央圖書館藏二卷本、四册本(屬不分卷系統)和《域外漢籍珍本文庫》影印本三種,其中,四册本乃一簡略節本,無書序,注文亦存缺略,《域外漢籍珍本文庫》影印本漫漶不清,無書序。唯韓國國立中央圖書館藏二卷本序文、正文俱全,字迹清晰可辨,故本文謹以其爲主進行討論。

　　二卷本《宣廟中興志》分上下兩册,上册記丁亥 1587 年至壬辰 1592 年,下册大部記癸巳 1593 年至丁未 1607 年,最末乃佚名《南漢録》、《江都録》,專記丙子胡亂事,因其與本文無直接關聯,故不贅。該書在體例上按時間排列,在具體條目上"提綱立目",即先列綱以明大體,次立目詳細説明。正文之外,又有雙排小注和天頭注文,對正文内容加以考訂説明。總之,《宣廟中興志》詳細記述了壬辰倭亂的事件本末,以平實的語言刻畫了李舜臣、鄭拔、金千鎰、邊應井等朝鮮官兵和趙憲、郭再祐等義兵將領奮勇作戰的英雄形象;還原了朝鮮派李德馨、鄭昆壽等奏請使向明朝請兵,明朝君臣對此事件的爭論,李如松、楊鎬、駱尚志、麻貴、劉綎在朝期間的抗倭戰鬥與事迹,以及沈惟敬與日軍的交涉議和活動,對於我們研究明末抗倭援朝戰争頗有助益。

　　關於《宣廟中興志》的成書時間,李光濤未有提及,蔣逸雪認爲"蓋書成於晚明,不久滿人主政,中論當日邊事,有觸忤清廷者,自不能出"②。此説有誤。首先確定其撰寫下限。正祖末年時值壬辰戰争兩百周年之際,原任

①見《域外漢籍珍本文庫》(修訂本)第一輯史部第一册,西南師範大學出版社,人民出版社,2011 年,頁 391—436。
②蔣逸雪《校注朝鮮〈宣廟中興志〉後記——三百年前中韓合兵敗倭之光榮史》,頁 135。

直閣尹行恁奉王命編纂《李忠武公全書》，並于正祖十九年（1795）由柳得恭監印刊行。書中輯録《宣廟中興志》中有關李舜臣的内容作爲附録的一部分，經筆者核對，其引用文字“全羅左水使李舜臣啟曰：‘遮遏海寇，莫如水戰，水軍決不可廢也。’上從之”①等 21 條皆與韓國國立中央圖書館藏二卷本相合，可推知《宣廟中興志》的成書下限是 1795 年。該書之撰寫上限，則需據其引用書目加以判定。《宣廟中興志》中曾徵引柳成龍《懲毖録》、趙慶男《亂中雜録》、李端夏編《宣廟寶鑒》、李玄錫《明史綱目》及李喜謙《青野漫輯》等書，據韓國歷代人物中央情報系統，《青野漫輯》成於 1739 年，在諸書中成書最晚，則《宣廟中興志》完成時間不早於 1739 年。故《宣廟中興志》大致在 1739—1795 年間撰成，相當於清代乾隆時期，而非晚明或壬辰戰争後不久即告成。

至於該書作者，根據韓國古籍綜合目録系統的著録，韓國國立中央圖書館藏四册本、啟明大學童山圖書館藏本題爲未詳，成均館大學尊經閣藏本、首爾大學奎章閣藏本、近代俞鎮泰鈔本及韓國國立中央圖書館藏二卷本均題爲丹室居士，唯慶尚大學圖書館藏本題爲辛錫謙（1754—1836）撰②。今《域外漢籍珍本文庫》所收《宣廟中興志》書前提要指出該書作者乃權文海（1534—1591），又云該鈔本“不載撰人姓名”，然權氏乃朝鮮中宗、宣祖時人，壬辰戰前即已亡殁，其著録之錯謬可想而知③。此外，韓國國立中央圖書館藏二卷本《宣廟中興志》書前序曰：“余於戊午時有殤戚意，忽忽不樂，思有以著書忘憂，乃取宣廟朝靖亂事迹之散出公私文字者，無幽細盡閱之……乃復考據日月，刊其繁雜，削其浮誇，而撮其精要可傳者，提綱立目，稡爲成書，名之曰《宣廟中興志》。非特以一時著述爲間漫寓之資而已，

---

① 參見尹行恁編《李忠武公全書》卷十三《附録》，《影印標點韓國文集叢刊》第 55 册，韓國民族文化推進會編刊，1990 年，頁 388；韓國國立中央圖書館藏二卷本《宣廟中興志》上册，頁 23、24。
② 韓國慶尚大學圖書館藏本乃首爾大學經濟學教授梧林金相朝（1926—1998）私人收藏物，後寄贈該館。關於辛錫謙，其生平不詳，唯《承政院日記》正祖元年（1777）八月二十五日戊午條，衆儒生之上疏名單中有幼學“辛錫謙”，其他則未見。
③ 經查，韓國學者金成煥編著之《韓國歷代文集叢書目録索引》（景仁文化社，2000 年）中著録權文海撰《宣廟中興志》一卷，筆寫本，見該書第 3 册，頁 222。《域外》本書前提要之錯誤或與此有關。

將以播告於後之秉筆史者,俾有所采擇云爾。丹室居士書。"①序文明確指出了丹室居士開始撰寫《宣廟中興志》的時間和緣由,故可斷定該書作者即"丹室居士"。又,序中所言"戊午"在 18 世紀對應 1738、1798 二年份,由前述撰成時間可排除 1798 年,而 1738 年又與辛錫謙生活年代不合,故知辛氏絶非丹室居士,其或是《宣廟中興志》輾轉迻録過程中的謄抄者之一。那麽,丹室居士究竟何許人也?

洪大容《湛軒書外集》卷一所收《會友録序》爲我們提供了一條重要綫索。該文交代了撰序者與洪大容合作編撰"東國詩"的始末。據韓國學者權純姬等考證,二人所編詩集乃《海東詩選》(又名《大東詩選》),今北京大學圖書館有藏②。最值得注意的是,序文落款"丹室居士閔百順順之甫"告訴我們,閔百順即丹室居士。閔百順(1711—1774),字順之,號丹室居士,又稱成川,本貫驪興閔氏。兩班貴族出身,曾祖父驪興府院君閔維重(1630—1687)乃肅宗李焞之妻仁顯王后生父,祖父閔鎮遠(1664—1736)在英祖朝官至右議政,外祖父金昌集(1648—1722)乃景宗時領議政,生父閔昌洙(1685—?)官至前行世子翊衛司副率(從六品),皆爲老論派的重要人物③。生活在這樣的家庭中,閔氏從小接受了良好的教育,英祖十七年(1741)辛酉科進士及第,後歷任明陵(肅宗王陵)參奉、刑曹佐郎、工曹正郎、金山郡守、延安府使、楊州牧使、同副承旨(正三品)等職,英祖五十年(1774)去世。與洪櫟(洪大容之父)、洪大容(1731—1783)、安錫儆(1718—1774)、蔡濟恭(1720—1799)等相交游。閔氏博聞强識,學問深厚,正祖亦誇讚其"言若不出口,而叩其中則甚博恰"④。閔氏生平著述除《海東詩選》

①韓國國立中央圖書館藏二卷本《宣廟中興志》,上册,頁 2—3。

②參見權純姬、祁慶富《〈海東詩選〉初探——關於燕行學者洪大容研究史料的新發現》,載《第三屆韓國傳統文化國際學術討論會論文集》,山東大學出版社,1999 年。

③前引權純姬文在論證《海東詩選》中爲何大量收録、引用金昌協(號農岩)和金昌翕(號三淵)的詩歌時,從洪大容師從金昌協後人金元行(號渼湖先生)的角度加以説明,並未注意到閔百順乃金昌集外孫,而金昌協、金昌翕均爲金昌集胞弟。作爲事實上的編選者,閔氏與二金的戚族關係或在一定程度上影響了他的編選、收録標準。見該文頁 600—601。

④《承政院日記》正祖二十年(1796)十二月十三日甲申。

外，還撰有《丹室集》，惜今未見流傳。

　　閔百順生活的時代，是朝鮮王朝小中華意識急劇膨脹的時期。明清鼎革後，基於傳統華夷觀及對明朝"再造藩邦"的感恩，朝鮮王朝呈現出强烈的尊周思明心態，特別是18世紀英正時期，朝鮮朝野借助各種渠道表達對明朝的追懷與感念，包括建造大報壇與萬東廟、編修中國史書等。這種思明情緒在閔百順家族中有鮮明的體現，特別是其外祖父金昌集之先人金尚憲(1570—1652)乃丙子胡亂(1636—1637)時對清斥和論的代表人物，先後兩次作爲人質被清軍押解至瀋陽，曾祖父閔維重、祖父閔鎮遠均爲積極宣導"北伐論"的大儒宋時烈(1607—1689)之門人。處於這一時代氛圍下，加之家族記憶的影響，閔百順十分强調華夷觀和尊明貶清思想。華陽洞萬東廟乃宋時烈門人權尚夏所建，作爲朝鮮儒林祭祀明朝皇帝的場所，甚至廟內種植的桃、竹、稻、花等植物均被冠以"大明"字樣，從而賦予豐富的象徵意義①。閔百順亦曾作詩詠歎大明稻，其曰："四海窮陰此一陽，葩溪有廟享明皇。西山采蕨清風在，南國留禾舊澤長。名襲大邦依日月，播同千畝備籩框。年年香火星壇下，添得王春侑苾芳。"②詩句直截了當地表達了朝鮮對明朝的感恩及朝鮮保留了大明餘脈之意。由此，尊周思明成爲閔氏撰寫《宣廟中興志》的重要文化背景，書中凡遇"天朝""皇朝""皇上""帝"皆空格或另行書寫，即所謂"書法矜慎，華夷較然，深得《春秋》之義"③。

　　而另一方面，朝鮮王朝自宣祖以來就黨爭不斷，形成"南北老少"四色黨論，到景宗年間(1720—1724)和英祖即位前後，少論與老論圍繞王儲問題爆發了激烈黨爭。作爲老論派的重要勢力，閔百順家族與黨爭息息相關。景宗元年(1721)，由於景宗身體屢弱且無後嗣，以金昌集爲首的老論派主張以景宗庶弟延礽君(即後來的英祖)爲王世弟並代理聽政，此舉遭到少論派强烈反對，最終釀成"辛壬士禍"，金昌集、李頤命等大臣被少論誣衊意圖謀害延礽君，而以謀逆罪賜死，閔氏祖父閔鎮遠亦流配星州(廣尚北道)，直到英祖即位後才得以平反和恢復官職。金昌集在臨終前曾致信外

① 參見孫衛國《大明旗號與小中華意識——朝鮮王朝尊周思明問題研究(1637—1800)》，商務印書館，2007年，頁170—172。
② 成海應《研經齋全集外集》卷三十一，《影印標點韓國文集叢刊》第276冊，頁499。
③ 前揭蔣逸雪文，頁135。

孫閔百順："前後書，近緣心擾，未克作答，汝必爲鬱也。每見汝書，傷時之意，溢於辭表。今余將死矣，汝作何如懷耶？須勿永傷，惟以保護汝慈爲意，俾得保全，則余目可瞑矣。汝能嗜文字，此則必不待余勸而成就無量也，只冀慎護。汝字以順之爲定，可也。《登樓賦》未及考送，可歎。"①金氏以哀傷的口吻向外孫囑咐了身後事，同時流露出對年少的閔氏有志向學的無限欣慰，並親自爲其取"順之"爲字，足見祖孫之拳拳親情。英祖十二年（1736），祖父閔鎮遠去世，英祖十八年（1742），閔氏之父閔昌洙因固守老論黨習，違背英祖"蕩平策"，被流放至濟州島大靜縣，閔百順亦屢遭牽連，多次外放。青少年時期的閔百順可謂身世浮萍、屢遭變故。按閔氏的生活年代，知其在《宣廟中興志》序中所言"戊午"乃英祖十四年（1738），大致符合"有殄戚意，忽忽不樂"之事境，至"戊午"木事具體所指，尚待進一步考證。

　　在時代風氣與家族遭際的共同作用下，與其祖父閔鎮遠一樣"取古人窮愁憂患著書述史之意"②，閔百順從英祖十四年（1738）開始專注於壬辰戰爭史事的書寫。值得注意的是，隨著時間的推移這一時期的尊周思明愈來愈旨在突出朝鮮自身作爲明朝文化繼承者的優越地位，因此，《宣廟中興志》不再致力於歌頌明軍實際的援朝事迹，其書寫的重點轉向朝鮮本土的忠臣義士。閔百順在書序中寫道："竊以爲天朝再造之恩、聖主事大之誠，固已昭揭簡，且朝鮮有餘蘊。"而"至如國家之防禦得失，良將策士，草野奇儁，忠義奮發之人，及貞臣節婦樹立之卓爾者，往往記有詳略，迹有顯晦，則容或有未盡揄揚者，終恐曠世之後，寖遠寖微，而遂失其傳也"，以故搜羅上起《懲毖錄》、《亂中雜錄》，下至《明史綱目》、《青野漫輯》等百餘年間的多種史料，廣征博引、多番校正，最終撰成《宣廟中興志》。而關於其確切成書時間，史無明文記載，只能大致界定在 1739 年至閔氏卒年 1774 年之間。

二　《宣廟中興志》的史源與史學價值

　　朝鮮作爲壬辰戰爭的主戰場和當事國，不僅《朝鮮王朝實錄》、《承政院日記》等官方文書中詳細記載了戰爭始末，當時親歷戰火的朝廷官員、義兵

---

① 金昌集《夢窩集》卷四，《影印標點韓國文集叢刊》第 158 册，頁 89。
② 閔鎮遠《丹岩漫録》卷末閔昌洙跋文，哈佛燕京圖書館藏鈔本。

將領甚至普通平民等，也對自身的戰爭經歷與見聞多有記錄，所以朝鮮國內關於壬辰戰爭的官私史料可謂汗牛充棟，卷帙浩繁。在這種情況下，對於旨在整理"宣廟中興"事迹的閔百順而言，搜集、爬梳、考證各類相關史料也就成爲一項重要任務。在筆者所寓目之三種《宣廟中興志》中，唯《域外漢籍珍本文庫》影印本卷末附"引用諸書"一款，説明其史料來源，但該書單似未將全書所引文獻悉數列出。現綜合整理該書之參考書目列表如次：

表1　《宣廟中興志》參考書目表

作者	書名	作者	書名
申欽(1566—1628)	象村集	高用厚(1577—？)	正氣録
趙慶男(1570—1641)	亂中雜録	李廷龜(1564—1635)	月沙集
未詳	歷代要覽	李植(1584—1647)	北關志
未詳	孤山日録	李植(1584—1647)	澤堂集
安邦俊(1573—1654)	隱峰野史別録	朴玄石	東儒録
安邦俊(1573—1654)	抗義新編	鄭運(1543—1592)	忠節録
安邦俊(1573—1654)	混定録	黄慎(1562—1617)	秋浦集
申炅(1613—1653)	再造藩邦志	盧禛(1518—1578)	玉溪集
金時讓(1581—1643)	紫海筆談	李玄錫(1647—1703)	明史綱目
李舜臣(1545—1598)	忠武公啟草	李恒福(1556—1618)	白沙集
柳成龍(1542—1607)	西厓集 懲毖録附	李元翼(1547—1634)	李完平日記
李端夏(1625—1689)	宣廟寶鑒	鄭經世(1563—1633)	愚伏集
李端夏(1625—1689)	彰烈祠志	茅元儀(1594—1640)	武備志
未詳	朝野記聞	宋時烈(1607—1689)	尤庵集
郭再祐(1552—1617)	忘憂堂集	李廷馣(1541—1600)	四留齋集
李星齡(1632—？)	日月録	金錫胄(1634—1684)	息庵集
未詳	癸甲録	鄭崑壽(1538—1602)	栢穀記事

續表

作者	書名	作者	書名
未詳	海東野言①	未詳	東京雜誌
鄭起龍(1562—1622)	梅軒實記	金尚憲(1570—1652)	石室語録
姜沆(1567—1618)	睡隱集 看羊録附	安命老(1620—?)	演機新編
趙憲(1544—1592)	重峰集	尹斗壽(1533—1601)	平壤志
李喜謙(1707—?)	青野漫輯	尹斗壽(1533—1601)	延安志
未詳	澤堂前史	未詳	本國名臣録
未詳	金元帥(金景勝)遺事	未詳	中和東西陣記
未詳	國中故事	未詳	東湖壬辰志

　　以上共計引用書目 50 種。此外,閔百順還徵引了大量家狀、墓表、傳記等資料,如李忠武(李舜臣)家乘、李五峰(李好閔)家狀、洪義將(洪季男)家傳、元氏(元豪)家狀、金松庵(金沔)家狀,等等。其中有三點值得注意。

　　首先,閔氏上引諸書除茅元儀《武備志》外,其餘皆爲朝鮮文獻。這主要是因爲,閔氏著力表彰發明者乃朝鮮本國之"防禦得失,良將策士,草野奇傑,忠義奮發之人,及貞臣節婦樹立之卓爾者",故而參考對象勢必以本國文獻爲主;另一方面,這可能也跟與之相關的《明神宗實録》、《明史》等中國史書不易獲得有關,朝鮮直至純祖二十九年(1829)才從清朝買回《明實録》全帙②,在此之前,他們不可能接觸到《明神宗實録》,而清修《明史》在英祖十四年(清乾隆三年,1738)尚未告竣,朝鮮官方雖在英祖十六年(1740)貿得全套《明史》,並于翌年奉藏于弘文館瀛閣③,但當時《明史》在朝鮮仍未廣泛傳播,這也從側面暗示了《宣廟中興志》的撰成時間很可能正是在 1740 年代。

---

①此書載壬辰戰争事,並非朝鮮著名文人許筠(1551—1588)"裒粹諸家小説"而成之《海東野言》。
②參見孫衛國《大明旗號與小中華意識》,頁 329。
③參見楊豔秋《〈大明會典〉〈明史〉與朝鮮辨誣——以朝鮮王朝宗系辨誣和"仁祖反正"辨誣爲中心》,《南開學報》(哲學社會科學版)2010 年第 2 期。

其次,書中所引朝鮮文獻種類多樣,大體以私家史書、私人文集和家乘、家狀爲主,官修史書僅《宣廟寶鑒》一部,而未見參考《宣祖實録》、《宣祖修正實録》等資料。其原因在於,《實録》修成後深藏史庫,連國王都難以查看,閔氏自然無法得見。《寶鑒》主要依據《實録》編纂而成,輯録歷代國王的嘉言善行以爲龜鑒,經常出現在經筵日講等君臣討論中,故在士大夫中也多有流傳。在官修史書外,閔氏所引私家史書、文集等,以親歷過壬辰戰爭者居多,故而史料的原始性很强,這在很大程度上保證了《宣廟中興志》在史實上的可靠度。

第三,《紫海筆談》一條僅見于韓國國立中央圖書館藏二卷本下册第 79 頁,此頁内容其餘兩本均無,或是傳鈔過程中的脱漏。

在廣泛搜羅以上文獻的基礎上,閔百順在《宣廟中興志》中參稽各本記載之異同,針對史事發生的時間、地點、人物等,做了大量考證工作。唐代史學家劉知幾在《史通》中嘗言:“夫爲史之道,其流有二。何者?書事記言,出自當時之簡;勒成删定,歸於後來之筆。”①與《懲毖録》、《亂中雜録》這類由親歷者撰寫的“當時之簡”相比,作爲“後來之筆”的《宣廟中興志》,在史料的原始性上固然無法與前者相比,但由於成書較晚,比較鑒別諸家文獻、考訂精審則成爲它的主要特色。就此而言,該書可謂朝鮮王朝關於壬辰戰爭的重要考異著作。借助書中的考訂條目,我們也可瞭解閔氏對官私各類史書的態度。

厘清交戰雙方的行軍路綫與作戰時間,乃戰争史研究的基礎問題。因此,閔百順在《宣廟中興志》中也對此多有關注。下舉兩例:第一,書中壬辰年(1592)十一月條言:“鄭起龍大破毛利輝元于尚州,復其城,輝元退保開寧縣。”注文輔助説明了如此行文的原因:“睡隱《看羊録》云輝元在尚州。又考《亂中雜録》云,壬辰十二月輝元屯開寧,出榜誘民,以此觀之,則蓋挫于此戰而退保開寧矣。”②閔氏結合姜沆《看羊録》、趙慶男《亂中雜録》關於日軍將領毛利輝元(1553—1625)的兩處記載,認爲毛利輝元在尚州大敗後,士氣受挫而退居開寧,由此建立起不同史料間的邏輯關聯,從宏觀上勾

①劉知幾著、浦起龍釋《史通通釋》外篇《史官建置》,上海古籍出版社,1978 年,下册,頁 325。
②韓國國立中央圖書館藏二卷本《宣廟中興志》,上册,頁 166。

勒出其在戰争中的活動軌迹。翻檢《懲毖録》、《再造藩邦志》對尚州之戰及毛利輝元部日軍之動向均未著墨,益可見《宣廟中興志》的重要性。第二,關於宋應昌、李如松所部援朝明軍究竟何時從朝鮮撤回,諸史説法不一。對此,《宣廟中興志》寫道:"(癸巳,1593)九月,宋應昌、李如松撤兵還去。《藩邦志》、《明史目綱》(筆者按:應作《明史綱目》)皆作十月,《雜録》作八月,而獨《寶鑒》作九月,當從之。"①閔氏通過考辨諸書,最終采信《寶鑒》之記載,體現出其對官修史書的信任。今檢宋應昌《經略復國要編》是年八月二十日《報三相公書》云:"仰籍廟謨,事已就緒,餘兵盡撤。某待發善後小疏,亦即西旋。伏祈相公請一明旨,命某回還覆命。"②宋氏表達了在日軍"盡撤"的情況下意欲西行歸國的請求,但直至此時朝廷仍未明令大軍撤退,《亂中雜録》所謂"八月二十二日,宋應昌、李如松領兵馬還遼東"③,如非誤記,則應指明軍在朝鮮由南向北收縮戰綫,並非業已還遼,否則宋氏必於八月二十日發信當日或次日即收到朝廷詔令繼而迅速渡江回國,無論從朝廷的處理效率和信件的送達速度來看,這都是難以實現的。考《宣祖實録》二十六年(1593)九月二日云:"禮曹判書鄭昌衍(八月二十六日,在定州)馳啟曰:"提督與巡按,本月二十四日,發平壤抵宿肅川,二十五日向安州,今日到定州,經略則昨已西還矣。"④其中提督、經略分指李如松和宋應昌,是知在李氏八月二十六日到達定州時,宋應昌已先一日離開定州啟程西行。又,宋氏九月十二日《報遼東周按院書》言:"某十三日渡江,晤期想

①韓國國立中央圖書館藏二卷本《宣廟中興志》,下册,頁44。
②宋應昌《經略復國要編》卷十,華文書局影印明萬曆刊本,1990年,頁857。
③趙慶男《亂中雜録》(五)癸巳年八月二十二,首爾大學奎章閣藏寫本,奎6586-v.1-16。
④《朝鮮宣祖實録》卷四二,宣祖二十六年九月二日癸丑條,韓國國史編纂委員會影印本,1970年,第22册,頁90。又,《宣祖修正實録》卷二七,宣祖二十六年九月一日:"壬子,經略宋應昌、提督李如松還渡鴨緑而去……惟留劉綎、吴惟忠步軍萬餘人。"(第25册,頁643)其所載與《宣祖實録》不同。兹稍加考辨。《宣祖實録》初纂於光海君在位時期(1608—1623),光海君被廢後,仁祖朝又進行修正,直至孝宗朝(1649—1659)纂成《宣祖修正實録》。《修正實録》主要就涉及東西人黨争的内容加以調整,對具體史實的考訂似不甚突出。此處《修正實録》將宋應昌渡江歸國的時間定在九月一日,或出於對《宣祖實録》的誤讀,即纂修者將鄭昌衍八月二十六日啟文中所言"昨日"(八月二十五日)誤作《宣祖實録》九月二日之"昨日"(九月一日),從而導致錯誤的發生。

亦不遠”①,知明軍最高指揮宋應昌於九月十三日渡江還遼,是爲明軍撤離朝鮮的標誌,隨後除劉綎、吳惟忠部外其餘各部明軍陸續歸國,即使如申欽所言李如松於“癸巳十月,班師”②,亦屬撤離的後續事宜。因此,閔氏所主張的明軍九月還去之説大致無誤。

《宣廟中興志》中對壬辰戰争初起時全羅道海南縣監邊應井(1557—1592)殉難事迹的考訂,最能體現作者的考證功力及其對各類史料的態度,謹録之如次:

> 邊公事迹一出於《宣廟寶鑒》,一出於《懲毖録》,而二説各異,《寶鑒》所記即此是也。《懲毖録》曰,賊兵入全州界,金堤郡守鄭湛、海南縣監邊應井禦于熊嶺,栅斷山路,終日大戰,射殺無算,賊欲退。會日暮,矢盡,賊更進攻之,二人皆死云。公之家狀一遵此説,而尤翁亦依其家狀爲墓文,則庶爲明證。然嘗見《亂中雜録》叙熊津事迹,日月比諸説最爲詳備可信,而公名不與焉,是誠可疑。(後詳列“四可疑”,略)……蓋《亂中雜録》即南原士人趙慶男所著,而澤堂所稱信史也。南原近於全州,故其所記載皆伊日所聞見,而尤爲親切可信。《懲毖録》所録不過一時風傳,而語亦草略,公之家狀只祖《懲毖録》而已,且多有模糊無憑者,則恐未可謂明證也。以《雜録》之信筆而終不載之,《懲毖》、家狀之不可全信又如是,則公之不死於全州必矣。既不死全州,則《寶鑒》所謂死於錦山之説是也。蓋重峰既以八月十八日殉節錦山,而公又繼進以死,則墓表所謂七月③二十七日果在重峰殉節之後,而繼死之迹甚明,此可一驗也。且錦山人立祠以公與重峰、霽峰而侑之,兩賢皆是錦山殉節之人,而公亦一體受享,則其不死於全州而死於錦山可謂明矣。此二驗也。且《寶鑒》文字皆是實録中抄出者也,實録乃澤堂纂修而廣搜稗乘野説,筆削以成者,既叙熊嶺事實而不載公名,必於此而特筆書之,則是必有明據而然矣。此三可驗也。④

閔氏綜合考辨《宣廟寶鑒》、《懲毖録》、《亂中雜録》,邊應井家狀、墓表等多

_____

① 宋應昌《經略復國要編》卷十一,頁913。
② 申欽《象村稿》卷三九,《影印標點韓國文集叢刊》第72册,頁271。
③ 經與韓國國立中央圖書館藏四册本、《域外》本對勘,此處之“七月”作“八月”。
④ 韓國國立中央圖書館藏二卷本《宣廟中興志》,上册,頁124—127。

種官私史料,且注意到錦山人的立祠風俗,依次列出"四可疑"質疑《懲毖録》之可靠性,又以"三可驗"的確鑿證據考訂出邊應井並非死於全州,而是在錦山之役中壯烈殉國。爲驗證閔氏的結論,我們可將其論證與《實録》内容相互參照。據《宣祖實録》二十九年(1596)四月六日司憲府啟文:"咸興判官申忠一,前任康津,當壬辰變初,與海南縣監邊應井,于錦山赴戰之日,作爲一軍,約同死生。應井恃忠一協力相援之言,先登接戰,賊勢不甚衆盛,忠一若即進救,賊未必肆凶,應井亦不至於敗死,而應井之大呼請援,佯若不聞,指兵退遁,使一軍盡潰,南方士卒,至今憤罵。"①又,《宣祖修正實録》二十五年(1592)八月一日載:"海南縣監邊應井追至擊倭,死之。應井初與趙憲約共攻錦山,既而與官軍皆後期,聞憲敗死,歎曰:'奈何與義將約而背之,不俱死乎?'即提兵獨進至城下,格鬥而死。"②由於趙憲死於八月十八日,《修正實録》將邊氏殉節日期系之八月一日顯屬訛誤,但其對事件原委之描述當可信從。綜上,我們可梳理出邊應井臨終前的主要事迹,即邊氏與義兵將領趙憲相約攻打錦山,未至而趙憲已先捐軀,其後邊氏又與申忠一約定共攻錦山,但申忠一在攻城作戰中觀望不前,致使邊應井孤軍身死。由此可知,閔百順上文針對邊應井殉節事迹的考證合理準確。事實上,類似考訂在《宣廟中興志》中仍有不少,它們對今人重建關於壬辰戰爭的敘述頗富價值,理應獲得重視。

另外,從前述引文也可看出,閔百順最終采信了《宣廟寶鑒》和《亂中雜録》的記載,表現出對實録、《寶鑒》等官修史書和親歷其事者的信任;與之相對的是,否定了柳成龍所撰《懲毖録》的可靠性,認爲其"不過一時風傳,而語亦草略"。顯然此處對《懲毖録》評價較低,但亦不可一概而論。柳成龍作爲親歷戰爭的朝政要員,當時可以接觸到大量官方文牘奏疏,這是其他撰作者所不具備的條件,所以《懲毖録》自有其價值在,不能一味指爲"風傳"之作。事實上,該書問世後被認爲是有關壬辰倭亂的最基本文獻,後來

---

① 《朝鮮宣祖實録》卷七四,宣祖二十九年四月六日壬寅條,第 22 册,頁 676。
② 《朝鮮宣祖修正實録》卷二六,宣祖二十五年八月一日戊子條,韓國國史編纂委員會影印本,1970 年,第 25 册,頁 627。

甚至流傳至日本,且現今學者也多肯定其史料價值①。然而,閔氏不惟對
《懲毖錄》評價較低,書中爲數不多的提及柳成龍處亦多持負面意見。如,
"宋應昌遣沈惟敬入賊營議和……適平秀家等投書於倡儀軍中乞和,柳成
龍得其書,獻於督府,如松遂與宋應昌決意講和。"②言下之意,柳氏間接促
成了議和局面的形成,其應對此負責。又如"(丙申1596)八月,殺忠勇義兵
將金德齡……李時言、金應瑞尤忌德齡,欲乘時殺之,密啟言德齡有反狀,
領議政柳成龍力主其言……大臣鄭琢、金應男等力言德齡必不叛,柳成龍
獨不對。"③即柳成龍出於黨派成見而力主殺害義兵將領金德齡,在大敵壓
境下殘害忠良。但這兩點均非柳氏個人獨有的看法或由其一人造成,而是
當時條件下整體環境與決策的結果,事實上,柳成龍作爲時任朝鮮領議政,
爲抵禦日軍侵略,采取了包括起用李舜臣、權慄等將領在內的一系列措施,
爲抗倭戰爭的勝利做出了重要貢獻。故閔百順在書中對柳成龍及其《懲毖
錄》的苛責恐非持平之論,究其原因或與黨派立場有關。要之,柳成龍是宣
祖時東人黨領袖,而閔氏所屬之老論派乃西人黨的分支,而西人黨又爲東
人黨之死敵,不同的黨派立場或影響了閔氏的歷史書寫,從而導致書中對
東人黨多批評之辭而對尹斗壽、趙憲等西人黨多正面論述。這是需要加以
留意的。

三 《宣廟中興志》在中國的傳播

《宣廟中興志》成書後,以其獨特的史學價值流傳於世。如前所述,編
纂于正祖時期的《李忠武公全書》即曾引用之。該書主要以鈔本形式傳播,
不僅在朝鮮半島流傳,更遠播中國,成爲近代中朝文化交流的一個重要
載體。

讓我們回到前述蔣逸雪、李光濤所見朝鮮鈔本《宣廟中興志》,從版本

---

① 參見崔官著,金錦善、魏大海譯《壬辰倭亂——四百年前的朝鮮戰爭》,中國社會科學
　出版社,2013年,頁61—62;魏志江《論柳成龍〈懲毖錄〉的史料價值——兼論柳成龍
　關於明朝江南人沈惟敬的評價》,《社會科學戰綫》2013年第4期。
② 韓國國立中央圖書館藏二卷本《宣廟中興志》,下册,頁18。
③ 同上,下册,頁76—79。

形態來説，該本分上下兩卷，屬二卷本系統，蔣、李二人的謄録本屬其分支。
20 世紀 40 年代初，蔣逸雪曾供職于張繼（1882—1947）主持下的國史館籌
備委員會，故得以見到大量稀本秘笈。關於鈔本《宣廟中興志》，蔣氏曾詳
細説明了其來源："滄州張溥泉先生繼，往游扶桑，道經斯土，緬箕子之流
風，慨政教之匪舊，爰訪遺逸，托搜秘藏。有俞鎮泰者，三韓名士也，以《皇
明陪臣傳》及本書相貽。"①是蔣氏得自張繼，而張繼又得自朝鮮俞鎮泰。
張繼，字溥泉，中國國民黨元老，早年曾留學日本，與章太炎、鄒容等過從甚
密，具有强烈的華夷觀念和排滿情緒，後加入中國同盟會，積極宣傳革命，
民國成立後歷任要職，晚年參與和主導國史館的籌備與創建工作，與朱希
祖、但燾、王獻唐等人往來密切。事實上，蔣逸雪、李光濤之所以能得觀與
謄録張繼藏本《宣廟中興志》，即多賴王獻唐之力。根據蔣氏所記，張繼早
年往還日本期間道經朝鮮，極爲留心搜集遺逸秘藏，且結識了朝鮮士人俞
鎮泰。李光濤對此事也略有瞭解，據他描述，張繼回國後曾向俞氏致信索
書，俞氏回信云："辱惠書，蒙詢以敝邦數百年間關係明清大事，謹録《宣廟
中興録》……奉上。《中興録》皆壬辰前後事……此外尚有他書可參閲者，
然即此而大者已具，故先焉。"民國十八年（1929），寓居北京的張繼收到俞
氏所寄《宣廟中興志》和黄景源撰《皇明陪臣傳》②。俞鎮泰，幼學出身，在
朝鮮王朝末期歷任户曹佐郎、軍器主簿、尚州營將、秘書監丞等職。根據相
關研究，俞氏曾作爲隨員參與 1881 年朝鮮官方組織的"紳士游覽團"赴日
考察活動③。彼時俞氏年 50 歲，則其生於 1831 年。俞氏的生活年代和仕
宦經歷表明，他是受儒學影響較深，熟悉明清歷史的傳統士人，因此也就不
難理解他與著力搜求"關係明清大事"史書的張繼的交往。尤其是 1929 年
俞氏以近百歲高齡贈書于張繼，此舉足見其待異域友人之真誠。不過，在
雙方的書籍交流中，張氏顯然更具求書之主動性。其原因在於，清朝官方
特別是雍乾時期基於政治統治的需要，力圖壟斷關於明末清初歷史的話語
權，故在官方的高壓政策下，諸多涉及明清鼎革的書籍被禁毁、删改，使得

①前揭蔣逸雪文，頁 135。
②李光濤《明季朝鮮"倭禍"與"中原奸人"》，《"中央研究院"歷史語言所集刊》1955 年
　第 26 本。
③張禮恒《朝鮮"朝士視察團"赴日人員研究》，《東嶽論叢》2016 年第 2 期。

常人難覓其真，道咸之後文網管控漸弛，才有少量"禁書秘笈"重見天日。與此相反，標榜尊周思明的朝鮮王朝則一直有大量明史書籍流傳於世，因故張繼退而求書于東國。相較於明清時期甚至更早時代中國書籍的大量東傳，這無疑是一種文化的"回流"。

　　張繼深知《宣廟中興志》得之不易，且國內少有流布，故擬將之與萬曆本朝鮮王諮文"合刻流傳，爲應世之用"①。然該鈔本乃輾轉抄録而成，多脫漏訛誤，是以國史館内王獻唐、但燾、蔣逸雪等均對之有所訂正。從後來的情況看，張繼的刊刻計畫似未執行，其所存俞鎮泰鈔本的下落亦需進一步核實。值得注意的是，蔣逸雪將該書謄抄録副後，進行了詳細的校對比勘，形成獨立的校注本。其於史實之增補、考訂、普及上皆用力甚勤，該校注本當爲頗富價值之作，但今未見流傳，殊爲可惜。在基礎性的校注工作之外，蔣氏還將該書與《明史》關於壬辰戰爭的内容進行比勘，探討二者針對李如松、沈惟敬等"品人述事"上的"抑揚倒置"。蔣文撰成後很快在學界流傳開來，一定程度上推動了相關研究的深入②。

　　事實上，蔣逸雪對《宣廟中興志》的關注，除認識到其學術價值外，同時還包含深刻的現實因素。上世紀三十、四十年代，伴隨日本侵華活動的步步緊逼，民族危機日益加深，在時局的刺激下，國內的有識之士和知識分子，多借歷史研究來尋求應對之策，希冀紓解國是困局，表達愛國熱誠。顧頡剛就曾指出，民國時期"南明史的研究，由於民族主義的刺激"③，當時朱希祖、柳亞子等學者通過表彰南明忠臣節烈來激發國人抗戰的鬥志，作爲

---

① 張繼《張溥泉先生回憶録·日記》民國三十年十二月十日，《近代中國史料叢刊三編第三輯》第 24 册，文海出版社，1985 年，頁 91。

② 蔣氏該文雖發表於 1944 年，但據文末落款"三十年十一月作於歌樂山中。三十二年十月改訂于白沙"，則其初稿在 1941 年業已撰成。查《顧頡剛日記》1941 年 11 月 23 日"看蔣逸雪《宣廟中興志》一文"，又《竺可楨全集》第八卷《日記》1941 年 12 月 12 日"接宋楚白、孫斯大函，儲潤科函，（楚白辭職）並附蔣逸雪《校注朝鮮〈宣廟中興志〉後記》"，可知該文甫一撰成即在學界流傳開來，產生了一定的學術影響。40 年代中後期李光濤、王崇武等學者對《宣廟中興志》的研究和利用或與此有關，二引文分見《顧頡剛全集·顧頡剛日記》卷四，中華書局，2010 年，頁 607；《竺可楨全集》第八卷，上海科技教育出版社，2006 年，頁 201。

③ 顧頡剛《當代中國史學》，上海古籍出版社，2002 年，頁 90。

鼓舞士氣、救亡圖存的輿論工具。身處戰火紛飛中的重慶，蔣逸雪自然也無法擺脫時代背景的影響。蔣氏重視《宣廟中興志》，實際上與壬辰戰爭、日本侵華戰爭存在諸多相似之處有很大關聯。他在文中曾指出，豐臣秀吉致朝鮮宣祖李昖書中所謂"'一超直入大明國，貴國先驅'，與彼邦今日所呼之'大陸政策'及'東亞共榮圈'，稱説不同，其爲侵略政策，則一脈相承，初無二致。"注意到日本在相隔三百年的兩場戰爭中侵略政策的一貫性。面對艱難的抗日戰爭，蔣氏嘗言："今者夷氛漲天，山河破碎，展絶域之遺書，痛前朝之恨事，益憧然於當前禍難之作，非一朝一夕之故，其所由來舊矣……邦之君子，觀于此書，其愓然懼，奮然興，禦侮扶危，進而存亡繼絶，修我藩籬，植兹外服，庶金甌無缺，禹甸重光，則斯志之流入中土爲不虚，而滄州海外搜訪爲不徒勞也已。"① 明確表達了在國難當頭之際，渴望借助《宣廟中興志》來振奮民族精神，實現抗戰勝利的願望。與此同時，蔣氏還爲朝鮮復國寄予希望。自 1910 年《日韓合併條約》簽訂後，朝鮮進入日本的殖民統治下，部分朝鮮人流亡中國開展獨立運動，彼時中國政府也對朝鮮獨立運動各團體予以支持和扶助。1937 年盧溝橋事變爆發後，中國開始全面抗戰，朝鮮獨立運動由此匯入到中國抗日戰爭的巨流中，呈現出中朝聯合抗日之趨向。② 蔣氏文章之副標題"中韓合兵敗倭之光榮史"，及文中"時機不待，宜早籌維，使朝鮮更有中興續志之作"不僅是當時形勢下中國與朝鮮共同抗日的現實與政策的反映，更寄託了蔣氏對朝鮮復國的熱誠期盼。故知在抗日戰爭期間，受現實局勢的影響，學人們在追求學術真知的同時，往往兼顧到學術研究的經世作用，這不僅表現出當時知識分子的家國關懷與責任擔當，更是史學與時代相互激蕩的明證。

（作者單位：南開大學歷史學院）

①前揭蔣逸雪文，頁 135—136。
②參見石源華《論抗日戰爭期間國民政府的援朝政策》，《抗日戰争研究》1994 年第 2 期。

域外漢籍研究集刊　第十八輯
2019 年　頁 239—273

義理・政治・史學：
朝鮮王朝官修《原續明義録》及其影響 *

張光宇

一

中國史學界曾提出過“義理史學”的概念。一般認爲,它是一種以宋代理學爲史學指導思想的史學流派,在元、明、清時逐漸成爲一種重要的史學思想體系①。具有“以理闡史,以史證理”；善議論、樂褒貶；重視經學,言必稱闡發“春秋大義”；史學泛道德主義,推崇三綱五常、忠孝節義和正統論；綱目體史書繁榮等特點。“義理史學”標誌著史學與政治的高度結合,爲當時社會政治服務,也使得史學發展出現一種僵化的模式,有一定的負面作用②。朝鮮王朝(1392—1900)史學中是否也存在“義理史學”,還尚難定論,

* 本文爲教育部人文社會科學研究青年基金項目“朝鮮王朝正祖時期的官方史學研究(1776—1800)”(批准號:17YJC770041)的階段性成果。

① 參見湯勤福《義理史學發微》,《史學史研究》2009 年第 1 期；王記録《理學與兩宋史學的義理化特徵》,《學習與探索》2014 年第 2 期；錢茂偉《關於理學化史學的一些思考》,《華東師範大學學報(哲學社會科學版)》2000 年第 1 期；羅炳良《宋代義理史學再評價》,《廊坊師範學院學報(社會科學版)》2009 年第 4 期等。

② 錢茂偉認爲義理史學“是一種政治化史學,不是學術性史學。所以,理學化史學的特點是,史學的社會價值被無限放大,而史學的學術價值則被無限縮小”。(錢氏文《關於理學化史學的一些思考》,頁 91)湯勤福也認爲,義理史學是“阻礙歷史研究發展的官方史學思想體系”,“反而起到了束縛人們思想的作用”。(錢氏文《義理史學發微》,頁 48)

但其長期浸淫於紫陽《綱目》爲代表的朱子學思想之中,同樣樂於標榜"春秋大義"。深受中國史學文化影響,朝鮮史學編纂活動中也强調"義理"色彩,思想上重視倫理綱常,史書體裁上也重視采用綱目體書法編纂。特別在思想觀念上,一方面,强調依據大義分辨是非善惡的批判精神,實現依據"正名思想"的正義社會;另一方面,重申《春秋》的尊攘大義,宣導尊周和華夷觀念,甚至發展爲其文化自尊和民族意識;此外,朱熹在《綱目》一書中體現的道德的人文主義、合理的理性主義、道德的批判意識以及主體的民族意識等對朝鮮道學派的現實觀念和歷史觀念產生了很大的影響①。突出表現是朝鮮士大夫强烈的所謂"義理"精神,其對朝鮮國家的政治運營有極深的影響。

　　朝鮮王朝第 22 位國王正祖(1776 —1800 在位)李祘②,字亨運,號弘齋。他是朝鮮"英、正時代"③的關鍵人物。正祖一生勤勉好學,不僅酷愛讀書,還喜編印書籍,被譽爲"讀書大王"和"編書家",一度塑造了朝鮮後期的文化繁榮。他參與纂修或親撰的書籍數量是朝鮮王朝之最,也是唯一出版御製文集的朝鮮君王。他創設的奎章閣對朝鮮後期的文化發展貢獻頗多。正祖爲英祖(1724—1776 在位)之孫,莊獻世子李愃(1735—1762)次

---

① 參見[韓]吳錫源著,邢麗菊譯《韓國儒學的義理思想》,復旦大學出版社,2014 年,頁20—47。

② 本爲"正宗",大韓帝國光武三年(1899)被正式追崇爲"正祖宣皇帝",後世即稱之爲"正祖"。

③ "英、正時代"指的是 18 世紀朝鮮王朝的兩位"聖君明主"英祖、正祖統治時期,這是一個經歷社會變革和文化轉型的時期。兩君王的爲政理念、文化思想等方面呈現出繼承性。"英、正時代"的朝鮮王朝民生有所恢復,社會趨於穩定;王權一定程度上得到伸張,政治制度出現改革;更是朝鮮後期文化的大繁榮、大總結時期,同時新的階層開始成長、新的思潮得以萌發。被學界譽之爲"朝鮮後期的中興期"、"朝鮮後期的文藝復興時期"、"朝鮮後期的文化黄金期"、"以王廷爲中心的復古主義文化的繁榮時期"等。如[韓]李鍾日《英正時代 思想 文化》,《丹豪文化研究》1997 年第 2 期,頁 63;[韓]李丙燾著,許宇成譯《韓國史大觀》,正中書局,1960 年,頁 368;[韓]이범직《英祖·正祖代 왕실구조연구》,《인문과학논총》第 36 輯,2001 年,頁 87;[韓]정옥자《정조와정조대제반정책》,頁 2;[韓]朴真奭、姜孟山等《朝鮮簡史》,延邊大學出版社,1997 年,頁 353,多有此類評價。

子,有恩彥君李裀、恩信君李禛、恩全君李禶三個庶弟。他於英祖三十五年
(1759)被封爲王世孫。莊獻世子 28 歲(1762)時被英祖關入櫃中處死,史
稱"壬午禍變"。英祖四十年(1764),李祘在法統上成爲已故孝章世子之
子,成爲東宮。但其儲君之路並不平穩,英祖晚年疾病纏身,即命世孫代理
聽政,但遭到戚臣極力阻撓,即位之路頗爲坎坷,即位後還多次面臨反叛。

　　"壬午禍變"以後,正祖躲過權臣謀害而最終即位。與歷朝國王即位
後,先纂修前朝《實錄》不同,正祖把治罪"逆臣"和纂修"分辨忠逆"的義理
史書《明義錄》和《續明義錄》(合稱《原續明義錄》①)作爲頭等要事,以此彰
顯"即位義理",也成爲君臣博弈的手段。兩書牽涉了景、英、正三朝幾乎所
有敏感的政治事件,引起了君臣關於義理的種種爭論,於正祖一朝的政治
文化聯繫緊密,可謂是當時最重要的官修義理史書。韓國學者已注意到了
該書的價值和意義,有一些相關探討②,但缺少對兩書纂修、流通、影響的
綜合視角的研究;同時,《明義錄》、《續明義錄》也被收入國家"十一五"重大
出版工程項目《域外漢籍珍本文庫第一輯・史部》第 1 册、《第三輯・史部》
第 14 册之中③,國內尚缺乏對兩書較爲細緻的研究成果,本文擬從政治文
化史視角,對兩書的纂修背景、過程和内容、影響略作初探,就教方家。

---

① 因《明義錄》(《原編》)、《續明義錄》(《續編》)兩書凡例相同又義理相通,故而《續明義
　錄》纂成後,兩書也常被合稱爲"《(原續)明義錄》"。
② 關於《原續明義錄》及相關義理問題,[韓]崔誠桓《정조대초반의 蕩平 義理 忠逆論》
　(《泰東古典研究》第 25 輯,2009 年)一文論述了"英、正時代"的大量政治事件和《原
　續明義錄》等史書纂修的政治意義,説明朝鮮王朝"義理論"與國家政治的關係,但該
　文只看到了《原續明義錄》在正祖朝初期的影響,並只從"蕩平義理"的角度闡釋,未作
　全局化的深入研究。他還在《正祖代 蕩平政局 君臣義理 연구》(首爾大學校 2009 年
　博士學位論文)中論述了朝鮮王朝後期的君主蕩平、朋黨鬥爭和"君臣義理"的關係,
　分析了英祖時的"辛壬義理"、"壬午義理"和正祖的《明義錄》"即位義理"、修正"壬午
　義理"的政治文化内涵等。此外,一些以介紹正祖爲中心的著作也多粗略談及《原續
　明義錄》,恕不一一列舉。
③ 該書爲《明義錄》所作《提要》中"記載……至純祖八年(1807)的朝鮮史實"一句,有明
　顯的時間和邏輯錯誤。此外,《明義錄》、《續明義錄》在黃建國等編《中國所藏高麗古
　籍綜錄》(漢語大辭典出版社,2008 年)中被歸入"紀事本末體"之類,似不妥。

二

　　莊獻世子死後,外戚洪鳳漢失勢,其弟洪麟漢進一步與之分裂,謀求相位,出現了老論北黨的"大洪"、"小洪"。同時,因對莊獻世子和世孫(正祖)的態度不同,出現時派(老論北黨爲主)、僻派(老論南黨爲主),時派以老論北黨洪鳳漢和南人蔡濟恭、洪國榮等代表的世孫身邊的宫僚(包括老論南黨的清流派)等組成;僻派由英祖繼妃之父老論南黨金漢耉、子金龜柱(攻洪派)、老論北黨洪鳳漢弟洪麟漢及其子侄等爲代表。此外,英祖愛女和緩翁主及其養子鄭厚謙(少論蕩平派)也爲反對正祖的勢力。時派支持世孫,而僻派則圖謀動摇世孫的東宮之位。世孫不僅承受著喪父之痛,還一直面臨各種黨争和政治陰謀的考驗,因厭惡權臣與外戚勾結專權,與他們積怨重重。世孫與政敵洪麟漢、鄭厚謙等人的較量,在英祖末年達到高潮。

　　正祖在爲世孫時的手記《尊賢閣日記》中,即記載了英祖病重時,洪麟漢、鄭厚謙等如何把持朝政、禍亂視聽、欺騙英祖、掩飾英祖病情、監視和妨害東宮及其宫僚的言行。正祖寫道:"(鄭)厚謙之罪,真可謂無可奈何矣!渠本性稟奸巧妖惡,於罪萬惡俱備一身。"記洪麟漢爲"實有禽獸之行,視乃兄(洪鳳漢)爲路人"①。英祖五十一年(1775),已耄耋之年的英祖病重,頻頻發出東宮代理聽政和禪位的信號,這令洪麟漢、鄭厚謙等人不安。英祖下教命東宮代爲批閱奏疏,又要禪位,而洪麟漢却提出"三不必知説",即"東宮不必知朝論,不必知銓官,至於國事,尤不必知也。"他還阻擋承宣聽教和傳旨、指使翰林注書朴相集不要記載有關"筵話"②。對於其"凶逆"之爲,正祖雖"聞之骨驚",却往往"亦不敢長語"③,以至"大寶、啟字,皆移置東宮,上(英祖)教日三四降,而因麟漢游辭力沮,成命久不下,事機岌嶪,變

①［朝鮮王朝］金致仁等《明義錄•上》,卷首《尊賢閣日記上》,丁酉仲春芸閣壬辰活字印本,首爾大學奎章閣藏(奎 1328—1)。
②［朝鮮王朝］金致仁等《明義錄•上》,卷首《尊賢閣日記下》。
③［朝鮮王朝］金致仁等《明義錄•上》,卷首《尊賢閣日記上》。

在呼吸,而朝無敢言者"的局面①。此外,鄭厚謙也勾結洪麟漢,"内布耳目,外引黨與,或造言協持,或游辭探試,又讒毀宫官之衛"②。其黨羽沈翔雲、尹若淵、李商輅等又屢次投進"凶疏"和散佈"妖言",詆毀世孫及其宫僚,以求動摇東宫儲位。當時的情境,可從下面兩"斷文"窺知一二:

　　麟漢之眼無儲君,所由來漸矣……至使朝士大夫,皆欲出乎其門。黜陟與奪,皆欲歸其掌握……彼麟漢托肺腑之親,席父兄之勢。内而厚謙母子爲之奥援,外而養厚趾海爲之死黨……先大王玉候日益沉綴,特命我殿下代聽庶政……而麟漢挺身獨前,敢以三不必知之説,肆然沮遏……甚至於尼承宣而勿書傳旨,嗾史臣而不録筵話。其陰蓄異志,顯逞手勢者,已不容誅。③

　　逆麟則地處肝腑,席乃兄之餘威,賊厚則天生奸妖,挾其母而同惡……憑幽逕而主翻覆之謀,蓋其罔赦罪非一。氣勢之所驅使,心腹爪牙,言議之所關通,鷹犬嚆矢。居然雲妖之幻出,繼以淵疏之闖呈……至若恒烈、相簡之凶,已著大北己巳之説……網打殄殺之計,趾、纘難爲弟兄,輅、善俱是婭。④

由洪、鄭等人的"罪行",也可推知當時二人權勢之盛和世孫在即位前後的險惡處境。所幸,在洪國榮、鄭民始等世孫宫僚的輔助下,尤其是徐命善給英祖上了懲討洪麟漢等人的疏文,世孫終於得以代理聽政。在代聽之時,他就對洪、鄭之黨羽沈翔雲、尹養厚做了懲處。英祖於次年(1776)三月薨,正祖即位,將鄭厚謙、洪麟漢治罪,並審判尹泰淵、閔恒烈、尹若淵、洪啟能、洪趾海、洪纘海、趾海子洪相簡、李善海、善海子李敬彬等人。而後,又將鄭厚謙、洪麟漢賜死,其他姻親黨羽或死或配或監視居住。1776年爲"丙申年",這一事件被稱爲"丙申獄事"。

正祖即位年(1776)八月,時任左參贊黄景源上疏請撰《明義録》:

___

①《朝鮮王朝正祖實録・附録》,《行狀》,韓國國史編撰委員會編刊,1953—1961年,第47册,頁294。

②[朝鮮王朝]金致仁等《明義録・中》,卷一。

③[朝鮮王朝]俞彦鎬《燕石》卷一三,《明義録斷》,韓國民族文化推進會編《影印標點韓國文集叢刊》,2000年,第247册,頁270—271。

④《朝鮮王朝正祖實録》卷三,元年三月乙未,第44册,頁657。

　　臣伏讀《闡義昭鑒》，未嘗不歔欷而歎也。嗚呼！國家先戊申而作此書，則豈有戊申之亂乎，前乙亥而作此書，則又豈有乙亥之變乎……夫賊臣不軌之心，前後相似……前之賊臣，其逆節人皆知之，而猶有戊申之亂與乙亥之變也，而況後之賊臣，以肺腑之親，其逆節非外人之所可洞知，故四方人心，尚未大定，是方來煽動之憂，誠可謂無所不至矣。今殿下穆然遠慮，作《綸音》宣佈中外，而此則猶是大綱也，至於逆節隱微者，及至王府所置鞫案，人無知者。臣以爲，宜令館閣，用《闡義昭鑒》之例，撰成一書，具載逆節，凡百官庭請之啟，搢紳章甫之疏，諸賊正法之案，一一輯録，逐端而推明，隨緒而諭斷，頒行八方，使人人皆知此賊滔天之惡，然後庶有早辨之效，而可無馴致之慮矣。①

　　黄景源認爲，從英祖時的"戊申、乙亥之亂"②，再到正祖即位之前的禍亂，乃一脈相承，都是"賊臣"有"不軌之心"。同時，英祖時所編《戡亂録》、《闡義昭鑒》③，正是遏制亂臣賊子的義理之書，如果在"戊申、乙亥之亂"前就編成此書，就可避免逆亂髮生。"丙申獄事"之前因後果，正祖雖頒佈《綸音》，但細節多不爲人知，遂建議正祖仿《闡義昭鑒》例，由館閣之臣撰《明義録》一書，詳細載録罪臣"逆節"、諸臣奏疏和鞫案過程，以達到對"亂臣賊子"的震懾。經過與大臣的商議，"諸大臣皆以宜有一通成書，以明懲討之

①《朝鮮王朝正祖實録》卷二，即位年八月癸亥，第 44 册，頁 610。
②"戊申之亂"發生於英祖四年（1728），英祖即位後，景宗末年少論陷害老論的"辛壬士禍"得以平反，老論勢力上升。少論李光佐、金一鏡聯合南人李麟佐等人，以英祖毒殺了景宗爲由，發動叛亂，擁戴密豐君，佔領清州，後被鎮壓。英祖三十一年（1755）又發生了"乙亥獄事"，仍是由少論趙泰耇一黨所發起的"逆亂"，這一事件使得少論派徹底失勢。
③英祖五年（1729）成《戊申戡亂録》，乃是針對"戊申之亂"的明義理之書，記録逆賊窮凶的前後鞫案，並抄出仁祖時關於"李适之亂"的《西征録》。針對"乙亥之亂"，英祖三十一年（1755）又成《闡義昭鑒》。記録景宗年間的討逆事實，以闡明英祖的"即位義理"。爲此還專門成立了纂修廳，在英祖的監督下而成，不僅分藏於五處史庫，還下令頒佈諺解，複刻廣布於諸地方觀察營。還成《闡義昭鑒纂修廳儀軌》，體現了英祖爲守護王位和蕩平黨争的決心。這些對正祖時《原續明義録》的纂修産生了極大影響。

大義奏"①,正祖於當日下教道:"其在正明理之道,不可無一編成書,昭示來後,開局纂輯等節,依例舉行。"②遂命開局纂《明義録》。

　　與英祖類似,正祖的即位,又是伴隨著一次"逆亂",這令王位不穩的他頗感不安,《明義録》的纂修有極大的政治用意。據金致仁等在進書《劄》中所言:"忠逆之一大案"亦爲"義理之一大關"。《明義録》作爲正祖"即位義理"的彰顯,就是要辨忠逆、明義理:"乃以懲前毖後之意,深軫明理正義之圖。"一方面,逆臣的罪行"窩窟深暗,機謀陰秘,醞釀之源委,排布之脈絡","雖在廷諸臣,亦容有未能細悉而明知,而況疎遠之人乎?"另一方面,因逆臣多爲"戚聯貴近,世族巨室",身份特殊,易造成"上下言議之徒,漸染既廣,誑惑必多"的局面。所以,必要"發揮光明之義理,劈破凶邪之情狀",《明義録》之編輯,"蓋所以立君綱、正人心、明逆順、叙功罪,嚴其名分,峻其隄防,使爲臣子者曉然知天常之不可侮,王法之不可幹","逆順之分大明,孰不顧名思義? 嗟人心之久溺,忍言當日之鴟張? 炳天彝於將湮,庶作百世之龜鑒"。③ 正祖等人,即想通過纂修一部義理史書,來使逆亂之事昭然若揭。一方面,通過對即位事實的叙述,彰顯其得位之正;另一方面,通過分辨忠逆,嚴立君臣綱紀,宣揚尊王討賊之義理、喚醒人心,來達到穩固王位的目的。

　　如該書《凡例》所示:"是編也,所以明先大王(英祖)分勞代聽之聖意,使覽者皆知沮遏大策之爲亂逆,以昭揭義理於天下後世,使亂臣賊子皆懼焉。"④這體現了正祖對逆臣的痛恨和明定"即位義理"的迫切心情。他把《明義録》義理置於"存天下之大防,立天下之大經,國可亡,此義理不可漫漶也審矣"的地位,遂希望該書的纂輯之役"不容一日少緩"⑤。

---

①《朝鮮王朝正祖實録》卷二,即位年八月癸亥,第 44 册,頁 619。

②〔朝鮮王朝〕金致仁等《明義録・中》,《下纂輯諸臣 傳教》,首爾大學奎章閣藏(奎 1328—2)。

③《朝鮮王朝正祖實録》卷三,元年三月乙未,第 44 册,頁 657。

④〔朝鮮王朝〕金致仁等《明義録・中》,《凡例》。

⑤〔朝鮮王朝〕正祖《弘齋全書》卷三十,《教一・申諭〈明義録〉纂輯諸臣教》,第 262 册,頁 493—494。

三

　　《明義録》纂修的前期工作以校正《尊賢閣日記》爲主。《尊賢閣日記》原名《內下日記》(後文簡稱"《日記》"),是正祖在春邸時手書的"日記"。正祖即位年(1776)十一月三日,他下教曰:"《內藏日記》,從當出示。"①十八日,他將《日記》展示給工曹參判金鍾秀。正祖在爲儲君時就有記日記的習慣:"在春邸時,日記便成課工,案上常小册"②,"《內下日記》即予在震邸時,記得日用間見聞者也。且外臣不知內間事,故略記其時梗概"③。可知,正祖通過日記的方式,也記錄了即位之前的各種遭遇。金鍾秀讀後泣曰:"臣等猶不知凶逆之至於此極矣。今伏見《日記》,其所表裏醞釀,譸張幻惑,無所不至,追念當時之事,不覺心寒膽掉矣。"④正祖也自言:"眇予寡人坐受其困之狀,已詳於《內下日記》……宮省事秘,戚畹勢大,大臣不得知,公卿不得知,士庶人亦不得知。"⑤《明義録》纂修總裁大臣金致仁讀後,也感慨萬千:"臣等伏讀《內下日記》,自乙未(1775)二月初五日至丙申(1776)二月二十八日,益聞其所不聞,益知其所不知,言言骨驚,段段心寒。嗚呼!我殿下閱歷艱危,至於此極,而乃臣等漠然不知。"⑥可見,《日記》在記錄正祖即位前後的史事方面,更爲詳細和直觀,又載有朝臣皆不知之事,具有極大的價值。正祖拿出該《日記》的目的,就是爲纂修《明義録》提供重要史料,同時確保所編之書體現自己的意志。但該《日記》爲"隨手記載,語意多未暢",尚存在不足,遂命校正,以便頒示⑦。正祖還指出:"《內下日

---

①[朝鮮王朝]金致仁等《明義録·中》,《下纂輯諸臣 傳教》。

②《朝鮮王朝正祖實録》卷三,元年一月己巳,第44册,頁646。

③《承政院日記》,正祖即位年,十二月二十六日。**據韓國國史編纂委員會《承政院日記》**
　檢索系統:http://sjw.history.go.kr/main/main.jsp,下同。

④《朝鮮王朝正祖實録》卷二,即位年十一月丙戌,第44册,頁639。

⑤《朝鮮王朝正祖實録》卷三,元年三月乙未,第44册,頁657。

⑥《朝鮮王朝正祖實録》卷三,元年三月乙未,第44册,頁657。

⑦《朝鮮王朝正祖實録》卷二,即位年十一月丙戌,第44册,頁639。

記》即予在儲時所錄,而屬於聽政時事,故欲入於纂輯册子矣。"①這就表明《日記》不僅可用於編書的參考,日後還要將其添入《明義錄》之中,成爲其中的重要部分,因此《日記》的校正工作就十分重要。

這年(1776)十二月四日,正祖審看徐龍輔負責的"(乙未年)七月以上"《日記》,因《明義錄》"纂輯之役甚急",正祖催促左承旨金鍾秀和右承旨鄭民始速速考准"七月以後"《日記》②。在正祖的督促下,七日,已開始了謄出工作③。九日,又命馬上繕寫校訂本。十日,雖然《日記》還未能繕寫完畢,正祖同意領議政金尚喆的建議,先設立了《明義錄》纂輯廳④。《日記》校正工作進展很快,十二日,正祖命洪國榮讀纂輯廳進《日記》的點改之處。十三日,《日記》抄出諸臣被按月分配了任務,由纂輯郎廳韓晚裕、沈念祖、鄭志儉等負責。又命李秉模讀《日記》,指出點改之處⑤。至十二月中旬,《日記》的校正和抄出已基本完成,但正祖却要求甚嚴,對每一處修改都要親自指定。《日記》中"略有字句間稟定者",金鍾秀都要"以次奏達,上並命點改"⑥。諸臣在校正時,發現應修改的地方,經堂上、郎廳官商討後,將修改意見"付簽",匯總後不定期稟正祖裁定,十七日,仍"又有數處付簽者矣"⑦,至二十五日,終於校正完畢⑧。

同時期,除了校正《日記》,抄出審問逆臣"推案"的工作也在進行。"推案"部分和《日記》抄出一樣,也要進行分排。十二月十三日,李秉模、李敬養、李在學等負責的"推案"還未抄出,正祖命加班趕工,"夜亦往於纂輯廳,仍爲謄出之役"⑨。十六日,"推案"抄出幾乎完成。關於"推案"中的罪臣供辭,正祖命考英祖時的《戡亂錄》和《闡義昭鑒》後,確定了"問目則曰

---

①《承政院日記》,正祖即位年十一月二十六日。
②《承政院日記》,正祖即位年十二月四日。
③《承政院日記》,正祖即位年十二月七日。
④《承政院日記》,正祖即位年十二月九日、十日。
⑤《承政院日記》,正祖即位年十二月十三日。
⑥《承政院日記》,正祖即位年十二月十四日。
⑦《承政院日記》,正祖即位年十二月十七日。
⑧《承政院日記》,正祖即位年十二月二十五日。
⑨《承政院日記》,正祖即位年十二月十三日。

‘汝’，供辭則曰以‘臣’稱之”的寫法①。十二月二十六日，校正後的《日記》
交付《明義録》纂輯廳，《明義録》的纂修工作進入後期階段，但仍在纂修中
被不斷修改，正祖元年（1777）一月二日，正祖召見左議政金尚喆、右議政鄭
存謙，指導厘潤《日記》的工作，並命删“李湛之事”。金尚喆也發現存在“文
字間多有誤字及文義可疑處”②。

　　進入次年（1777）二月，開始了《日記》草本的刊印和“斷文”纂修工作。
四日，即定下了具㢼、尹弘烈、金夏材等爲監印堂上，《日記》先行開刊③。
二十二日，鄭民始言《日記》已印好，但是略有誤字④。“斷文”附在“推案”
之後，是對有關罪臣罪行的總結和忠逆評論，類似史書中的論贊。四日，正
祖和金尚喆商討後，命安排文任和諸堂逐月“當次第分排”撰寫“斷文”，正
祖要求全程監督，諸臣“當隨其撰定，稟達删潤矣”。次日，鄭民始向正祖彙
報編纂進度：“校正幾至了當，而方始分排立斷矣。”即已開始寫作“斷文”，
正祖命“斷文”寫作“而各月之下，亦依《經筵日記》之規，逐條立斷事”。六
日，諸臣始分工撰寫“斷文”，李福源建議用正祖的《日記》内容爲“斷文”，
“不必更爲逐條别撰”⑤。正祖十分看重“斷文”的寫作，幾次督促，至三月
初已完成，五日，正祖命直提學俞彦鎬讀所撰之“斷文”，讚道：“能辨明忠逆
之分，辟破義利之源，可謂善作矣。”還爲此特加賞賜⑥。正祖勞心於該書
的各纂修環節，不只對於“斷文”，編好的《明義録》初草，也要字斟句酌。他
曾召見金鍾秀，命讀其所撰《明義録》草本，金鍾秀邊讀，正祖隨即對“翔雲
罷養事、承旨不書傳教事、李命彬事、金相福事”及頒教文的載録等細節内
容提出修改意見⑦。

　　在纂修的同時，《明義録》的體例也逐漸確定。關於《日記》在該書中的
位置問題。雖然《明義録》凡例仿《闡義昭鑒》，但《日記》編入書中何處，仍

---

①《承政院日記》，正祖即位年十二月十六日。

②《承政院日記》，正祖元年一月二日。

③《承政院日記》，正祖元年二月四日。

④《承政院日記》，正祖元年二月二十二日。

⑤《承政院日記》，正祖元年二月四日、五日、六日。

⑥《承政院日記》，正祖元年二月五日。

⑦《朝鮮王朝正祖實録》卷三，元年二月丁巳，第 44 册，頁 653。

無據可依。正祖和俞彦鎬認爲，應把御製《日記》放入"別編"，洪國榮、蔡濟恭、金陽澤等均認爲，《日記》等同於《綸音》，應列在"卷首"。經過多次討論，正祖最終認定《日記》"別作一篇爲首卷，以小題目書之，好矣"。同時，《內下日記》更名爲《尊賢閣日記》。此外，還定下御製《綸音》中"王若曰"處，"王字印出之時，當稍上一字矣"①，即注意抬格；元年二月十一日，采納金鍾秀的意見，仿《闡義昭鑒》例，"皆立綱分目……逐段立綱"②，使該書有了"綱目體"書法之特色。正祖表示該書凡例"勝於《昭鑒》矣"③。

　　三月二十八日，正祖確認《明義錄》最後的收尾工作。右承旨鄭民始答復，該書已然校正完畢。正祖認爲黃景源所撰跋文，還應該修改④。二十九日，領議政金致仁、領敦寧金陽澤、左議政金尚喆、領中樞府事李溵、右議政鄭存謙上《進書劄》，《明義錄》草本撰成。《明義錄》三卷，後分藏於奎章閣及五處史庫⑤。這天，正祖臨崇政殿月臺，纂輯廳衆堂郎陪進該書，舉行了繁復的儀式。期間，洪國榮突然"手展上疏，涕泣而讀，嗚咽不成聲，讀訖，涕泣而奏曰：'當殿下孤危之日，諸賊煽動之狀，在朝諸臣，豈得詳知，而若非王大妃殿保護我殿下之德，則國家將無稅駕之所，而君臣亦不有今日，思之懍然，言之惕然矣'"。洪國榮的"疏文"內容是揄揚英祖繼后貞純王大妃金氏（1745—1805）"保護"正祖之功的。他又請將其所纂之文，編於該書"篇首"，正祖表示同意⑥。該文果然後來錄入《明義錄》的"卷首"。

　　該書還尚未刊印。在進草本書的當日，正祖又命諸堂依此讀《明義錄》的"斷文"，以便再做校改；還命李徽之再改箋文、金鍾秀負責撰寫《明義錄》跋文，並要詳載"王大妃殿聖德"⑦。草本書還要經過看檢後，方能印出，除大臣外，正祖本人也認真翻看，四月一日，他就發現"未過數張，已有誤處"，

①《承政院日記》，正祖元年二月四日。
②《承政院日記》，正祖元年二月十一日。
③《承政院日記》，正祖元年三月二十八日。
④《承政院日記》，正祖元年三月二十八日。
⑤《朝鮮王朝正祖實錄》卷三，元年三月乙未，第 44 册，頁 657。
⑥《承政院日記》，正祖元年三月二十九日。
⑦《承政院日記》，正祖元年三月二十九日。

提醒諸臣一定要仔細看檢①。四日，金鍾秀之跋文撰成，正祖很是滿意②。在該書的内容上，正祖也提出修改意見，如在金鍾秀讀《明義録》草本時，正祖就對缺少對洪啟能的"懲討之論"不滿③。經過多次修改後定稿，十一日，監印廳開始印《明義録》，撤纂輯廳④，該書由芸閣用銅活字壬辰字印刷。至五月六日，《明義録》印出進上和頒賜件共二百五十件。正祖命將其頒賜給奎章閣堂郎、承旨、玉堂翰林、纂輯堂郎和其他大臣各一件。另奎章閣存二十件，承政院、五處史庫、兩司、三館、政府六曹，各頒一件⑤。《明義録》原本印刷完成，却並未撤監印廳，正祖又馬上命人做好《明義録》"懸吐"和翻譯諺文譯本、諺本注釋的工作，至五月底，各版本次第印出⑥。

　　從正祖下教命編《明義録》，到原本印頒，約歷時九個月。因該書纂修涉及《日記》，"推案"的校正和抄出、"斷文"的分撰、印刷等工作，作者竟多達五十二人。總裁官爲領議政金致仁，參與纂修的主要有領敦寧金陽澤、左議政金尚喆、領中樞府事李溭、右議政鄭存謙、奎章閣提學蔡濟恭、吏曹判書徐命善、奎章閣提學黃景源、漢城府判尹李徽之、行龍驤衛副司直李福源、成均館大司成鄭民始、奎章閣直提學俞彦鎬、江華留守金鍾秀、都承旨洪國榮、直閣李秉模等⑦。 這些官員遍佈奎章閣、弘文館、藝文館、春秋館、成均館等學術部門和承政院、六曹、義禁府、三司、龍驤衛等軍政部門，從其規模之大、規格之高來看，《明義録》之纂修堪比國之重典。雖是"命撰"之書，正祖本人不僅提供了《日記》資料，對該書的凡例、内容、斷文、箋文、跋文等一一嚴格把關，後來還費心於該書的印刷和流通，可謂是主導了該書的纂輯過程。

---

①《承政院日記》，正祖元年四月一日。

②《承政院日記》，正祖元年四月四日。

③《承政院日記》，正祖元年四月十日。

④《承政院日記》，正祖元年四月十一日。

⑤《承政院日記》，正祖元年五月六日。

⑥見《承政院日記》，正祖元年五月四日、六日、十九日、二十七日條。

⑦見［朝鮮王朝］金致仁等《明義録·下》，《奉教纂輯諸臣》，首爾大學奎章閣藏（奎1328—3）。

四

首爾大學奎章閣藏《明義録》（奎 1328），丁酉仲春芸閣活印，壬辰字本。分上、中、下三册，有卷首、卷一、卷二，共三卷内容。其體例如下：

> 先以《尊賢閣日記》表諸卷首，以尊其體段，次以《政院日記》序其月日，撮其事實，節其文字，以該其始終，參之金吾文案，以悉鞫情，間以朝廷疏啟，以見國論。每段之下，輒附論斷，以仿古史氏誅貶之義。編輯規模一依《闡義昭鑒》。①

《明義録》三卷，又名《原（編）明義録》，紀"丙申獄事實"。仿《闡義昭鑒》凡例，除《卷首》外，其他内容主要選自《承政院日記》和金吾文案（記録審問罪人的過程和判詞）、朝臣的奏啟、"筵話"等，進行"删繁節要，立綱分目"②，體裁爲類似綱目體的編年體。並附有針對義理名分的"斷文"，逐段立論，略仿史法。

上册《卷首》内容爲：《尊賢閣日記上》、《尊賢閣日記下》、《御製綸音》。《卷首》的内容均爲"御製"部分，與别卷的"纂輯"部分分開，體現正祖的"御製與纂輯略存區别之意，同名《明義録》，則御製與纂輯又無各編之嫌"的要求③。

尊賢閣是慶熙宫中的東宫，是正祖爲世孫時主要的活動場所。《尊賢閣日記》是正祖作爲儲君時所寫的日記，後來亦成爲《日省録》纂修的發端。《日記上》爲乙未年（1775）二月至十一月之前的内容、《日記下》爲乙未年十一月至丙申年（1776）二月所記，按時間順序記載，但日期並不連貫。文中記載了英祖病重中，洪麟漢、鄭厚謙等人的"罪行"，有關英祖、世孫（正祖）本人、洪麟漢、鄭厚謙、和緩翁主等人的很多場景，以記録對話的方式描述，十分生動。該部分的主旨是："大抵厚、麟輩，前後離合而窮兇極惡之狀，可以見焉。"④所以該《日記》是以叙述洪、鄭二人爲中心的。此外，《日記》中

---

①《朝鮮王朝正祖實録》卷三，元年三月乙未，第 44 册，頁 657。

②［朝鮮王朝］正祖《弘齋全書》卷一八三，《群書標記五・命撰一》，第 267 册，頁 555。

③［朝鮮王朝］金致仁等《明義録・上》，卷首。

④［朝鮮王朝］金致仁等《明義録・上》，卷首《尊賢閣日記下》。

也客觀上記録了洪國榮、鄭民始、徐命善等保護東宫的事迹。《御製綸音》中，正祖重申了《明義録》的纂修背景、意義和衆"逆臣"的罪行，並下教將其頒示中外臣庶，下諭各道。

中册《卷首》部分内容爲：金致仁、金陽澤、金尚喆、李溆、鄭存謙等的《進明義録劄》、金尚喆等進上的《進明義録箋》①、《下纂輯諸臣 傳教》、《都承旨洪國榮疏》和《凡例》。

《下纂輯諸臣 傳教》部分載録丙申（1776）八月二十四日、十一月三日、十二月二十六日；丁酉（1777）二月五日，正祖所下關於纂修《明義録》的四條教文，分别是命纂書、示《内下日記》、如何選取罪臣、如何作"斷文"的要求。

《都承旨洪國榮疏》和所附正祖的批答之文，後亦收録於《正祖實録》之中。貞純大妃是僻派的成員②，洪國榮爲何會在進書之日，大張旗鼓地呈上疏文，爲何會讓正祖褒獎一個僻派的幕後之人，這是很令人費解的問題③。

中册的卷一部分和下册卷二，記録正祖即位以來，有關逆案的詳細審理過程、對罪臣的判決等，爲該書的正文部分。

卷一上自乙未（英祖五十一年，1775）十一月癸巳，也就是正祖即位的前一年，下至正祖即位年丙申（1776）六月甲子。之所以從乙未年十一月起述，是因爲當時英祖病重，命世孫聽政、交給大寶，已有王位更迭的迹象，而此時，洪麟漢等人頻起逆舉，阻礙正祖順利即位，而徐命善的上疏有"扭轉乾

---

① 《進明義録箋》後來實爲俞彦鎬所撰，見《承政院日記》，正祖元年四月十日條。俞彦鎬文集《燕石・四》中也收録了此《箋》，見《影印標點韓國文集叢刊》第 247 册，頁 50—51。

② 英祖三十三年（1757），英祖的王妃徐氏去世，兩年後，英祖迎娶年僅 15 歲的金漢耇之女，即貞純王后。

③ 一種可能是正祖與洪國榮早就商定好了這一幕，在衆臣面前，以仰頌王大妃的形式更好地牽制貞純王后；另一種可能，從後來其妹元嬪入宫的事件來看，洪國榮可能此時已然開始勾結貞純王后了。［韓］崔誠桓其文却將貞純王后認定爲"世孫的保護勢力"，並認爲，由於正祖在《明義録》中未記録貞純王后以外的老論南黨的功績，引起了金龜柱等人的不滿，正祖也針對其主導的"殺洪論"、"攻洪論"舉措開始反擊。（見崔氏《정조대초반의 蕩平 義理 忠逆論》，《泰東古典研究》第 25 輯，2009 年）

坤”之勢。《明義錄》詳細闡述此段，即是想說明正祖即位過程的艱辛和彰顯其繼位正當性。卷二則爲自丙申六月丙寅至丁酉(1777)四月甲辰，正祖在位時的史事，直至逆案審判結束。後附江華留守金鍾秀所撰《明義錄跋》。

　　正文部分仿編年體，按時間順序敘事。紀年格式爲：［國王廟號(僅首次)＋在爲年＋干支(小字)＋月＋］日(干支)，如“英宗大王五十一年乙未(小字)十一月癸巳”，正祖以後書“今上某年”。每個事件，又仿綱目體的形式，有一個綱，後附人物、事(案)件。主要取自《承政院日記》《金吾文案》等所載史事，有對話場景和英祖的傳教文、御製等，並附入了大臣的諸多奏疏文。對這些疏、啟和“諸賊訊鞫文案”的抄錄注重“芟繁撮要”，“伏法罪人，外雖蒙恩酌處者，若其情節幹連之不輕者，錄之。雖鞫案逆招之外，繁重者，亦特錄之。”①《明義錄》的“斷文”(比正文低一格書寫)多達 19 處，爲諸臣分排所撰，用“臣等謹案”形式附在事(案)件之後，以示史臣的褒貶，體現了義理史書的特色。兩卷《明義錄》的主要內容如表 1 所示：

表 1　《明義錄》的“綱”和“斷文”情況表

卷一		
時間	綱	斷文
1775 年 11 月	英宗大王五十一年乙未(小字)十一月癸巳御製自省編警世問答進講於東宮	附斷文
	癸卯命巡監軍受點於東宮吏兵批中官稟於大殿後受點於東宮	附斷文
1775 年 12 月	十二月丙午前參判徐命善上疏請正洪麟漢沮格代聽之罪上命進命善秩二級賜祭其父	附斷文
	庚戌上命王世孫代聽庶政	
	癸丑上御景賢堂受王世孫聽政賀王世孫坐景賢堂聽政朝參受百官賀侍上進饌行九爵禮	附斷文
	乙卯令假注書朴相集下義禁府推問	
	甲子鞫沈翔雲配絕島	
	乙丑上命竄配以下小朝裁斷○執義申應顯上書請洪麟漢明正典刑不從	

①［朝鮮王朝］金致仁等《明義錄・中》，《凡例》。

續表

卷一		
時間	綱	斷文
1776 年 1 月	五十二年丙申正月甲戌令竄尹養厚於海南	附斷文
1776 年 3 月	三月丙子英宗大王升遐於慶熙宮之集慶堂辛巳上嗣位於崇政門告廟頒赦	附斷文
	甲申擢弘文館應教洪國榮爲承政院同副承旨	附斷文
	丙申大臣三司求對請亟正鄭厚謙母子之罪命竄後謙於慶源府	
1776 年 4 月	四月戊申命竄洪麟漢於礪山府	
1776 年 5 月	五月辛未命鄭厚謙即其配所栫棘	
1776 年 6 月	六月癸亥親鞫尹若淵	附斷文
	甲子鞫洪相簡結案徑斃	附斷文
卷二		
1776 年 6 月	六月丙寅李善海伏誅	附斷文
	閔恒烈伏誅	附斷文
	鞫李商輅承款徑斃	附斷文
	鞫洪趾海承款	附斷文
	丁卯出拔屬七十餘人付有司處之	附斷文
	已巳大臣率百官請誅洪麟漢鄭厚謙	
1776 年 7 月	七月庚午兩司請拿鞫尹養厚尹泰淵	
	癸酉下綸音諭八方○賜洪麟漢鄭厚謙死	附斷文
	辛卯沈翔雲伏誅	附斷文
1776 年 12 月	十二月已亥鞫尹養厚承款徑斃	附斷文
1777 年 4 月	今上元年丁酉四月甲辰命薦棘洪啟能於大靜縣	附斷文

五

　　外戚豐山洪氏家族中有多人爲《明義録》中罪逆,雖然正祖寬容發落,但洪述海仍被流配海島,這引起其妻孝任和子洪相範的不滿;洪麟漢及洪趾海子洪相簡死後,洪念海子洪相吉聯合洪相範揚言報復。在《明義録》編成當年(1777)的七月二十八日,正祖在尊賢閣徹夜讀書,聽到屋頂有異常響動,懷疑爲盜賊,爲了安全,加强了禁軍防衛,還一度移駕昌德宫。八月初,姜龍輝、田興文等在宫内被守鋪軍所擒,經審訊,他們是受洪相範和洪啟能等指使,勾結宫内侍衛、宫人,圖謀刺殺正祖,洪啟能及其子洪信海、侄洪履海等還欲推戴正祖庶弟恩全君李禶爲新君。在約半年的審訊中,豐山洪氏多名成員及姻親,牽涉逆案,或死或配,原島配中的洪述海、洪趾海、洪纘海終被殺;還發現洪述海妻孝任雇人做了巫蠱都承旨洪國榮、釋放洪述海的法事,對外則招募刺客,"至於婦女爲逆首",令正祖君臣慨歎不已;勾結的宫人中另有貞純大妃兄金龜柱家族之人;在諸臣的苦苦相逼下,正祖還忍痛賜死庶弟李禶,造成了王室骨肉相殘之又一悲劇。最後,正祖通過親自審問舅舅洪樂任,將其無罪釋放,使得母親惠慶宫和外祖父洪鳳漢得以保全①。這一事件結案是在丁酉年,與"丙申獄事"合稱"丙丁治獄"。

　　在頒佈《明義録》當年(1777),竟又發生了外戚洪氏家族主導的刺客入宫行刺等逆案,逆黨雖已被抓,但舉朝譁然,爲《明義録》再補《續編》被提上日程。如俞彦鎬後來在《續明義録》的《進書劄》中所言:"孰意前逆既鋤,而後出愈慴,原書才上,而《續篇》復成也。噫!人心之難化,邦運之不幸,胡至此極也?"正是由於《明義録》纂修以後,仍凶逆輩出,"一串貫來",以至於又有了《續明義録》:"不有以明之,則孰知夫首尾之共連,根脈之相通也哉?"所以,《原編》與《續編》的纂輯義例相同,該書之續編,實際與《明義録》的纂修動機一致:"是書之出,而忠者愈先其爲忠,逆者益著其爲逆。使覽者曉然知向背之分,倫常之不可侮也。"②其宗旨就是要再補録"丁酉治獄"

---

① [朝鮮王朝]金致仁等《續明義録》,戊戌仲春芸閣壬辰字活印本,首爾大學奎章閣藏(奎1327)。

②《朝鮮王朝正祖實録》卷五,二年二月戊午,第45册,頁14。

之事，根本上，還是爲了分辨忠逆和進一步强調尊王討逆之義理。

正祖也不免對此唏噓："至有懷刃潛入之謀，千古以來，豈有如許之逆謀乎……至於女人之逆謀，尤豈不萬萬凶慘乎？"以至在審訊才剛開始進行的八月，正祖君臣就定下要續編《明義録》。此逆案，同《明義録》所載逆黨同出一系，正祖遂命俞彦鎬、鄭民始等將此添入《明義録》中。兩臣也認爲："逆變叵測，獄案無疑，其在懲討亂逆，昭布中外之道，不可不續刊於《明義録》矣。"①對"凶逆"的審訊至九月完成，所以，《續明義録》的編纂實際上是從九月開始的。九月十四日，金尚喆上言："今番討逆後，《明義録續編》，繼而撰成，然後逆節之首尾相貫，益可以了然，前堂郎中有故者外，使主管之人，考謄推案，逐段録成，一如《原編》，則此不過若干日訖工者。"《續明義録》的纂輯采用與《明義録》相同的凡例，主要内容爲審理此次罪逆的"推案"。正祖命還由《明義録》的堂郎負責，因"若干日"可成，不再設纂輯廳："令主管之臣，各於私次撰出，會同進獻，可也。"②

因《續明義録》篇幅不大，此次的"奉教纂輯諸臣"僅有十二人，仍由金致仁擔任總裁，但實際由領議政金尚喆主管。此外，多由議政府和"館閣"之臣參與纂修，有領中樞府事李溆、左議政鄭存謙、右議政徐命善、藝文館提學金鍾秀、都承旨洪國榮、奎章閣直提學俞彦鎬、左承旨鄭民始、禮曹參議吴載紹、奎章閣直閣鄭志儉③。徐命膺未參與過《明義録》纂修，此次特爲正祖欽點。因該書以諸堂抄録"推案"爲主，纂修很快。十月中旬以來，《續明義録》"幾盡撰出"④，二十日，即送於李徽之處編校⑤。至十二月，徐命膺稱該書已然出草⑥。

對《續明義録》草本，正祖仍嚴格審看，字斟句酌，提出修改意見。十二月十八日，正祖認爲俞彦鎬"專以供辭妝撰"，即對推案未能深入分析，且對

①《承政院日記》，正祖元年八月二十二日。
②《承政院日記》，正祖元年九月十四日。
③見［朝鮮王朝］金致仁等《續明義録》，《奉教纂輯諸臣》。李徽之亦參與了校正，但未見於名録。
④《承政院日記》，正祖元年十月十六日。
⑤《承政院日記》，正祖元年十月二十日。
⑥《承政院日記》，正祖元年十二月十一日。

其叙洪述海罪行之文似並不滿意："述海於聽政時被謫,而其包藏禍心,最是骨子矣。彦鎬之文,猶有未破其情節者,其草本,還爲下送,使之删改,可也。"①三日後,又批評"俞彦鎬之文則只憑罪人招辭而爲之",再次命其删改②。直至年底,正祖還認爲該書"多有厘正處"③。正祖二年(1778)二月十日,洪國榮稱《續明義録》"已爲正書",只待進《劄》後刊印④。但正祖似並没有爲該書的《進書劄》下批文,以至於並未能馬上刊印,直到二十一日,他親鞫洪樂任。

洪樂任是洪鳳漢之子,因洪相吉供詞中,稱其參與推戴逆謀,這讓正祖母親惠慶宫洪氏十分擔憂,以致茶飯不思、涕淚常流,正祖遂决定親自審問,後證明其無罪而赦,洪鳳漢也得以洗脱干係,正祖難掩喜悦："慈宫復有見奉朝賀(洪鳳漢)之日,予亦有拜慈宫之顔。"之後,正祖對金尚喆説："而日前卿等《進續明義録劄》,尚不賜批者,以此事有所商量故也。大抵奉朝賀之終不得一番入對於慈宫,是行不得之事。而若不如是處分,亦不無隄防漸解之慮。今則與討麟賊之義理,判爲兩段,而義理益明,隄防益嚴矣。"可知,正祖没有賜批《進書劄》,是有待於將洪鳳漢、洪樂任這一"懸案"澄清,與洪麟漢的逆案區分,以明義理。金尚喆等又請"今日處分,當載《續明義録》之末,然後可使一世曉然也"⑤,所以《續明義録》記録有此事的詳細内容。

這年(1778)二月二十七日,《續明義録》成,仍由領議政金致仁等進《劄》,當日,正祖命書劄批,命禮曹參議吳載紹爲監印堂上、直閣鄭志儉爲監印郎廳,負責印刷,命内入件和頒賜件數都按照《明義録》之例⑥。該書仍由芸閣用壬辰字活印,期間,正祖又發現了誤字,命進行了修改⑦。三月,該書完成印刷,依例頒賜。與《明義録》相同,正祖又命編印諺文本,四

---

①《承政院日記》,正祖元年十二月十八日。
②《承政院日記》,正祖元年十二月二十一日。
③《承政院日記》,正祖元年十二月二十四日。
④《承政院日記》,正祖二年二月十日。
⑤《朝鮮王朝正祖實録》卷五,二年二月壬子,第45册,頁11。
⑥《承政院日記》,正祖二年二月二十七日。
⑦《承政院日記》,正祖二年三月八日。

月,開始印《續明義録諺解》,五月,《諺解》將印出 200 件,用於外方頒賜①。

　　因《續明義録》是接續《明義録》,而且内容較爲簡單,所以只有一卷,没有《卷首》。内容包括《進續明義録箋》、正文,最後是"奉教纂輯諸臣",無《進書劄》和《跋文》。

　　《進續明義録箋》由金致仁、金尚喆、李溆、鄭存謙、徐命善進上。箋文中指出,自景宗末年以來的"辛壬、戊申、乙亥"幾次禍事,到正祖即位前後的兩次逆亂,均爲一脈相承。正祖元年發生的這次暗殺和推戴事件,是《續明義録》所要纂修的原因。並對該書《凡例》一從《原編》的原因、該書纂修的作用做了説明。

　　《續明義録》的斷限自"丁酉(正祖元年,1777)七月辛卯至戊戌(正祖二年,1778)二月壬子"不到一年時間,體例與《明義録》相同,屬類似綱目體的編年體。提綱的格式爲"在位年數＋干支(小字)＋月日＋地點、人物、事件(多爲判決)等"。每一具體事(案)件主要取自《承政院日記》的史事記録、《金吾文案》的審訊過程、罪人供詞等,有部分事件中還附有正祖的教文或親自審問的記録。該書的"斷文"形式也與《明義録》相同。《續明義録》的正文主要内容如表 2 所示:

表 2　《續明義録》的"綱"和"斷文"情況表

時間	綱	斷文
1777 年 7 月	元年丁酉七月辛卯盜入慶熙宫遂命捕廳議詞	
1777 年 8 月	八月壬寅盜越昌德宫之敬秋門垣爲守鋪軍所捕納	
	癸卯鞫田興文姜龍輝姜繼昌等興文龍輝伏誅繼昌徑斃	
	乙巳洪相範崔世福伏誅	附斷文
	鞫金壽大金興祚甘丁貞伊等並伏誅	
	丙午洪述海妻孝任及其妾介連伏誅	附斷文
	已酉鞫洪相吉李澤遂並伏誅○追奪閔弘燮官爵	
	庚戌追奪趙榮順官爵竄其子貞喆元喆於海島及邊郡	

———————————

① 《承政院日記》,正祖二年四月十八日、五月十九日。

時間	綱	斷文
1777 年 8 月	辛亥洪相格伏誅	
	丙辰追奪洪啟喜官爵	
	丁巳洪述海伏誅	
	已未宗室襸使之自盡	
1777 年 9 月	九月丁卯洪趾海伏誅	
	庚午洪緒海伏誅	
	鞫洪啟能啟能承款徑斃	附斷文
1778 年 2 月	二年戊戌春二月壬子親問洪樂任特宥釋之	

　　還需提到的是，《原續明義録》雖體例相同，但還存在一些差別。在"斷文"方面，《明義録》的斷文有 19 處，而《續明義録》内容更少，大部分不附"斷文"，僅有 3 處；且《明義録》的"斷文"更長。在内容上，《續明義録》更偏重於記載對罪逆的審問過程，多以問答形式再現，疑似直接抄録"推案"；而《明義録》則多爲針對罪臣罪行，以"第三者"口吻對來龍去脈所作的叙述，如個人傳記一般詳細，行文經過錘煉。這可能與正祖提供《尊賢閣日記》有關，也由於正祖急於讓《續明義録》付梓，同《明義録》充實的内容相比，該書的纂修，缺乏對史料足够的提煉及訂改的時間。

六

　　《原續明義録》兩書雖在正祖即位之初就很快纂成，但因其與景宗、英祖、正祖三朝的政治事件相關，君臣關於《明義録》"義理"話語的爭論竟持續了正祖一朝。考察兩書的影響，有助於洞悉朝鮮王朝中後期以來，君臣間的"義理"話語體系與朝鮮政治文化的關係。筆者擬從三個方面，試加探析。

　　第一，兩書成爲"海東《春秋》"、明尊王討逆義理，以"嚴隄防"之書，在正祖君臣心中，有至高無上的地位，是官方要空前宣揚之書。

　　兩書印頒以後,正祖總結到:"册子頒佈之後,則忠逆之分,人皆知之矣。"①又言:"夫惟《原續(明義録)》二篇,豈予好辯而作乎? 將欲明天理淑人心,使斯民出死入生,以咸囿予平康之治也。"②可見兩書明辯忠奸、懲亂討逆的重要作用。"自古亂逆何限而豈有如《明義録》中諸賊乎? 嚴隄防三字,即今日不可忽不可緩之大義理也。"③因《原續明義録》是闡明尊王討逆、重振綱紀的義理之書,成爲當時的官方重典:"《明義録》一部之書,何爲而作也? 振斁倫障狂瀾,立天下之大防,揭萬古之大綱……古有《麟經》,今有是書。於是乎三綱幾頹而後舉,民志既離而旋合。"④上自國王、大臣,下至兵卒、百姓,人人必讀此書。更有朝鮮大臣認爲該書"即今代之《春秋》也……蓋其義之大者,炳如日星之高,其旨之奧者,婉如絲發之微。所以揭訓一世,垂法千秋者也"⑤。將其地位奉爲《春秋》,將其義理與《春秋》相通,這是極高的評價。《明義録》編成後,在講讀《春秋》的經筵上,諸臣曾借題發揮,認爲《春秋》第一義即"尊王室嚴懲討","纂成《明義録》,自此亂逆,庶可懲懼"⑥。這些成爲正祖君臣對《明義録》義理的理想化解釋。

　　對於君臣悉心纂成的義理之書,正祖對其流通環節的關切毫不遜於纂修環節⑦。《明義録》剛剛印賜,正祖就問道:"《明義録》刊頒已有日,人皆得見乎?"⑧他又曾下教,命將《明義録》繼續頒賜給義禁府、捕盜廳、五衛將廳、扈衛廳、禁軍内入直廳等十個武職部門⑨。可推知正祖迫不及待的心情。正祖"慮《原編》之逆節,皆作於朝廷,成於暗地。草野之人,容或未及

① 《承政院日記》,正祖元年五月六日。

② [朝鮮王朝]徐命膺《保晚齋全集》卷九,《雜著·諭湖西士民文》,韓國民族文化推進會編《影印標點韓國文集叢刊》,1999 年,第 233 册,頁 246。

③ 《朝鮮王朝正祖實録》卷四,元年七月乙丑,第 44 册,頁 676。

④ 《朝鮮正祖正祖實録》卷四五,二十年十二月戊戌,第 46 册,頁 686。

⑤ 《朝鮮王朝正祖實録》卷五十,二十二年十一月庚申,第 47 册,頁 130。

⑥ 《承政院日記》,正祖元年四月二十二日。

⑦ 兩書在中央爲校書館負責印役,同時又下送湖南營、嶺南營、關西營、統制營四處翻刻。參見[韓]姜順愛《奎章閣의圖書編撰 刊印 및 流通에관한 研究》,成均館大學 1989 年博士學位論文,頁 100。

⑧ 《承政院日記》,正祖元年五月十四日。

⑨ 《承政院日記》,正祖元年八月四日。

詳知",《明義録》著於廟堂,坊間又常有"逆臣"黨羽散佈流言,"哀我無辜平民,因邪説流入於耳,一聞再聞,漸染既久,遂疑其或然,則是不惟義理之晦塞而已"。因爲有此憂慮,正祖希望廣布此書,以"使一方之愚夫愚婦,曉然開悟,不爲邪説所誑惑也"。這樣,又把《明義録》宣揚的"即位義理"擴大到民間,達到所謂"救人化民"的作用①。

其實,早在正祖元年(1777)四月,《明義録》印刷才剛剛開始,正祖就命地方也做好翻刻準備:"《明義録》印出後,令兩南監營,翻刻板本,各置本道,以爲廣布之地,各五十件式。"②《明義録》印頒後,正祖又命印出大量諺文本,用以廣布給不識漢字的下層民衆,正祖對於諺本的審查同樣嚴格,甚至連書寫《明義録諺解》題目的寫字官,都要親自選拔③。地方刊布《明義録》時,還往往貼有榜文,以曉諭百姓。如《赤羅縣八面明義録榜》中寫到:

朝家命刻真、諺二本,布示八方。所以者欲使深山窮谷絶徼遐陬,知有此忠逆,欲使童孺媍女竈婢耘夫,知有此義理。使此義理通數千里,亘千萬年,如日月之明,此夫録之所以名"明義"者也。④

在直面百姓的榜文中,也明確指出《明義録》頒示地方的意義,《明義録》"義理"的宣教力度,可見一斑。

《明義録》頒佈以後,却又發生了"逆亂"。在《續明義録》纂輯收尾之時,大司諫徐有防進言,希望《續明義録》"一依《原編》例,真、諺印頒,使諸道道臣,宣佈坊曲"⑤。正祖表示同意,即《續明義録》也要像《明義録》一樣,大量翻刻,廣爲宣傳。因《原編》多頒賜"諸道營邑",以致"若窮村人士,僻陬黎庶,罕能得見",此次則欲"令諸道道臣守令,並與《原編》而謄出多件,宣佈坊曲,使之無人不見,無人不聞",以達到"鎮靖人心"的目的⑥。所以,《續明義録》的刊布力度就更大於《明義録》了,並且《原續編》多一同頒

---

① [朝鮮王朝]徐命膺《保晚齋全集》卷九,《雜著・諭湖西士民文》,第 233 册,頁 246。
② 《承政院日記》,正祖元年四月十日。
③ 《承政院日記》,正祖元年七月九日。
④ [朝鮮王朝]俞漢雋《自著》卷二八,《榜狀赤羅縣八面頒明義録榜》,韓國民族文化推進會編《影印標點韓國文集叢刊》,2000 年,第 249 册,頁 457。
⑤ 《朝鮮王朝正祖實録》卷五,二年一月丁卯,第 45 册,頁 2。
⑥ 《承政院日記》,正祖二年一月六日。

佈於官私,繼續命地方刊布。

　　正祖二年(1778)五月十二日,正祖命頒賜《原續明義録》的"兩南印本"給地方。隨後,正祖又命將剩下的《續明義録》"或有未頒處,頒給",將其頒給奎章閣、宿衛所、五軍門、五處史閣、内兵曹、成均館、春秋館等中央文武各部門。即使是這種規模的頒佈,正祖還不自信地詢問:"今番可謂廣布乎?"①二十四日,《原續明義録》已然"京外東西班文武諸臣,幾皆頒賜",隨即正祖命頒新印《續明義録諺解》給中央文武各司、京畿及兩都官員,各一件。同時,頒賜地方"《原編》、《續篇》及《諺解》各一本",還給諸道印板,用於地方刊印廣布②。閏六月,《續明義録諺解》在兵曹各營廣印,並分頒給將官、校隸、軍伍等事,體現了重視對武官、士卒的宣教③。六月,命下送《續明義録》數十件至全州,讓地方"真諺翻謄,曉諭民間"④。

　　正祖對兩書的廣布持續了數年,正祖五年(1781),又命閣臣翻謄真、諺本《原續明義録》,並命御史將"《續明義録》五十件、《諺解》一百件、《原明義録》具《諺解》三件"頒給濟州牧使⑤。同年,又再次下送濟州《明義録》,"欲使島民,曉然知之矣"⑥。濟州島在當時是人煙稀少的偏遠之地,却已在正祖大力宣教的範圍之中了。可知兩書的流通規模,是朝鮮王朝史上空前的一次。

　　然而,《原續明義録》自頒佈以來,即遇到許多挑戰。正祖二年(1778),老論南黨金龜柱一黨韓後翼,洪啟能、洪趾海的近親洪量海等被人檢舉謀逆。正祖親自進行了審問,幾人的罪名是稱官修之《明義録》爲"假筆加文","又以尹若淵凶疏,爲春秋大義,丙、丁討逆,爲運氣……以若淵,謂之無罪冤死"、"公肆唱説,無少顧憚,爲此誑惑人心",這種否認《明義録》的話語、大肆製造輿論的行爲,無疑是對正祖苦心建立的"即位義理"的挑戰。

---

① 《承政院日記》,正祖二年五月十二日。
② 《承政院日記》,正祖二年五月二十四日。
③ 《承政院日記》,正祖二年閏六月十七日。
④ 《承政院日記》,正祖二年六月二十五日。
⑤ 《朝鮮王朝正祖實録》卷一一,五年六月辛卯,第 45 册,頁 247。
⑥ 《承政院日記》,正祖五年十二月六日。

此外,他們還欲"求得刺客,挾匕作變"①。這也説明,正祖單靠一部義理之書來聚攏人心,該如何艱難。

《原續明義録》的義理宣教,並没有真正遏制住叛逆,大小的逆謀事件,又發生了多次,如正祖四年(1780)洪國榮的被黜和正祖九年(1785)發生洪樂純子洪福榮等人"托妖讖煽詭言"的逆案、正祖十年(1786)具善復等人的推戴事件等。由於該書爲正祖初年所編,以後漸被束之高閣,出現"亂賊不討,名義不章"的局面②。"《明義録》出後,人孰不知義理,而世事屢變,歲月漸深"③。一逆將平,後逆又起,正祖也十分擔憂"義理漸晦":"大抵近來事變無窮,逆獄屢出。其時幹連之人,年久之後,雖或間有疏通……一事二事,如是嘗試,畢竟將至何境乎? 以今觀之,《明義録》義理,亦將不久爲弁髦矣。"④直到正祖朝後期,他還曾言:"近來世道不靖,人心陷溺,覬覦成習,而《明義録》義理,漸至湮晦,寧不澟然而寒心?"⑤由此看來,《明義録》義理雖爲正祖一生守護和宣導,但其在防止逆亂方面,實際效果非常有限。

第二,《明義録》也成爲左右君臣、大臣間關係的重要力量。

除了彰顯逆黨罪行,《明義録》還客觀上表彰了洪國榮、蔡濟恭等人保護作爲儲君的正祖之事迹。這些功臣同正祖的關係與該書密切相關,在書成之日,正祖曾言:"惟一介臣洪國榮入而飲泣,出而沫血,誓不與此賊(洪麟漢)共生,保護予躬,逆折奸萌。"⑥本與洪麟漢同族的洪國榮,原爲東宮侍講院的司書,爲了保護正祖順利即位,而出生入死,深得正祖信任,正祖即位後即提拔他爲承政院的同副承旨,後做到都承旨,身兼弘文館、春秋館、奎章閣三館要職,還掌握兵權。正祖還曾頗有感情地談及與洪國榮的情誼:"結知遇於胄筵橫經之時,殆同韋布之契;拼死生於凶黨構亂之日,專仗彌綸之才;猗其危疑際翊戴之忠,昭在《明義録》原、續之卷。"⑦所以,洪

①《朝鮮王朝正祖實録》卷六,二年七月乙巳,第 45 册,頁 42。

②《朝鮮王朝正祖實録》卷五十,二十二年十一月庚申,第 47 册,頁 130。

③《承政院日記》,正祖五年十二月六日。

④《朝鮮王朝正祖實録》卷二二,十年七月癸亥,第 45 册,頁 583。

⑤《朝鮮王朝正祖實録》卷五十,二十二年十一月戊子,第 47 册,頁 136。

⑥《朝鮮王朝正祖實録》卷三,元年三月乙未,第 44 册,頁 657。

⑦《朝鮮王朝正祖實録》卷八,三年九月己酉,第 45 册,頁 124。

國榮作爲《明義録》的"義理主人"，"四年之間，位至宰列，歷掌重兵，貪天爲功，日益驕縱，權傾一世"①，該書自然成了他跋扈驕縱的資本。

因正祖尚且無後，洪國榮不僅勾結貞純王后，讓自己的妹妹成爲元嬪，還將恩彦君的兒子常溪君李湛收爲外甥，改爲"完豐君"，想以此建立勢道。然而，元嬪很快死去，洪國榮妄圖擁護李湛爲"假東宮"的圖謀也破産，洪國榮的地位再不如前。正祖四年（1780），吏曹判書金鍾秀上劄討洪國榮，稱其"本以悍毒之性，粗狹狡黠之才。貪天爲己，恃功自恣，操縱與奪，都自己出。動静、言爲，全無臣分"，他從打破洪在《明義録》的地位作爲突破口，進言道："或以爲，彼有勳勞於國家，便同《明義録》主人，一朝罪之，恐有傷於《明義録》義理。是大不然，夫《明義録》，是闡明代聽之義理也。罪國榮者，是闡明廣儲嗣之義理也。有功而録之，有罪而罪之。事件雖殊，其爲闡明義理則一也。"②即認爲，不能以洪國榮爲《明義録》中功勳和"義理主人"就不將其治罪，這體現了功臣、大臣、國王對《明義録》義理闡釋之不同視角，也説明《明義録》下的君臣關係不是一成不變的。洪國榮最終被趕出朝廷，發配田園而死。但是金鍾秀也害怕，功臣洪國榮去勢後，《明義録》的地位會被動摇："自國榮罪惡彰露之後，逆黨餘孽，妄議《明義録》，義理或爲摇撼之道，邪説紛然。"③這種矛盾的心情和擔憂，表明了《明義録》在左右君臣關係中的重要作用。

另一功臣南人蔡濟恭爲兩朝元老，曾爲正祖的東宮宮僚、老師。正祖曾這樣形容和蔡的關係："寰宇之至廣，而便一幾案間，況予之於卿乎?"④其地位也與《明義録》義理密不可分，蔡濟恭曾自言："臣於平日，造次惟《明義録》，顛沛惟《明義録》，臣身未死之前，當以"明義録"三字。"⑤《正祖實録》中將其記録成爲人跋扈、口出狂言、行爲不端的人，雖然《正祖實録》爲老論主持編纂，但也不均爲捕風捉影。一次，正祖與衆臣討論《實録》修纂時，蔡濟恭認爲《時政記》"無足可觀，反不如《政院日記》也"，又説《肅宗實

---

① 《朝鮮王朝實録》卷一，《行狀》，第 47 册，頁 94。

② 《朝鮮王朝正祖實録》卷九，四年二月乙亥，第 45 册，頁 153。

③ 《朝鮮王朝正祖實録》卷一一，五年二月壬申，第 45 册，頁 215。

④ 《朝鮮王朝正祖實録》卷三六，十六年十二月戊辰，第 46 册，頁 363。

⑤ ［朝鮮王朝］蔡濟恭《樊岩先生集》卷二八，《吊徐相褒諭後書啟》，第 235 册，頁 543。

録》"一人之論斷,前後各異。是非之不公如此,不足爲信史。"①蔡濟恭直
言《時政記》的地位下降,指出《實録》爲黨争所縛之弊,不無道理。但他公
然非議《時政記》,甚至《實録》的地位和價值,引起了史官的强烈不滿。幾
日後,待教林錫喆、檢閲金勉柱上疏討伐蔡濟恭,正祖反而對他幾番回護,
並命將兩人削職②。此外,在纂修《英祖實録》時,蔡濟恭作爲實録廳堂上,
屢次怠忽職守,面見摘奸官員,衣冠不整,甚至"借著他人衣服","大壞朝
儀"③,屢遭詬病,正祖也不得不出面懲治。

　　蔡濟恭倚仗《明義録》日益驕縱,但却也受制於《明義録》。如在正祖十
五年(1791),徐命善去世。徐命善曾上疏英祖,討伐洪麟漢等,使得東宫得
以順利即位,正祖評價其爲"乙丙義理主人"、"此大臣狀德之文,非謚狀也,
即《明義録》也"④。即認定他爲輔助即位的功臣。但因蔡濟恭與他多有嫌
隙,拒絶參與弔唁之事,直到正祖命史官以《明義録》示之,他才被迫去弔
唁,説:"臣之往吊故相,非特故相是思,惟《明義録》是重。"⑤這説明,《明義
録》成爲一種準繩,也是正祖用來協調大臣關係的義理之書,體現了對各黨
色的"蕩平"理想。

　　《明義録》的纂輯,表面上看,是正祖爲了讓亂臣賊子懼怕義理,以"嚴
隄防",來規範君臣關係;事實上,正祖也確有靠《明義録》調整大臣間關係
的深意。逆亂叢生的局面,與朝鮮中期以來"義理話語"主導下的朋黨政治
和王政衰頹有很大關係。"誅討之中,當存參恕之念,而鎮安二字,爲第一
急務。"⑥正祖即位後,即以"鎮安"爲名,防止黨派傾軋,對逆案實行寬仁的
政策。這種理念在《明義録》的内容中即有體現:正祖曾下教,命選取《明義
録》罪臣時,因"爲臣子者,姓名一入於其中,則便一人鬼關頭",並命"疏劄
所論之人,非幹連鞫獄,及緊出逆招者,一併勿録",希望該書能"永示寬嚴

①《朝鮮王朝正祖實録》卷三,元年五月己丑,第 44 册,頁 670。
②《朝鮮王朝正祖實録》卷三,元年五月壬辰,第 44 册,頁 671。
③《承政院日記》,正祖四年十一月二十八日。
④《朝鮮王朝正祖實録》卷三三,十五年九月乙酉,第 46 册,頁 242。
⑤《朝鮮王朝正祖實録》卷三三,十五年十二月甲辰,第 46 册,頁 266。
⑥《朝鮮王朝正祖實録》卷一四,六年十二月己丑,第 45 册,頁 337。

得中,俾此一部之書,爲萬世之關和"①。因爲記入該書的,即成爲大逆罪人,不可不謹慎。此外,他還多次提出"撰次時,惟輕者宜拔之"②,不把罪行輕微的人列入該書,不欲掀起大獄。

《明義録》中載録人物忠逆已定,但正祖還不時對其進行調整。如正祖三年(1779),正祖認爲"如申大謙、李得濟之名載《明義録》者,不過只言其時某某加資之事而已,初非渠輩有犯也。今若以此,混同廢棄,則亦非所以量輕重、嚴隄防之道也。此等處,分而二之,然後朝廷之好惡可明,義理可嚴矣"③。正祖指出需要將一些名載《明義録》之人,按照罪責輕重,區分對待,才能實現"嚴隄防"、"嚴義理",這也是"鎮安"思想的體現。

韓翼謩、金相福因被視爲洪、鄭黨羽而入罪,早在正祖元年(1777),正祖就曾想將他們釋放,遭到群臣反對,兩人被流放。正祖二十四年(1800),正祖釋放了韓翼謩、金相福,群臣又以兩人爲《明義録》罪人爲名,加以反對。正祖認爲"逆名太濫,則反不知畏","凡在論劾之際,容易加人以賊之一字者,予甚以爲不好矣"④。還指出:"博擊爲事,寧靖無日,傷一人,國脈隨以益傷,豈不懍然乎……諸臣若不體予鎮安之意,其將空朝廷而後已。"⑤可見,正祖一生厭倦了諸臣間打著"義理名分"旗號的鬥爭和傾軋,批評這種濫加"逆"字的"扣帽子"行爲。正祖本想進一步踐行英祖的"蕩平策",寬容不同黨色的人物。他堅持以《明義録》的"義理話語"作爲"忠逆判定",堅持只有君臣、沒有黨色的"大同論"。《明義録》確立的"即位義理",更是一種"蕩平義理",這種義理論成爲各黨派參與國政運營的原則⑥。"鎮安"和"蕩平"是正祖的爲政策略,是他守護《明義録》義理的手段,也體現了他對大臣手中的《明義録》"義理話語"的限制。

第三,兩書引起君臣間長期的義理話語權爭奪,也爲正祖最終利用《明義録》義理解決和緩翁主治罪的義理爭論和最終修正"壬午義理",提供了

①《朝鮮王朝正祖實録》卷二,即位年十二月癸亥,第 44 册,頁 644。
②《朝鮮王朝正祖實録》卷三,元年四月辛丑,第 44 册,頁 660。
③《朝鮮王朝正祖實録》卷七,三年三月癸巳,第 45 册,頁 102。
④《朝鮮王朝正祖實録》卷五三,二十四年二月辛卯,第 47 册,頁 242。
⑤《朝鮮王朝正祖實録·附録》,《行狀》,第 47 册,頁 294。
⑥參見[韓]崔誠桓《정조대초반의 蕩平 義理 忠逆論》。

可能。

　　和緩翁主是正祖的姑母，爲鄭致達妻，故史書中多稱之爲"鄭妻"，鄭厚謙是她的養子，《明義録》記載了她與其子"謀危宗社"的罪行。因貴爲王室宗親，正祖對她十分寬待，這引起了群臣的强烈不滿。大臣以《明義録》記載和緩翁主罪行昭著、罪不容貸爲由，數次要求對其施以極刑。正祖二年（1778），對於正祖的鄭妻島配之教，言官極力反對。而在正祖看來，鄭妻是英祖最寵愛的女兒，如果處以重刑，"恐傷先王之德"；又因英祖不知其罪惡，又"有欠於先王之明"。此外，正祖庶弟李禶卷入逆謀推戴，因大臣苦苦相逼，正祖被迫同意將其處死，如今不想再做"骨肉相殘"之事，所以不聽三司衆臣的意見，堅持寬待處理①。

　　然而，以守護《明義録》義理爲名，諸臣的反對聲浪没有停止。同年（1778），大司憲金煜進劄討伐鄭妻，諫言正祖"爲一私字所系著，使義理不明，法紀不立"，《尊賢閣日記》爲正祖親録，"此賊之罪，畢露無餘"，正祖"當斷不斷"是自毁義理②。同年，正祖又以"先王之骨肉也，王室之至親也，是豈可忍哉"爲由，拒絶大臣請命，引起群起反對，爭執激烈，正祖甚至要罷免三司首領③。正祖十九年（1795），正祖又命將鄭妻安置於京城之外居住，俞彥鎬、蔡濟恭等臣認爲正祖已將其由島而陸，由陸而幾，還要公私不分，予以强烈反對。正祖强烈堅持，甚至説："事到極處，不得不用權矣。"大臣也不示弱："鄭妻事，不得請，則不得止也。"④

　　正祖朝末期，君臣之間的爭執更爲升級。正祖二十三年（1799），仍有閣臣上疏反對將鄭妻"置之京第"，認爲"豈有逆魁禍首如鄭妻……臣等所知者，只《明義録》而已"，衆臣多次上劄，正祖也屢次"不允"⑤。之後的幾日次對，正祖又和三司諸臣對此問題展開舌戰，甚至舉出英祖時，《戡亂録》、《闡義昭鑒》於推戴之逆"皆亦拔之書中"之故事來説服群臣，但群臣仍

①《朝鮮王朝正祖實録》卷五，二年二月乙卯，第45册，頁33。
②《承政院日記》，正祖二年六月十日。
③《朝鮮王朝正祖實録》卷五，二年閏六月乙亥，第45册，頁32。
④《承政院日記》，正祖十九年三月二十八日。
⑤《朝鮮王朝正祖實録》卷五一，二十三年三月壬戌，第47册，頁166。

力請他收回成命。雙方僵持不下，直到正祖呵退衆臣①。《明義録》如同《春秋》，正祖還曾提及《春秋》中的“鄭伯克段於鄢”、“周公與管、蔡”之事，影射“鄭妻”之事②。針對正祖的表態，重臣再度聯名上疏，强調《明義録》即如《春秋》，以嚴《春秋》懲討之義來聲討鄭妻：“曰討亂賊也，爲亂賊首者誰也？曰一則鄭妻，二則鄭妻，蓋鄭妻即窮千古所未有之劇逆大慝也。”並質問正祖既講《春秋》，却怎能不嚴《明義録》義理：“以我殿下講明《春秋》，發揮《春秋》之意，亦何不念及於此耶……鄭妻而無罪名，則《明義録》，其將何地可讀乎……若此而將何時復見義理之明，倫綱之正耶？”③

　　可見，終正祖一朝，大臣以維護《明義録》義理爲名，屢屢想逼迫正祖懲討鄭妻，正祖反而將其“自島而畿，自畿而郊，自郊而京，京第之留接”④，甚至不惜與群臣衝突。這就反映了朝鮮王朝政治的運行機制，是以“義理”爲主的話語體系爲基礎的，其標誌則是君臣間使用“義理話語”的博弈。正祖曾駁斥衆臣道：

　　　　予之扶植於某年之義理者，百倍於廷臣之扶植《明義録》，而聞此教者，不知此意，謂“或有傷於《明義》一部書”，則是予於某年義理，不惟不修明，實自予而漫漶也。⑤

此實際上道出了正祖的真正用意。“某年”即是壬午年（1762），這裏是想表明，多年來，因“壬午事”過於敏感，又出於“鎮安”考量，因此他未能闡明“壬午義理”，以至於大臣不明，即强調正祖自小經歷了祖父與父親骨肉相殘的悲劇。正祖即位以來，對涉罪“懿親”的處理一向慎重，但因丁酉（1777）推戴之事，在群臣逼迫下，庶弟恩全君李禶被賜死；母親惠慶宮和外公洪鳳漢也險些被卷入逆案，政治的殘酷，讓正祖深感“無樂爲君”。因事涉洪國榮案，正祖十年（1786），大臣又請誅殺正祖庶弟恩彦君李裀及其子李湛。那次，正祖百般反對之後，將李裀島置，諸子置於江華島，後來又幾次派人將李裀從島中接出，偷偷在宮中接見和共同參拜父親，甚至不惜激起君臣衝

---

① 《朝鮮王朝正祖實録》卷五一，二十三年三月乙丑，第 47 册，頁 167。
② 《朝鮮王朝正祖實録》卷五一，二十三年三月壬午，第 47 册，頁 170。
③ 《承政院日記》，正祖二十三年三月十二日。
④ 《朝鮮王朝正祖實録》卷五一，二十三年三月壬午，第 47 册，頁 170。
⑤ 《朝鮮王朝正祖實録》卷五一，二十三年三月壬午，第 47 册，頁 170。

突。結合正祖一生的境遇,不難發現,之所以重提"不敢提不忍言"的"壬午義理",即是向群臣表示,他要守護王室家族的決心,而不由大臣以《明義録》"義理"爲名,折翼至親,這是對《明義録》"忠逆之辨"的再深入,也是對君臣義理的再闡明。鄭妻事件,正祖絲毫不讓,即是他不滿《明義録》義理長期被大臣挾持的一個縮影,體現了君臣間關於《明義録》義理主人的"争奪",背後正是義理政治下的君臣博弈。這在正祖爲其父修正"壬午義理"的過程中仍然可見。

莊獻世子死後,因東宫不能是"罪人"之子,在英祖主導的"壬午義理"下,年幼的世孫(正祖)成爲已故的孝章世子(真宗)之子。世孫失去父親後,竟不被允許痛哭,亦二十餘年不得去莊獻世子墓祭拜。英祖晚年曾下諭:"雖及見《日記》者,更提文字,則當以戊申梟獍餘種嚴懲,況他日乎!此後語及壬午事,當以逆律論,咸須聽此,莫犯邦憲。"①即是要求世孫及群臣勿要再提起這段王室悲劇,不許被別有用心的人翻案,防止再次掀起獄禍。英祖的"壬午義理"雖然使世孫得到了東宫之位,而"壬午禍變"帶給了他無盡的創傷。英祖逝世前,世孫還曾上疏於英祖道:

壬午處分,臣當信之如四時,守之如金石。假使怪鬼不逞之徒,敢生希覬之心,肆發追崇之論,而臣乃爲其慫憑,移易義理,則是實爲殿下之罪人,亦將爲宗社之罪人,萬古之罪人。

這表明,世孫服從祖父對其父的判決,並表示不會爲其父"翻案"。英祖也非常感動,命將與莊獻世子有關的起居注洗草:"命就起居注中,丁丑以後至壬午,語屬不忍聞者,依《實録》例,洗草於遮日岩。"②同時,《承政院日記》的有關記載也被删除。英祖還終於同意世孫去垂恩墓祭拜生父,拜祭時,世孫哀痛不已。

但這並不是結局,正祖即位後的首件事,就是將涉嫌謀害其父的老論南黨金尚魯、淑嬪文氏等人治罪,金尚魯被殺,其子發配絶島;文女也被賜死。他甚至稱:"寡人,思悼世子之子也……禮雖不可不嚴,情亦不可不伸。"③又將思悼世子的尊號改爲"莊獻",並多次上尊號追崇。將其墓垂恩

①《朝鮮王朝正祖實録》卷二八,十三年十月己未,第 44 册,頁 529。
②《朝鮮王朝正祖實録・附録》,《行狀》,第 47 册,頁 294。
③《朝鮮王朝正祖實録》卷一,《正祖大王遷陵誌文》,第 47 册,頁 318。

墓改爲永祐園,祠堂垂恩廟升格爲景慕宫,後又遷葬永祐園至水原花山,更
名爲顯隆園,在《顯隆園志》中美化莊獻世子事迹。值得注意的是,正祖在
志文中,引用了記注和《宫中記聞》中的内容,一定程度上解釋了莊獻世子
出走關西的緣由;英祖命賜死世子時,衆臣的反對情境,但對於世子死亡的
具體細節直接被省略。這些内容應該是不會出現在《英祖實録》之中,因爲
與"壬午禍變"有關的《承政院日記》及公家文迹均在英祖去世當年(1776)
洗草。因莊獻世子死於五月,並在櫃中渡過了八天,所以正祖於每年的五
月十三日至二十一日,均擱置政務,居宫悲痛;且每年要去祭拜其父至少一
次①。可見,正祖對父親的追崇終其一生。但是,正祖並未將治罪金尚魯
等人的過程寫入宣揚"即位義理"的《明義録》。在他即位當年(1776),果有
少論峻論和南人李應元、李德師、趙載翰、李道顯等嶺南儒生上疏,重提"壬
午事",要求爲莊獻世子翻案,正祖堅守了對英祖的承諾,反倒將他們治以
逆罪。這説明,"壬午義理"的判决仍爲一座不可逾越的山巒。

　　正祖十七年(1793),也就是華城城役收尾,將要遷葬其父之陵至水原
花山之時,正祖决定重提"不忍言不敢提"之事。關於英祖薨前上疏、洗草
之事,正祖言:

> 予以洗草事陳疏,只欲使此等文字,不留在於此世界矣。然予心
> 之猶日夜憧憧耿耿者,草野斷爛之書本,多以訛傳訛,況相疏體重,雖
> 命封還,而付丙院中有參見者,筵席有參聽者,且於繕寫時,亦必有聞
> 而見之者。如是之際,一傳再傳,必將傳播於世。到今因予不忍言而
> 不敢提説,反使不忍言之事,任其傳播,則世之見之者,不知將作如何
> 看矣。②

正祖雖然一直不欲提這段傷心事,但官方史料雖毀,却見者衆多,無法阻擋

---

① 從 1772 年 2 月訪問永陵、弘陵開始,直到死亡前 3 個月的 1800 年,正祖一直繼續了
　陵行,達到每年 3 次。其中生父的永祐園、顯隆園頻率最高,每年都要去,占全部陵行
　一半的 31 次,具有要爲在權力鬥争的漩渦中含冤死去的生父伸冤和闡明自己血統的
　政治目的。見[韓]金文植《正祖的陵行和首都圈的成長——18、19 世紀首都圈實學
　者的成長背景》,載中國實學研究會編《中韓實學史研究》,中國人民大學出版社,1998
　年,頁 250。
②《朝鮮王朝正祖實録》卷三八,十七年八月己巳,第 46 册,頁 404。

傳聞四起①。多年來,"壬午事"一直被宮坊傳播,甚至有人打著爲莊獻世子平反的旗號,挑起事端,這都是正祖不能容忍的:"而乃敢托以懲討,茶飯説去於公私話頭?"②如今,正祖已統域十七載,王位穩固,又正值其父遷陵時機成熟,倒不如將有關義理正式闡明:"此事一番説出,使人人知之,然後兩朝德美,可以昭著於千秋萬世矣,世變之層生者,亦從此永熄矣。"③這樣既可以彰顯"兩朝德美",又可以"永熄世變",成爲正祖欲以官方立場重提"壬午事"的名分。

正祖想在不否定英祖的同時,爲其父洗脱"冤屈",即想對"壬午義理"做出修正。正祖肯定,英祖"聖教中慟惜二字,即追悔之聖意,予奉以銘肺,死且瞑目"④,也就是表明英祖晚年已有了對錯殺兒子的悔意。另一個證據是"金縢"⑤,正祖稱:"先大王臨徽寧殿時,前領相以知申入侍,而史官退出門外後,先大王以一文字授之,使之就神位下褥席,拆縫而納之,此是金縢書也。予非不知此書之頒示,關係莫重,時日爲急,而忍痛含冤,直至於今者,專由不忍言之故……即某年以前凶徒之凶言,而某年後先大王即爲覺悟,有此金縢之書。"⑥"金縢"有暗指善人蒙冤之意,正祖認爲,英祖曾藏"金縢"於褥下,内有悼念莊獻世子文字,正祖忍耐多年而將其舉出,不僅成爲他王位正統和處分逆黨的正當性論據,也更有力地説明英祖的悔意,其父的意志得以伸張,這是對英祖判決"壬午義理"的修正。

爲加強説理,正祖晚年,又將"壬午義理"與《明義録》義理合爲一體,前文所言之正祖後期,君臣關於鄭妻懲討的義理爭執,即是在這一背景之下展開的。正祖二十三年(1799),正祖指出"凡今在廷之臣……某年義理,與

---

①《起居注》、《承政院日記》等官方史籍雖被洗草,但是記載莊獻世子事迹的《景慕堂日記》和朴夏源《待閒録》、《某年雜記》等私家史書仍在民間流傳。

②《朝鮮王朝正祖實録·附録》,《行狀》,第 47 册,頁 294。

③《朝鮮王朝正祖實録》卷三八,十七年八月己巳,第 46 册,頁 404。

④《朝鮮王朝正祖實録·附録》,第 47 册,頁 294。

⑤昔日周公於武王病重而寫誓書,藏於金縢。武王死後,周公被汙而去,後平反回歸,開金縢以示無二心。成王打開金縢之匱,發現了周公請求代替武王死的册書,深深受到感動,隔閡終於消除了。史官於是記録了這件事來表彰周公的忠誠,爲了突出金縢中册書的作用,《尚書》此篇名叫《金縢》。

⑥《朝鮮王朝正祖實録》卷三八,十七年八月己巳,第 46 册,頁 404。

《明義録》義理,看件兩作"的想法是錯誤的,"只緣不忍言不敢道,至於今二十四年矣……夫《明義録》一部,闡某年之義理也。其書雖成於丙、丁,其源,蓋自於某年"①。某年,即壬午年,正祖在位二十餘年一直未能爲其父正名,"謀害"莊獻世子的"凶逆"與後來阻止他即位、妄圖刺殺他的"凶逆"均爲一系,所發生的也都是危害儲君繼位正統性的事件,所以"壬午義理"的修正與《明義録》所代表的"即位義理"是一脈相承的。這就是在加强其繼位的正義性的同時,也正式爲其父翻案。《明義録》的義理争辯相伴正祖一生,由"即位義理"到"壬午義理"的最終修正,爲正祖成爲《明義録》"義理主人"畫上了完滿句號。也再次體現了"義理"與朝鮮政治的關係,即國王實現政治目的,必須在君臣間的"義理話語"體系之中,才能完成。

<h2 style="text-align:center">七</h2>

總之,《原續明義録》兩書前後纂成、凡例相同,雖然篇幅不大、時間不長,但作爲最重要的"義理史書",耗費了正祖君臣大量心血而成。兩書甚至早於《英祖實録》的纂修,其意義影響遠大於内容,地位被奉爲朝鮮之《春秋》,牽涉了景、英、正三朝的"辛壬士禍"、"戊申之亂"、"壬午禍變"、"丙丁治獄"等多個大的政治事件,引起了君臣關於義理的種種争論。該書自正祖初年成書,在正祖一朝都發揮巨大作用,一方面,該書體現了正祖的"鎮安"意識,用以明"尊王討逆"義理,他命將兩書翻刻和廣布,原本和諺本從中央到地方、從高官到兵卒無處不發,體現了他對"即位義理"的大力宣揚和守護。另一方面,以"《明義録》義理"爲砝碼,功臣得以恣意驕縱,但君臣和大臣之間的關係,最終仍多受制於此,也成爲正祖調整大臣關係和實現"蕩平"理想的工具。再者,兩書引起君臣間長期的義理話語權争奪,也爲正祖最終利用《明義録》義理解決"鄭妻事"和修正"壬午義理",提供了可能。這體現了君臣争奪"《明義録》義理主人"的博弈。

父親早亡、兄弟四散、親戚反叛盡出,倍感危機四伏的正祖,希望通過自身學養和縱横捭闔的爲政策略,建設王業永固、君臣同心的理想國家。他捍衛以"義理論"爲代表的道學傳統,根本目的是爲了維繫封建統治所必

---

① 《朝鮮王朝正祖實録》卷五一,二十三年三月壬午,第 47 册,頁 170。

需的倫理綱常,這也成爲正祖作爲"君師"的終極目標。正祖時期的"義理
史書",有更强烈的現實政治指向,並將其内化爲朝鮮國王、乃至國家正統
性來源的强化,以及對君臣關係的重新調整,根本目的乃服務於正祖的"矯
俗"之志。是將"義理"的政治話語融入其中,或以史書的形式來呈現朝鮮
君臣所理解和宣導的"義理"。《原續明義録》彰顯出朝鮮君臣將義理精神、
政治博弈與官方修史活動相結合,體現著君主對君臣間的統治秩序等傳統
儒家倫理秩序的宣揚和調整。表現出由"義理"話語所左右的學術,也是朝
鮮王朝政治運營模式的一部分。

（作者單位:曲阜師範大學國際文化交流學院）

域外漢籍研究集刊　第十八輯
2019 年　頁 275—292

略論《熱河日記》的經典化過程

許　放

引言　朴趾源與《熱河日記》

　　在今天的朝鮮半島,朴趾源的《熱河日記》已經成爲一部家喻户曉的文學經典。從“曠世奇文”、“虜號之藁”到“三大燕行録”、“經濟之文”,再到“文學經典”、“實學巨著”,這部作品經歷了一個漫長而又複雜的經典化過程。我們可以從朝鮮王朝後期的文學批評、十九世紀的燕行録以及近代的學術研究出發,嘗試去梳理《熱河日記》的經典化過程。在開始這項工作之前,有必要簡單介紹一下朴趾源和他的《熱河日記》。

　　朴趾源(1737—1805),字仲美,號燕巖,出身于朝鮮的名門望族——潘南朴氏。祖父朴弼均(1685—1760)曾在英祖時代(1724—1776)歷任要職,父親朴師愈(1703—1767)則以布衣的身份終其一生。1752 年,朴趾源迎娶李輔天之女爲妻,婚後就開始爲科舉考試做準備。但是,隨著政局的不斷惡化,黨派傾軋日益嚴重。使得朴趾源對於科舉和仕途日漸心灰意冷,陷入到極度的精神苦悶之中。大約在 1771 年,他決定拋棄科舉之路。隨後,他把家人送到了京畿道廣州,自己則寓居在漢城典醫監洞,開始在思想與文學方面進行探索和實踐。正是在這個時期,朴趾源確立了“法古創新”文學觀,並開始研究清朝中國的社會文化,建立起“北學論”思想體系。1778 年,由於政局的變化以及家庭的變故,朴趾源結束了典醫監洞的生活,帶領家人到黃海道金川郡燕巖峽隱居。1780 年,朝鮮王朝派出祝賀乾隆皇帝七十壽辰的進賀兼謝恩使行團。朴趾源的三從兄朴明源被任命爲此次使行的正使,讓他終於有機會實現探訪中國的夙願。該使行團於 5 月 25 日從漢城出發,8 月 1 日到達北京。在 8 月 4 日接到聖旨,要求朝鮮使臣趕往熱河參加萬壽慶典。因此,朴趾源得以隨使團於 8 月 9 日到達熱河,在避暑山莊見到了乾隆皇帝、班禪喇嘛等眾多人物。隨後,一行在 8 月 15 日離開熱河,8 月 20 日回到北京。停留近一個月後,於 9 月 17 日離開北京,10 月 27 日回到漢城。

在使行的過程中,朴趾源寫下了大量的日記和筆記。回到朝鮮之後,他馬上就開始著手對這些資料進行分類、整理,並給各卷撰寫序文或後識,具體説明主要内容、創作動機、篇名由來等等。《熱河日記》尚未脱稿的時候,已經有部分稿本及鈔本傳播開來,在朝鮮社會引起了巨大的反響。雖然有不少人支持朴趾源,但是當時朝鮮文壇對這種小説式新文體的批判却很尖鋭,甚至受到了國王正祖的直接斥責。面對這種強大的社會壓力,朴趾源不得不開始對《熱河日記》的部分内容進行修改。可惜的是,他在生前並未能完成這項工作。因此,在内部、外部因素的共同作用下,《熱河日記》各異本之間産生了較大差異,版本系統也變得相對複雜。

據統計,傳世的《熱河日記》異本約有四十餘種。大概可以分爲四個系統,即稿本系統、日記系統、外集系統和別集系統。稿本系統以韓國檀國大學淵民文庫所收藏的部分手稿和一些章節的早期鈔本爲代表,此時《熱河日記》尚未形成獨立體系。日記系統以韓國忠南大學藏本、中國國家圖書館藏本爲代表,此時《熱河日記》已經形成獨立體系,但尚未被整合到《燕巖集》中。外集系統以韓國全南大學藏本爲代表,此時《熱河日記》已經被整合到《燕巖集(外集)》中,但是有不少異本在卷次安排上尚存在獨立性。別集系統以朴榮喆本爲代表,此時《熱河日記》已經被整合到《燕巖集(別集)》中,在卷次安排上成爲《燕巖集》的一部分。

總體來看,這四個系統既有宏觀上的一致,又有微觀上的差別。宏觀上的一致,指的是《熱河日記》的文本經過長期流傳,總體結構相對穩定。從稿本系統到日記系統、外集系統、別集系統,可以找到較爲清晰的繼承關係和發展脈絡。微觀上的差別,指的是文本在流傳過程中發生的變化。特別是隨著稿本系統向日記、外集、別集系統的過渡,不少文本發生了顯著的變化。同時,稿本、日記系統的鈔本中保存著不少被後世版本所刪改的内容,對於我們研究文本的流變有著重要的意義①。

文本的流變過程,當然是經典化的一個重要側面。但是限於篇幅,本文擬從文學批評和思想研究兩個角度出發,把《熱河日記》的經典化過程分成四個階段進行闡述。首先,是相當於十八世紀末到十九世紀初的起始階段。其次,是相當於十九世紀的發展階段。再次,是相當於二十世紀前半期的形成階段。最後,是相當於二十世紀後半期的鞏固階段。

一　起始階段(十八世紀末到十九世紀初)

《熱河日記》問世后,在朝鮮文壇引起了極大反響。從朴趾源身邊的親友到當時的朝鮮國王正祖(李祘,1776—1800 在位),都對《熱河日記》做出了評價。總體來看,當時朝鮮文人的反響可以分成兩大類:一類是對古文創作成果的正面讚譽,另一類是對小説式新文體的負面批評。

首先,對於朴趾源在古文創作方面的成就,當時的許多文人都表示了稱讚與支持。值得注意的是,李德懋、柳得恭等人都從“奇”的角度對朴趾源的古文作品進行了評價。從這個“奇”字,我們可以感受到的是朴趾源“法古創新”文學觀給當時文壇帶來的衝擊。

“法古創新”這個概念主要包含兩個層次的含義,一是對風行於朝鮮的明代“前後七子”的擬古文風進行批判,探索古文創作的真諦;二是立足于尚處於萌芽狀態的民族文化自覺進行文體的創新,強調朝鮮文學的個性與特點②。應該説對於第一層次的含義,當時包括柳得恭在内的許多文人都給予了讚同。但是,因爲時代的局限性使然,第二層次的含義非但沒有得到應有的認同,反而引起了激烈的批判。在這些批判之中,最知名的莫過於與朴南壽、正祖相關的兩個事件。

首先來看朴南壽(1758—1787,字山如)事件,這件事記載在南公轍所

①有關朴趾源生平、《熱河日記》的創作過程以及版本系統研究,詳見金明昊師《熱河日記研究》(創作與批評社,1990 年版,頁 18—80)、《燕巖文學的深層探究》(石枕出版社,2013 年版,頁 225—316),以及拙稿《國家圖書館藏〈熱河日記〉論考》(載《域外漢籍研究集刊》第 17 輯,中華書局,2018 年)。
②金明昊師《熱河日記研究》,頁 56—63。

撰寫的《朴山如墓誌銘》中①。某日，朴趾源與朴南壽、李德懋、朴齊家、南
公轍對坐，朴趾源在席間高聲朗讀《熱河日記》。朴南壽指出“先生文章雖
工，好稗官奇書，恐自此古文不興”。朴趾源並不爲其所動，繼續高聲朗讀。
朴南壽氣憤不過，竟然想要焚燒朴趾源手中的文稿，朴趾源自然十分惱怒。
事後，朴趾源把朴南壽叫到身邊。説到“吾窮於世久矣，欲借文章一瀉出傀
儡不平之氣，恣其游戲爾”。希望朴南壽不要向自己學習，而要努力成爲闡
揚正學的文臣。朴南壽是朴趾源的族孫，但他對朴趾源文學中的稗官小説
體文字非常反感，因此才有了如此出格的舉動。

　　當然，最爲知名的事件莫過于國王正祖對朴趾源的點名批評。正祖主
張以經學爲基礎進行文學創作，青睞那些有助於治理國家的文學作品。他
對小品文影響朝鮮文壇的現象頗爲不滿，認爲明清文壇流行的小品文是一
種墮落的文體。他甚至把明清的小品文與西學、考證學畫上等號，認爲這
些都是極其危險的存在。在這種大背景下，正祖閱讀了《熱河日記》，並通
過南公轍給朴趾源寫信，勸他盡快悔改。如若達到要求，就有可能出任要
職；如若執迷不悟，就要從嚴治罪。“近日文風之如此，原其本，則莫非朴某
之罪也。《熱河日記》，予既熟覽，焉敢欺隱？此是漏網之大者，熱河記行於
世後，文體如此，自當使結者解之！……斯速著一部純正之文，即即上送，
以贖熱河記之罪，則雖南行文任，豈有可惜者乎？不然則當有重罪。”②時
任安義縣監的朴趾源並没有直接回應正祖的要求，而是通過給南公轍的回
信進行了委婉的拒絶。後來，正祖也没有繼續在這件事上予以深究。從整
體來看，正祖的批評與他的“文體反正”、“蕩平策”直接相關，對朴趾源的批
評，應該是一種政治目的性較强的懷柔政策。

　　當然，我們從《熱河日記》中的確可以發現小説式新文體的特徵。比如
大量使用白話體對話、朝鮮式漢字詞，用朝鮮的諺語和俗語來突出諧謔性
的效果。還有對下層人物及細枝末節的寫實描寫，對事件進行戲劇性的重
構，行文中極强的諷刺性、諧謔性。這些特徵，在正祖眼中屬於輕薄的、低

①南公轍《金陵集》卷十七《朴山如墓誌銘》，載《韓國文集叢刊》(272)，民族文化促進會，
　2001年，頁327—328。
②朴趾源《燕巖集》卷二《答南直閣(公轍)書》，載《韓國文集叢刊》(252)，民族文化促進
　會，2000年，頁35。

俗的、瑣碎的、尖刻的典型問題文體。與"文體反正"政策發生了直接的衝突，是正祖所不能容忍的。

此後，還發生了"虜號之藁"事件。所謂"虜號"，指的是清朝的年號。因爲"丙子胡亂"等歷史原因，當時的朝鮮社會瀰漫著反清思潮，《熱河日記》使用了"康熙"、"乾隆"等清朝年號。因此，在當時也受到了口誅筆伐①。

總而言之，在《熱河日記》問世之初，無論是國王正祖，還是朴趾源身邊的親朋好友，他們的評價都有兩面性。一是對古文創作成果的肯定，二是對小說式新文體的否定。由此可見，《熱河日記》從面世之初就引起了極大的爭議，而這種爭議幾乎貫穿整個十九世紀。

二　發展階段（十九世紀）

《熱河日記》在十八世紀末、十九世紀初引起軒然大波之後，似乎在整個十九世紀進入了一個沉寂期。正如金聖七所指出的："朴趾源的思想是嶄新的，它所承載的文學也是嶄新的。因此，希望打破綿軟無力的舊傳統、創造新文體的朴趾源在那個時代不能不被當成異端。《熱河日記》在當時的朝鮮文壇引起了軒然大波，與之相伴的就是能够理解他的人不會太多。百年之後才得到了一個知己——金澤榮。"②這段話的確道出了朴趾源文學的歷史境遇，但是《熱河日記》在百年之後才得到一個知己，這個説法是值得商榷的。

實際上，十九世紀並非一個沉寂期。相反，對於經典化過程來説是一個重要的發展階段。因爲在這個階段，《熱河日記》成爲眾多燕行録作者在創作過程中參照的軌范。《熱河日記》還被金景善選爲"三大燕行録"之一。他在《燕轅直指序》中説"適燕者多紀其行，而三家最著，稼齋金氏、湛軒洪氏、燕巖朴氏也。以史例則稼近於編年，而平實條暢；洪沿乎紀事，而典雅縝密；朴類夫立傳，而贍麗閎博，皆自成一家，而各擅其長。繼此而欲紀其

①有關正祖、朴南壽等人物及歷史事件，詳見金明昊師《熱河日記研究》，頁 247—248，頁 263—289。
②金聖七《燕巖的〈熱河日記〉》（1949），轉引自《韓國漢文學研究》第 11 輯，韓國漢文學研究會，1988 年，頁 219—226。

行者,又何以加焉。"

近年來,燕行録成爲東亞學界的研究熱點。隨著文獻的影印出版日漸增多,讓我們有機會在燕行録作品中找到大量有關《熱河日記》的文本。根據筆者所進行的文獻調查,十九世紀燕行録中"被引次數"最多的作品就是《熱河日記》。被引的形式也是多種多樣,大概可以分爲如下三個類型。

一是直接引用或提及、考證《熱河日記》的原文。例如,權時亨在《石湍燕記》(1850)中對《熱河日記》的《渡江録》、《盛京雜識》、《關内程史》、《避暑録》等篇有多達十二次的引用,還曾經親自去探訪《盛京雜識》中提到的"藝粟齋"、"歌商樓"等店鋪。李恒億在《燕行日記》(1862)中介紹清代百姓日常生活的文字中引用了《馹汛隨筆》七月十五日條的"天下第一壯觀論"。金直淵在《燕槎日録》(1858)中對《熱河日記》的"遼陽華表柱"、"伯夷叔齊封號"、"土城關年代"等内容提出了疑問。特別是通過"崇禎帝殉國處辨"一文對《黃圖紀略》的"萬壽山"條,進行了全面的辨析,提出了自己的見解。總體來看,十九世紀的燕行録作者們對《熱河日記》的内容有著一定的偏好。從《渡江録》到《關内程史》最爲他們所喜愛。最受歡迎的部分,莫過於《渡江録》七月八日條中的"好哭場論"與《關内程史》中的伯夷叔齊故事①。

二是積極繼承《熱河日記》的小説式描寫手法。如以戲劇化場面爲中心的立體描寫、通過白話體完成的對話描寫、對各階層人物的生動描寫以及諧謔性的要素等等。這些描寫手法的傳承有著十分重要的意義,因爲在經典化的第一個階段,小説式描寫手法受到了諸多批評。但是,到了十九世紀却成爲燕行録作者們的模仿對象,也從一個側面證明了這種新文體開始對朝鮮文壇發揮了實際影響力。

具體來看,徐慶淳的《夢經堂日史》(1855)是最具代表性的作品。在這部作品中,我們幾乎可以發現《熱河日記》的全部小説式描寫手法。另外,

① 隨著抄本的廣泛流傳,《熱河日記》的文本開始滲透到其他燕行録作品當中,而一些作者未做明確標注,就導致了"失實"問題的出現。研究者如果不對文本的原始出處進行仔細辨析,就有可能發生誤判。當然,這些"失實"的文本可以爲版本校勘提供依據,亦有其在文獻學上的積極意義。有關這個問題的研究,詳見張伯偉《東亞行紀"失實"問題初探》,原載《中華文史論叢》2017 年第 2 期,後收入《東亞漢文學研究的方法與實踐》,中華書局,2017 年。

積極繼承《熱河日記》小説式手法的還有朴思浩的《燕薊紀程》(1829)、韓弼教的《隨槎録》(1831)、金貞益的《北征日記》(1842)等作品。

金貞益《北征日記》一月二十二日條是十九世紀前期燕行録中,積極繼承《熱河日記》小説式寫作手法的代表性事例。當日,金貞益偶然走進了一家名叫"寶寧局"的北京店鋪。有幾個中國人圍坐在一起寫字,其中一人寫了一副"花如解笑還多事,石不能言最可人"的對聯。金貞益看到這幅字寫的十分拙劣,因此自己提筆寫了一副"書到用時方恨少,事非經過不知難"的對聯,衆人看到後無不稱讚。回到朝鮮館,金貞益不無感慨,認爲自己的經歷與朴趾源在小黑山的經歷十分類似。朴趾源的故事,見於《熱河日記》中《盛京雜識》的七月十三日、十四日條。

三是對《熱河日記》中所見北學思想的繼承。《熱河日記》不僅是一部朝鮮人的中國行紀作品,還是一部經世之書。朴趾源在書中通過對清朝中國現實的描寫,對當時的朝鮮社會進行反省,並積極設計了改革方案。他爲了改變當時朝鮮的落後局面,提出了若干具體實施方案。如"用磚論"、"用車論"、"通商論"、"馬政改革論"等。類似這些北學思想的傳承,在十九世紀的燕行録中也可以找到一條清晰的綫索。

例如,"用磚論"就見於十九世紀的多部燕行録中。韓弼教《隨槎録》卷四《風俗通考》中的"城郭"、李在歆《赴燕日記》(1828)中的"城邑"、申錫愚《入燕記》(1860)中就有相關記載。其中,申錫愚的作品值得關注。在《中前所城門記》中他對中國和朝鮮的城制進行了詳細的比較與分析。在此基礎之上,還提出了在朝鮮都城興建十字城的構想,這是一個把以石頭爲材料的山城、以磚爲材料的城郭的優點合二爲一的新創意。朴趾源等北學派文人都曾經提出過與磚、城制相關的議論,而申錫愚則在這個基礎之上進行了大膽的創新。

朴齊寅的《燕槎録》(1860)也是這一方面的代表作品。在這部作品中,他認真觀察了咸豐年間中國的經濟發展、社會生活、農業生産、服飾制度等方方面面。這些内容與八十年前朴趾源的關注點有著高度的相似。當然,他還在《熱河日記》的基礎上對朴趾源所談到的主題進行了補充,讓這部分内容更加充實。

如上所述,到十九世紀中期爲止,我們都能在燕行録中發現《熱河日記》的强大生命力。當然,與前一個時代相比有一個鮮明的特色。就是對

《熱河日記》的關注焦點有所區別。具體來看,前一個時期還在關注《象記》、《夜出古北口記》、《一夜九渡河記》等古文體文章的"奇",而這一時期則開始關注屬於"稗官小説"的日記部分。特別是從《渡江録》到《還燕道中録》,最爲十九世紀燕行録作者所青睞,他們也在自己的作品中多次進行引用或評論。與之形成鮮明對比的是,《熱河日記》的雜記部分則相對地少見引用①。

　　但是,到了十九世紀後期的高宗時代,《熱河日記》的影響力似乎相對減弱了。究其原因,是朝鮮王朝受到西方列强在軍事、外交等方面的威脅,社會氛圍爲之一變,對西方文明的探究逐步成爲主流。而正是這種轉變,讓《熱河日記》在經歷了近半個世紀的沉寂以後,進入了經典化過程的一個新階段。

三　形成階段(二十世紀前半期)

　　進入二十世紀,對朴趾源及《熱河日記》的評價更趨多元化、近代化。既有對十九世紀文學評論的繼承,也有從思想史角度進行的新詮釋。從文學評論的角度來看,大體上繼承了十九世紀以來對朴趾源古文創作的正面評價,以金澤榮、金台俊爲代表人物。從思想史的角度來看,多是對北學思想的闡發,以洪起文、金錫亨、金聖七爲代表人物②。

　　談到對十九世紀文學批評的繼承,首先有必要提到金澤榮(1850—1927,字于霖,號滄江),他曾經編輯過《燕巖集》(1900)、《燕巖續集》(1901)、《重編朴燕巖先生文集》(南通:翰墨林書局,1917)等多種朴趾源文學選集。對普及朴趾源的文學作品,起到了相當積極的作用。但是,他對朴趾源文學的認識也有一定的局限性。具體來看,金澤榮對古文創作的成

---

① 有關《熱河日記》對十九世紀燕行録的影響,詳見拙稿《朝鮮哲宗時代燕行録研究》,首爾大學博士論文,2016 年。

② 在《韓國漢文學研究》第 11 輯中收録有多篇有關朴趾源及《熱河日記》的近代評論,如全惠奎《評朴燕巖的〈許生傳〉》(1931)、洪起文《朴燕巖的藝術與思想》(1937)、李昇圭《朴趾源》(1939)、金錫亨《朴燕巖與〈熱河日記〉》(1941)、金聖七《燕巖的〈熱河日記〉》(1949)、崔益翰《朴燕巖的實學思想》(1955)等。下文涉及到相關文章時,出處從略。

果多加肯定,對新文體則多有批評。例如,他對《熱河日記》中新文體要素最多的"首七卷"(即《渡江録》、《盛京雜識》、《馹汛隨筆》、《關内程史》、《漠北行程録》、《太學留館録》、《還燕道中録》)持批評的態度,指出"首七卷,叙路程往返,純用稗體,不足取。其外十七卷,幾盡可傳"。①

對朴趾源文學的新闡釋開始於金允植(1835—1922,字洵卿,號雲養)。金允植曾經在朴趾源的孫子朴珪壽(1807—1877,字桓卿,號瓛齋)門下求學,因此能够從一個更加深刻的層面認識朴趾源的文學成就及其北學思想。他在《燕巖集序》中提到,"先生起於極東辟隅之邦,草昧混沌之際,獨察時局之將變,傷國勢之菱靡。而身在布韋,言不見重,僅借區區筆墨以紓其胸中之所積。其嬉笑怒罵有倫有脊,皆成自然之文章,於是世之愛讀者甚多。其知者以爲經濟之文,其不知者以爲游戲翰墨。然先生之苦心警世之意,終未能暴白於世。蓋其時拘於俗尚不敢盡言,惟時露其鋒穎耳。"②他認爲朴趾源是朝鮮開化思想的先驅。從"游戲翰墨"到"經濟之文"的認識轉變,金允植的評論起到了十分重要的作用。

到了二十世紀三十年代,隨著"朝鮮學"運動的興起,朴趾源的文學與思想也開始被當時朝鮮的知識分子重新發現。金台俊③在《朝鮮漢文學史》中提到"朴燕巖的時代,人們多剽竊掇拾宋人文詞潤飾自己的文章,燕巖却不追隨時尚。他是一切都走獨創道路,不受任何拘束,如天馬行空、行雲流水。一切都遵循自然之流露,與自然合節。從這個角度看,在過去的朝鮮文壇上,只有朴燕巖一個人兀突而立。"④另外,他還在《朝鮮小説史》中對《虎叱》、《許生傳》等作品,從近代小説的角度進行了分析與評價,特别是對這些作品的文學性、思想性進行了較爲全面的闡發,指出了《許生傳》

①金澤榮《燕巖續集》卷一,轉引自金明昊師《熱河日記研究》,頁 205。

②金允植《雲養集》卷十《燕巖集序》。轉引自《韓國漢文學研究》第 11 輯,頁 147。

③金台俊(1905—1950),號天台山人。1931 年畢業於京城帝國大學,此後曾在明倫學院、京城帝國大學等學校任教。代表作有《朝鮮漢文學史》、《朝鮮小説史》、《朝鮮歌謠集成》等。

④金台俊《朝鮮漢文學史》,朝鮮語文學會,1931 年;張璉瑰譯,社會科學文獻出版社,1996 年,頁 163。

對於改變朝鮮社會的意義和《虎叱》的文學影響①。

　　洪起文②《朴燕巖的藝術與思想》是這一時期的代表作。他從朝鮮漢文學發展的角度,對朴趾源的文學和思想做出了較爲全面的評價。他首先指出,朴趾源致力於創造出一種具有朝鮮特色的文學樣式。正是因爲有這樣一個出發點,使朴趾源文學有了三個與衆不同的特點。第一,在涉及到朝鮮官號、地名的時候,盡量使用在朝鮮通用的標記方式,而非中國式的標記方法,如積極使用"政丞"、"判書"、"大監"等朝鮮式詞彙。這些都是被當時文人鄙棄的俚俗之詞,絶對不會在文章中使用。第二,記載了許多朝鮮的傳統風俗習慣,還在這個過程中使用許多朝鮮固有的諺語、俚語。例如"衰服者不食"就是朴趾源使用的開創性直譯方式,並且使之成爲自己文體的一大特色。第三,在文章中大量記載朝鮮的野談與傳説。雖然朴趾源没有專門去搜集、整理這些資料,但是在作品中大量使用這些資源却是相當罕見的。洪起文對《熱河日記》文學價值的評價十分重要。因爲在此之前,屬於新文體範疇的文學特點多被貶以"游戲文字"、"稗官小説"。雖然在十九世紀燕行録中能够發現傳承的綫索,但是系統地進行闡釋與評價,應該是洪起文的一大功勞。

　　當然,洪起文不僅在文學方面對《熱河日記》有新的評價,關於思想方面的闡述也值得我們注意。在同一文章中,洪起文從朝鮮思想史的角度,總結出朴趾源北學思想的六個特點。第一,對不合理的兩班制度、歧視庶孽的政策進行了猛烈的批判。第二,對標榜仁義禮智、孝悌忠信的儒學者進行辛辣的諷刺。第三,提出以"用車説"爲代表的利用厚生理論,希望遏制土地兼併、搞活貨幣流通。第四,駁斥五行相生相剋説,爲北學思想作理論上的鋪墊。第五,反對天圓地方説,主張地轉説。第六,通過對平壤、浿水等古地名進行歷史地理考證,對朝鮮的歷史研究也提出了相當獨到的

① 金台俊《朝鮮小説史》,學藝社,1939 年;全華民譯,民族出版社,2008 年,頁 137—148。
② 洪起文(1903—1992),朝鮮語言學家。曾在《朝鮮日報》社任職,有《正音發達史》(1946)、《朝鮮文法研究》(1947)、《朝鮮文化叢話》(1946)等著作。1948 年遷居平壤,此後歷任金日成綜合大學教授、科學院語言學研究所所長、社會科學院院長等職,在朝鮮語和朝鮮文化研究方面留下了頗多成果。

見解。這裏的一些觀點雖然也可以在金允植的文章中找到，但是洪起文的闡述更加全面，也更具有近代學術研究的特點。

金錫亨①在《朴燕巖與〈熱河日記〉》一文中，從思想史的角度評價了《熱河日記》所體現現出來的北學思想及其現實意義。他認爲，朴趾源的北學思想可以看做一種穩健的社會改良論。這個理論體系由"通商論"、《虎叱》、"地轉説"三大支柱構成，向當時的官僚體系、性理學、陰陽五行説等發起了挑戰。朴趾源針對當時風靡於朝鮮社會的尊明思潮，提出了以"通商論"爲核心的北學論。在《熱河日記》中更是設計了學習清朝商業文化的具體方案，建議把車、船、橋梁、店舍、市肆、市場等"利用厚生"的商業元素引入朝鮮。其次，朴趾源還對當時朝鮮社會的陳規陋習發起了挑戰。通過《虎叱》一文揭露所謂"儒者"的僞善，希望打破瀰漫於朝鮮的陳腐理學氛圍。最後，金錫亨指出朴趾源不僅是一個新宇宙觀的信奉者，還對天主教抱有一定的好感。這一切因素，都構成了北學思想的主要基礎。

金聖七②在《燕巖的〈熱河日記〉》一文中指出了北學思想與近代市民社會的關係。他認爲，朴趾源在停滯的封建社會中，孤獨地探索著市民社會的理念。在他看來，朴趾源的思想有四個特點。第一，通過《兩班傳》和《虎叱》等文章揭露兩班階級的虛僞，批判了他們的獨善主義。第二，對性理學思想進行了批判，希望從根本上動搖兩班階級的思想體系核心。第三，對新世界充滿了嚮往。他通過《許生傳》，不僅提出市民生活應該建立在合理的規則之上，還強調了通商和貿易的重要性。進而對當時的朝鮮社會做出深刻反思，提出了具體的改革實踐方案。這與近代的科學精神、市民社會的資本主義精神都是不謀而合的。第四，朴趾源還重視天文學知識的作用。他支持地轉説，對東亞社會傳統的天圓地方説提出了懷疑，並由

---

① 金錫亨（1915—1996），歷史學家。畢業於京城帝國大學歷史學系。朝鮮半島光復後，曾任京城大學師範學院歷史教育系助教授。1946 年遷居平壤，任金日成綜合大學歷史系教授。此後，曾歷任朝鮮科學院歷史研究所所長、朝鮮社會科學院院長等職，在朝鮮的歷史學界有較大影響。

② 金聖七（1913—1951），歷史學家。曾在京城帝國大學學習歷史。朝鮮半島光復后，在京城大學等校任教。著有《朝鮮歷史》（1946），譯有《龍飛御天歌》（1948）、《熱河日記》（1950）等作品。

此對華夷觀念發出了挑戰。

　　此外，崔海鍾在《槿域漢文學史》中也對《熱河日記》進行了高度評價。他在該書第十一章第一節"燕巖之思想與文章"中強調，在朝鮮王朝後期性理學已經趨於僵化保守的大背景下，朴趾源及其文學的出現就是時代變化的象徵。"夫燕巖出而思想一變，論調、文體亦從而一變，此豈非學界之新運而有關夫國家之氣數者歟？"對於《熱河日記》，作者也從文學性、思想性的角度進行了積極評價。"其犀利眼光之所照，奇偉筆力之所馳，言言剴切，爲憂國慨世之大文字！"綜合朴趾源的文學成就、思想影響，"可知其爲革命志士、經濟大家、實學泰斗、文章河漢者矣！"①

　　綜上所述，進入二十世紀後，對於朴趾源的文學成就有了新的認識。既有金澤榮、金台俊等人對文學批評的積極繼承，也有金允植、洪起文、金錫亨、金聖七等人對思想性的全新闡釋。值得注意的是，這一時期所關注的《熱河日記》文本集中在《許生傳》、《虎叱》這兩篇文章上，這與前兩個階段形成了鮮明的對比。前兩個階段的關注焦點多集中在古文體文章中，無論是對"奇"的闡釋，還是對"首七卷"的傳承，多是針對《象記》、《一夜九渡河記》、"好哭場論"等作品。對《許生傳》、《虎叱》等文章則是否定多、肯定少。金澤榮曾經提到，"太上皇初，孫右相珪壽之爲平安監司也，其弟判書瑄壽請刊之。右相公以《虎叱》文、《許生傳》之屬，素被儒林譏謗，不從之"。② 應該説，直到二十世紀初，這種情況都沒有得到改變。而二十世紀前半期對《許生傳》、《虎叱》的重新評價，也讓《熱河日記》在文學層面、思想層面得到了更加全面的闡發。

四　鞏固階段（二十世紀後半期）

　　1945 年，朝鮮半島光復。由於歷史的原因，半島南北在 1948 年分別成立了大韓民國和朝鮮民主主義人民共和國。但是，《熱河日記》的經典化過

---

① 崔海鍾《槿域漢文學史》（上篇），青丘大學刊行，頁 423—434。青丘大學刊行本前有檀君紀元四二八八年（1955）作者所撰《小引》。另外，該書有檀君紀元四二八二年（1949）油印本，筆者未見。案：此條承張伯偉先生惠示，謹致謝忱！
② 金澤榮《重編朴燕巖先生文集・年譜》，轉引自金明昊師《熱河日記研究》，頁 192。

程不僅没有因爲半島的分裂陷入停滯,反而迎來了一個新的高潮。

首先來看北方的情況。朝鮮雖然在 1949 年完全廢止了漢字的使用,但是從 50 年代到 60 年代,不僅在大學實施了漢文教育,而且積極推進了漢文古典著作的翻譯與研究。這一時期,最重要的翻譯和研究機構分別是金日成綜合大學和朝鮮科學院古典研究所,以及 1964 年成立的社會科學院民族古典研究所。這些研究機構爲朝鮮古典文學作品的翻譯與研究投入了大量的人力、物力。因此在這個時期湧現出許多高水平的譯作,如《三國遺事》(1958)、《高麗史》(1958)、《新增東國輿地勝覽》(1962)等。朴趾源及其文學作品也是其中的一個重要組成部分。如洪起文就曾參與或主持了《燕巖作品選集》(1954)、《燕巖朴趾源選集》(1956)和《朴趾源作品選集 1》(1960)等三部朴趾源作品選集的翻譯。特别是洪起文獨譯的《朴趾源作品選集 1》,不僅翻譯水平得到了學界的廣泛認可,而且書中所附《關於朴趾源的作品》、《翻譯凡例》、《燕巖集解題》等文章都具有很高的學術價值,對於此後朴趾源文集的翻譯及研究有着很大的影響力①。此外,李商鎬②所譯的《熱河日記》(平壤:文藝出版社,1955—1957)是朝鮮半島第一部全譯本,對於這部漢文名著的普及起到了積極的作用。

在進行翻譯的同時,朝鮮學界也在不斷進行相關的學術研究。崔益翰在《朴燕巖的實學思想》(1955)一文中,從思想史的角度對朴趾源的實學思想進行解讀。指出朴趾源作爲思想家,對民生問題有著深入的觀察並提出了解決方案。比如主張"用車論",抨擊封建社會身份制度、階級差别的不合理,諷刺兩班階層的僞善。他還總結出了朴趾源文學的五個特徵。第一,實學思想是其核心。第二,雖然使用漢文創作,但是却能積極使用朝鮮的俚諺、俗談、民謡等。第三,積極用朝鮮的社會作爲作品背景,以朝鮮的人物爲主人公,反映具體的社會狀況與民衆的生活。第四,反對擬古之風,主張展現作者的獨特個性。第五,强調作品的批判性與諷刺性。

金河明的《燕巖朴趾源》是這一時期比較具有代表性的研究專著。在

---

① 有關朝鮮在 50 到 60 年代的古典翻譯情況及洪起文的翻譯工作,詳見姜玲珠《關於洪起文翻譯燕巖作品的成果》,載《民族文化》第 48 輯,韓國古典翻譯院,2016 年,頁346—362。

② 筆者未能查到"리상호"的對應漢字姓名,此處的"李商鎬"爲音譯。

書中，作者從十七世紀後半期到十八世紀朝鮮的社會環境與實學派的思想活動入手，對朴趾源的生平、世界觀、社會政治見解、美學見解進行了全面介紹，還對朴趾源的文學及藝術特徵進行了概括。指出朴趾源是十八世紀朝鮮的愛國者、思想家、科學家，同時也是現實主義作家和詩人。能够提出當時朝鮮封建社會所面臨的基本問題，並給出了一定程度的解答。在科學和思想上的成就以及在文學創作上的功績對朝鮮的先進思想和現實主義文學的發展都起到了極大的作用。是在朝鮮第一次把愛國主義的思想和解放農民的思想結合起來的功勛者之一，是十九世紀末啟蒙思想家的直接先驅①。

　　朝鮮作家同盟還在 1955 年出版了專題論文集《朴燕巖研究》，收錄有五篇論文。分別從藝術特徵、創作方法、作品研究、美學見解和實學思想等方面，對朴趾源的文學和思想進行了較爲全面的介紹。其中金河明《燕巖朴趾源的諷刺作品及其藝術特徵》和崔益翰《燕巖的實學思想與學説》對朴趾源文學及思想進行的解讀，具有一定的代表性②。

　　對朴趾源的關注在他誕生 220 週年的 1957 年達到了一個高潮，這一年朝鮮科學院、朝鮮作家同盟、金日成綜合大學曾共同主辦大型學術會議，從哲學、經濟學、歷史學等角度對朴趾源的思想進行研討，並出版了《朴燕巖研究論文集》。朝鮮作家同盟中央委員會主辦的《朝鮮文學》1957 年 3 月號還刊載了《朴燕巖誕生 220 週年紀念特輯》③。此外，朝鮮作家同盟中央委員會和朝鮮科學院聯合舉行了"18 世紀朝鮮偉大思想家、卓越的現實主義作家朴趾源（燕巖）誕生 220 週年紀念會"④。朝鮮郵政還發行了紀念朴趾源的郵票。

　　從金河明的《燕巖朴趾源》到 1957 年發行的各種論文集來看，當時朝鮮的大部分論著都是從階級鬥爭的角度對朴趾源的作品進行解讀，難免有牽強附會、過度解釋之嫌。在這個熱潮之中，從 30 年代開始就進行朴趾源

---

① 金河明《燕巖朴趾源》，國立出版社，1955 年；另有陳文琴譯，李啟烈校本，商務印書館，1963 年，頁 238—240。

② 金河明等《朴燕巖研究》，朝鮮作家同盟出版社，1955 年，頁 5—38，頁 219—276。

③ 轉引自姜玲珠《關於洪起文翻譯燕巖作品的成果》，《民族文化》第 48 輯，頁 363。

④《譯文》1957 年 5 月號（總第 47 期），人民文學出版社，頁 188—189。

研究的洪起文值得我們再次加以關注。在當時,他是少數能夠堅持從基礎文獻的精讀、整理和翻譯入手來闡釋學科觀點的研究者。

洪起文曾發表過紀念朴趾源誕生 220 週年的專題論文——《朴趾源的文體》,對朴趾源的文學成就進行了詳細的闡述。總體來看,與他在 1937 年發表的《朴燕巖的藝術與思想》一脈相承,當然也有不少新的闡釋。例如,他把朴趾源的作品與許多朝鮮時代的朝鮮文小説進行了比較,指出朴趾源雖然沒有使用朝鮮文進行創作,但却能夠運用嫻熟的藝術技巧,通過朝鮮式的要素生動地表現當時朝鮮的社會生活。另外,還指出朴趾源的創作受到了《水滸傳》的影響。雖然這個觀點現在已經成爲學界的通論,但在當時確屬難能可貴①。總而言之,洪起文對朴趾源作品的翻譯與研究,在五十年代的經典化過程中有著非常特殊的意義。

除了上述專門的學術論著,朝鮮的通史著作也開始把朴趾源及其作品作爲重要的內容進行介紹。例如,《朝鮮通史》和《朝鮮全史》就把朴趾源評價爲當時最傑出的進步思想家。並通過《熱河日記》中的《渡江録》、《車制》、《許生傳》、《虎叱》等篇目,具體介紹了朴趾源的北學思想,指出了其進步意義。朴趾源對於通過清朝而傳入的歐洲先進文明,比以前的任何人都能夠給予更高的評價,强調要虛心坦懷地吸取有益經驗。朴趾源强調交通運輸的發展是促進國內商品流通的最重要因素之一。他還提出了限制土地佔有和廢除對農民的各種苛捐雜税,以此來提高農業生產②。應該説,朝鮮科學院的通史著作對朴趾源及其思想的評價,大大鞏固了《熱河日記》在朝鮮的經典地位。

再來看韓國的情況。韓國學界在朝鮮半島分裂後,同樣對朴趾源及《熱河日記》保持了高度的關注。特別是學界,不少研究者對朴趾源文學中的小説部分進行了深入的研究。李家源的《燕巖小説研究》(首爾:乙酉文化社,1965 年版)就是這一時期的代表作。他繼承了金台俊的研究成果,進

---

① 有關洪起文的"燕巖論",詳見姜玲珠《關於洪起文翻譯燕巖作品的成果》,《民族文化》第 48 輯,頁 362—368。

② 朝鮮科學院歷史研究所《朝鮮通史》,朝鮮科學院出版社,1958 年;吉林省哲學社會科學研究所譯,吉林人民出版社,1975 年,頁 253—255。朝鮮社會科學院歷史研究所《朝鮮全史》11,科學與百科辭典出版社,1980 年,頁 342—353。

一步對朴趾源文學中具有小説特點的作品進行了全面分析,對當時的韓國學界有著非常大的影響。

　　李家源還完成了韓國第一部全譯本《熱河日記》(首爾:民族文化推進會,1966 年版),這個譯本是一個以朴氏家藏稿本及鈔本爲底本的合校本。因此,不僅具有普及經典的意義,對於學術研究也有特殊的推進作用。在李家源及其研究成果的影響下,此后的一個時期,有關朴趾源的研究基本上以小説作品爲中心展開。進入八十年代,這種情況開始發生改變。以姜東燁的《熱河日記研究》(首爾:一志社,1988 年版)和金明昊的《熱河日記研究》(首爾:創作與批評社,1990 年版)爲代表,針對《熱河日記》的整體研究進入到一個新階段。姜東燁從朴趾源的文學觀、海外見聞以及明清文藝思潮等角度對《熱河日記》進行了綜合考察。金明昊則以七種主要異本的文獻學分析爲基礎,闡釋了《熱河日記》的思想及文學價值。並指出在朝鮮時代的漢文學遺産中,《熱河日記》是近代指向性最爲鮮明的作品。

　　除了學術論著,金允植與金賢的《韓國文學史》、趙東一的《韓國文學通史》等文學史著作都對朴趾源及《熱河日記》進行了專門介紹,使《熱河日記》在韓國的文學經典地位愈加鞏固。

　　《韓國文學史》認爲,《熱河日記》是試圖證明朝鮮社會自身力量能夠解決當時社會結構性矛盾的重要著作。該書從《虎叱》與《許生傳》著手,指出朴趾源把小説隱藏在紀行文字之中,對當時知識分子階層的陳腐與墮落進行了巧妙的批判。其批判意識來自游離於權力結構之外的知識分子的深刻反省,而他的局限性則在於没能把這種批判意識發展成爲革命理論。同時還指出,朴趾源並未從宗教思想或精神結構的層面去接近西學或天主教①。

　　《韓國文學通史》指出,《熱河日記》與其他燕行録有著不同的作品結構與表現方式。對虛構與現實進行有機的組合,使叙述的視角更加多樣化,並以此來打破固有觀念,讓讀者能夠對現實進行重新認識。這種手法使得《熱河日記》在問世之初,就被稱爲"奇文"。不僅如此,《熱河日記》並非單純的旅行見聞記録,而是一部有著復合結構以及問題意識的複雜作品。此外,該書還專門對朴趾源的《許生傳》、《虎叱》等作品從漢文小説的角度進

---

① 金允植、金賢《韓國文學史》,民音社,1973 年,頁 48—50。

行了介紹與分析。指出他的作品不僅吸取了傳記與野談的優點，而且達到了通俗小説所無法企及的文學藝術境界①。

應該説，隨著各種文學史著作對朴趾源及《熱河日記》進行專門介紹，使《熱河日記》的文學經典地位愈加鞏固。此後，《熱河日記》中的名篇《一夜九渡河記》更是進入了中學的教材，對於普及這部作品起到了十分關鍵的作用②。

從總體上來看，二戰後的朝鮮半島依然對朴趾源及《熱河日記》保持著很高的關注。特別是朝鮮，在經濟得到迅速恢復的同時，對於古代文學的研究也投入了很大力量，加之洪起文、金錫亨等學者的努力，使二十世紀五十年代成爲《熱河日記》經典化過程中非常重要的十年。從研究傾向來看，這個時期主要是强調對於思想性的關注。特別是在朝鮮科學院及朝鮮作家同盟等組織的大力推動下，從北學思想、實學思想等角度進行了頗多研究，是這個時期經典化的一個重要特徵。韓國則有所不同，主要以學術界的研究爲主要推動力。從 50 年代到 70 年代，以朴趾源文學中的小説作品爲主要研究對象，對其近代文學價值、思想價值進行了多角度的闡發。從八十年代開始，《熱河日記》作爲一個獨立的研究對象受到學界關注，對朝鮮漢文學的特徵、近代指向性的闡釋成爲新的主流。這是《熱河日記》在韓國經典化過程中的一個特點。

五　簡短的結論

綜上所述，從時代發展的特徵來看，《熱河日記》的經典化過程大概可以分成四個階段。首先是起始階段，相當於十八世紀末，這個階段的焦點主要集中在對《熱河日記》文體風格的評價。一方面，有人認爲朴趾源的文章有"奇"的特徵，在當時擬古之風盛行的朝鮮是一股新力量。另一方面，也有人針對小説式的新文體提出了尖鋭批評。當然，這與當時文壇的主流傾向和正祖的文藝政策是密不可分的。

---

① 趙東一《韓國文學通史》第三卷，知識産業社，1992 年，頁 215—220，頁 504—511。
② 金明昊師譯《一夜九渡河記》，載《國語》6（初級中學三年級教材），大韓教科書出版株式會社，韓國教育部 2012 年審定版。

　　其次是發展階段,相當於十九世紀。隨著鈔本的廣泛流傳,《熱河日記》也開始了對文壇的實際影響,特別是對燕行録的創作發揮了較大影響。當時的燕行録作者們通過引用、改寫及辯證等多種方式積極繼承了《熱河日記》的文學及思想成果。

　　再次是形成階段,相當於二十世紀前半期。從十九世紀初,金允植、金澤榮對《熱河日記》的思想性、文學性進行全面評價。再到"朝鮮學"運動勃興的三十年代,在洪起文、金台俊、金錫亨、金聖七等學者的推動之下,《熱河日記》逐步從一部飽受爭議的文學作品成爲一部兼具文學性、思想性的經典著作。

　　最後是鞏固階段。朝鮮半島雖然在二戰後發生了分裂,但是對朴趾源及《熱河日記》的研究却在朝鮮和韓國分別迎來了新的高潮。朝鮮方面首先完成了朴趾源部分作品的選譯和《熱河日記》的全譯工作,與此同時,還從思想性角度對《熱河日記》進行了大量的研究。韓國方面則從朴趾源文學中的小說作品入手,進行了文學角度的解析。並在八十年代開始了針對《熱河日記》的專題研究。同時,各種韓國文學史著作對《熱河日記》的評價以及出現在教科書中的名篇,更加鞏固了《熱河日記》文學經典的地位。

附記:

　　本文初稿曾在 2017 年 12 月 3 日復旦大學主辦的"經典形塑與文本闡釋國際學術研討會"上宣讀,得到了與會學者的批評指正,在此表示衷心感謝!

（作者單位:中山大學國際翻譯學院韓國語系）

域外漢籍研究集刊　第十八輯

2019 年　　頁 293—304

從燕行文獻的餐食詞語看朝鮮文人對漢語的接受與創新 *

謝士華　　王碧鳳

　　韓國燕行文獻是域外漢籍的重要組成部分,由一批游歷過中國的古朝鮮文人用漢文撰寫而成,主要産生於明清時期。這批文獻采用的是文言句法和詞彙,但其餐食詞語豐富多彩,體現了古今並用、文白夾雜、沿襲與自創相結合的特點。雖然大部分詞彙直接繼承中國文獻的用法,但有些詞語不見於或少見於中國文獻,爲朝鮮文人的自造詞。梳理燕行文獻複雜多樣的餐食詞,有助於解讀和整理這批域外漢籍。

　　我們選取《燕行録全集》收録的 41 部日記體文獻爲研究對象,考察該文獻一日三餐用語的使用情況,進而討論朝鮮文人在學習和創作漢文時對漢語的接受和創新。

一　餐食詞語的使用情況考察

(一)早餐詞

　　早餐詞的使用一共有 69 人次,共有 19 個詞形(見表一)。這些詞語由"時間語素＋名詞(或動詞)語素"構成,時間語素有"早""朝""晨""曉",名詞(或動詞)語素有"食""飯""炊"等。從時間語素方面看,"朝"類有 11 個

＊ 本文係國家社科基金青年項目"域外漢籍《燕行録》詞彙研究"(17CYY032)的階段性研究成果。

詞形,"早"類有 4 個詞形,"朝飯(22)"使用最廣,其次是"早食(10)""朝炊(7)""早飯(7)""朝食(6)"。其他詞形零星出現於個別文獻中。從名詞(或動詞)語素方面,"飯"類詞有 3 個詞形,30 人次使用,而"食"類詞有 4 個詞形,19 人次使用。《漢語大詞典》收錄的詞形有 10 個,未收錄的有 9 個。見於中國本土文獻的詞形有 17 個,僅有 2 個未見。

表一:早餐詞使用情況

類別	用語	數量(人次)	《漢語大詞典》收錄情況	中國本土文獻有無	用量總計(人次)①
"早"類(4)	早食	10	未收	有	19
	早飯	7	收錄	有	
	早哺	1	未收	未見	
	早炊	1	未收	有	
"朝"類(11)	朝飯	22	收錄	有	45
	朝炊	7	未收	有	
	朝食	6	收錄	有	
	朝火	2	未收	未見	
	朝餐	2	收錄	有	
	朝舖	1	收錄	有	
	朝哺	1	收錄	有	
	朝飱	1	收錄	有	
	朝殲②	1	未收	有	
	朝餉	1	收錄	有	
	朝膳	1	收錄	有	

①此欄"用量總計",指每類詞在 41 部文獻中所使用的人次,有的文獻使用多個詞形,故稱"人次"。以下表格皆同。
②"朝飱"與"朝殲"只見于許筍日記,且"朝殲"僅有一個用例。古籍中"飱"常訛作"殲"。參黃金貴《古代文化詞義集類辨考》,上海教育出版社,1995 年,頁 797。

續表

類別	用語	數量（人次）	《漢語大詞典》收錄情況	中國本土文獻有無	用量總計（人次）
其他類（4）	晨飯	1	未收	有	5
	曉餐	1	未收	有	
	曉食	1	未收	有	
	蓐食	2	收錄	有	
總計（19）					69

（二）午餐詞

午餐詞共有 54 人次使用，共 15 個詞形（見表二）。午餐類的詞形豐富多彩，除了"時間語素＋名詞（或動詞）語素"結構外，還有"動詞語素＋時間語素""動詞語素＋名詞語素"。時間語素有"午""晝""中"，動詞語素有"點""打""炊"。其中，"中火（18）"用例最夥，其次是"午飯（13）"。"中火"多見於元明清文獻，朝鮮漢語教科書亦多見。因"中火"含有出門遠行時中途吃午餐義，適用于燕行的場景。近代漢語中，"點"表示進食義在宋元明清文獻中所見不鮮，如"點心""打點""點茶"等。現代韓語口語表午飯義常說점심（點心）。儘管燕行文獻中"點"的用例並不多，但它是朝鮮漢文的一個特色詞（參下文）。《漢語大詞典》收錄的詞形有 11 個（其中 3 個詞義項有別），未收錄的有 4 個。見於中國本土文獻的詞形有 10 個，有 5 個未見（包括詞義有別者）。

表二：午餐詞使用情況

類別	用語	數量（人次）	《漢語大詞典》收錄情況	中國本土文獻有無	用量總計（人次）
"晝"類（3）	晝飯	2	收錄	有	4
	晝點	1	未收	無	
	晝舖	1	收錄	有	
"午"類（5）	午飯	13	收錄	有	
	午炊	4	未收	有	

續表

類別	用語	數量（人次）	《漢語大詞典》收録情況	中國本土文獻有無	用量總計（人次）
"午"類(5)	午餉	4	收録	有	23
	午火	1	未收該義項	無	
	午餐	1	收録	有	
"中"類(2)	中火	18	收録	有	19
	中餉	1	未收	無	
"點"類(2)	點心	2	收録	有	3
	點午	1	未收	無	
"打"類(2)	打火	3	收録	有	4
	打點	1	未收該義項	有	
其他類(1)	攤飯	1	未收該義項	無	1
總計(15)					54

(三)晚餐詞

晚餐詞較爲貧乏,共21人次使用,詞形也比較單一,有8個(見表三)。主要由時間語素"夕""晚"與名詞(或動詞)語素結合而成。使用最多的是"夕飯(9)",其他詞形使用較稀。"夕"類詞有6個,"晚"類詞僅2個。可見,時間語素偏向保守。然而《漢語大詞典》只收録"晚"類詞,"夕"類詞皆未被收録。經檢索發現,除"夕餉"外,中國本土文獻中,所有詞形均有用例。另一方面,"飯(12)"多,"食(4)"少。這與早餐用詞情況一致。

表三:晚餐類詞語使用情況

類別	用語	用量(人次)	《漢語大詞典》收録情況	中國本土文獻有無	用量總計（人次）
"夕"類(6)	夕飯	9	未收	有	
	夕食	2	未收	有	
	夕炊	2	未收	有	

續表

類別	用語	用量(人次)	《漢語大詞典》收録情况	中國本土文獻有無	用量總計(人次)
"夕"類(6)	夕餉	1	未收	無	16
	夕飱	1	未收	有	
	夕餔	1	未收	有	
"晚"類(2)	晚飯	3	收録	有	5
	晚食	2	收録	有	
總計(8)					21

　　燕行文獻的晚餐詞較貧乏。早餐詞的用量總計爲69人次,午餐爲54人次,晚餐僅爲21人次,晚餐用語大大少於早午餐。一個重要原因是許多宴會安排在晚上,故"設宴""燕次"等詞取代"晚餐"用語而大量存在。再者,這或許與古代食制有關係。黄金貴認爲"唐代三餐制尚未成爲定制,是二餐、三餐交替的過渡時期","到了元代,漢族才普遍實行一日三餐"①。燕行途中使行團一日僅食兩頓正餐,而所謂的"夕飯"等則是個人行爲。這可能是晚餐詞稀少的重要原因。

二　餐食詞語使用特點分析

(一)詞形多樣化,隨意性大

　　燕行文獻餐食詞語的豐富性,一方面表現在詞形的多樣化,另一個表現是詞形的選用有很大的隨意性,同一部著作使用多個詞形表示同一個餐食概念。如蘇巡《葆真堂燕行日記》用了五個早餐詞("早食""早飯""朝飯""朝食""朝餔"),金正中《燕行録》用了三個("早食""早飯""早炊")。鄭崑

---

① 黄金貴主編《中國古代文化會要》(上册),西泠印社出版社,2007年,頁407。另,相關研究還有:黄金貴《試説我國古代的食制》,載《中國烹飪》1993年第1、2期;黄金貴《從餐食詞看我們古代食制及其演變》,載《中華食苑》第4集,中國社會科學出版社,1997年;張其昀《"旰食"及古代兩餐制疏證》,載《揚州大學學報》2004年第5期。

壽《赴京日録》用了四個午餐詞（"午餉""午火""中火""中餉"），許篈《荷谷朝天日記》用了三個（"午飯""午餉""中火"）。有的作品甚至不同時段使用不同詞形。如李濡《燕途紀行》有 19 處使用了"點午"，56 處"攤飯"。從八月三日至二十一日用"點午"，八月二十二日至十二月一日用"攤飯"，其中逗留北京期間未記録午餐，返程途中用"點午"。

（二）古今並用，文白相雜

燕行文獻的餐食詞既沿襲了大量古語詞，也廣泛采納了當時的口語詞。"早食"産生非常早，且經書多用。"朝食"《詩經》已見。"朝飯"産生於中古，也是個較古的詞。三者都是燕行文獻的高頻詞。由"晝"組成的午餐詞、由"夕"組成的晚餐詞，具有古語色彩。午餐詞則多爲口語詞。"午飯"的口語性自不待言，"中火"也是當時非常流行的口語詞，多見於元明清文獻，朝鮮漢語教科書亦多見。因其含有出門遠行時中途吃午餐義，適用于燕行場景，故該詞在燕行文獻中使用極爲頻繁。由"點"和"打"構成的午餐詞（如"點心""打火""打點""打尖"等），是近代漢語白話作品中的常用詞，"點午""晝點"等則是朝鮮文人自創的漢字詞（詳參下文）。"食"古語色彩較濃，故未見"食"構成的午餐詞。

大致而言，時間語素"朝""曉""晨""晝""夕""膳"，動詞語素"食""炊""哺""飧"等有較濃的文言色彩；"早""午""晚"以及"飯""點""打"更口語化。"朝（11）"比"早（4）"多，"夕（6）"比"晚（2）"多，而"飯（58）"又比"食（23）"多。

（三）存在大量的换素同義詞

换素同義詞是指有一個相同語素且詞義相同或相近的一組詞。燕行文獻中餐食類换素同義詞甚多，如"晨飯""早飯""朝飯"以及"曉食""早食""朝食"，雖然使用的時間語素不一樣，表達的概念是一樣的。"午炊""午火"時間語素相同，動詞語素有異，構成一組换素同義詞。又如表"將生米做成熟飯"的行爲，有"炊飯""作飯""造飯""打飯""燒飯"等。除了餐食詞語，燕行文獻還有多種换素同義詞，如"貿易""貿買""换買""换貿""换易""交貿""交易"等，又"周視""周望""周觀""周見""周瞻"等，又"登途""登程""登道""登路""啟程""起程"等，不勝枚舉。中國古典文獻也存在很多利用文言或白話語素構成同義詞的情況，如"酒食、酒饌""宴會、宴席""狀元、狀頭""乞假、告假""冶容、修容""饅頭、饅首""行止、動止"等①。

三　餐食語詞的性質與來源

中韓兩國文言作品使用的詞彙和語法是"大同"的,但同中也有異。燕行文獻中的餐食詞語,有些不見於或少見於中國文獻,這主要體現爲朝鮮文人新創的一些午餐詞語。如前所述,黄金貴認爲唐以前古人日食兩餐,即早晚餐,尚無中餐。故午餐詞語近代漢語階段才産生。"午""中"或"打""點"都比較新,没有更典雅或文言的詞可供選擇。因此,朝鮮文人在接受"中火""午飯"等口語詞的同時,也創造了一些文言性質的詞語,如攤飯、晝點、午火、點午。試闡述之。

(一)詞形見於中國文獻,但詞義有别

【攤飯】中國文獻中的"攤飯"多爲午睡義。《楹聯叢話全編·巧對續録》卷上:"其實澆書並不見有書,攤飯亦不見有飯,空中設想,取以爲對,所以妙也。"何謂"澆書並不見有書,攤飯亦不見有飯"? 宋陸游《春晚村居雜賦》詩之五:"澆書滿挹浮蛆甕,攤飯横眠夢蝶床。"自注:"東坡先生謂晨飲爲澆書,李黄門謂午睡爲攤飯。"早上進食可澆灌夜讀入腹的書,故稱吃早餐爲"澆書",午飯後躺著午睡可使腹裏的食物均匀分攤開來,故稱午睡爲"攤飯"。近現代文學作品也用,如徐枕亞《雪鴻淚史》第七章:"槐陰攤飯,竹院分瓜,婦子嘻嘻,笑言一室,極酣暢淋漓之致。"錢鍾書《槐聚詩存·午睡》:"攤飯蕭然晝掩扉,任教庭院減芳菲。"朝鮮漢文也見,如姜世晉《閒居雜詠十七絶》:"攤飯春床穩,起來山日午。"②權聖矩《又寄柳爾能》:"攤飯眠酣離夢闊,澆書飲罷客懷綿。"③《漢語大詞典》已收該義項。

---

① 部分例詞參陳婷《〈北夢瑣言〉雙音節同義詞研究》,湖南師範大學碩士學位論文,2012年。該文認爲,形成這種詞彙現象的原因有三點:歷時的積累,方俗語的侵入,修辭手法的使用。

② 姜世晉《警弦齋先生文集》卷一,載《韓國歷代文集叢書》第 1744 册,景仁文化社,2009年,頁 40。

③ 權聖矩《鳩巢先生文集》卷二,載《韓國歷代文集叢書》第 2381 册,景仁文化社,2009年,頁 121—122。

　　朝鮮漢文中的"攤飯"還有"進食"義,如柳雲龍《游金剛山録》:"過明波驛,攤飯于大康驛。主人金叔年饋村酒,禮待甚厚。"①宋秉璿《慎窩鄭公(在褧)遺集序》:"與其行不足而言有餘,無寗不足于言而有餘於行也。如人飲食而實飽,則我自爲好,何關於人之知不知,而欲攤飯於門外乎?"②燕行文獻中的"攤飯"即吃午飯義,但僅見於李淯《燕途紀行》,如"抵金石山攤飯,義州火手呈一大鹿""到碧洞川邊攤飯,午發踰會寧嶺"③。

　　"攤飯"曾令一些朝鮮文人迷惑,如朝鮮大儒李滉與金應順的討論:"攤飯之義,深荷諄喻。然則攤飯本爲披飯之義,以爲午睡者借用爲諧笑之語。蓋朝飯實腹,當午睡卧則實者稍紆,故云攤飯。亦如澆書之云夜讀書在腹,朝飲以澆之耳。而《南録》則直謂披食所裹飯也。"④李滉認爲攤飯的本義爲"進食",後引申出午睡義。金楺《丙丁瑣録·丙辰丁巳》:"嘗見洪仁佑《游金剛録》,謂進食曰攤飯。後閲《芝峰類説》,云宋人謂午睡爲攤飯。二者未知孰得? 退溪云,攤飯本爲披飯之義,以爲午睡者,借爲諧笑之語,亦如澆書之言。似然矣。"⑤然而,從中國文獻情況來看,"攤飯"創詞伊始,即指午睡而非進食義。《漢語大詞典》等大型語文辭書只收録其午睡義。清翟灝《通俗編》卷二十七"攤飯"亦只論其午睡義,未涉進食義,説明中國古人極少用"攤飯"表進食⑥。

　　【午火】鄭崑壽《赴京日録》多用之表吃午飯,如"到永平午火""午火于

---

① 柳雲龍《謙庵先生文集》卷五,載《韓國歷代文集叢書》第 1201 册,景仁文化社,2009年,頁 244。
② 宋秉璿《淵齋先生文集》卷二十四,載《韓國歷代文集叢書》第 290 册,景仁文化社,2009 年,頁 354—355。
③ 李淯《燕途紀行》,載《燕行録全集》第 22 册,東國大學校出版社,2001 年,頁 60、65。
④ 李滉《退溪先生文集》,載《韓國歷代文集叢書》第 87 册,景仁文化社,2009 年,頁 329。
⑤ 金楺《儉齋集》卷三十,清風金氏判書公諱仁伯派宗中所藏本。信息來源:韓國綜合DB 網站 http://db.itkc.or.kr/
⑥ 清吳俊《界亭驛夜紀山行所見》:"有泉皆注北,無樹不遮南。攤飯惟魚羹,呼茶只米泔。"(《榮性堂集》卷九)從上下文看,該"攤飯"或爲進食義。

連山關”。① 朝鮮其他漢文如高裕《牛岩口號》："州人供<u>午火</u>，郵卒報行程。"②李秉淵《舟中雜詠》："小杯十里猶殘醉，<u>午火</u>官厨薦錦鱗。"③

　　中國文獻中"午火"的午餐義不常見，我們僅搜得一例。明萬曆二十年，湯顯祖途經恩州（今廣東陽江市）吃午飯時，創作了一首題爲《恩州午火》詩④。《金瓶梅詞話》"午牌時打中火"表吃午飯⑤，但未見直接用"午火"一詞。《漢語大詞典》"午火"條僅收"正午烈日"義，未收"午飯"義。

（二）詞形與詞義皆未見於中國文獻

　　【晝點】晝，白日也；點，進食也。晝點，指中午進食。主要見於權撥《朝天録》，如"到興義館<u>晝點</u>""茶後，至蔥秀山看碑，抵安城館<u>晝點</u>"⑥。朝鮮其他漢文如權斗文《虎口日録》："踰峴峴底路邊有一倭先至，鑿地燃火，俱湯具而卧，此賊倭<u>晝點</u>處也。"⑦朴雲《關東行録》："時主倅適承差向盈德，於是相謀並轡而行，設<u>晝點</u>於知本院，乃由五十川洞而出。"⑧"晝點"乃"晝點心"的縮略語，如柳希春《上經筵日記別編》："朝飯于慕華館，<u>晝點心</u>于太平館大門外。"⑨

　　【點午、午點】"點午"指吃午飯，主要見於李濬《燕途紀行》，如"午到坡

---

① 鄭崑壽《赴京日録》，載《燕行録全集》第 4 册，東國大學校出版社，2001 年，頁 368、391。
② 高裕《秋潭先生文集》卷一，韓國學中央研究院藏書閣藏本。信息來源：韓國綜合 DB 網站 http://db.itkc.or.kr/
③ 李秉淵《槎川詩抄》，首爾大學奎章閣藏本。韓國綜合 DB 網站 http://db.itkc.or.kr/
④ 《恩州午火》詩曰："逐客恩州一飯沾，伏波盤筍見纖纖。炎風不遣春銷盡，二月桃花絳雪鹽。"見《湯顯祖詩文集》。
⑤ 霍松林《中國古典小説六大名著鑒賞辭典》，華嶽文藝出版社，1988 年，頁 279。
⑥ 權撥《朝天録》，載《燕行録全集》第 2 册，東國大學校出版社，2001 年，頁 268、269。
⑦ 權斗文《南川先生文集》卷二，載《韓國歷代文集叢書》第 2267 册，景仁文化社，2009 年，頁 382。
⑧ 朴雲《龍岩先生文集》卷二，載《韓國歷代文集叢書》第 1982 册，景仁文化社，2009 年，頁 320。
⑨ 柳希春《眉岩先生文集》卷四，載《韓國歷代文集叢書》第 111 册，景仁文化社，2009 年，頁 357—358。

平館點午""午抵所申館點午"①。金景善《燕轅直指》也見。其他朝鮮漢文也有不少用例,如權榘《戊申録》:"適領議政李公光佐大監自鞫廳出來點午。"②"點午"乃"點午飯""點午餉""點午茶"等的省稱。如鄭逑《游伽倻山録》:"點午飯小許,仍酌酒一杯。"③金龜柱《東游記》:"點午餉於是處,題名于第一石峰,而還宿新溪寺。"④又有"點午茶",如李衡祥《立岩游山録》:"點午茶且發。"⑤

　　中國文獻未見"點午"的用例,也未見"點午飯""點午餉"的用法。漢語講究韻律,"點"可與一個名詞或動詞性語素組合,構成"點心""點茶""打點"等雙音節詞,或者用雙音節動詞"打點"與雙音節名詞"午飯"結合,組成語塊"打點午飯",但不習慣將單音節的"點"或"打"加在雙音節詞語前。另一方面,漢語中"早晨""中午""晚上"等時間詞一般不直接表示"早飯""午飯""晚飯"(僅普通話而言),而韓語有這種情況,如用아침(早晨)表早飯。朝鮮漢文中還有"午點",如金址《春坊日記》:"午點利川,宿島舟。"⑥李廷馣《行年日記》:"午點于仁川韓滉家。"⑦"午點"乃"午點心"的省略,如柳希春《上經筵日記别編》:"午點心後除迎逢,詣牟木洞齋室。"⑧將時間詞"午"置於動詞"點"前構成"午點"一詞,是受韓語語序的影響。"晝點"亦是如

---

①李淯《燕途紀行》,載《燕行録全集》第 22 册,東國大學出版社,2001 年,頁 26、207。

②權榘《屏谷先生文集》卷七,載《韓國歷代文集叢書》第 582 册,景仁文化社,2009 年,頁 37。

③鄭逑《寒岡先生文集》卷九,載《韓國歷代文集叢書》第 407 册,景仁文化社,2009 年,頁 127。

④金龜柱《可庵先生文集》卷十七,成均館大學尊經閣藏本,信息來源:韓國綜合 DB 網站 http://db.itkc.or.kr/。

⑤李衡祥《瓶窩先生文集》卷十三,首爾大學奎章閣藏本,信息來源:韓國綜合 DB 網站 http://db.itkc.or.kr/。

⑥金址《龜窩先生文集》卷四,載《韓國歷代文集叢書》第 1878 册,景仁文化社,2009 年,頁 57。

⑦李廷馣《四留齋先生文集》卷八,載《韓國歷代文集叢書》第 217 册,景仁文化社,2009 年,頁 454。

⑧柳希春《眉岩先生文集》卷八,載《韓國歷代文集叢書》第 112 册,景仁文化社,2009 年,頁 75。

此。此外,朝鮮漢文還有"點朝",即吃早飯。如權榘《戊申錄》:"<u>點朝</u>于榮川,都事入客舍。"①

近代漢語中,"點"表示進食義在宋元明清文獻中所見不鮮,如"點心""點茶""打點"。或曰"打點午飯",如明金木散人編白話小説《鼓掌絶塵》第十四回:"一壁廂吩咐<u>打點午飯</u>相待,一壁廂著人到書房裏去,請出那一個相知來會面。"但未見"點午"。"晝點""點午""午點""攤飯"等自創的詞語或詞義,體現了朝鮮文人在學習和繼承漢語固有詞彙的同時,也有所"叛逆"。但大多數詞語是直接從漢語照抄照搬的,使用最廣泛的詞往往就屬於直接借用,改編或自創的幾個詞語,運用範圍不廣。

餘　論

刁晏斌、侯潤婕《從餐食類名詞看全球華語的共同基礎》認爲"早飯—早餐—早膳""午飯—午餐—午膳""晚飯—晚餐—晚膳"是早期現代漢語"口語—中性—書面語"三套餐食類詞,是全球華語通用的餐食詞。該文考察了這些詞在中國香港、新加坡、印度尼西亞的使用情況,指出"各地華語有較高的一致性,但也有一定的差異"②。明清時期産生的燕行文獻,其餐食詞語繼承於漢語固有詞彙,與中國本土文獻保持一致,但其變異産生的特色詞彙也不可忽視。

除了沿襲中國的漢語詞外,朝鮮文人還利用漢語的組合規律,自己創造了一些漢字詞。雖然構成材料利用的是中國的漢字,但是這些漢字詞的形式和意義,都不見於漢語或者與漢語有別,乃"朝鮮自創的漢字詞"。有的漢字詞據語素可得其義,如"温堗(暖房)""沈菜(泡菜)""赤根菜(胡蘿蔔)"等;有的則不可望文生義,如"先來(先於使行團返回朝鮮的人員)""書房(對無官職人員的稱呼)"等。有些朝鮮自創的漢字詞,通過查閲辭書可曉其義,但有些漢字詞未被辭書收録,僅從字面意思難知其義。燕行文獻

---

① 權榘《屏谷先生文集》卷七,載《韓國歷代文集叢書》第 582 册,景仁文化社,2009 年,頁 13。

② 刁晏斌、侯潤婕《從餐食類名詞看全球華語的共同基礎》,載《漢語學報》2016 年第 3 期,頁 64—74。

就有一些這樣的詞,它們是朝鮮文人自創的漢字詞,流行於書面文獻中,如"點午""晝點""益謝(多謝)""酒話(邊喝酒,邊談話)""團話(坐在蒲團上談話)""鼎話(三人會話)"等等①。由漢語引申出來的詞義,既不見於中國古籍或漢語口語,也不見於朝鮮語口語,完全是朝鮮文人創造的書面詞語。

(作者單位:東華理工大學文法學院、
廣州美術東華理工大學文法學院學院美術教育學院)

---

① "鼎～"是具有一定構詞能力的組合,意爲三人共同展開某種行爲。如"鼎坐(三人圍坐)""鼎峙(即鼎立)"。

越南漢籍研究

域外漢籍研究集刊　第十八輯
2019 年　頁 307—329

越南詩人阮忠彦《介軒詩集》考論 *

劉玉珺

　　越南陳朝詩人阮忠彦的《介軒詩集》因被視作現存時代最早的越南漢文燕行詩集，備受學術界的關注。據《越南漢喃文獻目録提要》的著録①，此書目前流傳有兩種版本，即越南漢喃研究院所藏的 A.601 與 VHv.1402 號抄本。前者被《越南漢文燕行文獻集成（越南所藏編）》收録影印，成爲目前學術界使用最爲廣泛的版本②。不過，從文獻學的角度來看，此書仍有不少值得深入研究的問題，所以筆者梳理諸問題而撰成此文，以就教於方家。

一　作者阮忠彦行年考略

　　阮忠彦，字邦直，號介軒，天施土黃人。關於這一點，《摘艷集》卷一、《全越詩録》卷二、《鼎鍥大越歷朝登科録》卷一，包括《介軒詩集》的記載都一致。然而《越南漢文燕行文獻集成（越南所藏編）》第一册《介軒詩集》提要却説阮忠彦爲"陳朝興安天詩土黃人"。查《大南一統志》卷三十七記載

---

* 本文爲國家社科基金項目"中國古典詩歌對越南詩歌傳統形成的影響研究"
（17BZW124）階段性成果。

① 劉春銀、王小盾、陳義主編《越南漢喃文獻目録提要》著録爲《界軒詩集》，乃翻譯越文版《越南漢喃遺産目録》時所造成的音譯錯誤。

② 由於資料的限制，《介軒詩集》VHv.1402 號抄本，筆者未能親見，本文所討論的《介軒詩集》均爲越南漢喃研究院所藏的 A.601 號抄本。

興安省領二府八縣,其中天施、東安、金洞、芙渠四個縣由快州府所領,並記述天施縣曰:

> 在府東南二十六里,東西距二十里,南北距十八里,東至海陽省青汃縣界十五里,西至金洞縣界五里,南至仙侶縣界八里,北至海陽省唐豪縣界十里。漢交阯郡之地。李陳爲天施縣,明改施化,黎復舊名,本朝因之。嗣德四年,省知縣,由芙蕖併攝,領總八、社村六十一。縣蒞在卯求社,今廢。①

可見天施曾名爲"施化",但未見有"天詩"之名,不知《越南漢文燕行文獻集成(越南所藏編)》所據,或涉同音而誤。此外,《大南一統志》同卷"津梁"還記録有"天施津",亦可旁證。

越南官方史書《大越史記全書》、《欽定越史通鑑綱目》對阮忠彦的仕宦有一些零星的記述,他的生平簡述也可見於《全越詩録》詩人小傳、《介軒詩集》卷首的《介軒迹歷記》等,現綜合多家文獻記載,梳理其行年如下:

陳仁宗己丑重興五年(1289)　一歲

阮忠彦生,其母爲倡兒。

《介軒詩集》卷首《介軒迹歷記》:"公姓阮,元諱鵠,改忠彦,邦直其字也,號介軒先生。天施土黄人。其母爲倡兒,夢吞牛入腹,以陳重興仁宗年號己丑年生公。"據下文所引阮忠彦登第之記録,亦可逆推其生年。

陳英宗己亥興隆七年(1299)　十一歲

習舉業,應詔肄業,文藝大進。

《大越史記全書》本紀卷六己亥七年條:"詔天下士人,習學業待試。"又《介軒詩集》卷首《介軒迹歷記》:"公生而穎悟夙成,少以文章名世,時號神童。興隆英宗七年己亥,有詔天下士人習舉業待試,公應詔肄業,自此文藝大進。"

陳英宗庚子興隆八年(1300)　十二歲

入太學。

《大越史記全書》本紀卷六丙寅三年條:"忠彦嘗有詩自負云:'介軒先生廊廟器,妙齡已有吞牛志。年方十二太學生,纔登十六充廷試。'"

---

① [越]阮朝國史館編《大南一統志》(嗣德)卷三十七,越南漢喃研究院所藏 A.69/1—12 號抄本。

陳英宗甲辰興隆十二年(1304)　十六歲

三月，黄甲及第，號神童。

《大越史記全書》本紀卷六甲辰十二年條："陳英宗甲辰十二年三月，試天下士人，賜狀元莫挺之太學生火勇首充内書家，榜眼裴慕祗侯簿書帽衫充内令書家，探花郎張放校書權冕充二資，黄甲阮忠彥太學生，凡四十四名。引三魁，出龍門鳳城，游街衢三日。其餘留學三百三十人。忠彥年十六，時號神童。"《全越詩録》卷二："英宗興隆十二年，登黄甲，年方十六。"《鼎鍥大越歷朝登科録》卷一："陳英宗甲辰興隆十二年春三月，大比，取太學生四十四名，賜三魁三名，黄甲以下四十一名"，又云："黄甲一名阮忠彥，天施土黄人，有神童名，十六歲中。"

陳英宗壬子興隆二十年(1312)　二十四歲

入諫官。

《大越史記全書》本紀卷六丙寅三年條："忠彥嘗有詩自負云：'介軒先生廊廟器，妙齡已有吞牛志。……二十有四入諫官，二十有六燕京使。'"《全越詩録》卷二："數年爲諫官。"

陳明宗甲寅大慶元年(1314)　二十六歲

充正使，偕范邁如元，告明宗即位。

《大越史記全書》本紀卷六甲寅二十二年(三月以後大慶元年)條："遣阮忠彥、范邁如元報聘。"《全越詩録》卷二："明宗大慶元年，充正使如元，年方二十六。還，陞侍御史。"《欽定越史通鑑綱目》卷九甲寅元年條："遣使如元，帝既受禪，遣阮忠彥、范遇等，告於元。"又注："范遇，舊姓祝，莢山敬主人，與弟邁俱中太學生。"《介軒詩集》卷首《介軒迹歷記》："甲寅是年，明宗受禪，奉與范邁如元報聘。乙卯明宗大慶二年，年二十六，奉往燕臺元仁宗時。"按，據越南使臣的出使慣例，甲寅大慶元年年底阮忠彥當奉命治行，乙卯大慶二年初正式啟關北上。

陳明宗乙卯大慶二年(1315)　二十七歲

北使途經廣西、湖南、湖北等地。途中多有吟詠之作，被後學輯入《介軒詩集》傳於世。

詩作見存於《介軒詩集》、《全越詩録》等書。

陳明宗辛酉大慶八年(1321)　三十三歲

陞御史臺侍御史。

《大越史記全書》本紀卷六辛酉八年條：“以阮忠彦爲御史臺侍御史。”

陳明宗甲子開泰元年（1324）　三十六歲

出迎元使馬合謀，以理折之。

《大越史記全書》本紀卷六甲子元年條：“元帝遣馬合謀，楊宗瑞來告即位，及授時曆一帙。合謀等乘馬至西透池橋榯道不下，諸諳漢語者奉旨接話，自辰至午，怒氣益厲。帝令侍御史阮忠彦出迎，忠彦以理折之，合謀辭屈，乃下馬捧詔步行。”《全越詩録》卷二：“開泰初，迎接北使，辨折當理，明宗嘉悦。”

陳明宗丙寅開泰三年（1326）　三十八歲

左遷清化安撫使。

《大越史記全書》本紀卷六丙寅三年條：“左遷阮忠彦清化安撫使。忠彦性疎略，時保武王賜皂衣上位侯，忠彦注擬，反在紫衣之列。上憐其才，且出於過誤，不之罪，故出之。”《欽定越史通鑑綱目》卷九丙寅三年條：“貶阮忠彦爲清化安撫使。初忠彦爲御史論事，忤旨出知炎朗州，有政聲，再擢僉知聖慈宫事辰保武王，賜皂衣上位侯。忠彦疏略銓注，反在紫衣之列。帝憐其才，且以事出過誤，故特左遷。”

陳憲宗己巳開祐元年（1329）　四十一歲

冬，奉上皇之令，編修實録。

《大越史記全書》本紀卷六己巳六年（二月以後開祐元年）條：“冬，上皇巡狩沱江道，親征牛吼蠻，令僉知阮忠彦從，編修實録。”

陳憲宗壬申開祐四年（1332）　四十四歲

三月，任内秘院副使，掌官明内省籍。七月，任知審刑院事，兼清化安撫使。

《大越史記全書》本紀卷七壬申四年條：“三月，以阮忠彦爲内秘院副使，掌官朝内省籍。秋，七月，以阮忠彦知審刑院事，兼清化安撫使。忠彦立平允堂，決獄訟，無冤濫。”

陳憲宗甲戌開祐六年（1334）　四十六歲

伴上皇巡守乂安、征哀牢，充清化發運使運糧。至黔州，哀牢望風而遁，摩崖紀功而還。

《大越史記全書》本紀卷七甲戌開祐六年條：“上皇巡守乂安道，親征哀牢，以阮忠彦充清化發運使，運糧先行，車駕至黔州，軍聲大振，哀牢望風而遁，詔忠彥摩崖紀功而還。"

陳憲宗丁丑開祐九年（1337）　四十九歲

九月，任乂安安撫使兼國史院兼修國史，行快州路漕運使，建議立漕倉貯田租以賑饑民。

《大越史記全書》本紀卷七丁丑九年條："九月，詔内外官考覈所管屬……以阮忠彥爲乂安安撫使兼國史院兼修國史，行快州路漕運使。忠彥建議立漕倉貯田租以賑饑民，詔諸路倣行之。"

陳憲宗辛巳開祐十三年、紹豐元年（1341）　五十三歲

春，任京師大尹；秋，與張漢超共同編定皇朝大典、考撰刑書。

《大越史記全書》本紀卷七辛巳十四（三）年條："春，以阮忠彥爲京師大尹"，"秋，八月二十一日，上皇迎皇子暊即皇帝位，改元紹豐元年，大赦，稱裕皇。……命張漢超、阮忠彥編定皇朝大典、考撰刑書，頒行。"

陳憲宗壬午紹豐二年（1342）　五十四歲

任行遣知樞密院事，選諸路丁壯充禁軍缺額。

《大越史記全書》本紀卷七壬午二年條："以張漢超爲左司郎中兼諒江經略使，阮忠彥爲行遣知樞密院事。舊制禁軍屬尚書省，至是置樞密以領之。忠彥選諸路丁壯充禁軍缺額，定爲籍簿。樞密領禁軍，自忠彥始。"

陳憲宗辛卯紹豐十一年（1351）　六十三歲

任入内行遣，閱諸禁軍。

《大越史記全書》本紀卷七辛卯十一年條："以阮忠彥爲入内行遣，閱諸禁軍，定殿最。"

陳憲宗乙丑紹豐十五年（1355）　六十七歲

充諒江鎮經略使、入内大行遣、尚書右弼兼知樞密院事、侍經筵大學士、柱國開縣伯。

《大越史記全書》本紀卷七乙丑十五年條："以阮忠彥爲諒江鎮經略使、入内大行遣、尚書右弼兼知樞密院事、侍經筵大學士、柱國開縣伯。"

陳藝宗庚戌紹慶元年（1370）　八十二歲

卒。

《大越史記全書》本紀卷六丙寅三年條云阮忠彥："至裕宗時，入政府，終有令名，不負儒者，壽八十餘。"未詳具體終年，然《全越詩録》卷二云其受封柱國開縣伯後，"數年召還，進少保，封關内侯，年八十二而卒"。

二　潘輝注與《介軒詩集》的成書

　　《越南漢文燕行文獻集成（越南所藏編）》收録的《介軒詩集》卷首有題
爲潘輝注作於黎朝景興乙未年（1775）冬的《彙集介軒詩稿全帙序》，曰：

　　　　介軒公，陳朝鉅儒也。以文章顯，尤工於詩，有詩傳行世。世代遼
　　遠，元稿脱落，罕得睹其全者。余少得公遺詩數篇，誦之，見其詞調清
　　逸，高出古今南北詩家諸作，遂喜而願師焉。書籍之暇，輒誦之不離
　　口。嘗以得見公詩爲幸，而以不能盡睹爲恨者舊矣。邇來著意探顏於
　　《越音百選》、《精選諸家詩律》及《摘艷集》等集，得公大小諸作，僅八十
　　一首，姑總彙成帙。楬之案頭，以便披覽，仍以彙集《介軒詩稿》全帙顏
　　之。是帙也，集之於全稿脱逸之後，而攟拾其所散見諸書者以成編。
　　魚魯陶陰，多不可辨。其作之次第，亦無從攷質。間有錯雇傭，識者幸
　　正矣。

從此序可知，現存的《介軒詩集》並非原稿，而是原稿散逸之后，由潘輝注從
《越音詩集》、《摘艷集》等詩歌總集中輯得八十一首，編輯成書。

　　關於阮忠彥作品的流傳，《大越史記全書》卷六云："有《介軒集》行于
世"①，黎貴惇所編的《全越詩録》僅云"有詩集行於世"②，他編撰的《黎朝通
史·藝文志》詩文類則明確記録有"《介軒詩集》一卷"③。阮朝的各種官方
書目亦多著録阮忠彥的別集爲《介軒詩集》。如《內閣書目·國朝書目》著
録"《介軒詩集》壹本"④；《新書院守册》國書庫一中陸櫃著録"《介軒詩》壹
本　阮忠彥"⑤；《古學院書籍守册·國朝書目》第六目文章科以表格的形
式著録有阮忠彥《介軒詩集》一卷，編號第一號，形式爲寫本，古學院再抄，

---

①［越］吳士連等著，陳荆和編校《大越史記全書》本紀卷五，日本東京大學東洋文化研究
　　所，1986 年，頁 405。
②［越］黎貴惇編《全越詩録》，越南漢喃研究院所藏 A.1262/1 號抄本。
③轉引自［越］陳文玾撰，黃軼球譯《越南典籍考》，載廣東國民大學文學院編印《文風學
　　報》第四、五期合刊，1949 年 7 月 1 日出版，頁 76。
④［越］《內閣書目》，越南漢喃研究院所藏 A.113/1－2 號抄本。
⑤［越］《新書院守册》，越南漢喃研究院所藏 A.2645/1－3 號抄本。

並注明内容爲"經北使題詠諸作"①。不過，至今未曾見有《介軒詩集》刊刻的相關記載，以及刊本的流傳，因而連越南官方書院古學院所藏的《介軒詩集》都爲書院自己抄録的重抄本。

　　從時間來看，上述書目記載的《介軒詩集》是潘輝注後來輯録所編之本，並非《大越史記全書》記載的《介軒集》傳本。關於此書的編輯，潘輝注《歷朝憲章類志·文籍志》記載：

　　　　原集脱逸，其詩散見於諸家詩選。僕先叔止庵公嘗總集而彙叙之，得八十餘首。大抵豪邁清逸，有杜陵氣格。北使諸作，如《洞庭湖》、《岳陽樓》、《熊驛》、《邕州》各律詩，皆壯浪迥出。②

這段文字叙述讓人産生疑問，如上文所引，潘輝注在《彙集介軒詩稿全帙序》中云《介軒詩集》乃其本人"集之於全稿脱逸之後，而攟拾其所散見諸書者以成編"，而潘輝注《歷朝憲章類志·文籍志》又説："原集脱逸，其詩散見於諸家詩選。僕先叔止庵公嘗總集而彙叙之，得八十餘首。"指出是其叔叔所輯。這看似自相矛盾的記述，其實並無錯誤，問題在於此潘輝注非彼潘輝注，二者並非同一人。《彙集介軒詩稿全帙序》的作者落款爲"乂安解元雅軒居士潘輝注"，即《歷朝憲章類志·文籍志》中説的"先叔止庵公"，實乃《科榜標奇》的作者潘輝温，生於景興十六年（1755），卒於景興四十七年（1786），乂安省天禄縣收獲人。他原名潘輝注，字仲洋，號雅軒，後黎朝景興四十一年（1779）中進士後才改名爲潘輝温，改字和甫，號止庵③。由於潘輝温之名是他中第後才改，而《彙集介軒詩稿全帙序》作於景興乙未（1775）冬，此時他尚未登科，因此落款署其原名"潘輝注"。

　　《介軒詩集》卷首還有黄平政於景興戊戌（1778）仲冬所作的《介軒詩稿叙》，兹録如下：

　　　　乙未冬，余登第，與同榜潘會魁公叙賓。公於書案上取出《介軒全稿詩集》示余，一看，詢之，乃公胞弟雅軒公攟集成編。余慨然曰：介軒公乃發科之祖，才猷勳業，爲陳名相。自陳迄今，五百餘載，朝代更易，

---

① ［越］《古學院書籍守册》，越南漢喃研究院所藏 A.2601/1—11 號抄本。
② ［越］潘輝注《歷朝憲章類志》卷四十三《文籍志》，越南教育文化部翻譯版附影印原文，1974 年，頁 35b—36a。
③ 參見《潘家世祀録》，越南漢喃研究院所藏 A.2691 號抄本。

世故變遷。余以里中後進，墓栢廟棠，不得瞻其遺陰，乃所作詩稿，見集於雅軒公。可見文章公天下，惟妙晤神契者能知之。雅軒公以驩州英舊尚友千古，於古詩中表出我介軒諸作，使五百年前猗（綺）辭麗句，以之復明於世。觀其好，見其學力之到，雅軒公好古之志，洵可嘉尚也已，是爲叙。①

此叙指出《介軒詩集》爲潘會魁胞弟雅軒公所輯，所謂的"潘會魁"，乃潘輝溫之兄潘輝益。《科榜標奇》卷一轉引《歷朝登科録》卷三所載，記述潘輝溫本人曰："公天禄收獲人，省元，二十五中。輝益之子，輝益之弟，父子兄弟同朝。"②因潘輝益曾中會元，所以有"潘會魁"之稱。據黄平政《介軒詩稿叙》的説法，潘輝益與他同科登第。《鼎鍥大越歷朝登科録》卷三記載潘輝益、黄平政於景興三十六年（1775）乙未科中第，獲賜第三甲同進士出身，並曰："（潘輝益）天禄收獲人，四仲，二十六中會元，應制第一。輝益之子，父子同朝並會元。"又記載黄平政曰："天施土黄人，四十四中。"③上述皆可與潘輝溫的生平記録相互印證。

《歷朝憲章類志》的作者潘輝注，按照此書卷四十三《文籍志》之《介軒詩集》提要的説法，乃潘輝溫之侄。按，潘輝注（1782—1840），字霖卿，號梅峰，山西國威府瑞奎社安山邑人。《大南正編列傳二集》有潘輝注傳，云：

輝注少讀書，有文名。明命初，召補翰林院編修，累遷承天府丞。十年，授廣南協鎮，兩充如燕使部。尋，被譴如西効力，起復司務。以疾乞休，卒年五十有九。輝注以家世習掌故，所著《歷朝憲章類志》考據該博。書成，上之命藏秘閣。及後欽修越史多咨質究，又著有《皇越地輿志》二卷、《華軺吟録》、《華軺續吟》、《洋程記見》等集。④

---

① 葛兆光、鄭克孟主編《越南漢文燕行文獻集成（越南所藏編）》第 1 册，復旦大學出版社，2010 年，頁 7—8。

② ［越］潘輝溫撰，鄭阿財、宋莉華校點《科榜標奇》，孫遜、鄭克孟、陳益源主編《越南漢文小説集成》第 18 册，上海古籍出版社，2010 年，頁 299。按，此校點本原文云："公天禄，收獲人。"天禄乃縣名，收獲爲社名，標點誤，今改。

③ ［越］武櫥等《鼎鍥大越歷朝登科録》，越南國家圖書館所藏 R.116 號抄本。

④ ［越］高春育等《大南正編列傳二集》卷十八，《大南實録》二十，日本慶應義塾大學言語文化研究所，1981 年，頁 7799—7800。

潘輝注之兄潘輝湜（1775—1842）也曾兩度出使中國，他的列傳中寫到“其
先乂安人。遠祖敬黎都鎮國上將軍榮禄侯，後遷山西之安山。……從弟輝
注亦知名”。① 類似的記載也見於嗣德《大南一統志》：“其先天禄人，後徙
居安山縣。”②這也再次印證了潘輝注與潘輝温的籍貫都是乂安，均爲乂安
天禄潘氏家族的後裔。

　　另外需要特別指出的是，潘輝注一名潘輝浩。《越南漢文燕行文獻集
成》第 10 册收録了潘輝湜的《使程雜詠》，其提要云：

　　　　此書卷首題“副使圭岳潘侯吟録，胞弟霖卿浩、堂弟玄同子全僭
　　評”，考霖卿乃潘氏三弟潘輝注字（此處及《使程詩集跋》均誤“注”爲
　　“浩”），《越南漢喃文獻目録提要》從中截出“岳潘侯”、“霖卿浩”分别作
　　爲撰者和評者予以著録，實屬失誤。

提要認爲潘輝浩乃潘輝注之誤，而越南國家圖書館所藏的《歷朝憲章類志》
R.1610 號抄本正文首頁亦題作者爲“臣潘輝浩”。不止一個抄本將潘輝注
之名抄作“潘輝浩”，顯然這並非是偶然的筆誤。據查，潘輝浩爲潘輝注的
曾用名，爲避嗣德帝之母的名諱而改。關於“浩”字的避諱規定，《大南實録
正編第四紀》卷一記載 1847 年嗣德帝即位後：

　　　　十一月禮部議奏，皇母尊名及御名請行敬避諸字摺列進呈。帝覽
　　其議，原御名已奉改爲字。“洪任”二字並諸偏旁字樣，亦併請改用别
　　字。……餘應敬避者，依議行之。一恭遇皇母尊名字臨文加《《頭、臨
　　讀避音、人地名不得冒用，凡二字：姮（嫦同）、浩。③

由此，我們也可以斷定抄有潘輝浩之名的《使程雜詠》、《歷朝憲章類志》，其
抄寫時間在嗣德帝即位之前，或據此前舊本迻録。

三　《介軒詩集》所收作品的真僞

　　《越南漢文燕行文獻集成（越南所藏編）》影印的《介軒詩集》A.601 號抄

①〔越〕高春育等《大南正編列傳二集》卷十八，同上，頁 7798—7799。
②〔越〕阮朝國史館編《大南一統志》（嗣德）卷三十一，越南漢喃研究院所藏 A.69/1—12
　　號抄本。
③〔越〕阮有度等《大南實録》十五，日本慶應義塾大學言語文化研究所，頁 5702。

本共收詩 81 首,與《彙集介軒詩稿全帙序》記述的數量一致,但是目録與正文所列篇目却有所不同,且目録和正文的詩題還存在著不少異文,更需要引起我們重視的是,有一部分作品還重見於其他的燕行文集之中。這些重見作品情況如下表:

表一:

阮忠彦《介軒詩集》A.601	阮翹、阮宗窐《乾隆甲子使華叢詠》A.1548	阮宗窐《使華叢詠集》A.1552	《旅行吟集》AB.447①
旅次懷諸兒	有	有	無
江州勝景	有	有	無
題岳武穆廟(二首)	有	有	無
江州旅次	有	有	有
馬當勝覽	有	有	有
采石懷青蓮	有	有	有
游龜山寺	有	有	無
題小孤山	有	有	無
舟次遣懷	無	有三首	無
赤壁懷古	有	有	無
題蘇東坡祠	有	有	無
初夏旅懷	有	有	無
荆南晴望	無	有	無
湖南遇大風	無	有二首	無
桂江曉發	有	有	無
題馬頭山	無	有	無
桂江記見	有	有	無

---

①《越南漢文燕行文獻集成(越南所藏編)》編者認爲《旅行吟集》是馮克寬的燕行文集,乃誤,筆者擬另撰文再探討。

續表

阮忠彥《介軒詩集》 A.601	阮翹、阮宗窒《乾隆 甲子使華叢詠》A.1548	阮宗窒《使華叢詠 集》A.1552	《旅行吟集》AB.447①
畫山春泛	有	有	無
春城游玩	有	有	無
題伏波將軍祠	有	有	無
南寧即景	有	有	無
寧江風景	有二首	有二首	無

　　《乾隆甲子使華叢詠》乃阮翹與阮宗窒乾隆甲子年（1744）的唱和詩集，《使華叢詠集》前集收錄的是阮宗窒從越南途經廣西、湖廣、江右到達金陵的過程中創作的詩歌，後集則收錄阮宗窒從江南出發，抵達北京，後又由北京返程回國所作。這兩個文集的特點是詩題下多有小字注，記錄創作背景、寫作緣由等，《使華叢詠集》的一些詩作末還附有點評者的評點。將《介軒詩集》與阮宗窒二書進行對比不難發現，《使華叢詠集》詩歌編排的先後順序與阮宗窒的行程往復是相吻合的，而且阮宗窒兩部詩集小注所描述的內容也可在詩歌中找到印證，明顯能判斷這些重見的詩歌應當爲阮宗窒所作。以《舟次遣懷》爲例，《使華叢詠集》收錄此詩三首，分別爲：

　　　　蓬簾高卷碧悠揚，萬頃煙波極渺茫。水勢愈多江愈闊，舟程彌久日彌長。楚山月慣窺窗白，漢樹風頻繞簟涼。地有北南途遠近，惟天到處是中央。

　　　　迢遞江天逼客程，朝朝暮暮不勝情。斜陽漢沔煙波色，靜夜荊襄鼓角聲，月淡風疏天欲曙，水光雲影雨初晴。五千餘里無多遠，早趁扶搖達帝京。

　　　　江湘縹緲鎖江頭，岸樹陰陰一帶橫。梅雨經旬吟思苦，桂煙引日賭囊輕。千金喜信家書報，一枕薰風旅夢清。笑倒蛇工管不得，自來

---

①［越］阮宗窒《使華叢詠集》，葛兆光、鄭克孟主編《越南漢文燕行文獻集成（越南所藏編）》第 2 册，復旦大學出版社影印越南漢喃研究院所藏 A.1552 號抄本，2010 年，頁 208—209。

自去太多情。①

這組詩歌題下有小注云："舟抵武昌換座船,暫駐漢口,豫整寒具。時船工
耽負客貨,牽掛引日。地方官伻來,催促猶遲。日顧望不肯進程,水潦時
降,江勢浩大。每懷靡及,吟詩三章。"聯繫小注來看,這三首詩顯然是一個
整體,前後有所勾連和呼應,均能反映出小注中提到的停靠漢口、行程延
誤、江勢浩大等情形,當爲一時一地所作。另一個更爲直接的證據即是,阮
做所編的《越詩續編》亦將《江州旅次》、《采石憶青蓮》、《游龜山寺》諸詩繫
於阮宗窐的名下。

　　潘輝温《彙集介軒詩稿全帙序》説他本人是從《越音百選》、《摘艶集》等
詩歌總集中,輯録出阮忠彦的作品。我們也可以將《介軒詩集》與幾種主要
的越南漢詩總集收録的作品做一個對照,列表如下:

表二:

《介軒詩集》	《越音詩集》	《摘艶集》	《全越詩録》	《皇越詩選》
1.《初渡瀘水》	無	有	有	有
2.《芙蔄驛》	無	有	有	無
3.《登磐陀勝景寺》	無	有	有	無
4.《纓泉》	無	有	有	無
5.《丘温驛》	無	無	有	無
6.《貴良塞》	有	無	有	無
7.《靈川銀江驛》	有	無	有	有
8.《邕州》	有	無	有	無
9.《邕州知事莫九臯,以本國黎大夫仁傑所賜詩來示因賡韻》	有	無	有	無
10.《夜坐》	有	無	有	無
11.《郍板店》	有	無	有	無
12.《熊湘驛》	有	無	有	無
13.《湘中即事》	有	有	有	無

《介軒詩集》	《越音詩集》	《摘艷集》	《全越詩録》	《皇越詩選》
14.《萬石亭》	無	有	有	無
15.《回雁峰》	無	有	有	無
16.《游湘山寺》	有	無	有	無
17.《贈僧堯山》	有	無	有	無
18.《湘中送别》	無	有	有	無
19.《懷賈誼》	有	無	有	無
20.《題嶽麓寺》	有	無	有	有
21.《洞庭湖》	有	無	有	無
22.《黄鶴樓》	有	無	有	無
23.《溢浦琵琶亭》	有	無	有	無
24.《采石渡》	有	無	有	無
25.《夜泊金陵城》	有	有	有	無
26.《登揚州城》	無	有	有	有
27.《即事》	有	有	無	無
28.《宿華陰寺》	有	無	無	無
29.《歌風臺》	有	無	有	無
30.《大香江中》	有	無	有	無
31.《思歸》	有	無	有	無
32.《歸興》	無	有	有	有
33.《湘江秋懷》	有	無	有	有
34.《次横州祜》	有	無	有	無
35.《即事》	有	有	有	無
36.《春晝》	有	有	有	無
37.《春夜野寺》	有	有	有	無
38.《海潮懷古》	有	無	有	無

續表

《介軒詩集》	《越音詩集》	《摘艷集》	《全越詩録》	《皇越詩選》
39.《安子江中》	有	有	有	無
40.《安子山龍洞寺》	有	無	有	無
41.《德江懷古》①	有	無	有	無
42.《長安懷古》	無	有	無	無
43.《重游浮石渡》	有	無	有	無
44.《傑特山》	有	無	有	無
45.《神符港口晚泊》	有	無	有	有
46.《留别北城列臺》	無	無	無	無
47.《珠橋遇雨》二首	無	無	無	無
48.《維先道中》	無	無	無	無
49.《登浴翠山》	無	無	無	無
50.《青蕨渡》	無	無	無	無
51.《三疊山》	無	無	無	無
52.《觀巨慶有感》	無	無	無	無
53.《賦得千里驛亭逢苦雨》	無	無	無	無
54.《客中重九》	無	無	無	無
55.《永營有懷》	無	無	無	無
56.《永江月泛》	無	無	無	無
57.《棘營懷古》	無	無	無	無
58.《旅次憶諸兒》	無	無	無	無
59.《江州勝景》	無	無	無	無
60.《題岳武穆廟》	無	無	無	無

———————

① 此詩在《全越詩録》中作《長安城懷古》。

《介軒詩集》	《越音詩集》	《摘艷集》	《全越詩録》	《皇越詩選》
61.《江州旅次》	無	無	無	無
62.《馬當勝景覽》	無	無	無	無
63.《采石懷青蓮》	無	無	無	無
64.《游龜山寺》	無	無	無	無
65.《題小孤山》	無	無	無	無
66.《舟次遣懷》	無	無	無	無
67.《赤壁懷古》	無	無	無	無
68.《題蘇東坡祠》	無	無	無	無
69.《登程紀悶》	無	無	無	無
70.《初夏旅懷》	無	無	無	無
71.《荆南晴望》	無	無	無	無
72.《湖南遇大風》	無	無	無	無
73.《桂江臨發》	無	無	無	無
74.《題馬頭山》	無	無	無	無
75.《古城懷景》	無	無	無	無
76.《桂江紀見》	無	無	無	無
77.《畫山春泛》	無	無	無	無
78.《題伏波將軍祠》	無	無	無	無
79.《南寧即景》	無	無	無	無
80.《寧江風景》	無	無	無	無

　　表中的《越音詩集》、《摘艷集》爲《彙集介軒詩稿全帙序》所明確指出的文獻來源，《全越詩録》是越南現存規模最大的漢詩總集，《皇越詩選》是越南阮朝流傳最爲廣泛的詩歌選本之一。此表顯示，不僅重見於阮宗窐北使詩文集的 23 首詩歌未見於這四種越南漢詩總集，而且還另有 15 首詩歌亦歸屬存疑。由於受到文獻資料的限制，筆者未能翻閱《介軒詩集》的另一個

來源——《精選諸家詩律》,也没有條件遍覽越南所有的漢詩文集,以查證是否還有重見的作品。加之《摘豔集》只餘殘本,《全越詩録》也以多種抄本的形式流傳,未有校勘精審的刻本,所以我們不能貿然推斷,《介軒詩集》中凡是未見於上述四種漢詩總集的詩歌都並非出自阮忠彦之手。但綜合前文所述,我們至少可以斷定表一所列《旅次憶諸兒》及以下的 23 首詩歌不是阮忠彦所作。

我們還可從歷史事實的角度證明一些詩歌的作者非阮忠彦。如《題蘇東坡祠》一詩云:

　　　　四顧江山霽景開,煙霞弄影繪亭臺。詞林高韻留春草,藝苑清標
　　印畫梅。石逗餘光紅晻暎,波凝古色緑緋細。朗吟赤壁三千字,江上
　　清風拂拂來。

《乾隆甲子使華叢詠》此詩小注云:“在黄州府黄岡縣青峰山,山之土石皆赤。四望山川,晴光可愛,宋東坡先生游於此,認爲赤壁。今有三賦亭及畫梅舊譜、詩草真詮,刻石尚存。”①從詩歌内容和小注,均可知此詩題詠的對象是黄州的東坡祠。據《黄州府志》的記載:“東坡先生祠在府城有二:一在赤壁磯,正統六年(1441)通判黄容建;一在洗筆池畔,天順辛巳(1461)僉事淮南沈靖建。各有碑記見。”②據前文所述,阮忠彦於 1315 年出使元朝,並於 1370 年去世,黄州府的兩座東坡祠都建於 15 世紀中期,因而此詩不可能爲阮忠彦的作品。

四　見存的阮忠彦詩歌及相關作品

從前文所述可知,《越南漢文燕行文獻集成(越南所藏編)》影印的《介軒詩集》並非一個編輯嚴謹的詩歌寫本。此集編輯不嚴謹和撮抄的痕迹,也體現在目録和正文的篇目存在著文字、次序、數量的差異。爲更全面地展現二者之間的不同,列表比較如下:

①[越]阮宗奎《乾隆甲子使華叢詠》,《越南漢文燕行文獻集成(越南所藏編)》第 2 册,復旦大學出版社影印越南漢喃研究院所藏 A.1552 號抄本,2010 年,頁 89。
②[明]盧希哲《黄州府志》卷四“宫室”,明弘治間刻本。

表三：

次序	目錄詩題	正文詩題	次序	目錄詩題	正文詩題
1	渡瀘水	初渡瀘水	41	德江懷古	德江懷古
2	芙蒥驛	芙蒥驛	42	浮石渡	長安懷古
3	盤陀寺	登盤陀勝景寺	43	傑特山	重游浮石渡
4	丘温驛	縷泉	44	神符港口	傑特山
5	貴良塞	丘温驛	45	留別北城	神符港口晚泊
6	銀江驛	貴良塞	46	珠橋遇雨（二首）	留別北城列臺
7	和仁傑韻	靈州銀江驛	47	維先道中	珠橋遇雨二首
8	邕州	邕州	48	登浴翠山	維先道中
9	夜坐	邕州知事莫九皋，以本國黎大夫仁傑所賜詩來示，因賡韻	49	青蕨渡	登浴翠山
10	郍板店	夜坐	50	三疊山	青蕨渡
11	兩臨關	郍板店	51	觀巨慶有感	三疊山
12	熊湘驛	熊湘驛	52	賦得千里驛亭逢苦雨	觀巨慶有感
13	湘中即事	湘中即事	53	客中重九	賦得千里驛亭逢苦雨
14	萬石亭	萬石亭	54	永營有懷	客中重九
15	回雁峰	回雁峰	55	永江月夜	永營有懷
16	游湘山寺	游湘山寺	56	梾營懷古	永江月泛
17	贈堯山	贈僧堯山	57	縷泉	梾營懷古
18	湘中送別	湘中送別	58	旅次憶諸兒	旅次憶諸兒
19	懷賈誼	懷賈誼	59	江州勝景	江州勝景
20	嶽麓寺	題嶽麓寺	60	題岳武穆廟	題岳武穆廟
21	洞庭湖	洞庭湖	61	江州旅次	江州旅次
22	黃鶴樓	黃鶴樓	62	馬當勝覽	馬當勝景覽
23	琵琶亭	溢浦琵琶亭	63	采石懷青蓮	采石懷青蓮

次序	目録詩題	正文詩題	次序	目録詩題	正文詩題
24	采石渡	采石渡	64	游龍山	游龜山寺
25	泊金陵城	夜泊金陵城	65	游龜山寺	題小孤山
26	登揚州城	登揚州城	66	舟次遣懷	舟次遣懷
27	即事	即事	67	赤壁懷古	赤壁懷古
28	華陰寺	宿華陰寺	68	題小孤山	題蘇東坡祠
29	歌風臺	歌風臺	69	題蘇東坡寺	登程紀悶
30	大香江	大香江中	70	登程紀悶	初夏旅懷
31	思歸	思歸	71	初夏旅懷	荆南晴望
32	歸興	歸興	72	荆南晴望	湖南遇大風
33	湘江秋懷	湘江秋懷	73	湖南遇大風	桂江臨發
34	次横州祜	次横州祜	74	桂江臨發	題馬頭山
35	即事	即事	75	題馬頭山	古城懷景
36	春晝	春晝	76	古城懷景	桂江紀見
37	春夜野寺	春夜野寺	77	桂江紀見	畫山春泛
38	海潮懷古	海潮懷古	78	畫山春泛	題伏波將軍祠
39	安子江	安子江中	79	題伏波將軍祠	南寧即景
40	龍洞寺	安子山龍洞寺	80	南寧即景	寧江風景
			81	寧江風景	

　　目録共列 81 題 82 首,第 11 首《兩臨關》、第 64 首《游龍山》二詩正文闕如。正文收録 80 題 81 首詩歌,其中在第 41 首《德江懷古》之後、《浮石渡》之前抄有《長安懷古》一詩,此詩未被列入目録中。《縷泉》一詩目録被編爲第 57 首,位於《梾營懷古》之後,而在正文中則抄録爲第 4 首,即抄在《登盤陀勝景寺》之後。從詩題的異文來看,目録所列詩題被編者作了簡省。不過,《介軒詩集》目録所列的《兩臨關》一詩,雖未被正文抄録,却見載於《越

音詩集》卷三、《全越詩録》卷二的阮忠彥詩中,題爲《大臨關小臨關》,可確證爲阮氏之作。

　　除了《介軒詩集》所列的部分作品之外,筆者據《全越詩録》A.1262/1、A.132/1兩種抄本整理出阮忠彥詩作共84首,除《兩臨關》一詩外,與《介軒詩集》正文有43首重複,具體篇目見前文表二。此外,《全越詩録》還另收録有41首作品,未見於《介軒詩集》。其中,《全越詩録》所收録的《邕州知事莫九皋,以本國黎大夫仁傑所賜詩來示,因賡韻》爲組詩,一共3首,《介軒詩集》只録第一首。而《介軒詩集》失收的《公母山》、《太平路》、《武盈洞》、《初發永平寨》、《伏波祠》、《柳侯廟》、《静江府》、《嶺山境》、《羅陽道中》、《八十里山灘》、《永州光蓮驛》、《湖南》、《岳陽樓》、《黄州赤壁磯》、《揚州》、《荆門》等詩,明顯爲北使之作,題詠詩人沿途所經過的風景名勝、省府州縣。例如,元代思明府隸邕州永平寨,公母山“在府治南一百二十里,頂有兩峰相對”①,“北接交南,山勢高峻廣闊,密箐叢林,秀色可觀”②;羅陽縣元時隸太平路,明時由太平府轄,“在府治東二百里,東抵新寧界,西抵陀陵縣界,南抵大江界,北抵宣化縣界。舊名福利,爲西原峒地”③。前文指出黄州赤壁磯的東坡先生祠是在阮忠彥出使元朝的一百多年後才修建的,他並没有機會拜謁,不過阮忠彥確曾親臨赤壁磯,留下了題詠之作《黄州赤壁磯》:“雉堞嵯峨據上流,淮東人物此州雄。龍争虎鬥成閑夢,水秀山明可勝游。三國平來餘赤壁,五湖歸去有扁舟。當年行樂無尋處,日落孤舟畫角愁。”

　　縱觀越南漢詩史,阮忠彥稱得上是陳朝優秀詩人的代表,其作品有較高的藝術水准。潘輝注曾評價他的詩歌“大抵豪邁清逸,有杜陵氣格”,細讀其詩作,確有作品明顯表現出學習杜詩的痕迹,一些詩歌還直接化用杜甫的名作。例如,《丘温驛》“挽盡天河洗甲兵,廟堂無意事邊征”本自杜甫《洗甲兵》“安得壯士挽天河,净洗甲兵長不用”;《即事》“舍南舍北竹編籬”文辭上照搬了杜甫《客至》“舍南舍北皆春水”。當然,從化用的角度而言,阮忠彥學習的對象不止杜甫一人。《武盈洞》頸聯“竹籬有菊秋垂晚,野戍

①［明］李賢《明一統志》卷八十五,清文淵閣《四庫全書》本。
②［清］金鉷修（雍正）《廣西通志》卷十五,清文淵閣《四庫全書》本。
③［明］曹學佺《廣西名勝志》卷十,明崇禎刻大明一統名勝志本。

無人月自明”,顯然模仿自韋應物《滁州西澗》“春潮帶雨晚來急,野渡無人舟自横”。又如《歸興》一詩云:“老桑葉落蠶方盡,早稻花香蟹正肥。見説在家貧亦好,江南雖樂不如歸”,此詩融合了戎昱《長安秋夕》“遠客歸去來,在家貧亦好”與李白《蜀道難》“錦城雖云樂,不如早歸家”的詩意。

　　在《全越詩録》所收作品之外,阮忠彦還有兩首詩歌見存:一是前文所引,見於《大越史記全書》的阮忠彦自述詩①,二是《南翁夢録》記載的追挽詩。《南翁夢録·詩用前人警句》云:

　　　　陳家宗胄有號岑樓者,弱冠能詩,二十七歲而卒,有《岑樓集》行於世,墳在烏鳶江上。介軒阮忠彦亦有詩名,不及相識,行過烏鳶,有《追挽詩》云:“平生恨不識岑樓,一讀遺編一點頭。簑笠五湖榮佩印,桑麻數畝勝封侯。世間此語誰能道,萬古斯文去已休。欲酹騷魂何處是?煙波萬頃使人愁!”簑笠五湖一聯,是岑樓之詩句也。②

岑樓乃陳太宗日煚的外甥——威文王陳遂,《安南志略》云:

　　　　陳遂,陳太王甥,國封威文王。聰明好學,自號岑樓,有文集傳世。詩云:“古來何物不成土,死後惟詩可勝金。”輓佺文憲侯云:“山豈忍埋成器玉,月空自照少年魂。”遂年二十四卒,國人惜之。③

《大越史記全書》陳聖宗紀亦云:

　　　　時威文王遂,尚上皇女瑞寶公主,好學能詩。有詩句云:簑笠五湖榮佩印,桑麻蔽野勝封侯。自號岑樓,有《岑樓集》行於世。帝陳聖宗嘗問官家字義,對曰:“五帝官天下,三王家天下,故曰官家。”帝嘉其博識,不幸早卒,年二十四,國人惜之。④

作爲阮忠彦所欽佩的詩人,陳遂的作品或能提供研究阮忠彦詩學淵源、師承派别等方面的綫索,可惜他的《岑樓集》已亡佚,筆者僅尋得上文所引殘

---

①這首自述詩的口吻並不像阮忠彦以第一人稱所作,但是因諸書皆如此記載,暫且從之。

②[越]黎澄撰,楊曉靄、胡大浚校點《南翁夢録》,孫遜等主編《越南漢文小説集成》第16册,上海古籍出版社,2010年,頁34。

③[元]黎崱撰,武尚清點校《安南志略》卷十五,中華書局,2000年,頁353。

④[越]吴士連等著,陳荆和編校《大越史記全書》本紀卷五,日本東京大學東洋文化研究所,1986年,頁351。

詩三聯。

《全越詩録》還分別收録有三首與阮忠彦相關的作品,分別爲阮袛《送阮介軒北行》、陳元旦《賀介軒公除攝右僕射》與《正肅王家宴,席上賦梅詩,次介軒僕射韻》。這三首詩既反映了阮忠彦與同時代詩人的交游,也能從側面表明現存阮忠彦詩歌散逸較多。按,阮袛,《摘艷集》作阮昶,又云一本作阮䀌,生平不詳,僅知其號爲"適寮"。陳元旦乃陳太宗第三子陳光啟的曾孫,即陳太宗的玄孫,《全越詩録》有其小傳曰:

> 號冰壺,昭明大王光啟之曾孫,威肅公文璧之子。初封章肅國上侯,日禮之亂,協贊藝宗舉兵匡復。紹慶元年,拜司徒輔政。睿宗隆慶三年,兼知廣威鎮軍事。廢帝時黎季犛用事,力不能爭。昌符九年,致仕,歸崑山,其地有清虚洞,山腰有漱玉橋、白雲庵。景物清幽,樹木相翳,觸詠其間,浩然自適。順宗光泰三年卒。爲人慈祥儒雅,有君子風,嘗作《十禽》詩有云:"人言寄子與老鴉,不識老鴉憐愛否?"蓋藝宗托順宗於季犛也。有詩集行於世。①

從詩題即可得知,阮袛《送阮介軒北行》當作於阮忠彦受命即將北使如元之際,即1314年底至1315年初期間。從本文第一部分阮忠彦的行年考來看,阮氏的一生經歷了陳朝仁宗、英宗、明宗、憲宗、裕宗五朝,陳元旦《賀介軒公除攝右僕射》詩云:"還事五朝天子聖,嶄然簪笏面公槐",由此可以斷定此詩當作於阮忠彦歷經的第五朝陳裕宗時期。上述兩首詩皆爲交際應酬之作,以此推測,阮忠彦極可能也有回應或是相關的其他作品。而《正肅王家宴,席上賦梅詩,次介軒僕射韻》一詩既云"次韻",那麼可以肯定阮

---

① [越]黎貴惇編《全越詩録》,越南漢喃研究院所藏 A.1262/1 號抄本。按,"初封章肅國上侯"乃誤,《南翁夢録·詩諷忠諫》記曰:"至正間,交趾陳元旦以陳家宗胄仕裕王,爲御史大夫。"其中,"至正間"爲元順帝至正年間,即越南陳裕宗時。又《大越史記全書》本紀卷八曰:"陳順宗庚午三年,十一月十四日,司徒章肅國上侯元旦卒。"又《摘艷詩集》卷一曰其"官至大司徒章肅侯"。可知,陳元旦初爲御史大夫,後纔官至司徒章肅國上侯。"紹慶元年"原作"紹慶六年",據《南翁夢録·詩諷忠諫》改。案,陳藝宗紹慶只有三年,而無"紹慶六年",又《南翁夢録·詩諷忠諫》記載曰:"後内難起,奔從藝王。王即位,拜司徒平章事,居相位頗多年而卒。"因此,《全越詩録》所云"紹慶六年"爲誤,當爲陳藝宗紹慶元年。

忠彦必作有"原韻"。遺憾的是,我們未能發現這些作品的身影。對此,阮
綰《越音詩集》序云:

> 我越有國以來,以詩鳴世多矣。若陳朝聖、仁、明、藝諸廟,及樵隱
> 朱先生、硤石范公、梁江黎公、介軒阮公、鏡溪范公兄弟諸公,咸有詩
> 集,傳之於世。後因兵燹,存者千百僅一二焉。①

作品散逸流失嚴重的陳朝詩人遠不止阮忠彦一位,儘管《介軒詩集》存在著
諸多文獻學問題,阮忠彦却是上述詩人中難得仍有別集流傳下來的幸
運兒。

五　結語

縱覽《介軒詩集》全稿,可以斷定它並非源自潘輝温本人所編輯的《介
軒詩集》原稿,而是後人根據潘輝温、黄平政等人的序言而重新撮抄的一部
詩集。詩集中除了收録有阮忠彦的部分作品之外,還從阮宗窒的北使詩集
中抄録了一部分。《越南漢文燕行文獻集成(越南所藏編)》的《介軒詩集》
提要云:

> 編者潘輝注在卷首序中謂本書所收諸詩"魚魯陶陰,多不可辨,其
> 作之次第,亦無從考質"。不過從位於前半部分的《初渡瀘水》、《湘中
> 即事》、《題岳麓寺》、《洞庭湖》、《黄鶴樓》、《采石渡》、《夜泊金陵城》、
> 《登揚州城》、《歌風臺》等詩,和位於後半部分的《馬當勝景覽》、《赤壁
> 懷古》、《荆南晴望》、《湖南遇大風》、《桂江曉發》、《南寧即景》諸作,還
> 是大致可復原阮忠彦此番出使在中國境内經行的路綫。那正是後來
> 潘輝注在《輶軒叢筆》中記録的黎朝以前越南使節的通行之路:道三
> 湘,經漢陽而"順流東下,歷江西、江南至揚州",再"經山東、直隸入
> 京"。此途與後來的阮朝燕行文獻中叙録的經漢口北上河南的行程不
> 同,使節所見自然人文環境也頗相異。潘輝注形容其爲"人景繁華,涉
> 歷舒暢"(亦《輶軒叢筆》中語),核之阮忠彦詩,確非虛語。②

---

① [越]潘孚先《越音詩集》,越南保泰己酉年(1729)重印本。"陳朝"原文誤作"程朝"。
② 葛兆光、鄭克孟主編《越南漢文燕行文獻集成(越南所藏編)》第1册,復旦大學出版
　社,2010年,頁4。

這段提要因不查《介軒詩集》所收作品之真偽,由部分黎朝阮宗室的作品來考察黎朝以前越南使臣的通行之路,並將《介軒詩集》的編者潘輝温(曾名潘輝注)與阮朝使臣、《輶軒叢筆》的作者潘輝注誤爲同一人,均可謂失察。學術界一些研究者也因此以訛傳訛,僅憑《介軒詩集》來研究阮忠彥的詩歌風格、對中國詩歌的模仿和接受,考證越南陳朝使臣的出使路綫等,都造成了研究結果的不實①。

　　筆者曾多次撰文指出,越南漢籍多以民間俗文本的形式流傳至今②,承訛踵謬,魚魯帝虎之失自是難以避免。就《介軒詩集》來說,除了本文討論的幾個問題之外,仍有一些問題需留待繼續探討。例如,《介軒詩集》收錄的《長安懷古》一詩,《越音詩集》、《全越詩錄》均將此詩歸在無山翁陳光朝名下,且《越音詩集》此詩題作《長江懷古》。這進一步表明,越南抄本複雜的文獻學狀況不容忽視。

　　　　　　　　　(作者單位:西南交通大學人文學院中文系)

---

① 如馬蘭州《越南古代漢文燕行詩對唐詩學的接受與選擇——以阮忠彥等人爲例》,文載《中國唐代文學學會第十八屆年會暨唐代文學國際學術研討會論文集》,2016 年;范嶸嶸、郭志剛《越南阮忠彥所著的〈介軒詩集〉初探》,文載《晉中學院學報》2017 年第 1 期。

② 參見拙作《越南漢喃古籍的文獻學研究》第六章《越南、敦煌民間文本的比較研究》,中華書局,2007 年,頁 365—426;《從敦煌和越南的民間文本看"俗文本文獻學"的建立》,《風起雲揚——首屆南京大學域外漢籍研究國際學術研討會論文集》,中華書局,2009 年,頁 510—528;《阮輝僙〈奉使燕臺總歌〉考校》,《域外漢籍研究集刊》第 10 輯,中華書局,2015 年,頁 277—291。

域外漢籍研究集刊　第十八輯
2019 年　頁 331—348

越南《四書五經性理大全節要》
及其與科舉的關係

王　皓

　　《四書五經性理大全》（以下簡稱《大全》）是明永樂十二年（1414）十一月，成祖命翰林學士胡廣、楊榮、金幼孜所編撰的大型儒學著作，含《四書大全》、《五經大全》和《性理大全》三書。此書編撰用時近十月，在永樂十三年九月完成，進獻成祖，共計二百二十九卷。成祖爲此書撰序，於永樂十五年（1417）三月頒行天下。此後，《大全》也在越南被廣泛傳播，對當地文化產生了較大影響。近年來，研究者在考察儒學在越南傳播和越南科舉文化時，大都涉及《大全》南傳及其對越南科舉影響的討論。總結起來主要有三點認識：其一，《大全》等儒學書籍的輸入，極大層度地促進了儒學在越南的傳播和發展①；其二，《大全》被越南政府大量刊刻並頒發給各級學校，成爲以備科考的重要教材②；其三，對《大全》的節錄和改編，表現出越南接受中

---

① 主要成果有：程林輝《儒學在越南的傳播和影響》，《南昌大學學報》2005 年第 6 期。閻春《〈四書大全〉的編纂與傳播研究》，華東師範大學 2009 年博士論文。陳文《科舉取士與儒學在越南的傳播發展——以越南後黎朝爲中心》，《世界歷史》2012 年第 5 期。［越］丁克順《越南儒學研究的歷史與狀況》，《復旦學報》2013 年第 6 期。張品端《朱子學在越南的傳播與影響》，《泉州師範學院學報》2013 年第 1 期。

② 主要成果有：陳文《越南黎朝時期的社學和私塾——兼論中國古代基層教育制度對越南的影響》，《東南亞研究》2007 年第 5 期。陳文《試論明朝在交阯郡的文教政策及其影響》，《中國邊疆史地研究》2008 年第 2 期。劉志强《越南阮朝科舉及其本土特色》，《東南亞縱橫》2010 年第 4 期。［越］丁克順《越南儒學科舉及其對越南文化與教育的貢獻》，《教育與考試》2017 年第 1 期。

國文化的本土特色①。這些認識都指出了《大全》對於越南儒學和科舉發展的影響和意義,不過對《大全》在越南的流傳過程、越南對《大全》的節要和喃譯以及相關文獻的現存情況等問題都未作細究。爲此,本文擬立足於《大全》在越南的生存和傳播,試做以下探討。

一　《四書五經性理大全》在越南的流傳

永樂十七年(1419)二月《大全》傳入越南,據《大越史記全書》記載:"明遣監生唐義頒賜《五經四書性理大全》、《爲善陰隲》、《孝順事實》等書於府州縣儒學。"②從這一記録可知,當時《大全》在越南的傳播範圍是極其廣泛的。原因是在此前後,明朝曾多次在交阯設立各類學校,而儒學是其中重點建設的教育機構。如《明太宗實録》記載:

(永樂五年六月癸未)設交阯布政司永盈庫,交州府醫學、僧綱司、瀘江馹豐盈庫,永豐倉,建平府永盈庫、常豐倉,三江府豐濟倉,嘉林州儒學。

(永樂十四年五月丙午)設交阯府、州、縣儒學及陰陽、醫學、僧綱、道紀等司:交州、北江、建平、諒江、奉化、建昌、鎮蠻、新安、順化、三江、太原、宣化十二府,歸化、寧化、三帶、慈廉、福安、武寧、北江、長安、諒江、上洪、快、清化、愛、宋潮、下洪、南策、洮江、沱江、宣江一十九州,慈廉、石室、平陸、安樂、立石、扶寧、清潭、芙蒥、嘉林、超類、慈山、東岸……麻籠、安立六十二縣儒學。

(永樂十六年三月丁巳)設交阯順化府永盈倉,安樂、古藤、農貢、麻籠、美良五縣儒學,細江縣陰陽學,廷河、大灣二縣道會司。

(永樂十七年三月癸亥)設交阯諒山府及七源、廣源、上文、下文、萬崖、上思郎、下思郎、九真、嘉興、廣威十州,多翼、右蘭、丘温、鎮夷、丹巴、脱淵、大蠻、宣化、富良、弄石、大慈、感化、永寧、宋江、俄樂、安樂

①主要成果有:戴可來《對越南古代歷史和文化的若干新認識》,《北大亞太研究》第 2 集,北京大學出版社,1993 年。陳文《越南科舉制度研究》,商務印書館,2015 年。
②黎文休、吳士連等著,陳荆和編校《大越史記全書》本紀卷一〇,東京大學東洋文化研究所,1982 年,頁 517。

　　十七縣儒學。①

很明顯,在永樂年間越南建立了含府、州、縣在内的三級儒學機構,以教授儒學經典。《大全》被輸入儒學機構,便得以廣泛傳播和普及。永樂二十年(1422)五月,"交阯宣化、太原、鎮蠻、奉化、清化、新安等府及所隸州縣學師生貢方物詣闕,謝賜《五經四書性理大全》、《爲善陽騭》書"②。這就是説,《大全》在頒行天下的五年時間内,已成爲越南各府、州、縣儒學機構中的重要教材。

　　事實上,在《大全》傳入越南之後不久,黎太宗政府就開始組織重刊《大全》。《大越史記全書》卷一一載紹平二年(1435)十二月"新刊《四書大全》板成"③,自此以後,黎朝曾多次刊印《四書》、《五經》,頒行各地。其相關記録如下:

　　1.黎聖宗光順八年(1467)四月"頒《五經》官板于國子監。從秘書監學士武永禎之言也"。

　　2.黎昏德公永慶三年(1731)"夏,四月,命閣院官校閲《五經》本,刊行頒布"。

　　3.黎純宗龍德三年(1734)"春,正月,印《五經》板,頒布天下。王親製序文"。又"三月,命文臣阮俶、范謙益等,分刻《四書》、諸史、《詩林》、《字彙》諸本書,頒行"。又"《五經》板成,命藏於國學"。

　　4.黎懿宗永佑二年(1736)"時,經史印板頒行,令學者公相授受,禁買北書"。④

　　從以上事例可見,後黎朝對《四書》、《五經》的刊印主要采取了以下三項措施:其一,這是一項由官方主導的大型刊印活動,受到朝廷高度重視;其二,對《四書》、《五經》的刊印並非是簡單複製,而是需要審查和校閲;其三,《四書》、《五經》的官板由"國子監"、"國學"等教學機構收藏,所印典籍交由學者公相授受。如此一來,《大全》就從由中方直接輸入轉變爲由越方

---

①《明太宗實録》卷六八、卷一七六、卷一九八、卷二一〇,上海書店影印,1982年,頁952、1924—1925、2070、2131。

②《明太宗實録》卷二四九,頁2321。

③《大越史記全書》本紀卷一一,頁591。

④《大越史記全書》本紀卷一二,頁663;續編卷二、卷三,頁1072、1080、1081、1086。

自行刻印。對於這一點,在《越史通鑑綱目》卷三七中亦有相似記録,載龍德"三年春正月,頒《五經大全》于各處學官。先是遣官校閲《五經》北版,刊刻書成頒布,令學者傳授,禁買北書。又令阮俶、范謙益等,分刻《四書》、諸史、《詩林》、《字彙》諸本刊行"①。所以,當越南後黎朝在經歷三百年對《大全》的刻印,得以滿足自身需求後,便頒布了"禁買北書"的政令。

通過以上事例可以明確一點:《大全》在越南主要有兩種版本傳播和擴散,即中國傳入的印本和越南的重印本。這在越南現存的目録書中有比較集中的體現,如《内閣書目》與《内閣守册》,前者奉編於維新二年(1908)十一月初四日,後者由陳貞諂編於維新八年(1914)。二者所記録的與《大全》相關的典籍如下:

《内閣書目》:《易經大全》(壹部,玖本)、《詩經大全》(壹部,拾本)、《禮記大全》(壹部,拾陸本)、《春秋大全》(壹部,拾叁本)、《五經大全》(壹部,現陸拾本)、《四書大全》(壹部,現貳拾叁本)、《論語大全》(現陸本)、《孟子大全》(玖本)、《春秋大全》(拾肆本)、《論語大全》(捌本)、《孟子大全》(柒本)、《中庸大全》(叁本)、《論語大全》(五本)、《大學大全》(叁本)。

《内閣守册》:《易經大全》(一部,十本)、《詩經大全》(一部,十本)、《四書大全》(一部,現二十六本,内欠《大學》,欠《學而》、《爲政》,欠《梁惠王》、《滕文公》)、《孟子大全》(一部,九本)、《中庸大全》(一部,三本)、《大學大全》(一部,三本)、《禮記大全》(一部,十六本)、《春秋大全》(一部,十四本)、《易經大全》(一部,十本)、《書經大全》(一部,九本)、《性理大全》(一部,現十九本)。②

這些典籍均爲阮朝内閣收藏,只是無法對它們做中國傳入本和越南重印本的區分。不過,有一點是值得注意的,《大全》在越南的傳播過程中出現了兩種形式:一是統編式傳播,體現了《四書大全》和《五經大全》的整體性;二是打破統編的專書式傳播,表現了四書、五經的獨立性。

就越南對《大全》的重印而言,在陳文玾所編撰的《北書南印板書目》中

---

① 潘清簡等纂《欽定越史通鑑綱目》,越南漢喃研究院圖書館藏印本,編爲 A.1/1－9 號。
② 《内閣書目》,越南漢喃研究院圖書館藏抄本,編爲 A.113/1－2 號;《内閣守册》,越南漢喃研究院圖書館藏抄本,編爲 A.2644 號。

記載有《易經大全》《性理大全》《五經大全》《四書大全》四種。阮進榮等編撰的《古學院書籍守册》中著録有《四書大全》①一部，乃是嗣德十二年翻刻明朝傳本；《五經大全》②一部，乃是翻刻清康熙年間傳本。這些典籍都是由越南自行刊印。除此之外，在維新六年（1912）阮性五等編撰《新書院守册》中，對新書院收藏的中越印本做了詳細著録。内容如下：

書名	數量	作者信息	存佚情況
《易經大全》	拾壹部	明廷臣	内柒部各拾肆本（微蟲）
			内壹部拾叁本（欠卷貳、卷叁）
			内壹部拾貳本（欠卷首、卷壹、卷貳）
			内壹部拾本
			内壹部玖本（均微蟲。欠卷首、卷壹）
《書經大全》	壹部	宋王應麟	本國印。玖本
《詩經大全》	壹部	清廷臣	本國印。五本（自首卷至《彤弓》，餘欠）
《禮記大全》	叁部		内壹部拾捌本
			内壹部拾陸本
			内壹部拾貳本
《春秋大全》	貳部	明廷臣	内壹部拾叁本
			内壹部拾肆本

———————

①《四書大全》詳細信息：全。以朱子集注爲尊，從倪氏原本，又采講說以補輯。明胡廣等。原書四十卷，現釘爲十一卷。刻明朝，嗣德十二年。

②《五經大全》詳細信息：《易經大全》（全。明胡廣。原書二十卷，現釘爲四卷。刻於清康熙年間）、《書經大全》（全。明胡廣。原書十卷，現釘爲三卷。刻於清康熙年間）、《詩經大全》（全。明胡廣。原書十五卷，現釘爲四卷。刻於清康熙年間）、《禮經大全》（全。明胡廣。原書三十卷，現釘爲五卷。刻於清康熙年間）、《春秋大全》（全。明胡廣。原書三十七卷，現釘爲五卷。刻於清康熙年間）。

續表

書名	數量	作者信息	存佚情況
《五經大全》	貳部	明廷臣	内壹部陸拾貳本
			内壹部肆拾壹本
《四書大全》	貳部	明廷臣	内壹部叁拾壹本
			内壹部拾壹本
《論語大全》	貳部		内壹部捌本
			内壹部五本
《孟子大全》	壹部	陸隴其	柒本

　　可見在新書院藏書中有統編本的《四書》、《五經》大全各兩部，單行的《易經大全》十一部和《春秋大全》兩部，其作者信息被標注爲“明廷臣”，説明這幾部典籍是由中國直接傳入越南的。另有《書經大全》和《詩經大全》各一部，雖然所標注的作者信息分别爲“王應麟”和“清廷臣”，但又注明爲“本國印”，説明這兩部典籍是越南據明清印本的重印本。總之，以上目録書所著録的内容，基本反映了《大全》存在中、越兩種印本在越南傳播的事實。

　　通過調查，目前可以見到與《大全》相關的版本主要有以下幾種：

　　1.《大學大全》。越南國家圖書館藏印本二種，編爲 R.1228 和 R.1229 號，前者爲明命十六年（1835）柳文堂藏板印本，後者爲嗣德十六年（1863）多文堂印本。越南社會科學通信院圖書館藏印本一種，編爲 HN.702 號，爲嗣德二年（1849）蓮池寺藏板印本，存卷首和前兩卷。三者均據清陸隴其編撰的《三魚堂四書大全》本重印。

　　2.《論語大全》。越南國家圖書館藏印本一種，編爲 R.1023－1025、R.1225－1227 號，共六册二十卷。越南社會科學通信院圖書館藏福文堂印本一種，編爲 HN.871 號，存卷十五至卷十六。二者均據《三魚堂四書大全》本重印。

　　3.《書經大全》。越南國家圖書館藏嗣德十四年（1861）盛文堂印本一種，編爲 R.1276－1277、R.1279、R.1282 號，共四册十一卷（含卷首）。越南漢喃研究院圖書館藏印本一種，共四册十卷。法國吉美博物館圖書館藏嗣德二十年(1867)錦文堂印本一種,存九卷(闕第八卷),編爲 FC.30274－30279 號。三者均據雍正八年重刻本印製。

　　4.《詩經大全》。越南國家圖書館藏印本二種,一種編爲 R.176、R.1359－1361 號,存前四卷;一種爲嗣德十年(1857)印本,編爲 R.1303、1306、1309、1310、1314、1316、1318、1320、1324 號,共九册十六卷(含卷首)。越南漢喃研究院圖書館藏嗣德十四年(1861)印本一種,共四册十五卷。法國吉美博物館圖書館藏嗣德二十年(1867)錦文堂印本一種,編爲 FC.30269－30273 號,存五册十卷(含卷首、卷一至卷三、卷八至卷九、卷十二至卷十五)。以上均據雍正五年重刻本印製。

　　5.《易經大全》。越南國家圖書館和漢喃研究院圖書館各藏印本一種,前者共九册二十一卷(含卷首),編爲 R.937－945 號;後者共五册九卷。二者均據康熙五十四年重刻本印製。

　　6.《禮記大全》。越南國家圖書館藏印本一種,編爲 R.1332、R.1326－1329 號,共五册三十卷。越南漢喃研究院圖書館藏康熙丙寅年(1686)五雲樓藏板印本一種,共六册三十卷。會安圓覺寺藏印本一種,存一册卷二十一至卷二十二。河内勝嚴寺藏印本一種,存卷首、卷一至卷二。法國吉美博物館圖書館藏康熙丁酉年(1717)五雲樓藏板印本一種,編爲 FC.63700 號,共十一册三十卷。以上均據黄際飛校正本印製。

　　7.《春秋大全》。越南漢喃研究院圖書館藏印本一種,共六册三十五卷。越南社會科學通信院圖書館藏印本二種,一種爲五雲樓藏板印本,編爲 HN810 號,存卷三十六至卷三十七;一種爲嗣德二十一年(1868)有文堂印本,編爲 HN.989 號,存卷首及前三卷。

　　上述現存的《大全》版本情況主要包含兩個信息:第一,就《大全》的版本而言,這些典籍大都是康熙、雍正年間的重刻重校本。第二,就越南對《大全》的重印而言,大多發生在阮朝的明命、嗣德年間。這就是説,越南現在流傳的《大全》已不是明朝傳入的印本,而是經清朝重新校正刊印的印本。因此,從歷史記録到現存典籍,可以發現自永樂十六年之後的三百年間,明清時期所刊印的各種《大全》都相繼傳入過越南,並且在越南被多次重刻重印。可以説,《大全》是一部在越南傳播廣泛、影響深遠的大型儒學典籍。正如越南史籍所述:"自明成祖頒定《五經四書性理大全》於府州縣學,而文學始漸發達,至黎而文獻得稱於中國矣。"①又如吳甲豆所説:"明於我南令設府縣學校,頒《四書》、《五經》及《性理》書,亦欲文化國人也。"②在越南學者看來,《大全》傳入越南對其文獻儲備和文化發展都起到了至關重要的作用。

二　裴輝璧與《四書五經性理大全節要》

從越南的儒學發展來看,時人接受相關典籍的一個重要表現即是將其縮減和重編,以適應教育和科舉的需求。如戴可來説:"越南接受中國文化的特點,主要是把中國文化加以簡化和實用化,以適應越南的國情。越南在學術上形成了一種簡化、明快的風格。陳朝的朱文安,把中國的四書簡化,寫成《四書説約》;裴輝璧把明朝的《性理大全》簡化爲《性理撮要》。"③就《大全》而言,在《歷朝憲章類誌·文籍誌》中著録《性理纂要》二卷、《四書五經》十五卷,云:"探花阮輝僬撰。參采諸名家讀本,纂録要約,但就中刊削,遷就甚多,頗流穿鑿。"又《古學院書籍守册》之《國書守册》亦著録《五經四書》,云:"取《五經》、《四書》約輯成書,黎阮輝僬。目及書十五卷。"④可見阮氏之書很有可能就是依據《大全》約輯而成,在篇幅上做了大量裁減。此外,裴輝璧的《四書五經性理大全節要》(以下簡稱《節要》)是在越南影響最大的一部作品。裴輝璧("璧"一作"碧",1744—1818),一名裴璧,字希章,又字黯章,號存翁、存庵、存齋等。河東青池盛烈社人。黎景興三十年(1769),"殿試,賜裴輝璧進士出身"⑤,時年二十六歲。後補乂安督同,陞行參。西山北上,乃潛隱山西,至嘉隆即位返回河内。屢徵不仕,壽七十五。著有《皇越詩選》、《皇越文選》、《存庵文集》、《行參官家訓演音》、《旅中雜

①佚名《大南郡縣風土人物略志》,越南漢喃研究院圖書館藏抄本,編爲 A.1905 號。
②吳甲豆《中學越史撮要》,越南漢喃研究院圖書館藏維新五年(1911)印本,編爲 A.770/1—2 號。
③戴可來《對越南古代歷史和文化的若干新認識》,載《北大亞太研究》第 2 集,北京大學出版社,1993 年,頁 103。
④《古學院書籍守册》,越南漢喃研究院圖書館藏抄本,編爲 A.2601/1—11 號。
⑤《大越史記全書》續編卷五,頁 1169。

説》、《乂安詩集》等。裴氏所撰《節要》的時間不詳,書共三十二卷,其中《四書大全節要》八卷(含《大學》一卷、《論語》三卷、《孟子》三卷、《中庸》一卷)、《五經大全節要》十九卷(含《書經》四卷、《詩經》四卷、《易經》四卷、《禮記》三卷、《春秋》四卷)、《性理大全節要》五卷。

　　對於裴氏《節要》,在越南的目録書中多有著録。如《北書南印板書目》著録有《五經節要》和《四書節要》二書,《大南書目》中著録有《論語節要》一書。又如《内閣守册》和《内閣書目》均著録有《五經節要》一部,存十六本;其中前書詳計《五經節要》缺"《易》卷一、《書》卷三、《春秋》卷二",另外又著録《性理節要》一部,存五本。再如《古學院書籍守册》之《國書守册》詳細著録有《五經節要》、《四書節要》和《性理節要》三書,稱黎裴輝璧據《大全》原本節刊而成,其中《五經節要》目及書十九卷,現存九卷;《四書節要》目及書八卷,現存三卷,爲成泰二年(1890)印本;《性理節要》目及書五卷,現存一卷。這些記録説明,裴氏《節要》是被作爲越南自行編撰的儒學典籍,獲得了社會的普遍認同。

　　據不完全統計,現今以下單位還保存著《節要》的全本或殘本:

書名		收藏地	版本與編號
四書大全節要	大學	越南國家圖書館	藏印本一種,一卷全本,編爲 R.380 號。
		越南漢喃研究院圖書館	藏成泰七年(1895)柳文堂印本一種,一卷全本,編爲 AC.226/1 號。
		越南社會科學通信院圖書館	藏印本三種,均爲一卷全本:一種爲嗣德三十二年(1879)集文堂印本,編爲 HN.703 號;一種爲成泰二年(1890)富文堂印本,含兩件,分別編爲 HN.1387 和 HN.1382 號;一種刊印單位及年代不詳,編爲 HN.1388 號。
		河内普仁禪寺	藏抄本一種,一卷全本,編爲 22 號。
		法國吉美博物館圖書館	藏成泰七年(1895)盛美堂藏板印本一種,一卷全本,編爲 FC.61511 號。
	論語	越南國家圖書館	藏印本兩種,刊印單位及年代不詳。一種編爲 R.129 號,存第一卷和第二卷;一種編爲 R.3428 號,存第一卷。
		越南漢喃研究院圖書館	藏成泰七年(1895)柳文堂印本一種,三卷全本,編爲 AC.226/2 號。

書名		收藏地	版本與編號
四書大全節要	論語	越南社會科學通信院圖書館	藏抄本一種,存第三卷,編爲 HN.701 號。
		河内普仁禪寺	藏抄本一種,編爲 24 號,存第一卷。
		胡志明市人文與社會科學大學漢喃遺産搜尋與研究所	藏收集於前江省凱來縣的印本一種,無編號,刊印單位及年代不詳,存第三卷。
		法國吉美博物館圖書館	藏印本一種,刊印單位及年代不詳,編爲 FC.63706 號,存第一卷。
	孟子	越南漢喃研究院圖書館	藏成泰七年(1895)柳文堂印本一種,三卷全本,編爲 AC.226/3－4 號。
		胡志明市人文與社會科學大學漢喃遺産搜尋與研究所	藏印本及複印本各一種,刊印單位及年代不詳。印本無編號,收集於永隆省永隆市,存第三卷;複印本編爲胡志明市第 9 郡第 4 號,存第一卷。
	中庸	越南漢喃研究院圖書館	藏成泰七年(1895)柳文堂印本一種,一卷全本,編爲 AC.226/1 號。
		河内普仁禪寺	藏抄本一種,一卷全本,編爲 23 號。
		胡志明市人文與社會科學大學漢喃遺産搜尋與研究所	藏印本兩種,均爲一卷全本,刊印單位及年代不詳。一種無編號,收集於檳椥省巴知縣;一種編爲胡志明市第 9 郡第 5 號。
五經大全節要	書經	越南國家圖書館	藏紹治二年(1842)印本一種,四卷全本,編爲R.1287號。
		越南漢喃研究院圖書館	藏印本二種,四卷全本。一種爲紹治六年(1846)多文堂印本,存兩件,分別編爲 HVv.4/1－4,AC.422/1－2 號;一種爲成泰九年(1897)聚文堂印本,編爲 AC.194/1－2 號。
		法國吉美博物館圖書館	藏美文堂印本一種,四卷全本,編爲 FC.30250－30253 號。
		胡志明市人文與社會科學大學漢喃遺産搜尋與研究所	藏印本一種,刊印單位及年代不詳。無編號,收集於檳椥省真洛縣,存第四卷。
	詩經	越南漢喃研究院圖書館	藏印本二種,四卷全本。一種爲紹治六年(1846)多文堂印本,編爲 AC.422/3－4 號;一種爲成泰九年(1897)聚文堂印本,編爲 AC.194/3－4 號。

書名		收藏地	版本與編號
五經大全節要	詩經	胡志明市人文與社會科學大學漢喃遺產搜尋與研究所	藏印本兩種,刊印單位及年代不詳。第一種編號胡志明市第9郡1—3號,存第二卷至第四卷;第二種無編號,收集於檳椥省真洛縣,爲四卷全本。
	易經	越南漢喃研究院圖書館	藏印本二種,四卷全本。一種爲紹治六年(1846)多文堂印本,編爲 AC.422/5—6 號;一種爲成泰九年(1897)聚文堂印本,編爲 AC.194/5—6 號。
		胡志明市人文與社會科學大學漢喃遺產搜尋與研究所	藏印本一種,刊印單位及年代不詳,無編號,收集於隆安省芹約縣,存第一卷。
	禮記	越南漢喃研究院圖書館	藏印本二種,三卷全本。一種爲紹治六年(1846)多文堂印本,編爲 AC.422/7—8 號;一種爲成泰九年(1897)聚文堂印本,編爲 AC.194/7—8 號。
	春秋	越南漢喃研究院圖書館	藏印本二種,四卷全本。一種爲紹治六年(1846)多文堂印本,編爲 AC.422/9—10 號;一種爲成泰九年(1897)聚文堂印本,編爲 AC.194/9—10 號。
		胡志明市人文與社會科學大學漢喃遺產搜尋與研究所	藏印本三種,皆無編號,刊印單位及年代不詳。一種收集於檳椥省巴知縣,爲四卷全本;一種收集於前江省凱來縣,存第二卷;一種收集於前江省鵝貢縣,存第三卷至第四卷。
性理大全節要		越南國家圖書館	藏印本兩種:一種爲紹治三年(1843)集文堂印本,存第一卷,編爲 R.372 號;一種爲紹治四年(1844)美文堂印本,五卷全本,編爲 R.928—932 號。
		越南社會科學通信院圖書館	藏印本一種,刊印單位及年代不詳,存第五卷,編爲 HN.1742 號。

　　值得注意的是,這些藏本主要反映了以下四個特點:第一,《節要》的傳播方式雖以刊印爲主,不過也出現了一些抄本。可見,儘管當時越南的刊刻技術已較爲發達,且刊印《節要》的單位衆多,但是仍不能充分滿足社會需求,人們會選用抄錄的方式來彌補流通的不足。第二,從《節要》的刊印時間來看,最早有紹治二年(1842)印本,最晚有成泰九年(1897)印本,這說

明《節要》主要是阮朝士子所研習的一套讀本。第三,《節要》在越南的傳播是十分廣泛的,南北各地均有流傳。如果説北方的各個單位對《節要》的收藏是對官方藏書的反映,那麼,胡志明市人文與社會科學大學漢喃遺産搜尋與研究所的收藏則反映了《節要》在民間的遺存。第四,從現存的《節要》可見,其書首一般都保留有永樂十三年的明成祖御製序、胡廣等人的進書表、《大全》中各書的目録等篇章,另有刊印者的序言和標識,均注明所據爲"裴氏原本"。這些都説明,裴氏《節要》是一部並未改變《大全》原本結構的作品,它是以一種更爲簡潔明了的方式將《大全》的精要集中起來,成爲了越南士子所青睞的一部舉業的教材。

　　隨著裴氏《節要》在越南的廣泛流傳,在其基礎上又産生了一批重要作品。主要表現在以下兩個方面:

　　1.對《節要》再做約省。據《古學院書籍守册》之《國書守册》記載,阮朝出現了多個據裴氏《節要》新編的作品。如阮朝學部奉旨編撰有《三經新約》和《三傳新約》二書,前者"取裴輝璧節要《詩》、《書》、《禮》原本刊約",共五卷;後者則"取裴輝璧節要《論語》、《孟子》、《大學》原本刊約",共三卷,所藏均爲維新九年(1915)印本。另外,還有阮朝膺腥編撰的《論語菁花》和《大學要旨》以及胡淂愷編撰的《鄒書摘録》,三書依次參照《論語節要》、《大學要節》和《孟子節要》刊省,均爲一卷。可見這是一次由官方主持的編書活動,對裴氏《節要》又進一步做了裁減。

　　目前越南社會科學通信院圖書館藏有《書經新約》印本一種,題署爲胡得忠、阮文談、阮善行等奉旨編撰於維新八年(1914),書成並刊印於維新九年。書首有署名"學部"的《經傳新約序》,略云:"今文明日啟,書籍日繁,泰西新學迭出於文界……成泰十八年,改定學法試法,漢字外參以法字國語字試士,年例準三十歲内。夫以有限之年花,博無涯之學海,三年董帷萬軸鄴架。學舊學者猶且苦於無日,何暇新學? 年前奉準設修書局,《國朝前正編》、《國朝律例》等書,經奉刊輯,示簡約也。兹又摘經之《詩》、《書》、《禮》,傳之《論》、《孟》、《大學》,炤裴輝碧(存奄)節要原本,再加刊省,使學者得有餘力而法字國語字可博及焉……成書具在志學者,博學非敢有叛經廢經爲也"①。説明在《經傳新約》編纂之時,正值西方新學興起之日,此書乃爲兼

①《書經新約》,越南社會科學通信院圖書館藏印本,編爲 HN.890 號。

顧新學和舊學而編纂。

2.對《節要》進行喃譯。據《古學院書籍守册》之《國書守册》記載,黎貴惇編撰有《五經節要演義》和《四書約解》二書,均據裴氏《節要》本翻譯爲喃文。前書共二十卷,爲明命十八年刊印;後書共十九卷,爲明命二十年刊印。另外,范廷倅編撰有《中庸演歌》,乃是"從《中庸節要》本演成上六下八格",共一卷。

黎氏所撰《演義》在越南多個單位都有收藏。比如在越南漢喃研究院圖書館藏有《五經節要演義》多文堂明命十八年(1837)印本,共十二册,但缺《禮記節要演義》;又藏有《詩經節要演義》印本二種,爲多文堂明命十七年(1837)和明命十八年(1838)印本;還有《禮記節要演義》四卷、《春秋節要演義》六卷等。① 此外,越南社會科學通信院圖書館藏有《易經節要演義》和《詩經節要演義》的抄本各一種,前者存第一卷和第四卷,後者存第三卷和第四卷;在胡志明市人文與社會科學大學漢喃遺産搜尋與研究所、河内普仁寺、會安圓覺寺等單位亦藏有《春秋節要演義》、《詩經節要演義》的殘本。從以上作品的刊印時間來看,比現存裴氏《節要》的時間更早,可見在《節要》刊行不久,對其喃譯的活動就開始了。所以對於裴氏《節要》而言,實際上是有漢喃兩種版本在越南流傳,對越南的科舉發生了顯著影響。

三 《四書五經性理大全節要》與科舉的關係

明代科舉重視以《四書》、《五經》取士,據《明史·選舉志》記載明朝"專取四子書及《易》、《書》、《詩》、《春秋》、《禮記》五經命題試士"②。此後頒布科舉定式,規定"初場試《四書》義三道,經義四道。《四書》主朱子《集注》,《易》主程《傳》、朱子《本義》,《書》主蔡氏《傳》及古注疏,《詩》主朱子《集傳》,《春秋》主左氏、公羊、穀梁三傳及胡安國、張洽《傳》,《禮記》主古注疏"③。如此,《四書》、《五經》便成爲明代士子重要的研習對象。而《大全》的編撰則進一步推動了明代科舉的發展,事實也證明在《大全》頒行天下

---

① 詳見王小盾等編《越南漢喃文獻目録提要》,臺灣"中研院"中國文哲研究所,2002 年。
② 張廷玉等《明史》卷七〇《選舉志》,中華書局,1974 年,頁 1693。
③《明史》卷七〇《選舉志》,頁 1694。

後，"二百餘年以來，庠序之所教，制科之所取，一稟於是"①。隨著《大全》
的廣泛流傳，後世則出現了諸多對其校正、續補和增删的作品，如明陳一經
《四書大全纂》、李廷機《李太史參補古今大方四書大全》，清陸隴其《三魚堂
四書大全》、吳荃《四書大全彙解》、魏裔介《四書大全纂要》等。尤其是對
《大全》的删節之作，其目的也是爲了滿足科舉的需求。如《四庫全書總目》
記述説：

　　（魏裔介《四書大全纂要》）是編以明永樂間所著《四書大全》泛濫
廣博，舉業家鮮能窮其説，乃采其要領，俾簡明易誦。然《大全》龐雜萬
狀，沙中金屑，本自無多。裔介所摘，又未能盡除枝蔓，獨得精華，則亦
虚耗心力而已。

　　（陸隴其《三魚堂四書大全》）明永樂間，胡廣等奉詔撰《四書大
全》。……雖有明二百餘年懸爲功令，然講章一派從此而開。庸陋相
仍，遂似朱子之書專爲時文而設，而經義於是遂荒。是編取胡廣書，除
其煩復，刊其舛謬，又采《蒙引》、《存疑》、《淺説》諸書之要以附益之。
自較原本爲差勝，然終未能盡廓清也。②

　　既然《大全》在中國的傳習及其被後世删節是爲了應試，那麼在越南也
是如此。陳文説越南黎朝"對儒家經典的摘要節要讀物，主要是供舉子應
試參考"③。對此，在現存裴氏《節要》書首的刊印者序中均有詳述，内容
如下：

　　《四書大全節要序》云："節，約也；要亦約也。何約乎？便於決科
而已矣。夫科舉之學與義理之學不同，義理之學必自博而之約，科舉
之學則主於約。故取經傳之全而節之。就中裴氏私本較諸家爲善。
前既取其五經而梓之，今乃及於四書。其間訓釋援引，一依原本，而皆
顔之曰'節要'云。"

　　《五經大全節要序》云："科舉之設，其來尚矣。既有科舉，則有科

①高攀龍《高子遺書》卷七《崇正學辟異説疏》，《文淵閣四庫全書》第 1292 册，上海古籍
　出版社 1987 年影印，頁 441。
②永瑢等《四庫全書總目》，中華書局，1965 年，頁 314—315。
③陳文《科舉取士與儒學在越南的傳播發展——以越南後黎朝爲中心》，《世界歷史》
　2012 年第 5 期，頁 77。

舉之文。有科舉之文,則有科舉之學。節要者,科舉之學也。不然五
經語孟載道之文皆要也,何以節爲? 諸家各有私本,而求其訓釋詳核,
援引該博,則于裴氏本深有取焉。前既刊其四書,兹又取其五經而刊
之,俾並行于世,曰'節要',仍其名也。若夫義理之學,則何敢云云。"
(又一印本序)云:"節要者,裴氏原本也。五經載道之文,皆要也。科
舉之學專於理會,文字往往節而約之,以便記誦備決科。前輩諸家,各
有私本,就中訓解詳核,引用淵博,則未有如是本者。因鋟之梓,顏以
節要,亦曰舉學之要云。"①

這三篇序文主要表達了兩個意思:其一,之所以選擇刊印裴氏《節要》,是因
爲此書"較諸家爲善"且"訓釋詳核,援引該博",是删節《大全》的典範。其
二,之所以要對《大全》加以删節,是因爲"節要"是科舉之學,可以"便記誦
備決科"。究其實質,裴氏《節要》就是一部由私家編撰而被廣泛認可的舉
業之作。

需要說明的是,越南科舉自李仁宗太寧四年(1075)始,就一直重視用
儒學經典來考核士子,科考需"選明經博學及試儒學三場"②。不僅如此,
在李仁宗天符睿武七年(1126)曾"設慶賀《五經》禮于壽聖寺",李高宗貞符
十年(1185)又選"能通詩書者侍學御筵"。③ 到了陳朝,在陳太宗元豐三年
(1253)九月,"詔天下儒士詣國子院,講《四書》、《六經》";陳聖宗紹隆十年
(1267)四月,"選用儒生能文者,充館閣省院";又紹隆十五年(1272)十月,
"詔求賢良明經者爲國子監司業,能講諭《四書》、《五經》之義,入侍經
幄"。④ 從以上事件可見,李陳兩代都推崇儒學,尤其重視對儒學經典的傳
授,並將其納入到科考之中。

在後黎朝,《大全》傳入越南並被官方大量刊印,這無疑使《四書》、《五
經》成爲了學校教育的重心。如黎光順八年(1467)三月置五經博士,説:

①《四書大全節要》,法國吉美博物館圖書館藏成泰七年(1895)盛美堂藏板印本。《五經
　大全節要》,法國吉美博物館圖書館藏美文堂印本,越南國家圖書館藏紹治二年
　(1842)印本。
②《大越史記全書》本紀卷三,頁248。
③《大越史記全書》本紀卷三、卷四,頁265、304。
④《大越史記全書》本紀卷五,頁336、345、348。

"時監生治詩書經者多,習《禮記》、《周易》、《春秋》者少,故置五經博士,專治一經,以授諸生。"①黎熙宗正和十四年(1693)六月,阮名實等提出人才培養的方針,認爲"人才由學校而出,歷代得人之盛,皆由教養有素",所以"國子監當設兼官審擇祭酒、司業及五經教授學政,居留本監,時常教習"。黎景興四十年(1779)六月申定學規,"命國子監官與提督學政,教習士人。……其《四書》、《五經》,務在熟講義理。《通鑑綱目》與國史,須融會貫通。命題當用貫通經傳大旨"②。如此,經學教育逐漸在各級教學單位得到全面推行。爲了提高經學的地位,達到培養人才的目的,在黎昏德公永慶四年(1732)二月還頒布了"崇經學,禁子書"③的政令。

基於上述教育要求,經傳在後黎朝的各類考試中就自然成爲命題的重點。比如:

(黎光順三年壬午[1462]四月)定保結鄉試例。……鄉試法:先暗寫汰冗一科。自第壹場《四書》、經義共五道。……第肆場策一道,經史時務中出題限一千字。

(黎洪德三年[1472]三月)會試天下舉人……其試法:第壹場,《四書》八題。舉子自擇四題作四文,《論》四題,《孟》四題。《五經》每經三題,舉子自擇一題作文,惟《春秋》二題併爲一題,作一文。……第肆場,策問一道,其策題以經書旨意之異同、歷代政事之得失爲問。

(黎洪德四年[1473]六月)試教職。其試法:第壹場《四書》各一題,《五經》各一題。

(黎洪德六年[1475年]三月)會試天下舉人……是科試法:第壹場《四書》,《論》三題,《孟》四題,《中庸》一題,總八題,士人自擇四題作文,不可缺。《五經》每經各三題,獨《春秋》二題。……第肆場策問,其策題則以經史同異之旨、將帥韜鈐之蘊爲問。④

科考中,《四書》、《五經》都被安排在首場,這意味著考生是否能精研儒學經典將關係到科考的成敗。所以那些與科舉相關的典籍就成爲應試寶

①《大越史記全書》本紀卷一二,頁662。
②《大越史記全書》續編卷一、卷五,頁1021、1191。
③《大越史記全書》續編卷二,頁1073。
④《大越史記全書》本紀卷一二,頁645—646、691;本紀卷一三,頁696、699。

典,有廣泛的社會需求。比如在洪德十五年(1484)四月十三日頒定了官書領降憲司檢刷令,其原因是"前遞年官書領降在外各府,如《四書》、《五經》、《登科録》、《會試録》、《玉堂文範》、《文獻通考》、《文選》、《綱目》及諸醫書之類,間有貪冒府官,擅自固執,以爲己私,不曾交付學官醫官",爲此,要求"各處憲司檢刷該内各府前項諸書,而本府官擅自固執,學書不與交付學官,醫書不與交付醫官者,具實糾奏,送刑部治罪"。①　可見,《四書》、《五經》等書是被定爲官書而受政府管控的。即便是這些官書有廣泛的社會需求,那麼也應由相關機構來增補刊印和統一發放。

　　這一點對《大全》來説也是如此。阮聖祖時期,面對全國科舉教材嚴重不足的現狀,在明命八年(1827)二月下令"北城撿在城文廟原貯《五經四書大全》、《武經直解》及前後正史、《四場文體》諸印本送京,置於國子監";又在明命十七年(1836)十二月"頒《五經四書大全》、《四書人物備考》、《詩韻輯要》於京外學堂(國子監、諸直省學政教授、訓導凡一千一百七十部)"②。所采取的措施是:將文廟所存《大全》等舉業典籍由國子監統一管理,並向各地學堂進行了大規模發放。但是,如此舉措仍未能滿足各地對《大全》的需求。阮憲祖紹治六年(1846)科道江文顯、鄧明珍等上奏,説:"明命年間,在京國子監頒《四書五經大全》各五部,在外省學府學各一部,以備學臣講肄而已。學者如欲抄寫,則卷帙太繁,繼晷窮年殆難爲力。討買無由,遂不免斷章摘句,率行削略求其義理之淹博,其可得乎?此學者之通弊也。兹請在京由國子監監臣詳檢《四書五經大全》原本,有舛謬者,量行補刻。在外左畿由平定,右畿由乂安,南圻由嘉定,北圻由河内、南定各鐫刻《四書五經大全》印板各一本,仍由所在學堂尊置。凡所在府省並附近各轄,不拘官民士庶,情願印刷者並聽。夫如是,書籍流布,天下共之,萬世傳之,人人仰無窮之教澤矣。"奏文中反映了因《大全》只由在外省學府學收藏而未能廣泛流布的現狀。儘管學者們想通過抄寫《大全》方式加以彌補,但終究因其卷帙浩繁,而陷入了斷章摘句的弊端。所以請求朝廷准許能在外省刊印《大全》,以廣其傳。不過,阮帝的批復却是:"原給經籍可資講肄,如有何轄

----

①《大越史記全書》本紀卷一三,頁720。

②《大南實録正編第二紀》卷四二、卷一七六,慶應義塾大學言語文化研究所1975年影印本,頁1979、4003。

尚未頒給者,準禮部會同國子監臣,將在監現藏《五經四書大全》印板,詳加檢正續印,增給士人。有願印刷者,聽就國子監印刷。至如所請在外諸省開局鎸刻,多有行不著處,著不準行。"①他同意由禮部會同國子監續印《大全》,增給士人;但不同意在外諸省開局鎸刻。這表明,由於越南自李朝以來科考都以儒學經典爲主,所以《大全》自然成爲了衆多儒生研習的重要教材。不過,《大全》自傳入越南後就被列爲官書,其刊印與發放都受朝廷的管控。即便是在刻印業相對發達的阮朝,朝廷禁止其他機構和私人刊印的政令,也使得《大全》難以滿足社會的現實需求。這樣一來,就形成了官方對《大全》刊印數量的不足,而社會的實際需求量大的兩難局面。既然如此,那麼裴氏《節要》等私家删節《大全》之作的出現,或許其中的一個重要原因就是爲了讓這一局面得到改善。

（作者單位:温州大學人文學院）

---

① 《大南實録正編第三紀》卷五八,慶應義塾大學言語文化研究所 1977 年影印本,頁 5492 下—5493 上。

域外漢籍研究集刊　第十八輯
2019 年　頁 349—380

黎貴惇《大越通史》的史學研究 *

葉少飛

一　黎貴惇其人及相關著述

　　1527 年莫登庸(1470—1541)弑黎恭皇(1506—1527)建立莫朝,1533
年黎氏在老臣阮淦(1468—1545)的領導下開始反攻,後阮淦被毒殺,大權

* 基金資助:2015 年度國家社會科學基金青年項目"越南古代史學研究"(15CSS004);
2018 年國家社科基金重大項目"越南漢喃文獻整理與古代中越關係研究"
(18ZDA208)。本文完成後,王國良教授就"直筆"和"史觀"等提出意見;宗亮博士、
韓周敬博士、成思佳博士均提出了建設性意見。筆者在此對諸位學者謹致謝忱!
關於黎貴惇的史學研究,于向東《黎貴惇及其〈撫邊雜録〉研究》(鄭州大學 1988 年碩
士論文,頁 33—36)曾根據"大越通史序"、"作史旨要"分析黎貴惇的史學思想,闡明
與中國史學的關係,但此文重點不在《大越通史》;丁公偉 Đinh Công Vĩ《黎貴惇的著
史方法 Puong pháp làm sử của Lê Quý Đôn》(河内,社會科學出版社,1994 年)主要
對黎貴惇《芸臺類語》、《大越通史》、《撫邊雜録》等史著的史料來源和史料搜集進行
研究,並對史料擷取和剪裁做了分析,並對史學體裁和思想進行了研究,是黎貴惇史
學研究的優秀作品;鍾彩鈞《黎貴惇〈大越通史〉的文化意識》(載《黎貴惇的學術與思
想》,"中研院"文哲所,2012 年,頁 57—86)分析了書中呈現的"天命意識"、"主體意
識"和"歷史意識",以體現"文化意識"。這些意識是自 1272 年黎文休《大越通史》以
來,越南史籍呈現本國歷史的基本狀態,黎貴惇多有繼承,此文予以揭示。
《大越通史》抄本衆多,本篇引文系筆者根據漢喃研究院 VHv.1685 和 Vhc.1648,
Vhc.1650 合併而來的中興黎朝抄本,阮朝抄本(藏號 A.1389)采録,並以夏威夷大學
藏本和 2007 年河内的教育出版社《大越通史》影印本互勘。

落入其婿鄭檢(1503—1570)之手,阮淦之子阮潢(1525—1613)爲求自保,於 1558 年請出鎮順化,逐漸坐大,與鄭氏對抗。後黎朝内部遂興起北鄭、南阮兩大勢力。1592 年後黎朝攻殺莫朝皇帝復國,但朝政爲鄭氏把持,以王爵世代相傳,稱"鄭主"或"鄭王",大臣亦出鄭氏之門,黎氏皇帝僅爲傀儡,廢立皆操于鄭氏之手。因鄭、阮相互牽制,故而兩家均奉黎朝正朔,鄭氏雖覬覦帝位,但未敢擅自稱號①。

自 1592 年中興黎朝復國,至 1789 年昭統帝(1787—1789 在位)流亡入清,鄭氏執國政近三百年,形成了與之相配合的制度以保障權力運行,黎裕宗時設置"六番",朝廷六部徒爲虚名。儘管親黎皇勢力有所反擊,但都被鄭主撲滅,權勢更盛②。朝臣名屬黎氏,但皆投效鄭氏,成爲常態③。

黎貴惇(1726—1784),字允厚,號桂堂,越南太平省延河縣人,景興十三年(乾隆十七年,1752),"賜黎貴惇進士及第第二名"(注:貴惇,自鄉舉至廷試,皆第一)④,景興二十一年(乾隆二十五年,1760),出任副使如清歲貢⑤,景興四十五年(1784)卒。黎貴惇宦海沉浮數十年,筆耕不輟,著述宏富,是越南古代著名學者和思想家。黎貴惇生平事業,以阮朝甲辰(1844)科進士山西督學阮有造(1809—?)所撰《黎公行狀》和外孫范芝香(1805—1871)所撰《太傅潁郡黎公碑銘》最爲詳細。阮有造摘録"黎公行狀石誌","間有補録南史輯編三段",記述黎貴惇著作情況:

　　　　所著書:《易經膚説》、《書經衍義》、《春秋略論》、《詩説》、《禮説》、

---

① 阮氏請封清朝之事,請參看牛軍凱《王室後裔與叛亂者——越南莫氏家族與中國關係研究》,世界圖書出版公司,2012 年,頁 124—131。鄭氏希圖求封中國,請閲牛軍凱《安南莫朝與中越關係制度的變化》,《南洋問題研究》2004 年第 2 期,頁 69—70。

② 請參看張文亮《越南後黎朝後期的"黎皇鄭主"體制》,鄭州大學 2007 年碩士論文。

③ 請參看阮承喜 Nguyễn Thừa Hỷ《黎鄭時期儒士官僚的人格 Nhân cách người nho sĩ quan liêu thời Lê-Trịnh》,載《越南歷史文化與人物研究 Một góc nhìn lịch sử văn hóa con người Việt Nam》,通信傳統出版社,2016 年,頁 333—348。

④ 吳士連著,陳荆和校合《大越史記全書》續編卷之四,東京大學東洋文化研究所,1984—1986 年,頁 1135。下同。

⑤ 吳士連著,陳荆和校合《大越史記全書》續編卷之四,頁 1148。

《連山》、《歸藏》、《二易》、《群書考辨》、《聖模賢范錄》①、《金鏡錄注》②、《存心要錄》、《增補政要大全》、《大越通史》、《國史續編》、《皇朝治鑑綱目》、《皇越文海》、《全越詩錄》、《芸臺類語》、《見聞小錄》、《續應答邦交集》、《北使通錄》、《聯珠全集》、《征西全集》、《撫邊雜錄》、《師律纂要》、《武備心略》、《地理選要》、《地學精華》、《太乙易簡錄》、《太乙卦運》、《六壬會通》、《六壬選粹》、《活人新書》、《陰騭文注》、《金剛經注》、《解弘教錄》、《道德經演說》行於世。③

可惜的是阮有造並未指明所錄"黎公行狀石誌"的刻立年代。范芝香爲黎貴惇外孫,所錄著述較阮有造爲少,其以至親爲外祖作傳,本人亦爲學者,對黎貴惇事業評價雖較爲中肯,但多有溢美之詞:

公負宏博之學,抱經濟之略,既登政府,慨然欲大有施展,前後章疏數千言,經畫措置,皆有條理,忌嫉者叢謗沮之,不能究其所蘊,乃私筆之於書,所著《聖模賢范》④及諸經論說,《群書考辨》、《國史續編》、《全越詩錄》、《皇越文海》、《芸臺類語》、《邦交續集》、《北使通錄》、《見聞小錄》、《撫邊雜錄》、《大越通史》,與夫桂堂文集、詩集,無慮數十百篇。没後遭兵燹,其書頗散逸。聖朝龍興,累次訪求,稍復出,至今《考辨》、《類語》、《雜錄》、《通史》諸書登之館閣,公之士林,道問學者有所取益,斷國史者有所折衷,越南累朝千數百年,漶爛略存之典章,因之以不墜;英君令辟名臣相將之功業,因之以益著。善之有所勸也,惡之有所懼也。尚論有黎一代能文章善著述,足以行世而傳後者,微公其誰?⑤

范芝香所錄未出阮有造所列黎貴惇著述範圍,除了《邦交續集》和《國史續編》之外,其餘著作皆流傳至今。阮有造開列黎貴惇撰著的的經學書籍,范芝香則以"所著《聖模賢范》及諸經論說"略述之。但阮有造錄入的

_____

①當爲《聖謨賢範錄》。

②《延河譜記》(漢喃研究院藏號 A.42)作《金鑑》。

③《黎公行狀》,漢喃研究院藏號 A.43。

④當爲《聖謨賢範》。

⑤漢喃研究藏抄本,《太傅潁郡黎公碑銘》附於《黎公行狀》之後,抄爲一種,仍名《黎公行狀》,藏號 A.43。

《書經衍義》爲傳世刻本,范芝香則没有録入。范芝香記載公開流傳的黎貴惇著作不過《群書考辨》、《芸臺類語》、《撫邊雜録》、《大越通史》四種。范芝香很可能是據己所知所見録入外祖著作。阮有造和范芝香所録黎貴惇著述的文獻和史料來源可能並不相同。

范芝香並未提及黎貴惇在黎皇鄭主政治環境下的困擾,但黎貴惇對越南古代文化事業的繼承和發展做了巨大的貢獻,不容置疑。2007年越南的教育出版社影印出版《黎貴惇全集》,但仍不完整,僅收入《大越通史》、《撫邊雜録》、《芸臺類語》、《見聞小録》四種。筆者所見黎貴惇著作共十種,但仍不完整,按編撰時間排列如下:

《大越通史》,"序"作於景興十年(乾隆十四年,1749)

《群書考辨》,"序"作於乾隆二十年(景興十六年,1755)

《北使通録》,"序"作於景興二十四年(癸未,1763),"北使通録題辭"作於景興四十一年(1780);

《書經衍義》,"序"作於景興三十三年(1772)

《芸臺類語》,"序"作於景興三十四年(癸巳,1773)

《撫邊雜録》,"序"作於景興三十七年(1776)

《見聞小録》,"序"作於景興三十八年(丁酉,1777)

另有《聖謨賢範録》、《全越詩録》、《桂堂詩匯選》三種編撰時間不明。在使清過程中,黎貴惇曾以《聖謨賢範録》和《群書考辨》出示中國士人和朝鮮使臣,應是景興十三年進士及第後出仕,觀覽官方藏書編輯而成。《全越詩録》時間未明,但搜羅廣博,當在黎貴惇出仕之後藉助官方藏書方可實現,因其編輯類書籍的特徵,其工作可能與《聖謨賢範録》和《群書考辨》同時開始,但又延續了更長的時間。《聖謨賢範録》黎貴惇在回國之後亦有少量增補。《桂堂詩匯選》多記録景興二十一年北使中國詩賦,編成當在回國之後,可能與《北使通録》前後完成。

黎貴惇的大部分著作,皆在出仕之後完成,且爲學者私人著述。按照中興黎朝慣例,使臣歸國須上呈北使記録於鄭主,《北使通録》"序"作於景興二十四年(癸未,1763),"僕隨筆所記,始於奉命始行,終於度關修聘,訖於回朝"①,"題辭"作於景興四十一年(1780),"庚子秋,阮侍講惟紞奉差正

---

① 黎貴惇《北使通録》,《越南漢文燕行文獻集成》第4册,復旦大學出版社,2010年,頁7。

使,索覓是編,尋舊篋中得之"①,這顯然是黎貴惇所藏藁本,並非上奏之本。"題辭"中有一段話揭示了黎貴惇與黎皇的關係:

> 時先聖王方眷注深,不欲僕遠行。已卯秋,諭滾郡公,欲留陪政地,又以問僕,僕跪啟萬謝聖聰栽培之德,臣上戀君,下思親,豈不請留? 但念昔人入仕,必須歇歷三年,往返亦不爲久,乞得仍往。②

"先聖"和"聖聰"指當時在位的黎顯宗,"先聖王方眷注深"即獲得鄭主的支持。顯宗不欲黎貴惇往使中國,但經乞求仍得出使,"題辭"顯示黎貴惇志在遠方。這段話不像君臣,倒像是朋友互訴苦衷。黎貴惇要想施展抱負,必須取得鄭主的信任。他最終獲得了鄭森(1767—1781 年執政)的賞識,不斷升遷。阮有造在《黎公行狀》中稱黎貴惇"鄭王信用尤篤"。

除《大越通史》之外,明確爲黎貴惇所著且留存至今的著作,皆是未奉令而作的私人著述。他處於黎皇的君臣大義和尊奉鄭主一展抱負的矛盾之間,因而在這些著作的序中並不指明依歸。《大越通史》作於景興十年,三年後黎貴惇方入第出仕,尚未卷入紛亂的政治形勢之中,體現了黎貴惇史學思想的原初狀態③。

---

① 黎貴惇《北使通錄》,《越南漢文燕行文獻集成》第 4 册,頁 13。

② 黎貴惇《北使通錄》,《越南漢文燕行文獻集成》第 4 册,頁 11。

③ 《大越通史》序作於景興十年,即黎貴惇 23 歲之時,因爲青年著史,之後的經歷和著述便成爲黎貴惇的史學實踐,但後來的著述究竟繼承了早年《大越通史》幾分思想,須進行詳盡的考察。俄羅斯學者 A.L.Fedorin 根據潘輝注《歷朝憲章類志》卷 42"文籍志"所載:"國史續編 八卷,榜眼黎貴惇撰,用編年體,自莊宗中興以後,至嘉宗凡一百四十四年,記事詳核,增補舊史之闕",認定 1993 年越南的社會科學出版社影印内閣官板《大越史記全書》後所附阮文喧舊藏《大越史記本紀續編》殘刻本兩卷的作者爲黎貴惇。(《越南歷史編撰的新資料 Những cứ liệu mới về việc chép sử Việt Nam》,A.L.Fedorin 著,謝自强 Tạ Tự Cường 譯,Nhà xuất bản Văn hóa thông tin,2011 年,頁 174—188)此殘刻本以鄭王入"紀",在史學體例上有很大的突破。筆者經過初步研究,認可 A.L.Fedorin 的觀點。筆者將另文專論。

二　《大越通史》的版本

《大越通史》無刻本,以抄本傳世,各本皆不完整,筆者所見情況如下:

(一)中興黎朝抄本

1.漢喃研究院藏 VHv.1685 和 Vhc.1648,1650①。VHv.1685 本爲"開智進德會 Hội Khái trí tiến đức"舊藏,抄爲一册,首爲"大越通史序"、"作史要旨"、"通史凡例",繼爲:

大越通史目録

卷一 帝紀 太祖

卷二 列傳 后妃 帝系 功臣 逆臣上

卷三 列傳 逆臣下

卷四 藝文志

"大越通史卷一 臣惇撰 帝紀 太祖"

Vhc.1648,1650 兩册:

第一册:"大越通史卷二":"列傳一 后妃"、"列傳二 帝系"、"列傳三 功臣傳"、"列傳四 逆臣傳",記投明之陳封至莫登庸事。

第二册:"大越通史卷三":"列傳四 逆臣 下",記莫登瀛至順治元年鄭柞討高平之事。"大越通史卷四":"藝文志"。

Vhc.1648,1650 與 VHv.1685 目録所記相同,二者當爲同一部書,后因故分散流傳,此本無阮朝避諱②,且未將莫登庸單列。

2. **漢喃研究院藏 Vhv.1555。**原爲黄春瀚藏書,不諱"宗"、"時",筆者同時根據陳舊程度定爲中興黎朝抄本,抄爲一册:

"大越通史序",殘;"作史要旨",殘;"通史凡例",殘;

---

①《越南漢喃文獻目録提要》録此本的遠東學院 Vhv.1330 舊藏號,現 Vhv.1330/1 藏號改變爲 Vhc. 1648;Vhc.1330/2 藏號改變爲 Vhv. 1650,本文使用新藏號。

②嘉隆帝阮福映(1762—1820)認爲明命帝之妻胡氏華賢淑,賜名"胡氏實",遂諱"實"爲"寔"。紹治帝名阮綿宗(1841—1848 年在位),諱"宗"爲"尊",嗣德帝名阮福時(1848—1883 年在位),諱"時"爲"辰"。爲保持歷史典籍原貌,本文引文涉及阮朝書籍中的避諱字皆依原貌不改。

"大越通史卷之一 帝紀第一 太祖 上"

"大越通史卷之二 帝紀第二 太祖 下",

"皇朝通史卷 藝文志序",

"前朝通史卷 列傳第一 后妃傳序",

"前朝通史卷 列傳第二 帝系傳序",

"前朝通史卷 列傳第三 諸臣列傳",黎石等

"前朝通史卷 列傳第四 諸臣列傳",陳元扞等

"前朝通史卷 列傳第五 諸臣列傳",范問等,此卷殘。

(二)阮朝抄本

3. **漢喃研究院藏 A.1389**。扉頁題"大越通史 一帙",此本避諱"宗—尊""時—辰",當爲阮朝抄本。内容如下:

"大越通史序","作史要旨","通史凡例"

"大越通史卷之一　帝紀第一　太祖　上　臣惇撰"

"大越通史卷之二　帝紀第二　太祖　下　臣惇撰"

"皇越通史卷藝文志序臣惇撰",繼録歷代書籍

"前朝通史卷之二十九　后妃傳序",繼録顯祖至恭皇后妃

"前朝通史卷之三十　列傳第二　帝系傳序　臣惇撰",記太祖兄至憲宗子諸宗室王

"前朝通史卷之三十一　臣惇撰",紀諸功臣之事

"前朝通史卷之三十二　臣惇撰",紀諸功臣之事

"前朝通史卷之三十三　臣惇撰",紀諸功臣之事

"前朝通史卷之三十　列傳　逆臣傳　臣惇撰",降明之陳封、梁汝笏,弑殺仁宗之太宗子黎宜民,弑殺襄翼帝之鄭惟憻,弑殺昭宗之黎惟岱,陳珣,陳暠,阮敬,阮克諧,武獲等後黎朝叛臣;

"大越通史卷之三十一　逆臣傳　臣惇撰",記莫登庸事

"前朝通史卷之三十一　逆臣傳　中　臣惇撰",記莫登瀛、莫福海事

"大越通史卷之三十二　逆臣傳　臣惇撰",記莫福源事

"大越通史卷之三十三　逆臣傳　臣惇撰",記莫茂洽、莫敬典事

"大越通史卷之三十四　逆臣傳　臣惇撰",記莫敬止至鄭柞攻高平事。

4. **漢喃研究院藏 A.18**。題"大越通史",此本對阮朝的"宗—尊""時—

辰”避諱不完整，可能爲未嚴格避諱的阮朝抄本。原分有上、中、下，上缺四頁即序的内容，其他連同中、下合訂爲一册。該本從第五頁開始，有“景興十年己巳秋仲延河桂堂黎貴惇允厚序”單獨一列文字，即失序，繼爲“作史要旨”、“通史凡例”、“大越通史卷之一　帝紀第一　太祖　上　臣惇撰”、“大越通史卷之二　帝紀第二　太祖　下　臣惇撰”。

中　范夢鑫奉寫

“大越通史卷之　　列傳　　逆臣傳　臣惇撰”，記莫登庸事

“大越通史卷之　　列傳　　逆臣傳　臣惇撰”，記莫登瀛事

“大越通史卷之　　列傳　　逆臣傳　臣惇撰”，記莫福源事

下　胡宏精寫

“大越通史卷之　　列傳　　逆臣傳　臣惇撰”，記莫茂洽事。

　　5.漢喃研究院藏 A.2759。題“大越通史”，抄爲兩册，阮朝抄本

　　第一册：“序”，“作史要旨”，“凡例”，“帝紀第一”，“帝紀第二”，“后妃傳”，“逆臣傳”四卷；

　　第二册：“大越通史卷　逆臣傳”，不分卷。

　　6.夏威夷大學藏本。分裝四册，無次序，有阮朝避諱，内容與漢喃研究院 A.1389 基本相同，但將黎太祖事和莫氏之事按照順序編爲六卷，與黎貴惇本意不合，當是抄者所爲。

　　册：“序”，“藝文志”。

　　册：“逆臣傳”，記莫敬止至鄭柞攻高平事。

　　册：“大越通史　上”，卷一至六，“作史要旨”、“通史凡例”，卷一“太祖上”，卷二“太祖　下”；“大越通史　中”，卷三“逆臣傳”，莫登庸事，卷四“逆臣傳”，莫登瀛、莫福海事，卷五“逆臣傳”，莫福源事；“大越通史　下”，卷六“逆臣傳”，莫茂洽事。

　　册：“前朝通史”，卷之二十九“后妃”，卷之三十“帝系”，卷之三十一、三十二、三十三，功臣；卷之三十“逆臣傳”，陳封至陳暠等事。

　　7.《大越通史》漢越對譯本。1973 年南方的青年教育與文化部選擇了一個阮朝抄本譯爲越語，並附漢文①：

———————

①1993 年，同塔出版社將越文内容重印；2007 年，河内的教育出版社將 1973 年版本修訂重印，亦附漢文。

就筆者所見七個抄本而言，當以 VHv.1685 與 Vhc.1648,1650 合併本和 A.1389 價值最高。A.1389 內容最多，但目錄混亂，雖是阮朝抄本，且章節內容不連續，殘缺很多，但很可能保持了黎貴惇最初設想的內容和次序。①

VHv.1685 與 Vhc.1648,1650 合併本沒有阮朝避諱，考察紙張陳舊程度，當是中興黎朝抄本。此本與 A.1389 內容基本相同，但將後者的混亂目錄重新排列接續成爲整體，抄者又在不能確定的字旁邊寫一猜測的字，"凡例"中曾鞏所論，"其明足以周事物之理"，A.1685 抄本似不能確定，在"理"旁寫一"情"字，A.1389 則抄爲"其明足以周事物之情"，夏威夷大學本又爲"理"。"太祖紀"中論黎利功績有"除殘禁暴"，A.1685 抄本在"殘"邊寫一"苛"字，A.1389 寫爲"苛"字。夏威夷大學藏本應該又是根據 A.1389 本所整理。

VHv.1685 與 Vhc.1648,1650 合併的黎朝抄本與 A.1389 阮朝抄本內容相差無幾，兩個抄本應該來自於一個卷數混亂的文本。阮朝潘輝注（1782—1840）《歷朝憲章類志》的"文籍志"記："《黎朝通史》三十卷，延河榜眼黎貴惇撰"②。1904 年，法國學者法國學者卡迪艾爾（Léopold Cadière）和伯希和（Paul Pelliot）《有關安南歷史的安南史料初探 Première étude sur les sources annamites de l'histoire d'Annam》介紹了《大越通史》的內容③。1934 年，加斯帕東（Emile Gaspardone）的《安南書目 Bibliographie An-

①1976 年，吳世隆根據七種抄本整理了一個越文本，在越文下出校記。2007 年通信文化出版社重印越文本。

②潘輝注《歷朝憲章類志》卷之四十二《文籍志》，漢喃研究院藏 A.1551 抄本。

③Cadière Léopold, Pelliot Paul, *Première étude sur les sources annamites de l'histoire d'Annam*, Bulletin de l'Ecole françaised'Extrême-Orient. Tome 4，1904. pp. 635 — 636.

namite》又以潘輝注的記載介紹了《大越通史》,並提及另一部《國史續編》①。陳文玾(1902—1973)在《對漢喃書庫的考察》中根據卡迪艾爾和加斯帕東的研究記載此書:"《黎朝通史》30 卷,延河榜樣黎貴惇撰",此即延續了潘輝注的稱謂,並認爲内容散佚,録入《歷朝憲章類志》所録的"序",介紹了 A.18 和 A.2759 兩個抄本②。

　　然而 A.1389 阮朝抄本卷數已至三十四,超出了三十卷的範圍。那麼黎貴惇究竟有沒有寫完《大越通史》,抑或是完成了後來散佚,潘輝注見到的《大越通史》三十卷是不是全本? 現存抄本無法看出有效信息,下文筆者將結合《大越通史》的内容及編撰來闡釋這一問題。

三　《大越通史》的體裁與體例

　　陳文玾根據潘輝注所記"《大越通史》三十卷"、"該洽詳備,足爲一代全史"的言辭,提出黎貴惇所書並非多個朝代的歷史,而只是黎朝一代之事,因此認定黎貴惇書原名當爲《黎朝通史》,《欽定越史通鑑綱目》所記的《大越通史》有誤③。

　　"大越"爲 1054 年李英宗所建國號,陳朝繼承了"大越"國號。陳朝權臣黎季犛"自推其先祖胡興逸本浙江人,五季後漢時來守演州……至十二代,孫胡廉徙居清化大吏鄉,爲宣尉黎訓養子,自此以黎爲姓"④,並於 1400 年篡奪陳朝政權稱帝,改國號爲"大虞",復姓胡,建立胡朝⑤。1428 年佔領安南二十載的明軍全部退出,黎利稱帝,"帝即位于東京,大赦,改元順天,建國號大越"⑥,在經過胡季犛的"大虞"之後,黎利將國號改回"大越"。之後的莫朝、中興黎朝以及阮朝嘉隆、明命二帝均以"大越"爲國號。1839 年

---

①Emile GASPARDONE, *Bibliographie Annamite*, Bulletin de l'École française d'Extrême-Orient, Vol. 34, No. 1 (1934), pp. 25.

②陳文玾《對漢喃書庫的考察》,(河内)社會科學出版社,1970 年,頁 110—120。

③陳文玾《對漢喃書庫的考察》,頁 116。

④吳士連著,陳荆和校合《大越史記全書》本紀卷之八,頁 475。

⑤吳士連著,陳荆和校合《大越史記全書》本紀卷之八,頁 477。

⑥吳士連著,陳荆和校合《大越史記全書》本紀卷之十,頁 553。

明命帝將國號改爲"大南"，"大越"棄置不用①。

　　黎貴惇所用"大越"實爲黎利所建國號，"大越通史"即記述黎朝一代之事，並無不當。1821 年潘輝注上進《歷朝憲章類志》，序云"日積月累，蓋經十年"②，此時黎朝已經滅亡數十年，阮朝獲得"大越"國號，因而潘輝注記爲《黎朝通史》三十卷。《欽定越史通鑑綱目》編撰於明命帝之孫嗣德帝之時，此時國號爲"大南"，故史臣仍然使用《大越通史》原名。現存《大越通史》序文如下：

　　　　史有二體，《尚書》每事別記，以具事之首尾，而後世紀傳之體祖之。《春秋》逐年通紀，以見事之先後，而後世編年之體宗之。戰國先秦如《竹書紀年》、《虞氏春秋》皆用編年體。漢司馬遷始作《史記》，創爲紀傳，自後班③、范、陳、沈之流，依倣纂述，《文獻通考》，類爲正史。編年諸作，如荀悦《漢紀》，孫盛《陽秋》，祖禹《唐鑑》之類，亦間有之。一時學者，未甚崇尚，自涑水、考亭出《治鑑》、《綱目》一書，照耀千古，而世始爭言編年史矣。夫文不可雜，體裁自別，故《書》也，《春秋》也，皆出於史而聖人分之，然精慎同其歸，訓範一其致。後儒取法，無所不可。貴乎事迹詳核，叙述簡嚴，以無失古人公是非，垂勸戒之意焉耳。

　　　　我越立國，設修史之書④，相承用編年記事，如文休之李紀，孚先之陳書，簡潔雅正，頗有可采。第一代之典章多湮没不見，覽者惜之。先朝之有天下也，太祖以神武開基，太尊以英明紹統，淳皇才略雄邁，一新百度，憲廟天性寬厚，率循舊章，謨烈訓誥之盛，文物章程之懿，不遜中國，而考之實録，蓋闕如也。洪德年間，祭酒吴仕連編述自順天至

①葉少飛《越南古代"内帝外臣"政策與雙重國號的演變》，《形象史學研究》2016 年上半年，人民出版社，2016 年，頁 134—166。黎利建立的後黎朝以"大越"爲國號，1428 年至 1527 年爲後黎朝統一時期，越南史學界稱爲"Lê sơ 黎初"，1527—1592 爲莫朝；1533 年黎莊宗起兵復國，1592 年滅莫朝，至 1789 年後黎朝滅亡，這段歷史稱"Lê trung hưng 黎中興"或"中興黎朝"，中興黎朝的朝政爲鄭氏把持，黎氏皇帝爲傀儡，因此又稱"黎鄭時期"。"黎初"、"莫朝"、"中興黎朝"雖然都在後黎朝的時間範圍之中，但三者差别極大，須加以區分。
②《歷朝憲章類志》"序"，東洋文庫本。
③A.1685 序文中，班固、班彪之"班"皆作"斑"。
④A.1685 和 A.1389 爲"修史之書"，夏威夷本爲"修史之官"，筆者以後者爲是。

延寧，爲三朝本紀，叙事頗詳，粗有端緒。是時史官選用頗重，如黎義之類，直書守正，有古人之節，其所編日曆，今不復傳。洪順中總裁官武瓊繼編次，自光順至端慶爲四朝本紀，於敕令條格粗具，而事任除授，臣僚奏疏，尚多遺漏。洪順以下，迄于中興初，則陽德間諸臣所續編，采摭不廣，義例未具。百有餘年之事，撰次者非一人，而簡略如此。哲君良輔，相與創業守成，卓行嘉言，密謀大計，皆闇而不章，鬱而不發，而奸回逆惡，酷吏邪臣之情狀，亦幸得以自掩，可勝嘆哉！

　　大抵作史之法，所貴該括無遺，令人一披卷之餘，便盡得其端倪，識其本末，雖耳目所不及，而了如親見。聞之者姑以大要言之，如天文災祥地道變異當書，車駕行幸后妃太子册立當書，詔令天下，宰臣奏擬，群臣章奏，公卿侍從之拜免，鎮衛將官之遷補，内外文武之差行，尊室勳戚之陞賞，皆當實書，内而法度之廢興，如選舉官制兵政國用，征榷錢幣之類。外而邦交之好惡，如北朝使聘，占牢貢獻，往復文辭，賜遺數目，與夫征占盆，討老撾之類。禮樂沿革，如郊社宗廟，山川命祭祀，樂舞樂音朝儀軍禮之類。世系名號，如外戚宗派，帝系封爵，功臣氏族之類。雖其常事，固不必贅書，然有大議論，大製作，皆當逐一具日月以書。舉此例言，舊史所載，十不及一，稽古典持國論者，將安所考究哉？觀諸二十一史，如周齊梁陳，辟陋一隅，政微祚短，僅五十年或二三十餘年，后之通儒，尚尋討撰述爲一代史，使其事業云爲粲然，白於後世。

　　況以大越百餘年太平之治，開創粉飾，章章如彼，而論次記載，寥寥如此，豈不取愧前代！竊不自揣，欲倣紀傳體例，事類想從，區別條貫，兼附己意，論贊序述，其諸志仿魏徵《隋書》、《晉書》例，兼載李陳政事於前朝格例之上，勒成通史，以爲一代大典。第今日之距前朝已數百載，殘編新簡，久已散佚，故家遺俗，無可詢究，欲就纂次，爲力良難，又先儒諸史之作，皆會集群書，采摭訂補，然後就緒。太史公紬金匱石室之藏，以成《史記》，班固因之，又采劉歆所撰，班彪所纂，方成《漢書》，陳壽范曄①歐陽修之類，莫不皆然。今傳志所輯，從前未有片紙只字，兹始創爲實錄，簡略有舛謬，未足全據，竟須旁求，采雜書遺記，

①A.1389 本“曄”字缺筆，“華”字無一豎，即避諱明命帝之妻胡氏華之諱。

別傳野史，與金石遺文，世家譜系，及北朝諸儒所抄記，是非相濟，真錯
參半，蒐訪既難，而鑑別亦復不易，本末宏闊，功力浩瀚，每一操筆欲
書，輒懷審重，屢至逡巡，豈感自謂，結構崇成，仰追班馬，姑以整齊年
月，綴輯放逸，補前史之未備，垂往迹于方來，庶幾文獻足徵，可以稽典
故，可以示監戒，雖僭逾纂述，貽誚大方，所不敢辭也。

　　黎貴惇的這篇序內容非常豐富，對編年紀傳二體的起源、演變都有自
己的認識，接著敘述了越南自黎文休（1230—1322）至當代史學的發展，最
後提出述史當詳於典章制度，遂效法馬班，撰著紀傳體。諸本"序"最後皆
寫"景興十年己巳秋仲延河桂堂黎貴惇允厚序"，"序"作於景興十年，當無
疑問，此年黎貴惇23歲，能夠寫出這樣的序，足證其史才卓越。"今傳志所
輯，從前未有片紙只字，茲始創爲實錄"，此言雖有誇張，但顯示黎貴惇已經
完成了一部分內容。現存《大越通史》最晚的史事爲"逆臣傳"最後順治元
年（1644）鄭柞（1606—1682）率軍攻高平，而1697年刻印的編年體通史《大
越史記全書》史事截止到1675年，這是經鄭氏認定的官修史書，且是當時
唯一刻印的通史。《大越通史》沒有超出正和本《大越史記全書》的時間範
圍，刻本流傳較廣，黎貴惇應該是以此書爲主體，重撰紀傳體，現存的"太祖
紀"和"后妃""帝系""逆臣"諸列傳以及"藝文志"①，很有可能在作序之時
已經完成。但觀黎貴惇在最後一部分感慨修史之難，文獻不足，很可能是
全書未完，尚待來日。

　　《大越通史》爲斷代紀傳體史書，記述黎朝統一時期和篡逆的莫朝之
事，1592年莫朝殘餘勢力退守高平，雖有餘力反撲，但在中興黎朝的持續攻
擊下逐漸衰弱，最終在康熙年間被攻滅。鄭主治下的官方史籍修撰，有自
己的格式特徵。景治三年（1665）范公著（1600—1675）《大越史記續編
書》言：

　　　欽惟皇上陛下，嗣守丕基，率循天下，日與大元帥掌國政尚師西
　　王，整飭紀綱，作興文教，專委欽差節制各處水步諸營兼總政柄太尉宣
　　國公鄭根，典司政本，講求治理，深知夫史乃正當時之名分，示來世之

①"藝文志"收錄極衆，多有珍本秘笈，黎貴惇可能在入史館之後有所增補。但"藝文志
　序"應該在景興十年已經完成。

勸懲,於是渙起宸斷,紬繹書史,特命臣……等訂攷國史……①

永治元年(1676)《重刊藍山實録序》:

　　　　肆今皇上陛下誕膺駿命,肆守鴻圖,其德義日進,學年日長,寔賴大元帥掌國政,尚師太父德功仁威明聖西王,涵養薰陶,匡扶造就,思昔先王之德,振脩禮樂之綱,以爲憑藉扶持之本,專委元帥典國政定南王維持世教,興致太平,暨親勛僚佐,講求治道,繙閲書籍,目諸舊録,見先祖創業之難,得國甚正,功德兼隆,自我越建國以來未之有也。……乃於暇日數引宰執儒臣共論自古帝王經營大業,以爲舊本雖有抄記,間猶錯簡,未易盡曉,兹欲纂取精純,用鋟諸梓,庶幾先帝之功業,復明於世,乃命臣等參以舊籍,録家編而重修之,舛者正,漏者補,得便觀覽,以廣其傳。臣等叨奉德音,敢不搜閲補綴,彙以成編,謹録上進,以俟睿覽,奉賜名曰《重刊藍山實録》。②

正和十八年(1697)黎僖(1646—1702)《大越史記續編序》言:

　　　　欽惟皇上陛下理會道源,緝熙敬學,寔賴大元帥統國政上聖父師盛功仁明威德定王整頓乾坤,綱維治教,專委欽差節制各處水步諸營兼掌政權太尉晉國公鄭柄,贊裏治化,振作文風,深惟史記之中,明是非而公好惡,森乎華袞斧鉞之榮嚴,寔爲萬世衡鑑,乃於事幾之暇,特命臣等訂考舊史,訛者正之,純者録之。……③

　　鄭氏在輔政過程中,形成了特殊的"太上王"制度,即父爲上王,子爲國王或亦封王,父子同掌國政④。三段文獻之中,"皇上陛下"垂拱而治,國政"寔賴"鄭氏上王,"專委"今王,范公著和黎僖的修史工作即續修《大越史記全書》,皆奉鄭王之命而爲,《藍山實録》的重編工作亦是"叨奉德音",即鄭氏之命。三段文獻之中的黎皇皆是幼童,由鄭氏遣人教導⑤,鄭主竭力塑造自己盡心輔政的"純臣"形象。正和十八年《大越史記全書》和永治元年

①吳士連著,陳荆和校合《大越史記全書》卷首,頁59—60。

②《重刊藍山實録》,(河内)社會科學出版社,影印本,1992年,頁2—4。

③吳士連著,陳荆和校合《大越史記全書》卷首,頁61。

④請參看成思佳《越南古代的上皇現象研究(968—1759)》,鄭州大學2014年碩士論文,頁86—87。

⑤張文亮《越南後黎朝後期的"黎皇鄭主"體制》,鄭州大學2007年碩士論文,頁21。

《重刊藍山實錄》皆爲刻本,流布天下。

　　但黎貴惇在序中沒有像前述文獻中提及黎皇鄭主,最後言"雖僭逾纂述,貽誚大方,所不敢辭也",顯然這是一部未奉命修撰的私著史書。黎貴惇書名"大越通史",抄本基本一致,又有"皇越通史",黎朝常稱本朝爲"皇越"。但漢喃研究院藏的 Vhv.1555 中興黎朝抄本和 A.1389 阮朝抄本以及夏威夷大學藏本中,皆有"前朝通史"字樣,將"后妃""帝系""逆臣"列於其下。黎貴惇在序中言"況以大越百餘年太平之治……兼載李陳政事於前朝格例之上,勒成通史,以爲一代大典。第今日之距前朝已數百載……",書以"大越"爲名,但序中兩次出現"前朝",諸本皆同,正文亦有,當是有意爲之,中興黎朝在鄭主治下,雖未廢立,但實與新朝無異。筆者揣測黎貴惇史才卓越,對黎朝中興以來的國家政治狀態有自己的理解,故而以"前朝"示之,而統屬于"大越通史"之下①。

　　黎貴惇在"通史凡例"中首先言"今撰史,據自太祖皇帝以下至恭皇帝,爲本紀爲志爲列傳",之後爲莫氏逆臣,是否《大越通史》的本紀便止於恭皇? 現存諸本僅有"太祖紀"上下,黎貴惇藉助已有的史料《大越史記全書》等完成黎初其餘諸帝的本紀並非難事,也無撰寫時的棘手問題。《大越通史》的諸紀很可能是撰寫完成之後散佚不存。黎貴惇在"通史凡例"中指出全書的篇章設置:

　　　　列傳先后妃,配帝系,重倫敘也;次功臣、相將,表功德也;次儒林,次節義,重才褒忠節也;次高士,次列女,旌恬退表閨行也;次方技、外戚,備事也;次佞倖、奸臣、逆臣,懲惡也;終以四夷,嚴內外之防也。

　　莫登庸弑殺黎恭皇在 1527 年,但《大越通史》的"逆臣傳"述史已到順治元年(1644),即 A.1389 抄本"大越通史卷之三十四 逆臣傳 臣惇撰"結尾所記鄭柞攻高平事,此卷已到卷三十四,中興黎朝徹底攻佔高平莫氏在康熙十六年(1677),倘若此卷寫完,那應該還有卷三十五。"逆臣"之後爲"四夷",則最少有一卷,當爲卷三十六。

　　《大越通史》記莫朝之事,亦述莫朝文籍。"藝文志序"明言錄典籍至中興,即 1592 年滅莫之時,包括了莫朝典籍,如《烏州近錄》爲莫朝楊文安所著,

---

① 陳文珅認爲此"前朝"很可能是阮朝史臣所爲(《對漢喃書庫的考察》,頁 117),筆者不認可這一觀點。

《應答邦交》爲莫朝狀元甲澂撰,亦録有莫朝狀元、大儒阮秉謙文集詩歌。

現存《大越通史》的"志"和"傳"已經突破了"紀"的時間下限,其他的傳亦有可能突破。但黎貴惇所列諸傳的部分篇目,則因鄭王無法著筆。首當其衝的是"外戚"。鄭氏執掌大權,黎皇不甘心爲傀儡,因此多蓄謀奪權。1619 年黎敬宗聯合鄭松之子鄭椿謀劃刺殺鄭松事泄,《大越史記本紀續編》記載:

> 五月十二日,王御府堂,集百官、王親,持金芙蒥盤出,泣語曰:"莫氏之時,皇家已無天下,我父親起義兵,迎先帝於山洞中,創立朝廷,我尊扶三朝,身經百戰,收復江山,費盡心力,年已七十。今帝咱逆子,忍爲此謀!"文武臣僚,無不感慨。阮名世、黎弼四、阮惟時並毅然曰:"子不孝當誅,君不道當廢。請賜椿自盡,及查伊霍故事。"諸朝臣皆從其議。王曰:"此大事,諸公毋太草率。"名世請捕鄭椿,罷其官爵兵權,囚于内府,許之。誅逆黨文督等。帝惷懼,謂皇后曰:"何面目見王父!"遂自縊。王聞之驚惻。次日早,召諸臣曰:"天變不虛生,不意今日乃見此事,當如之何?"諸臣皆曰:"聖上至德,帝行不道,自絶于天,葬祭禮宜減削。"王曰:"我心不忍。"命仍用天子禮。庭議不當入廟,立別殿享祀。謚曰簡輝帝,葬布衛陵。
>
> 六月,皇長子即位。時簡輝帝既崩,皇從兄强郡公黎柱自以本國公黎柏子英宗嫡孫,且娶王子清郡公女,有睥睨意,亦有勸立之者,王未許。皇后日夜泣言曰:"先君得罪,其子何罪? 何捨妾子,別求他人? 父王立之,萬世之後,有天下者猶是父王子孫也。"王意遂決。於是命大臣百官迎皇長子詣勤政殿即位,時年十三。大赦,改是年爲永祚元年。尊皇后曰皇太后,以生日爲壽陽聖節。[1]

鄭松之女爲敬宗皇后,繼立的黎神宗爲鄭松外孫,因此鄭氏念骨肉之情,之後對神宗廢而不殺,需要時又重新立爲帝。在此鄭氏既是權臣,又是外戚,黎貴惇的"外戚傳"到此必然無法撰寫。而請求廢黜敬宗的阮名世、黎弼四、阮惟時等人皆是投效鄭氏的名臣,忠於鄭則逆於黎,且之前已有臣子忠於鄭王而逼殺黎皇。1572 年,黎英宗不滿鄭氏挾制外逃,鄭檢遂立英

---

[1] 佚名《大越史記本紀續編》卷之二十,附影印本《大越史記全書》之後,河内:社會科學出版社,1993 年,頁 655—656。

宗子黎維潭爲帝,是爲世宗,後尋獲英宗:

> 左相鄭松遣阮有僚等進兵至城,帝避于蔗田,有僚等跪拜于田曰:
> "請陛下速還宮,以慰天下臣民之望,臣等無異志。"乃以雄象四隻迎帝
> 以歸,使榜郡公宋德位等扈從,日夜偕行,二十二日,還至雷陽。是日
> 帝崩。時左相鄭松使宋德位陰逼,陽言自縊。上尊號曰"英宗峻皇
> 帝"。①

阮有僚、宋德位助鄭逆黎,與請求廢黜敬宗的阮名世等人,於黎氏而言
大逆不道,當入"佞倖"、"奸臣"、"逆臣",鄭氏行徑,亦與篡權的莫登庸無
益,當入"奸臣"傳。但諸人於鄭氏則是忠臣。

就《大越通史》殘本所見,黎貴惇充分肯定鄭主的中興之功,在"逆臣
傳"中對鄭氏扶黎滅莫的史事予以直錄,並諱書鄭氏內亂。且黎貴惇之時,
鄭氏權勢熏天,與鄭氏主臣相關的"外戚"、奸逆等傳是無法寫作的。

按照 A.1389 抄本所列篇章,《大越通史》按計劃至少有三十六卷,其中
的"外戚"、"奸臣"等傳則因鄭氏執政的形勢無法完成。1821 年潘輝注完成
《歷朝憲章類志》,記載"《黎朝通史》三十卷",所見可能爲一部沒有完成的
文本。綜合考察七個抄本,黎貴惇完成的當有"太祖紀"上下共兩卷,"后妃
傳"一卷,"帝系"一卷,功臣傳三卷,"逆臣傳"六卷,"藝文志"一卷,共十四
卷,只有 A.1389 抄本所列的三分之一多。由此筆者推論《大越通史》當是
一部既沒有完成、後世又有散佚的史著。

四　《大越通史》的"論"和"序"

黎貴惇在"大越通史序"中言述大越之史,"欲仿記傳體例,事類相從,
區別條貫,兼附己意,論贊序述",現存諸本中,存有"論"一篇,序三篇,即
"后妃傳序"、"帝系傳序"、"藝文志序","功臣傳"和"逆臣傳"無序。劉知幾
《史通·論贊》曰:

> 《春秋左氏傳》每有發論,假君子以稱之。二《傳》云公羊子、穀梁
> 子,《史記》云太史公。既而班固曰贊,荀悅曰論,東觀曰序,謝承曰詮,
> 陳壽曰評,王隱曰議,何法盛曰述,揚雄曰譔,劉昞曰奏,袁宏、裴子野

①吳士連著,陳荆和校合《大越史記全書》本紀卷之十七,頁 874。

自顯姓名,皇甫謐、葛洪列其所號。史官所撰,通稱史臣。其名萬殊,其義一揆。必取便於時者,則總歸論贊焉。①

劉知幾概括總結了唐代以前史書中的評論方式,總稱爲"論贊",這也是《史通》之前中國史學評論的主要形式。《史記》中的"太史公曰"雖未有專稱,但將置於篇前、篇中或篇后,内容豐富,形式多變,爲司馬遷首創②。觀"大越通史序"和"作史要旨",黎貴惇對中國古代史學的發展極爲熟悉,其於紀傳體,尤爲推崇司馬遷,但選擇了後世的專稱。"太祖紀"爲"論曰","后妃""帝系""藝文志"爲"序。""論"和"序"實爲黎貴惇的史論之作。

(一)論黎太祖

黎貴惇對黎太祖的功業如此評價:

論曰:仲虺稱湯曰,天乃錫王智勇,表正萬邦,言帝王之興自有天命也。太祖善用兵,建義之初,止有鐵突二百,勇士二百,義士三百,西摧哀牢,北平吳寇。考其奇謀秘計,有得於韜略爲多,又明於治國,纔至菩提行營,求才用士,設官分職,除殘禁暴,恤兵撫民,懷集夷落,防守邊塞,已有定天下之規模。海内既一,録勳臣,禮儒雅,制禮樂,定律令,申軍制,修户籍,正税額,革鈔法,施爲政事,寬大周密,觀其一時詔敕,所以數求典訓,講明治道者,詳矣。光復土宇,身致太平,功德施於時,基緒垂諸後,猗歟盛哉!

這段史論明顯脱胎于《大越史記全書》關於黎太祖的史論③:

論曰:太祖即位以來,其施爲政事,藹有可觀,如定律令,制禮樂,設科目,置禁衛,設官職,立府縣,收圖籍,創學校,亦可謂創業之宏謨。然多忌好殺,此其短也。又曰帝承祖父之業,時遭大亂,而志益堅,晦迹山林,以稼穡爲業。由其憤强賊之陵暴,尤留心於韜略之書,罄竭家貲,厚待賓客。及戊戌年起集義兵,經營天下,前後凡數十戰,皆設伏出奇,避實擊虛,以寡敵衆,以弱敵强。及明人出降,戒戢軍士,秋毫無犯。兩國自是通好,南北無事,忙禮、哀牢,俱入版圖,占城、閨榮,航海修貢。帝宵衣旰食,凡十年而天下大治。

① 劉知幾撰,浦起龍釋《史通通釋》,上海古籍出版社,1978年,頁81。
② 張大可《史記論贊輯釋·序論》,《張大可文集》第四卷,商務印書館,2013年,頁1—32。
③ 吳士連著,陳荆和校合《大越史記全書》本紀卷之十,頁565。

　　史臣論曰：帝起義兵，未嘗濫殺一人，惟能以柔制剛，以弱制强，以寡敵衆，不戰而屈人兵，故能革否爲泰，轉危爲安，易亂爲治，所謂仁者無敵於天下，其帝之謂歟。其有天下而傳萬世之業也宜哉。

　　《大越史記全書》中的"論曰"僅存在於後黎朝統一時期，即太祖至恭皇，莫氏代黎又作一總論。《大越史記全書》這段時期歷史的編撰者范公著言："自丁先皇至我國朝太祖高皇帝爲本紀全書，並依如前史臣吳士連、武瓊等之所著述也。其自國朝太宗至恭皇，則因前書所載，題曰本紀實録。"①卷十一太祖部分雖由吳士連原作，但其史論爲"史臣吳士連曰"，因此筆者推測"論曰"的作者應該是景治三年（1665）修史的范公著，而"史臣論曰"的作者當是正和十八年（1697）繼范公著整理史籍的黎僖。

　　范公著言："幸天心有在，亶生聖主，以義而征，以仁而討，山川以之改觀，日月以之復明，生民以之奠安，國家以之順治。"②范公著、黎僖皆論太祖之仁義、韜略和治政。二人的史論明顯來源於黎嵩 1514 年完成的《越鑑通考總論》中關於黎太祖的史論。黎嵩此文是後黎朝官方史學思想的集中呈現，論太祖得國之正，以殷湯、周武比黎太祖，論太祖之仁德寬厚，體天地之心量，守天下以仁義智信③。黎貴惇論太祖得天命，如殷之成湯，並未出黎嵩所論範圍；論治政則糅合了范公著和黎僖的史論。儘管范公著、黎僖、黎貴惇三人對黎太祖的史論都沒有達到黎嵩的高度和深度，但所處時代相異的三人均論太祖受聖王之天命，以仁義得天下，則是儒家史學思想的集體呈現④。

---

① 吳士連著，陳荆和校合《大越史記全書》卷首，頁 60。

② 吳士連著，陳荆和校合《大越史記全書》本紀卷之十，頁 550。

③ 葉少飛《黎嵩〈越鑑通考總論〉的史論與史學》，《域外漢籍研究集刊》第 11 輯，中華書局，2015 年，頁 215—236。

④ 鍾彩鈞《黎貴惇〈大越通史〉的文化意識》（載《黎貴惇的學術與思想》，"中研院"文哲研究所，2012 年，頁 57—86）專設"天命意識"一節，論《大越通史》史文内容中以神話體現得天命，即祥瑞符應以見聖主之興，但未言及黎貴惇史論。這並非黎貴惇首創，丁黎建國即有濃厚的讖緯氣息，李朝尤重祥瑞符應，且有儒佛祥瑞之别。《大越史略》和《大越史記全書》均有詳細記載。《大越通史》記載的後黎朝祥瑞承前代而來，但只有儒家符應，佛教符應已經消失。後黎朝儒教勃興，對前代李陳的崇佛之弊，祥瑞災異之變，已經大爲警惕，故而於天命之事亦簡言之，君臣多崇尚仁義治政，因此太祖親撰《藍山實録》鑒戒後世，范公著、黎僖、黎貴惇亦多論韜略治政。

(二)"后妃"和"帝系"二序

歷代紀傳體正史之中,《史記》以"后妃"入"外戚世家",《漢書》則以"后妃"入"外戚傳"。《三國志·魏書》最早以"后妃"爲列傳之首,繼以功臣,《後漢書》則設"皇后紀"。之後的史書多以"后妃"爲列傳之首,《宋書》、《魏書》、《新唐書》等繼以"宗室",《隋書》、《晉書》、《舊唐書》等則繼以人物。《宋史》、《元史》、《明史》皆在列傳中首"后妃"而次"宗室"。

黎貴惇言"列傳先后妃、帝系,重倫叙也",亦沿用了這樣的次序。儘管歷代史家對"后妃"和"宗室"都有精到的見解和評價,但對後宮外戚之禍和宗室作亂都只能提出防禦的建議,歷代君主也難以斷絶其禍。黎貴惇在"后妃傳序"中以"易曰:至哉坤元,萬物資生,乃順承天"開篇,接著論述后妃德範禮儀,最終"宣明内教,德潤四海",這段論述並未超出《史記》"外戚世家"、《三國志·魏書》卷五"后妃傳"、《後漢書》"皇后紀"及之後紀傳體正史的論贊範圍層次。隨後黎貴惇叙述歷代王朝后妃史事,對自丁部領立五皇后以來的後宮亂政進行批評,最後指出"國朝家法最正,倫教最明","無前代閨門不正之失"。但對黎太祖不設皇后之政,認爲"未能助天子以聽内治也","稽之古典,曠闕多矣"。李亡於陳,陳亡於胡,陳、胡雖是權臣,亦是外戚,黎太祖鑒於前代外戚之禍,故不立皇后。但太子繼位爲帝,母爲皇太后,仍然出現了女主專權,外戚篡奪如莫登庸,此亦黎太祖所料不及。阮朝世祖阮福映遠鑒黎太祖,亦不立皇后。

"后妃"尚有古典可稽,但對於宗室,黎貴惇幾乎一籌莫展,"帝系傳序"開篇言:"嗚呼!國於天地有興立焉,封建尊號,其爲保國之最上策歟!周漢晉魏分封之得失,姑置勿論,就我越言之……",越南歷代王朝先帝崩而諸王擁兵攻殺最慘烈者首推前黎朝,繼爲李太宗平兄弟叛王之亂,而陳朝則因諸王之分封,宗親一心,成功抵抗了蒙元三次南征。黎貴惇仔細羅列了歷代分封諸王得失,最後批評黎太祖只以功臣待宗室英傑,"不得列茅土之爵",之後諸君皆不分封,"枝葉既盡,根本隨之","自古削弱同姓以致傾敗者多矣"。"考其覆亡之禍,未有若前朝之酷可慨也"。黎貴惇認爲莫登庸篡黎的根子在於黎太祖没有分封宗室,建列屏藩,之後内亂不斷,終於覆亡。

以"倫叙"來看,女主專權和宗室攻殺自是慘劇,但就政治權力的運作規律而言,則是皇權暫移導致的必然結果。而持續不斷的皇權暫移必然導致王朝傾覆。而從君主本人的角度來看，國家和君權最大的危險來自於具有合法繼承權的宗室對自己或繼承人持續不斷的挑戰，因此分封諸侯當爲下策。黎貴惇書生意氣，以古典論后妃之德，以封建論宗室之立，這二者皆是皇權政治的痼疾。黎貴惇所論，既未高出前賢史家，亦未就越史歷代后妃和宗室問題提出有效見解。

(三)"藝文志序"

黎貴惇在"通史凡例"中言：

> 修史之難，無過於志，《漢書》《唐書》備載法制，雜以議論，文法雖妙，而觀者苦之。惟《宋史》區別條目，事類粲然，便於批閱。今修國朝志，準《宋史》志。

黎貴惇推崇《宋史》諸志，現在《大越通史》僅有"藝文志"，前有長序，恰是對《宋史·藝文志》開篇所論的回應。《宋史·藝文志》云：

> 易曰：觀乎天文，以察時變；觀乎人文，以化成天下。文之有關於世運，尚矣。然書契以來，文字多而世代日降；秦火而後，文字多而世教日興，其故何哉？蓋世道升降，人心習俗之致然，非徒文字之所爲也。然去古既遠，苟無斯文以範防之，則愈趨而愈下矣。故由秦而降，每以斯文之盛衰，占斯世之治忽焉。①

黎貴惇"藝文志序"云：

> 易稱：觀乎天文，以察時變；觀乎人文，以化成天下。唐呂溫論之曰：察乎變者，立德以貞其象，感其化者，立言以贊其功。至哉文乎！五經四書，鴻裁大筆，直與五緯四宮相爲表裏，相爲始終。後之名公碩儒，代有撰作，雖一二議論，未能盡醇，要亦鍾於灝氣之精英，本於道心之淵懿，各自以其所見，成一家言，賢者足以博物洽聞，增神長智，其可以爲枝葉而不讀耶？

《宋史·藝文志》以文論世，並進而論宋代學術之發展，"宋之不競，或以爲文勝之弊，遂歸咎焉，此以功利爲言，未必知道者之論也"②，對認爲宋代因文而衰的觀點並不認可。黎貴惇則以文論人，却並沒有提出一個異常宏大的目標，而是落脚于"博物洽聞，增神長智"這樣的個人修養之上。隨

---

① 《宋史》卷二百二《藝文志 一》，中華書局，1977 年，頁 5031。
② 《宋史》卷二百二《藝文志 一》，頁 5031。

後黎貴惇效法《宋史·藝文志》論兩宋書籍聚散的方式,陳述越南歷代書籍
的聚散興毀,並以"憲章"、"詩文"、"傳記"、"方技"四類,録陳歷代書籍
目録:

　　"憲章",典制刑禮邦交;

　　"詩文",歷代詩文集;

　　"傳記",史籍輿地兵書傳奇;

　　"方技",釋道醫算堪輿。

　　黎貴惇的方法不同於《宋史·藝文志》的經史子集四類,排在首位的是
"憲章",而非"經部",黎貴惇知曉經部,阮有造的"黎公行狀"首先録入"《易
經膚説》、《書經衍義》、《春秋略論》、《詩説》、《禮説》"①。黎貴惇言"我國號
爲文獻,上而帝王,下而臣庶,莫不各有著述。會而總之,不過百有餘帙,視
中華作者,不能以什一也",顯示越南典籍總量不足。黎貴惇推重《宋史·
藝文志》,但並不遵循其分類法,而是以典章制度體史書作爲四分法的首
位,這很可能是出於歷史學家本人的個人選擇,但從側面也可説明黎貴惇
本人沒有深刻的四部分類意識。因黎貴惇之前的越南文獻目録著作不存,
筆者難以判斷這是黎貴惇的個人行爲抑或是越南文獻目録的通例。但黎
貴惇的四分法却影響到了阮朝的潘輝注。

　　潘輝注《歷朝憲章類志·文籍志》沒有使用經史子集四部分類法,而是
分爲"憲章"、"經史"、"詩文"、"傳記",此即從黎貴惇"傳記"中分出"經史",
又將黎貴惇的"方技"納入"傳記"之中,但"經部"仍然不在首位。潘輝注以
史家名世,以"憲章"爲首顯然是接受了黎貴惇的史學理念②。

五　《大越通史》與中越史學的交流

　　越南古代史學的發展基本受中國史學的影響而來,自 1272 年黎文休
撰成《大越史記》開始,歷代史家無不受到中國史學的影響。南宋時期中國

---

①《黎公行狀》,漢喃研究院藏抄本,藏號 A.43。

②《四庫全書簡明目録》以及《四庫全書》相關典籍傳入之後,很快被越南官方和學者實
　踐運用。請參看謝貴安、宗亮《崇慕與實踐:清修〈四庫全書〉在越南的傳播與影響》,
　《河南師範大學學報(哲社版)》2017 年第 3 期,頁 44—49。

史學大體發展完成,越南史家撰著越史,並不受中國史學家法源流、官修私著的制約。黎貴惇之前的越南史著多將中國史學思想運用於史著之中,且受到中越官方史學思想的巨大影響。而黎貴惇在中國古代史學的浩瀚資源中自由采擷,不僅運用於史文之中,而且在"序""通史凡例"中直接呈現,更是留下了采集中國史學思想的"作史要旨",呈現自己對史學的理解和認識。

黎貴惇"大越通史序"的第一部分對"編年""紀傳"二體的起源、演變以及歷代史家所宗皆有清晰的論述,進而論述越史編年體的發展,最終何以選擇紀傳體著史,並提出了自己的著史目標。這是黎貴惇對史體的選擇,足見其對傳統中越史學的精湛理解和把握。

"通史凡例"中説明在黎初諸侯篡弒以及年號記載中春秋筆法的使用;又言"登庸凌逼,凡諸爵命皆所自建置,非恭帝詔旨,遵朱子書法,一切書自,以正其罪",以莫氏爲僞逆在中興黎朝已是鐵律,黎貴惇再次以朱熹"綱目體"史筆將莫登庸及莫氏後裔置入"逆臣",這與中興黎朝的官方史學思想一致。黎貴惇在"作史要旨"中收入 11 位中國史家的史論:

1 漢荀悦曰:古者朝有二史,左史記言,右史書事,君舉必書,善惡成敗,無不存焉,下及士庶,苟有茂異,咸在載籍,得失一朝,而榮辱千古。

2 文中子曰:聖人述史有三焉,書也,詩也,春秋也。三者同出于史而不可雜也,故聖人分焉。

3 袁山松曰:史之爲難有五,煩而不整一也,俗而不典二也,書不實録三也,賞罰不中四也,文不勝質五也。

4 劉知幾曰:史有三長,才也,學也,識也。

5 唐李翱①上疏曰:今之作行狀,非其門生,即其故吏,莫不虛假仁義禮智,妄言忠肅惠和,曾不直叙其事,故善惡混然不辨,今但令指事説實,直載其詞,則善惡功迹皆足以自見矣。

6 宋張似②奏曰:史官之職,凡天地日月之祥,山川封域之分,昭穆繼世之序,禮樂師旅之政,本於起居注,以爲寔録,凡記事以事繫日,以

①A.1685 爲"劉翱",A.1389 爲"李翱",後者爲是。
②A.1685 爲"張泌",A.1389 爲"張似",後者爲是。

日繫月,以月繫時,以時繫年,必書朔日甲乙,以紀曆數,典禮文物,以
考制度,遷拜旌賞以勸善,誅罰黜免以懲惡,記言必録制詔德音政事之
大者。

　　7 歐陽公曰:近年以來,撰述簡略遺漏,百不存一,至於事關大體,
皆没而不書,其弊在於修撰之官,惟據諸司供報而不敢書所見聞故也。

　　8 曾鞏曰:古之所謂良史者,其明必足以周事物之理,其道必足以
通天下之用,其智必足以通難知之意,其文必足以發難顯之情。

　　9 汪藻①曰:治道之大,見於史者,不過政事弛張,人才升黜,弛張
有本有末,升黜有先有後,不以歲月辰日繫之,將安所考乎?

　　10 陸游曰:史官紬繹之所修者,上則中書密院,下則百司庶府,以至
四方郡國之遠,重編累牘,源源而集,然後以耳目所接,察隧碑行述之辭,
以衆論所存,删野史小説之謬妄,取天下之公,去一家之私,而史成焉。

　　11 揭傒斯②曰:修史以用人爲本,有文學而不知史事者不可預,有
文學知史事而心術不正者,不可預。

　　上文所録順序諸抄本一致。黎貴惇所采非常廣泛,正體現了自己對史
學的認識。其中荀悦、李翱、張泌、歐陽修、汪藻、陸游的史論集中出現在
《歷代名臣奏議》卷 276 至 277“國史”之中③,袁崧、劉知幾、揭傒斯之論見
於《御定淵鑒類函》卷 69“史官”④,袁崧之論又見於卷 193“文學部”,此處寫
作“袁山松”,恰在文中子《中説》謂薛收曰:聖人述史三焉,書也,詩也,春
秋也,三者同出于史而不可雜也,故聖人分焉”之後,曾鞏和劉知幾之論亦
見此卷⑤。

――――――――――

① 諸本皆作“江藻”,王國良教授指出當爲“汪藻(1079—1154)”,陳文玾誤認爲是“江德
　藻(509—565)”(《對漢喃書庫的考察》,第一集,文化出版社,1984 年,頁 118)。
② A.1685 爲“楊傒斯”,A.1389 爲“揭傒斯”,後者爲是。
③ 黄淮、楊士奇等《歷代名臣奏議》,文淵閣《四庫全書》影印本第 440 册,商務印書館,
　1986 年,荀悦之論見頁 760,李翱之論見頁 767,張泌之論見頁 769,歐陽修之論見頁
　770,汪藻之論見頁 787—788,陸游之論見頁 797—798。
④ 張英等《御定淵鑒類函》,文淵閣《四庫全書》影印本第 983 册,商務印書館,1986 年,
　袁崧和劉知幾之論見頁 788,揭傒斯之論見頁 792。
⑤ 張英等《御定淵鑒類函》,文淵閣《四庫全書》影印本第 987 册,商務印書館,1986 年,
　袁山松、文中子和劉知幾之論見頁 23,曾鞏之論見頁 24。

　　黎貴惇所録中國古代史家的史論，集中出現在《歷代名臣奏議》和《御定淵鑒類函》兩書的史部。《歷代名臣奏議》有永樂本、崇禎本及《四庫全書》本①，《御定淵鑒類函》康熙年間即有刻本流傳②（1762 年，雍正帝賜書安南，"諭國王好學崇儒，增賞書三部（《古文淵鑒》、《韻府》、《類函》）"，《類函》當爲《御定淵鑒類涵》。（史料來源《大越史記全書》，頁 1060）。這兩部書當是黎貴惇"作史要旨"的文獻來源。黎貴惇看過宋代阮逸《文中子中説》序，因而知曉《中説》的作者是文中子，薛收爲文中子的弟子，《中説》即爲弟子姚義、薛收所輯，因此直接言"文中子曰：聖人述史有三焉"。《御定淵鑒類函》卷 69 作"袁崧"，卷 193 作"袁山松"，引文内容相同，但黎貴惇保留了"袁山松"，顯然是與卷 193 保持一致。

　　"作史要旨"按照時代順序録十一位中國史家的史論，但文中子王通和袁山松袁崧的時代順序顛倒了，《御定淵鑒類函》卷 193 中即是如此，可能是黎貴惇有所疑慮但無法求證，因此仍按照卷 193 録入。

　　《歷代名臣奏議》録漢至元史家史論，《御定淵鑒類函》則至明代史家。黎貴惇極爲博學，所見當不止此二書，但黎貴惇只選擇了漢至元的史論，而不録明清史家之論。黎貴惇讚頌黎太祖敗明軍恢復安南的事業，對永樂帝郡縣交州極力抨擊，雖降莫氏爲逆臣，但對嘉靖帝派遣大軍壓服莫氏出降極爲憤慨，故而不收入明代史論。王夫之、顧炎武、黄宗羲、談遷等明遺民學者的史著流傳有限，黎貴惇極難看到。而清代史學發展的高潮尚要到乾嘉時期方才到來，趙翼、王鳴盛、錢大昕、章學誠等人在黎貴惇著《大越通史》之時尚在成長階段。因此故，黎貴惇没有采入明清史家的史論。"作史要旨"所録史論可分爲以下幾類，體現了黎貴惇對史學的認識，關注了傳統史學的諸多要素：

　　著史宗旨：荀悦，文中子，袁山松，劉知幾
　　史官：張佖，揭傒斯
　　史弊：歐陽修
　　史法：曾鞏，汪藻，陸游

---

①王德領《〈歷代名臣奏議〉（宋代部分）考析》，河北大學 2010 年碩士論文，頁 13—14。
②戴建國《〈淵鑑類函〉康熙間刻本考》，《圖書館雜誌》2012 年第 12 期，頁 90—93。

史材：李翱

　　"作史要旨"體現了黎貴惇對史學觀點的理解和選擇,但若只是摘録則難見黎貴惇的史學才華,他在"大越通史序"中呈現了編年、紀傳二體的源流和演繹,"通史凡例"中展現了己書的宗旨和書法,共同呈現了黎貴惇對古代史學的掌握和運用。

　　黎貴惇之前的越南史籍在以中國古代史籍體裁進行撰著的基礎上,對來源於中國史學的思想均有不同程度的發揮,但限於著作體例和官方著史的要求,彰顯不一。黎貴惇以青年學者私撰《大越通史》,雖未完成,但卻全面展示了對中國史學思想的選擇、吸收和運用,是中越史學交流的結晶。

六　《大越通史》的史料價值

　　現存《大越通史》的内容中,黎利建國和莫氏篡逆是兩個重點内容,前者有"太祖紀"和"功臣",後者有"逆臣傳"。山本達郎在其史學名著《安南史研究 1——元明兩朝的安南征略》一書中,大量采用《大越通史》黎利建國的史料,和《大越史記全書》、《藍山實録》進行對勘研究,足以證明黎貴惇《大越通史》的史料價值。而黎貴惇對莫朝歷史的記載,尤爲珍貴。

　　越南古代正統觀極爲盛行,後黎朝史學勃興,正逆朔閏是其重要内容,史家對前黎、胡朝這兩個争議很大的朝代都進行了評論①。莫登庸建立的莫朝,更是在 1592 年中興黎朝復國之後,被釘上"逆""僞"的標籤,不得更改。因黎莫死仇,對莫朝典籍文物大肆毁棄,因此爲研究莫朝歷史造成了巨大的障礙和困難②。《大越通史》將莫登庸及其後裔列入"逆臣傳",稱"僞莫",體現了中興黎朝的官方思想。但黎貴惇在"逆臣傳"中大量采用奏章和文書,既體現了自己對典章文物的重視,也保存了大量的莫朝史料。

---

① 葉少飛《黎崇〈越鑒通考總論〉的史論與史學》,載《域外漢籍研究輯刊》第十一輯,中華書局,2015 年,頁 215—236。

② 丁克順利用越南殘存的莫朝碑刻進行研究,撰成《越南莫朝歷史研究》(社會科學出版社,2012 年);牛軍凱鈎沉中越史料,撰成《王室後裔與叛亂者——越南莫氏家族與中國關係研究》(世界圖書出版公司,2012 年),對莫氏退守高平之後的活動進行深入研究。

　　莫氏雖然"逆取"，但"順守"，傳國六十余載，並非一無是處，《莫氏略説》記載：

　　　莫以篡得國，內修仁政，外結邦交，發政施仁，設科取士，四宣人傑，爭爲之用……內修外舉，不乏其人。蓋其太祖登庸、太宗登瀛、憲宗福海、宣宗福源，至末帝茂洽，一代五君之治体，略有可觀。然順逆既判，歷數有歸，六七十年之基圖，遂爲禾刀之復有。……①

　　這是阮朝人對莫朝的歷史評價，儘管斷定莫氏爲逆，但對其治政多有肯定之處。黎貴惇不能對莫朝治政進行評論，因此非常詳細地記載了莫氏篡位的過程，以及莫朝官員重臣的官職、事迹和部分奏章，如莫敬典、黎伯驪、甲澂、黎光賁等，並對莫朝內部的紛爭和叛亂進行記載。中興黎朝官修《大越史記全書》記載莫氏史事極爲簡略，盡量少錄文書，且多有詆毀之詞，基本以黎氏復興攻伐莫朝爲敘史主綫，也記錄了中興黎朝內部的紛爭和叛亂。黎貴惇則重點記載莫氏之事，於中興黎朝內部之事如鄭檜鄭松之爭則多有隱晦。

　　莫登庸篡位建國，黎氏向明朝求救，明世宗派遣仇鸞、毛伯温率軍南征，行存亡繼絕之義。明軍到達廣西之後，莫登庸迫不得已，率領群臣泥面出降。嘉靖帝覽莫登庸降表之後，不再進軍，命降安南國王爲安南都統使衙門，莫登庸爲從二品安南都統使。明莫戰爭危機就此解除。黎貴惇在"逆臣傳"莫登庸部分詳細記錄了明莫往來文書，尤其是莫氏對明朝出兵的猜測和判斷，以及化解戰爭的對策，進行記錄。這些文書皆不見於《大越史記全書》。黎貴惇能夠記載雙方文書，應該是掌握了甲澂所撰《應答邦交》十卷，此書記錄于《大越通史·藝文志》，今已失傳。莫登庸死於嘉靖二十年秋八月，年五十九，"是日，明世尊下詔赦登庸父子之罪"，黎貴惇記載莫登庸死於明莫交涉的過程之中，雖然沒有對其出降進行任何評論，但如此記述，或欲彰顯莫登庸忍辱負重，安南免受兵革之禍。

　　莫氏在中興黎朝爲"僭僞"，但莫氏本朝士人如何看待莫朝？"逆臣傳"莫福源部分記載數份文書，可見莫朝文武官員對本朝的認可和尊崇。大將范子儀叛亂，數朝臣阮敬叛逆之罪，引經據典，以郭子儀復長安自比，言："我國家自太祖開基，寔黃天生德，得名得位得禄，膺曆數之傳，同文同軌同

---

①載《皇越歷代合編》，漢喃研究院藏抄本，藏書號：A.503.

倫,統混春秋之大。有不服者,從而征之。"謝廷光上疏:"《春秋考異》及《文
獻通考》諸書皆書,雹者,陰脅陽之象,蓋强臣專權之應,亦蔽賢用邪,信讒
取利,徭役急促,法令數變以致之也……"指謙王莫敬典(?—1580)專權之
事,"福源不能從"。阮季廉、阮彦宏上疏官府兵將擾民:"國家預有紀綱,紀
綱既正,天下大定,周王振修紀綱而中興之名以成,唐宗振舉紀綱而中天之
業克濟,良由紀律之持于上,而臣不敢專故也。""福源是之"。

　　莫福源(1547—1561 在位)卒后,莫茂洽(1562—1592 在位)即位,中興
黎朝的力量已經佔有很大的優勢,莫朝全靠莫敬典支撐。甲澂因颶風上
疏:"伏願以天變爲必可畏,以人事爲必可修,敬天之怒,不敢逸豫,敬天之
渝,不敢驅馳,絕嬖幸之路,杜貨利之門,訓迪百官,興舉百廢",又因彗星等
上疏以聖賢書及前史論朝政得失、天意人心,危亡鑒戒之事。又有大臣阮
光亮等六人聯名上疏言時事艱危,紀綱紊舛,政事姑息等弊端。之後朝臣
甲澂、賴敏、陳文宣多有上疏言政,戮力國事。

　　莫敬典卒后,莫朝將帥無人,在鄭松的持續攻擊下,終於敗亡。莫茂洽
被俘,送之京師,"至行營獻俘,節制府大陳兵馬,引茂洽入見","文武臣僚
共論以爲按律諸篡弑惡逆者,凌遲示衆,合依國法,並傳首告廟,以雪先朝
之恥,舒神人之憤","節制不忍加之極刑"云云。宋代及以後,大將已無受
降權利,皆執送降人或俘虜至京師,由皇帝行受降禮後處置。黎貴惇記載
以莫茂洽獻俘于鄭松,鄭松確定如何處置,滅莫大功歸於鄭氏,又言黎氏爲
"先朝"[1],由此可見黎貴惇尊鄭之意。《大越史記全書》則言:"武郡公令人
以象載之及二妓女,還至京師獻俘,生梟三日,斬于菩提,傳首詣清華萬賴
行在,釘其兩眼,置于市"[2],隱去了鄭松受降之事。

　　儘管黎貴惇貶黜莫朝爲"逆臣"、"僭僞",但其著史大量錄入文書材料,
於敘述之間較多呈現了莫朝的政治狀態,在莫朝歷史的記述方面擁有《大
越史記全書》無可比擬的史料價值,正是傳統史家"直錄"精神的體現。

---

[1]《大南實錄》中亦稱先帝爲"先朝",但觀"大越通史序",黎貴惇所言"先朝"即是黎太祖
　　至恭皇這一段時期的黎朝,即"黎初 Lê sơ"。此處當指莫登庸篡弑黎氏之恥。
[2] 吳士連著,陳荆和校合《大越史記全書》本紀卷之十七,頁 894。

七　《大越通史》的史觀

自黎文休《大越史記》開始,即以"我越"爲述史主體,逐漸形成越南古代史觀,《大越史記全書》即呈現了以越南歷史爲主的"天命"、"華夷"、"正統"、"變易"等歷史觀,孔子、朱熹的史學思想亦運用於越史的發展之中①。黎嵩《越鑑通考總論》則是後黎朝官方史學思想的集中呈現。

《大越通史》撰著之時,越南史觀已經基本形成,黎貴惇即以"我越"爲述史主體。因黎莫形勢的巨變,儘管《大越通史》沿用了前代史籍中形成的史觀,但在叙述中却産生了巨大的衝突和矛盾。

(一)"天命"何指?

儘管黎貴惇以韜略治政論黎太祖的功績,但首先言"帝王之興自有天命也",黎氏得天命自不待言。但莫登庸篡奪黎氏大統,亦得"天命",黎恭皇禪讓詔書先云"惟我太祖乘時革命,誕受多方,列聖相傳,嗣有曆服,蓋由天命人心叶應以致然也",洪順以後,"人心既離,天命弗祐,是時天下已非我家所有",莫登庸"功大德懋,天與人歸,兹酌厥中,乃遜以位,惟克允德,永保天命,以康兆民"。范子儀檄文亦言:"我國家自太祖開基,寔黃天生德。"甲澂言:"我朝革命一初。"莫登庸禪讓雖是改朝換代常用的把戲,但"天命"指歸却是政治家和史家必須面對的問題。

與"天命"相表裹的則是"正統"。黎氏得天命爲正統,莫氏亦得天命,自當爲正統,惟因中興黎朝復國,莫氏遂成"篡逆"、"僞朝"。如何分辨黎氏之天命和莫氏之天命的正逆,正是史家應有之義。黎朝復起,形勢天命如何變易②。然而《大越通史》未完,黎貴惇對此如何分析已不得而知。

憑藉滅莫而興的鄭氏獲得了中興黎朝的實際權力,因爲各種束縛和顧忌而没有廢立,但其做派已與帝王無異。儘管黎貴惇叙述了鄭氏滅莫的史

---

① 請參看葉少飛《越南正和本〈大越史記全書〉編撰體例略論》,《域外漢籍研究集刊》第10輯,中華書局,2014年,頁261—276;《黎文休〈大越史記〉的編撰與史學思想》,《域外漢籍研究集刊》第14輯,中華書局,2016年,頁215—244。
② 登柄就莫氏篡逆之事對越史的篡逆行爲進行了總的評論,見吳士連著,陳荆和校合《大越史記全書》本紀卷之十五,頁841—842。

事,鄭氏的崛起是否亦擁有天命,或者擁有何等天命,這已非黎貴惇所能解釋。而觀黎貴惇之後著作的序文,並不輕言黎皇鄭主,極力淡化二者的政治色彩,或許他亦不願面對如此棘手的政治問題。

(二)誰爲"華夷"?

自李朝以來,越南即施行"内帝外臣"與雙重國號政策,即以安南國王應對中華天子,以"大越皇帝"應對國内和中國之外的周邊力量。中國視安南國王爲"外夷",但大越皇帝自認爲"中夏",大越國亦爲"天下"[1]。中越古代典籍大多依據自己的政治和思想標準進行記述,因此儘管雙方史觀嚴重錯位,但在没有引發政治外交糾紛之前,並不會互相干擾[2]。陳興道《檄將士文》以我爲"中國",北爲"宋人",南爲"占人"[3]。1592年,莫茂洽被殺,莫氏殘餘勢力繼續活動。一年後,重臣莫玉璘臨終之時,面對莫朝敗亡的情形,告誡莫敬恭:

> 兹莫家氣運已終,黎氏復興,乃天數也,我民無罪而使罹鋒刃,又何忍也。我等宜避居他國,養成威力,屈節待時,伺天命有歸而後可。尤不可以力鬭力,兩虎相爭,必有一死,無益於事。如見彼兵所至,我當避之,慎勿與鬭,要宜謹守爲望。又切勿邀請明人入我中國,致民塗炭,是亦罪之莫大也。

黎貴惇將此告誡莫敬恭之言記入"逆臣傳",《大越史記全書》記載亦相近[4]。莫朝繼承了"大越"國號,同時也繼承了前代的"中國"觀念。中興黎朝在國内繼續使用"中國"稱本國[5]。

明朝出動大軍壓服莫朝上降表,面對莫朝竊據、黎朝求援的局面,黎貴惇記録嘉靖帝敕諭毛伯温之旨,最後言:"期于僭亂底平,罪人必得,以彰天

---

① 葉少飛《越南古代"内帝外臣"政策與雙重國號的演變》,《形象史學》2016年上半年,頁134—166。

② 請參看葉少飛《中越典籍中的南越國與安南國關係》一文,載《中國邊疆史地研究》,2016年第3期,頁111—120。

③ 吴士連著,陳荆和校合《大越史記全書》本紀卷之六,頁380—382。

④ 吴士連著,陳荆和校合《大越史記全書》本紀卷之十七,頁902。

⑤ 請參看陸小燕《康熙十三年安南使者的中國觀感與應對——兼和朝鮮燕行文獻比較》,載《域外漢籍研究集刊》第10輯,中華書局,2014年,頁241—260。

討,以彰遠夷,斯負委任之重";江一桂檄莫朝之文曰:"我皇上中興撫運,統一華夷,遐方絕域,無不賓服,獨爾國久不來庭","天子爲華夷之主,必敦興滅繼絕之仁,聖人爲綱常之尊,必彰討叛除兇之義"。黎貴惇將中國慣稱安南爲"夷"的文書載之於史,這與越南歷代自認爲"中國"、"中夏"的觀點產生了激烈的衝突。黎貴惇對中越的"華夷"轉換問題,述而不論,在《大越通史》中沒有就此進行解釋①。

《大越通史》延續了前代的"天命"觀和"華夷"觀,但黎貴惇出於種種顧忌,沒有進行闡釋,成爲《大越通史》在史學思想方面的缺憾。

八　結論

越南古代史學自黎文休《大越史記》發軔以來,形成了濃厚的編年史傳統,黎貴惇精研史學,在編年之外,爲越史又開紀傳一體②。黎貴惇在書中對典章制度有充分的論述和重視,且其別開一體的探索精神,應該影響到了後來的潘輝注,撰成《歷朝憲章類志》。《大越通史》大量采入文書制度等,爲後世留下了寶貴的歷史資料。然而黎貴惇這部登第入仕之前的少作,在鄭王主政的形勢下既沒有完成,在黎貴惇身故之後又大量散佚,爲越南史學留下了巨大的遺憾。

在《大越通史》中,黎貴惇長於史體和史法,短於史論和史觀。黎貴惇對歷代史家的著作和思想有深刻的理解,熟練掌握春秋筆法、朱子書法,在黎皇鄭主的新形勢下,黎貴惇根據中興黎朝官方思想尊鄭,充分體現於中

①乾隆二十六年,黎貴惇爲副使如清返國之時,因廣西地方迎候官員稱安南使臣爲"彝官"、"彝目",三名使臣聯名遞書,指出朝廷皆稱"安南國使臣"、"該國官員",要求清朝地方不要使用"彝"字稱安南,之後布政使葉存仁予以認可,行文要求地方停呼"彝"字,見黎貴惇《北使通録》(《越南漢文燕行文獻集成》第四册,復旦大學出版社,2010年,頁273—276)。黎貴惇參與其事,但中越的"華夷"轉換在理論闡釋上難度極大,黎貴惇在撰寫《大越通史》之時應該已經有所體會,因此述而不論,在經歷"彝"稱事件之後,也未改寫原文或增加評論。
②陳朝貴族黎崱北居元朝,以中國史學方法和思想撰成紀傳體通史《安南志略》二十卷,爲元代士人所重,收入《經世大典》。此書長期在中國流傳,近代方回流越南,因此沒有在越南古代史學發展過程中產生影響。

興黎朝的復國戰爭等内容之中,表彰鄭氏再造輔政之功。《大越通史》繼承了前代史著的"天命"、"華夷"等史觀,但出於各種顧忌,黎貴惇未能對黎氏、莫氏的天命問題和明、莫的華夷問題進行闡釋。黎貴惇關於黎太祖的史論没有超出黎嵩的水平,關於封建屏藩和后妃的史論也欠深刻。黎貴惇作《大越通史》掌握了豐富的史學思想,影響了他之後的著述,其中《撫邊雜録》突出體現了黎貴惇重視典章制度的史學思想①。

　　與黎貴惇之後的著作比較,《大越通史》没有其他學者作序或題跋,很可能是黎貴惇秘藏少作,不示外人。裴輝璧在爲恩師所作《桂堂先生成服禮門生設奠祭文》中叙述黎貴惇著述,没有列入《大越通史》②,顯然此書在黎貴惇生前没有流傳。現存中興黎朝《大越通史》抄本已經不知究竟保留了黎貴惇原本的幾分面貌,之後《大越通史》仍以抄本的形式在阮朝流傳。

　　黎貴惇《大越通史》是現存越南古代唯一一部紀傳體斷代史,體現了黎貴惇對史體和史法的理解和掌握,采入了大量中國史家的史論、史觀和修撰方法,最大程度呈現了對中國古代史學的認識和運用,是越南古代史學中的重要著作,亦是中越史學交流的傑作,在東亞史學中具有獨特的價值。

(作者單位:云南紅河學院越南研究中心)

---

①請參看于向東《黎貴惇及其〈撫邊雜録〉研究》,鄭州大學 1988 年碩士論文。
②《皇越文選》卷四,越南國家圖書館,希文堂刻"存庵家藏"本。

域外漢籍研究集刊　第十八輯
2019 年　頁 381—419

圖籍視野與東西觀照：
Henri Oger《安南人的技術》之關涉 *

毛文芳

一　緒論：一套重新編印之越南漢籍圖册

　　2009 年越南河内重新編印出版 Henri Oger《安南人的技術》，這是一套非常特别的漢籍圖册，有幸購得，遂引發近來關注近世圖像文化的筆者極大興趣①。以下先簡介這套圖籍。

　　封面爲左紅右灰配色，左側紅底白綫的圖版選自書册中，右側灰色部份爲出版訊息，由上往下共有七行横書文字，第一行爲作者姓名 Henri Oger，第二行爲法文題名 "*Technique du peuple Annamite*"（安南人的技

* 本文於 Henri Oger 畫册若干喃文之標音譯解、《安南人的技術》導論册之部分文字越語翻譯等基礎考察工作，有賴臺灣中正大學歷史系博士候選人越籍青年潘青皇同學大力協助，並承擔"目前研究概況"一節之初稿執筆，助成此研究成果，特此申謝並敬告讀者。
① 2015 年，筆者透過越南漢喃院丁克順高級研究員賜告此書的重要價值，爾後本人研究助理越籍青年潘青皇博士生返國於河内代爲覓購欣得此書，遂展開探索。唯筆者初涉越南漢學，相關素養薄弱，幸有青皇同學協助共學。本文之寫成，由衷感謝南京大學域外漢籍研究所張伯偉教授籌辦 2017 第二届"域外漢籍研究國際學術研討會"，惠賜與會良機，遂不揣淺陋，提出初步研究心得。本文初稿寫成於該會議，今稿略作修訂，懇祈四方專家不吝賜正。

術），第三行爲英文題名"*Mechanics and Crafts of the Annamites*"（安南人的機械與工藝），第四行爲越語題名"*Kỳ thuật của người An Nam*"（安南人的技術）。前四行爲作者與書名。接下來第五行爲法文小字"Première édition 1909"（1909 年初版），底部第六至七行爲法/越文"Edition 2009/Chủbiên（主編）：Olivier Tessier & Philippe Le Failler（兩位主編姓名）"，文字的左右兩側共有四個合作機構的標誌。

　　本套書共有三册，第一册爲導論册，第二、三册爲畫册。導論册扉頁依序出現同於封面第二—四行法、英、越三行書名。次頁上下依序爲作者姓名、三語書名、英越二語譯者姓名與出版機構。之後，則同樣內容依序爲法、英、越三種語言的導論（法語爲原文，英、越二語爲譯文）。導論是幫助讀者全面理解這套圖籍的鑰匙，兹簡介譯自法文原稿之英譯導論部份，首頁行文樣式依序排列（中譯）如下：

《安南人的機械與工藝》研究的總體介紹
關於安南人的物質文化藝術和工業的評論
By
Henri Oger
（Edition original on 1909）
新版和介紹
Olivier Tessier & Philippe Le Failler
法國遠東學院（École française d'Extrême-Orient）
Sheppard Ferguson 譯自法文
三册
三種語言的文本卷和由 700 幅手繪、圖解與雕刻圖版組成的對開圖册
HANOI 2009

　　導論册編撰內容，包含的項目以 * 標示如下：
*"榮譽委員會的前言"（1 頁）
　　這套畫册由四個機構共同出版，首長們共組榮譽委員會。此章開篇即標出四人姓名與職銜：
H. E. Mr.François BILTGEN 盧森堡大公國高教與研究文化部部長
H. E. Mr. Herre BOLOT 越南社會主義共和國法國大使
Mr. Jos SCHELLAARS 胡志明市荷蘭領事館領事

Mr.BÙI Xuân Đức 胡志明市國家圖書總館館長

＊"謝誌"（1 頁）

＊"敬告讀者"（2 頁）

＊"本卷使用章節脚本的説明"by Nguyễn Văn Nguyện（3 頁）

＊《越南技術的先鋒：Henri Oger》by Pierre Huard（2 頁）

　　這是 1970 年 Pierre Huard 發表於學報的一篇專文，作者引注感謝該文因得到國家檔案館海外分館館長 M. C. Laroche 提供 Oger 的官方檔案而寫成。

＊"引論"by Olivier Tessier & Philippe le Failler（17 頁）

＊1909 年 Henri Oger 舊作（23 頁）

　　此爲 Henri Oger 針對《安南人的技術》所作研究的總體介紹，正文前包括：舊版書影、首頁致謝、畫册的四大分類、緒言（包括方法、圖像、成品與出版等段落）。之後便是 oger 針對安南國手工業以一種新的表列次序進行的總體介紹。

＊"圖版索引"（27 頁）

　　題下有一行 Oger 按語：1908 年河内出版之 15 卷圖版（700 頁已出版，400 頁未出版，共有 4200 幅圖繪）（按：Oger 按語謂 1908 年出版，疑 1909 年之誤）

＊"15 卷圖版綜合目録"（4 頁）

　　題下 Oger 注解：此綜合目録共有 45 個文本群和技術性語彙依據被建構的四大類次序排列。

二　Henri Oger 及其《安南人的技術》①

（一）關於作者

1883 年中法戰爭。1884 年簽訂《中法會議簡明條約》，次年《中法新

---

① 筆者對於 Henri Oger 其人其書的認知，拜賜於 2009 年河内重新編印出版此書，拙文的論述來源悉得自該書導論册相關研究篇章之英譯與越譯兩大部分之閲讀與尋繹。筆者在閲讀、理解及撰稿過程中，有賴潘青皇、盧詮、侯汶尚、林文儒等研究助理協助英譯、越譯、資料查詢與文獻繕打，於此一併銘謝。

約》,中國放棄領屬權,越南成爲法國保護國。法國佔領越南、柬埔寨、寮國後,1887 年(同慶二年)合併三地爲“印度支那聯邦政府”,1899 年(成泰 11年)在河內成立法國遠東學院,對印支古代文化,如高棉、占婆的研究都有所成就。越南雖然無法避免階層化、剝削、掠奪等殖民國命運,但也有不同於傳統的新變,如在文化政策方面,當時民衆仍廣受私塾教育,殖民政府於1906 年(成泰十八年)起在鄉村大力推行小學教育,以越南語授課,傳授新知。1910 年代,廢除科舉。殖民政府進行東方學研究,自 1887—1945 年,法屬將近 60 年,越南政治、經濟、社會、文化起了很大變化。

　　Henri Joseph Oger(1885—1942?),1885 年生於法國 Monrevault,1905年取得大學學位(主修拉丁、希臘、哲學)。之後,他個人請求前往越南河內完成兩年(1908—1909)完整的軍事服務,1909 年在 25 位學生中以第四名成績畢業於他注册就讀的殖民地學校(École Coloniale)。1910 年,他被指派爲法屬印度支那殖民地的行政官員,後升爲第五組組長。Oger 赴越之際,時序剛進入 21 世紀,北圻淪爲法國殖民地約有 20 年,幾乎相當於 Oger的年齡。1907 年的維新運動才剛起步瞬間被消滅,1908 年新一波的運動正在醞釀興起。大約 700 萬農民勉强務農糊口,生活艱辛,河內北圻首府,只有爲數不多的城市居民從事手工業與買賣,許多工匠由農民轉業而來尋求營生之道。Oger 於 1912、1914 年兩度返法,據説他被視爲一位十分博學又得到安南語言與漢字認證並受過完整訓練的人才。後因戰争之故,暫時脱離研究工作,開始飄盪生涯,1916 年被迫返回越南。及至 1919 年,因爲生病住院及過重的工作負擔而返回法國,1922 年正式於公職上退休。由此可知,他在越南共計兩年的軍旅生涯(1908—1909)以及十年的公職服務(1910—1920)。1932 年之後住在西班牙巴塞隆納,約於 1942 年左右逝世。

　　(二)關於此書的編撰動機與製印過程

　　如前所述,Oger 由法國志願赴越從軍。作爲法蘭西學院的學生,他於1907 年被殖民地政府派往河內的北圻履行義務,當時的任務爲研究安南的家庭。1908—1909 年,他在河內進行文獻收集與深入考察,Oger 可以看到許多載録越南多樣事物的字典或工具書,但事實上,顯現越南民族的實際調查零散,信息亦相對稀少,他必須自行設計民族學的考察模式。

　　1908 年,Oger 雇用一批畫家,合作畫家究竟是誰,個別身分有待辨識。Oger 爲畫家們擬好提問大綱,這個大綱同時也提交給受訪安南人。他們在一年內走遍作坊、商鋪，對於各種機具提出尺寸、名稱、材質、用法等問題，受訪人給予考察人員各種機具名稱及用法示範。畫家在訪查現場進行即時速寫客觀紀錄，並準確描述各個細節，再給當地人檢視，以互動方式進行校正、解釋與補充，之後是專業術語、各圖的簡要解說。他們走訪河內36條街道以及周邊鄉村，以考察百姓日用，包括物質生活、生產方式和文化習俗。他們幾乎覆蓋性地記錄了河內的街道百態、公共生活、經濟交換與工業活動。這個由Oger率領的越南畫工調查隊，以一年時間共完成4200幅畫稿，他近距離接觸被繪入畫冊的安南人民，並與百工頻繁互動，充分體認越南工匠們在經濟發展的前提下所具有無可忽視的作用。

超過四千幅的手繪圖稿，以及包含器具、手工藝、民俗、習尚等的語彙及解說文字，當時未得到官方資助出版，河內也沒有一間刻坊願意印行。他並未放棄，得到兩位善心人士捐助200元作爲出版頭筆資金，他先後在Hàng Gai、Vũ Thạch的寺廟設了兩個工作坊，雇用包括畫工與雕匠（多爲農民）在內的30人團隊，進行系列工作。最初，畫工在Oger的規劃與指揮下分批進行田野調查，將所見繪成畫稿，采訪者（包括Oger）標記序號並題寫漢字/喃文，再按圖逐个寫成解說文字。之後，由匠人根據圖文原稿以木雕刻版。刻本完成時正值炎炎夏季，印刷過程遇到困難，北圻夏日濕氣重，畫稿製成的大批雕刻木板因爲受潮質地變軟，產生扭曲變形，無法放入鐵製的機器中進行壓製印刷，迫使Oger必需回頭使用安南人由中國習得的傳統木刻印刷法，以特別需求的大尺寸，取靠近河內的柚子村（Làng Buởi）當地製造增加保存品質的Gió紙，提供Oger團隊使用，工匠再以手工方式將特製的Gió紙覆蓋在沾墨的雕版上，克服印刷的問題。初版印製使用傳統木刻技術，並以安南特製紙張進行印刷，由於未曾作過大尺寸的紙張，造紙工具十分粗糙，儘管速度緩慢，但版面清晰，效果樸拙，使該套書富有濃厚的安南色彩。

（三）調查成果不受重視

Oger於1910年開始殖民地的公職生涯，爲融入政府習性十分艱辛。學者於越南國家資料儲存中心、艾克斯普羅旺斯海外資料儲存中心等處查詢其相關資料，發現頗有矛盾之處。透過評分表，Oger在東洋表現出很好的工作能力，但1911年第二次到東洋，雖工作經常受到讚揚，但也出現他因專注研究疏略行政工作而遭受批評的紀錄，紀錄顯示，1914年他以怠忽職守之由被遣送回法,這種批評對他的研究成果帶來負面影響。另外,Oger 涉及某項宣傳引發殖民政府反感,1918 年被政府組成的調查委員會調查。返法後,他有一篇關於"大家的家庭"一文被刊登在《東洋雜誌》亦引發爭議,這些經歷似與其編繪《安南人的技術》之受輕忽不無關聯。

　　Oger 當時還年輕,這份研究計畫完成後,僅被視爲工作報告,政府當局從未認真看待,因而未能獲得任何機構的青睞。Oger 並未失去信心,認識到這份研究(圖像及注釋)是東洋物質辭典的架構,得到機會於河内的東洋雜誌《北圻將來》(*Avenir Du Tonkin*)刊登,1908 年第 77—82 期(3 月 15 日至 5 月 30 日),僅刊登 6 期便終止。原因似乎是認爲 Oger 漫不經心,只有作品載於公報的熱情,專業度似不足。雜誌總編輯表示:作者惜未得到科學機構如東方語言專門學校的幫助,認識安南這個國家……云云。當時的東方語言專門學校是指於 1914 年在穩固的社會背景下成立的國家東方語言學校和法國遠東學院,成立之始對尋找知識的 Oger 或之後的 Malraux 等人皆不持有寬容心態。在此狀況下,這本書只能基於個人意願力爭出版,Oger 捐募號召的自我讚揚,被反對者視爲欺瞞與作假,外界對 Oger 懷有蔑視的眼光,這是該書第一次出版數量很少的原因。

　　很遺憾的,該書出版時未標注確切的出版日期,亦未留下任何出版信息,沒有任何一個複本被國家機構正式收藏,法國國家圖書館也未見任何複本。現今東洋各圖書館亦幾乎没有正式著錄。所幸越南政府有了兩個藏本,如今才得以重新認識這項偉大的成果。

(四)同調師友與先驅

　　儘管當時調查成果不受重視,Oger 仍有同道師友與先驅。Oger 的老師 Jean Ajalbert 是一位記者律師,充滿才華與正義感,是《人權、社會問題年鑒》的作者。其自由意識接近無政府主義,遠離組織與權力,不爲當局所喜,巴黎許多報社皆對 Ajalbert 敬謝不敏,幸有欣賞他的同道 Aristide Briand 設法讓 Ajalbert 在東洋取得新靈感,專事寫作。Ajalbert 是《日報專刊》、《北圻將來》的編輯,因爲對東洋充滿好奇,他花了好幾年成爲小説家,並出版數本著作。1909 年,他曾爲 Jules Boissiere《鴉片煙》寫書序,Jules Boissiere 又是一位對藝術著迷的人,在東洋亦被認爲是筆鋒鋭利的作者。Jules Boissiere 不斷攻擊殖民偏見,略帶狂傲却善良、風趣但品行端正,富有幽默感,與 Jean Ajalbert 同調。Ajalbert 對欽慕他的 Oger 影響很大,他們喜歡跟安南人打交道，熱衷於學習語言，都對這塊土地有使命感。Oger正在尋找一個對安南文化理想模型的出版窗口，因此與老師 Jean Ajalbert 產生了連結。Ajalbert 在其主編的《北圻將來》，騰出一個版面刊登 Oger 的圖畫和注解。

刊在《北圻將來》這類東洋雜誌裏的作品，對科學技術性的研究很有限，大約在十年前，同樣關注越南民間文化的主要有 Gustave Dumoutier 一系列被刊布在《北圻將來》的研究。Dumoutier 研究安南許多社會議題，包含家庭、醫學、飲食習慣、信仰等，他在《玩具、風俗和職業》專題中，用直觀性的圖畫進行系列介紹，呈現安南的社會體制。這些系列研究被命名爲"北圻人民的小論"，出於一種熱情洋溢的手法盡力點綴，讓版面增加豐富感。Dumoutier 於 1904 年去世，這批刊登於雜誌、具有鮮明色彩的圖畫對 Oger 產生一定的啟發。Dumoutier 雖然用熱情豐富的圖畫對越南的知識文化進行闡發，但 Oger 物象簡净的畫法與構圖，同樣也能呈現出越南的文化特性。現代學者 Maurice Durand 和 Pierre Huard 指出這項風格，認爲 Oger 繼承並吸納 Jean Baptiste Luro、Gustave Dumoutier、Jean Baptiste Friquegnon 和 Louis Cadirere 等前輩的優點，一起匯聚到他刊於《北圻將來》的圖文作品中。

（五）內容、分類架構與編排

這部書的初稿是 4200 幅圖文稿本，Oger 別作兩部分，一是圖像，二是文字，排成 700 頁。整部作品由大量圖繪組成，Oger 采取漢字或通俗喃字作爲内頁各圖的標題或釋名[①]，這些都是由 Oger 與他的畫家團隊田野調查的筆記而來。以漢字或喃字指稱器具物品、職業術語或活動内容，後附對照性的"圖版索引"則再爲各圖進行解說。這些圖像的標題與釋名，成爲安南物質文化的豐富語彙。

Oger 在畫册最後製作兩種非常重要的附錄，第一種爲"圖版索引"（Index of Illustrations），下方提及："For the 15 Volumes of Plates Published in Hanoi 1908"（700 pages published；400 unpublished；4200 drawings in all），1909 年（按：有按語謂 1908 年出版疑誤）河内初版的 15 卷圖版，共刊印 700

[①]喃字有時以漢字標出越語，有時取漢字之形組成新字，或結合上述二種，而成形聲組合之喃字。

頁,全數共計 4200 幅手繪圖,另有 400 頁未刊印。對各頁圖版進行解説"插圖索引",是以各頁圖版由上而下分行(以阿拉伯數字 $Rg.1$、$Rg.2$、$Rg.3$……)、由右而左依序以英文大寫符號(A、B、C、D……)編碼,上下分行、左右編碼的方式讓讀者可以一一檢索參閱。

內頁圖版以漢字或喃字書寫的標題,跟後附的"圖版索引"彼此之間有相關性,但未必具有相同邏輯的連結,有時彼此相應指稱,有時則二者相互參照及補充。再者,"圖版索引"這些具描述性或分析性的注解,似乎沒有特別的規範與體例,是十分自由的描述,當內頁圖版的視覺語言未能充分傳達訊息時,具有非常重要的指引功能,有時則呈現各説各話、未必緊密貼合的現象。(舉例下詳)

這部書涵蓋的範圍很廣,包括農業、商業、造紙、雕塑、烹飪、建築、算命、繪畫和民間醫藥等傳統職業;婚禮、葬禮、祭祀和陰曆新年等重大儀節;以及踢毽子、打撲克、唱民歌、放風箏和捉蝴蝶等民生娛樂。如上所述,Oger 在其 1909 年初版對該書的總體導論中,曾列出他爲畫册擬出的四大類項,又在全書最末,繼第一種"圖版索引"後再製作第二種附錄"15 卷圖版綜合目録",此份目録共分成 45 個文本群和技術性語彙依循被建構的四大類項次序排列,以下一一呈現並舉例説明之。

第一類:從大自然擷取原生材料的工業。如:農業、漁業、狩獵、運輸業、采集業,共 5 項。畫册中如:賣香蕉和蕉青葉(p.4)、賣熟土豆(p.4)、網魚(p.10)、賣穀皮(p.12)、半檳(p.12,喃文"賣檳")、掬豆樂(p.30,喃文"挖花生")、播穀(p.30)等,這些小販所賣者皆由大自然原生材料中取得,如香蕉、蕉青葉、土豆、魚、米、樹幹、花生、種子等直接擷取原生材料。

第二類:將收集的原生材料進行製作的工業。如:紙、珍貴金屬、陶藝、錫合金、木頭、武器、竹、藤、水果和蔬菜的製造、紡織、絲、羽毛、皮革、鐵、銅,共 15 項。畫册中如:糕餅師父推平麵糰(p.2)、鐵匠製鍋(p.2)、婦人印紙(p.2)、長鋸木工(p.7)、製笠帽(p.11)、各色武器(p.22)、用糯米作漿(p.38)等,由大自然中取得材料後進行製作處理。

第三類:由已製材料再進行加工處理的工業。如:商業、石藝、裝飾物與設計、畫與漆、雕塑、儀式物品、烹飪術、服飾、建築、家具製造、工具、設備、機械、糕點與糖果製作,共 14 項。畫册中如:賣調味料(p.4)、蓋屋(p.7)、巧作磚室(p.11)、賣茶(p.14)、春節文人揮毫寫春聯(p.14)、漆工製漆器

（p.22）、佛像（p.25）、畫匠（p.36）、銀匠造圖（p.46）、中藥庫（p.47、p.90）等再加工處理。

第四類：安南人民的私有與公共生活。如：公共生活、家庭生活、樂器、魔術與占卜、方藥運用、慶典儀式、游戲與玩具、儀態、街頭生活、流動交易、流行圖像共 11 項。畫册中如：塗産（p.1）、門神畫（p.1）、鼓琴（p.3）、女人彈月琴（p.20）、春節裏清沐佛（p.23）、祭壇（p.25）、做飯比賽（p.35）、童子打桓子（p.35）、抓瓢蟲（p.38）、符咒（p.86、p.88）、年畫（p.90）、童子戲鼠（p.332）、小兒辰豆（p.333）……涉及安南人民私有與公共之多樣化生活面貌。

第一種是生産的行業，使用的原料來自於大自然。第二種是工業，原料是資源。第三種是已經過加工的手工業。Oger 隱含的前三個分類意識與層次適爲生産最重要的基礎要素：能源、工具、技術、勞動。Andre Leroi-Gourhan 於 1940 年將這些技術歸納爲：收集、生産、加工、銷售。至於第四種則另屬一類，爲安南的個人與公共生活，處理的是社會更複雜的議題。

Oger 的重點好像在確定一項手工業在不同階段如何進行，其工序又如何，這樣的分段，對於確定職業的過程是非常重要的，Oger 研究安南民族的物質文化與技術文明，他關心每個生産方式的工具、動作與環節，是十分進步的思維。

700 頁版面的構成，目前看不出有什麼特別的編排邏輯，以 p.38 爲例，共有 4 幅圖，各有原始編號，然編號本身並不接續，4 圖彼此之間似無繫連的理由。4 幅圖皆以喃字立爲標題。頁面中文字具有很重要的讀解之功，大抵而言，簡短標題多以喃文標出，較多解釋則用漢字，如"鼓琴"："此琴者其絲維銅其形維木承閒樂此可以消憂"（p.3）。又如 p.9 鞋履五種釋名，"舄履"、"喪鞋"爲漢文標題；"鬣跼䠅"、"鬣蠻"爲喃文標題，"以麻繩削而結之，有大喪者用行祭祀"是"喪鞋"的漢字釋文；"這履其冠皮其蔕木這個便行坑雨"是"鬣跼䠅"的漢字釋文。使用漢/喃字的原則，可能作士庶、雅俗之別，如 p.24 同樣兩款鞋並排——"褙巧：這褙巧乃土蠻山林製之行之以助荆棘"、"太后皇后行之號織鳳鞋"。前項製者或穿者爲山林土蠻，後項爲尊貴皇后所穿，故有意以喃、漢字區別之。

至於有更多的圖像並未附文字，這時有賴畫册後 Oger 編寫第一種"圖版索引"的解讀始能明白，譬如 p.21 下排的工具與作活，頁面毫無文字説明，"圖版索引"則依序解説：1.小打孔機；2.去穀殼；3.珍貴金屬拆卸器；4.浸水木筏;5.喪葬石碑;6.塔中燈座;7.製涼鞋;8.固柄之具;9.製中國秤的鑿子;10.打造金銀器的工具鍊條;11.銀鉤。同樣的,p.2頁面幾幅圖,未附任何文字,參閱"圖版索引"始知:鐵匠造鍋、婦人印字、眼疾。

　　雖然Oger的總體導論提出似乎由簡趨繁的四種類項,但進入每頁圖版中,則四個類項幾乎被擱置,4200幅圖如何邏輯性地放入700頁版面中?Oger有否明確的分類系統? 是根據先後繪製次序? 或隨機編次? 目前仍是謎團,初次出版的導論中,Oger雖有分類索引,但並未提及他每幅圖畫的排列理由,有待進一步探研。

(六)版本

　　在1909年惡劣的條件下,此書僅印刷了6份,原稿可能有348張疊紙(長44厘米,寬62厘米,厚5.4厘米)[1]。現存越南有兩個藏本,一在河內國家圖書館,只有119頁不完整的版本;一在胡志明市國家圖書館,是最完善的版本。2009年河內重新編印出版即以胡志明市國家圖書館藏本爲依據進行再製。河內國家圖書館藏本封面有Oger的簽名,及贈予法屬印度支那總督Albert Pierre Sarraut阿爾貝－皮埃爾·薩羅的贈詞。封面文字(含中譯)及樣式如下:

TECHNIQUE DU PEUPLE ANNAMITE(安南人的技術)

ENCYCLOPEDIE DE LA CIVILIZATION MATERIELLE DU PAYS D'ANNAM
(安南國物質文明之百科全書)
Henri OGER
ADMINISTRATEUR DES SERVICES CIVILS
行政官員
EN INDOCHINE
在印度支那

　　胡志明市國家圖書館藏本,是目前保存最完善的本子,其封面文字(含中譯)及樣式如下:

---

[1](越通社－VNA)http://zh.vietnamplus.vn/法國越僑向順化宮廷文物博物館贈送安南人的技術木板畫/15357.vnp。

ARCHIVES DOCUMENTAIRES D'ART，D'ETHNOGRAPHIE ET DE SOCIOLOGIE
DE LA CHINE ET DE L'INDO.CHINE
藝術、民族誌和社會學檔案紀錄
中國與印度支那

———

I
INTRODUCTION GENERALE A L'ETUDE 總體研究介紹
DE　LA
TECHNIQUE 技術
DU(of)
PEUPLE　ANNAMITE 安南人
ESSAI SUR LA VIE MATERIELLE 物質生活的評論
LAS ARTS ET INDUSTRIES DUPEUPLE D'ANNAM
安南人的藝術與工業
PAR（by）
HENRI　OGER
ADMINISTRATEUR DES SERVICES CIVILS DE INDOCHINA
行政官員

———

DEUX　VOLUMES
兩册
I Texte in—4♯，3 planches
1.文本：4 三版
II Album de 4000 dessins, plans et gravures in-folio(65x40).700 pages
2.簿册：4000 繪稿、排版和雕刻於對開(65x40)700 頁

———

PARIS

GEUTHNER
LIBRAIRE.EDITEUR
68，rue Mazarine(Ⅵ)

JOUVE & COE
IMPRIMEURS. EDITEURS
15，rue Racine(Ⅵ)

（兩處編輯）

　　胡志明市國圖藏本尺寸標明爲 65×40cm，與法國越僑向順化宮廷文
物博物館贈送"安南人的技術"木板畫報導消息所提供的尺寸（長 44cm，寬

62cm)相類①。卷首有謝誌,詳細研究,可據以重建 Henri Oger 當時的出版景況。卷首文字中譯如下:

給

Jean Ajalbert

分享憂愁的好朋友

和 Malmaison 酒店一起討論日子的留念

給

Aymonier:殖民學校、東洋風俗歷史、占婆語教授

Lorin:殖民學校華語和南越教授、東洋民事務幹部

Lorgeou:東方外語學校泰國語教授

Pretre:東洋行政組織和法律教授,東洋民事務幹事

Nores:行政組織法律教授,殖民監察

Roux 大尉:殖民炮兵

致謝

1.Eberhardt:順化科學研究博士,安南皇帝的太傅

2.Schneider:河內書店老闆

3.Lr Gallen:東洋民事務幹事

4.Barbotin:河內實行技術學校經理

5.Peralle:北圻 Seattle Public Schools 經理

6.Poulin:北圻 Seattle Public Schools 秘書

7.Chane:絲布公司的經理

8.Hoang Trong Phuu:河東總督

9.Mandron:教授

10.Ricquebourg:柬埔寨的海關經理和 Cambodge 壟斷者

(可能係買書的人)

　　排名第一的致謝對象,就是主編《北圻將來》,騰出一個版面供 Oger 首刊其研究成果的師友 Jean Ajalbert,與他在 Malmaison 酒店一同討論並分享憂愁的好朋友。

　　2009 年河內今印本,根據出版者針對讀者的説明,該本係以胡志明市國圖藏本爲底本,删除不可證明的時間標記、皺褶跟毀損部分,以及輾轉於

---

①(越通社－VNA)http://zh.vietnamplus.vn/法國越僑向順化宮廷文物博物館贈送安南人的技術木板畫/15357.vnp。

各個圖書館所蓋已經模糊的圖章、一些讀者鉛筆的印記……之外，儘量保留胡志明市國圖藏本的原貌。今印本被賦予的新價值在於每頁圖版下方增列一灰色色塊，其上一一標出越南語的羅馬拼音爲各圖翻譯，以便利現今的越南讀者。其尺寸(31.5×24cm)已經縮幅，只有胡志明本原版(65×40cm)之四分之一。

　　據學者研究指出，除了上述越南兩個藏本之外，似乎還有其他藏本。河內國家圖書館另有一個 6 卷本，編號由 0 開始，到 700 結束。白色封面有 Oger 落款。英國圖書館也有一個版本，編號爲 Or. T.C.4，有文字本和圖像本，共 700 頁，藍色封面。該本似由英國圖書館購進，然細節未詳；日本慶應義塾大學也有一本，爲 1950 年由 Oger 的藏書中購買。日本本有 935 頁圖畫，比胡志明本多 235 頁，日本本有諸多疑問，有待釐清①。如此看來，《安南人的技術》一書，今日可能有 5 種版本，越南 3 種，英國 1 種、日本 1 種。

(七)越南二個藏本的啓示：民族誌與百科全書

　　Oger 自己提出："東洋和漢學的研究，必須要建設一個很大的資料庫，並進行數量的統計與分析。"他要畫出安南全部的物質文明，這一點和幾位前輩先驅如 Gustave Dumoutier 僅作部分呈現不同。這種雄心讓他由安南的百姓日用、物質文化與技術工藝入手，並關聯安南百工職業的發展，全面性的民族誌研究方法和尖端見解使他成爲一位劃時代的領航員。

　　對 Henri Oger 而言，這套畫冊事實上就是官方委派調查工作的成果報告，是一份越南的民族誌(ethnography)。民族誌是一種寫作文本，其寫作風格的形式與歷史，均與旅行家書寫與殖民地官員報告有關，它運用實地考察提供人類社會的描述研究。民族誌學者需以開放心靈面對研究的族群及文化，需以較長時間的實際體驗記錄族群的日常生活，一份民族誌的訪問內容與檔案紀錄反映出研究者對考察族群的理論前提、資料蒐集技

---

① Nguyễn Quảng Ninh，H. van Putten，Nguyễn Mộng Hưng，*Vài Điều Mới Biết Về Kỹ Thuật Của Người An Nam*，tạp chí nghiên cứu và phát triển，số 5，2011.(阮廣寧、H. van Putten、阮夢興《〈安南人的技術〉的新問題》，《研究與發展》2001 年第 5 期。)

巧、研究設計、分析工具以及撰寫形式①。民族誌呈現一個整體論研究方
法的成果,這套方法建立在一個概念上:一套體系的各種特質未必能被個
別地準確理解。民族誌往往指稱描述社群文化的文字或影像,作爲人類學
家或社會學家的記録資料,Oger 在當時以殖民地官方身份進行的調查研
究無疑就是社會人類學與文化人類學的方法,這套奠基於 4200 多幅實地
調查采録的畫稿輯册事實上就是河内北圻的民族誌,以機械與手工藝爲焦
點,呈現安南 19 世紀初的全面性物質生活。

　　Oger 的研究取徑,其實在上述胡志明市國圖藏本的封面第一行,便可
一眼望見:

ARCHIVES DOCUMENTAIRES D'ART, D'ETHNOGRAPHIE

ET DE SOCIOLOGIE

(藝術、民族誌和社會學檔案文件)

DE LA CHINE ET DE L'INDO.CHINE

(中國與印度支那)

　　Oger 宣誓性地揭示他采用社會文化人類學的方法,製作一份包含藝
術、社會等廣大面向的民族誌。他確立的書寫重心爲越南人民的技術,因
此物質機械與手工藝爲其考察核心。首先,他必須建立技術語彙與圖像紀
録,其次據此爲所有器具、設備及使用流程做出圖像性解釋,再者,以單一
圖像描繪越南家庭百態,包括銅、鐵、錫、皮革等工匠,還有紙張、漆器、糕
餅、藥品等商號,或是家傳型工坊、師徒型匠鋪、個別型兜售商販以及街道
往來各色人物的衣著、圍繞住所的相關擺設、飲食習性、婚喪節慶俗尚、祭
祀起造的神像、趨吉避凶的符咒年畫等。

　　《安南人的技術》河内國家圖書館藏本的封面,書名下方有一行醒目的
字眼:"ENCYCLOPEDIE DE LA CIVILIZATION MATERIELLE DU
PAYS D'ANNAM"(安南國物質文明之百科全書),當吾人看到河内國圖
藏本封面的這行字眼,應更能理解 Oger 一百年前的雄圖。儘管尚未獲得
官方重視及出版意願,然越南於法國殖民時期,關於物質文化研究的想法
透過時代領航員 Oger 的努力被公開展現,等著這股意識逐漸成形和廣被

──────────

①民族誌資料來源:https://zh. wikipedia. org/wiki/％E6％B0％91％E6％97％8F％
　E8％AA％8C。

接受。Oger 清晰地揭示了他繪製編印這份民族誌賦予百科全書知識圖景的雄心。Encyclopedie（百科全書）的奠基者是 18 世紀法國的 Denis Diderot（德尼·狄德羅，1713—1784），他是法國啟蒙思想家、唯物主義哲學家、無神論者和作家，一生最大的成就是主編《百科全書》（1751—1772）。《百科全書》有一大批學者參與撰稿，他們的哲學觀點與宗教信仰不全然一致，其中有達蘭貝爾、愛爾維修、霍爾巴赫，以及孟德斯鳩、F.魁奈、杜爾哥、伏爾泰、盧梭、比豐等聲譽卓著的改革者，此書概括了 18 世紀啟蒙運動的精神，這些啟蒙思想家因編纂《百科全書》理念相近而形成了"百科全書學派"。百科全書派大抵以狄德羅爲核心，他們的基本政治傾向是反對特權制度和天主教會，嚮往合理社會，認爲迷信、成見、愚昧無知是人類的大敵。主張一切制度和觀念要在理性的審判庭受到批判和衡量，同時，他們推崇機械工藝，重視體力勞動，孕育務實謀利的精神，因此這部書的全稱爲《百科全書，或科學、藝術和工藝詳解詞典》①。

　　Oger 似乎相當認同並效慕 2 個世紀前本國先驅學者 Denis Diderot 編纂科學、藝術與工藝詳解辭典的工具理念，故亟欲賦予《安南人的技術》一書偉大奧義爲"安南國物質文明之百科全書"。Oger 於百年前遺留下來的兩個藏本封面，胡志明市藏本留下"民族誌"字眼，河內藏本留下"百科全書"字眼，這兩個重要詞彙，成爲 Oger 特別標誌其知識傳承的符碼。

三　中國類書與圖像書籍的脈絡性視野

　　儘管促成 Oger 編纂《安南人的技術》之動機，很大一部份來自於西方 18 世紀以來 Denis Diderot 編纂"百科全書"締造全幅知識企圖的影響，雖產生於歐洲的背景不同，但 Oger 所在的安南國，擁有深厚的漢學傳統與知識體系。一如 Oger 所述，當時其所接觸的書籍中，有大量越南出版的漢學辭典與工具書，就此而言，將《安南人的技術》衡諸中國目錄學範疇，類書與

---

① 百科全書學派資料來源：https：//zh.wikipedia.org/wiki/％E7％99％BE％E7％A7％91％E5％85％A8％E4％B9％A6％E6％B4％BE。

圖像書籍或可作爲有意義的脈絡性參照①。

(一)類書

　　類書是一種工具書,其編撰概念相類於西方的百科全書,發源於古代中國,後流傳至東亞各國②。類書可追溯到先秦時期呂不韋主編的《呂氏春秋》,後有三國《皇覽》,專供皇帝閱覽。其後歷代相沿仿效,依據皇家藏書纂修類書。宋代王應麟稱《皇覽》爲類書的始祖。南北朝時期類書非常繁榮。有劉杳的《壽光書苑》、劉峻的《類苑》、徐勉的《華林遍略》、祖珽的《修文殿御覽》等。現存最早而較完整的類書之一,是隋唐虞世南所編的《北堂書鈔》,另有唐高祖令歐陽詢編《藝文類聚》、徐堅編《初學記》、白居易編《白氏六帖》。宋朝有李昉等奉敕編纂《太平廣記》和《太平御覽》,王欽若等編《册府元龜》、王應麟編《玉海》等。明成祖命解縉、姚廣孝編《永樂大典》,最具規模,惜毀於戰火。清代陳夢雷、蔣廷錫編《古今圖書集成》一萬卷,成爲今日中國最大之類書。明清後的類書種類繁多,專門彙集詩文詞藻者,有《佩文韻府》、《子史精華》、《駢字類編》;考證事物起源者有《格致鏡原》③。

　　日本受到唐朝文化的影響,從平安時代開始也出現了類書。第一本是源於 934 年編寫的《和名類聚抄》。1446 年出版《壒囊鈔》,匯集日本和中國的佛教與世俗事物知識。19 世紀編成的類書《古今要覽稿》已具有近代百科性質。韓國類書均出於朝鮮時代,其中多與詩學關係密切,如李睟光《芝峰類説》、安鼎福《星湖僿説類選》、權文海《大東韻府群玉》、李裕元《林下筆

---

① 拙文關於中國近世附圖書籍之大量例證,悉參引自鄭振鐸編著《中國古代木刻畫史略》,上海書店出版社,2006 年。又參徐小蠻、王福康《中國古代插圖史》,上海古籍出版社,2007 年。不一一列舉,謹此説明。

② 西方學者普遍認爲類書相當於今日的百科全書,中國學者則説法不一。清末民初的聞一多認爲類書並不同於現代意義上的百科全書,不過是類似《兔園册子》之流的淺陋書籍。也有人認爲類書可劃分爲多個門類,並不是所有門類都可以算作是百科全書。學者杜澤遜認爲,類書與百科全書的主要區別在於,百科全書對各種知識內容進行綜合歸納後撰寫而成,屬於著述;類書則僅僅將其他圖書中的詞句片段的原文,不加修改地分類匯集在一起。資料來源:https://zh.wikipedia.org/wiki/%E9%A1%9E%E6%9B%B8。

③ 資料來源:https://zh.wikipedia.org/wiki/%E9%A1%9E%E6%9B%B8。

記》等。《芝峰類説》凡二十卷，略分天文部、時令部、災異部、地理部、諸國部、君道部、兵政部、官職部、儒道部、經書部、文字部、文章部、人物部、性行部、身形部、言語部、人事部、雜事部、技藝部、外通部、宮室部、服用部、食物部、卉木部、禽蟲部，共 26 部①。

　　越南亦有類書：《歷朝憲章類誌》，潘輝注於嘉隆八年（1809）開始編纂，歷時十年完成。明命帝授予潘輝注國子監編修一職，對研究越南地理、官職、法律史、兵制史、外交史等科目都有非常重要的參考價值。有輿地誌、人物誌、官職誌、禮儀誌、科目誌、刑律誌、兵制誌、文籍誌、邦交誌等十部份。經查越南書目，被歸爲類書之著作多爲拓展知識尤重詩學創作之用，如黎聖宗主編，杜潤、阮直編撰《天南餘暇集》，參考前此各種典籍編成，包括條例、官職、詩文評、列傳、雜識、史考、詩前集、詩集對聯、賦集、征西紀行、征占婆書、明良錦繡、瓊苑九歌、典例、天下版圖等内容，多載録典故。另一部則是黎貴惇編撰《芸臺類語》，亦被歸爲類書。分理氣、形象、區宇、典彙、文藝、音字、書籍、士規、品物等九章。

　　若就全幅知識廣闊分類的概念而言，越南小學類的書亦以類書架構編排如：《日用長談》，范廷琥（1768—1839）編撰的漢喃辭典，此書分天文、地理、儒教、道教、身體、房屋、服裝、食品、草木、昆蟲、禽獸等三十二目。《大南國語》，成泰己亥年（1899）印，針對漢語詞彙解釋和喃譯分成 50 部門，如天文門、地理門、人倫門、心臟門、公器門、俗語門、水部、土部、金部等。又如：《南方名物備考》，鄧春榜序於成泰辛丑年（1901），漢喃雙語辭典，按類分成：天文、地理、時節、人事、人倫、人品、官職、飲食、服用、居處、宮室、船車、物用、禮樂、兵、刑、户、工、農桑、漁獵、美藝、五穀、菜果、草木、禽獸、昆蟲等②。

（二）日用類書與附圖

　　在類書系統中，以圖相互輔成者有明代小規模的《圖書編》及大部頭的《三才圖會》，後者因附有大量圖版而在類書系統中顯得極爲特別，該書是

①韓國類書資料，參引自張伯偉《東亞漢籍研究論集》，臺灣大學出版中心，2007 年，頁317。

②關於本文引證之越南書籍目録資料，悉參自劉春銀、王小盾、陳義合編《越南漢喃文獻目録提要》，"中研院"中國文哲研究所，2002 年。

由明朝人王圻及其子王思義於 1607 年共同編輯完成。“三才”,是指即“天”、“地”和“人”,共 106 卷,分 14 門,分別是天文、地理、人物、時令、宮室、器用、身體、衣服、人事、儀制、珍寶、文史、鳥獸和草木等,各門繪有圖像及文字説明,部分圖畫添加神話想像性色彩,還包括一些地圖源自傳教士帶來的外國輿圖。《三才圖會》被譽爲中國繪圖類書的佼佼者。摘取天文地理、史事逸聞、典章制度、名言警句、藻辭儷語等分類排比而成,世間萬事萬物均可以圖示。

受到中國影響,百年後的日本亦有《和漢三才圖會》,是 1712 年(正德二年)在日本出版的類書。按字義來説,書名的意義就是:“日本、中國的天地人三界的圖册集。”編纂者是大坂的醫生寺島良安。書中描述並圖解日常生活,例如工匠、釣魚、植物、動物及星座等。著作的構思來自中國的《三才圖會》。全書篇幅達到 105 卷 81 册之巨,在各項目裏羅列中國與日本的考證,並添上圖版。本書由古漢語寫成,和《三才圖會》相同,卷帙浩大,篇幅遠遠超過中國母本,該書同樣也録入部分想像不可稽考的内容。天部類項較少,唯人、地二部,分門別類,項次繁複。據其後序言之:“物物圖形狀書……令童蒙易見。”可見得對圖繪曉喻大衆的功能極有體認。

與《三才圖會》展現全幅知識架構的編著理念相同,還有一種關心百姓日用知識的類書型態,早在南宋末年,就有福建崇安人陳元靚編《事林廣記》一書,是一部日用類書,收藏許多民間生活資料。元代建安刻坊,行銷廣遠,如繼承宋金醫藥傳統的《新編類要圖注本草》、《居家必用》、《翰墨大全》等日用百科大全,紛紛出爐。至元六年(1340)建陽鄭氏積誠堂刊刻的《纂圖增類群書類要事林廣記》是一部劃時代作品,采用纂圖互注的形式,開拓類書附插圖的體例,内容包括天象、節氣、農桑、人紀人事、家禮、儀禮、帝系紀年、歷代聖寶、幻學、文房、佛教、道教、養身、官制、醫學、文籍、辭章、算命、選擇器用、音樂、武藝、閨妝、茶匯、酒麴、飲饌、郡邑、風水等共 53 門,繪録了當時種種風俗禮儀游戲。

爲了滿足各類讀者的需求,明代出版大量生活必備的日用類書,如《萬用正宗》、《萬寶全書》、《五車拔錦》等,以收載内容最多樣化的《五車拔錦》爲例,將四散分開的資料廣爲搜羅,依照人們日常生活必需的知識架構,加以重新編排分類,共計有:天文、地輿、人紀、諸夷、官職、律例、文翰、啟劄、婚娶、葬祭、琴學、棋譜、書法、書譜、八譜、塋宅、剋擇、醫學、保嬰、卜筮、星命、相法、詩對、體式、算法、武備、養生、農桑、侑觴、風月、玄教、祛病、修身等 33 門。存仁堂刊梓的《萬寶全書》，封面上刻印有"徐筆洞先生纂"，及"每部定價　銀壹兩正"等字眼，透過出版銷售的方式，爲百姓的日常生活，提供知識檢索與查核的功能。還有爲新興商賈階層所編的類書亦應運而生，如《一統路程圖》、《新刻士商必要》、《客商一覽醒迷》等，以從事商業活動的商賈爲主要閱讀對象，或作爲商業經濟的知識傳授、或作爲商賈商業活動的條規和準則、或作爲職業道德的讀物、或作爲初涉商場生徒的啟蒙教材，印刷發行量很大，傳播很廣。①

(三)物質技術的圖籍

一如《安南人的技術》對物質技術進行圖繪保存，放諸近世中國出版界，邐出的圖像書籍亦如雨後春筍。吾人不妨以目錄學史角度回溯中國與物質技術相關之書籍的先河——《考工記》，該書是中國現存最早關於手工業技術的國家規範，成書於春秋末、戰國初。漢代把《考工記》補入《周禮》作爲《冬官》篇。《考工記序》開宗明義就提到國家六種職業：

> 國有六職，百工與居一焉。或坐而論道，或作而行之，或審曲面執，以飭五材，以辨民器，或通四方之珍異以資之，或飭力以長地財，或治絲麻以成之。坐而論道，謂之王公；作而行之，謂之士大夫；審曲面執，以飭五材，以辨民器，謂之百工；通四方之珍異以資之，謂之商旅；飭力以長地財，謂之農夫；治絲麻以成之，謂之婦功……百工之事，皆聖人之作也。

百工又分了各種項目，包括攻木之工：輪、輿、弓、廬、匠、車、梓；攻金之工：築、冶、鳧、㮚、段、桃；攻皮之工：函、鮑、韗、韋、裘；設色之工：畫、繢、鍾、筐、荒；刮摩之工：玉、櫛、雕、矢、磬；搏埴之工：陶、瓬等。是早期全面呈現手工技術的文字載錄，涉及許多技術問題，如車輪的材料選擇、工藝規範、接鐏方式以及皮革、染織、樂器、兵器等製作加工的問題。

由文體學而論，"記"具有史家之叙事、具載功能："記者，所以叙事識物，以備不忘"，"記事物，具始末"。《考工記》今雖不見原圖，唯由後代文本可知原來必然附圖以輔助説明。中國與物質技術相關之圖籍，早有《考工

---

①本段文字參引自拙著《物·性別·觀看：明末清初文化書寫新探》，《導論：明末清初文化書寫的面向與意涵》(二)日用生活的類輯，臺灣學生書局，2001年。

記》，近世則有宋應星之《天工開物》。明人宋應星（1587—1663）任江西分宜教諭時編撰，初版於崇禎十年（1637）。《天工開物》是世界上第一部關於農業和手工業生産的綜合性著作，收録農業、手工業、工業——諸如機械、磚瓦、陶瓷、硫磺、燭、紙、兵器、火藥、紡織、染色、制鹽、采煤、榨油等生産技術。尤其機械，更有詳細的記述。它對中國古代的各項技術建構成一個完整的科學技術體系，外國學者稱它爲"中國 17 世紀的工藝百科全書"。該書亦詳細叙述各種農作物和工業原料的種類、産地、生産技術和工藝裝備，以及生産組織經驗，既有大量確切的數據，又繪制了 123 幅插圖。《天工開物》門類衆多，加以技術範圍較廣，包含中國古代農業、手工業的各主要部門。該書與明代李時珍《本草綱目》、徐光啟的《農政全書》都是中國物質技術的巨著。這些重要的物質圖書，皆可與《安南人的技術》進行參照。

目録學亦有物質圖籍的收書類例，北宋徽宗命大臣編繪宣和殿所藏古器，就其外形與紋飾摹繪、刻印、編輯而成《宣和博古圖》30 卷，成了後世倣效的典型。北宋吕大臨編撰《考古圖》是我國最早成系統的青銅器、玉器圖録，每件器物都摹繪圖形和款識，記録尺寸、重量和容量，並進行考證。除了博古系統之書外，宋代還出現李之彦《硯譜》、洪芻《香譜》、蔡襄《茶録》、竇苹《酒譜》、韓彦直《橘録》、范成大《梅譜》、趙時庚《金章蘭譜》、張功甫《梅品》、歐陽修《洛陽牡丹記》、王觀《揚州芍藥譜》、史正志《菊譜》、傅肱《蟹譜》、王安石《相鶴經》等著作新類型。《四庫全書》將品物直接相關之書歸入"譜録"、"藝術"、"雜品"三大類例，近世將這些書籍配以圖像以備日用檢索者甚夥。宋元雕版印刷興起後，以木刻技術印製實用性圖籍以醫書最夥，如北宋翰林醫官王懷隱等人奉敕編撰《太平聖惠方》，人體插圖 12 幅；醫官王惟一重繪針灸穴位圖而成《銅人腧穴針灸圖經》、劉甲刊刻《經史證類急用本草》；元代醫官忽思慧撰《飲膳正要》等，尚有宋李誠撰《營造法式》，專論營造修建之事。

明清時期，民間刻坊以雕版印刷技術大量印製實用性圖籍，蔚成風氣，明初有《農書》、萬曆有《袁了凡勸農書》、《武經總要》等。《便民圖纂》是由李文、李禎、曾中、傅汝光等於萬曆二十一年刻於陝西，男耕女織，耕圖 15 幅，織圖 16 幅，以宋樓璹所撰《耕織圖》爲藍本。嘉慶十三年刻《授衣廣訓》，專述織事，表示需求更多，技術更繁瑣，由種棉、采棉以至織布、成衣均有圖説。

　　明清的圖文書，或依序臚列衆圖，標舉名稱，或以圖解文，增強注釋，圖録或圖鑑可用以增衍文字功能。人物而言，如：《歷代名人圖像》、《古先君臣圖鑑》、《有像列仙全傳》、《百美圖》、《百花圖》、清初《英雄譜》等，爲人物之圖録或圖鑑。與承載歷史名器之博古圖相類，以物質爲主的兵器圖、樂器圖，以及展現農、蠶、桑、工、營造等行業製造過程的生産圖如上述《農書》、《耕織圖》之類者，爲數甚多。武器方面，萬曆刻《神器譜》、《單刀法選》、《少林棍法闡宗》，天啟刊《武備志》……這類講兵法、談武術、列火器，甚至論機械、述工程的圖鑑、圖録之書，皆與當時流行的小説戲曲及畫譜插圖一樣精良。

（四）圖文書之閱讀風氣

　　圖書並陳是中國古老的閱讀型式，只是圖像文物不如文字資料容易保存及再製，加上後世文人學士因重詞章或重義理，專力關注語言而冷落圖像，遂造成長期以來圖譜的失落與讀圖能力的退化①。明中葉以後，除私家精刻之外，書坊擴大了文化參與的版面。木刻印刷術的發達帶動了印刷數量的攀升、閱讀人口的激增、生活日用的需求、書估掠販的手法等，書籍成爲可販賣的商品。書籍出版因讀者而生，斯與日漸世俗化的社會可謂同步進展。書籍由早期刻印佛經轉向迎合廣大讀者需求，各類書種：叢書、類書、通俗文學、實用圖籍、繪刻插圖等大量匯刻流通。無論是一般庶民日用的類書，或是特定職業的商書、醫書等類型，呈現了讀者取向的出版動態。

　　刻坊印書出版活絡的一大因素，在於版畫插圖的刊刻，小説戲曲、醫書、工書、啟蒙讀物、小型類書、信箋畫譜等，多附有插圖。書坊刻書冠以"纂圖"、"繪像"、"繡像"、"全像"、"圖像"、"出像"，以及"全相"、"出相"、"補相"等題名，有很強的讀者吸引力，清代《欽定古今圖書集成》是部體系龐大插圖極豐富的類書，凡例曰："古人左圖右史，如疆域山川，圖必不可缺也。即禽獸、草木、器用之形體，往籍所有亦可存以備覽觀，或一物而諸家之圖所傳互異亦並列之，以備參考。"可見插圖之重要。近代圖像由從屬於文字，一躍而爲文字的旁參補充，或與文字平起平坐，或甚至成爲主角。

　　經籍不易理解，早在寫本時代，便有以圖解經的方法，如《漢書·藝文

---

① 觀點引自陳平原《左圖右史與西學東漸：晚清畫報研究》，生活·讀書·新知三聯書店，2008 年。

志》有《周易新圖》、《毛詩圖》、《春秋左氏圖》之載録。宋代開始出現以圖解經的作品，如聶崇義編成《新定三禮圖》，援經據典，考釋器象，附以圖説，全書共有插圖 500 多幅。南宋建安坊間刊刻《纂圖互注禮記》，收録 27 幅圖文，使禮記的閲讀明晰化。《纂圖互注荀子》，亦同樣以上圖下文互見方式，爲《荀子》進行圖解。宋金年間，出現像《經史證類備急本草》、《新編類要圖注本草》、《新刊補注銅人俞穴針灸圖經》等圖解草藥或標注穴位的醫藥用書。元代《新刊全相成齋孝經直解》，也是上圖下文的“纂圖互注”形式，圖解經典。《重修政和經史證類備急本草》，除了草本圖繪之外，書中“解鹽”一圖則繪出人物勞動的景況。

　　明清時期四書五經、童蒙讀物、詩文選本……無不插圖。童蒙訓注類讀物，如元代福建刻《歷代諸史君臣事實箋解》，以圖解叙寫史事。明熊大木校注《日記故事》，上圖下文，是建安版訓蒙書。清末《孝友圖説》，圖繪孝友故事；《蟾宮第一枝》，集孔子、倉頡和梓潼帝君寶誥及惜字報本等功律圖案，皆孝訓讀本。光緒 30 年(1904)《繪圖蒙學課本》已啟用石印術大量印製，這類附圖蒙學教科書不少，如《三字經圖注》、《繪圖小學千家詩》、《女二十四孝圖説》、《澄衷蒙學堂字課圖説》等。

　　粗覽晚清書市的概況，夾雜著印刷術的精良，特別標榜圖像的書籍異軍突起，宛如“左圖右史”的傳統復活，許多城市的導覽圖如《申江勝景圖》、《海上繁華圖》等，蒐羅艷色的百美圖如《上海品艷百花圖》、《海上群芳譜》等在書市中大佔版圖，與民衆生活息息相關的新聞，以圖爲訴求的畫報如雨後春筍般蠭出，“視覺語言”大量植入了讀者的心眼。順應著個人意識高漲與能動性強的時代潮流，書市一隅新興的出版策略及所營造的閲讀品味，是“左圖右史”古老形式的翻新。明清時期畫像呈現圖文並置的盛況，不僅遥承古來“左圖右史”的傳統，且以傳統書籍插圖與表徵時尚的跨文本彼此鏈接，相互激蕩，促成清中葉這類畫像圖籍的繁榮。爲書籍配上圖像資料，讓圖文自由鏈接，相互對話，實現了跨文本的閲讀。

四　中(東)西雙方視野的相互觀照

　　《安南人的技術》這部鉅作，作者 Henri Oger 爲 19 世紀後期一位擁有歐洲視野的法國人，圖畫展現了以機械與手工藝爲重心的安南國之日用生活與物質文化，上一章已置於中國視野下進行參照。放大視野而言，中西雙方皆可在異同的比對和辨識中，透過他者的圖譜、形象與歷史記憶，更清晰與深化自我的認知與重新定位。爲了闡明 Oger《安南人的技術》一書相涉的文化幅度，筆者擬再將與安南息息相關的近世中國圖籍爲核心，注入廣義的歐洲視域，以中西雙方的相互觀照作爲脈絡性視野，探尋相涉的知識意涵。

（一）西方觀看東方中國

1.中國風（東方熱）

13 世紀往返蒙元與威尼斯的《馬可波羅游記》，是奠定歐洲人早期認知中國最重要的一部游記，然對中國印象仍零碎模糊。有趣的是，當中國人向四方探索異域邦國地理之際，歐洲人也絡繹不絶地來到中國。15－17 世紀英國、西班牙等歐洲國家興起的大航海時代，促成了東西方交通，亦從此展開雙方進一步的相互理解，歐洲人不斷來到東方中國，與中國人交往，帶回許多物産和書籍，逐漸認識中國。

異質文化的交流中，視覺的圖像似乎處於先導的地位。西人眼中的中國圖像就是西方人在認知中國過程中形成的視覺化形象，集中表現在繪畫作品上。維多利亞時代，處於鼎盛時期的西方密綫木刻版畫，以中國圖像爲主題進行匯集，形成了難得而豐富的視覺化紀録，具有劃時代的藝術特性。西人作品的中國圖像相當寫實，建立在他們進入中國進行實地繪製的基礎上。歐洲人崇尚、追求和模仿當時從中國輸入歐洲的絲綢、瓷器、漆器、家具、壁紙、燈籠、扇、傘以及園林設計，在工藝品形制中納入中國元素，形成一種“中國風”。此外，當時從廣州等通商口岸運往西方的中國外銷畫，也以更爲廣泛的題材展示中國社會的各類景象，傳達大量中國的形象訊息，與上述西人畫作相呼應，促使中國的真實圖像在西方形成。

這股中國熱，放大而言，自然是東方熱，或許以此比附《安南人的技術》並不恰當，但 19 世紀植基於殖民統治交付 Oger 進行調查的《安南人的技術》一書，其背後仍然不脱大航海時代西方瞄準東方這個大背景，以及伴隨而來的中國風與東方熱，安南畫册繪製動機的最深層意涵，不能説與此毫無關聯。

2.歐洲的印刷出版

值此視野下的中國圖像，大體分爲兩類：第一類是畫家原作，當時有不少歐洲畫家進入中國進行實地繪畫，最著稱者莫過於亞歷山大（William Alexander，1767－1816）。1792 年他隨馬戛爾尼使團到中國，回國後爲歐洲人推出大量中國圖像，1797 年問世的斯當東所著《英使謁見乾隆紀實》已經收入若干幅亞歷山大畫作。1805 年手工著色的銅版畫册《中國服裝》，亦收入其中國圖像作品，廣泛流傳。第二類是根據原作印製的版畫，包括銅版畫和木板畫。中國圖像的版畫作品，或在報刊上刊登，或印製成畫册，或作爲著作的插畫，都有一定數量，使更多的人閱讀，造成更大的影響①。

　　西方畫家因旅游而親自帶回歐洲寫實基礎的東方圖像，介紹性的書籍往往刊載中國圖像的版畫。19 世紀以後，西方不少游記都有相當數量的插圖，如法國人德經（M. de Guignes）1784－1801 訪華，所撰《北京之旅》出版於 1808 年，附有 97 幅銅版插圖。如英國建築師丹尼爾（Thomas Daniell）在 1810 年出版的《經由中國去印度的獨特之旅》，附有 50 幅彩色插圖。於 1998 出版 Walter E. J. Tips. Trans：Louis Delaporte, Francis Garnier：《老湄公河圖畫之旅：柬埔寨，老撾和雲南》（湄公河勘探委員會報告書）（1866－1868）“*The Mekong Exploration Commission Report*”，爲一份大量附圖的印度支那勘察報告。

　　16 世紀開始，西人書寫中國的出版品逐漸出爐，筆者於 2016 年暑假期間往訪歐洲，在英國倫敦大學亞非學院圖書館（SOAS Library）獲悉一種特色館藏：“西人書寫中國”數據庫（SOAS Library Data Base：Western books on China up to 1850），乃該館所藏明清三百年間西人書寫中國的電子書，據目錄所悉，16 世紀初年開始的外文著作，包括拉丁文、義大利文、德文、西班牙文、法文等 600 餘部，數量甚多，内容包羅萬象。可略窺西人書寫東方帝國見聞的探索意識與東方情懷。

　　就媒介而言，除書籍畫册外，19 世紀下半葉，歐洲報刊早已蔚然成習。當時刊物，偶爾采用中國或東方國度的圖像，英國《倫敦畫報》開風氣之先。其後還有《泰晤士報》（1855 創刊）、《世界畫報》（1858）、《星期畫報》（1863）、《圖像》（1869）等。德國有《畫報》（1843），法國有《畫報》（1843）、《世界畫報》（1856）、《小不點兒雜誌》（1871）和《小不點兒巴黎人》（1888）等，比利時

---

① 關於本文探討歐洲出版中國圖像之相關材料，參見黃時鑒編著《維多利亞時代的中國圖像》，上海辭書出版社，2008 年。

有《愛國者畫報》(1873)和《畫壇》(1882)，義大利有《義大利畫報》(1873)和《畫壇》(1893)等等①。

(二)中國觀看西方

1.輿地探索

明初開始出現大量地方史志的編撰，乃是對於方域發現的知識性建構，對於地理的發現與認知。除方志編撰外，中國邦國架構的異域書寫，歷來正史編有外蕃傳、諸夷傳，而宋趙汝适《諸蕃志》、朱輔《溪蠻叢笑》、元汪大淵《島夷志略》、明董越《朝鮮賦》、不知名著《朝鮮志》等書，與此相類而獨出，顯示中土對邊域邦國的興趣。至若元周達觀《真臘風土記》，是使節的出使紀錄，體例沿承中原風俗民情，揭開外邦的地理面紗，開啟近世對於外國認知的視野。明成祖永樂年間(約 15 世紀)，鄭和組織航海創舉的大型艦隊下西洋，展開中國對南亞、中亞、西洋等國度的地理大發現。明清陸續出現對外國的地理著作如張燮《東西洋考》、艾儒略《職方外紀》、傅恒《皇清職貢圖》、南懷仁《坤輿圖說》等，其中兩部是西洋人所撰，明末傳教士利瑪竇獻書《萬國圖誌》，龐氏翻譯後，再由艾儒略增補。

筆者曾走訪俄羅斯聖彼得堡大學、英國倫敦大學、德國海德堡大學等東亞圖書館，亦探訪大英圖書館與法國國家圖書館總館與黎塞留分館，粗覽明清時期許多中土出版的書籍如方志、旅游導覽、傳統類書、日用類書等，被攜回歐洲流傳超越數百年之久，這些書籍反映了傳教士、帝師、外交人員或商旅人士所經眼近世中國的書籍及其閱讀品味與興趣，尤重輿地探索。

除了西人看見或書寫中國，中國人又是怎麼看西方？這可形成有趣的對照。晚清文人走向西方的旅游紀錄：如康有為《歐洲十一國游記二種》(1858—1927)、梁啟超《新大陸游記》(1873—1929)、單士釐《癸卯旅行記/歸潛記》(1856—1943)等，恰與上述形成兩種視野的交鋒。學者呂文翠標舉 1884 年(光緒十年)作為一個時代切片，觀察 19 世紀後葉上海出版界炫人眼目、繁花似錦的盛況。《海國圖志》、《瀛寰志略》、《大英國志》、《聯邦志略》之類介紹全球史地的著作蠭出，大量世界地理書的發行，反映著大航海時代發展迄於當時的普世效應，又與清末大量由類書翻新的中國地理書相

---

① 參見黃時鑒編著《維多利亞時代的中國圖像》。

互取資,接引西方自 18 世紀以來"百科全書學派"的知識渴求。如上所述,深深影響 Oger 編製《安南人的技術》一書之"百科全書學派",亦在此際傳入中國,透露著知識分子處於巨變中,開啟觀覽世界視窗之渴慕,這種渴慕甚至可以輻射整個東亞地區漢文知識社群跨國共同建構的世界圖像①。

2.西學傳入

康熙後期陳夢雷編撰《古今圖書集成》,爲中國最大一部類書,文字以銅版活字印刷,豐富的插圖采用木刻,其中廣納西學。例如該集"歷法典"儀象部所收《靈台儀象志》是比利時傳教士南懷仁撰寫的天文著作,介紹康熙皇帝命南氏督造的赤道經緯儀、黃道經緯儀等六種儀器的制作原理和使用方法,書中附刻 117 幅圖,乃外國傳教士繪、宮廷刻工鐫刻的產物。又如"乾象典天地總部"收錄葡萄牙傳教士陽瑪諾的天文著作《天問略》,以問答形式解說天象原理。

除了天文之外,尚有論述物理機械與水利之書,爲實際需要,不能不以圖畫輔助文字說明之不足,如講土木工程之《魯班經》,這類書有廣大的實用性,都有一種或一種以上的翻版。中國第一部講機械學以及介紹西方物理學的《遠西奇器圖說》,是明末來京之德國耶穌會傳教士鄧玉函口授、王徵編纂並繪圖。鄧氏是一位醫生、哲學家、植物學家,在義大利結識了科學家伽利略,該書將歐洲當時最先進的機械學知識傳授給中國人。康熙年間比利時傳教士南懷仁撰寫《坤輿圖說》,繪有《坤輿全圖》並介紹西方地球科學知識,師從義大利傳教士利瑪竇的徐光啟,則翻譯《幾何原理》、《測量法義》,又編譯《泰西水利》。

關於輿地知識,明末艾儒略根據西方文獻,加上個人搜集寫成《職方外紀》,專紀中國疆域與風土人情。清代魏源編撰《海國圖志》,進一步拓廣中國的世界觀,康有爲以爲此書是西學的認知基礎,被視爲中國世界地理開山之作,對中、日的維新變革有推動之功。

晚清,接受西學的簡便途徑是翻譯,北京、上海相繼成立同文館和江南製造局翻譯館等機構。光緒十二年(1886),美國醫生洪士提翻譯《萬國藥方》,以石印繪出"藥器畫圖"的封面。道光二十六年(1846)於廣州印行的《番漢通書》,是中外文化交流史上一部十分重要的實物例證,卷首附有許

————————————————

① 參見呂文翠《海上傾城:上海文學與文化的轉異 1849—1908》,麥田出版社,2009 年。

多西方物像，如：火車圖、輪船圖，插圖顯然是歐洲木刻仿製品，刀法與中國傳統技法不同，首次引進中國，之後這類書漸增，以鉛字活版印刷，插圖也往往以照像製版。

至於報刊則是西學東漸的傳播媒介，以《北洋學報》爲例，光緒三十二年（1906）創刊，天津出版，五日刊，由北洋官報總局編印。内容包括：學界紀要、中西格致通論、化學粹言、世界女學進化史、科學叢錄文編類（含經濟文編、武備文編、交涉文編、實業文編等）、科學叢錄調查類（含法政調查、財政調查、實業調查、人物調查、風土調查、路礦調查）、皇朝經濟報、藝林合刊，後附博物雜誌。

19世紀銅版、石印術進入中國後，圖書報刊出版盛況空前。陳平原教授關注晚清畫報在傳播時事和新知方面的啟蒙價值，並兼及新聞史、繪畫史及文化史之意義。溯及中國“左圖右史”的傳統與清中葉以降西學東漸的“圖像敘事”結盟，進而匯入以“啟蒙”爲標識的中國現代化進程，以圖像爲主體所進行的敘事，與以文字爲媒介所進行的敘事之間相互溝通與補充，產生了無可取代的聯繫①。空間移動與地理知識的輸出/輸入，致使中/西讀者視野無限延伸，彼此碰撞與對話之於語文與圖像的流通傳達，將激發出近世讀者新的旅游意象與興地情懷。

（三）越南的西方觀看②

1.西學東漸

法國人 Oger 繪製《安南人的技術》一書，讓人不禁想到成書之前20年，另外一部由英國人編撰的物質圖籍：《博物新編》，這是越南近代科學知識讀本，由英國醫士合信撰，有靈河陳仲恭所作兩篇序，分別序於嗣德三十年（1877）和維新己酉年（1905），附有豐富插圖。第一册介紹物理知識，包括熱、水、光、電、氣等；第二册介紹天文地理知識，包括太陽、彗星、地球、經緯綫、大洲大洋等；第三册介紹地球上的各種動物。陳仲恭《重鋟博物新編序》：“盈天地間皆物，洋洋發育，職職不窮，自非胸中有張華之學，目下有温嶠之見，豈易博乎？”中國晉朝張華著有一部奇書《博物志》，内容包羅萬象，前三卷記地理動植物；第四、五卷是方術家言；第六卷是雜考。第七至十卷

---

① 參見陳平原《左圖右史與西學東漸：晚清畫報研究》。
② 本節相關書目信息引自劉春銀、王小盾、陳義合編《越南漢喃文獻目錄提要》。

是異聞、史補和雜説。集神話、古史、博物、雜説於一爐。宋李石著《續博物志》、明游潛《博物志補》、董斯張《廣博物志》等皆倣此而作。陳仲恭以張華之書名"博物"爲題，又以温嶠"犀照"比喻洞燭幽微，明察事理之意（按：點燃犀牛角，可目睹水中靈界異象），將此書的奥義連結中國傳統。

合信和 Oger 兩位歐洲人，一位將西學帶入越南，一位則瞄準越南，正是西人對東西方視野的不同觀看。英國醫士合信爲啟發安南民智所編的《博物新編》，恰與中國近世西學東漸之風合成一氣。

越南如《博物新編》一類的西學圖書，作者多爲西方醫師，如《醫僧問答》，也是醫士阮伯達撰，載録醫師與僧人有關生活觀念的問答。《航海金針》，則是英國人畢丁登、黎特編撰，美國醫生馬高温漢譯，是一部航海須知，包括風暴起源、徵兆、地球知識和羅盤用法。《西洋志略》，記世界地理之書；書中包括輪船圖形、載重及速度，新大陸的海灣、碼頭、島嶼、面積、風俗，另叙緬甸、暹羅、新加坡、俄國、美利堅等國地理，記其位置、人衆、風俗、武器、物産、氣候等。《開煤要法》，英國人士密德編輯，傅蘭雅口譯，中國人王德均漢文筆録，爲采煤法，有煤礦相關説明圖。

安南千年來因朝貢中國而産生的北方觀看，隨著 19 世紀西方勢力來到東方，加上法國殖民統治帶來的衝擊，近代安南産生了不同的視野交融。西學東漸的書籍之外，還有一些西行日記開啟了越南人的西方視野。如《西行見聞紀略》，爲李文馥參觀時屬英國殖民地新加坡之海軍演習的見聞，撰於明命十一年（1830）。《己丑西行日記》，成泰元年（1889）越南使節橢豪、武文豹、阮澂出使法國所撰，書中載録使節途經各地如新加坡、麻槎、巴黎、黎蟎時的外交活動，各地人口、風俗、土産、火車、輪船製造廠及博覽會參觀記等，並附有車程距離。《西浮日記》，爲越南使節潘清簡、范富庶等人出使法蘭西、西班牙的日記，内容涉及風景、風俗、接待、呈遞國書、參觀等。《如西日程》，張明記撰並序於成泰元年（1889），以喃文七七六八體形式撰寫的旅程日記，講述出使歐洲及回越南途中的美景、古迹、居民、水程、陸程等。成泰十二年（1900），於法國巴黎舉行萬國博覽會，越南使節團前往參觀，寫成的西行日記，至少有三部：越南使節武光珏、陳廷量、黄仲敷撰《使西日記》，徐淡編撰《覽西紀略》，黎文敬撰《附槎小説》等。

越南西學東漸的圖書還包含大批蒙學教科書。《啟童説約》，四言形式的童蒙教科書，金江人范復齋撰，嗣德三十四年（1881）首印，此書講述社會與自然知識,有太陽、月亮、人體等插圖。《南國地輿》,越南的地理教科書,舉人梁竹潭撰,1908 年刊印。內容包括地形、位置、邊界、河流、堤壩、海港、道路、天氣、居民、政體、軍事、財政、教育、課稅、物產、工藝、各省府縣總社村的數量和各少數民族的風俗、生活情況等。教科書甚多,舊式教科書類型如《初學問津》,四言體漢喃對照的童蒙歷史教科書,內容自盤古至清道光的中國歷史,以及自涇陽王至阮嘉隆的越南歷史,每頁上欄爲漢文,下欄爲喃文。殖民時期的新式教科書如《小學格致》,是物理學、生物學的童蒙教科書,陳文慶撰於維新六年(1912),此書論述物理形態、動物、植物、人體、衛生等西方知識。

2.輿地之書

法在越殖民統治時期開啓越南人民西方輿地視野之書,以《大法東法行政一瞥》體系最完備,該書記世界地理,黃謝玉編撰於成泰十七年(1905),以法文寫成,有附圖。本書含數部作品,其一《法政須知》,扼要叙述法國歷史及法人在印度支那的統治制度;其二《大法東洋地輿全圖》,介紹印度支那地理;其三《北圻地輿全圖》,介紹越南北方地理;其四《五洲各國統考》,略述世界五大洲各國地理;其五《自河內至巴黎程途略志》,略記自河內至巴黎的路程;其六《大南郡國志略》。另如《東洋地輿志集》,東印度支那地理歷史的介紹,陳允東撰,內容叙印度支那位置、交通、地形;其中有柬埔寨、老撾兩國地理。

輿地書之詳實具撰,出於殖民政府統治的需要,基礎在於官方的細致調查。前述中國在 1906 年創刊的《北洋學報》,是西學傳入影響下的報刊,其中包括大量科學叢録調查,含法政調查、財政調查、實業調查、人物調查、風土調查、路礦調查。Oger《安南人的技術》編製即與法國殖民政府委派的調查任務有關,同一時期,越南亦有相類的調查報告,譬如《乂安省開册》,可供參照。早在黎朝時期,已有乂安督視陳名琳(1705—1777)撰有《驩州風土記》,爲乂安省人文地理書,內容涉及地形、風俗、山川、物產、行業、人物等。但《乂安省開册》是一套乂安省志,其撰寫概念完全不同於《驩州風土記》,資料來自乂安副使法國人 Ogeier 的調查問卷,共約一百個問題,維新五年(1911)由乂安省各社村負責撰寫。本書涉及各種自然現象如氣候、動植物、風俗,民間傳說的調查。書名另標爲《俗信雜録》,又名"Recueil de Croyances"《信仰綱要》,書名爲越文及法文,正文爲喃文。共有四種册卷與

《乂安省開册》有關:其一,共列 76 個問題,包括對待女性的禮儀、照顧小兒的方法、婚禮、疾病、治喪等問題。其二,旨在了解當地民衆的文化程度及風俗習慣,乂安各社村的里長、豪里和百姓於維新五年至六年(1911—1912)接受調查。其書内容涉及自然地理、氣候、國運、人生、禽獸、昆蟲、草木、魔怪、河水、海水等。其三,維新五年(1911)乂安副使調查下屬各社的結果,收有乂安省宜禄縣興原府、金原總、安陽總下屬各鄉社就 69 個問題所作出的答案,涉及村甲寨數目、農作物品種、城隍廟寺廟祠廟、殯葬、婚娶、祭禮、課税、巡防、登第、犒饗等問題。其四,有關人事、草木和禽獸的 75個故事。其書内容有:進餐時宜盤足不宜伸腿、屋内不宜戴帽,水仙花、芍藥花、石榴、松柏,猩猩。

　　《俗信雜録》爲乂安省全面的調查報告,奠基於具有官方身份的法國副使 Ogeier 設計的百餘份調查問卷而來,於維新五年(1911)由乂安省各社村集體撰寫。那麼,兩年前 Oger 走遍河内大街小巷采風調查的《安南人的技術》,出於何種動機? 什麼時代氛圍? 被賦予什麼任務?《乂安省開册》(《俗信雜録》)非常值得參照。

五　研究概況與未來方向

(一)目前研究概況①

　　目前對於《安南人的技術》一書的相關研究成果不多見,集中於越南學界。首先關於版本方面,根據阮孟雄(Nguyễn Mạnh Hùng)研究指出,《安南人的技術》有兩個藏本,其一在河内國家圖書館,編號 HG18,其二在胡志明國家圖書館,編號 10511②。阮廣明等著《〈安南人的技術〉新發現》一文提及另一本藏在英國圖書館,編號爲 Or. T.C.4,此外在日本慶應義塾大學也藏有一本,有 935 頁圖畫,比胡志明市藏本多了 235 頁,然日本藏本存在

①本節考察内容與文字初稿由中正大學歷史系博士候選人越籍青年潘青皇同學承擔,
　潘青皇同學爲本文提供了越南之研究現況,助成此文,於此申謝並敬告讀者。
②阮孟《通過〈安南人的技術〉一書來看 19 世紀末—20 世紀初的越南社會》,(河内)人
　文與社會科學大學博士論文,1996 年。

許多疑問①。其次，《安南人的技術》一書的探討，90年代有阮孟雄（Nguyễn Mạnh Hùng）系列論文：Ký họa Việt Nam đầu thế kỷ 20 qua tác phẩm Kỳ Thuật Của Người Việt Nam "Technique du peuple Annamite" của Henry Oger, nhà xuất bản trẻ, 1989（《通過〈安南人的技術〉一書看20世紀初越南繪畫》，胡志明年輕出版社，1989）；Tết cổ truyền Việt Nam qua "Technique du peuple Annamite" của Henry Oger, Viện văn hóa nghệthuật, 1991（《通過〈安南人的技術〉一書看越南的春節》，文化藝術學院，1991）；From Vietnamese sketches in early twenty century-through "Technique du peuple Annamite" of Henry Oger, Journal of Southeast Asian, Vol 4, 1982）。集大成論著爲 Nguyễn Mạnh Hùng, Xã hội Việt Nam cuối thế kỷ 19 đầu thế kỷ 20 qua bộtư liệu Kỳ Thuật Người An Nam của Henry Oger, luận văn tiến sĩ, đại học khoa học xã hội và nhân văn, 1996（阮孟雄博士論文，《通過〈安南人的技術〉一書看19世紀末—20世紀初的越南社會》，河内，人文與社會科學大學，1996）該論文除了開頭和結論，主要内容有三章：第一章介紹《安南人的技術》這部書（頁15—42），第二章由《安南人的技術》觀察越南社會（頁49—114），第三章由《安南人的技術》討論越南社會、文化、藝術的轉變。

　　其餘論文另如 Ngọc Hoa, Nói thêm về bộKỳ Thuật Của Người An Nam, tạp chí Xưa và Nay, 2009, số 345, trang 30—31（玉華，《安南人的技術》再探討，舊與新雜誌，2009年第345期，頁30—31）；Tam Hữu, Về những người Việt tham gia thục hiện bộKỳ Thuật Của Người An Nam, tạp chí Xưa và Nay, 2009, trng 16—19（三有，《安南人的技術》的越南刻印者，舊與新雜誌，2009年第34期，頁16—19）；Vũ ThịViệt Nga, Văn hóa Việt Nam nhìn từ bộtranh Kỳ Thuật Của Người An Nam, tạp chí Văn Học NghệThuậ, số 392, 2017（武氏越娥，《通過〈安南人的技術〉來看越南文化》，文化藝術雜誌，2017年第392期）。武氏這篇文章主要根據 Hanri

---

① Nguyễn Quảng Ninh, H. van Putten, Nguyễn Mộng Hưng, Vài Điều Mới Biết Về Kỳ Thuật Của Người An Nam（阮廣寧、H. van Putten、阮夢興，《〈安南人的技術〉的新問題》。）

Oger 的分類探討越南文化，第一章論工業品，來源是自然的工業品，第二章論手工業，依 Oger 的分類歸納法重述安南人的個人生活、共同生活和技術。另有《二十世紀初的越南人》①，該文是通過圖畫簡單介紹當時越南生活，分成兩個單元來描寫，第一單元簡介圖片提及的各個行業；第二個單元介紹作者 Hanri Orger 是一個孤獨的研究者。總論《安南人的技術》一書，刻劃著越南日常生活的勞動景象，每張圖共有兩部分，即圖形和喃字注釋，使這些圖文成爲當時研究越南社會的特殊資料。

（二）未來研究方向

除了以上有限的越南學者研究成果之外，《安南人的技術》700 頁、4200 幅圖繪給予越南於歷史、社會、文化、美學等衆多面向的龐大訊息及探索空間，期待有心學者接續開發議題，投入研究。筆者以爲大致有以下幾個面向值得注意：

1.百業興替與社會承變

Oger 的這部民族誌調查，細節性地展示原料與製程，以造紙業爲例，製程包括：砍伐、挖掘、沸煮、漂洗、切碎、排序、搗漿、勻平、堆疊、擠壓、乾燥等，自 20 世紀初直到現在，造紙術製程的昔今比較，於工具及動力學製程均呈現著一種驚人的相似性，這種手工業工具與程序的持續性，Oger 給予現今讀者一個幾乎準確無誤的知識傳遞。除造紙業外，Oger 提及越南百工，包括：漆業、刺繡業、鑲嵌業、雕刻業、彩繪業、印刷業、理髮業、竹器修復業、運輸業、製衣業、染業、建築業等，大量圖版的漢/喃文釋名、分析與解說，可以進行細部拆解、組合、歸納、排列，利於昔日手工業之復原或建構，以資與今日作對照，明其興替。再者，屬於人們之禮儀習尚或消費模式，亦可從 Oger 保存之原初文獻中進行昔今比對分析，以資探討社會的繼承與新變。

2.書籍出版史

筆者本文大致鋪展了近世東西雙方相互觀照之圖像書籍視野，由一位法國青年結合越南畫家雕匠團隊所共同編繪印製的《安南人的技術》一書，這些作者所涉之學術背景、時代氛圍、編繪動機、作品意涵、視覺訴求、出版

---

① 資料來源：http://tiasang. com. vn/-tin-tuc/hinh-anh-nguoi-viet-dau-the-ky — 20 — 2859.

技術等複雜問題，宜从書籍出版史的角度進行更細緻的考察，尤其祈盼本書的精細考察可作爲19～20世紀東亞漢籍一個研究的典例。

3.審美意趣

該書反映出多彩多姿的越南文化及其樸素美，體現於動作、姿勢、畫面、場景中，每個作品成爲獨一無二的藝術圖像。翻閱每一頁，宛如一個旅者行走在20世紀初河内36條古街上，昔日的氣氛在每幅畫面空間中迴蕩。這些圖繪照見越南人民由信仰、文學、歷史到日常生活的審美心靈。在Oger探索越南家庭技術與手工業的同時，圖畫同時也展現了越南人民的奮鬥精神還有年齡層次，由小孩到老人，由男人到女人，他們在各個不同的生産環節中的地位，物質如何被精彩使用，物質的光輝在這部書透過敏鋭的洞察力與圖繪再現中成爲審美焦點。

4.視覺理路

4200幅圖版組成的龐大資料庫，除了可以Oger技術層次的四大分類進行分析外，所涉問題仍十分繁複。每幅圖像都具有獨立完整的指稱，或如工具、商品、藝術品等單一的物件；或如社會不同行業或位階的人物如：屠夫、乞丐、妓女、富婆、巫師、瞽藝、鐵匠、鋸匠、漆工……。這些清晰指涉者，如p.13"粉盒"："這盒以銀製之，婦女積其香粉，以塗唇面"，其呈現方式一如圖録。大部分的圖像則是一幅具有結構意涵的繪畫，可能是在進行中的買賣現場、某種名目的游行隊伍、一個游戲活動、一場祭祀儀式等。4200幅圖顯然出自不同畫工之手，亦不出於相同的構圖理念，不僅視點遠近不一，繪筆精粗有别，這些圖可能還有更多樣化的來源，譬如，有一批圖像，Oger的索引標注爲"folk print"（如p.86、p.90、p.98、p.100－102），其中一幅"金雲翹再合"（p.103）是將田調蒐得的年畫或民間印刷成品直接取回再製，如此則保留了隨著時間消逝的許多越南珍貴遺産。

畫册内容包羅萬象，經常出現漢文化影迹，如：清人結伴走過（p.4）、中國餐飲精品店（p.21）、文人揮毫寫對聯（p.14）等街頭即景，或受漢文化長期浸淫的百姓日用，如：禮俗習尚（p.19）、儒家祭壇（p.25）、漢詩貼聯（p.25）、刻版墨印（p.37）、三國故事年畫（荊州赴會p.98、諸葛求風p.100）、史記故事年畫（南宫置酒p.328）、子房故事年畫（悲歌散處p.328）等無處不在。當然亦有許多外國圖像，如人力車載著法國仕女（p.14）、外國步兵隊（p.36）、鬥馬場（p.101）等。Oger組織畫家團隊不僅真實重現安南國之器物、技術與民生,被描繪的對象莫不具有一種躍動的生命力,既是真實生活面相的再現,同時也意味著越南畫家的寫實畫風,讓人不禁想起晚清海上畫派廣納常民日用的新視點畫作,以及朝鮮王朝後期迥異於兩班貴族之委巷畫家捕捉庶民百業生動點滴的作品,或可作爲東亞近世視覺文化發現"日常生活"的共同趨向。

六　結論

　　一般人對細節没有進行實質了解而輕忽安南的手工藝及商業交易的重要性,Oger 以一年時間深入安南各個生活層面,對先前的觀點提出强烈反思。因此,調查報告最終的"結論",Oger 提出兩點前瞻性意見:第一,他預示安南工業的未來榮景。第二,爲了這個榮景,他極力提倡越南應設立訓練有素的職業培育學校,逐漸走入工業化的資本社會。

　　法屬殖民統治下的越南,進入 20 世紀,民族學和社會學的田調及其背後的深刻意義尚未被普遍認知,使得當時傳承多種傳統脈絡精神的 Henri Oger 的越南民族誌研究未獲官方、學術機構或商業作坊的支持。在不友善的政治環境中,他依然堅定理念,透過具像描繪與圖説捕捉逐漸消迹的安南歷史文化,其研究成果空前絶後,獨步於越南近代史。Oger 著眼於物質技術並結合實地調查的社會人類學民族誌寫作法,以及百科全書式知識全景的編纂企圖,時至今日,均顯得極爲珍貴。基於以上觀點,Pierre Huard 爲 Oger 提出幾點先知之見:1.建立技術性語彙。2.圖像性解釋:對所有已知器具、設備及使用程序進行圖像性解釋。3.專題圖像的研究:針對越南家庭業(如皮匠、雜貨商、紙販、翻譯等)的研究,包括預算細節、住所、衣服、飲食喜好等,乃根據勒·普雷和德·圖爾維勒的方法學("according to the methodology of Le Play and de Tourville")。4.這些發現的出版。

　　其中第 1、2、4 點已落實於《安南人的技術》這部畫册的繪編與面世,第 3 點則深刻地將 Oger 的研究成果很好地連結了法國另一個重要的學術傳統。Frédéric Le Play(弗雷德里克·勒·普雷,1806—1882)是法國的著名礦務工程師,西方社會科學的奠基者之一,"是在社會學史上書寫出第一批系統的工人家庭研究專題的作者"。他創立的"勒·普雷學派"(l'école de Le Play)是一個圍繞著《社會改革》(La Réforme Sociale)和《社會科學》(La

Science Sociale)兩大主要雜誌而形成法國人類學和社會學的學術團體，在19—20世紀積極參與人類社會組織問題的思考和歐洲社會的改良，對人類文明的發展模式和東方文明的獨特性進行過討論，在人類學、社會學、經濟學、政治學和倫理學等領域發揮過非常重要的作用，其影響力一直持續到20世紀30年代，因其他學派的競爭而日漸衰微。Le Play結合法國當時理念相近的四大組織，進行學術交流，嘗試社會改良，從而形成"勒·普雷學派"，上文提及的巴黎聖－奧古斯丁教堂本堂神父 H.de Tourville(德·圖爾維勒，1842—1903)則爲該學派的核心人物之一①。

　　"勒·普雷學派"是西方早期的人類學和社會學學派之一，該學派在19世紀下半葉運用地理學、西方漢學、人類學和社會學等學科知識，從理論上將中國塑造成一個恪守道德法則、服從父權的典型"族長制家族"社會。這一中國形象是18世紀歐洲"中國熱"現象的延續，更是新歷史背景下法國自由派知識分子試圖用以解決法國(乃至歐洲)的社會問題以及面向全球的一種借鑒性思維。另一方面，它作爲近代歐洲東方視野的重要組成部分，折射出東西方文化關係的複雜性②。

　　奠基於非常準確的評估，Oger認爲欲提昇越南漢學的地位，特別需要重要的資料庫建立以及正確的研究走向，他用的隱喻說法是："大型劇目和清單的建立。"法國殖民統治20餘年以來，越南有了大量的辭典，却極少真實的社會學和民族學研究，放諸今日，無疑是 Henri Oger 對越南技術文明與物質文化的鉅大貢獻。Oger深入瞭解，認爲安南屬於半文明民族，進步速度較爲緩慢。然而他對安南手工業表示由衷佩服。1909年僅25歲的Oger，以尚未具足專業權威的身份進行"安南人的技術"調查研究，然 Henri Oger 這部鉅作背後依傍著法國積累兩個多世紀的包括民族誌寫作(采用殖民政治興起實際體驗記錄族群日常生活的調查法)、"百科全書學派"(具有啟蒙精神，推崇科學、藝術和工藝的文化社會人類學視角)、"勒·普雷學派"(關注人類發展模式與東方獨特文明之觀點)等多種具有十足份量與影響力的法國(歐洲)傳統，學術根柢深厚，還要加上其尊重越南物質技術而

①引自郭麗娜《法國勒·普雷學派的中國研究及其影響》，http://www.sohu.com/a/
　121472103_501394。
②資料引自同上注。

向師執先驅借鏡取徑的自身人文性格。Oger 將這些不同時代脈絡的學術傳統、思維觀點與人格特質整合到他費時年餘聯合畫工團隊造訪河內大街小巷實地查訪而完成的成果報告中。這個一百多年前建立的視野，再次印證其包含考古學、哲學、社會學、銘刻學等西方古典東方學實地研究之成就與貢獻，這必然是東西方文化相遇於安南留給世人值得稱傲的文化遺産，對當今越南漢學，乃至於整個東亞漢學研究，均十分具有啟發性。

　　除了 Oger 作爲主導者所繫於一身的歐洲學術傳統及當代背景之外，《安南人的技術》這部書的繪製、編纂、印刷與出版，可引進中國目録學架構下之日用類書與物質圖册，以及東西相互觀看之輿地探查與西學傳入等近世兩大書籍與知識脈絡以資對話與參照。Oger 這部誕生於 20 世紀初安南國的百科全書民族誌，可以輻射出近世東亞於物質生活、視覺文化、民族認知、新知傳播、編撰意識、出版技術等多重面向的價值，爲東亞漢籍研究拓展了豐富的議題性意涵，並賦予重要的學術標誌。

（作者單位：臺灣中正大學中文系）

附　圖

［圖 1］《安南人的技術》2009 年河內重新編印 封面

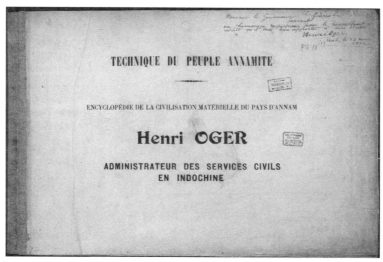

［圖 2］《安南人的技術》河內國家圖書館藏本 封面

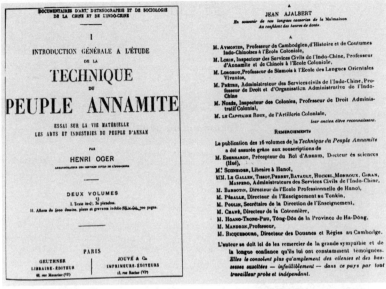

［圖 3］《安南人的技術》胡志明市國家圖書館藏本 封面／卷首

［圖 4］《安南人的技術》頁 47

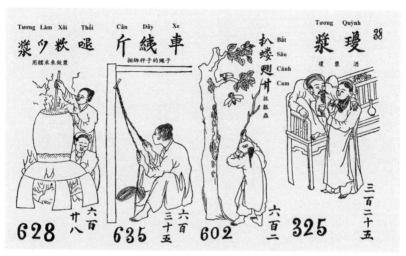

［圖 5］《安南人的技術》頁 38 喃文譯解

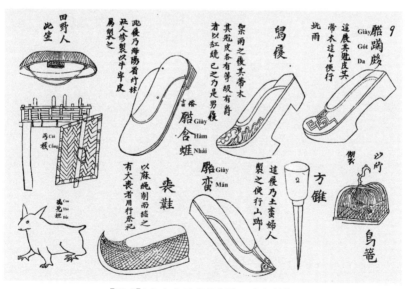

［圖 6］《安南人的技術》頁 9 喃文譯解

域外漢籍研究集刊　第十八輯
2019 年　頁 421—442

從越南的四所寺院看漢籍在域外的生存

王小盾　王　皓　黄　嶺　任子田

　　從 2016 年 12 月到 2017 年 3 月，我們一行四人，對越南保存的漢文古籍作了爲期 90 天的調查。我們選擇從南到北的調查路綫，先後訪問了南部的胡志明市、中部的順化市、會安市和北部的河内市。這是一次奇妙的旅行：幾乎每一週，我們都要經歷"山重水複"然後"柳暗花明"的過程。很多重要的圖書館、研究院，出於政治顧慮或經濟算計拒絶了我們，越南海關也没收了我們用於學術交流的中文書籍，我們的計劃于是一次又一次破産；但在困惑苦悶之後，我們却往往能尋找到新的接近漢文圖書的機會，得到温暖和啟發。我們于是懂得這樣兩個道理：（一）一個人，既然已經離開書齋，進入了域外漢籍研究的"田野"，那麽，他理應承受來自大自然的暴風驟雨。（二）學術之路，筆直走，自然可以進入通常人都關注的文化世界，即體制之内的世界；但若繞著走，却可以看到更大的世界，即體制之外的世界。

　　就這樣，在這三個月裏，我們放棄一些官方機構，訪問了許多寺院。我們直觀地看到了域外漢籍①通過民間力量——主要是宗教力量——而實現的生存與傳播。我們接觸到很多令人感激的人和事，難以忘懷。爲此，

---

① 更準確的説法是"漢喃書籍"或"漢喃文獻"。"喃"是越南詞，意爲通俗字，通常指采用漢字字符、仿效漢字結構而製作的拼寫越南語音的文字，俗稱"喃字"或"字喃"。在越南古籍中，既有很多夾雜了喃字的漢文書，也有很多夾雜了漢字的喃文書，今統稱爲"漢喃書籍"。其中又有許多用雜抄或合訂方式拼湊成的書，並不符合編纂規範，必要時稱之爲"漢喃文獻"。

今記録一二，與諸位同仁分享。

一　胡志明市慧光禪院

　　我們于 2016 年 12 月 6 日到達胡志明市。通過胡志明市人文與社會科學大學陳玉添、段黎江二位教授，瞭解到漢文書在該市的保存情況。其主要分佈點有：胡志明市人文與社會科學大學、胡志明市社會科學綜合圖書館、胡志明市社會科學圖書館、慧光禪院。我們在翻譯張紅梅的幫助下，迅速訪問了這幾個地方，包括胡志明市人文與社會科學大學的三個下屬圖書館：中央校區圖書館、守德校區圖書館和漢喃遺産搜尋與研究所資料室。然後在 12 月 9 號下午，憑借慧光漢喃譯述中心主編的《泉源》一書，按圖索驥，進入慧光禪院。

　　慧光禪院位於胡志明市南端，新富郡和平路 116 號，由幾所舊式建築組成。院内僧、尼不多，服務者主要是義工。主持全寺事務的明境和尚已經有 80 多歲了，但仍然健朗。協助他的是幾位年輕人，包括主管培訓事務的明順法師、主管圖書事務的空行法師。明順年約四十，曾就讀於北京的中國人民大學，學社會學，獲博士學位；空行出生于 1982 年，12 歲出家，在本地佛學院學過文學。明順豐碩，空行瘦小。但這位瘦小的年輕人，却承擔了一項堪稱偉大的事業——在胡志明市一隅，建設一個漢喃佛教資料的中心。

　　按照明境住持和空行法師的理解，漢喃資料有多種表現形式，包括雕版、石碑、鐘銘、匾額、對聯、牌位；其中數量最大、消失最快因而最重要的是書籍——用漢字和喃字手抄或刊印的紙本文獻。正因爲這樣，他們重視對漢喃佛教圖書的搜集。21 世紀初，趁著越南各地重修寺院之機，慧光禪院多次組織人員對越南南部的漢喃資料進行考察和搜集；2010 年年初，慧光禪院又向全國各寺院發出公開信，提議在搜集漢喃佛教資料方面加强協作。到 2016 年，慧光禪院搜集到漢喃佛教書籍（含複印本和照片）共 774 部，其中半數爲中國人的作品，半數由越南人寫作。比如其中有從海陽省某鄉村寺院搜集到的《地藏經釋解華言》、從寧平省碧峒寺搜集到的《解冤科》及其雕版；有來自廣南省花豐寺的《聖燈録》，來自海陽省嘉禄縣靈應寺的《禪苑集英》、《見性成佛》和《解冤科》。這樣一來，慧光寺院便成爲越南保存漢喃佛教資料最多的一個單位①。

明境、空行都是有歷史意識的知識人。他們搜集漢喃圖書的動機並不止於弘揚佛法,而是出於某種事業心——認爲知識人必須尊重和寶愛民族文化,肩負起保存前人精神財富的責任。爲此,他們總是談到以下事件:在陳朝(1225—1400),慧忠、陳仁宗、法螺等佛教人物的著作曾經被刻板付梓;到後黎朝前期(1428—1532),陳朝人所著《禪苑集英》、《三祖實錄》曾經得到重刊;阮朝以來,越南有成百上千的寺院進行了漢喃書的刊刻,其中規模較大的刊刻點有北部的瓊林寺(今屬廣寧省東潮縣長安社)、補陀寺(今屬北江省越安縣仙山鄉)、永嚴寺(今屬北江省安勇縣置安社德羅村)、濟川寺(河南省里仁縣德里社濟川村),中部的十塔寺(今屬平定省安仁縣),南部的覺圓寺(位於胡志明市新平郡 10 坊駱龍君路)。而其中最值得稱道的人物,則有陳朝的英宗、阮朝的福田和尚、法屬時期北圻佛教協會的菩提寺源表和尚與永嚴寺清亨和尚,以及當代西貢學者黎孟達。1309 年,陳英宗曾經把陳仁宗的《石室秘語》補入《大藏經》,由此顯露編修"南板大藏經"的意向。福田和尚(1784—1862)不僅奉命編印前人作品,而且在《在家修持釋教源流》一書中刊載了各部經書的序文,在《道教源流》一書中爲 165 部越南刊本經書編寫了目錄,實際上爲系統整理作了準備。同樣,北圻佛教協會和遠東博古院合作,在 1940 年編錄了《陳朝佚存佛典錄》等 8 種佛書;雖然戰爭打斷了他們的工作,但"越南佛典叢刊"一名却顯示了叢集佛典的雄心。到後來有黎孟達,他以一人之力,編輯了《陳仁宗全集》、《明珠香海全集》、《真源禪師全集》、《佛教文學總集》、《佛教歷史總集》等一系列歷史典籍。明境、空行正是以這些文化英雄的後繼者自任的,所以他們著手編印《慧光佛典叢刊》。其最終目標是實現前輩的遺願,編纂一部集大成式的漢喃佛教叢書,即《越南大藏經》。

承明境住持準許,我們在慧光禪院度過了三個週末,閱讀了包括《慧光佛典叢刊》在內的全部紙本漢喃書,並爲其編寫了提要目錄。《慧光佛典叢刊》現已影印各類漢喃典籍 76 部,其中印本漢喃書 48 部、抄本漢喃書 18

①參見明境、空行《爲了建成一個漢喃佛教資料中心》,載《泉源》,慧光漢喃譯述中心編,2016 年。原文越南文。

部、含越南要素的中國書 10 部。分類如下①：

	經書	律書	論著	科儀	其他	合計（種）
漢文書		8	22	30		60
喃文書	2		2		2	6
中國書的重抄重印本	2	2	4	1	1	10
合計（種）	4	10	28	31	3	76

　　從形式上看，《叢刊》影印本的特點是：采用傳統的古籍裝訂方式，多爲螞蟥攀式綫裝。版式一致，高 29 公分，寬 16 至 19 公分。用梨黄色牛皮紙做封面，上貼黑框白紙，内題書名。其後有 2 頁襯頁和 1 頁扉頁，扉頁中題“慧光佛典叢刊”及編號，兩側題書名。偶有背頁，記搜尋地和藏書人。在新版扉頁之後影印原版扉頁。而在書尾，有韋陀護法圖像和慧光書院的出版標識。書根、書口、書頭則皆塗紅色防蟲塗料。從内容上看，其特點是較多科儀書，達 31 種，佔比 41％。這些書是同各種佛教儀式相配合的，多用於超度亡靈，具有實用性——也就是説，《叢刊》不僅是可讀之書，而且是可用之書。事實上，這套《叢刊》已經表現了漢喃文獻的現實生命力：他們向全社會出售，遠播越南各寺廟。

　　2016 年 12 月 24 日，我們在慧光禪院工作一整天，完成了圖書編目的任務。傍晚，空行、明順爲我們準備了豐盛的齋飯，席間介紹了關於“慧光佛典叢刊”的方方面面。據知這套佛教叢書誕生於 2014 年底，由釋同文、釋真明、釋善順等法師贊助，平穩施行至今。慧光禪院每年刊印佛經 30 種到 40 種，每種印行 30 本到 40 本。限於經費，常常按訂户要求選擇書籍内

①本文綜合兩個標準來作佛教書籍的分類：一是傳統的經、律、論分類，二是現實功能的分類。“經書”“律書”“論著”分别指三藏之一。在越南，“經書”通常用爲唸誦的經典，“律書”（包括戒本）通常用爲僧尼持守的規則，“論著”通常用爲學習、討論的教材，“科儀”書則是用於法事儀式的書。“律書”與“科儀”的區别在於：“律”是僧人的行爲規範，“科儀”是僧俗兩種人的儀式規範。表中“其他”，指由越南人創作、抄寫或印製的非佛教的書。

容。凡佛經皆用傳統的宣紙印，其他書則用一般紙印。共有 15 名技術人員參與這項工作，其中 2 人負責電腦製版，3 人負責加工裝訂，1 人負責檢查。影印時，盡量尊重原書，包括其批注和尺寸、字形、版式，僅在必要且有十分把握的情況下，換掉漫漶之字。《叢刊》也尊重手抄本，皆逐本單獨付印。爲了刊印佛經，明順和空行都要從事一定的經濟活動：明順在晚上操辦宗教和語言的收費培訓班，以支持白天的常規教學；空行則要通過賣書來補貼印書。不過，這兩位青年法師對自己的工作仍然很樂觀。他們認爲，從歷史上看，漢喃佛典所面對的負面力量主要來自三方面：一是連續不斷的戰爭，焚毀了古書；二是潮熱的氣候，腐蝕了古書；三是時局變化，包括法國人施行的法文教育和基督教教育，使漢喃文字退居到人們生活的最邊緣。這三種力量其實都在消減。相反，有一些努力學習漢喃文的青年，在靠近慧光，支持慧光，使慧光人看到這項事業的希望。

二　會安圓覺寺

會安位於越南中部，面向中國南海，是廣南省的一個美麗小城。城中擁有很多古建築，包括華人會館。因人文傳統保存良好，1999 年，聯合國教科文組織將其列入《世界遺産名録》。從宗教角度看，會安也是可圈可點的：作爲臨濟宗的重鎮，其淵源可以追溯到明清易代之際的華人南渡，以及在康熙解除海禁後來到越南南方的明海禪師。明海號"法寶"，俗姓梁，康熙八年(1670)生於中國福建泉州府同安縣，在廣州報資寺出家，於 1695 年來到會安①。其時"會安各國客貨馬頭，沿河直街長三四里，名大唐街；夾

---

① 參見黎氏垂莊《越南南河地區十六至十九世紀中國禪宗的傳播和發展及相關文獻的考察》，華東師範大學博士學位論文，2014 年，頁 81、88，頁 173—178。關於明海南來會安的年份，另有兩説：一説是 1689 年，又一説是"明景泰甲子年"。後説出自《祝聖寺碑文》，云"祝聖寺，其南州諸山均稱祖庭焉。追昔明朝景泰甲子年福建省泉州府同安縣明海和尚祖師振錫南來"云云。見《會安漢喃遺産·碑文第 1 集》頁 79，廣南省2014 年出版。今查明朝景泰年間並無甲子年，僅有甲戌年爲 1454 年，有丙子年爲1456 年。證諸其他資料，較合理的説法是 1695 年。

道行肆,比櫛而居,悉閩人,仍先朝服飾,婦人貿易"①,有很好的弘法基礎。明海得到閩籍華商的資助,建起祝聖寺,講道授徒,逐漸在週邊發展出福林寺、萬德寺等寺廟;"明海法寶"遂被尊爲臨濟宗第三十四世祖。由於采用誦念書籍的方式教養生徒、弘揚佛法,明海及其弟子刻印了大量經書,發送到各寺廟。從現存經版看,這一事業有較大規模。比如祝聖寺今存《妙法蓮花經普門品》等經書的 12 塊經版,福林寺今存《大乘金剛般若波羅密經》、《金剛壽命經》等經書的 86 塊經版,萬德寺則存有《大方廣佛華嚴經》、《金光明最勝王經》、《三劫三千佛名經》等經書的 115 塊經版。② 由此可以窺見會安漢籍得以生存的基礎。

　　2017 年 1 月 26 日,我們從順化來到會安。經胡志明市人文與社會科學大學漢喃遺產搜尋與研究所博士生吳茶蘼介紹,見到了會安漢喃古書的民間研究者宋國興;又經順化市天明寺法師善香介紹,在會安寶勝尼寺找到通曉漢語的行光法師和行法法師。這兩位法師都在中國攻讀博士學位,因春節回到會安度假。她們曾分別就讀於西貢佛教初級班和峴港佛教中級班,於 2005 年考上西貢佛教大學,分別研習越南佛教和中國佛教。2009年,她們又分別前往位於宜蘭的佛光大學和位於福州的福建師範大學求學。27 日(除夕)下午,行法引領我們參訪了萬德寺、福林寺、祝聖寺等會安臨濟宗的重要寺院。28 日(大年初一)下午,行光則帶領我們進入位於會安市雄王路 48 號的圓覺寺。

　　圓覺寺建於 1861 年,今有 3 位僧人。住持如淨法師是會安人,出生於 1976 年。他在胡志明市讀過大學,19 歲出家,曾研究會安的臨濟宗,著有《臨濟祝聖禪派的傳承歷史》一書③;現在關注越南的佛教度牒研究。2005年,在寫作以上這篇學位論文之時,他接觸到漢喃書。2006 年,他任住持,開始利用寺院翻新、清理舊物的機會收集漢喃圖書文獻。從圓覺寺所藏書的書主名號看,他的收集範圍包括順化市和廣南、廣義、平定、會安、富安等中部省份,例如:

---

① 釋大汕著,余思黎點校《海外紀事》,中華書局,2008 年,頁 80。
② 范文俊《閩南明海法寶禪師與越南南方佛教史》,載《泉州師範學院學報》2015 年第 5 期。
③ 如淨《臨濟祝聖禪派的傳承歷史》,東方出版社,2009 年。

　　——嗣德三十三年河内省里仁府寶龕寺印本《沙彌律儀要略增注》，書根塗紅處題"如紅"二字。可知此書來自會安寶勝尼寺。如紅即行法的師父，曾任寶勝尼寺住持。

　　——嗣德十一年重印本《禪林寶訓合注》，一件前封襯頁手書"釋慈藏"三字，另一件前封内頁和末頁鈐有越文"妙德寺，釋女慈行，順化"朱印。可知此書來自順化妙德寺。

　　——《式叉摩那沙彌尼律儀》印本三件，一件先後爲尼師解蓮、如紅持有，書内有越文印章，記"釋女解蓮，妙德，順化"，書根中部則橫題"如紅"等字樣。一件原爲妙德寺尼師慈行持有，襯頁有喃文牌記，下鈐越文"釋女慈行"云云，書根中部橫題越文"沙彌尼，學僧，慈行"字樣。另一册亦爲慈行持有，襯頁有"慈行"朱文方印，書内鈐有越文"妙德寺，釋女慈行，順化"字樣。可見此書諸本經歷了由順化至會安的流傳。

　　——保大六年祥雲寺印本《金剛般若波羅蜜經注解》，其中淺褐色封面本中題"福林寺住持寂照"。按福林寺亦爲會安臨濟宗寺院。

　　——石山寺印本《大乘金剛般若波羅蜜經銷釋》一種，每卷末行皆手書"敕賜祝聖寺，號善菓奉持"。按此本來自祝聖寺。同樣，經折裝《觀世音菩薩普門品》書末題款有"才工黄光好、黄玉楊，廣南敕賜祝聖寺藏板"字樣，也來自祝聖寺。

　　——抄本《結夏示衆挽》，封面題"結夏示衆挽禪堂竹林寺真枝受持"；序文末署"皇朝保大三年歲次戊辰四月初八日，敕賜慈雲寺場敬送，春京安會寺僧衆號如是奉寫"；末頁左題"中圻沱瀼敕賜慈雲寺開夏九旬壇主號廣興奉供"。據知此書來自"沱瀼"（今峴港）慈雲寺。

　　——胭脂紅色封面《彌陀鴻茗盂蘭經》，書末手題"教會越南佛教承天省奉供，廣義省慈林寺"。可見此本來自廣義省慈林寺。

　　承如浄法師邀請，我們一再修改行程，在圓覺寺藏書房閲讀了全部漢喃書籍文獻。藏書房的漢喃書，以科儀書居多，亦有醫書和文史書籍。其概況如下表：

	經書	律書	論著	科儀	其他	合計（種）
漢文書		4	18	52	14	88

	經書	律書	論著	科儀	其他	合計（種）
喃文書	7	1	5	2	2	17
中國書的重抄重印本	30	10	21		13	74
合計（種）	37	15	44	54	29	179

閱讀圓覺寺的漢喃書，我們注意到：其中有大量合訂之書。這種情況常見於越南的俗文學書籍。比如在法國東方語言文化學院所藏越南古書中，有《二度梅演歌》、《金雲翹新傳》等 9 種書的合訂之本，有《中軍對歌》、《觀音注解新傳》等 12 種書的合訂之本。而在圓覺寺，我們則看到以下 6 組書的合訂：

1.《紀修新録》、《鹼餹飯粥儀》；

2.《金剛般若波羅蜜經注解》、《般若波羅蜜多心經注解》；

3.《佛説孛經抄》、《除恐災患經》；

4.《金剛壽命陀羅尼經》、《妙法蓮華經觀世音菩薩普門品》；

5.《禪門日誦》、《釋迦世尊本傳》、《佛經緣起》；

6.《瓊林禪寺供諸祖科》、《香山天厨寺供諸祖科儀》、《天山菩提寺供諸祖科儀》、《蕉山天心寺供諸祖科儀》。

這種情況實際上是使用狀態和傳播狀態的表現。比如《紀修新録》等二書，均載佛教子弟日常習用的經偈咒語，由永慶寺僧志心抄録於啟定四年(1919)；《佛説孛經抄》等二書，均載佛本生本行故事，由釋如秋抄於 1942 年。這兩組書的合抄，乃出於使用上的方便。基於同樣的理由，祥雲寺在保大六年(1930)將《金剛般若波羅蜜經注解》等二書合爲一本刊行；某寺廟爲科儀需要，把《瓊林禪寺供諸祖科》等四種供奉祖師的科儀書合訂爲一册。由此來看圓覺寺的藏書，我們就知道，寺院圖書館和公共圖書館，其性質是有所不同的；前者更緊密地聯繫於書籍傳播的需要。

圓覺寺五天，是我們在越南訪書三個月裏最充實、最快樂的時光。我們總是得到齋飯款待，也同如净有過幾次交談。如净告訴我們：他搜集漢喃書的目的是爲了自己做研究，同時也提供給其他研究者閱讀。他認爲佛教是講貢獻的，任何寶貝都只在貢獻出來以後才能顯現價值，所以他歡迎有人來做研究。他的話,同我們在巴黎亞洲學會、河内漢喃研究院見到的情況恰好形成强烈反差。我們于是在推動漢喃古書生存和傳播的力量中,看到了最積極的那一支力量,這就是佛教的慈悲態度。

三　順化妙嚴寺

2月2日中午,我們從會安回到順化。下午兩點到達順化古都遺迹保存中心,同研究室的黎氏安和、黎氏美珠等人會談,爲她們設計了《敕封文獻目録》和《宫殿牌匾録》的體例,並約定次日指導她們使用;作爲回報,我們也瞭解了順化寺院的情況。2月3日下午,我們走訪了其中的天明寺、慈曇寺、保國寺、慈孝寺,但所得不多。不過,就在天色昏暗,即將返回旅館的時候,我們却偶然遇見一位法號瑞瓔的尼師。她使我們在順化訪書的局面頓時改觀。

瑞瓔是廣治人,俗名趙氏清,今年46歲。19歲那年,她在順化妙嚴寺出家,師從住持妙智。後來她多次外出求學,分别就讀於順化的師範大學、武漢的華中師範大學(碩士)、上海的華東師範大學(博士)。她的碩士學位論文題爲《越南陳朝竹林禪派研究》。她的師傅妙智,號了然,出家前住在順化皇宫,是王公大臣的後裔。妙智曾任順化妙德尼院院主,六年前以103歲高齡圓寂,謚澄康,代表臨濟宗第四十二世法脈。我們是在慈孝寺遇見瑞瓔的。她看我們詢問漢喃古書和經版,便邀請我們參觀她居住的尼寺。我們隨她循小路到達妙嚴寺,果然在藏書室發現數十種漢喃古籍;鑒於天色已晚,遂請求次日再來閲覽。

2月4日上午,承住持妙善許可,我們把妙嚴寺所藏漢喃書籍通讀一過,做成目録。其書共24種,含如下類别:

	經書	律書	論著	科儀	合計(種)
漢文書				1	1
喃文書	1				1
中國書的重抄重印本	8	5	9		22
合計(種)	9	5	9	1	24

　　這些書有三個特點：其一，多鈐越南文"妙嚴寺"朱印，是寺内公用之書。其二，多爲佛經注疏和戒律書，而没有科儀書，可見其書的用途是學習和修行。其三，從藏書記號看，這些書多是妙智、妙行等前輩所用書，少量爲信徒敬獻之書，如：

　　——啟定元年（1916）福隆寺印本《大乘起信論直解》，扉頁原有手書"妙智"二字，後改爲"妙行"。

　　——成泰十三年（1901）刻本《四分律比丘尼戒本略記》，後三册有手書"天福寺比丘尼戒號曇裕受持"等字，卷三以下鈐朱印"慈行"及越南文"順化妙德寺，釋女慈行"，卷六、卷九以下手書"天福寺受持"。

　　——維新六年（1912）印本《歸元直指增補音義》，書根處手書"歸元""妙行"等字。

　　——永嚴寺嗣德三十一年（1878）印本《比丘尼戒經》，襯頁手書"信女阮福佩環夫婦同發願印請《比丘尼戒經》，共成二集，上供於妙嚴寺，以爲法寶。戊辰九月下浣，櫨庵奉送"，並有越南文"妙嚴寺"印章。

　　——保大十年（1935）印本《大乘止觀述記》，書根空白處横題書名卷次和持有者法號。持有者有兩種字迹，較淡者寫"學生妙智"，較深者寫"妙行"覆蓋"妙智"。書根空白兩邊分别寫寺名"妙""德"；每卷襯頁、末頁皆鈐越文"妙嚴寺"印章，襯頁並有藍色圓珠筆寫漢文和越文"妙智"字樣。

　　——《賢愚因緣經》，書根左側横題"妙智"。

　　對於《四分律比丘尼戒本略記》一書中出現的"慈行"一名，我們並不陌生——我們曾經在會安圓覺寺見過此名；而且，在這兩地、兩部題"慈行"的書上，皆寫有"妙德寺""學僧"字樣。我們頓時領悟到：這些書出自順化妙德佛學尼院，代表了漢喃佛書用於教學和修行的功能。據我們調查，越南中部有一個培養尼衆的專門佛學院，駐在順化妙德寺，稱"順化妙德佛學尼院"。妙嚴寺住持妙智曾經擔任過尼院院主。既然會安尼衆使用寫有"妙德寺、學僧"等字樣的佛經，既然這些佛書的内容是"比丘尼戒"，既然圓覺寺如净法師搜集漢喃書的範圍廣達越南中部各省，那麼，順化妙德尼院便應該是漢喃佛教書籍的一個傳播中心。這個中心同時是宣傳比丘尼戒的中心。當尼師們把綫裝本漢文佛經用於教學之時，這個中心就逐漸形成了。也就是説，用於持戒，而非用於俗家法事，是越南漢喃佛教書籍的一種重要的生存形態。

四　河內館使寺

妙嚴寺的經歷給我們很大觸動。我們對"選時不如撞時"的道理有了新認識,爲此加強了對各地寺院的考察。2 月 4 日下午,在離開妙嚴寺以後,我們走訪了順化的靈姥寺、妙諦寺;2 月 16 日,在到達河內以後,又走訪了館使寺、洪福寺、鎮國寺。這些寺院皆屬曹洞宗寺院;同會安寺院相區別,有另一個傳播源。

越南曹洞宗的淵源可以追溯到公元 17 世紀。1664 年,水月通覺和尚(1636 或 1637—1704)攜兩名弟子赴中國求法,到達浙江湖州鳳凰山,參見一句智教禪師,留下一個著名的話頭,即一句問"汝甚麽處安身立命?"水月答"火中風發處,波上水安然"云云①。得法後,水月禪師於 1667 年回到越南,成爲越南曹洞宗始祖。水月弘法之地主要有三:一是安子山望老寺,二是崑山資福寺,三是崑山任陽山寺,皆屬越南海陽省東潮縣;而其弟子宗演真融(1640—1711)則在東京(今河內)建立了洪福寺,並使之成爲越南曹洞宗的祖庭。宗演之後,有慈山靜覺禪師、性祝禪師先後主持洪福寺,進而把曹洞禪法擴大到含龍寺、鎮國寺等河內寺廟②。不過進入 20 世紀以後,在越南北部影響最大的寺廟,卻是位於河內館使街的館使寺。此寺始建於 15世紀後黎朝,原是接待東南亞佛教國家使臣的使館。《大南一統志》記其得名云:"黎初,占城、萬象、南掌諸屬國來貢者館於此,該諸國俗皆崇佛,故爲寺以館之,因以爲名。"③其後該寺所在街道亦以"館使街"爲名。1926 年,越南出現高台教,引起關於佛教發展的大討論,促成十個佛教協會的誕生;其中北圻佛教協會的駐地就在館使寺。1945 年 8 月革命成功後,越南佛教

① 如山《禪苑繼燈録》卷右,葉 42。

② 參見以下資料:馮超《越南曹洞宗的江南禪系源流與 17—18 世紀中越佛教交流》,載《延邊大學學報(社會科學版)》2013 年第 2 期;阮賢德《鄭阮紛争時期的越南佛教史》,胡志明市綜合出版社,2006 年,頁 475—476;黎氏垂莊《越南南河地區十六至十九世紀中國禪宗的傳播和發展及相關文獻的考察》,頁 65—67;杜繼文主編《佛教史》第十章中"越南的大乘佛教"條,江蘇人民出版社,2008 年,頁 528。

③《大南一統志》,河內漢喃研究院圖書館 A.69/2 號抄本,頁 112。

界醞釀建立總會；到 1951 年，佛教總會正式成立，其慶典亦在館使寺舉行。1981 年，越南佛教教會在北部、中部、南部設立三個辦事處，第一辦事處便設在河內館使寺。現在，館使寺仍然是越南佛教僧伽協會總部的駐地，也是越南《佛學》雜誌編輯部的所在地。寺中有正式圖書館，名爲"館使寺中央佛學圖書館"。

當我們瞭解到館使寺以上情況後，我們便産生了進入其圖書館閲覽書籍的願望。不過，也許由於該寺的行政屬性，我們等待了很長時間，到 2 月 24 日才獲准進入並限時閲覽。我們用一週時間，閲讀了以下書籍：

	經書	律書	論著	科儀	其他	合計（種）
漢文書	1		6	1	2	10
喃文書			2		2	4
中國書的重抄重印本	21	8	29		19	77
合計（種）	22	8	37	1	23	91

根據館使寺中央佛學圖書館的藏書目録，該寺漢喃書共有 394 個編號，127 種。我們看過的 91 種書，都是經越南人創作或加工過的書。限於時間，我們放棄了一些書，比如《釋迦譜要略》、《冠導天臺四教儀集注》等日本佛教著作和《大唐西域記》、《大般涅槃經玄義》、《大佛頂如來密因修證了義諸菩薩萬行首楞嚴經》、《大慈恩寺三藏法師傳》、《摩訶般若波羅蜜多經》、《金剛三昧經》、《佛説不思議功德諸法護念經》、《十吉祥經》、《觀世音菩薩本願》、《成唯識論》、《宗鏡録法詳義節要》、《中觀論疏》、《易經》、《莊子》、《白香山詩後集》、《佛教大詞典》、《康熙字典》、《清史通讀演義》等中國典籍。不過，儘管未讀這些書，我們却借此瞭解到：多藏"國外"書，是館使寺古籍收藏的重要特點。這一點，應當是同館使寺作爲外交機構的歷史地位相關的。

事實上，僅從館使寺所藏"國内"古籍（越南古籍）的角度看，他的特點也是鮮明的。同另外三所寺院相區别，他收藏的書多有中國淵源——多爲中國書的重抄重印本。這種書有 77 種，佔比 85％。另外，他收藏了很多非佛教的書。這種書有 23 種，佔比 25％。後者可分兩類：第一類關於思想和藝術,數量不多,僅有講儒家倫理的《明心寶鑒釋義》、《菜根譚》,以及詩選本《寒山子詩集》、《唐詩合選詳解》;第二類關於信仰和儀式,數量不少,達19種,例如《呂祖六通經》、《五聖經文合編》、《明聖經示讀》、《玉皇骨髓真經》、《玄天上帝寶録》、《五殿閻羅天子經》、《呂祖分類功過》、《乩正灶神經文》、《文昌帝君解厄寶懺》、《竈王寶懺》、《陰陽濟度真經》、《金僊發迹真經》、《寶善經》等道教和俗信書。這種書出現在佛教圖書館裏,是令人喫驚的。另外三所寺院,僅圓覺寺藏有《太陽太陰北斗眼光真經》、《灶王書》、《明聖經》等 3 種道教和俗信書。比較可知,館使寺藏書有第三個特點,即不限於佛教。這意味著,其圖書館具有獨立圖書館的屬性。

　　館使寺所藏越南古籍還有一個特點,即多爲印本。比如其所藏道教和俗信書,除《竈王寶懺》、《觀音蓮花寶懺》爲抄本外,其餘都是印本。從各種題款看,這些書基本上印於河内及週邊。例如:

　　——由河内玉山祠刊印的書籍:《文昌帝君解厄寶懺》,啟定九年(1923)據咸豐九年(1859)印本重印;《五殿閻羅天子經》和《乩正灶神經文》,成泰丙午年(1906)印;《消災延壽妙經》,成泰丁未年(1907)據廣東省海幢寺刊本重印。

　　——在河内刊印的書籍:《呂祖分類功過》,嗣德庚午年(1870)河内行帆街元亨號印;《明聖經示讀》,成泰十四年(1902)年河内安寧庯印,玉山祠安樂譜、河安祠樂道譜捐刊;《玉皇骨髓真經》,保大戊辰年(1928)河内安寧庯永安望祠重印。

　　——在河内附近刊印的書籍:《寶善經》,保大十七年(1942)廣進壇(位於河東省彰美縣美良總進聞社)印;《陰陽濟度真經》和《金僊發迹真經》,保大二年(1927)、九年雲碧崗(位於河東省富川縣常川總雲黄社舊村)印;《五聖經文合編》,保大十三年(1938)雪山臺(位於河東黄梅)印;《呂祖六通經》,成泰十四年(1902)勸善壇(位於南定同樂)印。

　　我們曾統計過四所寺院所藏印本書在全部藏本中的比重,得出的數據是:館使寺 94.1％,妙嚴寺 80.7％,慧光禪院 71.6％,圓覺寺 54.6％。這個順序反映了什麼呢? 若考察一下各寺書籍的來源,便知道,這反映了圖書館的歷史;或者説,反映了寺院建立藏書結構的年份。由此看來,館使寺的藏書之所以重視印本,是因爲越南古來就有重視印刷的傳統,而館使寺的圖書館很早就建立了這一傳統。

　　我們另外也比較過四所寺院藏書品種的異同,注意到有《地藏菩薩本願經》、《比丘尼戒經》、《禪門日誦》等 12 種書籍見於三所寺院的收藏,其中 11 種是中國書的重抄重印本;有《地藏菩薩本願經音注》等 32 種書籍見於兩所寺院的收藏,其中有 2 種喃文書、13 種漢文書、18 種中國佛經的重抄重印本。這項比較表明:中國佛經,特別是來自中國的科儀類佛經,實際上構成了越南漢喃佛教書籍的主流。不過,四所寺院所保存的佛教書籍孤本,其價值却也是不容忽視的。這種孤本書主要是抄本喃文書。比如四所寺院共有 20 種喃文書,其中 18 種屬孤本;即圓覺寺便存有 13 種不見於其他寺院的孤本喃文佛教書。就其内容看,孤本書可分三類:一是越南人的佛教著述,二是越南人所使用的科儀文獻,三是用於各種儀式的攻文。這些喃文書籍的存在是富有文化意義的,因爲他們有鮮明的實用性,聯繫於越南民衆所特有的佛教活動。

五　綜合討論

　　綜上所述,越南四所寺院共保存了 370 種漢喃古籍,其中圓覺寺 179 種,館使寺 91 種,慧光禪院 76 種,妙嚴寺 24 種。儘管這不是四所寺院所藏漢文書籍的全部,而只是其中由越南人撰寫、抄選或刊補的那一部份,但他代表了越南文物的精華。在歷史上,無文字的民族總是要模倣有文字的民族進行寫作和編纂,因此,中國古書曾經是越南著述的範本;但從世界的眼光看,在越南,真正具有文化價值的圖書,却無疑是包含創造者智慧的本土作品。

　　基於這一理由,我們擬在全球範圍對越南漢喃古籍進行資源調查。這項工作體量浩大;若就寺院藏書而言,現在所做的一切都只是剛剛起步。據瞭解,胡志明市另有西貢舍利佛學圖書館(Thư viện Phật học Xá Lợi tại Sài Gòn)、西貢伽藍廣鄉寺圖書館(Thư viện chùa Quảng Hương Già Lam tại Sài Gòn),藏有《竹林宗旨原聲》、《諸品經》等一批漢喃古書。除圓覺寺如凈外,許多僧尼參加了漢喃書的搜集,比如廣南省三峰寺釋同養、海陽省靈應寺釋覺行各藏有數十部漢喃佛教古籍。而胡志明市的同文住持、真明住持和佛教學者黎孟達,也都有豐富的藏書。另外,漢喃古籍資源的富礦,乃在越南中部。我們曾經訪問過順化的天姥寺(靈姥寺)。在阮朝開國皇

帝世祖阮潢所建的這所寺廟,慶智和尚引導我們觀看了大量佛經雕板。我
們又曾訪問順化的妙諦寺。該寺明德法師告訴我們,在順化綜合圖書館、
順化大學圖書館、順化佛學院圖書館和妙諦寺圖書館,都有漢喃文古書的
豐富收藏。後來在河內館使寺,我們得到清寧法師、沁勳法師的幫助,觀看
了館使寺的兩大櫃雕板,也從法師那裏知道:直到現在,越南和尚都要用漢
越語來念經,要背誦漢越語的《阿彌陀佛經》,因此,漢喃古籍對於他們並不
陌生。爲學好建築設計等課程,越南和尚還要向古代堪輿書取材。這意味
著,每一位懷抱學術追求的越南僧尼,都可能有漢喃書的收藏;對於我們來
說,理想的訪書之路,應該到達每一個有教育傳統的越南寺院。

　　不過,以上所討論的越南四所寺院,其藏書却是有代表性的。我們曾
通過網絡,獲得河內勝嚴寺、普仁寺、玉山祠的藏書資料。再加上我們已經
掌握的越南國家圖書館的資料,以及見於《越南漢喃文獻目録提要》之著録
的六大特色圖書館——越南漢喃研究院圖書館、法國遠東學院圖書館、法
國亞洲學會圖書館、法國國家圖書館東方寫本部、法國東方語言學院圖書
館、法國吉美博物館圖書館——的資料,我們得出以下一份關於漢喃佛教
書籍的統計表①:

		經書	律書	論著	科儀	合計(種)
漢文書	四所寺院	1	12	46	84	143
	三所寺祠	1		3	30	34
	提要	5	3	45	45	98
	越南國圖			4	4	8

①表中"四所寺院",指圓覺寺、館使寺、慧光禪院、妙嚴寺;"三所寺祠",指勝嚴寺、普仁
　寺、玉山祠;"越南國圖",指位於河內的越南國家圖書館;"提要",指王小盾等主編的
　《越南漢喃文獻目録提要》,2002 年 12 月由台灣"中研院"文哲研究所出版。《提要》
　一書收録了越南漢喃研究院圖書館、法國遠東學院圖書館等 6 個大型圖書館所藏越
　南漢喃圖書的資料,代表其總和。

續表

		經書	律書	論著	科儀	合計(種)
喃文書	四所寺院	10	1	9	2	22
	三所寺祠		2	2	5	9
	提要	20	2	17	1	40
	越南國圖	6				6
中國書的重抄重印本	四所寺院	61	25	63	1	150
	三所寺祠	19	7	6	5	37
	提要	66	27	83	23	199
	越南國圖	12	2	6	3	23
合計(種)		201	81	284	203	769

　　從這份表格看,對於漢喃佛教書的收藏,"四所寺院"和"三所寺祠"的結構(各部類的比重)是相接近的,這説明"四所寺院"的藏書具有典型性。若計總數,則《提要》爲337種,"四所寺院"爲315種(未計非佛教書),"三所寺祠"爲80種,"越南國圖"爲37種,相比之下,四所寺院的收藏量非常可觀,與《提要》所代表的6大圖書館相當。這説明,寺院是越南漢喃佛教文獻最重要的存儲場所。而若對四份書目的内容作一比較,那麽,在四所寺院所藏的315種佛教書籍中,僅有84種見於《提要》,未見者達231種,佔比約3/4。這又説明,《提要》所反映的官方圖書館藏書,在漢喃佛教文獻方面有很大疏漏,因此,寺院調查是域外漢籍研究不可或缺的一環。另外,前文談到,我們對四所寺院所藏非佛教的書籍作過統計分析,比如館使寺收藏非佛教的漢喃書23種,其中19種是道教和俗信書。現在可補充的是:這種書在慧光禪院有3種,在圓覺寺則有29種——包括《詩經大全》等儒學書2種、《少微節要大全》等史部書11種、《藥性歌》等醫學書3種、《地理五訣》等曆算占卜之書8種。這又説明,儘管佛教圖書是漢喃古書中的特殊部類,有其特殊的傳承方式和保護方式;但寺院却是佛教圖書和非佛教圖書的交流中心。下面將要説到,這是同寺院的教育功能相聯繫的。
　　以上種種,揭示了一個很重要的事實:我們所説的"域外漢籍"或"域外漢文獻",乃是由兩個同樣廣大的世界組成的。其中一個世界聯繫於儒學和官方教育,以政治體制爲支柱;另一個世界聯繫於宗教和民衆文化,以風俗和信仰爲支柱。由於知識人的某種狹隘習慣,後一個世界可以説是湮没不彰的;但現在我們看到,他不僅有宏大的規模,有深刻的内涵,而且是一種生生不息的存在。其意義,已從以下四個方面顯現出來。

　　(一)通過四所寺院可以看到,佛教藏書有深厚的歷史文化基礎。關於其起點,可以追溯到越南佛教發端的年代。有人認爲,公元 2 世紀的牟子、3 世紀的康僧會,即曾來交趾傳教,分別著譯了《牟子理惑論》和《法華三昧經》①。《大越史記全書》等書亦明確記載:早在越南建立獨立政權之初——宋真宗景德四年(1007),黎帝龍鋌即曾遣使至宋,求得大藏經文②。從現有資料看,越南古代人進行規模性藏書,主要有兩個動機:其一是推廣佛教,其二是發展教育。李太祖順天十二年(1021)建大興書庫,李太宗天成七年(1036)建重興書庫,陳英宗興隆三年(1295)建南定天長書庫,其目的都在於典藏佛經。到後來,歷朝政府和個人也建立了若干書院,作爲管理和典藏書籍的場所。越南圖書典藏史因此可以劃爲兩個階段:李陳兩朝是以佛經典藏爲中心的階段,黎阮兩朝則是以儒書典藏爲中心的階段。越南文獻學資源遂也出現了兩大特色:從典藏角度看,保存最好的古籍是佛經;從目錄角度看,數量較多、體例相對完備、面貌最整飭的目錄是書院目錄③。這種歷史傳統影響至今,使越南佛教仍然呈現出高度繁榮。據統計,"目前越南全國約有出家僧尼 40,000 多人……寺廟有 14,400 餘座,其中有 13,300 座北宗寺院、500 座原始南宗和高棉南宗寺院精舍、300 座乞

---

① 伯希和著,馮承鈞譯《牟子考》,載《北平圖書館館刊》第 6 卷第 3 號,1932 年,頁 29—30;又參梁志明《略論越南佛教的源流和李陳時期越南佛教的發展》,載《印支研究》1984 年第 4 期。

② 《大越史記全書·本紀》卷一《黎紀》。又見明李文鳳《越嶠書》卷四,《四庫全書存目叢書》,齊魯書社,1996 年,史部第 162 册,頁 750。

③ 參見王小盾、劉玉珺《論越南古籍的歷史意義、形態和文獻學意義》,載《從敦煌學到域外漢文獻研究》,商務印書館,2013 年,頁 358。

士精舍,還有 100 座精室、200 座念佛堂。"①由此也推動了佛教書籍的流傳。有人依照古今圖書目録,對中國書的越南重抄重印本作過統計,發現其中最多的是以下三類子部書:佛教書,道教與俗信書,醫家和數術書——其數佔到八成以上。因此得出結論:宗教信仰是影響越南普通民衆接受漢文化知識的最重要的因素②。這個結論意味著,佛教的興盛和漢喃書的流通是相表裏的。因政治區劃而破碎的漢文化圈,其實在文化層面仍然存在。譬如,越南佛教就可以看作東亞佛教譜系的一個分支。

(二)四所寺院的藏書,表明漢喃文圖書有頑强的生命力。因爲這些藏書不同於書面化的中國漢籍,而采用了同當地口語相適應的多種方式。第一種方式是喃譯,比如在圓覺寺有一部《般若波羅蜜多心經》的喃譯本,名爲《般若波羅蜜多心經演文》。據其題署,此書是在維新三年(1909)由"石山寺住持弘解重釋演音"的。"重釋演音"的意思是譯爲喃文並加解釋,可見這一喃譯本產生在施行口傳的講經活動之中。前文統計,這種同口傳相聯繫的喃文書,在四所寺院共有 29 種。第二種方式是多語種對照,比如圓覺寺有《佛説大報父母恩重經》的兩種譯本,皆是印本,一種是喃文全譯本,另一種是漢文、喃文、越南文(注音)的對照本。後者的編纂目的,就不僅在於口傳,而且在於閱讀和語言訓練了。圓覺寺所藏印本《地藏菩薩本願經》也是這樣:在每一漢字旁注有相應的越南文字母,以方便閱讀者準確拼讀漢越音。這種對照本,實質上是用於漢越音朗讀的漢文佛經教材。第三種方式是韻譯,俗稱"演"或"演義",一般譯爲六八體韻文。例如在慧光禪院和圓覺寺都藏有一種《净業文演義》,乃是净土經文的六八體喃譯之書,正文分三欄,上欄爲《净業文》原文,中下兩欄爲六八體喃譯。其中一本與《净土文演音》(漢文《獅子峰如如顏丙勸修净業文》及其喃字注文)合訂,另一本與《十念法門》(佛教徒每日課經時所用經偈)合刊,還有一本刊於啟定壬戌年(1922)。由此可知,《净業文演義》是一部在 20 世紀前期甚爲流行的佛教唱誦之書。另外還有第四種方式,即把漢文佛教文獻改編爲喃文唱本

---

①阮曰陲《佛教在當代越南社會中的地位、功能與影響》,華中師範大學 2014 年碩士論文,頁 19。

②參見劉玉珺《越南漢喃古籍的文獻學研究》,中華書局,2007 年,頁 41;陳益源《越南漢籍文獻述論》,中華書局,2011 年,頁 55。

的方式。比如在圓覺寺所藏喃文抄本中,有三種采用六八體形式的佛教書;其一是《義塚寺科獄》,記録向四門呼唤,超度亡靈的法事科儀;其二是《結夏示衆挽》,以歌讚方式展示禪堂的結夏儀法,附載若干篇六八體《懺主發願文》和《十善演歌》;其三是《靈排演義歌》,講述靈魂由投胎、經歷人生之苦到死滅的過程,其首云"下凡入世投胎陽塵"云云,中部云"爲困死別生離"云云,後部云"奈何橋上傷喂"云云。顯而易見,這都是取漢文素材而製作的喃文唱本。以上這幾類書,又常常采用合抄或合刊的形式。比如慧光禪院所藏喃文佛經《彌陀演音》,乃與《經文演音》、《般若波羅蜜多心經》、《楞嚴大勢至善菩薩念佛章》、《十方演音》、《一心發願文》、《稽首發願文演音》、《鴻名寶懺儀式演音》等篇章合抄。這些篇章皆分三欄書寫,上欄爲漢文,中下兩欄爲六八體喃文。前文説過,合抄和合刊,都出發於書籍傳播的需要。可見以上種種,既對漢文典籍越南化作了多樣性的展示,又反映了漢文典籍在越南的生存狀態。

　　(三)四所寺院的藏書,呈現了中國古籍同域外古籍相溝通的許多細節。比如館使寺藏保大十六年(1941)印本《佛乘宗要論》,書首有農山阮玗夢所撰序論,説到"唐宋以來,經本南行"背景下的《佛乘宗要論》,説此書是因太虚法師、胡任支、心安禪師而得以刊行的。這説明,僧侶傳教是造成漢籍流傳的重要途徑。館使寺又藏成泰丁未年(1907)玉山祠據廣東省海幢寺重刊的《消災延壽妙經》,書後題"此經院在廣東城海幢寺,於壬子年仲春日,在家居士周文昭自東省就伊寺焚香参叩,請來南國捐刻,以曉留後"。這又説明,華人信徒——特别是來自中國廣東的信徒——也助成了佛教典籍在越南的流通。再如圓覺寺藏1925年惟誠會新刊本《入佛問答》,書末有刊行人涵清子所撰《跋文》,説此書是通過衆籌而得以刊行的;而此書襯頁有商賣標識,記"潘東慶""商賣""QUAN-LY THANH-AM""HANOI"等字樣。這表明中國書籍之傳入越南,乃得力於越南不同地區、不同界别人士的襄助。另外,館使寺藏有成泰四年(1918)光慶寺所印《四分律藏》一書,書前有景興四十六年(1785)《四分律藏原序》,説到"此本在官國老良風往使時買得","至乙未年,昭昭借請閱誦抄寫","景興肆拾陸年完成,此本覆板刻庚子冬節季"。這就是説,《四分律藏》原是由使臣官國老從中國帶回來的,昭昭和尚從乙未年(1775)開始借抄,庚子年(1780)付梓,到景興四十六年(1785)才刊行。由此又可見使臣和僧侶的合作。

　　根據四所寺院所藏漢喃書的序跋題款,可以知道,很多漢文古籍在流傳過程中經歷了一番曲折。比如館使寺藏《寒山子詩集》和《禪宗永嘉集》合刊之書,書首有啟定元年(1916)清亨所撰《我越初刊寒山永嘉集小引》,云"多番購求,方始得之"云云;而《寒山子詩集》正文題下署"廣州海幢寺重梓":據知此本經反覆尋求①,最後由於廣東海幢寺的幫助,才得以進入越南。又如館使寺藏成泰乙巳年(1905)河内蓮派寺重印本《佛祖統紀》,載多篇序跋,叙述此書的刊刻源流爲:起初,宋釋志磐編成此書,分爲五十五卷;其後,後黎永祐間(1735—1740),河内省崇福寺杜多和尚往清國廣東省鼎湖山慶雲大禪寺求道,六年後得此書回到越南乾安寺;再後來,嗣德初年,河内省蓮池寺福田和尚駐錫乾安寺,請到本書,校閲後擇能書者繕寫;接下來,於癸丑年(1853)鋟梓;最後,成泰乙巳(1905)年,河内蓮派寺重印此書。許多越南漢籍都有過類似的經歷;而其中杜多和尚奉旨往廣東慶雲大禪寺求學,帶回 300 餘部佛典之事,則是中越書籍交流史上的閃光一頁。

　　(四)我們對於越南漢籍狀況的觀察,主要有兩個角度:其一是觀察其歷史,由此窺知其傳播;其二是觀察其當下應用,由此窺知其生存。關於這種觀察,四所寺院各提供了一個重要主題。

　　慧光禪院讓我們看到漢文書籍作爲文化載體的意義。這所寺院的事業始於搜尋漢喃佛經,盛於用現代技術手段影印漢喃佛經,而其願景,則是編纂一部完整的越南大藏經。在這一過程中,他們得到了兩方面支持:經濟方面是民衆的日用,意識形態方面是弘教的理想。從前一方面看,漢籍可以滿足越南人的現實需要;從後一方面看,漢籍代表了某種文化精神。所以,慧光禪院的漢籍收藏大不同於官方圖書館:後者基本上是僵化的,而前者擁有鮮活的、不斷成長的生命。比如其中佔比 41% 的科儀書,便活在

①圓覺寺、妙嚴寺、館使寺皆藏有啟定元年(1916)福隆寺所印《大乘起信論直解》,其書首亦有清亨所撰《小引》,述及此書經三次求購才傳入越南的歷程:第一次,成泰年間(1889—1903),"賴有大清國諸貴檀越,歸心向道,渴聞佛法難逢,願心代購求經律,刻印流通";第二次,成泰十五年(1903),"原恃大清國貴檀越關新記號、李氏璣號妙瑢等,願心代購,求得《大乘起信論直解》上卷、《寒山詩》一卷、《永嘉》一卷、《百丈清規》一部";第三次,維新九年(1915),"幸得彼《大乘起信論直解》,上下二卷方全"。據書末題款"海幢沙門心旦謹識,板藏海幢經坊流通"云云,可知此書亦來自廣東海幢寺。

越南信眾的念誦活動和法事活動當中。由此可以得出結論:在越南,漢文典籍的生存是同佛教的生存相表裏的——他聯繫於佛教教義和佛教科儀的生存、漢越語的生存、越南的某種國學傳統的生存。只要這幾種文化需求不衰亡,漢籍在越南就不會消滅。

相比之下,圓覺寺所收藏漢喃書籍則較具文物和風俗的意義。圓覺寺位於文化古城會安,被華僑文化所環繞,背負著臨濟宗三百多年的光榮。寺中古書實際上是全城觸目可見的漢字碑銘、漢字牌匾、漢字對聯的一部分。這些文化符號共同象徵著底蘊深厚的歷史傳統,也代表了民間知識群體的一種生存方式。2017 年 1 月 31 日下午,如淨帶領我們往祝聖寺參加法會,考察祖碑群,並特地從碑文中找出"寂於丙寅十一月初七日酉時,嘗如圍夾鐘上望創造"等語同我們討論。這使我們想到:在圓覺寺的藏書中,之所以有較多文史類漢文書,一方面緣於如淨的歷史文化意識,另一方面也緣於會安及週邊的歷史文化氛圍。順化慈曇寺住持海印法師曾對我們說:儘管漢喃古籍發揮的作用有限,但越南僧侶仍然把他們當作寶貝。如淨的看法正是這樣:是把漢喃書當作佛教三寶中"法寶"的化身來看待的。不難理解,那麼多越南僧尼來中國求學,其目的之一,就是使作為"法寶"的漢文佛經在越南復活。

前文說到,古代越南人進行規模性藏書,主要有推廣佛教、發展教育兩個動機。以佛教的眼光看,這兩個動機其實是同一的:推廣佛教的主要方式就是發展佛家教育。這在妙嚴寺和館使寺的藏書中有明顯體現:妙嚴寺收藏漢喃書 24 種,其中有 14 種(超過半數)是漢文的佛經注疏和戒律書;館使寺收藏漢喃書 91 種,其中有 43 種(接近半數)是漢文的佛經注疏和戒律書,另外還有 2 種是喃文書。前文說過,這類書是修養用書,反映了佛家教育的需要。而佛家的教育中心,往往也是漢喃佛教書籍的傳播中心和刊印中心。2017 年 1 月 25 日,我們曾冒雨造訪其中一個中心——越南佛學院順化分院,瞭解到:這所佛學院成立於 1997 年 6 月,有數萬冊藏書。所學課程包括"內典"和"外典",其中"內典"要使用綫裝本佛經,"外典"則包括《論語》等文史典籍。越南有四十多所佛教學院,其中四所為高級佛學院,分別位於南部的胡志明市(成立於 1964 年)、北部的河內市(成立於 1981 年)、中部的順化市以及西南部的芹苴市(成立於 2007 年)。相比之下,順化佛學院最重視漢籍閱讀。他們主體上(佔比 90%)是用繁體漢字來教學的;特別到了三、四年級,要直接使用《大藏經》來講授漢藏佛法①。這些消息表明:佛學院是漢喃書籍的重要生存地。因教學需要,佛學院不僅藏有漢文佛教典籍,而且藏有其他漢文文史典籍。其藏書體量未必不如我們考察過的四所寺院。由此看來,那個聯繫於民衆文化的體制之外的漢籍世界,其規模是難以估量的。因此,我們不妨把這個漢籍世界看作漢文化圈的代表,因爲他不同於以政治體制爲支柱的那個漢籍世界;一千多年來,他潛藏在淵,不曾中斷也不曾消失。

(作者單位:温州大學人文學院)

---

① 參見黎氏春草《越南順化佛學院僧尼學生漢字學習與教學情況調查》,華東師範大學碩士學位論文,2011 年,頁 11、18、32。

漢籍交流研究

域外漢籍研究集刊　第十八輯
2019 年　頁 445—458

日本現藏數種《爾雅》類文獻研究

蘇曉威

　　《爾雅》雖然是訓詁專書,但作爲十三經之一,附經而行,地位甚高,向來爲治小學者所重。學者們對國内以及韓國所藏《爾雅》類文獻多有研究①,但對日本現藏一些國内未見的《爾雅》類文獻,學者們關注較少,鑒於它們在古代日韓傳播和接受方面較爲重要的價值,筆者此處對經眼的日藏《爾雅》類文獻進行研究。此類文獻包括日藏各類晉郭璞注、宋邢昺疏《爾雅注疏》本,日人所校《爾雅》單經本,但日藏叢書本《爾雅》以及後世模仿《爾雅》形成的雅學文獻除外。以不同版本的先後順序介紹,不當之處,還望有道博雅君子正之。

一　國立國會圖書館藏活字本《爾雅注疏》

　　國立國會圖書館藏活字本郭璞注,邢昺疏《爾雅注疏》(下文徑稱“國會一本”),封面左上墨書“爾雅注疏”四字,右上書千字文編號“爲”字。殘本,三册合一册裝訂,只含卷二、三、六、七、十、十一。各卷卷次内容如下:卷二

---

① 相關研究論著如下:董恩林《〈爾雅郭注〉版本考》,《文獻》2000 年第 1 期;嚴紹璗《日藏漢籍善本書録》(上册),中華書局,2007 年,頁 249—254;郭立暄《顧廣圻刻〈爾雅〉的版本問題》,《圖書館雜志》2008 年第 9 期;竇秀豔、[韓]姜麗《韓國現藏〈爾雅〉注版本評説》,姜振昌、劉懷榮主編《東亞文學與文化研究》第 1 輯,中國社會科學出版社,2010 年,頁 193—199;蔣鵬翔《宋刻十行本〈爾雅注〉版本源流考》,《圖書館雜志》2011年第 7 期;張曉程《嘉慶六年影宋刊本〈爾雅郭注〉研究》,《圖書館界》2014 年第 5 期。

含《釋言》第一,卷三含《釋訓》第三、《釋親》第四,卷六含《釋地》第九、《釋丘》第十,卷七含《釋山》第十一、《釋水》第十二,卷十含《釋魚》第十六、《釋鳥》第十七,卷十一含《釋獸》第十八、《釋獸("獸"當爲"畜"誤)》第十九。

　　四周雙邊。雙魚尾,魚尾内均有三葉紋,呈現出典型的朝鮮版本特徵。版心裏,靠近上魚尾處,有"爾雅"及卷數序號,靠近下魚尾處,標注頁碼。白口。每半頁十行,每行十七字。《爾雅》正文及郭注、唐陸德明音義在一起單獨成行,邢疏比起前述内容低一個字,以大字"疏"字領起雙行疏文,另起一行排列。

　　卷二首頁右上邊框裏側鈐蓋朱文方印"帝國圖書館藏",右下鈐蓋朱文方印"鄭百朋昌齡章",右下邊框外側鈐蓋朱文圓印,分内外兩層,中間圓心爲"圖"字,外層文字爲"明治三九・六・二一・購求"。上述三印於卷六首頁同樣的位置也可見到。另外,在卷三末頁左下邊框裏側,鈐蓋藍文房形印"敬複齋"。國會一本無揭示刷印時間、刊行者、經過和地點的序跋、牌記内容,下文只能根據前述印章内容及可能與它有關的版本,大致推斷其刷印時間。

　　日本明治十三年(1880),文部省在原東京府書籍館基礎上改制而成帝國圖書館,該館遂成爲日本最早的國立圖書館,日本的圖書館之稱亦始於此,到1947年,廢止"帝國"二字,正式改名爲國立圖書館。"明治三九・六・二一・購求"疑爲明治三十九年(1906)六月二十一日購買該書,不能十分肯定。19世紀末20世紀初時間偏晚,應當不是國會一本的刊行時間。"鄭百朋昌齡章"爲推斷其刊行時間提供了關鍵信息。李朝鄭百朋(生卒不詳)字昌齡,號藥水,撰者不詳的《國朝文榜》記載他於明弘治十七年(朝鮮燕山君十年,也就是公元1504)爲乙科進士,任刑曹判書①。李朝金克成(1474—1540,字成之,號憂亭、蘿軒、青蘿)《憂亭集》卷六附録一篇祭文亦提及他,"維年月日,中樞府領事柳溥,知事權枝、鄭百朋、黃琛等云云"②,顯然,至少1540年鄭氏仍在世上,筆者做過文獻調查,這是現有古代朝鮮文獻中發現他最晚活動的時間,因此他應當爲15世紀末至16世紀中後期生人。國會一本應是鄭氏舊有藏書,最晚刊行時間絶不應晚于鄭氏卒年。

---

① 撰者不詳《國朝文榜》,抄本,抄寫時間不詳,現藏韓國首爾大學奎章閣韓國學研究院。
② [李朝]金克成《憂亭集》(人册),李朝哲宗11年(1860)木活字本,現藏韓國國立中央圖書館。

“敬復齋”爲 16 世紀末 17 世紀初日本僧人三要元佶（其人見後文介紹）的藏書印。

　　除上述國會一本外，國會圖書館還藏有一種古代朝鮮活字本《爾雅注疏》十一卷，四册。日人澀江全善、森立之等撰《經籍訪古志》記載求古樓亦藏古代朝鮮活字本《爾雅注疏》十一卷，“首有天順八年（1464）富順胡深序，又有吉水周齊已後序。卷端有‘宣賜之記’①、‘疏庵’、‘輔臣弼仲’、‘西河後人’四印（後三印不知何人之印），共爲朝鮮國人印。又有‘耕讀齋之家藏印’②。册皮背題云‘嘉靖十六年（1537）十月日内賜益陽君懷《爾雅》一件③，命降謝恩’。卷末護頁有‘辛丑之歲（1601）七月信勝’記，信勝即道春先生也。”④日本國立公文書館也藏有古代朝鮮活字本明周齊已校《爾雅注疏》六册十一卷，且有林鵝峰（1618—1680，林羅山三子林恕，一名春勝，字春齋，號鵝峰，別號向陽軒）手跋一篇。因爲昌平阪學問所藏書以林家藏書爲主，它作爲内閣文庫藏書的一部分，後來又並入國立公文書館。所以筆者頗疑後兩種書爲同一本書，或者至少爲同一版本的書。胡深生卒不詳，

────────────

①宋張栻（1133—1180，字敬夫）《南山集》中的朱熹（1130—1200，字元晦，又字仲晦，號晦庵）《南山先生文集序》首頁邊框裏側右上亦鈐蓋此印，封二題記：“康熙二十一年（李朝肅宗八年，1682）八月二十六日内賜（李朝）議政府領議政金壽恒（1629—1689，字久之，號文谷、文翁，有《文穀集》行於世）《南軒集》一件，命除謝恩，右承旨臣李。”［宋］張栻《南山集》，李朝肅宗八年活字刊本，現藏美國加州大學伯克利分校東亞圖書館。李朝李俁（1637—1693，字碩卿）編《列聖御制》目錄首頁邊框裏側右上亦鈐蓋此印，封二題記：“康熙三十年（李朝肅宗十七年，1691）十一月十八日内賜（李朝）弘文館修撰柳裁（生卒不詳）《列聖御制》一件，命除謝恩，右承旨臣李。”兩印皆正方形朱文陽刻印，封面背題賜記格式、筆迹亦相同。［李朝］李俁編《列聖御制》，李朝肅宗十七年刻本，現藏美國加州大學伯克利分校東亞圖書館。上述李朝將古籍賞賜給權臣的做法，很可能是一項傳統。
②林靖爲林羅山（見後文注釋）四子，1624—1661，字子文，更字彦複，號耕讀齋。
③益陽君爲李朝成宗李娎（1457—1494）庶八子李懷的封號，1488—1552，字順之。
④［日］澀江全善、森立之等撰，杜澤遜、班龍門點校《經籍訪古志》，上海古籍出版社，2014 年，頁 72。林信勝，1583—1657，字子信，幼字菊松麻呂，通稱又三郎，號羅山、道春。日本江户時代（1603—1867）的著名思想家，他的學術研究、影響對朱子學成爲該時的官學起決定性作用。

事迹見《明史》卷一百八十列傳第六十八,天順末(1464)進士,郁林(今廣西玉林)知州任上卒。周齊已生卒不詳,清修四川《富順縣志》卷十六"寺觀"中的"升澤廟"條的相關內容提到了他,"(明)天順四年(1460)判薄李太清祈雨感應,教諭周齊已訓導,蕭湍邑紳士賦詩並序紀之"。① 國會一本是否與上述活字本爲同一版本? 如果考慮到胡氏和周氏生活時間,以及周氏校本傳播到古代朝鮮需要一個時間,還有前文注釋中鈐蓋"宣賜之記"印章的朝鮮版古籍封二所記賜記時間與刊行時間的一致性,筆者認爲上述諸本爲同一版本的可能性極大,極可能於明嘉靖十六年,即公元 1537 年刷印刊行,這個時間也恰在鄭百朋的生年範圍之內。如果這個時間準確無誤的話,據筆者調查,上述諸本應當是古代朝鮮地區刊行時間最早的《爾雅注疏》②。自然作爲底本的明代周氏校本《爾雅注疏》時間在前,很可能在 15 世紀後半期刊行。惜未曾目驗其他古代朝鮮活字本,上述判斷僅僅是一種推測。就國會一本與它們之間的關係,有待更深入的研究。

就國會一本版本類型而言,應當爲活字本。除前述雙魚尾內有三葉紋呈現出典型的古代朝鮮版本特徵之外,它還具有活字本版頁墨色不勻的典型特徵。在刷印時,由於同版中某些字模的損壞,需要更換新的字模,同版中年代不一的字模膨脹率不同,致使吸收墨量多有差異,由此導致刷印在紙面上的文字墨色不勻。如下面兩圖方框文字所示:

---

① [清]宋廷楨總纂《富順縣志》,清道光七年(1827)刊本,現藏日本東京大學東洋文化研究所。
② 古代朝鮮版《爾雅》類文獻,除上述活字本《爾雅注疏》外,還有晉郭璞《爾雅注》。它似乎有兩種版本:一種是郭璞《爾雅注》兩卷一冊,銅活字本,刊行時間不明,版心有"宜静書堂"四字,據此可知該版本以明嘉靖四年(1525)許宗魯宜静書堂刻本爲底本刊行,《中國古籍善本書目》(經部)記載了宜静書堂刻本。中國古籍善本書目編輯委員會《中國古籍善本書目》(經部),上海古籍出版社,1989 年,頁 380。日本關西大學圖書館內藤文庫藏有該銅活字本,原爲日本學者內藤湖南(1866—1934,字炳卿,號湖南)舊藏。另一種是郭璞《爾雅注》三卷,李朝肅宗四十一年(1715)刻本,據卷下末頁左下角有雙行小字"上(李朝肅宗)之四十一年(1715)歲旃蒙協洽(乙未)且月刊 上護軍鄭萬興(生平不詳)書"可知具體刊行者及刊刻時間,該版本現藏韓國國立中央圖書館(兩部)、高麗大學、成均館大學和延世大學圖書館。

　　圖1:卷六《釋地》第九　　　　圖2:卷十《釋鳥》第十七

　　國會一本不少版頁上的文字多有這方面的特徵,基於這樣事實,筆者認爲它爲活字本。至於用什麽時間的活字印刷,如果前述1537年刷印刊行時間推測無誤的話,似乎爲丙子字或己卯字①。

　　由於國會一本缺乏版本流傳信息,可資比對的同一系統下的古代朝鮮活字本不易見到,本身又是殘本,即便以明代周氏校本爲底本活字刷印,但周氏校本今已佚失,所有這些因素使得對它版本源流的研究變得非常艱難,筆者只能從避諱角度略談一下大致的思考。不少學者已經指出宋刊本《爾雅注疏》存在避諱現象,如明文淵閣、陳仲魚、汪閬源、劉麓樵舊藏的宋刊本《爾雅疏》五册十卷中的"宋諱玄、敬、弘、殷、匡、胤、禎、恒等字,多闕末筆;欽宗、高宗嫌名苣、媾二字及孝宗諱慎字,亦偶或一避。"②嚴紹璗也曾

---

①1516年(明正德十一年,李朝中宗十一年,丙子),由於當時乙亥字和甲辰字缺損嚴重,需要鑄造新的活字,因此以元版《資治通鑑》中的字體爲字模底本,鑄造了新的活字,即丙子字。丙子字大字1.1×1.2cm,小字0.8×0.6cm。1519年(明正德十四年,李朝中宗十四年,己卯),又鑄造了己卯銅活字。
②張元濟編《張元濟古籍書目序跋彙編》(中册),商務印書館,2003年,頁429。

指出日本静嘉堂文庫藏北宋刊宋元修補本（疑與前述宋刊本爲同一版本，因爲前述宋刊本亦有補版，版心中的刻工姓名與此版本刻工姓名多有重合）《爾雅疏》五册十卷、日本宫内廳書陵部藏元仿宋刊本《爾雅注疏》五册十一卷亦多有避前述帝諱現象①。但以此標準來看國會一本，如卷二《釋言》"殷、齊，中也"句中的"殷"，卷三《釋訓》"穆穆、肅肅，敬也"句中的"敬"，卷六《釋地》第九"南陵，息慎"句中的"慎"，邢疏《釋地》第九"東至於泰遠"句至"空桐之人武"句，其中"玄夷"、"玄菟"之"玄"，皆不避上述帝諱。這似乎説明國會一本不是依據宋刊本或元代仿宋刊本刊行，至少依據的底本避諱並不嚴格，當然還有一種可能是刊行者將原本避諱的字改成不避諱的字刷印。

二　國立國會圖書館藏抄本《爾雅注疏》

　　國立國會圖書館藏抄本郭璞注、邢昺疏《爾雅注疏》（下文徑稱"國會二本"）十一卷，分爲乾、坤兩册。墨緑色封面，兩册封面左上書"爾雅"二字，與"雅"有一定的間隔，其下書"乾"、"坤"二字。乾册扉頁左上又墨書"爾雅"二字，中間偏左下位置書"圓光寺"三字。

　　無目録，抄本卷次内容如下：《爾雅注疏序》，卷一含《爾雅序》、《釋詁》第一，卷二含《釋言》第二，卷三含《釋訓》第三、《釋親》第四，卷四含《釋宫》第五、《釋器》第六，卷五含《釋樂》第七（"七"字缺）、《釋天》第八，以上爲乾册卷次；卷六含《釋地》第九、《釋丘》第十，卷七含《釋山》第十一、《釋水》第十二，卷八含《釋草》第十三，卷九起首部分只有"爾雅注疏"四字，缺少卷序號、"《釋木》第十四"篇名和篇序號，且少《釋木》篇開頭"栲，山樗"條至"柀，黏"條内容，接下纔爲《釋蟲》第十五，卷十含《釋魚》第十六、《釋鳥》第十七，卷十一含《釋獸》第十八、《釋畜》第十九，以上爲坤册卷次。

　　在乾册《爾雅注疏序》首頁右上，跨出邊框外側較多，鈐蓋朱文方印"瑞巚圓光禪寺藏書"，其印右下，在邊框裏側鈐蓋朱文方印"帝國圖書館藏"，右下邊框裏側鈐蓋前述"明治三九・六・二一・購求"朱文圓形印，右下邊框外側手書"閑室大和尚手澤本"數字。上述印記及手書文字亦可見於坤册卷六首頁同樣的位置。另外，在《爾雅序》首頁右上邊框裏側還可見到

────────────

①嚴紹璗《日藏漢籍善本書録》（上册），頁249—250。

“帝國圖書館藏”印記，在坤册卷十一末頁左上邊框外側，手書“圓光寺常住”數字；在左下邊框裏側，鈐蓋藍文房形印“敬復齋”，但没有前述國會一本印記清楚，該印記左上有朱文鼎形印，以陽綫構略鼎形，立耳、敞口、束頸、廣平肩、腹急斜收、小平底，鼎身似乎有文字，惜不能辨認。

　　書頁有界行，每頁九行。每行大字、雙行小字皆二十字。每條經文彼此單列，均大字頂格書寫；每條經文內部，郭注緊接大字經文，雙行小字抄寫；然後一般用“○”符號與郭注隔開，抄寫陸音義內容，被注音字往往用○或方框圈住，但不圈者也甚多；然後再另起一行，帶圈或不帶圈的大寫“疏”字領起，雙行小字抄寫邢疏。但如果經文、郭注、陸音義較少，與邢疏能在一行內書寫完畢，邢疏多不另起一行。

　　據“閑室大和尚手澤本”文字記載，可知抄寫者爲閑室大和尚，即生活於室町末期江户初期的三要元佶（1548—1612，號閑室，也被稱爲佶長老、閑室和尚）。德川家康（1543—1616，又名松平元康、竹千代、松平家康等，江户或德川幕府的創始人）未建立江户幕府時，就積極支持文化教育事業，慶長六年（1601），在山城伏見建立學問所圓光寺，亦寺亦學校，又聘請原足利學校第九代校長三要元佶擔任圓光寺庠主（校長），對圓光寺後來發展影響深遠。自然而然，國會二本的抄寫時間應當在三要元佶的生年範圍，考慮到“圓光寺常住”三要的題記，他當於 1601—1612 年間抄寫此書。

　　抄寫使用的底本應當爲日本宫内廳書陵部圖書寮文庫所藏元刊本《爾雅注疏》（下文徑稱“宫内本”）①。在抄寫特徵上，國會二本極力模仿宫内

---

① ［晉］郭璞注、［宋］邢昺疏《爾雅注疏》（函架番號：401・31），元刊本，現藏日本宫内廳書陵部圖書寮文庫。目前所知，它似是最早的集《爾雅》經、注、音、疏於一體的版本，清末民初相關目録學著作對其版本特徵、價值多有記載，清瞿鏞《鐵琴銅劍樓藏書目録》卷七提及該元刊本，認爲尚保留宋刊舊式，明時修板時有訛字，故世以此書爲善本也。［清］瞿鏞《鐵琴銅劍樓藏書目録》，清光緒二十四年（1898）常熟瞿氏家刻本，現藏復旦大學圖書館。楊守敬《日本訪書志》認爲它雕鏤精雅，但誤謬之處亦甚多。［清］楊守敬《日本訪書志》，見謝承仁主編《楊守敬集》第八册，湖北人民出版社、湖北教育出版社，1988年，頁 77。傅增湘《藏園群書經眼録》提及原楊守敬舊藏，其子秋浦相貽《爾雅注疏》十一卷殘本，即此版本。傅增湘《藏園群書經眼録》第 1 册，中華書局，1983 年，頁 120。傅氏在《藏園訂補邵亭知見傳本書目》中又提到該版本，爲楊守敬得之東瀛，其子贈己。［清］莫友芝撰，傅增湘訂補，傅熹年整理《藏園訂補邵亭知見傳本書目》，中華書局，1993 年，頁 52。

本版式。如宮内本每半頁九行，每行大字、小字雙行皆二十字，這些特徵在國會二本上也可見到。在抄寫格式上，國會二本也極力模仿。如宮内本每條經文單列，大字頂格，每條經文內部，郭注與陸音義用"○"隔開，被注音字通常以"○"圈定，郭注、陸音義與經文連排，邢疏以帶圈的墨色陰文"疏"字另起一行，不與它們相連。經文、郭注、陸音義與邢疏能在一行內書寫完畢，邢疏多不另起一行，如《釋言》第三"謖、興，起也"條、"還、複，返也"條，就是如此。國會二本亦秉承這些做法，極力與宮内本一致。在抄寫內容上，宮内本還有一個典型的內容爲國會二本所繼承。宮内本卷數標示方式，通常是"《爾雅注疏》卷第×"（×代表序號），如卷一，本應寫爲"《爾雅注疏》卷第一"，却寫成"《爾雅兼義》一卷上"①，其他卷數標示無使用"爾雅兼義"四字及這種格式者。同時，目前所能見到的早期《爾雅》單疏本和《爾雅注疏》的版本，似乎無使用這種稱謂者。總的來看，以上種種要素表明國會二本應當以宮内本爲底本。

　　另外，附帶説下日本京都大學圖書館清家文庫所藏抄本《爾雅注疏》五册十一卷，有"天師明經儒"、"船橋藏書"印記，抄本有清原國賢（？—1614，號青松）題筆，該抄本抄寫特徵、格式與宮内本相關要素高度一致，也有"《爾雅兼義》一卷上"特殊稱謂，其底本無疑也是宮内本。它抄寫時間最晚不會晚于清原國賢的卒年，這與國會二本 17 世紀初的抄寫時間幾乎一致。這個結果並不令人意外，筆者推測主要與該時日本已有的《爾雅》相關版本流傳稀少，還沒有發展出本土的《爾雅注疏》版本有很大關係。儘管現在宮

---

① 鄭樵《通志》提到"《爾雅正義》十卷，邢昺；《爾雅兼義》十卷；《爾雅發題》一卷。右義三部，二十一卷"。[宋]鄭樵撰，王樹民點校《通志二十略》，中華書局，2000 年，頁 1482。從這個記載來看，當時鄭樵應當見到過《爾雅兼義》十卷一書，且性質應與《爾雅正義》十卷相同。阮元《周易注疏校勘記》卷一中對"周易兼義上經乾傳第一"條如此説道："按'兼義'字，乃合刻注疏者所加，取兼併正義之意也。蓋其始，注疏無合一之本，南北宋之間，以疏附於經注者，謂之某經兼義，至其後，則直謂之某經注疏，此變易之漸也。"[清]阮元撰，[清]盧宣旬摘録《周易注疏校勘記》，見[清]阮元校刻《十三經注疏》（上册），上海古籍出版社，1997 年，頁 21 中。阮説頗有道理，則"爾雅兼義"也是這個意思，反映了南北宋時，對《爾雅》注釋附于郭注的合刊事實，後來"注疏"流行之後，"兼義"一詞不再使用。那麼由於去宋未遠，元刊本中的"爾雅兼義"的表述，仍得以零星的保留。

内本已經廣爲人知,且在中國已經影印出版①,但宮内本第三、四、五册不少版頁漫漶不清,國會二本、京都大學藏本則甚是清晰,可補宮内本之憾。

三　國立國會圖書館藏和刻本《爾雅正文》

國立國會圖書館藏和刻本《爾雅正文》(下文徑稱"國會三本")一册,封面右上題簽方框墨書"爾雅正文",近方框底處寫一"完"字。封二分三豎行,兩側等距豎行,右側豎行書"深河光彦先生校";中間寬豎行書"爾雅正文"四字,"爾"字上蓋"帝國圖書館藏"方印,"文"字上蓋中間爲"帝圖"二字的圓形印;左側豎行上面又分三小豎行書寫:"大島武助(生平不詳)名弘,字毅卿(與卿通,下文徑寫爲"卿"字)之贈,/南邨隱士白雲樓珍藏,/大瀬正班後再複正次(不解此句)。"三小豎行下大字書"泉亭藏"三字②。按照古籍刊行及印刷特點而言,似乎爲刊行機構。

然後是《刻〈爾雅〉正文叙》正文,"叙"字下有如下文字:"積翠舍後又/南邨白雲樓　大瀬正次藏本","本"字上鈐蓋朱文方印"白丹光",深河光彦生平不詳③,是叙頗能反映該人對《爾雅》價值的評價,隨文標點,全錄如下:

> 夫西蕃古之文,存於今者,《詩》、《書》、《易》、《禮》而已,學者誦之、讀之、修之、行之,孔丘諸子蓋因此而興也。《爾雅》者,乃古文之解,而其中多釋《詩》,故往往系以《詩》也。《詩》、《書》博矣哉。孔丘曰:"君子博學于文,約之以禮。"言以禮折衷焉。施之人而爲教,故曰:"子所雅言,《詩》、《書》、執禮,皆雅言也。"古之學可以觀矣。今之文如岡如陵,然世人事博覽,不有彭祖之壽,而有周旦之才、之美,難乎有成事

①全國高等院校古籍整理委員會編《日本宮内廳書陵部藏宋元版漢籍選刊》第 26 册,上海古籍出版社,2013 年。

②日本長崎大學附屬圖書館醫學分館藏蟠龍著《方荃》(上下)稿本,江户出雲寺和泉安永 4 年(1775)刊行,該書亦帶有"泉亭藏"印記。

③日本筑波大學附屬圖書館中央圖書館藏寫本《正語》四卷,作者不明,創作時間亦不詳,其上有深河光彦的識語。從作《刻〈爾雅〉正文叙》的時間來看,他應是 18 世紀後半期至 19 世紀前半期生人。

矣。于嗟後世文煩，使人材難長也，職此之由矣。譬之田有莠，稻不升
也。反古矣哉！反古矣哉！詩書博矣，何得學而時習之，學而不時習，
則何至説且樂乎？今之讀書者，不主經文，而涉群籍，不貴正文而耽傳
注。傳注之際，是非交起。夫舍幹取枝，欲以有涯之年讀無疆之書，生
涯努力，宛在於傳注之際矣。《詩》、《書》博矣哉，此舉也，亦所以爲
《詩》、《書》之礪也。安永七年（1778）戊戌春三月既望，上總州望陀郡
飽富邑處士深河龍光彦撰。

該文結束後，另起一頁，墨書如下文字："大島弘字毅卿，俗稱武助，於東都
求之以贈予。予曾於大泉市店得古本，而以阪尾穆卿之切請贈遺之。再以
毅卿之故得之，悦藏之。南村大瀬正次字序卿，號積翠，/又白雲樓下齋：月
露齋，/齋有窗：月露窗。"這段文字指出大瀬正次（生平不詳）得到這本書的
經過，自己本來也有這書，但自己將這書贈給了阪尾穆卿（生平不詳），自己
現在這本爲大島弘所贈。

接下是《爾雅》目録，分列《釋詁》第一至《釋畜》第十九篇章内容。目録
之後，爲《爾雅》正文。正文之後，則是類似今天書籍的版權頁，右上豎寫：
"安永八年（1779）己亥三月吉"，版頁中央寫"書林"二字，其下八豎行寫：
"江户日本橋南一丁目/出雲寺和泉掾/京室町通竹屋町上/舛屋彌右衛門/
尾州名古屋本町九丁目/菱屋久兵衛/京寺町通松原上町/菱屋治兵衛"，此
處内容應是寫明出版機構所在地及其出版機構，即江户、名古屋和京（都）。
最左側一豎行書寫："《爾雅注疏》全部五册出來。"

版式特徵上。四周雙邊，單魚尾，魚尾下有"爾雅"二字，白口，下書口
寫有頁碼序號。每半頁十行，每行二十字。但該書每張版頁上留有面積較
大的天頭，爲其特色。左右兩邊沿下面最外側邊框向上延伸兩厘米左右，
然後封頂，除底綫共用原雙邊邊框外，其他三邊皆爲單邊。

正文不分卷，分爲十九篇，每篇經文，均有句讀，以"○"爲符號，點在相
應字的右下角。對每條詞語的解釋内容不另行書寫，但每條結束後，在末
字左下角以"∟"形符號作結。爲正文注音的文字則放在天頭方框裏，注音
的方式主要有兩種，一是直音法，采用"某音某"的格式，二是反切法，采用
"某，××切"的格式。經筆者仔細比對，天頭方框裏的注音文字其實也就
是《爾雅注疏》中的陸德明《爾雅音義》内容。相應地，筆者以《十三經注疏》

中的《爾雅注疏》校對《爾雅正文》①，還能發現其中文字上的極少問題，如《釋詁》第一："弘、廓……誕……，大也。"對"誕"直音法注音爲"音佀"，但據《爾雅注疏》則爲"誕音但"，很顯然"佀"當爲"但"的訛字。因此國會三本其實是《爾雅》單經文與《爾雅音義》的合刊本。

日本其他藏書機構，如東洋文庫、德島大學附屬圖書館、大阪大學附屬圖書館綜合圖書館、京都大學附屬圖書館、筑波大學附屬圖書館中央圖書館也藏有國會三本的複本。其中德島大學藏本指出片仮名付（生平不詳）訓點，筑波大學藏本則指出送仮名付訓點，兩者必有一誤，但似以前者爲是，因爲前者訓點了大量典籍。國會三本也有訓點，但没指出何人訓點，今據上述藏本記載可知當爲片仮名付訓點。後來大阪河内屋喜兵衛又據安永八年刊本於寬政八年（1796）重刊，關西大學圖書館、新潟大學附屬圖書館、静嘉堂文庫、茨城大學圖書館藏有重刊本。

四　早稲田大學圖書館藏和刻本《爾雅注疏》

早稲田大學圖書館藏郭璞注、邢昺疏和刻本《爾雅注疏》（下文徑稱"早本"）五册十一卷。該書原爲市島春城（1860—1944，本名爲市島謙吉，早稲田大學圖書館首任館長）舊藏。各册内容如下：第一册爲《爾雅注疏序》、卷一、卷二，第二册爲卷三、卷四，第三册爲卷五、卷六，第四册爲卷七、卷八，第五册爲卷九、卷十和卷十一。每卷起首内容格式爲：右上書"《爾雅注疏》卷第×"，空兩字，書"晉郭璞注"，又空兩字，書"宋邢昺疏"，三處文字在同一豎行；另起一行，頂格書："皇明朝列大夫國子監祭酒臣曾朝節（1534—1604，字直卿，號植齋）"，另起一行，與"祭"字同高，書"司業臣周應賓（1554—1625，字嘉甫）等奉"數字，另起一行頂格書"敕重校刊"四字；接下纔是篇名及篇下正文。每册卷首頁右側中下邊框裏側鈐蓋兩方上下排列的朱文印"市島文庫"、"大崎圖書"。

四周單邊，單魚尾。版心裏，靠近魚尾處，有"《爾雅注疏》卷×（×爲卷號）"數字，其下爲頁碼序號。白口，上書口寫有"萬曆二十一年（1593）刊"。

---

① [晉]郭璞注，[宋]邢昺疏《爾雅注疏》，見[清]阮元校刻《十三經注疏》（下册），頁 2567—2658。

無界行分隔號,依文字排列自然成行。經文大字頂格書寫,然後是以"㊟"("注"爲小字)符號單行小字領起郭注,次以"○"符號雙行小字領起陸音義,再次以"疏"("疏"爲大字)符號雙行小字領起邢疏,注文、音義、疏文皆低經文一字,且每條内容中的三部分文字皆不另起一行單獨書寫,每條經文内容則另起一行單獨書寫。每半頁小字十八行,大字九行;每行小字二十字,大字二十一字。

依據前述上書口以及每卷卷首所記内容,可知曾朝節任國子監祭酒、周應賓任國子監司業時,于明萬曆二十一年(1593)刊行過《爾雅注疏》(下文徑稱"明監本")十一卷,是書未見於《中國古籍善本書目》(經部)著録,國内似乎只有北京師範大學圖書館、浙江大學圖書館藏有明監本,國外日本九州大學附屬圖書館、一橋大學附屬圖書館亦藏之。明監本質量較高,清阮元《爾雅注疏校勘記序》(下文徑稱"《校勘記》")中認爲它"較閩本(明嘉靖間李元陽刊本《爾雅注疏》十一卷)爲完善,誤字亦較毛本(明崇禎庚辰毛晉刊本《爾雅注疏十一卷》)爲少"①,選擇它作爲底本進行重刊,頗能見出刊行者較高的學術眼光。

早本極忠實明監本。在版式特徵上,明監本除了爲左右雙邊,上下單邊,有界行分隔號特徵之外,其他方面,早本與明監本幾乎完全一致。在文字上,與明監本也高度一致,如《爾雅序》邢疏"真七經之檢度"句,《校勘記》指出歷來注疏本(包括明監本)"七"爲"九"之誤②。卷二《釋詁下》"豑,汽也"條,邢疏引"昭十年",《校勘記》認爲明監本"昭"下脱"二"字③。卷九《釋蟲》"蛂,馬蜩"條,邢疏"蛂,一名馬蜩,蟬之最大者",《校勘記》認爲注疏本"一名馬蜩"下脱"一名馬蟬"四字,且"之"爲"中"之誤④。上述問題亦見於

①[晉]郭璞注,[宋]邢昺疏《爾雅注疏》,見[清]阮元校刻《十三經注疏》(下册),頁2566。

②[晉]郭璞注,[宋]邢昺疏《爾雅注疏》,見[清]阮元校刻《十三經注疏》(下册),頁2570下。

③[晉]郭璞注,[宋]邢昺疏《爾雅注疏》,見[清]阮元校刻《十三經注疏》(下册),頁2579上。

④[晉]郭璞注,[宋]邢昺疏《爾雅注疏》,見[清]阮元校刻《十三經注疏》(下册),頁2644中。

早本,它忠實於明監本的地方還很多,例煩不舉。另外,兩者皆不避宋代皇帝名諱。

在刊行時間上,據第五册封三上的墨書文字"文政七年(1824),歲次甲申夏五月,於攝州大阪城新調(雕)"可知,應當是 1824 年刊本,但刊行者及刊刻機構不詳。古代日本以明監本爲底本的重刊本,至少有三次不同時期的刷印,早本並非這個系列中時代最早的刊本。寬文(1661—1672)、延寶(1673—1681)年間大阪池内八兵衛據此刷印,其刊本現藏東京大學附屬圖書館總圖書館,且複本數量不一。文久二年(1862)大阪柳原喜兵衛據重刊本又補刻刷印,其刊本現藏千葉縣立中央圖書館、神户大學附屬圖書館、國立公文書館。京都菱屋治兵衛、尾州菱屋久兵衛據此又重印,但刷印時間不詳,其刊本現藏新潟縣立圖書館、京都大學人文科學研究所、椙山女學園大學圖書館。大阪河内屋喜兵衛據此亦重印,但刷印時間不詳,其刊本現藏茨城大學圖書館、大阪府立中之島圖書館、京都大學人文科學研究所。另外,還有大量刷印時間、地點不明,但版式特徵與早本一致的刊本,分藏日本不同的藏書機構。因此,以明監本爲底本的重刊本可謂日本本土江户時代(1603—1866)最流行的《爾雅注疏》刊本,在校勘學上,不同時期刷印的重刊本價值,還有待進一步的研究。

五　結語

《爾雅》注釋類或注音類著作傳入古代日本的時間,似在奈良時代(710—794)。孫猛談及郭璞《爾雅注》在日本的流傳時,提到日本出土長屋王家木簡,爲奈良時習字殘片,所抄郭璞《序》"爾雅"作"邇雅",與郭璞注"爾,字又作邇"相符①。《續日本紀》卷三十五記載:"(寶龜九年〈778〉十二月)庚寅(十八日),玄蕃頭從五位上袁晉卿,賜姓清村宿禰。晉卿,唐人也。天平七年(735)隨我朝使歸朝,時年十八九。學得《文選》、《爾雅音》,爲大學音博士。于後,大學頭、安房守。"②此處言及唐代中國人袁晉卿在日本傳播《爾雅音》的事實,年長日久,後被賜姓。與奈良時代相當的盛唐、中

---

① 孫猛《日本國見在書目録詳考》(上册),上海古籍出版社,2015 年,頁 309。
② [日]菅野真道《續日本紀》第 18 册,慶長 18 年(1613)寫本,現藏日本國立公文書館。

唐，尚未發展出雕版印刷技術，此時《爾雅》相關著作當以抄本面目在日本
傳播。

　　待古代中國、朝鮮印刷技術發展起來，刻本、活字本纔在日本本土傳
播，前述宮内本、國會一本爲其代表。以國會二本爲代表的抄本，固然反映
了依據的底本(宮内本)罕見、價值重大，抄寫者出於"救急"目的欲以流傳，
但也與之前日本本土刻本流傳稀少、没有規模性出現有很大關係。直到
18、19世紀日本本土版本纔充分發展出來①，國會三本、早本爲其代表，這
是除古代中國、朝鮮地區刊行的版本之外，又一重要的東亞區域刊行的《爾
雅》類不同文獻版本，對瞭解和研究《爾雅》在日本的傳播和接受，有較爲重
要的價值。這裏限於條件，對日藏《爾雅》類不同版本的文獻進行羅列式介
紹，對其版本源流也進行了説明，但在不同版本之間，或相對於各自底本的
校勘學研究，較爲簡略，唯待來日耳。

　　　　　　　(作者單位：天津中醫藥大學文化與健康傳播學院)

---

①據筆者調查，除了前述日本本土版本之外，還有如下數種：日本南北朝(1336—1392)
　覆宋淳熙紹熙間刊大字本郭璞《爾雅注》三卷，也就是後來清黎庶昌於光緒十年
　(1884)刊于日本東京使署的《古逸叢書》中的《爾雅注》使用的底本，後來日本古典研
　究會於昭和四十八年(1973)據伊勢神宮文庫藏日本南北朝覆宋刊本又景印出版。文
　政十二年(1829)據清嘉慶六年(1801)曾燠覆宋繪圖鈔本重刊本郭璞《爾雅注》三卷，
　該版本現藏國立公文書館、關西大學圖書館、新潟大學附屬圖書館、静嘉堂文庫、山梨
　縣立圖書館、飯田市立中央圖書館。天保十五年(1844)肥後松崎氏羽澤石經山房用
　江户狩谷氏藏景宋鈔本景刊郭璞《爾雅注》(附《音釋》三卷、《校訛》一卷)，該版本現藏
　新發田市立中央圖書館、神户市立中央圖書館、高知大學附屬圖書館、鹿兒島大學附
　屬圖書館、九州大學附屬圖書館、東洋文庫、静嘉堂文庫、前田育德會、茨城大學圖書
　館、東京大學附屬圖書館總圖書館、東北大學附屬圖書館、國立公文書館等，可謂日本
　本土刊刻的最流行的郭璞《爾雅注》版本。

域外漢籍研究集刊　第十八輯
2019 年　頁 459—468

《孝經》在古代日本的傳播與影響

任曉霏　毛天培　解澤國

一　《孝經》在古代日本的傳播

日本是與中國隔海相望的鄰邦,歷史上兩國之間在文化上有著密切的聯繫。中日交流最早可上溯到史前的遠古時代,中國文化通過自然航路——日本海環流路經山陰、北陸地區逐漸深入到日本内地①。

根據《孝經》在日本傳播的時代不同、主導者不同,主要分爲三個階段:傳播伊始——持續繁榮——再傳播與發展。時間段主要是從日本飛鳥時代初期(5 世紀初)到江户時代末期(19 世中葉),明治維新後對外擴張的歷史階段,暫不做探討。傳播伊始主要表現爲在各類史料中初露端倪,並未被廣泛推崇;持續繁榮階段被統治者大力推崇,並作爲治國理民的思想指導;到再傳播與發展期,日本開始重視《孝經》内容的整理,從吸收、借鑒和模仿轉變爲輸出和内化。前有奝然入宋謁太宗進獻《鄭氏注孝經》一卷和《越王孝經新義》第十五一卷,後有紫芝園先生(太宰純)整理重刻,在中國早已失傳之《孝經》,由此複得重見。

(一)傳播伊始

日本《古事記》②是日本現存最早野史小説形式的文學作品,它保留了

①［日］木宫泰彦撰,胡錫年譯《日中文化交流史》,商務印書館,1980 年,頁 3。

②［日］黑板勝美校訂《國史大系》第七卷《古事記》,雕龍—中國日本古籍全文檢索數據庫網絡版,國内:古籍在綫,日本:漢字情報システムhttp://www.naf.co.jp/kis/

了我國古代典籍最早傳入日本的痕迹：

> 付阿知吉師以貢上。亦貢上横刀及大鏡，又科賜百濟國，若有賢
> 人者貢上。故受命以貢上人。名和邇吉師。既論語十卷，千字文一
> 卷。並十一卷。

儘管有日本學者提出中國的《千字文》在 200 餘年後才編出，所以這條
資料不可靠，但是在文獻中的記載説明，中日之間大概在公元 4 世紀就已
經有了以古籍爲載體的文化交流。《孝經》是中日以漢籍爲媒介的交流過
程中極具代表性和影響力的經典，《孝經》在何時傳入日本，文獻上没有明
確的記載，但是，據《日本書紀》①記載：

> 七年夏六月百濟遣姐彌文貴將軍、州利即爾將軍。副穗積臣押
> 山，貢五經博士段楊爾。

據此可以假設，《孝經》最初可能是在繼體天皇七年（公元 513 年，南朝
梁天監十二年）由百濟貢五經博士段楊爾傳入日本。但據日本學者考定，
《孝經》約在隋或更早傳入日本②。到推古天皇（公元 603 年，隋文帝仁壽三
年）時攝政的聖德太子制定了《十七條憲法》：

> 夏四月丙寅朔戊辰，皇太子親肇作憲法十七條。一曰，以和爲貴、
> 無忤爲宗。人皆有黨，亦少達者。是以或不順君父，乍違於鄰里。然
> 上和下睦，諧於論事，則事理自通，何事不成？……
>
> 六曰，懲惡勸善，古之良典。……其如此人皆無忠於君，無仁於
> 民。是大亂之本也。

這部憲法多處都引用了中國古代典籍中的要篇，例如：首條“一曰，以
和爲貴，上下和睦”，前段出自《論語·學而》：“禮之用，和爲貴。”後段出自
《孝經·開宗明義章第一》：“仲尼居，曾子侍。子曰：‘先王有至德要道，以
順天下，民用和睦，上下無怨。汝知之乎？’”第六條則出自《孝經五刑》：“子
曰：‘五刑之屬三千，而罪莫大於不孝。要君者無上，非聖人者無法，非孝者
無親。此大亂之道也。’”由《十七條憲法》對《孝經》引用可知，《孝經》入日
並在政治生活中紮根，可以略窺一二。

---

① ［日］舍人親王撰《六國史·日本書紀》卷十七，雕龍—中國日本古籍全文檢索數據庫
　　網絡版。
② 胡平生《孝經譯注》，中華書局，1996 年，頁 19。

（二）持續繁榮

至文武天皇大寶二年（公元 702 年，則天順聖皇后二年），頒佈的《大寶律令·學令》規定"凡學生治一經或二經，必兼通《孝經》、《論語》"。可見此時，《孝經》已經逐漸成爲日本國內學生的必讀經典。後元正天皇養老二年（公元 718 年，唐玄宗開元六年）日本模仿《唐令》頒發了《養老律令》，依據日本著名的中國法制史家仁井田升先生所輯《唐令拾遺》中的"學令"的科目跟《養老律令》中的科目作一比較可見，《孝經》均被二令定爲大學生兼修之科目。

節選《唐令·學令》①第十（復原凡十三條）：

三、諸教授之經，以周易、尚書、周禮、儀禮、禮記、毛詩、春秋左氏傳、公羊傳、穀梁傳，各爲一經。孝經，論語，老子，學者兼修之。……

五、諸禮記，左傳爲大經。毛詩、周禮、儀禮爲中經。周易、尚書、公羊傳，穀梁傳爲小經。通二經者一大一小，若兩中經。通三經者大小中各一。通五經者大經並通。其孝經、論語必須兼習。

節選《養老律令·學令》第十一：

凡經，周易、尚書、周禮、儀禮、禮記、毛詩、春秋左氏傳，各爲一經。孝經、論語，學者兼修。……

凡禮記、左傳、各爲大經。毛詩、周禮、儀禮各爲中經。周易、尚書、各爲小經。通二經者，大經內通一經，小經內通一經。若中經，即並通兩經。其通三經者，大經，中經，小經各通一經。通五經者，大經並通。孝經、論語皆通。

孝謙天皇天平寶字元年②（公元 757 年，唐肅宗至德二年）詔：

治國安國，必以孝理。百行之本，莫先於兹。宜令天下家藏孝經一本，精勤誦習，倍加教授。

據此可見《孝經》在日本社會倫理教育中所占的重要地位。以孝見欽者被重視，"孝"成爲當時被舉薦的重要標準。後至平安時期（公元 781—

---

① ［日］仁井田陞撰，栗勁等譯《唐令拾遺》，長春出版社，1989 年，頁 182—184。

② ［日］菅野真道、藤原繼繩《六國史·續日本紀》卷十二，雕龍—中國日本古籍全文檢索數據庫網絡版。

1185 年），仁明天皇天長十年①（唐太和七年，公元 833 年）皇太子之“御讀書始”系指天皇、皇太子以及皇族貴族等，于七、八歲時，始受句讀、訓詁之儀式而言，“御讀書始”所用典籍多爲《孝經》：“（天長十年）庚辰，奉授伊勢國從五位下多度大神正五位下，皇太子始讀孝經。參議已上，會集東宮有宴焉。”

　　唐代以前，在中國廣泛流傳的《孝經》注釋，有後漢鄭玄注釋今文的“鄭氏注”和前漢武帝時期孔安國注釋古文的“孔氏注”（多數儒者都懷疑此注是劉炫假託孔安國之名僞造的）。兩者同時並行，但學者對他們疑信參半。於是，唐玄宗於開元二年（公元 714 年）以今文爲基礎，斥孔鄭二注，參照王肅、韋昭等人的注解，自作新注，頒佈天下，即《御注孝經》②。而後此《御注孝經》傳到日本，在清和天皇貞觀二年（唐懿宗咸通元年，公元 860 年），下詔廢止孔、鄭二注，只用御注本，載於《三代實録》卷第四③：

　　　　十六日壬辰……制曰：可。然則孔鄭之注，並廢于時。御注之經，獨行於世。而唯傳彼注，未讀件經。……宜自今以後，立於學官，教授此經，以充試業。……但去聖久遠，學不厭博，若猶敦孔注，有心講誦，兼聽試用，莫令失望。

　　醍醐天皇延長八年④（公元 930 年，後唐明宗長興元年）皇太子御讀書始，已采用《御注孝經》：

　　　　二月，十七日己酉，皇太子，寬明。于凝華舍，初讀御注孝經于學士藤原朝臣。

　　至此，《孝經》在日本已經受到了上至統治者，下至平民的推崇與學習，《孝經》作爲“皇室發蒙必讀經典”的地位愈加穩固，逐漸成爲治國理民和人倫教育的重要漢籍經典。

———————————

① [日]藤原良房、春澄善繩《六國史・續日本後紀》卷第一，雕龍—中國日本古籍全文檢索數據庫網絡版。

② 胡平生《孝經譯注》，頁 13。

③ [日]菅原道真、大藏善行《六國史・三代實録》卷第四，雕龍—中國日本古籍全文檢索數據庫網絡版。

④ [日]黑板勝美主編《國史大系》第五卷《日本紀略》，東京經濟雜誌社，1902—1905 年，雕龍—中國日本古籍全文檢索數據庫網絡版。

(三)再傳播與發展

圓融天皇永觀元年(宋太宗太平興國八年及次年,公元 983—984 年),奝然乘坐吳越國商人的船隻入宋,奝然入宋謁太宗時,除了《王年代記》和《職員令》以外,還進獻金縷紅羅縹水晶軸製成的《鄭氏注孝經》一卷、《越王孝經新義》第十五一卷,據《宋史·卷四百九十一·列傳第二百五十·外國七》載:

> 雍熙元年,日本國僧奝然與其徒五六人浮海而至,獻銅器十餘事,並本國《職員令》、《王代年紀》各一卷。……

> 太宗召見奝然,存撫之甚厚,賜紫衣,館于太平興國寺。……

> 其國(日本)多有中國典籍,奝然之來,複得《孝經》一卷、《越王孝經新義》第十五一卷,皆金縷紅羅標,水晶爲軸。《孝經》即鄭氏注者。越王者,乃唐太宗子越王貞;《新義》者,記室參軍任希古等撰也。

奝然所獻的今文鄭注,被藏于秘府(古代稱禁中藏圖書秘記之所)。由此,在中國早已失傳的鄭注,複得重見。但是後來,由於金元之戰亂,而又散失。

鎌倉時代①(1192—1333,南宋光宗至元順宗),在"保元之亂""平治之亂"之後,"孝"作爲永恒的道德標準和至高無上的倫理道德受到了輕視,日本將"孝"的思想與武士道觀結合,演變爲"忠爲孝本""忠爲孝先",以能否"陣勇"爲主,人在戰場上拼命爲大忠大孝的最高標準②。其最高首腦即幕府將軍之讀書始,亦用孝經:

> (元久三年)十二日甲午,天晴風静,今日將軍家禦讀書始,相摸權守仲業帶束,爲御侍讀。時尅持參御注孝經於寢殿南面。
> 　　　　《國史大系續 第 4 卷 吾妻鏡[02—0004]》
> 十二日丙子,晴,將軍家御讀書(注:孝經)始,相摸權守爲御侍讀
> 　　　　《國史大系續 第 4 卷 吾妻鏡[02—0004]》

---

① [日]黑板勝美主編《國史大系續》第四卷《吾妻鏡》,雕龍—中國日本古籍全文檢索數據庫網絡版。

② 施暉、欒竹民《"孝"在日本的傳承與嬗變——論日本史書、古文書中的"孝"觀念》,《蘇州大學學報(哲學社會科學版)》2013 年第 2 期。

　　德川時代①(1604—1867年,明神宗萬曆三十一年至清穆宗同治六年)日本儒學的各種派系,興起於各地,呈現不曾有的盛況,《孝經》亦被各家所尊重推崇,作爲皇家啟蒙必讀經典。在《國史大系》及《續史愚抄》一系列古籍中,將《孝經》作爲皇族發蒙開智即"御讀書始"多次出現,由下可見(選摘部分),《孝經》已經成爲日本皇室的訓蒙經典,並越來越被統治者和治學者所看重:

　　　　同廿六日御讀書始,爲孝經。
　　　　　　　　　《國史大系 第10卷[01—0006]後柏原院》
　　　　九日乙酉,有御讀書始,少納言賴季真人奉授孝經候之。
　　　　　　　　《國史大系 第2卷[02—0002]續史愚抄一卷第三十三》
　　　　十七日甲午,有御讀書始,少納言宗業真人于議定所奉授孝經。
　　　　　　　　《國史大系第2卷[02—0002]續史愚抄一卷第三十五》

　　享保十六年(1731年,清雍正十年)紫芝園先生(太宰純)以足利學校古抄本爲主,參酌諸本,重刻古文《孝經》傳世,該書被鮑廷博收録於《知不足齋叢書》第一集,刊行於乾隆四十一年。

　　關於日本所傳孔注及鄭注《孝經》,阮元在其所撰《孝經注疏校勘記序》中説:

　　　　孝經有古文,有今文,有鄭注,有孔注,孔注今不傳。今出於日本國者,誕妄不可據。要之孔注即存,不過如尚書之僞存,絶非真也。鄭注之僞,唐劉知幾辨之甚詳,其書久不存。近日本國又撰一本,流入中國,此僞中之僞,尤不可據者。

　　儘管阮元極言日本的孔鄭二注是僞作,但是不管日本所傳二注的真僞,都在一定程度上反映了《孝經》作爲蒙學經典在東傳日本的過程中再發展的情況,爲學界進一步完善《孝經》注本提供了可考之據。

　　至此,《孝經》在日本已佔有一席之地,並且被其深入理解和吸收,這種"滲透式"傳播讓《孝經》在日本焕發了新的活力,並逐漸影響到中國的《孝經》研究。表1是《孝經》在日傳播時間表。

_____

①[日]太宰純《日本漢詩·江户時代·春臺先生紫芝園稿》,雕龍—中國日本古籍全文檢索資料庫網絡版。

表 1《孝經》在古代日本傳播時間表

	時間	關鍵人物	出處
傳播伊始	繼體天皇七年 （公元 513 年，南朝梁天監十二年）	段楊爾 （百濟貢五 經博士）	《日本書紀》
	推古天皇十二年 （公元 603 年，隋文帝仁壽三年）	聖德太子	《日本書紀》
持續繁榮	文武天皇大寶二年 （公元 702 年，則天順聖皇后二年）	藤原不比等	《大寶律令》
	元正天皇養老二年 （公元 718 年，唐玄宗開元六年）	元正天皇	《續日本紀》
	孝謙天皇天平寶字元年 （公元 757 年，唐肅宗至德二年）	孝謙天皇	《續日本紀》
	仁明天皇天長十年 （公元 833 年，唐文宗太和七年）	仁明天皇	《續日本後紀》
	清和天皇貞觀二年 （公元 860 年，唐懿宗咸通元年）	清和天皇	《三代實錄》
	醍醐天皇延喜二十一年 （公元 930 年，後唐明宗長興元年）	醍醐天皇	《日本紀略》
再傳播 與發展	圓融天皇永觀元年 （宋太宗太平興國八年及次年， 公元 983—984 年）	奝然	《宋史·卷四百 九十一》
	鎌倉時代 （1192—1333，南宋光宗至元順宗）	幕府將軍	《吾妻鏡》
	德川時代 （1604—1867 年，明神宗萬曆三十一年至 清穆宗同治六年）	太宰純	《春台先生紫芝 園稿》

二　《孝經》在古代日本的影響

日本漢學家内藤湖南先生①在《日本文化史研究》中提到："日本文化

①［日］内藤湖南《日本文化研究史》，商務印書館，1997 年，頁 7。

是豆漿,中國文化就是使它凝成豆腐的鹽鹵。"這個比喻恰如其分地表明了中國的文化並非單純地被傳播,而是在傳播後被日本的本土文化所内化,形成一種"滲透式"的影響。《孝經》所宣導的"孝"的觀念在5世紀初之前並不存在,《孝經》在日本的傳播在很大程度上是由統治階級"自上而下"發起。因此,《孝經》在傳入日本後,對日本的影響主要表現在政治統治階層上。

(一)爲政寶典《孝經》

《孝經》在傳入日本後,迅速爲上層統治者所接納和重視,它的内容被直接或間接運用到國家的政策章法中。

其一是法律:聖德太子所制定的《十七條憲法》,直接體現了統治者自覺地、主動地根據古代優秀經典,制定國家的法律制度。儘管《十七條憲法》從形式而言還不算嚴格意義上的現代法律制度,但是作爲推古時期的統治工具,是極具代表性的法律文獻。

其二是教育制度:由前文所引《大寶律令·學令》、《養老律令·學令》等制度可知,二者都規定了《孝經》是"大學寮(古代日本的最高學府)"的必學科目,是教授漢學、培養人才的必選之經典。

其三是人才培養和選拔方面,《孝經》中所提倡的"孝道",成爲人才入仕的標準之一。孝謙天皇天平寶字元年(公元757年,唐肅宗至德二年)昭:"宜令天下……百姓間有孝行通人鄉閭欽仰者,宜令所由長官具以名薦。"《職員令》70條:"大國,守一人。掌祠社……糾察所部,貢舉孝義"有孝行和孝德已經成爲人才被舉薦的重要條件。

(二)發蒙經典《孝經》

《孝經》作爲發蒙識字的經典,在我國已有悠久的歷史傳統,傳入日本後,也自然地保留了它作爲發蒙必讀經典的身份。日本學者指出:"自是東宫讀書必自《孝經》始,距今千年,家次第故。歷朝永以爲例……至今皆然。"①除前所提及的將《孝經》作爲訓蒙之典的記載外,摘録以下比較有代表性的記載:

　　庚辰奉授伊……皇太子始讀孝經恭義已上會集東宫有宴焉。

　　　　　　　　　　　　　　　《六國史·續日本後紀》卷第一

----

① [日]津阪孝綽《刻孝經發揮序》,京都大學圖書館藏,1826,頁3—4。

　　　　廿十六日乙酉,天皇始讀御注孝經從五位上博士……

　　　　　　　　　　　　　　　　　《六國史·三代實録》卷第三十五

　　　　正月四日聽直衣……講筵于儲君親王御讀書始……

　　　　　　　　　　　　　　　　　《國史大系·孝明天皇》卷第十一

　　　　十九日丁亥。儲皇親王于小御所有御讀書始。御書古文孝經。

　　　　　　　　　　　　　　《國史大系續·續史愚抄》卷第四十六

　　可見,在天皇、皇太子以及皇族貴族等的"御讀書始"中,《孝經》已經必不可少,這也證實了《孝經》作爲蒙學典籍的發蒙識字的作用,豐富甚至完善了日本在訓蒙識字領域的缺漏。

　　(三)"忠"、"孝"思想的融合

　　日本傳統思想中的"忠"産生于"萬世一系"的天皇制度,天皇是神性和國家的象徵,《日本書紀》①中所記載天孫降臨統治日本國,天照大神賜寶鏡之經過:

　　　　是時天照大神,手持寶鏡,授天忍穗耳尊,而祝之曰:"吾兒視此寶鏡,當猶視吾,可與同床共殿,以爲齋鏡。"

　　天孫治國的神話將天皇的身份從"人"上升到"神"和"宗教",天皇的意志就是神的意志,對天皇盡忠就是對神盡忠。八世紀初期以前,從聖德太子(公元574—622)到孝德天皇(在位645—654)推動"大化革新",大量接受儒家思想,因此中國經書陸續傳入日本,其中《孝經》發揮了重要作用,日本國内奉讀《孝經》、提倡孝道孝行,由前文所提孝謙天皇等之詔令可以見得。值得注意的是,清和天皇在排斥孔、鄭二注的《孝經》時(前文有所提及),有詔令如此②:

　　　　制,哲王之訓,以孝爲基,夫子之言,窮性盡理,即知。一卷《孝經》,十八篇章,六籍之根源,百王之模範也。鄭、孔二注,即謂非真,御注一本,理當遵行。宜自今以後,立於學官,教授此經,以充試業,庶革前儒必固之失,遵先王志之要源。

────────────

①［日］舍人親王《六國史·日本書紀》卷第六,雕龍—中國日本古籍全文檢索資料庫網絡版。

②［日］菅原道真、大藏善行《六國史·三代實録》卷第四,雕龍—中國日本古籍全文檢索資料庫網絡版。

“先王”即以神武爲首的天皇，“孝”是先王之志，“遵孝”就是“盡忠”。對於統治者而言，“忠孝”就是維繫神性血緣關係正統地位的紐帶，“忠孝”的思想也逐漸通過天皇傳到武士、平民身上以達到政治教化的功能，對於維護中央集權，創造淳樸民風民情有重要意義。忠孝思想也在日本古代文獻及古典文學作品諸如《松浦宮物語》、《源氏物語》中浸潤。

在明治維新之後日本進入資本主義時期，日本政府於 1890 年（明治二十三年）頒佈《教育敕語》①，將儒家的“忠”“孝”倫理作爲推動國家發展方向的核心價值：

> 朕惟我皇祖皇宗，肇國宏遠，樹德深厚，我臣民亦克忠克孝，億兆一心，世濟厥美。此我國體之精華，而教育之淵源，亦實存乎此矣。

由天皇統治階級所宣導的“克忠克孝”的思想蓬勃旺盛，“忠孝”思想佔據了倫理思維的制高點，更加確切地説，是君臣之間的“忠”的思想佔據主導地位，而“孝”依附於“忠”存在，強調“忠孝建國”和“集團主義”的理念成爲日本在發動對外侵略戰爭時的思想利器。這一階段所表現出來的負面情況不可否認，但在相當長的歷史時期内，《孝經》仍然是日本治民安邦、培養人才的重要經典，也是中日友好往來的重要見證。

三　結語

中國古代蒙學典籍《孝經》以及其包含的“孝”文化，在日本經歷傳播伊始——持續繁榮——再傳播與發展三個階段，由借鑒、模仿轉變爲輸出、内化的傳播過程。《孝經》在日本的傳播，既表明中日之間以漢籍爲媒的深厚的文化因緣，也證實了中國古代蒙學典籍對周邊地區人類文明的深遠影響力。

（作者單位：江蘇大學文學院、鎮江高等職業技術學校）

---

① ［日］山住正己《日本近代思想大系·六》之《教育の体系》，岩波書店，1991 年，頁 383。

域外漢籍研究集刊　第十八輯
2019 年　頁 469—484

論杜詩在日本江户詩壇的傳播與接受 *

何　振

　　早在平安時代,杜詩就已傳入日本。到了江户時期,杜詩更是受到日本詩壇的推崇,成爲詩人學習的典範。大量關於杜詩的著作傳入日本並不斷被翻刻,日本本土學者也出版了很多注杜的書籍,由此可見杜詩在日本江户詩壇受衆之廣。然而,細察杜詩在日本江户詩壇的傳播與接受,可以發現,杜詩一方面有著崇高的地位,另一方面在實際的漢詩創作上又不似其聲名那樣影響深遠,"尊杜"與"學杜"之間呈現出一種矛盾的局面。筆者認爲,這種矛盾的出現與杜詩本身的特性以及日本漢詩的本土化過程有著密切的聯繫。

一　杜詩在江户前中期的傳播和接受

　　江户前中期,尤其是宗唐派興起後,日本詩壇便十分注重師法杜甫。一方面,江户詩人以杜詩爲法,討論杜詩的特徵;另一方面,認真分析杜詩與後世詩歌的異同,在肯定其詩歌成就的同時,也批評杜詩與中唐以後詩相似的地方。

　　杜詩早在五山時代就受到當時詩僧的重視,五山詩僧推重李白、杜甫、蘇軾、黄庭堅等人,打破了平安王朝唯白居易是尊的單一局面。江户初期,受"五山余續"的影響,其和刻本漢籍基本仍以杜甫、韓愈、白居易、蘇軾、黄

* 基金項目:2016 年國家社會科學基金項目"中國古代文章學在日本的傳播及影響研究"(項目批准號:16BZW041)。

庭堅等人爲主。然而到了物徂徠時,蘐園學派爲了一掃“五山陋習”,於是大唱李、王格調之説,尊奉“詩必盛唐”,排擊中晚唐、宋、元詩歌:

　　　　石克子復曰:“本朝之學者,久效元白之輕俗,而未聞有闖李杜之藩籬者,以至於今泯泯也。先生(按:物徂徠)首倡唐詩,開天、大曆之體制遂明于一時,皆其力也。”①

當時有詩人寄詩給物徂徠,其詩學宋,物徂徠即稱:

　　　　足下若以蘇黄勝李杜,宋勝唐則已。不,則學唐、學李杜之道乃是已。②

　　由於物徂徠的大力提倡,當時江户詩壇詩風爲之一變,盛唐詩歌和明詩受到詩人的推崇,並將盛唐詩歌視爲學詩的最高典範,其學習明詩的目的也是爲了“因明學唐,則自然至於盛唐。”③而作爲盛唐詩歌的典範,杜詩自然受到當時詩家的追捧。《丹丘詩話》的作者芥川丹丘在列舉初學者模範的對象時,即推舉杜甫的七言古、五言律等體。

　　但是,杜甫畢竟與盛唐諸家面貌不同,“杜甫本屬於盛唐詩人,然而其詩用意精刻、才力作用等種種變態已開了中晚唐詩和宋詩的蹊徑”。④　杜詩諸體兼備,極人工之力,開創了後世學詩的法門,與盛唐以後詩人有著千絲萬縷的聯繫。杜甫的與衆不同,無論是嚴羽還是明復古派諸子都無法回避。

　　　　五言絶句:衆唐人是一樣,少陵是一樣。⑤

　　　　盛唐一味秀麗雄渾,杜則精粗、巨細、巧拙、新陳、險易、淺深、濃淡、肥瘦,靡不畢具。參其格調,實與盛唐大別。其能薈萃前人在此,濫觴後世亦在此。且言理近經,叙事兼史,尤詩家絶覩。⑥

---

①[日]友野霞舟《錦天山房詩話》,載池田四郎次郎編《日本詩話叢書》卷之八,文會堂書店,1921年,頁369。

②[日]荻生徂徠《徂徠集·九》卷二十五,三府書肆,1791年,頁7。

③[日]林東溟《諸體詩則》,載池田四郎次郎編《日本詩話叢書》卷之九,頁180。

④葛曉音《從歷代詩話看唐詩研究與天分學力之争》,載《文藝理論研究》1982年第4期,頁105。

⑤[宋]嚴羽《滄浪詩話》,載何文煥輯《歷代詩話》,中華書局,2004年,頁695。

⑥[明]胡應麟《詩藪》内編卷四,上海古籍出版社,1979年,頁70。

　　高棅的《唐詩品匯》將陳子昂、李白、王維、孟浩然等人置爲正宗,而杜甫別置爲大家,即表明在高棅“心目中正宗、名家二類才是盛唐之音的主要代表”①,有意將杜詩與盛唐詩加以區分並辨別優劣。而且明人在論及杜甫風格時,不時顯露出理論的矛盾。例如,復古派討論“唐人七律第一”這一話題時,胡應麟推擧杜甫《登高》爲第一,但對於其是否屬於“唐人七律第一”,胡應麟的説法則顯得有些模棱兩可:“杜‘風急天高’一章五十六字,如海底珊瑚,瘦勁難明,沉深莫測,而精光萬丈,丈量萬鈞。……此詩自當爲古今七言律第一,不必爲唐人七言律第一也。”②胡應麟此語的目的在於調和杜詩異於唐調的事實,“實隱藏著他欲圓通‘是杜詩,非唐詩’的良苦用心”③。至許學夷則直接否認杜甫此詩第一的地位:“元美嘗欲于老杜‘玉露凋傷’、‘昆明池水’、‘風急天高’、‘老去悲秋’四篇定爲唐人七言律第一,中雖稍有相詆,又皆無當。愚按:杜律較唐人體各不同無論,若‘叢菊兩開他日淚’,語非純雅;……自‘風急天高’而外,在杜體中亦不得爲第一,況唐人乎?‘老去悲秋’宋人極稱之,自無足怪。”④許學夷通過否認胡應麟評《登高》爲唐人七律第一的説法,回避了杜詩與唐調不同的矛盾,但也指出了杜詩與宋詩的聯繫,認爲宋人(按:指楊誠齋)只學到了杜詩的不足之處,故成就比不上唐詩。

　　而受到“格調説”影響的江户前中期的宗唐派,亦不得不面對杜甫的這種“異調”。宋人和明人都學杜甫,但面對杜甫與宋人的共通之處時,江户前中期宗唐派詩人往往對此進行否認,劃清杜詩與宋詩的界限:

　　　　後人動以拙手强作比體,殊不知唐人不好比體也。獨老杜時時有之,亦可觀者寡矣。且注者謂杜詩皆托物爲之,穿鑿附會,可以一笑。故又云:“唐人賦興多而比少,惟杜時時有之,如‘寒花隱亂草,宿鳥擇深枝’,‘獨鶴歸何晚,昏鴉已滿林’之類。”然杜所以勝諸家殊不在此,

①袁震宇、劉明今《明代文學批評史》,上海古籍出版社,1991年,頁67。
②[明]胡應麟《詩藪》内編卷四,頁95。
③查清華《明代唐詩接受史》,上海古籍出版社,2006年,頁152。
④[明]許學夷著,杜維沫校點《詩源辯體》卷十九,人民文學出版社,1987年,頁217—218。

後人穿鑿附會，動輒笑端。余謂："千家注杜，類五臣注選，皆俚儒荒陋者也"。①

"格調説"重視詩歌的"興"，即情感的直接表達，而"比是經過感情的反省而投射到與感情無直接關係的事物上去，賦予此事物以作者的意識、目的，因而可以和與感情直接有關的事物相比擬"。② "很粗略的説，唐詩以興的比度爲大，宋詩則以賦、比的比度爲多。"③宋人希望通過理性的思考表達自己的真實的情感，以有意追求無意，情感的流動不免受到理性的制約。而杜詩中的"比體"也具有宋人的這種特徵，"寒花""昏鴉"都是經過詩人理性的思考而賦予的意境，在賈島不免被江户詩人譏爲"鬼詩"，在杜甫則由於宗唐派對盛唐詩人的肯定而僅僅認爲這是杜甫的不足之處。

除此之外，杜甫煉字、煉句的行爲也受到江户前中期宗唐派的抵觸：

> 後世學杜，以一字奇巧稱字眼，寄精神於此者久矣。不知老杜大家，古今衆體莫不有者，是此字眼，則六朝之纖巧，而盛唐諸公所無，老杜惟有之，亦詩中一病。……明人及我俅家之所以越宋續唐者，以無此字眼已。④

宋人爲了突破唐詩的影響，故破棄聲律，於字、句特別注意，學杜詩亦極重視杜詩的字法、句法，這一點不爲江户前中期宗唐派所喜。

甚至還有人認爲老杜詩的"俗"也導致後世詩歌卑陋的風氣：

> （杜甫）年老家貧，久與蜀中村民相交，不知始自何時。雅趣雅言失而漫作卑言俗句。而後自白樂天、張籍之徒至宋朝諸人，一切皆以俗趣爲工。至東坡而又專言飲食之事，卑陋中之尤卑陋者，可惡可笑。⑤

杜詩善於描寫日常生活，這一點和宋詩很相像。正如吉川幸次郎先生所説，宋人與唐人不同，對自身周圍的生活十分關注並寫成詩歌："過去的詩人所忽視的日常生活的細微之處，或者事情本身不應被忽視，但因爲是

---

①林東溟《諸體詩則》，載池田四郎次郎編《日本詩話叢書》卷之九，頁171—172。
②徐復觀《中國文學精神》，上海世紀出版集團，2006年，頁31—32。
③徐復觀《中國文學精神》，第38頁。
④［日］林東溟《諸體詩則》，載池田四郎次郎編《日本詩話叢書》卷之九，頁177。
⑤［日］祇園南海《詩學逢原》卷下，載《日本詩話叢書》卷之二，頁31—32。

普遍的、日常的、和人們太貼近的生活内容,因而没有作爲詩的素材,這些宋人都大量地寫成詩歌。所以宋詩比起過去的詩,與生活結合得遠爲緊密。"①而"格調説"的倡導者不喜歡宋詩的這些特徵,故對開這種風氣的杜甫也略表不滿。祇園南海認爲杜甫居成都時所作詩卑俗,這與我國對杜甫的評價大相徑庭。杜甫的詩歌大多寫於安史之亂後,方回即認爲"大抵老杜集,成都時詩勝似關、輔時,夔州時詩勝似成都時,而湖南時詩,又勝似夔州時,一節高一節,愈老愈剥落也。"②若按照祇園南海的説法,杜甫的大部分詩歌似乎都不足觀了。

此外,當江户前中期宗唐派遇到明人具備杜甫和宋人相同特徵時,則稱揚明人,貶抑宋人。如《諸體詩則》的作者林東溟即批評宋人不擅使事,爲事所使,而明人則擅使事,故成就超過宋人。"使事"的特徵杜甫詩即有,江户前中期宗唐派詩話作者也承認這一點,"余謂:詩家用事,譬之名將用兵焉。韓信謂漢高帝曰:'陛下不過將十萬,臣多多益善。'少陵、濟南,正足配之,不可企及耳。"③或者有時告誡初學者,不可學習杜詩的一些特徵:"北地(按,李夢陽)學少陵多變律,初學不可楷則矣。"④"變律"即拗體,亦是宋詩的特徵之一,而明前七子李夢陽的詩作也多有此特徵,但宗唐派對二者一褒一貶,其態度可謂是大相徑庭。

以上是江户前中期宗唐派詩話作者有關杜詩與盛唐詩"異調"的討論,大多存在貶抑之詞,但這並不代表他們不尊崇杜甫。恰恰相反,因爲李白詩歌飄逸,多屬天分,無法可尋;而杜甫以人工奪造化,有法可依,有迹可求。所以,無論是明復古派還是日本宗唐派在實際的詩歌創作中,爲了能够比肩盛唐詩,都不可避免地以杜爲師。這點從江户前中期流行的和刻本杜甫詩集及注解本數量遠超其他盛唐詩人亦可以證明。

面對杜詩"異調"的問題,爲了避免重蹈宋人覆轍,所以對杜甫詩歌各種風格進行討論的同時,又對杜甫開中晚唐、宋詩先河的某些特徵時時引

①[日]吉川幸次郎著,李慶等譯《宋元明詩概説》,中州古籍出版社,1999年,頁14。
②[元]方回著,李慶甲集評校點《瀛奎律髓匯評》卷十,上海古籍出版社,1986年,頁325。
③[日]芥川丹丘《丹丘詩話》,載池田四郎次郎編《日本詩話叢書》卷之二,頁567。
④[日]芥川丹丘《丹丘詩話》,載池田四郎次郎編《日本詩話叢書》卷之二,頁558—559。

以爲戒。林東溟的《諸體詩則》里邊即標舉了"杜用詩書語"、"杜用經中全句"、"杜句中疊用字不足學"、"杜用故事諸格"等。也基於此種原因,杜甫詩歌看似存在各種"缺陷",但實際亦可以證明當時詩壇對杜詩的重視程度。

此外,由於有關杜詩與盛唐詩異調的問題,江户前中期宗唐派與明復古派同樣都沒有解決。因此,面對杜詩與中晚唐以後詩的相似之處,宗唐派一方面承認杜甫的崇高地位,一方面又對杜詩的某些方面予以否認,在理論上不免存在漏洞。這也導致了後來宗宋派以此爲突破口,重新標舉推重中晚唐以後詩。

二　杜詩在江户中後期的傳播和接受

江户時期的唐宋詩之爭,很大程度上是杜詩與盛唐詩之爭。杜詩諸體兼備,開後世學詩法門。但杜詩與盛唐詩異調,宗唐派批駁中唐以後詩時始終無法解決杜詩與盛唐詩的關係問題,回答往往模棱兩可。而後世欲爲中晚唐、宋元詩爭一地位者,又多從杜詩與盛唐詩異處入手,以杜爲標榜,謂此善學杜者、能得杜者,將其與杜詩並比。如久保善教即認爲杜詩已開後世尖新之風,並爲學習中晚唐以後詩張目:

> 然於少陵詩,猶有極尖新者:"綠垂風折筍,紅綻雨肥梅","感時花濺淚,恨別鳥驚心"……之類,不可舉數也。由是視之,詩貴尖新,何獨晚唐之止耶。故東坡學少陵,廬陵(歐陽修)慕昌黎,其他作家,皆各有作法,然未嘗聞慕晚唐詩人也。①

此外,這點在江户中後期所推崇的詩人也尤爲明顯。江户中後期宗宋派一方面以盛唐詩爲尊,另一方面又主張學習中晚唐、宋元詩歌,認爲中晚唐及以後的詩人同樣能達到盛唐詩人的水準,而與之相比較的盛唐詩人正是杜甫。這一點從菊池五山對唐宋詩人的評價上亦可看出:

> 杜、韓、蘇,詩之如來也;范、楊、陸,詩之菩薩也;李近天仙,白近地仙,黄則稱落魔道矣。②

---

① [日]久保善教《木石園詩話》,載池田四郎次郎《日本詩話叢書》卷之七,頁 520—521。
② [日]菊池桐孫《五山堂詩話》,載池田四郎次郎《日本詩話叢書》卷之十,頁 495。

　　由於江户中後期詩壇追求"獨抒性靈,不拘格套",表現真詩、真我,對詩人的選擇較爲多樣化,因此出現了多位詩人與杜甫並舉的局面。以楊萬里和陸游爲例,據松下忠教授統計,釋六如在《葛園詩話》中引用中國歷代詩人作爲例子,其中楊萬里被提及 180 次以上,陸游被提及 160 次以上,杜甫被提及 100 次以上。① 相較于江户前中期以杜詩爲主要示例的《諸體詩則》而言,楊萬里、陸游在江户中後期被提及的次數已經遠超杜甫。

　　菊池五山即引周必大評價楊萬里之説,並認爲楊萬里詩包容萬物:

　　　　周益公跋誠齋詩云:"大篇短章七步而成,一字不改,皆掃千軍倒三峽之語,至於狀物姿態,寫人情意,則鋪叙纖悉,曲盡其妙,筆端有口,句中有眼。"可謂善論誠齋矣。余又謂:誠齋胸中別具一冶爐,金銀銅錫皆鎔而出之,但一氣所嘘,間有鑄敗者,讀其全集,須以此意觀。②

　　菊池五山還認爲楊萬里的"以詩爲諧謔"和白居易的"以詩爲説話"都屬於以"新變代雄","別出此機杼以取勝"③,二人才力都不輸于杜甫。

　　此外,雖然菊池五山將范成大、楊萬里、陸游比作詩之菩薩,稍遜于杜、韓、蘇三人,但江户中後期詩壇亦常常視陸游爲學杜之法門。如釋六如即認爲蘇軾、陸游二人之詩"其源出於少陵而拔其萃者也"④,乃學杜之階梯。市河寬齋亦以"强健還鄉陸放翁"⑤自喻。即使瓣香杜甫的大窪詩佛,其詩"格力欲躋李杜階,清新欲奪蘇陸髓"⑥,晚年詩風頗近南宋諸家。更有甚者,則將杜甫、陸游二人並稱,"北勢才子村田明,字月渚,號水菰……特奉杜、陸,手自糊二家詩於齋壁上,遂扁曰'杜陸堂',蓋仿袁氏'白蘇齋'也。"⑦

　　其他詩人如杜牧亦受到江户中後期詩人的追捧。對杜牧的學習,或如

---

①參看松下忠《江户時代的詩風詩論——兼論明清三大詩論及其影響》,學苑出版社,2008 年,頁 453。

②《五山堂詩話》,載池田四郎次郎編《日本詩話叢書》卷之十,頁 589—590。

③《五山堂詩話》,載池田四郎次郎編《日本詩話叢書》卷之九,頁 573。

④［日］釋慈周《葛園詩話》,載池田四郎次郎編《日本詩話叢書》卷之五,頁 3。

⑤程千帆、孫望選評《日本漢詩選評》,江蘇古籍出版社,1988 年,頁 168。

⑥陳福康《日本漢文學史》,上海外語教育出版社,2011,頁 357。

⑦《五山堂詩話》,載池田四郎次郎編《日本詩話叢書》卷之十,頁 572—573。

市河寬齋"初似樊川,一變而香山,再變而劍南,終又鎔陶諸家"①,由杜牧上溯陸游,終致鎔陶諸家;或如釋六如"專宗劍南,上溯樊川"②;甚至有人認爲"善學少陵者莫如樊川"③。

　　江户中後期詩壇之所以將如此多的唐宋詩人與杜甫並舉,一方面是因爲杜詩地位尊崇,仍是江户詩人學詩的最高典範。另一方面則由於江户前中期宗唐派主張明七子"格調説",在實際的詩歌創作中出現了剽竊、陳腐、雷同等弊端,詩歌往往流于外表高華而缺乏真實情感。其詩歌創作與不斷發展的世俗社會格格不入,證明由明學唐的失敗。爲了繼續尋找詩歌創作的方法,江户詩壇吸收明代公安派和清代袁枚的"性情説"理論,主張"無法無不法"。他們將其他唐宋詩人比之杜甫或視爲學杜的階梯,其目的與其説是推尊杜甫,不如説在詩歌範式的選擇上,不再以盛唐作家爲範本,而主張學習各個時期的作家作品。這一點頗類似於後世將一些詞曲比作《離騷》、《詩經》,其目的不在於肯定騷、經的價值,而在於提高所枚舉對象的地位。

　　事實上,隨著日本漢詩創作的日益本土化,杜詩的影響力在江户中後期有所下降也在所難免。加藤周一先生認爲十八世紀末日本詩壇發生了漢詩文的"日本化"問題,這種情況一直延續到十九世紀前半葉。其第一個特徵是學習宋人描寫自身周圍的生活,第二個特徵則是"吟詠青樓詩流行",以致"此時江户的詩人已經無限地遠離唐詩的'宮怨',而無限地接近人情本的'色情場面'了"。④ 雖然在江户中後期的諸多詩話中,不少詩家推尊杜甫,強調杜甫的尊崇地位。如大窪詩佛《詩聖堂詩話》、《詩聖堂詩集》中的"詩聖"即取義于杜甫,並在神田建立"詩聖堂",定期舉辦詩會。菊池五山喻杜甫爲"詩之如來",廣瀬淡窗亦評價"古詩工於用韻者,莫如杜韓焉",杜詩有"縱橫之才"⑤等。但在實際的詩歌創作中,杜甫的實際影響力

----

①《錦天山房詩話》,載池田四郎次郎編《日本詩話叢書》卷之九,頁 480。
②《錦天山房詩話》,載池田四郎次郎編《日本詩話叢書》卷之九,頁 485。
③［日］長野豊山《松陰快談》,載池田四郎次郎編《日本詩話叢書》卷之四,頁 401—402。
④參看［日］加藤周一著,葉渭渠、唐月梅譯《日本文學史序説》(下),開明出版社,1995年,頁 199—205。
⑤《松陰快談》,載池田四郎次郎編《日本詩話叢書》卷之四,頁 415。

反而不及其他詩人那麼深遠。

以當時流行的《竹枝詞》爲例，菊池五山受袁枚影響，創作三十首《深川竹枝詞》，在當時引發了一場《竹枝詞》寫作熱潮。江户中後期詩壇亦將其作爲紀風俗的代表，而且風靡一時：

> 池娛庵，名桐孫，字無弦，有《深川竹枝詞》三十首。余……又讀袁倉山《隨園詩話》有《虎邱竹枝》、《秦准竹枝》、《珠江竹枝》……皆紀其風俗也。娛庵嘗住深川，故有此撰。其詞云："一隊新妝上畫樓，大娘押尾小前頭。只因座客多生面，相並無言自似羞。""繁弦嬌曲送仙舟，不信人間自有愁。却到回時轉惆悵，子規啼過海雲稠。""一帶暮江煙色濃，來舟時與去舟逢。隔簾仿佛難看面，才認語聲輕喚儂。"①

菊池五山的這幾首《竹枝詞》描寫當時的世俗風情，然而用詞接近口語化，有直陷"張打油"、"胡釘鉸"之嫌。對於這種淺俗近俚的詩句，雖然菊池五山剛開始認爲其符合《詩經》之旨，但後來又頗悔自己當初所爲：

> 余《深川竹枝》實出一時游戲，初無意傳之，奈流播已遠，駟不可追。近日輕薄子弟，效顰余作，動曰："某竹枝，某竹枝。"猥褻鄙陋，無所不至，何其覥也，亦自悔爲之商鞅矣。②

從《竹枝詞》的流行，其實可以看出江户後期日本詩人的精神特徵及風尚喜好，這點實與學杜無涉。而且江户後期詩人在批評當時詩人習氣的時候亦未將此與學杜相牽連，而是認爲是學習其他詩人所導致的。如當時即有詩人指出當時詩壇的弊端源於學宋：

> 平春海翁……頃見示《偶題》一絶云："篇似髯蘇元博大，詞如老陸自豪雄。近人學宋成何語，病婦囁言氣力空。"語雖率易，亦可以當今詩頂上一針矣。③

又有詩人好用奇字，往往認爲其習尚來自于學習楊萬里、陸游等人：

> 有倔強好異者，喜用僻典，下奇字，炫博以驚人。余嘗指摘之，責其杜撰，輒言見《東坡集》，或稱楊誠齋語。余曰："二公全集吾能譖之，

---

① ［日］大窪詩佛《詩聖堂詩話》，載池田四郎次郎編《日本詩話叢書》卷之三，頁 436—437。

② 《五山堂詩話》，載池田四郎次郎編《日本詩話叢書》卷之九，頁 554。

③ 《五山堂詩話》，載池田四郎次郎編《日本詩話叢書》卷之十，頁 484。

絕無斯語。若有別集乎？請與寓目焉。"其人語塞，赧顏而退。蓋腹中空洞，而强欲出奇，小人窮斯濫矣。又有用"笛簟"字者，試詰其義，答曰："取諸《放翁詩鈔》，其義未考，姑妄用之。"余哂曰："放翁本集作竹簟，鈔本作笛，僞耳，君子闕疑慎言其餘，乃不知而妄作，自欺欺人耶？若以後再之，直於尻骨上施一大灸矣！"籲，詞林多怪，不得不燃犀也。①

相較于江户前中期宗唐派詩人往往以杜詩爲例，列舉作詩之法，江户中後期詩人則很少談及杜詩的作法，而是較多學習其他詩人。而且就江户後期詩壇流行的詩風來看，其弊端在於"鄙俚公行，幾亡大雅"，廣瀨淡窗亦有詩云"雖裁敖辟志，轉習淫哇辭"②，這點與當時的社會風氣也有極大的關係。以當時的日本武士階層爲例，武士道本是武士的一種榮譽，但到了江户後期武士俸禄低微，爲賺取錢財甘心隨波逐流，原有的武士本色和方正規矩成爲其"人生的忌諱"：

　　有些武士染上了商人習氣，不知仁義廉恥爲何物，有的任情放蕩，恬不知恥；有的甚至於無惡不作，行同盜賊。這種喪失了武士道的武士，十人之中要占到七八個；而正直的武士，十人之中難於找到二三個。並且即使是這二三個正直武士，若與元禄享保年間的武士相較，還是差得很遠的。③

由此可見，江户中後期詩壇的詩歌創作與當時的社會風氣聯繫日益緊密，也更能體現當時的社會生活。雖然當時詩人仍以唐詩爲學詩的最高標準，並肯定杜甫的崇高地位，但在實際創作中，其實並沒有像宗唐派那樣以杜詩作爲學詩的法則，而是轉益多師，學習其他各個時期的詩歌。更深一層來説，江户中後期宗宋派之所以取法多家，更多的是爲了學習漢詩中的"活法"精神，借助中晚唐以後詩人描寫日常生活的創作方式，更好的展現其自身的精神面貌和社會風俗，實現漢詩創作的"本土化"。加藤周一先生認爲：

　　在兩個世紀的鎖國時期，已習慣於使用古代漢語的日本知識分

---

① [日]津阪東陽《夜航詩話》，載池田四郎次郎編《日本詩話叢書》卷之二，頁 500。
② 程千帆、孫望選評《日本漢詩選評》，頁 423。
③ 張蔭桐譯《1600—1914 年的日本》，載《世事見聞録》，三聯書店，1975 年，頁 49。

子……他們在詩的領域里,最初進行的工作就是脱離哲學,逃避政治,采用的不是空想的主題,而是觸及日常的事實,在修辭上不作誇張,而是徹底地寫生……更確切地説,這種詩作爲日本土著世界觀的一種表現形式,與和文日記、俳句和"隨筆"並駕齊驅。漢詩的"日本化"現象最深刻的意義,恐怕莫過於此。市河寬齋和他主辦的"江湖詩社"的詩人們,還有稍後的梁川星岩及其玉池吟社的詩人們也是在這個急流中行舟的。①

因此,相較於江户前中期的宗唐派,在江户中後期詩壇的漢詩創作中,我們較少能看到杜詩精神在日本漢詩中的體現以及日本詩人對杜詩作法的討論。這一點與其説是杜詩影響力之削減,不如説是日本漢詩本土化過程中的必然結果。也正由於此種原因,日本江户詩壇出現了杜甫地位崇高,而實際影響力並不如其聲名那麼深遠的矛盾現象。

可以説,江户詩壇既是一個崇杜的時代,也是一個爲杜甫"去聖"的時代。江户前中期宗唐派一方面積極學習杜詩的創作方法,另一方面又多次批駁杜詩與宋詩同處。而江户中後期宗宋派雖然標榜杜詩,但在實際創作中,反而不似宗唐派那樣主要以習杜爲主,在詩人的選擇上更具多樣化,而且其地位也往往與杜甫相當。因此,與其説江户中後期宗宋派推尊杜甫,不如説其以杜詩爲藉口,實際創作上以學習中晚唐以後詩爲主,進而達到"無法"的目的,以期實現日本漢詩的本土化。

三　杜甫詩集在江户詩壇的流傳

一國文化對另一國文化的影響力,以及一國詩人在他國的流行程度,其最直觀的表現莫過於接受國所需求的書籍以及該書籍在接受國的翻刻。因此,考察杜甫在江户詩壇的影響力,其最直接的方法正在於考察當時船隻運載杜甫詩集的數量以及杜甫詩集在江户詩壇的翻刻情況。

首先是對江户時期舶來書籍的考察。唐船持渡書指的是當時中國商人運往日本的書籍,因帶有明顯的商業性質,能够很好地反映當時日本市場的需求,因此通過對唐船持渡書資料的考察,可以幫助我們瞭解當時江

---

① [日]加藤周一著,葉渭渠、唐月梅譯《日本文學史序説》,頁 201。

戶詩壇對中國詩人的喜好。有關日本江戶時期唐船持渡書的資料,收錄在大庭修《江戶時代における唐船持渡書の研究》一書中。雖然由於年代久遠,資料有所欠缺,但通過對這些書籍資料的考察也能夠瞭解到當時江戶詩壇對中國書籍的需求。筆者通過對比船隻番號,排除其中重複的“寶曆十年(1760)辰一番船”等船隻,所得有關杜甫詩集傳入日本情況如下:

　　　《杜詩闡》一部(1694);《杜詩會梓》一部(1703);《杜詩詳注》一部(1710);《杜律意箋》一部、《李杜詩通》一部(1711);《杜詩論文》一部、《杜工部詩集》一部(1712);《杜律虞注》一部(1713);《錢牧齋杜詩》一部(1715);《杜詩論文》二部、《辟疆園杜詩注解》一部(1717);《杜詩論文》二部(1718);《杜詩集》一部、《仇注杜詩》一部(1719);《杜詩評注》一部、《杜詩趙注》一部、《杜詩虞注》一部(1726);《杜詩全集》一部(1733);《杜詩偶評》一部(1734);《分類杜詩》二部、《杜詩集》一部(1735);《杜工部集》一部、《杜工部分類詩》二部、《杜詩輯注》三部、《杜詩詳注》一部(1754);《杜詩補注》六部、《錢注杜傳》五部、《杜律叢書》十部、《杜詩偶評》三部、《李杜合集》一部、《杜詩愚評》一部、《讀杜心解》一部、《李杜分體全集》一部(1759);《杜子美詩集》一部(1760);《杜少陵集》一部(1766);《讀杜心解》一部、《杜詩偶評》一部、《李杜詩通》一部、《杜工部詩集》一部(1783);《杜少陵全集箋注》一部(1791);《杜少陵全集箋注》四部、《讀杜心解》一部(1800);《讀杜心解》十部(1820);《讀杜心解》二部(1829);《杜詩詳注》一部、《仇注杜工部集》四部、《讀杜心解》二部(1841);《讀杜心解》一部、《杜詩集評》一部、《杜詩鏡銓》四部(1844);《錢注杜詩》一部、《杜詩集評》一部、《杜詩鏡銓》三部(1845);《杜工部集》二部、《讀杜心解》一部、《杜詩偶評》一部(1846);《讀杜心解》一部(1847);《歲寒堂讀杜》二部、《讀杜心解》四部(1849);《杜工部集》一部(1850);《讀杜心解》一部、《杜詩鏡銓》一部(1854)。①

①參看[日]大庭修《江戶時代における唐船持渡書の研究》,關西大學東西學術研究所,1967年,頁239—739。按:括弧內所標數字爲傳入時間,“《杜詩闡》一部(1694)”表示此書於1694年傳入日本。本文僅以杜甫詩集單行本作爲參考,如《韓文》附《杜子美七律》、《午亭文編》含《杜詩律話》等書暫不列入。

　　從上述資料來看,從江户初期到江户晚期,杜甫詩集都不斷地傳入日本,頗受日本詩人的歡迎。然而通過與其他詩人做對比,可以發現杜甫在日本詩壇的實際影響力在不斷地下降。以寬政元年(1789)爲限,其時由於"寬政異學之禁"事件,物徂徠的古文辭説被視爲異説,遭到禁止,蘐園學派走向末路,與此差不多同時,市河寬齋成立江湖詩社,宗宋派進入興盛期。1789年以前杜甫詩集共傳入65部,其後傳入50部,可見在江湖後期,杜甫詩集的需求已有所下降。① 若對比同時期其他詩人的詩集傳入數量來看,則更能看出杜詩在詩壇的實際影響力在不斷地減弱。以陸游詩集爲例,寬政以前陸游詩集僅傳入七部,寬政以後陡增至86部,數量已遠超杜甫。其他詩人如袁枚,其《隨園詩話》《小倉山房》等著作亦傳入58部,也已經超過杜詩。

　　如果説唐船持渡書的數量僅能够反映部分市場和一些詩人的喜好,那麼和刻本詩集的出版更能反映當時日本詩壇大衆的偏尚,更具有普遍意義。筆者目前所搜集到的和刻本杜甫詩集資料大致如下:

　　　　風月宗智刊刻《杜律集解》(1643);風月宗智刊刻《杜律五言集解》(1643);中村市兵衛刊刻《(翰林考證)杜律五言趙注句解》(1651);田中莊兵衛刊刻《杜律(集解)》(1651);中村市兵衛刊刻《杜工部七言律詩分類集注》(1651);京、衣棚通刊刻《(刻)杜少陵先生詩分類集注(杜詩集注)》(1656);田中莊兵衛刊刻《杜律五言集解;杜律七言集解》(1659);京、前川茂右衛門刊刻《杜律集解》(1659);水田甚右衛門刊刻《杜律(集解)》(1659);西田加兵衛、山村傳右衛門等刊刻《杜律集解七五言鈔》(1660);中野道也刊刻《杜律集解大全》(1665);吉田太郎兵衛刊刻《(刻)杜少陵先生絶句(杜詩絶句)李杜絶句零本》(1662);中野道也刊刻《杜律七言集解大全;杜律五言集解大全》(1664);京、堺屋善兵

---

① 按:《江户時代における唐船持渡書の研究》書中所載唐船持渡書資料自元禄七年(1694)至文久二年(1862)。從時間點上而言,以寬政元年(1789)年爲界限考察杜詩傳入情況似有失公允,然而唐船持渡書資料以江户中後期爲主,書中所載元禄七年至天明二年(1783)計89年中共24艘船隻資料,寬政六年(1794)至文久二年計68年共104艘船隻資料。然而104艘船隻所運載杜甫詩集數量仍没有寬政以前24艘船隻所運載的數目多,更能説明杜詩在江户後期詩壇的影響力有所下降。

衛刊刻《杜工部七言律詩（杜律虞注）》（1667）；丸屋莊三郎刊刻《杜律五言集解；杜律七言集解》（1668）；丸屋莊三郎《杜律五言集解·杜律七言集解》（1670）；油屋市郎右衛門刊刻《杜律集解》（1673）；《杜律五言集解·七言集解》（1682）；《杜律七言集解》（1685）；《杜律集解（新版改正題籤本）》（1685）；西村市郎兵衛、西村半兵衛刊刻《杜律集解（新版改正題籤本）》（1686）；西村半兵衛刊刻《杜律五言集解》（1686）；京、唐本屋右衛刊刻《（辟疆園）杜詩注解》（1693）；京、丸屋莊三郎刊刻《（音注）杜律集解》（1694）；京、美濃屋彦兵衛刊刻《（音注）杜律集解》（1696）；美濃屋彦兵衛刊刻《杜律五言集解　杜律七言集解》（1696）；井筒屋六兵衛刊刻《杜律集解》（1696）；風月莊左衛門等刊刻《杜律詳説》（1697）；文臺屋治郎兵衛、風月莊左衛門刊刻《（辟疆園）杜詩注解》（1704）；唐本屋佐兵衛刊刻《杜律詩話》（1713）；瀨尾源兵衛刊刻《杜律評叢》（1714）；官刊《杜詩偶評》（1803）；《李杜詩法精選》（1806）；前川六左門衛等刊刻《杜工部集》（1812）；《杜詩偶評》（1809）；半舫堂刊刻《集杜五言詩》（1852）。①

　　從和刻本杜甫詩集的分佈來看，杜甫詩集在日本的翻刻主要集中在江戶前中期，而江戶後期僅有寥寥數種。其原因有三：第一，江戶初期日本詩壇尚受“五山余續”影響，杜甫和白居易、黄庭堅、蘇軾等都是當時詩壇所推重的詩人，這點從杜甫和刻本詩集主要集中在江戶詩壇唐宋詩之爭以前可以看出；第二，唐宋詩之爭開始後，雖然表面上杜甫詩集在宗唐派盛行時期刊刻數量亦不多，但當時詩壇託名李攀龍，選詩以盛唐詩爲主的《唐詩選》極爲流行，《唐詩選》選取杜詩五十一首，幾占全書的九分之一，爲諸詩人中選詩最多，這在一定程度上可以滿足當時詩壇對杜詩的需求；第三，宗宋派興起後，由於詩人師法不一，“無法無不法”，杜甫在詩壇的影響力有所下

---

①資料主要來源：1. 國立公文書館：https://www. digital. archives. go. jp/；2. CiNii Books—大學図書館の本をさがす　http://ci. nii. ac. jp/books/；3.《静嘉堂文庫漢籍分類目録》，《静嘉堂文庫漢籍分類目録》編纂/發行，昭和五十二年（1978）版；4.《内閣文庫漢籍分類目録》，内閣文庫編，内閣文庫發行，昭和五十一年（1956）版；5.《和刻漢籍分類目録》，長澤規矩也，汲古書院，昭和五十一年（1977）版。按：出版者不明且出版時間、書籍名稱重複者，本文暫不收録。

降,導致和刻本杜甫詩集數量也遠不如以前那麼多。

　　同樣以陸游作爲參照,寬政以後單行本的《放翁先生詩鈔》至少刊刻了8種以上,此外還有《增續陸放翁詩選》、《陸詩意注》等,刊刻次數已經超過和刻本的杜甫詩集。此外,在19世紀以後,選詩有明顯中晚唐傾向的《三體唐詩》的刊刻次數也與選取了杜甫詩歌的《唐詩選》持平,分別有十五種,打破了宗唐派盛時《唐詩選》獨尊的局面。

　　由此可見,無論是從唐船持渡書所載杜甫詩集流入情況還是杜甫詩集在江户時期的刊刻來看,杜甫在江户詩壇的實際影響力與其在詩壇的地位相一致。尤其到了江户後期,日本漢詩本土化傾向日益明顯,詩人作詩更多的關注於表現自我以及日常生活,而非詩法。從這點來看,杜詩在江户後期影響力的下降在所難免。

四　餘論

　　有關杜甫在日本詩壇的地位,張伯偉先生認爲杜甫在日本"充其量可以在數量衆多的典範中占一席之地,可以在300年間的歷史中領數十年風騷,卻不能説享有'獨尊'的地位"。[1] 對此,祁曉明先生撰文與之商榷,認爲:"日本江户時代,杜甫在詩壇受尊崇的程度,任何其他中國詩人都無從望其項背。……其獨尊的地位,與江户時代相終始。"[2]其實,一個詩人地位的崇高與他在詩壇的實際影響力並不一定完全成正比的關係。就杜甫在日本江户詩壇的地位而言,宗唐派以杜詩爲師法對象,籍學杜以達到盛唐詩的高度。而宗宋派則利用杜詩的獨特性,從風格入手,將中唐以後詩人與杜甫相比較,證明由宋入唐的可能性,並爲其"無法無不法"的詩學主張張目。可見,無論是宗唐派還是宗宋派,都以杜甫爲唐詩的典型代表,肯定其地位和價值。但就實際創作而言,受時代、社會、個人喜好等多重因素的影響,崇敬杜甫的詩人並不一定都學習杜甫的詩歌。

　　尤其是到了江户中後期以後,江户詩人爲了尋求漢詩本土化的途徑,

---

①張伯偉《典範之形成:東亞文學中的杜詩》,載《中國社會科學》2012年第9期,頁176。

②祁曉明《杜甫在日本江户詩壇的地位——兼與張伯偉先生商榷》,載《玉溪師範學院學報》2016年第3期,頁31。

不再局限於單一的效法對象,在詩歌範式的選擇上更加多元化,對中晚唐以後詩人的提倡和學習也更多的是爲日本漢詩本土化提供了創作經驗和依據,即更加關注自身周圍的生活和表達自我情感,而非模仿的對象。因此,在判斷一個詩人的實際影響力時,並不能純粹從當時的某些理論或話語中得出結論,而是應當結合當時社會對詩人的學習和接受、詩人詩集的流行程度等多個角度進行考察。

此外,通過對杜詩在江户詩壇傳播和接受的考察,也能爲我們研究其他詩人對後世或是域外的影響力提供一些借鑒。

(作者單位:中山大學中文系)

域外漢籍研究集刊　第十八輯
2019 年　頁 485—495

安南本《香山寶卷》與日藏乾隆本《香山寶卷》的版本差異[*]

嚴　豔

在漢文化圈中，日、朝、越三國受中國文化影響至深。中國許多古籍通過人員交流傳播至這三個國家，大量中國早已散佚的古籍借此得以保存，《香山寶卷》即是一例。《香山寶卷》在中國俗文學史變文與寶卷過渡中佔據重要地位。車錫倫編《中國寶卷總目》中《香山寶卷》條下列抄、印本有二十八種，最早版本爲清代乾隆三十八年（1773）古杭昭慶大字經坊刊行，原書爲日本學者吉岡義豐收藏[①]；另列河内存清刊本一種，但未交待任何版本信息[②]。筆者據實地考察發現越南所存《香山寶卷》刊印時間爲1772年，但並不是中國刊本，而是據中國楞嚴寺底本在越南的重印本。因日、朝、越三國曾刊印有大量中國漢籍，學界爲與中國刊本相區别，稱之爲“和刻本”、“高麗本”、“安南本”。在這三類域外刻本中，由於“安南本”存世量少、精刻者稀見，因而“安南本”價值凸顯。本文擬就越南刊印的《香山寶卷》與日本藏乾隆本《香山寶卷》作一版本比較，分析兩者存在的差異性，並擬進一步探討差異産生的原因。

---

[*] 本文系 2017 年國家社科重大招標項目“海外藏中國寶卷整理與研究”（17ZDA267）階段性成果。
[①] 吉岡義豐將所藏《香山寶卷》原文影印載於《道教研究》，東京邊境社刊，1971 年，頁 128—194。
[②] 車錫倫編著《中國寶卷總目》，“中研院”中國文哲研究所，1999 年，頁 160—161。

一　《香山寶卷》安南本與乾隆本在刊刻方式上的差異

　　雖然中國有關觀音的寶卷存世者衆,但學界所知最早的寶卷仍爲1773年乾隆本《香山寶卷》。現將吉岡義豐所藏影印於1971年《道教研究》的乾隆本《香山寶卷》與1772年後黎朝所刊印安南本《香山寶卷》版本情況作一介紹。

乾隆本《香山寶卷》一卷

　　吉岡義豐所藏乾隆本《香山寶卷》,不題撰寫人,卷端署“天竺普明禪師編集、江西寶峰禪師流行,梅江智公禪師重修,太源文公法師傳録”,264頁。卷首有觀音白袍坐相一幅,觀音座相前有善才、龍女二神像。觀音畫像左側有裝有柳條的净瓶,左上角有一只展翅飛鳥。内頁題横幅“當今皇帝萬歲萬萬歲”,上有“御制”字樣。正文内頁題“觀世音菩薩本行經”。書中卷首稱該書爲“西泠屠憲擎刊刻,古杭昭慶大字經房重梓印造流通”,卷末再次稱該書“板存昭慶大字經房印造流通”。

　　越南現存安南本《香山寶卷》①一種,亦不題撰寫人,136頁,高28厘米,寬16厘米。《越南漢喃文獻目録提要》直題該書爲“宋·蔣之奇撰”②,

----

①《香山寶卷》,越南河内漢喃院藏,藏書編號VHc.346。
②劉春銀、王小盾、陳義主編《越南漢喃文獻目録提要》,“中研院”中國文哲研究所,2003年,頁620。

因緣於安南本《香山寶卷》序二中稱"大宋間,開國公蔣之奇撰《汝州香山大悲菩薩傳》"之句。但《香山寶卷》作者列爲蔣之奇却存在明顯的訛誤之處,蔣之奇所撰《汝州香山大悲菩薩傳》與《香山寶卷》雖故事來源相同,却並不是同一部書。安南本《香山寶卷》封面題《香山寶卷》,文内正文題《大悲觀世音菩薩香山寶卷》。該書由報恩寺僧正毗丘海闊督刻,越南著名刊刻中心柳幢社刊刻,板留報恩寺中。

　　兩書雖都采用雕版印刷技術,但仍存在一定的差異:

　　其一,版式上的差異。乾隆本《香山寶卷》雙邊黑魚尾,正文十欄,每欄二十字。版心上題"香山卷",中間題"本行"二字,下題頁碼。安南本《香山寶卷》單邊框,正文八欄,每欄十八字,板心題"香山寶卷"及頁碼。兩書版式上有細微差異,但並不明顯。其原因在於中國印刷術很早就傳播到越南。越南在十三世紀中葉的陳朝時期就采用雕板印刷技術,其後明朝時期越南使臣梁如鵠趁兩次北使,在1443年與1459年進一步學習了中國刻板技術,並將這一技術帶至家鄉海陽嘉禄縣的紅蓼傳播,其同縣柳幢人也學會此技術,由此紅蓼、柳幢成爲越南最著名的兩大刻印中心。安南本《香山寶卷》即由當時著名刊刻中心柳幢社刊刻。

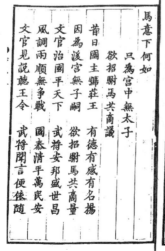

安南本《香山寶卷》内頁

忽然覺惺在牀。
巍騰空舞到堂内乃削問所山談話相畀衆
仙女曰送一仙者與皇后乃含笑禮謝衆仙回宫
千紫金人十千天仙女也相端嚴各乘金蓮寶座
梵天王與諸天衆乃至善法堂中聽經巳龍乃不相
速念勤佛三聲便見分明即時念佛果見翠境丼
凡無數天宫寶嚴高潤深遠天樂自鳴花彩重重境
三天門下皇后初見毫光晃耀目不能視衆天人曰三
乃然其言披乘出宫天降鑾駕門首而迎倏忽到
五帝請國毋往三十三天上善法堂中見佛問决后

香山卷　天本行　四

二天女身長三丈頭戴珠冠
五色光射立妝前言云上天
在洞天宫中操琴而生女各曰妙音皇后自後啓泰父名曰妙
上蒼求願生男妙莊十七年夜寝太和宫中夢見
書後至妙莊十三年又生一女仍前啓泰父名曰妙
年號爲第二行見境而立名曰妙因君書而生女名曰妙
月兩耳垂肩雙目清秀一身
善萬事寬宏忽於妙非八年降生一女父菩
聽說國皇其正宫皇后名號
寶德與帝同尊行如滿
若得宫中生殿下
殺牛宰馬謝三光

乾隆本《香山寶卷》内頁

　　其二，刊刻字體的差異。安南本《香山寶卷》字體爲仿歐體手寫楷書。一頁八欄每行十八字，字間距寬鬆，行格疏朗。楷書由隸書發展而來，自秦漢萌芽至隋唐而大放異彩。楷體字在越南也廣爲盛行。唐朝時期，楷體字大家輩起，他們的書法常成爲後世爭先臨摹的典範。歐陽詢書法平正規矩，間架之間開闊穩健，却又在筆劃中注重經營位置及穿插呼應，嚴謹中又不失飄逸，因而成爲越南文人臨摹的對象。乾隆本《香山寶卷》字體爲宋體雕板字，一頁十行，每行二十字，字行距與間距皆緊密。中國明清刊本多采用雕版印刷技術。由於木材纖維本身的特質，直角方向更易刻斷，因而形成“橫細豎粗”的特點。宋體字在清代刊本中又比前代有進一步發展，如橫畫收尾處都出現有三角。安南本《香山寶卷》字體上的疏朗娟秀與乾隆本《香山寶卷》的典雅古樸還是存在很大的不同。

　　其三，參與刊刻者上的差異。安南本《香山寶卷》爲越南國王親自參與主持，雖爲寺廟刊刻却體現官方支持。由於佛教在越南獨特的地位，李、陳朝時期被列爲“國教”，黎、阮朝雖尊奉儒教，但依然是“儒、道、釋三教統一”的局面，因而體現佛教觀音信仰的《香山寶卷》在越南刊刻中受到很高的重視。景興三十三年，黎朝顯宗王親自作《御製刊刻香山寶卷序》，對《香山寶卷》有高度評價，其言："朕覽普門品，寔能利人濟物。如杲日當天，迷雲頓淨；如清鐘響夜，幻夢於消。來龍象於無窮，垂浩劫而不泯。用是采輯校刊，昭示宇内，俾知敬仰大法。朕念釋教東來，閲三千載，著書行世，莫匪至人。本一性之圓通，作萬年之寔語，即此經卷可信爲真。古德之所顯言，當來之所默印。是以序而傳之。非曰朕之序句，可與從上大善知識比肩也。觀者切莫哂焉。"乾隆本《香山寶卷》却體現出民間刊刻特點。雖然該書中題"御製"及"皇帝萬歲萬歲萬萬歲"字樣，却與官府尤其帝王毫無關係。中國寶卷多在民間流通，雖也出現一部分刊刻者依附於官府背景的現象，如明正德初年羅清所著《五部六册》，但其後寶卷所書"御製"字樣，實多爲避免官府追查而托僞粉飾。寶卷與民間宗教聯繫密切，因而在印刷時常受阻擾且常受官府查處，如明代朱國禎《湧幢小品》中載明成化年間"邪教"經典①。清政府查辦"邪教"檔案載民間宗教經卷中也有多部寶卷，如《伏魔寶卷》、《龍牌寶卷》、《皇極寶卷真經》、《九蓮寶卷》、《普賢菩薩度華亭寶卷》等②。安南本《香山寶卷》除了國王親自參與，還有多位高官參與刊印，如丁未科(1727)進士尚書義方侯阮暉、輔國上將軍都督府少保嚴郡公鄭柄等。可見，《香山寶卷》在越南受重視程度。

　　相較於乾隆本《香山寶卷》，安南本《香山寶卷》字體工整、文本精美，在版刻上也不失其價值，可以説是越南刊刻中難得的精品。

二　《香山寶卷》安南本與乾隆本版本内容上的差異

　　安南本《香山寶卷》與現留存乾隆本《香山寶卷》及其後的清刻本、民刻本，無論在内容上還是表達形式上都有很大差異，但這些不同更能體現出安南本《香山寶卷》作爲已知最早《香山寶卷》版本的價值：

　　首先，序文上的差異。乾隆本《香山寶卷》卷前有署"宋吳府殿下海印拜贊"的序文一篇，然這一"宋吳府殿下"之稱至今仍無學者可以考實，因而在其後同治、民國等《香山寶卷》的重刊本中都將乾隆本中"宋吳府殿下"序文删除。乾隆本"宋吳府殿下"序文後正文前有一長段引文稱："昔寶峰定

①李世瑜《寶卷綜録》，中華書局上海編輯所，1961年。
②車錫倫編《中國寶卷總目》，頁 276—286。

禪師久隱江西廬山，乃見一女大士，名曰妙愷，袖取此段因緣，送至座前，云'此是普明所依，乃可盛行於世也。'"其後文中又稱：昔普明禪師於崇寧二年八月十五日，在武林上天竺獨坐期堂，三月已滿。忽然一老僧稱普明與觀世音菩薩宿有因緣，就將菩薩行狀略説本末流行於世。僧乃盡宣其由，言已隱身而去。普明禪師一歷覽耳，遂即編成此經。因而該本即題爲"天竺普明禪師編集、江西寶峰禪師流行"。同治、民國等重刊的《香山寶卷》中都將這段有關普明的内容作爲序，題《香山寶卷序》。安南本《香山寶卷》收錄序文三篇，前兩篇爲越南後黎朝景興三十三年（1772）年再版序文：黎顯宗題《御製刊刻香山寶卷序》及洞宗本來和尚題《重刊大悲菩薩香山寶卷序》。第三篇序文亦題爲《重刊大悲菩薩香山寶卷序》，但未題撰寫人及撰寫時間，從其内容"昔有終南山宣律師行道之時，日夜精進，感得天神侍衛。律師問云：'我聞觀音大士而於此土有大因緣，未知菩薩靈蹤，發於何地。'天神答曰：'菩薩靈異於此，功不可思，欲人人而獲福，令個個免災殃。'粵中有貴官某嘗聞此經，深蒙感應。遂捐己資及募衆緣，命工鋟梓，以廣流傳。而請余言席之。"中粵中貴官某命工鋟梓等字樣，可推知該序應爲原書序。但該序中並不見有江西寶峰禪師，也無普明禪師任何字樣，該序所本終南山宣律與天神對答之語即據蔣之奇所撰《汝州香山大悲菩薩傳》内容。

其次，文本内容上的不同。一是體現在情節内容上的差異。安南本《香山寶卷》與乾隆本所描述的故事中主要情節一致，即爲莊王第三女妙善一心只想修佛，由此觸怒莊王而受莊王阻擾希望讓妙善回心轉意，却不料妙善修行之意更堅定。莊王因燒白雀寺、斬妙善等諸多惡習得報，身染重疾。妙善舍雙眼雙手救父，終於感動父親。最終全家修成佛法。但兩書在具體的内容情節上常有出入，主要表現在乾隆本《香山寶卷》比安南本的細節更多，如增加王后求子得夢又請人圓夢、三公主妙善長在宫中人人愛惜如寶等諸多小情節。《香山寶卷》的源頭無疑與宋代所立的《香山大悲菩薩傳碑》密切相關，但在傳播流傳中《香山寶卷》屢被改編，依其内容的增改與文字的潤色程度來分析，無疑可以判斷出安南本《香山寶卷》是最接近原書的版本。如《香山大悲菩薩傳碑》中在故事開始稱："山之東北，乃往過去有國王名莊王。"安南本《香山寶卷》稱"昔日有一個國王號妙莊王"，但乾隆本稱"迦葉佛時，須彌山之西，有一個世界。國名興林，年號妙莊。"便添加了"興林國"。乾隆本《香山寶卷》在結尾處多了一段與普陀相關的内容，這也與安南本在結尾處有很大差異。乾隆本云："爾時,菩薩隱普陀山上,法身自在,能有能無,知一世界事,自百億世界,皆悉能知。""時人不知蹤,罕有識面者,以此現人相,分身遍十方,往至興林國,托化妙莊宮,故引一宮眷、文武衆朝臣,聞法成佛道。"説明普陀山才是觀音真正的道場,香山只不過是觀音的俗世化身之一。這也無疑説明了乾隆本《香山寶卷》的確爲普陀禪師所修定,然却是據更早的《香山寶卷》本所修定。二是體現在引文偈文上的差異。安南本《香山寶卷》中有大段佛經引述,乾隆本却未見。安南本書内大量引述《妙法蓮華經觀世音菩薩普門品》,並有"證金剛"、"十方佛"等内容引述佛教經典。乾隆本《香山寶卷》中有大量偈文,安南本却一篇都未見。如乾隆本在文章開端,皇后生妙書、妙音二女後常禱告上蒼求生男丁,一日夢至天仙佛界,醒來後心内不安請奏君王時作一偈文"奇哉妙意不尋常,夢中聞法往天堂。聖境隨身在,舉步放毫光。紫雲密佈地,天寶樂呈祥。臣妾未知凶吉事,特來啟奏向君皇。"皇帝召圓夢先生,彌勒佛化身一公公前來圓夢,臨走留一偈:"君皇問臣住何方,家住原在樂安邦。三生臣慶倖,親奉遇明皇。依夢説此夢,不敢隱含藏。生身百拙無些用,單靠圓夢度時光。"此外,安南本《香山寶卷》中却帶有早期寶卷的特徵,如故事開頭有"香山寶卷初展開,諸佛菩薩降臨來"等語。

　　再次,語言表達方式上的不同。安南本《香山寶卷》語言古樸,不假修飾。但乾隆本《香山寶卷》語言華美,鋪排繁複,語句多有潤色。如安南本中"是時莊王心中不喜,意内生煩,宣諭文武兩班。莊王言曰:'寡人見今年老,無其子嗣,止有三個公主,與汝商量各招駙馬。'"但至乾隆本中却鋪排爲很長一段内容:"忽一日朝罷,當問序班:'今日早朝,臣完否?'序班傳奏:'臣啟陛下,内有左丞相張拱辰不來朝見。'皇曰:'何故?'右丞相許智出班奏曰:'臣啟萬歲,臣聞他家,昨夜爲因夫人生一孩兒,以此失朝。伏望我皇,赦罪寬恩。'帝見奏,鎖定眉頭,精神不爽,恨他男子,偏不來寡人宮中托生。他年長大,替朕爲君,却不是好? 皇帝大朝,面無正色。文武群臣,戰戰兢兢,合朝跪勸曰:'伏望我皇息怒開恩,雖然不生太子。臣聞正宮娘娘自有三員公主,青春正當,合招駙馬,豈不是嫡親瓜葛,向後觀他有德行者爲尊。臣當萬死,直言奏和。任我皇稱心可行則行。'皇帝見奏,龍顔喜曰:'勞卿所奏,解朕之愁。'便行敕命,宣召後宮,三員公主。即今晚朝,速赴殿前。"語言表達中内容已大量增多,語言也明顯增飾潤色。

從《香山寶卷》安南本與乾隆本的序文、文本内容與語言表達等方面可見，前者刊刻時間更爲久遠，因而更接近原本。

三 《香山寶卷》安南本與乾隆本流通方式上的差異

寶卷作爲一種通俗文學，主要通過僧侶在民衆中傳播。中國現存《香山寶卷》多由某一寺廟承印，如乾隆本《香山寶卷》由杭州昭慶大字經房刊印，光緒四年(1878)南海普陀山常明禪院、光緒十二年(1886)萬松經房印本等。越南書籍印刷中占比較多的形式有官刻、坊刻、寺院刻三種，不同刻印機構各有側重：越南官刻由中央政府把持，主要刊印正史、儒書、御制書；越南坊刻由衆多書坊組成，主要刊印通俗文學、舉業書、醫藥書；寺院刻書主要以佛經及與佛教人物相關的書籍。寺廟是越南書籍刊刻的重要基地，據劉玉珺考證至少有 139 座以上①。中國寶卷中很多内容都直接與佛教相關，因而也成爲寺廟刊印選材之一。安南本《香山寶卷》即由報恩寺刊印，其後《香山寶卷》的另一改寫本《觀音濟度本願真經》也是河内玉山三聖廟刊印。雖然安南本《香山寶卷》與乾隆本的刊印地點都與寺廟相關，但從傳播形式上看，兩者也有一定的差異性，主要表現在以下幾點：

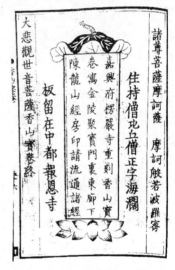

安南本《香山寶卷》卷末

其一，參與流通者的差異。一是參與人數多寡懸殊。寶卷是帶有濃厚宗教氣息的文學樣式，在流通過程中常與寺廟僧侶有很大關系。乾隆本《香山寶卷》卷端所署天竺寺禪師普明、江西寶峰禪師定公、梅江禪師智公、太源法師文公諸人都是佛教僧侶身份。安南本《香山寶卷》雖然也有衆多寺廟中僧侶參與刊刻、流通，但與乾隆本《香山寶卷》中所列較少的參與者相比，安南本所列僧侶人數更多。雖由報恩寺督刻却有衆多的寺廟也參與

---

① 劉玉珺《越南漢喃古籍的文獻學研究》，中華書局，2007 年，頁 109。

其中。在該本卷首列出衆多寺廟的僧侶,既有與統治者密切相關者,如王府奉頒主持仙迹寺准應和尚、王府正法事蓮宗和尚、王府正法事統宗大和尚護國僧等,也有一些地方村舍的僧侶前來參加,如來自定香社崇寧寺、光覽社市村福林寺等寺廟。二是參與刊刻人員階層不同。乾隆本《香山寶卷》所列參與流通者全部是佛教僧侶,而安南本《香山寶卷》參與刊刻者上自皇帝親自撰序,鄭王府人員輔國上將軍都督府少保嚴郡公鄭柄、還有當朝大臣丁未科(1727)進士尚書義方侯阮暉等。黎朝顯宗還在《御制刊刻香山寶卷序》中對《香山寶卷》有高度評價,可見安南本《香山寶卷》在越南的地位與影響力。

　　其二,捐資人的差異。中國現存觀音寶卷多由個人或僧侶募捐刊刻,如惟誠堂刊於光緒十二年《觀音濟度本願真經》中東陽主人董沐敬跋稱"思欲刻施流布,有志未逮。藏諸笥中已數十年於玆矣。因思善與人同。遂出此書以告同志,皆大讚歎,踴躍樂爲剞劂。因捐囊共襄力盛舉。"①乾隆本《香山寶卷》書末有"寧波府慈谿縣福果納川勸緣募刻《香山寶卷》全部",說明該書是由募捐的資金刻印的。安南本《香山寶卷》書末附有十五頁紙的功德板,詳細列明捐贈人的籍貫、身份名號,尤其是女性捐資者衆多。從功德板所列名姓籍貫來看,安南本《香山寶卷》的捐資人分佈地域極其廣泛,有仙游縣、安越縣、表池縣、清河縣、順安府嘉林縣、慈廉縣、應天府青威縣、紹天府瑞原縣、加興府青州縣、安越縣、文江縣、美良縣、瓊瑠縣、淳禄縣、上福縣、唐豪縣、青漳縣、東岸縣、超類縣、給和縣、青池縣、天禄縣、南真縣、河中府弘化縣,基本上涵蓋了後黎朝時期行政區化,由此可見安南本《香山寶卷》在刊刻之前在《香山寶卷》越南的流傳程度之廣。安南本《香山寶卷》的捐資人的階級也分佈廣泛,大致可分三類:一是以全家名義捐贈,既有官員也有平民百姓,如仙游縣佛迹社信官義勞侯阮偉全家、安越縣光表社參督壽忠侯阮名輝新僉太監蘭壇伯阮名煢全家等人;二是寺廟僧尼,如鎮國寺、含龍寺、延福寺等僧尼;三是衆多的女信徒,包括職官太太、儒生之妻甚至有公主黎氏玉琰、宮嬪阮氏堯等。

　　安南本《香山寶卷》由於受官方推崇,加上越南佛教信仰的推動,其刊

---

① 《觀音濟度本願真經》,同治庚午年刻本影印本,《民間寶卷》第十輯,黃山書社,2005年,頁 381—382。

刻者與捐資人比乾隆本《香山寶卷》更爲廣泛，參與者階層也出現多樣化特點。

四　結語

　　安南本《香山寶卷》與乾隆本《香山寶卷》的版本比較，在《香山寶卷》産生時期及傳播流通上都有較大的價值。乾隆本《香山寶卷》作爲已知中國最早的刊本，其内容與刊刻形式多被後世因承，如同治七年（1868）浙江慧空經房印本、同治壬申年（1872）據杭城寶善堂藏板重刻本、中華民國元年（1912）據蘇州瑪瑙經房藏板重刻本等。《香山寶卷》的産生時期及作者一直是困擾學界的一個問題。其中一種觀點便依據乾隆本《香山寶卷》序認爲《香山寶卷》編纂時間爲宋代崇寧二年（1103）杭州普明禪師編撰，如鄭振鐸“相傳最早的寶卷的《香山寶卷》，爲宋、普明禪師所作。普明於宋崇寧二年（公元1103）八月十五日，在武林上天竺受神之感示而寫作此卷，這當然是神話。但寶卷之已於那時出現於世，實非不可能。”①韓秉方“我國迄今所知最早的一部寶卷《香山寶卷》，確實如該卷中所載是北宋杭州上天竺寺普明禪師在崇寧二年（1103）撰寫完成，無庸懷疑。”②其立論依“普明於崇寧二年在上天竺受神感示而作”。然乾隆本《香山寶卷》爲後世普陀寺禪師所改編，其所稱崇寧二年普明禪師明顯托僞。但《香山寶卷》作爲早期寶卷却可得到另一輔證。安南本《香山寶卷》洞宗本來和尚序中稱亦稱：“造像、刊經留傳，自大宋至兹，無方不有。”安南本《香山寶卷》卷末處有“嘉興府楞嚴寺重刻《香山寶卷》，寓金陵聚寶門裏東廊下，陳龍山經房印請流通諸經。”上有荷葉下有蓮花裝飾。從中可知其所據刊刻底本爲嘉興府楞嚴寺的刻印本。嘉興府楞嚴寺在明代刊印有多本經書，現存有刊印於萬曆十四年（1586）《玄奘辯機：大唐西域記》，崇禎七年（1634）的《神僧傳》等。由此可推知，流入越南的《香山寶卷》刊印時期約爲明末時期。安南本《香山寶卷》的出現是《香山寶卷》在越南迅速本土化現象，此後越南文人還對《香山

寶卷》有各種形式的喃譯改編。從上述内容可見,安南本《香山寶卷》作爲現存已知最早版本,在版本價值、中越文化流中都有重要價值。

（作者單位：中山大學歷史系）

域外漢籍研究集刊　第十八輯
2019 年　頁 497—507

中國國家圖書館藏燕行使者李肇源著述考

王紅霞

　　李肇源(1758—1832),字景混,號玉壺。朝鮮文人,正祖十六年(1792)文科狀元,曾任大司諫、吏曹參議等職。純祖三十二年(1832)因企圖謀反,被處以極刑。今存《玉壺集》(今藏韓國國立中央圖書館)、《燕薊風煙》(今藏中國國家圖書館,索書號:4409)、《菊壺筆話》(今藏中國國家圖書館,索書號:2999)等,其《北征耳目口》一書已散佚(從今《玉壺集》卷十三的《北征耳目口序》可知該書記述的是作者出使燕期間的所見所聞,共六卷)①。

　　李肇源曾兩次赴燕。第一次在嘉慶二十一年、純祖十六年丙子(1816年),爲冬至兼謝恩行正史,當年十月二十四日辭行,丁丑三月二十八日復命;第二次在道光元年、純祖二十一年辛巳(1821),爲進賀兼謝恩行正史,當年正月初七辭行,六月初二日復命。其兩次赴燕期間,和中國文人交游往來,留下了不少詩文,並結集爲《燕薊風煙》和《菊壺筆話》,這兩部著述均保存於中國國家圖書館,罕有學者關注。

一　《燕薊風煙》簡介

1.《燕薊風煙》題跋考

　　《燕薊風煙》,一卷,朝鮮李肇源撰,朝鮮抄本,一册,十行二十字,白口,四周雙邊,今藏中國國家圖書館(索書號:4409),後有翁同龢跋。從該書内

---

①其生平今見李鐘愚《李肇源行狀》和申錫禧《謚狀》(均收録在《玉壺集》卷十四,《玉壺集》今藏韓國國立中央圖書館)。

容來判定,當屬於燕行録。韓國林基中所編《燕行録全集》未收録此書①,僅卷六十一收録了李肇源的《黄粱吟》(其中只有 258—355、406—428 頁的内容屬於燕行内容。所收詩歌篇目和順序與《玉壺集》同)。林基中、夫馬進(日本京都大學教授)所編的《燕行録全集日本所藏編》亦未收録該書②。2008 年,林基中又編訂了《燕行録續集》50 册,還是未收録該書③。之後,中國北京大學的漆永祥以《韓國文集叢刊》與《韓國歷代文集叢書》爲主,新輯《全集》未收之"燕行録"165 種,依舊未收録該書。

　　所以,關於該書的具體情況迄今没有學者做較爲詳盡的介紹和説明,今僅有韓國順天鄉大學的朴現圭教授在《中國國家圖書館善本特藏室所藏的韓國學古書籍的現況和分析》一文中用極短的文字,簡單地介紹了該書的撰寫時間以及流傳去向④。

　　《燕薊風煙》卷尾有翁同龢手書題跋兩條,録如下:

　　　　此朝鮮使臣李肇源詩,寫寄周菊勝學博者也。周君,名達,松江人,道光中葉秉鐸吾鄉,跌宕自憙。曾見其《九峰三泖圖》,黄公安濤題詩云:"君道九峰抛未得,我抛三十六峰來。"自今回溯蓋六十年事矣。此册朱少徵以贈一笏,暇日展觀回記。時光緒壬寅立夏日,松禪老人。(後有白文方印"松禪老人")

　　　　朝鮮來使,每選博雅多能之士,前乎此者金正喜、李藕船,後乎此爲余所晉接者中君,忘其名,金德容皆表表者也。其詩筆較此爲勝,甲午以後朝貢絶矣。隨國之張夜郎之大,能無歎哉!

翁同龢的這兩條手書題跋,可以給我們提供以下幾點信息:

　　第一,《燕薊風煙》一書是李肇源寄給周菊的詩集。檢今存《燕薊風煙》,共録詩歌 203 首,形式以絶句和律詩爲主。詩歌内容均是詩人赴燕京和歸國途中的所見、所聞和所感,以及在燕期間與中國文士、官員等人的交

---

①[韓]林基中編《燕行録全集》,100 册,韓國東國大學校出版社 2001 年出版,收録約
　500 餘種從 1200 年到 1800 年的燕行記録。
②[韓]林基中、[日]夫馬進編《燕行録全集日本所藏編》,韓國東國大學校韓國文學研究
　所 2001 年出版,收録了現存於日本的 33 種燕行録。
③[韓]林基中編《燕行録續集》,50 册,韓國東國大學校出版社 2008 年出版。
④該文發表於《國學研究》第二輯,韓國國學振興院 2003 年 6 月出版。

游,交游範圍較爲廣泛,有公卿、文人、亦有方外之士,人數多達十六人,分別是葉雲素、胡默軒、周菊人、保太青、樊志華、李綸齋、李静山、葉東卿、張郿峰、杜筠轂、慶春圃、薩湘林、釋三明、姚琴舟、陳蕚林、和雅敬。所以從内容來判定,該書屬於《燕行録》。

第二,周菊,名達,松江人。道光年間曾任職於江蘇常熟。曾畫有《九峰三泖圖》,上有黄濤題詩①,今已佚。

第三,《燕薊風煙》本保存在朱少徵處,後朱少徵將其贈予翁同龢。至於如何到朱少徵處的,並未記載。

2.從《燕薊風煙》看李肇源與中國文人的交往

《燕薊風煙》共提及十六位中國詩人,下面一一考證李肇源與上述諸人之交往細節,以此再現他使燕期間的詩酒生活。

(1)葉雲素(繼雯)

《燕薊風煙》中有四首是寫給葉雲素的,分別是:《葉雲素(繼雯)以集句詩一篇寄贈,即賦四言四句以謝》、《雲素齋有井,子午二時甚清冽,餘皆濁澀,誠異甆也。賦一律以呈》、《別雲素》、《憶遠人·葉雲素(繼雯)》。

葉繼雯(1755—1824),字桐封,號雲素,湖北漢陽人。清藏書家。乾隆五十五年(1790)進士,累擢刑部郎中、左遷員外郎等職。朝廷進奉文字,大多出其手,由此爲大臣阿桂所賞識,大學士王傑、劉墉皆倚重之。所作之詩,縱横跌宕,其集選、集杜、集蘇諸作,尤極才人能事。博學嗜古,收藏有數萬卷古籍。有藏書印曰"葉印繼雯"。著有《鉉林館詩集》、《讀禮雜記》、《朱子外紀》等。

二人當相識於葉雲素任左遷員外郎時期,其時葉雲素居於北京的湖廣會館。二人常常聚在一起詩文酬唱,葉雲素曾送李肇源一小壺,李甚爲喜歡,在詩中說"雲叢葉老人,遺我一晶壺。"(見《愁坐漫賦》之三)

(2)胡默軒(九思)

《燕薊風煙》中有三首是寫給胡默軒的,分別是:《次胡默軒(九思)寄示韻》、《疊次默軒》、《憶遠人·胡默軒(九思)》。

胡九思(1777——?),字默軒,吳縣(江蘇蘇州)人。善畫山水,其畫作收録於《甌缽羅室書畫過目考》。二人之交往情形已難做詳盡的考證。但

---

① 黄濤,字觀只,浙江嘉興縣人。出身於文學世家,累世通貴,今存《賦日堂詩稿》。

從李肇源回國後還有詩文寄給胡默軒這點來看,二人之情誼當是較爲深厚的,李肇源在《寄贈海澱胡默軒九思》(見《玉壺集》卷七)中感歎説:"夢魂長繞澱之潯,爲有高朋向想深。……再到燕南相見晚,西山凝睇夕陽沉"。

　　(3)周菊人(達)

　　《燕薊風煙》中有十首是寫給周達的,分別是:《用聯句韻示雲間周菊人(達)》、《菊人示看山讀書樓詩帖,多有海内名士題詠,要余一詩,遂忘拙書於帖末》、《疊次》、《菊人見余書篆隸,賦示一絶,遂次之》、《別菊人》、《菊人有送別潞河之言,余到通州,菊人典衣雇車而至,意何勤也。又袖贈别詩,遂次韻申别》(組詩,共4首)、《憶遠人·周菊人(達)》。

　　周達,生卒年不詳,其生平事迹文獻記載極少。據李肇源《菊壺筆話》可知,周達字吉人,號菊人,松江府華亭縣人。周敦頤的第二十八世孫。嘉慶十五年(1810)舉人,之後游學京城,曾游於其時巨儒翁方綱和陳用光門下,陳用光《太乙舟詩集》卷十二有《門生周菊人以所得山谷殘碑見贈拓而裝池之題一絶句》,但此後多次參加科舉考試,均落榜,翁方綱在《復初齋文集》卷十三有《送周鞠(菊)人南歸序》,文中對周達頗多溢美之辭。周達雖仕途不順,但與當時文壇大家及來京的朝鮮使者多有往來。孫原湘《天真閣集》卷三十二有《周菊人學博(達)齋中並頭蘭》。王慶勳《詒安堂詩稿》二集卷六有《晤周菊人廣文達》、《湖上柬周菊人廣文》。龔鼎孳《定山堂詩集》卷三十一有《春日送周菊人都諫内擢假歸》。張維屏《花甲閒談》卷七有《高麗李怡雲屬周菊人孝廉索屏詩,並,手書小簡寄聲。蓋欲屏知有其人也,因賦一律用志神交》。

　　1821年,周達在京期間曾住在北京官菜園上街南頭路西,這一年李肇源第二次赴燕,經同行的正使李平泉的介紹,二人得以相識,並一見如故。甚至在李肇源回國後,還專門托人帶《燕薊風煙》和《菊壺筆話》給周菊人。關於二人交往的具體情形,《菊壺筆話》有詳盡的記録,韓國朴現圭教授在《朝鮮正使李肇源與清松江周達的真正友誼與筆談録〈菊壺筆話〉》一文中詳細梳理了二人十四次見面的具體情形①。

　　李肇源回國之時,與周達難分難舍,貧窮的周達典衣雇車一直送到通州,並以詩相贈。回國後,李肇源寫了多首詩歌追憶他與周達之深情厚誼,

①該文刊載於《域外漢籍研究集刊》第4輯,中華書局,2008年,頁177—189。

今《玉壺草》卷八共收録了 11 首,分别是:《寄雲間周菊人》(二首)、《周菊人以八絶贈别澹園漫次寄意》(共八首)、《寄周菊人》。在《寄雲間周菊人》一詩中表達了對好友的深切思念之情:"江湖樽酒三年别,京國鶯花一夢春。誰識林芝山下屋,寒林啼鳥暗傷神。"(之一)雖二人遠隔天涯,但彼此依舊惺惺相惜,多年以後也難掩對對方的懷念:"殊方托契知何限? 三世交游古亦無。"

(4)保太青

《燕薊風煙》中有一首是寫給保太青的,題爲《次别保太青(大章)》。

保太清,即保大章。其生平事迹不詳,僅清丁紹儀《國朝詞綜補》卷十六介紹說:"保大章,字印卿,江蘇通州人,貢生。"保、李二人如何相識? 又是如何交往的? 今已無文獻記載。

(5)樊志華(景卿)

《燕薊風煙》中有五首是寫給樊志華的,分别是《次别樊志華(景卿)》(四首)、《憶遠人・樊志華(景卿)》。

樊志華,生平事迹不詳。據《玉壺筆話》所記,李肇源與周達的第十一次在朝鮮館見面時,樊志華亦在座,李、樊二人相識,當是由周達引薦。

(6)李綸齋(恩元)

《燕薊風煙》中有一首是寫給李綸齋的,題爲《憶遠人・李綸齋(恩元)》。

李恩元,字綸齋,自號延壽老人。河北遵化人,工詩及書、畫。

(7)李静山(敦安)

《燕薊風煙》中有六首是寫給李静山的,分别是:《次蜀人李静山(敦安)贈别韻》(四首)、《李静山來訪店舍,贈一律以别》、《憶遠人・李静山(敦安)》。

李静山,生平事迹不詳。與李肇源當相識於北京,二人詩酒唱和,往來頻繁,《玉壺集》卷三的《李敦安,號静山,蜀人也。次贈以别》一詩可證。李肇源在《次蜀人李静山(敦安)贈别韻》(之二)一詩中也説:"千年一别塞雲天,詩酒難忘半夜緣。士有一言相契合,塵箱歸闕静山篇。"

(8)葉東卿(志詵)

《燕薊風煙》中有一首是寫給葉東卿的,題爲《憶遠人・葉東卿(志詵)》。

　　葉志詵(1779—1863),字東卿,晚號遂翁、淡翁。湖北漢陽人。學者、藏書家。善書法。葉繼雯之子,嘉慶九年(1804)入翰林院,官國子監典簿,升兵部武選司郎中,後辭官歸。學問淵博,游於翁方綱、劉墉門下,長於金石文字之學,能辨其源流,剖析毫芒。收藏金石、書畫、古今圖書甚富。藏書樓有"簡學齋"、"平安館"、"怡怡草堂"、"蘭話堂"、"二墨軒"、"二百蘭亭齋"等。編撰有《平安館書目》、《識字録》、《金山鼎考》、《壽年録》、《上第録》、《稽古録》、《神農本草傳》、《平安館詩文集》、《簡學齋文集》等。因其父與李肇源友善,故葉志詵與周達、李肇源亦有交游。

　　(9)張酈峰(師渠)

　　《燕薊風煙》中有一首是寫給張酈峰的,題爲《憶遠人·張酈峰(師渠)》。

　　張酈峰,生平事迹不詳。李肇源《愁坐漫賦》(之一)中説:"豐潤張酈峰,好個老成人。"據此可知,張酈峰是河北豐潤縣人,曾任豐潤地方官。(光緒)《豐潤縣誌》卷四記載説:"張師渠,道光年任。"李肇源使燕時,曾途徑豐潤,有詩《豐潤城》爲證,期間曾前去拜訪張酈峰,張、李二人當相識於其時,且張酈峰應年長李肇源,故李肇源在詩中説:"停車豐潤署,張老已言歸。"之後,二人似乎没再見面,對此,李肇源較爲感傷,在《憶遠人·杜筠轂(懷瑛)》一詩中説:"酈峰不復逢,筠轂又難作。"

　　(10)杜筠轂(懷瑛)

　　《燕薊風煙》中有一首是寫給杜筠轂的,題爲《憶遠人·杜筠轂(懷瑛)》。

　　杜懷瑛,進士出生,嘉慶二十二年至道光二年任豐潤知縣。李、杜二人亦當相識於豐潤,豐潤縣是朝鮮使臣出使時的必經之路,該地的文人幾乎都和途徑此地的朝鮮使臣有過交流,燕行録中有大量關於朝鮮使臣與當地文人筆談酬唱的記録。李、杜二人雖只是短暫相聚,但却結下了深厚的友誼,李肇源在詩中説:"酈峰不復逢,筠轂又難作。中夜起徘徊,店月自寒色",對杜懷瑛的想念之情溢於言表。在杜懷瑛去世後,李肇源寫有《憶知縣杜懷瑛教諭張師渠有感》,在詩中感歎説:"筠轂好人云已逝,酈峰老客又遷官。欲尋舊躅惟關月,半夜羈窗獨倚看。"(《玉壺集》卷四)

　　(11)慶春圃(興)

　　《燕薊風煙》中有一首是寫給慶春圃的,題爲《憶遠人·慶春圃(興)》。

　　慶春圃,生平事迹不詳。據《玉壺筆話》知其爲文士,李肇源與周達第十次和第十一次見面時,慶春圃均在場,李、慶二人不但有詩文酬唱,且相約李肇源回國後繼續書信往來：“一年一度劄，留約報平安。”

（12）薩湘林（迎阿）

《燕薊風煙》中有一首是寫給薩湘林（迎阿）的，題爲《憶遠人·薩湘林（迎阿）》。

薩迎阿（？—1857），鈕祜祿氏，字湘林，滿洲鑲黄旗人，清朝將領。嘉慶十三年舉人，道光年間任職於京城，故薩、李二人當相識於京城。

（13）釋三明

《燕薊風煙》中有一首是寫給釋三明的，題爲《憶遠人·釋三明》。

釋三明，生平事迹不詳。據詩可知其爲春城（今雲南昆明）人，與李肇源曾短暫相聚。

（14）姚琴舟（景樞）

《燕薊風煙》中有一首是寫給姚琴舟的，題爲《憶遠人·姚琴舟（景樞）》。

姚琴舟，生平事迹不詳。（道光）《巨野縣誌》卷十一載：“姚景樞，直隸盧龍縣知縣。”據詩可知李、姚二人相識於北京，曾同游西山和北海。

（15）陳萼林（華）

《燕薊風煙》中有一首是寫給陳萼林的，題爲《憶遠人·陳萼林（華）》。

陳萼林，生平事迹不詳。李肇源回國之時，陳萼林到通州送別，從詩句來看，二人情誼頗深：“相思萬里夢，迢遞潞河邊”。

（16）和雅敬

《燕薊風煙》中有一首是寫給和雅敬的，題爲《憶遠人·和雅敬》。

和雅敬，生平事迹不詳。據詩可知其爲少數民族，李、和二人曾短暫相遇，却一見如故，和更是以隨身佩戴的寶刀贈予李肇源：“其意頗殷勤，寶刀脱相贈。”

從以上梳理可見出，李肇源在燕期間，交際範圍廣泛，其中有公卿、文人、亦有方外之士。

二　《菊壺筆話》簡介

1.《菊壺筆話》内容介紹

《菊壺筆話》，一卷，朝鮮李肇源撰，朝鮮抄本，一册，十行二十字，白口，四周雙邊,今藏中國國家圖書館(索書號:2999)。卷首題"朝鮮李肇源入",卷末題"三韓李肇源稿",卷首鈐朱文方印"彦民過眼"一枚,朱文方印"曾在海虞沈氏希任齋"一枚,這説明該書曾被常熟藏書家沈養孫收藏,但如何從周達家流落到沈養孫處的,已不可考。沈養孫(1869—1932),江蘇常熟人,字彦民,晚號隱禪居士。光緒三十一年(1905)庠生,嗜書成癖,見善本即重金收藏,或借抄影寫,先後積書二萬卷,藏書處爲"希任齋"。

該書是孤本,由李肇源回國後親自整理而成,取各自號中的一個字組成書名(李肇源號"玉壺"、周達號"菊人"),托之後的燕行使者帶給周達的。該書記録了道光元年李肇源出使燕京期間,與周達的十四次談話記録、期間二人的十多封往來書信以及十多首唱和詩作,二人無所不談,所談內容極爲駁雜,涉及二人的交往始末、中國風土人情、中韓建築、中韓飲食、當時的社會風尚等。韓國學者朴現圭在《朝鮮正使李肇源與清松江周達的真正友誼與筆談録:〈菊壺筆話〉》一文僅輯録《菊壺筆話》中李、週二人的酬贈詩各一首,但《菊壺筆話》中所載二人的詩歌多達17首,其中周達寫給李肇源的詩有8首,李肇源回贈周達的有7首,還有二人的2首聯句詩。這些詩歌有的被收録進了《燕薊風煙》和《玉壺集》,但詩題和文本均有差異,故而有必要對這些詩作做較爲深入的考辯。

據《菊壺筆話》可知,李肇源、周達二人之相識,是由之前的燕行使者李平泉引薦的:

　　　　道光元年春,余以賀使赴京,遇貢使之回。正使李平泉謂:"玉河橋邊有江南雲間人周菊人在焉,亦已有語及者,必當相見,此人文士,可與從游唱酬也。"

李肇源到朝鮮館没幾日,周達即前往拜訪,李肇源筆下的周達"白皙疎眉",二人一見如故,李肇源在燕期間,往來頻繁,終成莫逆之交,譜寫了一段中韓兩國文人交往的文壇嘉話。

2.《菊壺筆話》所録詩歌考

李肇源第一次見周達就稱其爲"弟",第二次見面時,更覺有相見恨晚之感,談話的內容亦愈加深入,不僅開始介紹彼此的家人,而且開始談書論畫,詩文酬唱,互贈禮物,情深意切。

酒酣耳熱之際,周達建議與李肇源及館里的另兩位使臣以五律聯句作詩,周達曰:"飲盡玉壺酒",李肇源曰:"春暉惜下山,才華誠可愛",副使坡柯曰:"談露却忘還,雅韻三杯後",書狀受齋曰:"清風一席間,白頭傾蓋樂",周達又曰:"孤館破蕭間"。菊人返回寓所後,意猶未盡,即托使者送給李肇源硯臺一方、書信一封,李肇源回贈蜜糕和黄酒,並用聯句詩韻作詩一首送給周達:

> 三韓迢遞路,車轍又燕山。一士初傾倒,孤居遂往還。點犀通海外,飛鶴想雲間。賴有源源樂,羈總却遣閑。

該詩又見於《燕薊風煙》,題爲《用聯句韻示雲間周菊人(達)》,文本同《菊壺筆話》,《玉壺集》卷四《黄粱吟)(下)亦收録該詩,文本同,題爲《次贈雲間周菊人達》,李肇源在詩中用"一士初傾倒"表達了對周達的傾慕之情。

二人第三次見面時,周達較爲詳盡地給李肇源介紹了江南地區的蘇州、杭州、華亭、南京等地的風物人情,以及冠制、小足等社會風尚。從李肇源所記文字來看,周達雖科舉失意,但博覽群書,引經據典,見識極廣,李肇源讚譽其爲"文雅佳士"。二人共進午餐,周達甚至還戴上李肇源的束坡冠調笑,論及華亭看山讀畫樓的詩帖一事。周達返家賦詩一首,題爲《看山讀畫樓帖》:

> 三泖九峰未曾覬,只憑畫圖得一斑。畫圖如此況真境,勝地想見超人寰。山形水態即畫圖,聞君起樓於其間。變滅汀煙一床濕,拱把峰雲四簷圍。晴窗隨意卧游樂,安得攜手去共攀。羨君如此江山圖,歎君風塵猶未還。仍憶我家紫芝居,臨流有樓堪投閑。聽鶯檻把青山翠,打魚舟橫秋水灣。我亦看山而讀畫,地境雖殊趣一般。談龍不如喫豬真,且歸看吾畫裹山。

該詩又見於《燕薊風煙》,題爲《菊人示看山讀書樓詩帖,多有海内名士題詠,要余一詩,遂忘拙書於帖末》,其中"山形水態即畫圖"作"山形水態皆畫圖",其餘文本同。《玉壺集》卷四《黄粱吟)(下)亦收録該詩,題爲《菊人示余以詩帖要題一詩,遂書長篇以贈》,文本同《燕薊風煙》。

二人第四次見面時,不但聊了很多中韓兩國不同的風土人情,還作了聯句詩:

> 心印壺中長,神游海上山。(公以金剛全圖扇見贈)識顏嗟我晚,攜手惜君還。詩駡蘇黄上,書退秦漢間。(公長於篆録)何由命兄席,晨夕破除間。

第八次見面時,二人面臨即將分別,約定通州相送,並互贈詩文。周達有詩曰：

　　　　惜別連期静掩扉，玉河橋外草菲菲。花開夢屋春難住，宴罷邀頭客又歸。對目無緣重征袂，臨風有淚欲沾衣。只憑惟使重消息，海角天涯識所依。

　　　　飛煙結露更誰如，作罷行書又篆書。筆債如山何日了，揮毫對客午晴初。

李肇源回贈詩曰：

　　　　尋常筆法只如如，却訝金臺賞劣書。百軸剡藤堆似雪，清緣翰墨若占初。

該詩又見於《燕薊風煙》，題爲《菊人見余書篆隸賦示一絶遂次之》，文本同。《玉壺集》（卷四）亦收録，題爲《余書篆隸諸體，菊人見而有詩，遂次其韻》，其中“尋常筆法只如如”作“尋常筆體只如如”，其餘文本同。

周達又酬贈一絶，稱讚李肇源高妙的書法技藝：

　　　　翰墨緣深若個如，篆書寫罷又蟲書。象形會意無人識，令我神游太古初。

李肇源又回贈一首：

　　　　濡毫真是畫葫如，十駕難追古法書。枉彼江南高士賞，雕龍堪愧習來初。

該詩又見於《燕薊風煙》，題爲《疊次》，其中“雕龍堪槐習來初”作“雕蟲不負習來初”，其餘文本同。又被收入《玉壺集》卷四，題爲《疊次菊人》，其中“雕龍堪愧習來初”作“雕蟲多愧習來初”，其餘文本同。

兩人最後一次見面時是在通州客棧，周達典其妻釵裙，雇車追至通州，送別李肇源，臨別以詩相送，足以見出二人之深情厚誼。周達有詩曰：

　　　　天生我輩是情種，離思較與歸思濃。只恨無緣圖後會，早知有別悔初逢。

　　　　赫蹄書盡話難窮，直欲身隨滄海東。大造編桂如我願，遍游一萬二千峰。

　　　　惜別遲遲已二更，蠟垂江淚到天明。閨人識我思公意，許典釵裙送客旌。

　　　　羨爾之人抵平歸，鴨江波綠一帆飛。蒼茫煙樹扶桑外，悵望天涯淚滿衣。

回國後,李肇源次其四通,並讓朝鮮冬至使轉交周達:

　　　永夕羈總酒幾種,交情別恨暮雲濃。吾身可使浮萍者,容復風頭
水面逢。

　　　王寶臺前野欲窮,心隨河水日流東。江雲渭樹猶同域,蓬海三山
泖九峰。

　　　街鼓何忙報五更,離筵揮淚一燈明。此時心緒君知否,看取風前
不系旌。

　　　畢竟通州送我歸,朝陽門外轍如飛。須知此別杳千古,雇得征車
典婦衣。

　　該詩又見於《燕薊風煙》,題爲《菊人有送別潞河之言,余到通州,菊人
典衣雇車而至,意何勤也,又袖贈別詩遂次韻申別》,該詩又被收錄於《玉壺
集》卷四,題爲《通州次菊人贈別四絶》,其一中的"永夕羈總酒幾種"均作
"鎮日羈總酒幾種",其餘文本同。

　　張伯偉教授在《名稱、文獻、方法》一文中指出:"朝鮮半島的中國紀行
文獻,擁有五百年不間斷的撰寫歷史,其價值之高是毋庸置疑的。"①近幾
年來,中、韓、日三國的學者都較爲關注燕行文獻的搜集、整理和研究,但很
多燕行文獻的保存較爲分散,這就給整理工作帶來了一定的難度,希望本
文能給燕行文獻的研究者們提供一些有用的文獻資料。

(作者單位:四川師範大學文學院)

---

①《南國學術》,2015 年 2 期,頁 76—89。

專輯

【專輯·域外辭賦研究】

編者案：本輯推出的新欄目——專輯，將就某些專題作集中探討。在第八輯中，曾經編輯了以朝鮮女性詩文爲主題的三篇論文，但未曾以專輯形式予以突出。從本輯開始，我們擬不定期彙編專輯，以饗讀者。本輯以"域外辭賦研究"爲主題，也是爲了配合國家社科重大項目"國外辭賦文獻集成與研究"(16ZDA198)在範圍、文獻、方法等方面的進展，分別組織了三篇對朝鮮—韓國、日本、越南的辭賦研究，希望引起學術界的關注，並期待讀者的批評指正。

域外漢籍研究集刊　第十八輯
2019 年　頁 511—521

朝鮮時代官刊科舉用書
——建國大學藏《律賦表箋》*

權赫子

一　概貌及書名

　　《清芬室書目》是朝鮮末期李仁榮的私人藏書目録，其“壬辰以前活字本朝鮮人纂述”部分著録《律賦表箋》：“殘本一册。中宗、宣祖年間乙亥字刊本。此書闕前後數頁，且斷爛尤甚，莫辨書名，但律賦或表箋等字，僅見於板心。此書以白居易、柳子厚、白敏中、王維、駱賓王、庾信、沈初、獨孤授、王勃、白行簡、劉允濟、金富軾、蔡壽等中國、東國諸家之賦，其末尾亦題‘律賦終’。次題表箋，以崔恒、尹淮、南秀文、孫覩、郭東珣等東國、中國諸家之表箋載之。四周雙邊，有界，每半頁九行十七字，小字雙行，匡郭長二二.〇厘，廣十五.〇厘，黑口。”①

　　今韓國建國大學圖書館藏有一册《律賦表箋》，其版式、部分内容與李仁榮所見本相同。圖書館書目著録爲：“律賦表箋，作者不詳，金屬活字本（乙亥字），刊寫人、地點、時間不詳。一册，四周雙邊，半郭 21.9×14.7cm，有界，9 行 17 字，注雙行，小黑口，上下内向 3 葉花紋魚尾，30.1×19.0cm。”

＊ 本文爲國家社會科學基金重大項目“國外辭賦文獻集成與研究”（16ZDA198）、國家社會科學基金一般項目“中韓科舉文學關聯研究”（14BWW026）的階段性成果。
① 張伯偉編《朝鮮時代書目叢刊》，中華書局，2004 年，頁 4707。

備注項記載"表題：程文楷範。內容：律賦、表箋、策問。文化財登錄番號158 號。"①此書原封皮脫落，亦不見序跋文，然而正文內容保存完好，與李仁榮所見本之"闕前後數頁，且斷爛尤甚"不同，而且印刷清晰，保存狀態良好。

此書封皮左邊中間位置手抄"程文楷範"字樣，右邊偏上位置依次抄有"律賦、表箋、策問"。大概原本封皮脫落，後人使用時重包書皮，並手題書名。結合"程文楷範"的字面意和律賦、表箋、對策爲朝鮮朝科舉考試文體的事實，可知此書是科文範文選，用於舉子學習程文以應舉。封底內面插有圖書卡片，記錄書名爲《程文楷範》，而此頁右上角有硬筆題識"《清芬室書目》三〇一頁，律賦表箋殘本一册，中宗、宣祖年間乙亥字刊本，此書斷爛不堪，難辨書名云云"等字樣，右下角有文化遺產登錄印。由此可知，此書之前因封皮手寫書名而被記錄爲《程文楷範》，後經人考訂改爲《律賦表箋》，最終列入文化遺產。關於書名"程文楷範"，可能是原名，後人重包封皮時照抄原書名，也有可能是根據自己的理解和用途所擬。李仁榮並未見書名，因版心所題"律賦、表箋"而擬名《律賦表箋》，因而原名爲《程文楷範》的可能性更大。

封底和最後幾頁手抄多篇詩，有文天祥《過零丁洋》、鄭夢周《洪武丁巳奉使日本作》、虞集《挽文丞相詞》等。其中有一篇內容爲"志學元非利祿干，文章餘事笑談間。根深樹木終能茂，源遠川流逝不乾。欲識擴充方學孟，要從博約可師顏。良工本不令人巧，自得由心妙一般。程文楷範。"這是芝山金八元（1524—1569）《病中次韻示受業諸子》二首之一，大致是論做學問、文章的態度，也流露出得到此書的慶倖之情。《芝山文集》卷二錄有此詩，其二首爲"長夏淋淫未肯晴，時聞諸俊榜傳聲。老夫亦有矜嗟志，小子寧無感奮情。功效必收陳力久，榮華自發積中誠。殷勤爲報劬書子，更勉鴒原抱疾惸。"②因自己教授的舉子榜上有名而感到欣慰。無論是金八元用此書受業，抑或後人借金八元詩言志，總之詩的內容與學文應舉相關，與此書的編撰目的相符。

---

① 建國大學常虛紀念圖書館藏，고 812.081—정37。
② 《韓國文集叢刊》續第 3 輯，韓國古典翻譯院，2005 年，頁 354。

二　編纂體例、選目及版式特徵

　　此書將中國和高麗、朝鮮朝文人作品按文體類分爲律賦、表箋、策問三部分，律賦又有前後之分，共由四個部分組成，依次爲律賦 10 篇，律賦 20篇，表箋 12 篇，策文 4 篇。這些作品多選自中國、朝鮮的前代文學總集或選本中。從版式特徵看，20 篇律賦和表箋、策文部分原爲一冊。前面 10 篇則是後來所加，且 10 篇"律賦終"下面手寫"已上賦後抄"字樣亦可證明。下列具體選目如下：

1.第一部分：律賦 10 篇

	作者	篇目	前代文集收録情況	
1	王　曾	有物混成賦	宋文鑒卷十一	
2	范希文	金在鎔賦	宋文鑒卷十一	文翰類選大成卷四上
3	宋　祁	王畿千里賦	宋文鑒卷十一	文翰類選大成卷四上
4	范　鎮	長嘯却胡騎賦	宋文鑒卷十一	文翰類選大成卷四上
5	許安世	公生明賦	宋文鑒卷十一	文翰類選大成卷四下
6	孔平仲	智若禹之行水賦	宋文鑒卷十一	文翰類選大成卷四下
7	沈　初	周以宗疆賦	宋文鑒卷十一	文翰類選大成卷四下
8	林　希	佚道使民賦	宋文鑒卷十一	文翰類選大成卷四下
9	金富軾	仲尼鳳賦		東文選卷一
10	崔　滋	相如避廉頗以先國家之急賦		東文選卷二

　　如表所示，這些賦作以政論、道德題材爲主，前 8 篇宋律賦多是科試名篇，如《有物混成賦》是宋代三元王曾的殿試作，《公生明賦》、《佚道使民賦》均爲省試作品。8 篇均爲《宋文鑒》卷十一所收，順序也相同，鑒於《宋文鑒》專列"律賦"一類，是因"律賦經義，國家取士之源"①，所收作品正適合作朝鮮朝科舉應試範文。除第一篇以外的其他 7 篇，又同時收録于明李伯璵、

---

① 周必大《廬陵周益國文忠公集》卷一一〇《皇朝文鑒序》。

馮原編《文翰類選大成》,但順序不同。這裏第七篇《周以宗疆賦》,題中作
"疆"而非"强",與《宋文鑑》同。後兩篇則爲高麗朝律賦,載于《東文選》。

2.第二部分:律賦 20 篇

	作者	朝代	篇目	前代文集收録情况	
1	韓愈	唐	明水賦	文苑英華卷 57 禋祀類四	文翰類選大成
2	柳子厚	唐	記裏鼓賦	文苑英華卷 80 鐘鼓類	文翰類選大成
3			迎長日賦	文苑英華卷 56 禋祀類三	文翰類選大成
4	白居易	唐	射中正鵠賦	文苑英華卷 100 射博弈類	
5			黑龍飲渭賦	文苑英華卷 139 蟲魚類一	
6			君子不器賦	文苑英華卷 94 人事類五	
7	白敏中	唐	息夫人不言賦	文苑英華卷 96 人事類七	
8	王維	唐	白鸚鵡賦	文苑英華卷 135 鳥獸類五	文翰類選大成
9	范鎮	宋	長嘯却胡騎賦	宋文鑑卷 11	文翰類選大成
10	駱賓王	唐	螢火賦並序	文苑英華卷 141 魚蟲類三	文翰類選大成
11	庾信	南北朝	哀江南賦	文苑英華卷 129 哀傷類一	文翰類選大成
12	沈初	宋	周以宗强賦	宋文鑑卷 11	文翰類選大成
13	江衍	宋	王道正則百川理賦	宋文鑑卷 11	文翰類選大成
14	獨孤授	唐	放馴象賦	文苑英華卷 131 鳥獸類	
15			北溟有魚賦	文苑英華卷 139 蟲魚類	
16	王勃	唐	七夕賦	文苑英華卷 22 歲時類二	
17	白行簡	唐	望夫化爲石賦	文苑英華卷 31 地類一	
18	劉允濟	唐	天賦	文苑英華卷 1 天象類一	文翰類選大成
19	金富軾	高麗	仲尼鳳賦	東文選	
20	蔡壽	朝鮮	獨鶴賦	續東文選	

　　如表所示,此部分收中國賦作 18 篇,唐代 10 人 14 篇,南北朝庾信和宋
代范鎮、沈初、江衍各 1 篇,其中柳宗元、獨孤授各 2 篇,白居易 3 篇,有所偏

重。場屋賦有白居易鄉試作《射中正鵠賦》,韓愈、獨孤授進士試作《明水賦》、《放馴象賦》等。編排上無一定標準,既不按類別又不從作者生存年代;題材方面,多篇爲詠物題材,蟲魚、鳥獸類即 5 篇,較前面十篇的政論性稍弱。唐人作品均爲《文苑英華》所載,其程式較爲寬鬆不如宋律賦嚴格,因而學習者不易瞭解和掌握律賦的形式特徵,甚至會起到反作用,如《哀江南賦》、《七夕賦》、《螢火賦》等駢賦體更不宜作律賦範文,因而作爲科試律賦選本其選目並不精當。此外,《周以宗强賦》、《長嘯却胡騎賦》、《仲尼鳳賦》三篇與前一部分重疊。

3.第三部分:表箋 12 篇

類別		作者	生存年代	篇名	前代文集收錄情況
賀類	1	崔　恒	1409—1474	賀琉球國獻鸚鵡箋	東文選卷 33
	2			賀平定北方箋	東文選卷 33
	3	朴增榮	1464—1493	擬漢諸侯賀高帝即位表	續東文選卷 11
	4	尹　淮	1380—1436	擬宋岳飛請北伐表	東文選卷 41
	5	南秀文	1408—1442	擬成均館請於考講并講周禮箋	東文選卷 41
	6	丁壽崐	成宗時期	擬晉奮威將軍豫州刺史祖逖請北伐表	續東文選卷 11
謝類	7	孫　覿	1081—1169	高麗王謝賜燕樂表	玉篇、唐宋元名表
	8	殷純臣	高麗睿宗	創立國學後學官謝上表	東文選卷 36
	9	郭東珣	高麗仁宗	伐文公美謝禮部尚書表	東文選卷 36
	10	成三問	1418—1456	集賢殿進八駿圖箋	東文選卷 44
	11	崔淑生	1457—1520	進續東文選箋	
	12	李　荇	1478—1534	進續三綱行實圖箋	

　　此部分共收 12 篇作品,賀類和謝類各 6 篇,又下分表、箋各 3 篇。孫覿《高麗王謝賜燕樂表》是其詞科第一名墨卷,除此以外的 11 篇皆是高麗、朝鮮朝作品,多數爲《東文選》、《續東文選》收錄。最早的是高麗睿宗時期殷純臣之作,最晚是中宗時期崔淑生、李荇之作。表箋體實用性較强,故選擇

本國作品以切近現實,也顯示了朝鮮朝人對於表箋創作的自信。

4.第四部分:策文 5 篇

	作者	年代	篇目	前代收録文集情況
1	俞 鎮	元	問治道十事	三場文選·對策
2	蕭應元	元	問大江之西士風民習	三場文選·對策
3	周尚之	元	問河圖洛書·太極圖·皇極經世書同異	三場文選·對策
4	李 穡	高麗	問東方世教成俗	東人策選
5			問屏外寇固東方之安	東人策選

以上 5 篇中,前 3 篇爲元代江浙鄉試作,收録在劉仁初編《新刊曆舉類編三場文選》"對策"部分,此書於麗末鮮初傳入朝鮮半島並刊行多次。李穡 2 篇策文是文集未收者,見於《東人策選》(首爾大學、高麗大學、國立中央大學藏),日本蓬左文庫藏抄本《策文》中收有其中一篇①。此部分與高麗大學藏乙亥字本《策問》之篇目、版式相同,疑爲同一版本,後人自合刊本取出單獨刊印。李仁榮所見《律賦表箋》即無"策問"部分。

此書版式可大致概括爲"四周雙邊,有界,每半頁 9 行 17 字",但律賦和表箋部分爲突出文體特徵,更端詞用大字刻,對偶句則用小字雙行,以便初學者學習,這是朝鮮朝科舉用書常見版式特徵。各部分存在細微的差異,需要説明。

律賦 10 篇部分版式較嚴格,每篇題下均有命韻,且平仄相間的四平四仄八韻,依次鑲嵌於正文中,每韻一段,段落之間標以大圈,每組對句之間用空格隔開。韻字用陰文表示,平聲加框,仄聲加圈,四六隔句對的四個韻脚標出平仄,平聲加框,仄聲加圈,反映強調對句的粘對規則。(圖 1:王曾《有物混成賦》"以虛象生在天地之始爲韻")最後兩篇《仲尼鳳賦》、《藺相如避廉頗以先國家之急賦》則題下無韻字,故正文也未標出韻字,只圈出了隔句對的平仄以示粘對。

---

① 都顯喆《李穡的儒教教化論與日本認識》,《韓國文化》(奎章閣)第 49 輯(2010 年),頁152。

律賦 20 篇的版式比前面的 10 篇簡略,題下韻脚在正文中用陰文加框標出韻字,不分平仄,至於平仄粘對情況及段落重起處均無提示。此外,沒有統一的體例可循,《周以宗强賦》題下原有韻字而未標,而《記里鼓賦》、《息夫人不言賦》(圖 2)等篇即使標出韻字也並非四平四仄八韻,且正文中不次第押韻。

表、箋 12 篇版式接近律賦 20 篇,用陰文和陽文加框標出平仄的粘對。如《賀琉球國獻鸚鵡箋》(圖 3)第一句"明主禦**極**,際炎洲而振天**聲**;絶域輸**忱**,捧珍産而效壤**奠**"。此隔句對中,上句尾字"極"和"聲"是仄平相對的,各自與出句中的尾字平聲"忱"和仄聲"奠"相對,故相連句尾字和相隔句尾字均平仄相對;對句的下句尾字"聲"和出句的上句尾字"忱"均爲平聲,是屬相粘,即隔句對中間兩句尾字是平仄相粘的。

三　編纂、刊印背景與過程

關於此書的編纂刊印目的和過程,包括收録兩部分律賦作品的原因,《朝鮮王朝實録》有明確而詳細的記載。朝鮮朝建國後,承元制而科舉考古賦,其後弊端漸顯,到了明宗朝更爲突顯,於是自世宗朝出現的科舉考律賦的要求,至明宗朝正式議論並最終定式①。明宗八年六月甲申日,司諫院啟奏文風、科舉相關時議,其中涉及律賦者有四:爲鼓勵學習四六體以擅長外交表箋文,科舉考律賦及《文選》詩文賦;提高科試中律賦的比重和地位;科舉律賦須嚴守程式;刊印頒佈律賦選本和李善注《文選》。這些議論經朝廷上下商榷細議之後,由三公磨煉節目以進上,並最終爲"永定國家取人之法",其具體措施基本如前所議:

> 文科中場表、箋外,專用律賦,或於別試庭試不時用此試取,進士試依前試取,或製律賦者并取同等者,先取律賦……凡賦不押韻或迭韻或散押上、去聲者,表、箋違簾疊簾者,一切勿取……律賦十篇,表、箋各體各三篇,對策五篇,可作楷範者,令大提學抄出印頒,使之取式。以上各項件令禮曹更加商確,節目磨煉與取試,律賦、表、箋、對策通作

①權赫子《朝鮮時代科試律賦考述》,《東疆學刊》,2010 年第 3 期。

一册,頒印中外。《文選》雖不在講例,乃四六之祖,甚切於儒生讀習,
依諫官所啟,李善注本下送全羅道刊板。①

其中具體規定"律賦10篇,表、箋各體各3篇,對策5篇,通作一册",已確定
了《律賦表箋》的選目特徵即科擧程墨爲主,而表、箋文和策文多是高麗、朝
鮮朝作品。另外,"表、箋違簾、疊簾者,一切勿取",即要求嚴守粘對規則,
正説明《律賦表箋》中律賦、表、箋作品標出句尾平仄的原因。

　　"律賦"相關擧措具體實行後又出現了不少問題,明年由司憲府上書提
及相關事宜及其策略。《明宗實録》卷一六"九年五月"記載:

　　　　國家之隆替,系於文章之盛衰;文章之盛衰,系於作成之勤倦。近
　　來粉袍之輩,志在摘科,剽竊之弊大起,不識文理者,攘他人之作,或有
　　中生員、進士者,或有登科者,弊已極矣。救弊之策,不得不爾,而律賦
　　之議,所以起也。蓋律賦有命韻,雖遇同題,勢難攘取,行之千百年,萬
　　無僥倖登科之弊。議者曰:"律賦八角,其體不同。"然唐人、麗人皆有
　　"八角"之語,而《文翰新選》所載律賦與《東文選》所載之賦,體制相同,
　　豈可謂之不同乎? 議者曰:"律賦雖用於前代,我國則循用古賦,不可
　　創開類規,以變祖宗之法。"然臣等親見宣德年間,安省中殿試之卷,乃
　　《周公輔成王以化成天下》之賦,乃律體也。宣德年間乃世宗朝也,嘗
　　以律賦取士,則創開新規之言,亦未細考之過也。臣等考律賦之體,始
　　於六朝,行於唐,至宋大備,在乎高麗,尤爲詳密。宋之范仲淹、范鎮、
　　王安石、秦少游及高麗金富軾、崔滋所作,極合體制。今之取法,不在
　　此乎? 大抵八角押韻,皆用命韻次第之法,少不可亂,一從程式可也。
　　第一角破題之法,今之儒生,不知此法,其名雖律,其實則非,至於鄰韻
　　及上、去、入三聲,亦不可通用也。請令大提學,商確定式,更諭中外,
　　使村巷之士,皆知程式之體。②

關於律賦的擧措比前一年更爲嚴格而詳細。首先,因前一年規定中對於
"律賦"形式説明不甚明瞭,引發了"律賦八角,其體不同"之議。此時爲解
惑釋疑而詳考律賦體之演進,斷定宋律賦爲典範,指出范仲淹、范鎮、王安

---

① 《明宗實録》卷十四"八年六月九日",《朝鮮王朝實録》第 20 册,韓國國史編撰委員會,
　　1955—1958 年,頁 139。
② 《朝鮮王朝實録》第 20 册,頁 195。

石、秦少游及金富軾、崔滋所作"極合體制"。聯繫《律賦表箋》第二部分所收 20 篇賦中，多篇命韻字數不等、未按次第押韻，而前 10 篇賦正是上述宋、高麗文人之作，且突出押韻、分段、平仄粘對等程式規則，由此可推斷第二部分的 20 篇賦與表箋、策文爲前一年編纂刊印，前 10 篇爲明年刊印而被標以"後抄"，正是"商確定式，更諭中外"後之補刊。其次，詳細解釋律賦程式，以宋律賦爲文體標準，對於律賦程式要求更爲嚴格：題下八字命韻次第"少不可亂"，第一韻須破題，且鄰韻與三聲(上、去、入)不可通用。

　　以上結合《朝鮮王朝實録》所載内容梳理了《律賦表箋》的編纂刊印背景和過程，從中可得知此書結構、篇目、版式特徵之形成原因。然而明宗八年編纂時命選 10 篇律賦，但此書爲 20 篇，其中原因不得而知。

四　結語

　　《律賦表箋》是 16 世紀朝鮮官刊本，反映了國家政教制度和文化政策，且刊印精良，形式美觀，具有文獻價值，因而已列爲文化遺産。從文學方面而言，此書根據本國需求而選編中朝兩國作品，較之朝鮮朝廣爲流傳的科舉用書直接翻刻中國選本，自主性突出，反映了明宗朝對於律賦文體、經典作品的認識和學習面相。版式則體現出便於舉子學習的域外特徵。另外，朝鮮朝科舉主要考古賦，學習律賦及其範文的必要性不大，因而罕見有專門的律賦選本，《律賦表箋》雖爲三體合集，但有助於全面瞭解律賦文體乃至科舉制度在域外的流衍情況。

（作者單位：吉林師範大學）

圖 1

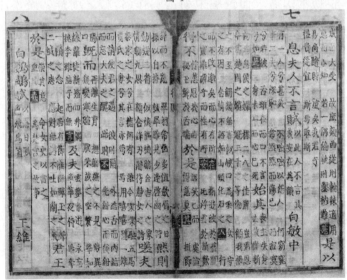

圖 2

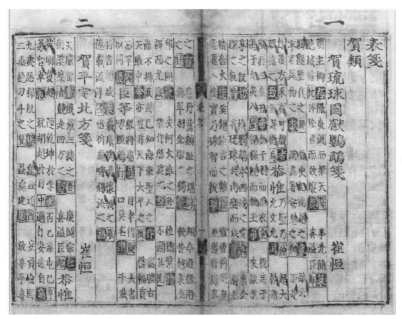

圖 3

域外漢籍研究集刊　第十八輯
2019 年　頁 523—540

紀長谷雄《柳化爲松賦》與唐代律賦關係考論

馮　芒

在研究中日古代文學關係時,唐代與平安朝是一對屢被提及的重要時期。深受大唐影響的日本平安朝在文學上曾唯唐馬首是瞻,其中漢詩文在這方面就反映得更爲明顯了。許多研究成果已證實了平安朝漢文學深受唐代文學的影響,但對本時期辭賦的探討還不够深入,仍有很多問題懸而未決。

以平安文人紀長谷雄(845—912)的《柳化爲松賦》爲例,至少存在兩個層面上的問題。一是如何解釋《柳化爲松賦》的内容。該賦篇幅短小,用典也不晦澀,但前人的解釋並非毫無疑義。二是我國古典文學對《柳化爲松賦》產生了怎樣的影響。這一層也正是歷來研究中最不徹底、問題最多的地方。縱觀平安朝辭賦的影響研究,長期以來存在重出典輕文體、以及過分倚重白居易這兩種傾向,從而致使對一些辭賦作品存在失察之處。具體到《柳化爲松賦》上,該賦的體式特徵與我國辭賦有何關係,是否受到了某個賦家、某篇賦作的具體影響,均尚不明了。鑒於此,拙文在修正前人《柳化爲松賦》注釋的基礎上,試圖解決該賦在哪幾個方面受到了唐代律賦怎樣的影響這一問題。

一　紀長谷雄與其《柳化爲松賦》

紀長谷雄是日本平安朝(794—1185)的文人官僚,主要活躍於宇多、醍醐兩代天皇治世期間(887—930)。他在《延喜以後詩序》中自叙"予十有五志於學,十八頗知屬文。"①另據《公卿補任》延喜二年條可知,紀長谷雄在日本貞觀十八年(876)春補爲"文章生",元慶五年(881)成爲"文章得業生",仁和二年(886)任"少外記",寬平二年(890)任"圖書頭",次年(891)任"文章博士",寬平七年(895)加任"大學頭"②。可見,紀長谷雄少時便有志於當時之"學"——漢學,不僅接受過正規的漢學教育,是"大學寮"衆多學生中的佼佼者,而且出仕後多任職于蘭台、翰林等處,又執教于"大學寮",爲當時碩儒之一。他創作了很多漢詩文,別集除《延喜以後詩卷》外還有《紀家集》,可惜《詩卷》已佚,《紀家集》也僅有斷簡存世,其詩文多賴《本朝文粹》、《朝野群載》、《扶桑集》等文獻得以保存。

《柳化爲松賦》是紀長谷雄的一篇律賦,收錄於《本朝文粹》卷一,其中的賦句"千丈淩雪,應喻嵇康之姿;百步亂風,誰破養由之射"又見於藤原公任(966—1041)編《和漢朗詠集》卷下"松"部③。該賦寫作年代不詳,于何種背景之下創作亦不明了。現將《柳化爲松賦》的全文揭載如下,底本據《本朝文粹》日本神奈川縣稱名寺藏金澤文庫保管本,四〇〇函二六號。

　　　　柳化爲松賦　　　以題爲韻　　　紀納言

　　　　至脆者柳,最貞者松。何二物之各別,忽一化以改容?慚朽株之含蠹,羨老幹之爲龍。豈敢依依于陶令之種,只須鬱鬱于秦皇之封。

　　　　徒觀其翠惟新葉,綠非故枝。鄙彼愚夫之守株,故不常其操;類于君子之見善,遂從其宜。歲雲暮矣,風以動之。悲衆芳之先落,全孤節而不移。唯期千年之偃蓋,不見二月之垂絲。彼雖遷變之在我,誠任造化之云爲。

　　　　若迺寒暑改節,星霜迭謝。厭鳴蟬於嘶風之秋,待棲鶴於警露之夜。千丈淩雪,應喻嵇康之姿;百步亂風,誰破養由之射。總④不知所

<hr />

①《延喜以後詩序》是紀長谷雄的詩集《延喜以後詩卷》的自序,詩集現已不存,此自序被收錄于藤原明衡(989?—1066)編《本朝文粹》卷八。引文據[日]大曽根章介、金原理、後藤昭雄校注《本朝文粹》(新日本古典文學大系27),岩波書店,1992年,頁50、254。

②《國史大系》第九卷《公卿補任》前編,經濟雜誌社,1899年,頁161—162。

③《和漢朗詠集》中此賦的賦題録作"柳變爲松賦"。

④底本作"忽",從其異本校合注。

以然而爲然,亦不知所以化而忽化。

　　　遂以有嫌如眉,無思生肘。獨能結子,可充於仙客之餌;何以著①
花,被折于佳人之手。凡宇宙之内,何奇不生;天地之間,何怪不有。
況彼變化無窮,何止在松與柳而已哉?

此賦題下限韻爲"以題爲韻",作者紀納言,是官至"中納言"的紀長谷雄之
敬稱。該賦並非費解之作,就柳樹變化爲松樹這一現象,作者鋪陳了大量
有關柳與松的典故並襲用了很多經典描寫。已有不止一位日本學者對此
賦進行過詳細的校注。最初是柿村重松先生,他除了文字校訂外,還詳細
考索了很多語句的出典,並就全文給出了自己的解讀(柿村:27—31)。其
後藤原尚先生在論述日本人作賦的特徵時談及了《柳化爲松賦》,也指出了
部分用詞遣句的典據②。後來三木雅博先生就現存紀長谷雄的詩文作品
進行過整理,其校合的《柳化爲松賦》的賦文和日語訓讀文亦可資參酌③。
最近的研究則是燒山廣志先生,他在前人基礎上再次對此賦進行注釋,並
以此賦爲例去驗證了紀長谷雄的詩文具有淺顯易懂的特徵④。前人的研
究爲我們正確理解《柳化爲松賦》打下了堅實的基礎,不過其中仍然存在一
些值得商榷的地方。下面就在綜合他們校注的基礎上試做出解釋。

　　第一段,開篇破題點出柳與松的特質區别,並提出全然不同的兩者居
然出現了"柳化爲松"這一問題。繼之猜測緣由,或爲朽柳自慚形穢而豔羨
老松有虯龍之姿。此樹本可如陶潛門前柳一般輕柔披拂,却求似始皇所封
大夫松一般鬱鬱蔥蔥。本段中"朽株""含蠹""老幹""爲龍"是詩文中描繪

①底本作"看",從柿村重松的校訂(諸本作看,蓋轉寫誤)。詳見[日]柿村重松《本朝文
　粹註釈》上册,富山房,1968 年,頁 31。後文出自本著作的引文,將隨文標出柿村重松
　的姓氏和引文出處頁碼,不再另注。另,拙文中所引日本學者的論述均爲筆者試譯。
②[日]藤原尚《和製の賦の特徵—経國集・本朝文粹の賦—》,收入古田敬一編《中國文
　學の比較文學的研究》,汲古書院,1986 年,頁 113—114。
③[日]三木雅博《紀長谷雄漢詩文集並びに漢字索引》,和泉書院,1992 年,頁 45—46、
　107。
④[日]燒山廣志《紀長谷雄作品研究—〈柳化爲松賦〉注釈—》,載《九州大谷國文》1998
　年第 27 號。紀長谷雄的詩文具有淺顯易懂的特徵是三木雅博先生的論點,詳見其書
　中緒言,三木雅博《紀長谷雄漢詩文集並びに漢字索引》,頁 2—3。

樹木之辭,"依依"之於柳樹、"鬱鬱"之於松樹也都是常用之形容①。而"陶令之種"與"秦皇之封"則分別是柳與松的兩個典故②。

第二段,講述柳化爲松後,新發枝葉已非柳樹枝葉。守株待兔之輩甚爲可鄙,故不推崇不知變通的操守;當如君子般擇善而從,於是順應見賢思齊的道理。一年將盡,北風四起。此樹於寒風吹撼之中,悲憫於百花凋落,仍獨守節操而不渝。它只希望長成千年蒼松,不再垂下二月絲條。雖說這種變遷是因此樹而起,但也不得不説是大自然之造化所爲。本段使用了"愚夫守株"與"君子見善"來做對比,否定了一成不變肯定了通權達變③。"千年偃蓋"與"二月垂絲"也是松與柳的典型描寫④。

第三段,寒來暑往,歲月更迭。早已厭倦了往昔身爲柳樹時,樹上的寒蟬於秋風中嘶鳴的光景,而是期待著如今化爲松樹後,在秋露滴瀝之夜迎來高鳴相警的白鶴。那迎雪而立的千丈孤松,正是嵇康風姿的絶佳比喻;善射的養由曾距柳葉百步之外百發百中,只是柳已不在,亂風之中怎麼還會有人百步破的而超越養由呢? 思來想去,實在是不知爲何現此怪像而已然如此,也不知柳樹爲何要化爲松樹但其確倏然而化。本段也同樣沿襲我國的文學表現,營造了"柳中鳴蟬"與"松上棲鶴"這兩種意象⑤。繼而使用

---

①白居易《初病風》云:"朽株難兔蠹,空穴易來風";《題流溝寺古松》云:"煙葉蔥蘢蒼塵尾,霜皮駁落紫龍鱗";《詩經・小雅・采薇》云:"昔我往矣,楊柳依依";左思《詠史》其二云:"鬱鬱澗底松,離離山上苗"等。

②可參《晉書・陶潛傳》"五柳"之事;《藝文類聚・木部》引《漢官儀》"大夫松"之事。

③可參《韓非子・五蠹》"守株"之事;《論語・述而》云:"三人行,必有我師焉,擇其善者而從之,其不善者而改之";《周易・益・象》云:"君子以見善則遷,有過則改"。

④《抱朴子・内篇・對俗》云:"千歲松樹,四邊枝起,上杪不長,望而視之,有如偃蓋";唐・賀知章《詠柳》云:"碧玉妝成一樹高,萬條垂下緑絲縧。不知細葉誰裁出,二月春風似剪刀。"

⑤《詩經・小雅・小弁》云:"菀彼柳斯,鳴蜩嘒嘒";陳・張正見《寒樹晚蟬疏》云:"寒蟬噪楊柳,朔吹犯梧桐";《藝文類聚・歲時》引《風土記》云:"鳴鶴戒露,白鶴也。此鳥性儆,至八月,白露降,即高鳴相儆";唐・王睿《松》云:"常將正節棲孤鶴,不遣高枝宿衆禽。好是特凋群木後,護霜淩雪翠逾深。"

"嵇康"與"養由"的典故去相關松與柳①。最後化用《莊子》、《列子》等典籍中"不知所以然而然"②的表述來回應了開篇的提問,柳化爲松之原因終是無法言明。

　　第四段,厭倦了"柳葉如眉"的描寫,也不懷念"柳生左肘"的典故。松樹自己可以結出果實,成爲仙人之食;而柳樹的枝條總爲佳人折取,又如何能長出花朵呢? 宇宙天地之間,千奇百怪。而那奇異的變化更是無窮無盡,又豈止"柳化爲松"呢? 本段起始即連用"如眉""生肘""食松實""折柳條"這幾個經典描寫和典故③,最後點出"柳化爲松"不過是這世間千變萬化中的一個變化而已。

　　其中,"有嫌如眉,無思生肘"一文頗爲費解。第一是"有嫌如眉"句,現存諸本中有作"在嫌如眉"者,如靜嘉堂文庫藏《本朝文粹》④。自柿村先生後,均校訂爲"在"字却未詳説緣由,愚意以爲"有無"相對,"有"字亦通。第二是"無思生肘"句,現存諸本中均無異文。"生肘"當如前文注釋所引,典出《莊子》,但"無思"不知作何解。先行注釋也均作"無思生肘",但對"無思"二字的解釋差强人意,柿村先生解作"柳如眉,柳生肘,然柳已化松,無

---

① 《世説新語·容止》云:"嵇叔夜之爲人也,巖巖若孤松之獨立;其醉也,傀俄若玉山之將崩";《戰國策·西周策·蘇厲謂周君》云:"楚有養由基者,善射。去柳葉者百步而射之,百發百中。"

② 《莊子·外篇·達生》云:"孔子觀于吕梁,(中略)吾生於陵而安於陵,故也;長於水而安于水,性也;不知吾所以然而然,命也";又《列子·力命》云:"古之人有言,吾嘗識之,將以告若。不知所以然而然,命也"等。

③ 白居易《長恨歌》云:"芙蓉如面柳如眉,對此如何不淚垂";《莊子·外篇·至樂》云:"支離叔與滑介叔觀于冥伯之丘、昆侖之虚,黄帝之所休。俄而柳生其左肘,其意蹶蹶然惡之。支離叔曰:'子惡之乎?'滑介叔曰:'亡,予何惡! 生者,假借也;假之而生生者,塵垢也。死生爲晝夜。且吾與子觀化而化及我,我又何惡焉!'";《列仙傳·偓佺》云:"偓佺者,槐山采藥父也,好食松實,形體生毛,長數寸,兩目更方,能飛行逐走馬。以松子遺堯,堯不暇服也。松者,簡松也。時人受服者,皆至二三百歲焉";《三輔黄圖》云:"霸橋,在長安東,跨水作橋。漢人送客至此橋,折柳贈别。"

④ 身延山久遠寺藏重要文化財《本朝文粹》影印本,汲古書院,1980 年,頁 316。該書卷一爲静嘉堂文庫藏《本朝文粹》的影印。

復有柳"(柿村：30)，燒山先生解作"一朝柳化松，遂嫌柳如眉，又忘柳生肘"①。拙文亦尊重現存諸本暫不校改文字，解作"厭倦了'柳葉如眉'的描寫，也不懷念'柳生左肘'的典故"。然，據原典《莊子》可知，針對"俄而柳生其左肘"，滑介叔直言"亡，予何惡！（中略）觀化而化及我，我又何惡焉"，表達了"無惡生肘"的觀點。"思""惡"兩字若有魯魚之誤，則原文或可爲"有嫌如眉，無惡生肘"。一是"嫌惡"相對，二是用《莊子》"生肘"之典，三是表達了"亡惡化及我"之寓意。即"雖厭柳樹之柳葉如眉的描寫，却不惡柳樹之俄生左肘的典故"，或更進一步解釋爲"雖厭柳葉如眉的描寫，却不厭變化及身的道理"，聊備一説。

　　另外，關於"獨能結子，可充於仙客之餌；何以著花，被折于佳人之手"一文，上半聯易解，而下半聯現存諸本均作"何以看花，被折于佳人之手"，柿村先生以爲"看"乃"著"字之訛(柿村：30)，拙文從之。只是先生解作"又怎能開出花朵爲佳人所折呢"(柿村：31)，燒山先生也解作"事到如今，又豈能夢想著著花發枝爲美人所折呢"②，若依二人所解，恐變作"柳化松後，柳已不存，故楊柳著花而爲人所折之景象自蕩然無存矣"之意。愚意以爲，此文前後松柳相對，"前松"既用"偓佺好食松實"之事，"後柳"必用"灞橋折柳"等意象無疑，而"折柳"實爲"柳條"非是"柳花"。古人折柳贈别蔚然成風，遂現"折盡"一説，如"柳條折盡花飛盡，借問行人歸不歸"(隋·無名氏《送别詩》)，"贈遠屢攀折，柔條安得垂"(唐·孟郊《折楊柳》)，"客亭門外柳，折盡向南枝"(唐·張籍《薊北旅思》)，"爲近都門多送别，長條折盡減春風"(唐·白居易《青門柳》)等。柳樹常爲佳人所折，又兼有"折盡"之嫌，自然"無以著花"。此隔對句當是對比"松""柳"，揚"松"抑"柳"。

二　《柳化爲松賦》的題下限韻

　　既往的研究總是側重於對該賦的解釋，而對其體式——律賦——的關注則遠遠不夠。值得一提的是，燒山先生注意到了這個問題，對《柳化爲松賦》的音韻、對句進行了確認統計，但遺憾的是先生止步于此，其對該賦的

---

① 燒山廣志《紀長谷雄作品研究—〈柳化爲松賦〉注釈—》，頁12。
② 燒山廣志《紀長谷雄作品研究—〈柳化爲松賦〉注釈—》，頁12。

認識並没有超越松浦友久等前輩學者①。

　　《柳化爲松賦》全文共四段，押四個韻部，首尾計 260 字。該賦不僅題下限韻，也可見隔句對的使用，其體式當屬律賦無疑。不過這並不是日本最早的律賦，在紀長谷雄之前，都良香（834—879）就已經開始律賦的創作。松浦友久先生就此進行過論考，認爲是《白氏文集》的舶來影響了日本人賦的創作，促使日本辭賦從駢賦過渡到了律賦②。《白氏文集》收載白居易所作律賦十篇，誠如松浦先生所論，喜愛且推崇白氏的都良香難免不受其影響③，但《白氏文集》能否作爲日本律賦産生的直接誘因還有待商榷。詹杭倫先生也曾考察過都良香的律賦，推想其與我國的科舉試賦存在一定關係④。筆者則通過考察作賦的程限，認爲日本律賦的産生有可能受到了唐代貞元時期課賦的影響⑤。不管是《白氏文集》還是科舉試賦，平安朝律賦受到了唐代律賦的影響這一點在學界是没有異議的，只是在考察時我們不能把眼光局限於白居易一人。就以紀長谷雄的這篇《柳化爲松賦》來説，其限韻方式顯然不是來自于《白氏文集》。

　　《柳化爲松賦》的限韻方式是“以題爲韻”。而《白氏文集》中並不存在以此種方式來限韻的律賦，即便是《文苑英華》、《全唐文》等納入白居易名下的《荷珠賦》、《洛川晴望賦》、《叔孫通定朝儀賦》，也均不是“以題爲韻”。

---

① 焼山廣志《紀長谷雄の賦について—音韻・構造上の一考察—》，《有明工業高等專門學校紀要》1998 年第 34 號，頁 23—24、26—27 頁。松浦友久先生已經注意到了《本朝文粹》中所收賦作幾乎全爲律賦這一現象，指出日本自九世紀中葉後就進入了寫作律賦的時代，詳見［日］松浦友久《上代日本漢文學における賦の系列—〈経國集〉〈本朝文粹〉を中心に—》，載《國語と國文學》1963 年第 475 號，頁 78—80。

② 詳見松浦友久《上代日本漢文學における賦の系列—〈経國集〉〈本朝文粹〉を中心に—》，頁 81—82。

③ 詳見松浦友久《上代日本漢文學における賦の系列—〈経國集〉〈本朝文粹〉を中心に—》，頁 82。都良香《白樂天贊》云：“有集七十，儘是黄金。”

④ 詳見詹杭倫《日本平安朝學者都良香律賦初探》，收入徐中玉、郭豫適主編《中國文論的古與今》（《古代文學理論研究》第 32 輯），華東師範大學出版社，2011 年，頁 65—66。

⑤ 拙稿《日本の律賦の發生—都良香〈洗硯賦〉〈生炭賦〉を中心に—》，收入水門の會編《水門—言葉と歷史》第 26 號，勉誠出版，2015 年，頁 122、124。

但“以題爲韻”其實是唐代律賦常見的一種限韻方式。顧名思義，“以題爲韻”指依照賦題中的文字進行押韻，只是就現存唐代律賦而言，標以“以題爲韻”的賦作並不是整齊劃一地按照一種方式來押韻。有的“以題爲韻”是以去掉“賦”字的賦題爲韻，如後文所列舉的幾篇作品；有的“以題爲韻”是以包含“賦”字的賦題爲韻，如張仲素的《千金市駿骨賦》①；還有的“以題爲韻”實質是“以題中字爲韻”，如王起的《漢武帝游昆明池見魚銜珠賦》②。那麽紀長谷雄的《柳化爲松賦》是何種情形呢？該賦四段，分別押了“松”字韻（上平聲鐘韻）、“爲”字韻（上平聲支·之韻）、“化”字韻（去聲禡韻）和“柳”字韻（上聲有韻）。紀長谷雄顯然是除掉題中“賦”字，以“柳化爲松”四字爲韻。這種以去掉“賦”字的賦題爲韻的限韻形式，屢現于唐代律賦中。

比如唐太宗第七子蔣王李惲（？—674）的《五色卿雲賦》（《全唐文》卷九九）便是這種情形，該賦是現存律賦中最早的“以題爲韻”③，全文如下：

　　五色卿雲賦　以題爲韻

　　惟皇建極兮，憲章前古。于穆文明兮，保乂寰宇。禦時得一兮，臨人以五。法天無私兮，承天之祐。

　　至矣哉，衆兆融朗，山川出雲。葉千年之休裕，垂五色之氤氳。蕭

---

① 據［清］董誥等《全唐文》卷六四四。該賦分別押“賦”字韻（去聲遇韻）、“千”字韻（下平聲先·仙韻）、“駿”字韻（去聲震·稕韻）、“市”字韻（上聲旨·止韻）、“金”字韻（下平聲侵韻）和“骨”字韻（入聲月·没韻），即以賦題“千金市駿骨賦”全部文字爲韻。另，拙文所引唐賦凡旨在究明韻脚的，只追究韻脚的文字差異，韻脚以外的文字均不作校勘説明。《全唐文》爲中華書局1983年版，後文相同，不再贅述。

② 據《全唐文》卷六四二。該賦分別押“明”字韻（下平聲庚·清韻）、“帝”字韻（去聲霽·祭韻）、“游”字韻（下平聲尤·侯韻）、“武”字韻（上聲麌·姥韻）、“池”字韻（上平聲支韻）、“漢”字韻（去聲翰韻）和“昆”字韻（上平聲魂·痕韻），即以賦題中“漢武帝游昆明池”七字爲韻。另可參見王士祥《唐代試賦之“以題爲韻”與“以題中字爲韻”考述》，載《廣東海洋大學學報》2009年第2期，頁49。就收録此賦的現存諸文獻而言，賦題均作“漢武帝游昆明池見魚銜珠賦”，但也無法排除原題作“漢武帝游昆明池賦”等可能性，就此將另撰文探討。

③ 鄺健行先生推測此賦作于永徽元年（650）或稍後。詳見鄺健行《初唐題下限韻律賦形式的觀察及引論》，收入中國唐代文學學會等主編《唐代文學研究》第8輯，廣西師範大學出版社，2000年，頁237—238。

索離披，狀虹輝之貫日；徘徊搖曳，疑鼎氣之歆汾。散作霞彩，聚成錦文。匪騰華于觸石，信呈瑞於明君。

其靜也專，其動也直。既無散漫，亦無消息。遠而可視，高未能逼。乘輕吹之霏微，映朝陽而愈赩。稟造化之元氣，挺自然之奇色。英倓倓也，祇可以理求；紛溶溶兮，固難乎智測。若霧非霧，有始有極。轉空不待於扶搖，動日豈資於羽翼。

有道斯見，無德匪呈。庶物皆睹，應天之卿。體鵠振而超越，候龍吟而化成。則需爲大矣，可謂乎元亨利貞。

李恽的《五色卿雲賦》分別押了“五”字韻（上聲麌·姥韻）、“雲”字韻（上平聲文韻）、“色”字韻（入聲職韻）和“卿”字韻（下平聲清·庚韻），即以賦題的“五色卿雲”爲韻。又如中唐王起（760—847）的《朔方獻千里馬賦》（《全唐文》卷六四三），分別押了“朔”字韻（入聲覺韻）、“方”字韻（下平聲陽·唐韻）、“獻”字韻（去聲願韻）、“千”字韻（下平聲先·仙韻）、“里”字韻（上聲旨·止韻）和“馬”字韻（上聲馬韻），即以賦題的“朔方獻千里馬”爲韻。再如晚唐王棨（約 832—?）的《樵夫笑士不談王道賦》（《全唐文》卷七六九），分別押了“夫”字韻（上平聲虞·模韻）、“士”字韻（上聲旨·止韻）、“樵”字韻（下平聲蕭·宵韻）、“不”字韻（上聲有·厚韻）、“王”字韻（下平聲陽·唐韻）、“道”字韻（上聲晧韻）、“談”字韻（下平聲覃·談韻）和“笑”字韻（去聲嘯·笑韻），即以賦題的“樵夫笑士不談王道”爲韻。由此可見，紀長谷雄《柳化爲松賦》的限韻方式當是受到了唐代律賦中這類不押“賦”字的“以題爲韻”的影響。且據現存白居易律賦中不存此類限韻可知，傳入日本的唐代律賦非止白氏所作。

三　紀長谷雄《柳化爲松賦》與白行簡《望夫化爲石賦》的關係

《柳化爲松賦》中處處可見我國古典詩文的影子，那些耳熟能詳的典故雜然其中，讓我們讀起來倍感親切。前輩學者多把目光集中在這一個個的出典上，而似乎忽視了該賦之賦體——律賦——發生於唐代這一重要信息。這給人以紀長谷雄只需熟讀“諸子百家”、以及《文選》等經典詩文便可寫出此賦的錯覺。然而，律賦發軔于唐代，面對這一新生文體，平安文人若不研讀唐代的律賦，怕是難以寫出自己的作品。那麼《柳化爲松賦》是否會受到唐代律賦中某個具體作品的影響呢？

（一）賦題與賦頭

　　我們先來分析《柳化爲松賦》的賦題與賦頭。賦題“柳化爲松”正如諸先學所指出的那樣，語出唐·房玄齡等撰《晉書·張天錫傳》①，原文如下：

　　　　天錫數宴園池，政事頗廢。（中略）自天錫之嗣事也，連年地震山崩，水泉湧出，柳化爲松，火生泥中。而天錫荒於聲色，不恤政事。②

針對這一出典，藤原尚先生曾作出如下的解釋：

　　　　張天錫是前涼第九代君主，亦是亡國之主。自繼位以來，連年發生地震山崩，泉水湧出，柳變爲松，火生泥中。但天錫耽於聲色，罔顧政事。長谷雄並沒有加入諷刺的意味，他詠頌的是人類隨機應變的靈活。③

藤原先生已經注意到了《張天錫傳》與《柳化爲松賦》雖同用“柳化爲松”，但其實存在著實質上的差別。

　　《張天錫傳》中，張天錫荒淫聲色、不理政事，大自然則出現了一系列不祥之兆，“柳化爲松”正是種種災異中的一個。與“地震山崩”等自然現象不同，“柳化爲松”多少帶有一些離奇誇張。歷史真相或如梁·沈約撰《宋書·五行志》中的如下記載：

　　　　晉海西太和元年，涼州楊樹生松。天戒若曰，松不改柯易葉，楊者柔脆之木，此永久之業，將集危亡之地。是後張天錫降氏。④

“楊樹生松”雖然看起來也不合理，但假如出現柳葉枯萎成松針一般，從而給古人造成“楊樹生松”的假像亦未可知⑤。不管當時的真相如何，至少

---

①儘管日本學者都認爲“柳化爲松”出自《晉書》，但也無法斷然排除語出北魏崔鴻撰《十六國春秋》的可能性，只是現存《十六國春秋》均非原書，我們目前仍斷定爲語出《晉書》。

②《晉書》卷八六列傳第五六，中華書局，1974年，頁2250—2251。

③藤原尚《和製の賦の特徵—経國集·本朝文粹の賦—》，頁113。

④《宋書》卷三二志第二二，中華書局，1974年，頁940。

⑤“楊樹生松”不排除“楊樹生松葉”中“葉”字脫落的可能性，如《十六國春秋·前涼·張天錫傳》中可見“姑臧北山楊樹生松葉”一文。湯球輯補，王魯一、王立華點校《二十五別史：十六國春秋輯補》，齊魯書社，2000年，頁521。

"楊樹生松"在《宋書》中就已作爲"天戒"出現,並預示著張天錫的亡國。而這一自然變異又爲唐代史臣書寫于隋煬帝亡國一事上,《隋書‧五行志》有文如下:

> 仁壽元年十月,蘭州楊樹上松生,高三尺,六節十二枝,《宋志》曰:"松不改柯易葉,楊者危脆之木,此永久之業,將集危亡之地也。"是時帝惑讒言,幽廢塚嫡,初立晉王爲皇太子。天戒若曰,皇太子不勝任,永久之業,將致危亡。帝不悟。及帝崩,太子立,是爲煬帝,竟以亡國。①

毋庸置疑,《宋書》等前代史籍的記述影響了唐人,他們在《晉書‧五行志》中記錄"張天錫降氐"之"天戒"時基本照搬了前人的表述,具體如下:

> 海西太和元年,涼州楊樹生松。天戒若曰,松者不改柯易葉,楊者柔脆之木,今松生於楊,豈非永久之業將集危亡之地邪?是時張天錫稱雄於涼州,尋而降苻堅。②

針對"楊樹生松"與"天錫亡國"這兩者之間的聯繫,唐代史臣在編撰《晉書》時繼承了前代的認識,只是在卷二二的《五行志》中沿用了前人的表述,而在卷八六的《張天錫傳》中,將"楊樹生松"的表述更換成了"柳化爲松"。把天象、災異等當時人類無法解釋的事情與政治聯繫起來,是我國史傳中常見的手法,不管"楊樹生松"還是"柳化爲松",都是作爲上天對昏庸君主惡政的警告而被記錄下來,僅僅是措辭的差異而已。這裏的"柳化爲松",看似在描述一種"變化",實則是著眼於"政治"。

可是《柳化爲松賦》中,絲毫不見有"政治"的描寫,或是對"政治"的諷喻。如前文所述,紀長谷雄僅是就"柳化爲松"這一"變化"進行描寫,在使用各種典故的同時也間雜了一些哲學思考,最後落脚在世上的"變化"紛繁衆多、何止是"柳化爲松"的反問上。前述藤原先生的觀點——紀長谷雄"詠頌的是人類隨機應變的靈活"——雖然難以苟同,但他提出該賦並非諷喻、無關政治這一點應該是沒有疑問的。用一句話概括,賦題的"柳化爲松"儘管語出《晉書》,但紀長谷雄却不是在書寫《晉書》之事。

而檢閱唐代賦作,却發現某些賦題倒是和"柳化爲松"有幾分相似。如

---

①《隋書》卷二二志第一七,中華書局,1973年,頁619。
②《晉書》卷二八志第一八,頁860。

高邁《鯤化爲鵬賦》(《全唐文》卷二七六),李覯《昆田化爲金賦》(以"祭祀明潔、神化之金"爲韻,《全唐文》卷四三六),黎逢《水化爲鹽賦》(以"天之美利、變化無窮"爲韻,《全唐文》卷四八二),白行簡《望夫化爲石賦》(以"望遠思深、質隨神變"爲韻,《全唐文》卷六九二)。這些賦題中均有"化爲"二字,内容也均關乎"變化"。我們若仿照《文選》、《文苑英華》那樣對賦進行分類,也設立一類題材爲"變化"的話,把這些唐賦與《柳化爲松賦》歸入"變化"之中似乎也順理成章。因此,要説紀長谷雄在寫作《柳化爲松賦》時去參照了唐賦中同樣演繹"變化"的賦作也是情理之中的,何況李覯、黎逢、白行簡三人之作又是律賦,被納入紀氏書袋之中並非毫無可能。

再來看《柳化爲松賦》的賦頭,便可確定紀長谷雄參照的是白行簡的《望夫化爲石賦》。白行簡(776—826)是中唐時期的著名賦家,《舊唐書·白居易傳》附《行簡傳》云:"有文集二十卷。行簡文筆有兄風,辭賦尤稱精密,文士皆師法之。"①唐·趙璘在《因話録》中亦云:"李相國程,王僕射起,白少傅居易兄弟,張舍人仲素,爲場中詞賦之最,言程式者,宗此五人。"②現據《文苑英華》卷三一將《望夫化爲石賦》全文揭載如下:

　　　望夫化爲石賦　　　以"望遠思深、質隨神變"爲韻　　　白行簡
　　　至堅者石,最靈者人。何精誠之所感,忽變化而如神。離思無窮,已極傷春之目;貞心彌固,俄成可轉之身。
　　　原夫念遠增懷,憑高流眄。心摇摇而有待,目眇眇而不見。絲蘿無托,難立節以自持;金石比堅,故推誠而遂變。
　　　徒觀夫其形未泐,其怨則深。介然而凝,類夫啟母之狀;確乎不拔,堅于王霸之心。
　　　口也不言,腹兮則實。形落落以孤立,勢亭亭而迥出。化輕裾③於五色,獨認羅衣;變纖手於一拳,已迷紈質。

---

① 《舊唐書》卷一六六列傳第一一六,中華書局,1975年,頁4358。
② [唐]趙璘《因話録》卷三,上海古籍出版社,1979年,頁82。[宋]王讜《唐語林》卷二(周勛初校證《唐語林校證》,中華書局,1987年,頁146—147)有同文,只是"程式"作"程試"。
③ "裾",底本作"裙",據佚名撰《賦譜》(日本五島美術館藏本)、傳藤原宗忠編《作文大體》(日本東寺觀智院本)改。

　　矧乎石以表其貞，變以彰其異。結千里之怨望，含萬里之幽思。綠雲朝觸，拂峨峨之髻鬟；微雨暮沾，灑漣漣之珠淚。雜霜華於臉粉，脫苔點於眉翠。昔居人代，雖云賦命在天；今化山椒，可謂成形於地。

　　於是感其事，察其宜。采蘼蕪之芳，生不相見；化芙蓉之質，死不相隨。冀同穴於冥漠，成終天之別離。

　　則知行高者其感深，迹異者其致遠。委碧峰之窈窕，辭紅樓之婉娩。下山有路，初期攜手同歸；窺戶無人，終歎往而不返。

　　嗟乎貞志可嘉，高節惟亮。同胚渾之凝結，異追琢而成狀。孤煙不散，若襲香於爐峰之前；圓月斜臨，似對鏡於廬山之上。形委化而已久，目凝睇而猶望。悲夫思婦與行人，莫不睹之而惆悵。①

我們將《望夫化爲石賦》與《柳化爲松賦》的開頭幾句對比如下，其中文字相同的部分用黑體予以標示。

　　白作：至堅者石，最靈者人。何精誠之所感，忽變化而如神。

　　紀作：至脆者柳，最貞者松。何二物之各別，忽一化以改容。

顯而易見，兩者賦句的結構完全一致。紀長谷雄開篇是仿照白行簡《望夫化爲石賦》而寫就的。

（二）《望夫化爲石賦》的旨趣與出典

　　《柳化爲松賦》不僅僅是賦頭的賦句結構受到了《望夫化爲石賦》的直接影響，而且從其開頭的遣詞用字和結尾的感慨反問中也可以窺出，《望夫化爲石賦》對紀長谷雄的行文也有潛移默化的影響。下面我們通過分析《望夫化爲石賦》的旨趣與出典來進行確認。

　　《望夫化爲石賦》所詠的是"昔有貞婦，望夫而化爲石"的故事。白行簡開篇破題，直叙題意，其旨趣可以用該賦第二句中的兩個詞來概括，即"何精誠之所感"的"精誠"和"忽變化而如神"的"變化"。

　　通觀全賦可知，這裏的"精誠"就是"貞婦誓等丈夫歸來、絕不改嫁"之"真心"，也就是所謂的"貞節"。《禮記·郊特牲》云："信，婦德也。壹與之齊，終身不改。故夫死不嫁。"②漢·班昭《女誡》亦云："禮，夫有再娶之義，

①［宋］李昉等《文苑英華》卷三一，《景印文淵閣四庫全書》第 1333 冊，臺灣商務印書館，1983 年，頁 296。爲方便後文論述，將部分内容劃綫或加點。
②《禮記》卷二六，阮元校刻《十三經注疏》下册，中華書局，1980 年，頁 1456。

婦無二適之文,故曰夫者天也。天固不可逃,夫固不可離也。"①這種儒教所推崇的"貞節"正是《望夫化爲石賦》要歌頌的内容之一。如前揭賦文中劃綫部分所示,第一段中的"精誠""貞心彌固",第二段中的"金石比堅",第三段中的"確乎不拔",第五段中的"貞",第六段中的"芙蓉之質""冀同穴於冥漠",第八段中的"貞志""高節",都是作者在表現一個"貞"字。我們注意到,《柳化爲松賦》開篇第一句"至脆者柳,最貞者松"中也有一個"貞"字。"貞"用來形容松樹十分妥帖,只是形容松樹的措辭絶不僅僅有"貞"而已。檢唐·歐陽詢等編《藝文類聚·木部》"松"可見很多詠松的詩賦贊,摘例如下:

亭亭山上松,瑟瑟谷中風。風聲一何盛,松枝一何勁。(魏·劉公幹詩)

世有千年松,人生詎能百。(晉·傅玄詩)

青松凝素髓,秋菊落芳英。(晉·許詢詩)

森森千丈松,磊砢非一節。(晉·袁宏詩)

脩條拂層漢,密葉帳天潯。凌風知勁節,負霜見直心。(梁·范雲《詠寒松詩》)

山有喬松,峻極青蔥。(齊·王儉《和竟陵王高松賦》)

豈雕貞於寒暮,不受令於霜威。(齊·謝朓《高松賦》)

鬱彼高松,棲根得地。(梁·沈約《高松賦》)

松惟靈木,擬心雲端。(宋·謝惠連《松贊》)②

不惟有"貞","亭亭""森森""千丈""千年""勁""青""孤""蒼""高""靈"等等不勝枚舉。而且這其中的很多品性也都爲紀長谷雄詠於賦中,如"只須鬱鬱于秦皇之封"是詠松之"鬱鬱","全孤節而不移"是詠松之"孤節","唯期千年之偃蓋"是詠松"千年"之壽與"森森"之貌,等等。"貞"不過是松樹諸種品性中的一個而已,爲什麽紀長谷雄獨獨把"貞"置於起首呢? 有一種可能就是開篇便模仿了《望夫化爲石賦》的紀長谷雄,潛意識中受到了賦中"貞婦"形象的影響,聯想到"貞婦"與"貞松"品性相重合,刻意於起首就強調松樹"貞木"的品性。在其破題句與《望夫化爲石賦》之破題句句式一致

①《後漢書》卷八四《列女傳·曹世叔妻》,中華書局,1965年,頁2790。
②《藝文類聚》卷八八,上海古籍出版社,1965年,頁1513—1514。

的基礎上,再加一"貞"字,將更加鮮明地使讀者認識到作者的創作是有所依據的,使讀者迅速地聯想起那篇詠誦"貞婦"的《望夫化爲石賦》。若不然,紀長谷雄完全可以用"依依者柳,亭亭者松"起首,即便是要使用與《望夫化爲石賦》完全一致的"至……者……,最……者……",從作對句的角度講作成"至脆者柳,最勁者松"似乎也要比"至脆者柳,最貞者松"更和諧一些。況且早在潘岳《西征賦》(《文選》卷十)中就可見"勁松彰於歲寒,貞臣見於國危",紀長谷雄不可能不知"勁松"一語①。當然,説因受《望夫化爲石賦》的影響而使用"貞"字也僅僅是一種推測,換個角度講,紀長谷雄也有可能是受到了《晉書》中"天戒",即"松者不改柯易葉,楊者柔脆之木"的影響。他在創作時到底是何考慮,已很難究明,但我們相信他使用這個"貞"字絶非隨意而爲,應該是斟酌煉字的結果。

再者是"變化"。"望夫化爲石"終究是一種神奇的"變化",如前揭賦文中加點部分所示,第一段中的"變化""成",第二段中的"變",第四段中的"化""變",第五段中的"變""化""成",第六段中的"化""成",第八段中的"成""化",這些表達"變化"的詞語反復出現在文中,正是因爲《望夫化爲石賦》不僅僅是在歌頌"精誠",而且也是在書寫這個神奇的"變化"。對於同樣吟詠"變化"的紀長谷雄而言,若要搜尋唐人如何吟詠"變化"的文章以資參考的話,這篇《望夫化爲石賦》是很有可能吸引住他的。更爲重要的是,"望夫化爲石"之"變"與"柳化爲松"之"變"都同樣帶有"怪異"的色彩,下面就進入《望夫化爲石賦》出典的層面來進一步分析。

《望夫化爲石賦》是基於"望夫石"這一類傳説而創作的律賦。此傳説在我國廣爲流傳,並載於《世説》、《列異傳》、《神異記》、《幽明録》等諸多文獻②。現據《初學記·地部·石》將《幽明録》中的記載轉引如下:

> 劉義慶《幽明録》曰,(中略)又曰:"武昌北山上有望夫石,狀若人立。古傳云:'昔有貞婦,其夫從役,遠赴國難,攜弱子餞送此山,立望夫而化爲立石。'因以爲名焉?"③

值得注意的是,收録此則故事的《列異傳》、《神異記》、《幽明録》均爲志怪小

---

① 《文選》是日本大學寮文章道的必修。
② 張芸《望夫石傳説古今流傳考》,載《民俗研究》2007 年第 4 期,頁 163—166。
③ 《初學記》卷五,中華書局,1962 年,頁 108。

説集。《列異傳》的撰者不確，但據内容可知爲魏晉時人所作；《神異記》是西晉王浮之作；《幽明録》則是南朝劉宋文學家劉義慶集門客所撰。由此可見，六朝人是普遍將這個"望夫石"的故事看作"怪異"之事的。進入隋唐後，其又多次成爲我國文人吟詠的對象，僅檢《全唐詩》就可知有李白、王建、劉禹錫、孟郊等著名詩人以《望夫石》爲題來作詩。只是這些詩歌無一例外地描繪了這個故事"淒美"的一面，無人立意於其"怪異"的一面。而白行簡以賦的形式來寫作此事可以説有了更大的發揮空間，不僅是"淒美"的一面被刻畫得纏綿悱惻，原典中"怪異"的一面也没有被行簡遺忘。"何精誠之所感，忽變化而如神"中的"神"，"石以表其貞，變以彰其異"中的"異"，"行高者其感深，迹異者其致遠"中的"異"，均説明行簡充分認識到了原典"望夫石"故事中所具備的"怪異"色彩。我們之所以要追究原典"望夫石"故事中"怪異"的一面以及《望夫化爲石賦》中對這一方面的表達，是因爲紀長谷雄是一個不折不扣的神仙志怪的愛好者。

　　日本神怪故事之嚆矢是《善家秘記》與《紀家怪異實録》，分别是三善清行（847—919）與紀長谷雄編撰而成。毫無疑問，僅編撰私家《怪異實録》一事就足見紀長谷雄對志怪的熱情。另外，從他的《白箸翁詩序》（《本朝文粹》卷九）、《白石先生傳》（《紀家集》卷一四）中也均可窺出他對神仙故事的興趣。關於紀長谷雄這些作品中所受我國神怪小説之影響，已有大曾根章介、渡邊秀夫兩先生作過精到的考論①，不再贅述。尤爲關鍵的是，從菅原道真（845—903）五首屏風詩的自叙中可知，紀長谷雄熟讀過《列仙傳》、《幽明録》、《異苑》、《述異記》等六朝志怪小説集。② 而"望夫石"的傳説又見載

────────────

① 詳見［日］大曾根章介《漢文學における伝記と巷説—紀長谷雄と三善清行—》，載《言語と文芸》1969 年第 66 號，頁 45—47、51—54；［日］渡辺秀夫《紀長谷雄について—神仙と隱逸—》，載《日本文學》1976 年第 8 號。

② 《菅家文草》是與紀長谷雄同時的另一鴻儒菅原道真的詩文集，其中卷五收録的《廬山異花詩》等一組五首詩是爲慶賀源能有五十大壽而製作的屏風詩。屏風中的詩歌由菅原道真製作，繪畫由巨勢金岡負責，提筆揮毫的是藤原敏行，而在詩歌繪畫製作之前則要有人選擇賀壽的題材，這一組詩畫所表現的靈異故事正是由紀長谷雄於《列仙傳》、《幽明録》、《異苑》、《述異記》諸志怪中抄出。詳見［日］川口久雄校注《菅家文草・菅家後集》（日本古典文學大系 72），岩波書店，1966 年，頁 410—414、708—710，及前注渡辺秀夫《紀長谷雄について—神仙と隱逸—》，頁 54—55。

于《幽明錄》中,故"望夫石"這則故事爲紀長谷雄所熟知是毋庸置疑的。當
他在研讀白行簡《望夫化爲石賦》的時候,腦海中一定會浮現出《幽明錄》中
那則"貞婦化爲石"的志怪故事,我們相信他可以深刻體會到《望夫化爲石
賦》中不時出現的"神"與"異"。平安朝的日本不同於我國,他們的思想深
處不存在男女禮教的强烈束縛,女子守貞的觀念也很淡薄,因此,儘管不事
二夫的"貞節"非常感人,但對於紀長谷雄來説,人化爲石的"怪異"或許更
有吸引力。相較于前文所提及的那些僅僅表現出"淒美"一面的《望夫石》
諸詩,在"怪異之變化"上也做到了鋪采摛文的《望夫化爲石賦》顯然更適合
紀長谷雄的口味。

　　在以上認識之下,我們來看《柳化爲松賦》的最後幾句。"凡宇宙之内,
何奇不生;天地之間,何怪不有。"柿村先生早就指出,其中的"何奇不生"
"何怪不有"是套用了西晉・木華《海賦》的表達(柿村:31),木華的原文是:

　　　　且其爲器也,包乾之奥,括坤之區。惟神是宅,亦祇是廬。何奇不
　　有? 何怪不儲? 芒芒積流,含形内虚。曠哉坎德,卑以自居。弘往納
　　來,以宗以都。品物類生,何有何無!①

不過藤原先生提出説:"《柳化爲松賦》雖是要寫離奇之物,但它並非《文選》
中《海賦》那樣的賦作。"②誠如其言,我們有必要區分《柳化爲松賦》中的
"奇怪"與《海賦》中的"奇怪"。《海賦》描寫了大海的包羅萬象,其所謂的
"奇怪"是指種種離奇的生物、詭譎的氣象、還有數不清的奇珍異寶,而這其
中未見有"奇怪"之"變化"。却説,《柳化爲松賦》全篇並不曾列舉"奇怪"之
物,該賦始終是圍繞"柳化爲松"這一匪夷所思的"變化"在展開,所以其所
謂的"奇怪"應當是指詭異的"變化"。紀長谷雄雖是套用了《海賦》的表達,
但他並不是在言説"《海賦》式"的"奇怪"。他所浮想起的"宇宙天地"的"奇
怪"恐怕是我國志怪世界裏的種種"奇怪"。更進一步講,他的最終指向是
此賦的最後一句"況彼變化無窮,何止在松與柳而已哉"中的"奇怪"之"變
化"。"柳化爲松"自然是離奇的變化,那"貞婦化爲石"不也是離奇的變化
嗎?"世上'奇怪'的'變化'無窮無盡,不僅是我長谷雄所詠的'柳化爲松',
還有那唐人白行簡《望夫化爲石賦》中的'貞婦化爲石'",這最後一句點睛

①《文選》卷一二,上海古籍出版社,1986年,頁551。
②藤原尚《和製の賦の特徵—経國集・本朝文粹の賦—》,頁114。

之筆明白無誤地向世人宣告了紀長谷雄的言外之意。

　　《柳化爲松賦》與《望夫化爲石賦》的關係已十分明確。不論是其賦題典出《晉書》還是其結尾套用《海賦》，都是表面的假像，真正給與紀長谷雄以深刻影響的是白行簡的《望夫化爲石賦》。只是由於《柳化爲松賦》的創作背景不詳，我們實在無法探明紀長谷雄爲何要寫作此賦。或許是應他人命題而作，一時想到了《望夫化爲石賦》；或許是自己主動嘗試律賦的創作，欲效仿《望夫化爲石賦》也作一篇詠“奇怪變化”的賦；或許是在“大學寮”中偶然寓目《晉書》中“柳化爲松”一文，欲藉此發揮向世人推賞《望夫化爲石賦》這篇律賦佳作。不管怎樣，紀長谷雄一定是發自內心地肯定《望夫化爲石賦》，並以此賦的賦頭爲楷模，這是不爭的事實。

　　還有一個不爭的事實是，不僅白居易現存賦作中無“以題爲韻”之作，白行簡現存賦作中也無“以題爲韻”之作，能寫出“以題爲韻”的紀長谷雄恐怕是過目了相當數量的唐代律賦。在今後平安朝辭賦的影響研究中，我們有必要擴大考察範圍，更加重視唐代律賦對平安朝辭賦的作用和影響。

（作者單位：魯東大學外國語學院）

域外漢籍研究集刊　第十八輯
2019 年　頁 541—553

越南漢文賦概論

（越南）丁克順　著　　葉少飛　譯

一　越南漢文賦的發展歷程

在越南，漢喃作家創作漢文賦的時間很早。在越南“北屬”時期，漢字的使用已經非常普遍，薦舉與科舉等人才選拔制度均在交州推行。到唐代已經有相當數量的交州士人前往中原，其中不少人中了進士並在中央和地方擔任重要官職。

唐代交州士人的代表人物姜公輔（780—805）是愛州人，即今越南清化省，唐德宗時位至宰相，后遭貶，死於泉州。他在任官的同時，又創作了很多作品，代表作《白雲照春海賦》，后被錄入北宋編撰的《文苑英華》。《白雲照春海賦》既是唐代漢文賦的代表作之一，也是越南漢文賦的開篇之作①。

十世紀時越南自主建國，繼續使用漢字，確立政治制度和行政機構，並根據中國的科舉制度開科取士。到李朝時制度完善，政治穩定，隨著李朝儒學教育和科舉制度的確立和推行，漢字的使用也更加普遍。但可惜的是，李朝的文獻大多失傳不存。

陳朝（1225—1400）將賦作爲科舉考試的重要内容。《大越史記全書》本紀卷之六記載陳英宗興隆十二年（元大德八年，1304）：

三月，試天下士人，賜狀元莫挺之太學生火勇首充内書家。榜眼

---

① 請參閱張秀民《唐宰相安南人姜公輔考》，載《中越關係史論集》，文史哲出版社，1992年，頁 23—34。

裴慕祗候簿書帽衫充内令書家。探花郎張放校書權冕充二資。黄甲、阮忠彦太學生凡四十四名。引三魁,出龍門鳳城,游街衢三日。其餘留學三百三十人。忠彦年十六,時號神童。其試法先以醫國篇、《穆太(天)子傳》暗寫汰冗;次則經疑、經義並詩題(注:即古詩五言長篇);用王度寬猛詩律,用才難射雉賦題,用帝德好生洽于民心八韻體,三長制詔表,四場對策。①

陳裕宗紹豐五年(元至正五年,1345)規定試法:

春,三月,試太學生,試法用暗寫、古文經義、詩賦。②

陳順宗光泰九年(明洪武二十九年,1396)規定:

詔定試舉人格,用四場文字體,罷暗寫古文法。第一場用本經義一篇,有破題接語,小講原題,大講繳結,五百字以上。第二場用詩一篇,用唐律賦一篇,用古體,或騷或選,亦五百字以上。第三場,詔一篇,用漢體,制一篇、表一篇用唐體四六。第四場,策一篇,用經史時務中出題,一千字以上。以前年鄉試,次年會試,中者御試策一篇,定其第。③

如此可見在陳朝的科舉中,正式將賦納入考試内容,並以制度確立下來。因爲要學習賦和試賦,因此賦的寫作形式逐漸具體明確。在陳朝,出現了很多賦作,其中一些流傳至今,這些賦均以漢文寫成,反映了當時保衛家國的豪氣,體現了國家自强意識與生機活力。黎貴惇(1726—1784)記述陳朝賦作:

陳朝賦多奇偉流麗,韻致格調,殆類有宋,今所存者,只有《湯盤賦》、《董狐筆賦》,不知作者。與阮汝弼《觀周樂賦》、陳公瑾《磻溪釣璜賦》、史希顏《斬蛇劍賦》、阮法《勤政樓賦》、范鏡溪《千秋金鑑賦》、莫挺之《玉井蓮賦》、張漢超《白藤江賦》、阮伯聰《天興鎮賦》、陶師賜《景星賦》、阮飛卿段春雷《葉馬兒賦》十三篇,見於《群賢賦集》中而已。賦集

---

①吳士連編,陳荆和校合《大越史記全書》本紀卷之六,東京大學東洋文化研究所,1984年,頁386。

②吳士連編,陳荆和校合《大越史記全書》本紀卷之七,頁422。

③吳士連編,陳荆和校合《大越史記全書》本紀卷之八,頁471。

乃國初黃莘夫所編，僅一百八篇，阮天縱爲之序。①

陳朝首先出現了喃字賦，景興六年（1745）刻印的《禪宗本行》收入三篇喃字賦②：

竹林禪宗初祖陳仁宗：《居塵樂道賦》、《得趣林泉成道歌》

竹林禪宗三祖玄光：《詠花煙寺賦》

《居塵樂道賦》爲駢偶古文，分爲十會，一會一韻。《得趣林泉成道歌》每句四字，八字一聯，雖爲漢賦體，但近於唐代律賦。這兩篇賦應該是陳仁宗出家之後所作，體現了超脱、逍遥的思想，文體也並不局限於唐代律賦。

賦在漢代發展興盛，成爲儒家思想的重要表現文體形式。儒家注重文章教育，賦也繼承了這樣的特徵。在陳朝文人賦作中亦凸顯儒家思想，並以多種題材進行創作。莫挺之（1280—1350?）的《玉井蓮賦》則同時吸收了唐代漢語的古意和宋周敦頤《愛蓮説》的思想，並追慕騷雅之情懷。興隆二十二年（1304）莫挺之24歲，中進士，陳英宗以其人非老成，多有輕視，莫挺之遂作《玉井蓮賦》，得英宗嘉獎。《玉井蓮賦》內容如下③：

客有：隱几高齋，夏日正午。臨碧水之清池，詠芙蓉之樂府。忽有人焉：野其服，黃其冠。迥出塵之仙骨，凜辟穀之臞顏。問之何來，曰從華山。迺授之几，迺使之坐。破東陵之瓜，薦瑶池之果，載言之琅，載笑之瑳。

既而目客曰：子非愛蓮之君子耶！我有異種，藏之袖間。非桃李之粗俗，非梅竹之孤寒。非僧房之枸杞，非洛土之牡丹。非陶令東籬之菊，非靈均九畹之蘭。乃泰華山頭玉井之蓮。

客曰：異哉！豈所謂藕如船兮花十丈，冷如霜兮甘比蜜者耶！昔聞其名，今得其實。道士欣然，乃袖中出。客一見之，心中鬱鬱。乃拂十樣之牋，泚五色之筆。以而歌曰：

架水晶兮爲宮，鑿琉璃兮爲户。碎玻璃兮爲泥，洒明珠兮爲露，香

① ［越南·中興黎朝］黎貴惇《見聞小録》卷四“篇章”，夏威夷大學藏抄本。

② *Thiền Tông bản hạnh*，禪宗本行 Bản dịch và giới thiệu Thích Thanh Tú 釋青肆翻譯，năm 1998。

③ 阮文富編《越南古今賦》，文化出版社，1960年，附録第1篇。（Nguyễn Văn Phú, *Phú Việt Nam cổ và kim*，nhà xuất bản văn hóa，năm 1960.）

馥郁兮層霄，帝聞風兮女慕。桂子泠兮無香，素娥紛兮女妒。采瑶草兮芳州，望美人兮湘浦。蹇何爲兮中流，盍將返兮故宇。豈護落兮無容，嘆嬋娟兮多誤。苟予柄之不阿，果何傷兮風雨。恐芳紅兮摇落，美人來兮歲暮。

道士聞而嘆曰：子何爲哀且怨也！獨不見鳳凰池上之紫薇，白玉堂前之紅藥！敻地位之清高，藹聲名之昭灼。彼皆見貴於聖明之朝，子獨何之乎騷人之國！

於是有感其言，起敬起慕。哦誠齋亭上之詩，庚昌黎峰頭之句。叫閶闔以披心，敬獻玉井蓮之賦。

陳朝是越南賦的開創時期，爲黎初賦的發展興盛奠定了基礎。後黎朝建立後，順天二年(1429)黎太祖開明經博學科。黎太宗大寶三年(1442)壬戌科正式稱爲進士科。黎聖宗光順三年(1462)，定三年一試例，頭年鄉試，後年會試。會試中者可入廷試，按陳朝時的三甲區別高下，但增加了及第和出身的稱謂，最高的前三名稱爲“三魁”。規定試法：

一、鄉試法，先暗寫汰冗一科。自第壹場四書經義共五道。第貳場制詔表用古體四六。第參場詩用唐律，賦用古體騷選，同三百字以上。第肆場策一道，經史時務中出題限一千字，國朝諱二字 相連並不得用。若散一字，亦許以他字代寫圈外以行。①

此法一直實施至中興黎朝。後黎朝儒家思想興盛，在科舉考試中，賦也成爲正統和官方的代表文體，其博學的特徵也得到了社會的尊崇，創作賦也爲時人所重。各類文集彙編也給予賦很高的地位，如裴輝璧編的《皇越文選》即將賦置於首位②。

黎初感興豪雄的賦作十分興盛，在此背景下，士人創作了衆多名賦，如李子縉《昌江賦》、阮夢荀《義旗賦》、阮鷹《至靈山賦》。黎聖宗創作了散體《藍山梁水賦》，總結太祖黎利與明軍十年征戰，建立獨立統一國家的豐功偉績。黎聖宗以帝王之尊親自作賦，對賦的發展起了很大的推動作用。

黎初是越南古代盛世，賦同時承擔了建設國家文化的責任。賦中往往

---

① 吴士連編，陳荆和校合《大越史記全書》本紀卷之十二，頁646。
② 《皇越文選》中有陳、胡、黎等代的十五篇古賦，是語言藝術的代表作。阮伯通《天興鎮賦》以駢文體寫作。

表現出歌頌仁政德治、渴求明君賢相的内容。賦作者在穩定的社會環境中盡情展現歌詠與言志的傳統，在儒士的理想中，他們希望社會合於"正名"，並實現孔孟的"仁政"。黎初是越南中古時代文學發展的一個高峰，賦充分體現了歌詠感興的特徵和封建社會士人關心國家命運的思想，並在莊重的漢字賦作中迴蕩。

莫朝（1527—1592）的賦繼續沿著黎初的方向發展。莫朝賦收録在漢喃研究院所藏《群賢賦集》（藏號 A.575）之中，其中有四篇是喃字賦，即阮沆《大同風景賦》、《净居寧體賦》，阮簡清《奉成春色賦》，裴詠《宫中寶訓》，只有裴詠《帝都形勝賦》一篇漢字賦。

這些喃字賦的作者以古代越南語作賦，因爲是母語，所以較使用漢字更加流暢，也能够很好地寫景叙事，言志明心。莫朝的喃字賦與漢字賦作與陳朝一般，使用大量的漢字以及漢文典籍、典故。

中興黎朝繼續沿用黎朝試法，阮朝建立之後，亦將賦作爲科舉考試的重要内容。嘉隆十三年刻印的《皇黎八韻賦》即是爲科舉考試而編，序曰：

賦體也者，詩六體中之一也。我本國以之取士，其體必隨題而迴振，書必得旨而精詳。與夫用意之完圓，格調之莊雅，題字之照應，管顧之詞之鹿正雄渾，兼能合此程衡，方爲的入中格。鄉試會試必以賦與詩屬，第三場跨此階，乃入第四場射第干甲選。故業科舉者，要學古以知今，旦古體實多而得聞者寡，其有公行于世，如《群賢賦體》、《會賦中格》外，此亦窄焉。某弁列也，每見士者，心平愛文之時，目公暇與督學助教及舊鄉貢諸業師嘗説及士人舉業當如何學習，諸業師多勸以公餘修補史書事也告竣，又當爲士子行一方便，如詩賦四六文策，蒐求而收拾之一體，鐫成亦餘閒中之勝事也。某遂由心首肯，編采于府縣職任及本鎮内，名字所得賦體自洪德迫今諸大科巨師與凡撰習各體，因合摧取考訂叙集，只據卷帙之上下，不拘作時之先後，付左右六房精寫，紅幢二社刊行，示諸有志，學業從中揀擇可法者師法之，不可者置之。其有藍青角出以俊高能。君子之因有陳其事，以爲序。

此書顯然是配合阮朝科舉考試而來。阮朝仍然延續黎朝的考試方式，以賦檢查考生對文章經義的理解，對典籍的掌握以及詞章的能力。此書成爲阮朝士子學習、參加科舉的重要文獻，亦由此可見科舉試賦乃數百年之風氣。

　　從十五世紀的黎初到十九世紀的阮朝，隨著漢文賦的發展，喃字賦的創作也越來越多。如果説漢文賦具有官方的莊重特徵，那麼喃字賦則具有民間的活潑和靈動。漢文賦和喃字賦在這個時期被大量創作，也湧現了衆多名家。賦也成爲越南中代文學的代表之一，是寶貴的民族文化遺産。

二　越南漢文賦的特點和賦集

　　漢喃研究院現在藏有多部古代漢文和喃字賦作文集，其中大部分内容與科舉考試相關，歷代名賦則是由後世搜集、傳抄，並收入文集之中。其中最重要的當首推《群賢賦集》六卷，藏號 A.575，黎仁宗延寧四年(1457)黄莘夫搜集，由阮天縱作序。保泰十年(1729)刻印成書，由阮儔寫小引一篇，鎬郡公作序。編輯陳、胡、黎三朝賦作，收入莫挺之、張漢超、阮飛卿、阮夢荀、阮直等人作品，内容多記述中越王朝興亡、歷史人物、風景名勝等。《鼎鎸群賢賦集序》頗能體現越南文人學者對賦的認識：

　　　　賦乃古詩之流，起自漢晉至唐宋元明，乃我國陳胡以來詞伯才子累因此寓志氣、摛榮豔、擢危科、顯身名者，尚矣。其制作雖公遮騷異格，然入題体用，議論歸美未始不同，惟黄功題善補以意圓充瑩，音韻鏗鏘切事中節，皆可滿人意耳。

　　越南賦受中國賦影響發展而來，亦很注重格律。越南賦主要使用漢越音的韻。越南的漢越音指的是漢字在越南的音讀。漢語和越南語的接觸從先秦就開始，漢唐以來更爲頻繁。阮才謹認爲："漢語讀音源於中國唐朝漢語語音系統，而具體的是第八、第九世紀中國交州唐朝的漢語語音。越南獨立的時候，那種唐朝式的語音在越語語音和語音規律影響下，逐漸脱離漢人的讀音並成爲越人和越人文化地區的獨有讀音系統。"①

　　越南賦中漢越音的格律亦嚴格遵守平仄，前面的末字用平聲，那麼下個也用平聲，或與此相反。如范宗邁《千秋鑑賦》：

　　　　洞達乎治亂之理，感通乎獻替之誠。乃纂述其興廢，喻厥鑑之甚明。

　　下面一段則用仄聲韻，"鐵""月""哲""潔""轍"：

————————

①阮才謹《漢越音讀起源和形成過程》，河内國家大學出版社，2004，頁 19。

道德廣乎規模，禮義堅乎金鐵。凜其氣兮冰霜，炳其文兮日月。
照之昏者可使明，磨之愚者可使哲。因載寫以載呈，用爰明而爰潔。
非獨歸美於吾君，而可以爲萬世之軌轍。

因爲嚴格使用格律，因此賦同樣具有詩歌的韻律美，爲歷代士大夫文
人所熱愛，佳作不斷。《群賢賦集》之外，漢喃研究院尚收藏多種歷代賦集，
筆者簡述如下：

（一）《賦集》

現存抄本四種，藏號分別爲 VHv. 29/1－5，VHv.2342，VHv.2388，
VHv.2389。内容主要爲供考生科舉的範文，多涉經史題材。

（二）《賦集》

現存抄本兩種，藏號 VHv.2005 和 VHv.416。内容廣泛，涉及經史、道
理、自然、政治、經濟、學問、歷史等。

（三）《賦集》兩卷

抄本，第一卷藏號 VHv.2419，第二卷藏號 VHv.2420。包括賦作 131
篇，内容多爲經史，包括修成聖賢之道、寫景狀物以及解釋格言等，是科舉
考試的學習範本。

（四）《賦體雜録》

抄本五種，題名不同，《賦體雜録》藏號 VHv.681/1－13，《賦體》藏號
VHv.618/1、《賦集》藏號 VHv.618/90、《賦策雜録》藏號 VHv.618/8、《賦
卷》藏號 A.1827。包括賦作範本，内容多涉及經史、政治、經濟、教育等。

（五）《賦詩合録》

抄本，藏號 VHv.1189。又名《賦合選》，藏號 VHv.69/1。收賦四篇，詩
28 篇，題材皆采自中國典藉内容，涉及政治文學等方面。此抄本收入賦四
篇，題材多爲中國史。另收有 28 首詩。

（六）《賦詩雜録》

抄本，藏號 VHv.2079，内容多爲描寫中國歷史人物、風景名勝。又收
入一些中國文學名作，如《滕王閣序》、《長恨歌》、《琵琶行》等。

（七）《賦》

抄本，藏號 A.1084/1－2。收入賦 45 篇，内容多爲經史傳記，涉及政
治、經濟、教育、學問、天地等。抄本又收詩 120 首，經義 45 篇。

　　（八）《賦詔表》

　　抄本，藏號 VHb.16。收入賦、詔、表、制共 235 篇，用以文辭學習，題材多出自經傳。

　　（九）《賦略》

　　抄本，藏號 VHv.435/1－2，收入賦 122 篇，經義 27 篇，内容多出自經傳，爲科舉學習之用。

　　（十）《賦卷略》

　　紹治十六年（1846）抄本，藏號 VHv.2142，收入賦 75 篇，科舉範文，内容出自經傳。又收入詩 8 首。

　　（十一）《賦策御制》，抄本，藏號 VHv.2147。

　　收入賦 20 篇，其他爲嗣德帝時期河内、乂安、南定試場會試册文等。

　　（十二）《賦則新選》十卷

　　阮懷永選，明命十四年（1833）范廷瓊、李文馥作序。現有 1833 年香茶會文堂刻本（藏號 A.129/1－2），和紹治三年（1843）年盛文堂刻本（藏號 A.2248/1－2）。收入賦 242 篇，多爲律賦，内容出自經傳書史，並有作賦方法，及範文一篇。

　　（十三）《名賦合選》

　　印本一種，題名《皇黎八韻賦》，“嘉隆十三年新鐫東閣公餘采輯海學堂藏板”。又有抄本五種，題目不同，有《名賦抄集》、《名賦集》、《八韻賦》、《八韻賦合選》等，嘉隆十三年（1814）恩光侯編輯，中正伯、時平男考訂。收入越南自陳朝至阮朝初年的名賦，内容多取材于經傳，作爲科舉教材之用。

三　越南漢文賦的代表作

　　2016 年，筆者主編出版了《莫朝詩文賦》（河内：社會科學出版社），現在正在進行陳朝、黎朝、中興黎朝的賦作搜集整理。現在已經收集了 35 位作家的約 100 篇賦。其中有陳仁宗《居塵樂道賦》、慧光《詠安子山賦》，莫挺之《玉井蓮賦》、《教子賦》，張漢超《白藤江賦》，陶師賜《景星賦》、《觀周樂賦》，阮飛卿《葉馬爾賦》，阮伯聰《天興鎮賦》、李子縉《至靈山賦》，直到中興黎朝阮儼的《孔子夢周公賦》，阮伯麟《張留侯賦》等。下面筆者介紹一篇越南賦的代表作，亦是中國和越南賦交流的成果，即阮登（1576—1657）的《飛來寺賦》。

　　1613年阮登出使中國期間，萬曆皇帝命各國使臣作賦，阮登最早完成，且最佳，即《飛來寺賦》。此賦收入成泰七年（1895）興福寺刻印的《應赴餘編總集》（漢喃研究院藏號：AB.568），標題下有注釋："莫淳福壬戌科進士桂陽縣大蒜社阮文爽奉使北京，命題即景"，阮文爽爲1562年進士，曾出使北京，與阮登同爲大蒜社人，因而此書誤《飛來寺賦》的作者爲阮文爽。賦云：

　　　　苔封進福，棘蔓慈尊。光烟兑天日月，重恢震地乾坤。寺號飛來，冠叢林而絶異。國名極樂，等浩劫以長存。觀其運屬梁朝，教尊梵語；創修紺宇之蟬聯，巍業花山之蟠據。幾里許舒洲遠去，自界于河。一夜間曠路飛來，因名其寺。殆見祇園宏廠，浄土谿開。寂滅之江横過峽，須彌之山峙懸崖，完不鳩畢集之工，宛爾黄金宫殿，矯如翚斯飛之狀，依然碧玉樓臺，天别有一壺世界，地渾無半點塵埃。兔輪焉畫棟雕梁，慧眼光生正覺。晻映爾珠薨玉檻，色身普現如來。内則蓮座輝煌，檀烟馥郁。貝葉宣寶藏真經，慈燈炤昏衢巨燭。供餘偈罷，閉門憑童子晝開。茶竭鍾殘，浄院任老僧夜宿。題詩之壁上留珠，頂禮之臺中浄玉，青妝窗下，四序開般若之花。緑蔭階前，千年長真如之竹。外則扁開甲乙，碑列高低。憑玉坦層層石徑，踏瓊超步步天梯。把泉臺，臺上有祠，二像賁軒轅之子。片雲亭，亭中有記，一猿諧孫恪之妻。送客之洞花閒笑，迎春之山鳥暄啼。碧澗涵噴水之龍，舊污盡滌。青松引避烟之鶴，老幹常栖。飛來之景色，名勝之招提。然後知：寺以奉佛爲名，而佛有飛仙之術。況仙居碧水青山，而佛住慈雲慧日。清更清蓬壺閬苑，層層貝闕珠宫。奇尤奇鷲嶺漕溪，在在寶坊金室。顧兹禪字閟開，視彼雲霄高出。歷閲鶯梭歲月，菩提地樹植菩提。周流燕蕘光陰，兜率天雨零兜率。遍觀世界之三千，寔乃名藍之第一。抑又論之，事欲稽諸古，理尚驗于今。嗟浮辭之易惑，慨往迹之難尋。口但傳寺到能飛，插空張鳳翼。耳謾聽鏡隨木度，隔岸吼鯨音。彼以物配爲夫婦，此何人混與獸禽。雖理無虚幻之言，色是空，空是色。然客有登臨之興，心即佛，佛即心。余：香火緣諧，黄花預選。九重欽鳳詔口銜，萬里快鴻遠翼展。觀光上國，寧辭驛路之遠馳。旅廠中亭，密接龍顔之近見。自北纏著脚陽春，而南已持心軒冕。舟中滿雙清風月，足叫詠供。紙上收四顧山河，相題品遍。今則：按節臨清院，玩景上飛來，何異入天台之劉阮。

　　　上國御批之：三月之工不如馬上一刻之工。按賦末有"何異入天台之劉阮"之句，口似仙格，但嫌無嗣，封汝爲漢王，以血食萬世。
《飛來寺賦》辭藻華麗清約，寫出了飛來寺的勝景及佛法的宏大，且合仙佛一體，得天子稱讚。最後提及的封漢王之事雖頗爲費解，但由此亦可見越南漢文賦要揚名中國的雄心。

　　越南漢文賦既作爲科舉考試之用，同時也是重要的文章創作。漢字賦不僅有重要的思想特徵，也是語言藝術的傑作。賦作爲越南古代文學進程中重要的體裁，同時也極大地豐富了中國文學的體裁和內容。現在因爲閱讀費力困難，賦受到的關注較少，越南賦也還沒有得到大規模的介紹。我們希望有更多的越南古代賦作出版，擴大對越南古代漢文文學的認識，爲漢喃文獻的研究做出貢獻。

（作者單位：越南漢喃研究院）

附：刻本《飛來寺賦》書影

敎之涉如欲遵叩問奉行，上仰俯俯垂洞鑒，僧謹對

飛來寺賦　　莫府楄壬戌科進士柚陽縣夫蒜社阮文爽
右南傳尚上正派本來和尚塁卷
奉使北京命題御景

苔封進福棟，蔓慈葷光焰兀天日月，重恢震地乾坤，寺號
飛來茲叢林而絕異，國名極樂等浩劫夘長存，觀其連屬梁
朝載隆梵語，剏修紺宇之輝聯，巍業花山之蟠嵥幾里許
舒洲遠去，自界于河，一夜間曠路飛來，因名其寺，殆見祇
園宏嚴淨主，豁開寂滅之江橫遏峽，須彌之山峙懸崖兒

不鳩畢集之工，宛爾黃金宮殿，矯如翬斯飛之狀，依然碧
玉樓臺，天別有一壺世界，地渾無半點塵埃，奐輪焉畫棟
彫樑，慧眼光生正毗睒暎，爾珠霓玉檻色身普現如來內
則蓮塵輝煌，檀烟馥郁，貝葉宣寶藏真經，慈燈焰耸耀
巨燭，供餘偈罷閴門，憑童子畫開茶竭，鐙殘淨院伶老
僧夜宿，題詩之壁上雷珠，頂禮之臺中淨玉，青粧窻下四
序開緘若之花，綠陰腊前千年長真如之竹，外則扁開甲乙
碑列高低，兒玉坦層層石徑躡瓊，超步步天梯艳泉青雲臺

之第一柳又論之、事欲稽諸古、理尚驗于今、盞浮醉之易惑、
慨往迹之難尋、口但傳寺到能飛、瀾空張鳳翼、耳謾聽鐘、
隨末度隔岸孔鯨音、彼以物配為夫嫦、此何人混與獸禽、
雖理無虛幻之言、色是空空是色、然客有登臨之興、心卽
佛佛卽心、余香火緣誚黃花預選、九重欽鳳詔口銜萬
里快鴻逵、翼展觀光上國、寧辭驛路之遠馳、旅廠中崇、
密接龍顏之近見、自北綴奢脚陽春而南已特心軒冕、
丹中滿雙清風月足叫詠供、帝上收四顧山河相題品

上有祠二像貴軒轅之子、片雲亭亭中有記一篋諧珠悋之
妻、送客之洞花閒笑迎、春之山鳥喧帝、碧澗潺潺水之龍、
舊污盡滌青松引避烟之鶴、老幹常栖飛來之景色名勝
之招提、然後知寺以奉佛為名、而佛有飛傝之術、况傝居
碧水青山、而佛住慈雲慧日、清更清達壺閒苑層層貝
關珠宮、奇尤奇鷲嶺漕溪在寶坊金室、顧玆禪宇潤、
開規彼雲霄高出、歷閱鷙棱歲月、菩提地樹植菩提、同
流燕脊光險兜率天、雨零兜率、遍觀世界之三千、是乃名藍

編今則按節臨清院玩景上飛來何異八天台之劉阮

上國御批云　三月之工不如馬上一刻之工按賦末有何異八

天臣劉阮之句口似儒格但嫌無嗣封汝為漢王以血食萬世

當

大南成泰丙申年中秋節春雷與福寺主人普齋訂刊

板畱本寺以曉後印

道屬河柳社阮熙光甫奉書

稿　約

一、本集刊爲半年刊,上半年出版時間爲 5 月中旬,截稿日期爲上年 9 月底。下半年出版時間爲 11 月中旬,截稿日期爲當年 3 月底。

二、本集刊實行匿名評審制度。

三、本集刊以學術研究爲主,凡域外漢籍中有關語言、文學、歷史、宗教、思想研究之學術論文及書評,均所歡迎。有關域外漢籍研究之信息與動態,亦酌量刊登。

四、本集刊以刊登中文原稿爲主,並適當刊登譯文。

五、本集刊采擇論文唯質量是取,不拘長短,且同一輯可刊發同一作者的多篇論文。

六、來稿請使用規範繁體字,橫排書寫。

七、來稿請遵從本刊的規範格式:

(一)來稿由標題名、作者名、正文、作者工作單位組成。

(二)章節層次清楚,序號一致,其規格舉例如下:

　　　　第一檔:一、二、三

　　　　第二檔:(一)、(二)、(三)

　　　　第三檔:1、2、3

　　　　第四檔:(1)、(2)、(3)

(三)注釋碼用阿拉伯數字①②③④⑤表示,采取當頁脚注。再次徵引,用“同上,頁××”,或“同注①,頁××”。注釋碼在文中的位置(字或標點的右上角):<u>××××①,××××①</u>。<u>××說,“××××”①,××說:“×××× ×。”①</u>

(四)關于引用文獻:引用古籍,一般標明著者、版本、卷數、頁碼;引用專書,應標明著者、書名、章卷、出版者、出版年月、頁碼;引用期刊論文,應標明刊名、年份、卷次、頁碼;引用西文論著,依西文慣例。兹舉例如下:

①[清]王琦注《李太白全集》卷二《古風五十九首》,中華書局,××年,頁××。

①周勛初《論黄侃〈文心雕龍札記〉的學術淵源》,載《文學遺産》1987 年第 1 期,頁××。

①Hans. H. Frankel,*The Floering Plum and the Palace Lady*,New Haven and London,Yale University Press,1976. p. ××. (請注意外文書名斜體的運用)

(五)第一次提及帝王年號,須加公元紀年,如:開元三年(715);第一次提及的外國人名,若用漢譯,須附原名;年號、古籍的卷數及頁碼用中文數字,如開元三年、《舊唐書》卷三五等;其他公曆、雜誌的卷、期、號、頁等均用阿拉伯數字。

(六)插圖:文中如需插圖,請提供清晰的照片,或繪製精確的圖、表等,並在稿中相應位置留出空白(或用文字注明)。圖、表編號以全文爲序。

八、來稿請注明真實姓名、工作單位、職稱、詳細通訊地址和郵政編碼(若有變更請及時通知)、電子信箱、電話或傳真號碼,以便聯絡。

九、作者賜稿之時,即被視爲自動確認未曾一稿兩投或多投。來稿一經刊出,即付樣書和抽印本。

十、來稿請電郵至 ndywhj@nju. edu. cn。